庆　祝

中国共产党成立 100 周年

国家出版基金项目
NATIONAL PUBLICATION FOUNDATION

为了人民的利益

中国共产党经济工作100年

赵凌云 等 ◎ 著

图书在版编目(CIP)数据

为了人民的利益：中国共产党经济工作100年/赵凌云等著. —北京：北京大学出版社，2021.4

ISBN 978-7-301-32076-1

Ⅰ.①为… Ⅱ.①赵… Ⅲ.①中国共产党－经济工作－概况 Ⅳ.①F12

中国版本图书馆CIP数据核字(2021)第048634号

书　　　名	为了人民的利益：中国共产党经济工作100年 WEI LE RENMIN DE LIYI: ZHONGGUO GONGCHANDANG JINGJI GONGZUO 100 NIAN
著作责任者	赵凌云　等著
策　　　划	周雁翎
责任编辑	张亚如　郭　莉
标准书号	ISBN 978-7-301-32076-1
出版发行	北京大学出版社
地　　　址	北京市海淀区成府路205号　100871
网　　　址	http://www.pup.cn　　新浪微博：@北京大学出版社
微信公众号	通识书苑（微信号：sartspku）
电子信箱	zyl@pup.pku.edu.cn
电　　　话	邮购部 010-62752015　发行部 010-62750672　编辑部 010-62753056
印　刷　者	天津中印联印务有限公司
经　销　者	新华书店
	787毫米×1092毫米　16开本　39.5印张　750千字 2021年4月第1版　2022年5月第4次印刷
定　　　价	98.00元

未经许可，不得以任何方式复制或抄袭本书之部分或全部内容。
版权所有，侵权必究
举报电话：010-62752024　电子信箱：fd@pup.pku.edu.cn
图书如有印装质量问题，请与出版部联系，电话：010-62756370

| 目 录 |

导 论 1

■ 第一章 起步（1921—1927）：科学社会主义经济观的确立与对工农经济斗争的领导 17

  第一节 科学社会主义经济观的确立与新民主主义经济理论基本观点的初步形成 18

  第二节 中国共产党经济工作实践的起步与开端 35

  第三节 起步阶段经济理论探索与经济工作实践的特点与经验 46

■ 第二章 摸索（1928—1937）：新民主主义—社会主义经济革命道路的确立与新民主主义经济工作的初步展开 53

  第一节 新民主主义—社会主义经济革命道路的确立 54

  第二节 新民主主义经济工作的初步展开 64

  第三节 摸索阶段经济理论探索与经济工作实践的成就与经验 96

■ 第三章 展开（1938—1945）：新民主主义经济理论的确立与新民主主义经济工作的全面展开 105

  第一节 新民主主义经济理论与经济纲领的确立 106

  第二节 新民主主义经济工作的全面展开 116

  第三节 新民主主义经济工作的理论探索与理论总结 130

  第四节 展开阶段经济工作方法、经济模式及其影响 135

■ 第四章 扩展（1946—1949）：新民主主义经济理论的发展与经济工作的扩展 147

  第一节 经济工作指导思想的转变与经济工作内容的变化 148

  第二节 为夺取全国政权而进行的经济理论准备和经济工作 159

第三节 对新中国新民主主义经济模式的构想 178
第四节 扩展阶段经济理论探索与经济工作实践的特点与经验 188

第五章 转制（1950—1956）：社会主义经济改造道路的探索与社会主义经济制度的建立 203

第一节 经济工作指导思想与社会主义经济改造理论的形成 204
第二节 成功领导国民经济恢复工作 216
第三节 领导社会主义经济改造与建立社会主义经济制度 228
第四节 制定重工业优先的工业化经济发展战略，推进"一五"计划建设 241
第五节 转制阶段对经济建设道路的初步理论探索与经济工作实践的基本经验 247

第六章 曲折（1957—1966）："左"倾错误的形成与中国社会主义经济建设道路探索的曲折 257

第一节 "左"的经济工作指导思想的形成与发展 258
第二节 "大跃进"运动 263
第三节 调整时期党的经济工作 275
第四节 曲折阶段经济工作的特点 288

第七章 挫折（1967—1976）："左"的错误的发展与中国社会主义经济建设道路探索的挫折 293

第一节 "文化大革命"时期经济发展的三次大挫折 294
第二节 "文化大革命"时期党对经济工作的艰难维持 298

第八章 转折（1977—1991）：社会主义初级阶段理论的形成与社会主义现代化道路新探索的启动 315

第一节 经济理论与经济工作指导思想的探索与转变 316
第二节 探索国民经济发展新道路 328
第三节 全面改革中国传统经济体制的探索 333
第四节 全面实施国民经济的对外开放 343
第五节 转折阶段经济工作的特点与经验 349

第九章　转轨（1992—2001）：社会主义经济理论的全面创新与经济转轨的全面推进 ... 357
- 第一节　社会主义经济理论的全面创新 ... 358
- 第二节　推进经济体制向社会主义市场经济体制的转轨 ... 366
- 第三节　推进宏观调控方式的转变 ... 380
- 第四节　制定和实施面向新世纪的经济发展战略与规划 ... 387
- 第五节　转轨阶段经济工作的特点与经验 ... 396

第十章　转型（2002—2011）：中国特色社会主义的确立与经济社会发展的全面转型 ... 413
- 第一节　重要战略机遇期思想与新世纪头20年战略目标的确立 ... 414
- 第二节　科学发展观重要战略思想的提出与中国特色社会主义理论体系的形成 ... 418
- 第三节　完善社会主义市场经济体制的实践 ... 423
- 第四节　对外开放：从开放兼容到全面融入全球化 ... 434
- 第五节　宏观调控的加强与成功应对金融危机冲击 ... 442
- 第六节　全面推动发展转型的初步实践 ... 449
- 第七节　转型阶段经济工作的成就与经验 ... 459

第十一章　变革（2012—2020）：习近平新时代中国特色社会主义经济思想与决胜全面建成小康社会（上） ... 467
- 第一节　中国特色社会主义新时代与习近平新时代中国特色社会主义经济思想 ... 468
- 第二节　加快完善社会主义市场经济体制 ... 477
- 第三节　推动形成全面开放新格局 ... 494

第十二章　变革（2012—2020）：习近平新时代中国特色社会主义经济思想与决胜全面建成小康社会（下） ... 513
- 第一节　开启经济高质量发展的新阶段 ... 514
- 第二节　决胜全面建成小康社会，开启全面建设社会主义现代化国家新征程 ... 536
- 第三节　党对经济工作领导的全面加强与创新 ... 561

第十三章	沉思：中国共产党百年经济工作的成就、经验与历史方位	573
第一节	中国共产党百年经济工作的基本成就	574
第二节	中国共产党百年经济工作的经验与启示	581
第三节	中国共产党百年经济工作的历史方位	603
第四节	中国共产党百年经济工作的历史创造	609

后　记 617

导论

一、中国共产党经济工作史的主题

研究中国共产党经济工作史,首先必须准确把握中国共产党成立100年来经济工作的主题。一部中国共产党党史,就是一部始终以实现中华民族伟大复兴为己任,团结带领全国各族人民进行革命、建设、改革事业并不断取得辉煌成就的历史。[①] 正如习近平总书记在中国共产党第十九次全国代表大会上的报告中指出的:"中国共产党人的初心和使命,就是为中国人民谋幸福,为中华民族谋复兴。"[②]

解放和发展生产力,为中国人民谋幸福,为中华民族谋复兴,就是中国共产党党史的主题。要解放和发展生产力,推进民族复兴和造福人民,归根结底要靠经济建设和经济发展。经济工作,是中国共产党百年奋斗历程的重要组成部分。经济工作史,是理解和把握中国共产党历史内涵的基础和关键。

习近平总书记指出,中国共产党"始终把人民立场作为根本立场,把为人民谋幸福作为根本使命","党的一切工作都是为了实现好、维护好、发展好最广大人民根本利益"。[③] 中国共产党百年经济工作史的主题,就是为中国人民谋幸福,为中华民族谋复兴,就是中国共产党依据最先进生产力的发展要求,运用马克思主义经济理论作指导,结合中国的实际,探索中国特色的现代化和民族复兴道路。

二、中国共产党经济工作史的内涵

从狭义上讲,中国共产党的经济工作是指党内以及党的活动中的经济事务,如党的活动经费的筹措与使用等。从广义上讲,是指中国共产党成立以来,为了实现党的纲领和奋斗目标,对经济斗争、经济革命、经济改造、经济建设、经济改革与经济开放等各项工作的领导、组织与实施过程。我们研究的是广义的经济工作。这是因为,狭义的经济工作是党的组织工作学与组织工作史的研究内容,广义的经济工作是与党

---

① 中共中央文献研究室编《十七大以来重要文献选编(中)》,中央文献出版社,2011,第785页。
② 习近平:《习近平谈治国理政(第三卷)》,外文出版社,2020,第1页。
③ 习近平:《习近平谈治国理政(第三卷)》,外文出版社,2020,第136、137页。

的纲领、宗旨与奋斗目标联系在一起的。

根据中国共产党经济工作展开的层次，中国共产党经济工作史的研究内容主要包括以下十二个基本方面。

（一）经济思想与经济理论

中国共产党开展一切工作，都是在马克思列宁主义的理论指导下进行的。经济工作也不例外。研究中国共产党经济工作史，首先必须研究中国共产党的经济思想与经济理论发展史。

中国共产党是重视思想与理论建设的政党。中国共产党经济思想与经济理论发展的基本过程是，将马克思主义经济理论与中国的具体实际结合，创立具有中国特色的新民主主义经济理论和社会主义经济理论。具体来说，这一过程包括：早期中国共产主义者通过接触马克思主义经济理论，在比较中选择马克思主义经济理论，确立了中国社会经济发展的社会主义方向，确立了马克思主义经济理论在中国共产党经济工作中的指导地位；运用马克思主义经济理论分析中国半殖民地半封建社会经济形态，逐渐形成和完善了新民主主义经济理论，包括中国必须通过新民主主义经济形态走向社会主义经济形态的理论和新民主主义经济形态理论；运用马克思主义经济理论分析中国的新民主主义经济形态，逐渐形成了中国的社会主义经济改造理论；运用马克思主义经济理论分析中国的实际，逐渐构建了中国社会主义经济理论，包括中国社会主义基本经济制度理论、中国社会主义工业化理论、中国社会主义经济发展理论、中国社会主义经济体制改革理论、中国社会主义对外开放理论、中国社会主义市场经济体制理论等。

党的十九大以来，习近平总书记运用马克思主义经济理论分析新时代中国特色社会主义经济发展实际，形成习近平新时代中国特色社会主义经济思想，包括：坚持加强党对经济工作的集中统一领导；坚持以人民为中心的发展思想；坚持适应把握引领经济发展新常态；坚持使市场在资源配置中起决定性作用，更好发挥市场作用；坚持适应我国经济发展主要矛盾变化，完善宏观调控；坚持问题导向布置经济发展新战略；坚持正确经济工作策略和方法。这"七个坚持"，是马克思主义经济理论中国化的最新成果，也是中国共产党百年经济工作经验的最新理论概括。

（二）经济工作在党的全部工作中的地位

经济工作只是党的工作之一，经济工作在党的各项工作中的主次、轻重地位决定经济工作的方式与成就。在革命战争年代，取得革命战争的胜利，是党的一切工作的重点和主要目标，经济工作是为战争服务的，经济工作的方式主要是群众动员、军事化组织与行政命令。衡量经济工作成就的标志主要是经济工作是否从经济上动员各种资源，为革命战争提供强有力的物质支撑和群众基础。在夺取全国政权以后，党的工作重心开始向经济建设转移。党的八大作出了将党和国家的工作重心转移到经济建设上来的决策。但是，1957年以后，由于"左"倾错误的干扰，实际上将"阶级斗争"放在首要位置，经济建设被放在次要的位置上。经济工作一方面受到频繁的政治运动的冲击，另一方面，经济工作的方式、方法和衡量标准，也被打上浓厚的政治色彩，即主要通过"抓革命、促生产"等政治运动的方式来推进经济工作，衡量经济工作成败的标准也主要是政治标准，在经济标准与政治标准发生冲突时，则突出政治标准。1979年以后，党的工作重心开始向经济建设转移，发展成为党执政兴国的第一要务，经济工作成为党的中心工作。与此相适应，经济工作的方法开始转向尊重经济发展规律和经济工作本身规律的轨道，衡量经济工作成败的标准也转变成生产力标准。

（三）经济工作指导思想

经济工作指导思想主要是指党在领导经济工作的过程中的思想路线和基本理念。即是从实际出发，尊重客观经济规律，循序渐进，还是从主观意志出发，忽视客观经济规律，急于求成。中华人民共和国成立前和中华人民共和国成立初期，党的经济工作的指导思想总体上是正确的，在经济政策的制定与实施以及经济工作的推进方式上，尊重客观经济规律，从实际出发，因此，经济工作有力地支持了革命战争的胜利，支持了中华人民共和国成立初期国民经济的迅速恢复。但是，从1953年开始，经济工作开始出现了从主观意志出发、急于求成的倾向。表现在，对农业、手工业和资本主义工商业的社会主义改造工作，虽然总体上是稳定前进和健康发展的，但也出现了过急、过快、过于粗糙的问题，过早地结束了新民主主义的经济形态；在"大跃进"时期，在推进生产关系演变方面出现了"人民公社化"这种急于向共产主义过渡的问题，在生产力发展上，出现了盲目追求"超英赶美"的问题；在"文化大革命"时期，出现了在生产关系上盲目追求超越生产力发展水平的"穷过渡"的问题。1979年以后，经济工作的指导思想总体上转变到实事求是、尊重客观经济规律的思想路线上，各项经济工作的推进总体上是循序渐进的，但是，在某些时候、某些领域、某些地区依然存在从主观愿望出发、急于求成的问题，如在经济体制改革上一度强调"价格闯关"，经济建设中一度出现脱离实际和国力的"投资热""开发区热""项目热"，经济发展上出现了忽视环境保护、忽视社会建设、忽视以人为本的倾向。2003年10月，党的十六届三中全会提出了科学发展观，并把它的基本内涵概括为"坚持以人为本，树立全面、协调、可持续的发展观,促进经济社会和人的全面发展",坚持"统筹城乡发展、统筹区域发展、统筹经济社会发展、统筹人与自然和谐发展、统筹国内发展和对外开放的要求",党的经济工作指导思想实现了向科学发展观的重大飞跃。党的十八大以来,以习近平同志为核心的党中央确立了以人民为中心的发展思想,提出了创新、协调、绿色、开放、共享的新发展理念,确立了稳中求进的总基调,逐渐形成了习近平新时代中国特色社会主义经济思想。党的经济工作思想又一次实现了与时俱进的创新发展。

(四)经济发展战略与策略

经济发展战略主要是指对长远和重大的宏观经济问题以及重大经济关系的处理方略。它的制定和实施,是具体经济工作的重要内容。中华人民共和国成立前,取得革命战争胜利是占主导地位的任务,经济工作处于服从地位,谈不上独立的经济发展战略。中华人民共和国成立后,党在经济发展方面,依据党的奋斗目标,抢抓战略机遇,制定和实施了一系列战略。例如,中华人民共和国成立初期的"四面八方"战略,过渡时期总路线所体现的"一化三改"战略,"一五"时期制定和实施的以重工业为核心的工业化战略,"大跃进"时期制定和实施的"超英赶美"战略,20世纪60年代下半期到70年代上半期制定和实施的"三线建设"战略,20世纪70年代末期到21世纪初制定和实施的"三步走"现代化战略、对外开放战略、区域协调发展战略,党的十八大以来提出的"一带一路"倡议,制定和实施的创新驱动发展战略、新时代"两步走"战略、乡村振兴战略、建设现代化经济体系战略等。此外,在中国共产党的经济工作中,还有许多具体的、局部的和短期的战略,即经济工作的策略。例如,改革开放以来,在开放方面采取的局部试点与试验逐步推进的策略;在改革方面采取的通过局部突破再实施整体推进的策略;在区域协调发展方面,采取的沿海地区率先发展、带动其他地区共同富裕的梯度推进策略;在协调国内与国际经济发展方面,从推进"两头在外""大进大出"的国际大循环到"以国内大循环为主体、国内国际双循环相互促进"的新发展格局等。

(五)经济体制的构建与改革

构建特定的经济体制,是实施特定的经济发展战略和目标的重要条件和重要内容。经济体制的构建,体现了中国共产党对马克思主义经济理论的总体理解,也体现了中国共产党对中国社会经济发展道路与模式的选择。

在革命战争年代,中国共产党将马克思主义与中国国情相结合,构建了新民主主义经济体制。中华人民共和国成立以后,中国共产党一度尝试继续实施并完善这种经济体制，但是，实际上，中国共产党迅速结束了新民主主义经济体制，构建了高度集中的计划经济体制，而且，从 1957 年开始，虽然开始了对计划经济体制的改革，但实际上是在不断强化这种体制。直到 1979 年，才开始改革这种体制。到 2020 年，通过 40 多年的改革，中国初步构建和完善了中国特色社会主义市场经济体制。研究中国共产党对经济体制选择、构建与改革的历史，重点在于研究这一过程背后的指导思想、理论以及深层的历史过程和历史背景。例如，中华人民共和国成立前，中国共产党为什么创造性地选择和构建起新民主主义的经济体制？而中华人民共和国成立后为什么又迅速改变这一体制，而构建高度集中的计划经济体制？中国构建高度集中的计划经济体制模式，是照搬现有的苏联模式，还是基于自己的历史经验和国情的选择和创造？中国的传统计划经济体制与苏联的计划经济体制相比有什么特点？中国为什么会走上社会主义市场经济道路？中国为什么能实现社会主义与市场经济体制的有机结合？中国为什么没有选择"激进式"改革道路，而是选择"渐进式"改革道路？中国的以社会主义为基础的经济体制改革为什么会成功？等等。

（六）经济政策与方针的制定与实施

在特定经济发展战略和经济体制框架下，经济工作主要靠经济政策与方针指导。在经济政策与方针的制定与执行过程中，可以看出中国共产党的宏观经济工作方法。因此，重大经济政策与方针的制定、执行、修正与完善，是中国共产党经济工作史的重要内容。在中国共产党 100 年经济工作中，制定和实施了不计其数的经济政策与方针。例如中华人民共和国成立前的土地政策、民族工商业政策，中华人民共和国成立初期的民主改革政策，第一个五年计划时期的"三大改造"政策，改革开放以来的各类改革政策、开放政策、宏观调控政策和方针等。这些经济政策与方针，是中国共产党开展经济工作的重要抓手和手段。研究中国共产党的经济工作史，要注重研究重大经济政策的制定过程、实施过程与深层背景，例如，研究中华人民共和国成立前中国共产党的土地改革中对于地主和富农的政策，不仅要研究不同时期这一政策的基本内容，更重要的是研究其演变过程及其特定的历史背景，才能把握这种政策与中国共产党整个革命战略及其转变之间的深层关联。要注重研究不同历史背景下解决同一经济问题的政策与方针的演变过程。例如，同样是制止经济过热，"大跃进"时期、"文化大革命"时期、20 世纪 80 年代初期、20 世纪 80 年代后期、20 世纪 90 年代中期以及 21 世纪第一个十年、21 世纪第二个十年采取的政策与方针完全不同，研究这些政策与方针的演变，比较其不同，对于理解中国共产党在不同历史背景下解决经济问题的方式方法有重大启发意义。要注重总结和分析经济政策的制定和实施过程中的一般规律和经验，作为今后党更好地制定经济工作的政策与方针提供历史借鉴。

（七）经济决策方法

在一定的经济理论、经济工作指导思想、经济发展战略、经济体制、经济政策与方针的基础上，经济决策方法的科学性决定着经济工作的科学性及其成效。中国共产党在经济工作中，制定和实施了大量的经济决策。有重大的、全局性和战略性经济决策，如中华人民共和国成立初期从苏联引进156个重大项目，改革开放初期建立四个经济特区，此外还有大量日常的、随机的和战术性经济决策，如中华人民共和国成立初期与投机资本斗争中的物资调动，调整时期遣返进入工矿企业的农民工、下放城市人口，改革开放以来宏观经济运行中的财政政策和货币政策的调整等。

中国共产党的经济决策方法，总体上看是在朝着科学化、民主化、法治化方向发展。研究中国共产党的经济决策，要在详细地研究每个经济决策的过程的基础上，重点研究经济决策方法论上的共性和总体发展趋势。例如，中国共产党作出经济决策的基本依据和基础是什么？是基于实际世情和国情的正确认识及其客观要求，还是基于马克思主义经典作家的论述和中国共产党主要领袖人物的主观愿望？中国共产党如何从事经济决策？是基于大量的调查研究、群众创造的新鲜经验，还是基于书本和主观想象？改革开放以来，在市场经济和全球化深化的背景下，中国共产党的经济决策逐步走向科学化、民主化、法治化的路径与过程。

（八）经济工作组织方法

要实施经济决策，推进经济工作，必须有相应的经济工作组织方法。经济工作的组织方法包括经济工作的组织方式、经济工作的推进方式与经济工作的激励方式。经济工作的组织方式主要是指经济工作推进的组织体制。中华人民共和国成立以前，经济工作的组织体制是采用军事组织和行政组织相结合的形式。这是因为，在革命战争年代，军事工作和经济工作本身就是一体的。例如，土地革命战争时期的"打土豪、分田地"，抗日战争时期的"减租减息""军民大生产"，既是军事工作，又是经济工作，所以其组织方式也是一体化的。中华人民共和国成立以后，特别是在20世纪50年代后期到70年代后期，也曾经采用军事组织的方式组织经济建设，特别是从1964年开始的在中西部地区的13个省、自治区进行的一场以战备为指导思想的大规模国防、科技、工业和交通基本设施建设的"三线建设"。改革开放以后，开始采用经济组织的方式推进经济建设。经济工作的推进方式主要是指推进经济工作的手段。中华人民共和国成立以前，经济工作的推进手段主要是军事性、行政性命令手段。中华人民共和国成立初期，虽然也继续采用这种手段，如对部分城市经济实行"军管"、对企业派驻"军代表"、用军事手段取缔证券交易，但是也运用了大量经济手段，如在打击投机倒把、平抑市场物价过程中就成功地运用了经济手段的作用。但是，在构建计划经济体制以后，党和政府在一个时期中单纯采用行政命令手段推进经济工作，在"文化大革命"时期，甚至重新采用军事化的手段。改革开放以后，开始注重运用经济手段、经济机制和经济杠杆以及法律手段来推进经济工作。经济工作的激励方式主要是指激励经济活动主体即经济活动者的积极性、主动性和创造性的手段和方法。中华人民共和国成立以前，主要采取的是群众运动、劳动竞赛、树立榜样和道德激励的方法。中华人民共和国成立以后，在一个很长的时期内主要也是采取这些方法。改革开放以来，开始注重运用按劳分配、允许一部分人先富起来、按生产要素分配等分配方面的经济手段来调动经济活动主体的积极性、创造性和主动性，在宏观调控中，则注重运用利率、汇率等经济杠杆引导市场主体行为。

（九）经济工作的党际比较

历史研究离不开比较分析方法，中国共产党经济工作史的研究也不例外。通过与其他政党经济工作的比较，可以发现中国共产党经济工作方法的基本特色。这种比较可以从三个层面上展开。一是与中国范围内的政党作比较。中华人民共和国成立前直到 20 世纪末期，与中国共产党同时在中国范围内的不同区域内领导经济工作的，还有另一个主要政党，即中国国民党。国共两党在历史上有合作，也有斗争，比较两党在经济工作上的异同不仅是可行的，也是必要的。与中国国民党相比，中国共产党从根本上代表了中国人民的根本利益和中华民族伟大复兴的根本要求。二是与同一性质的政党作比较，即将中国共产党经济工作方法与苏联和东欧国家以及其他社会主义国家的马克思主义政党进行比较。与这些政党相比，中国共产党始终注重从中国实际出发，探索中国特色社会主义经济革命、经济建设和经济改革道路。三是在执政党层面上作比较，即将中国共产党的经济工作方法与世界上其他国家的执政党的经济工作方法进行比较。与这些政党相比，中国共产党更加注重代表全体人民的整体利益和根本利益，更加注重推进利益协调和利益整合，形成整体发展合力。通过比较，不仅可以认识中国共产党在经济工作方法方面的优势，更重要的是可以借鉴其他政党在经济工作中的经验教训。

（十）经济工作成就

科学地总结中国共产党经济工作成就是研究中国共产党经济工作史的基本理论目标之一。总结这种成就，必须站在中国 20 世纪以来社会经济发展主线，即现代化的高度，以先进生产力的发展要求为标准来予以总结。中国共产党百年经济工作史的基本成就表现在：找到了一条中国特色的解放和发展生产力、实现现代化的道路。这条道路的基本点在于：中国共产党是中国最先进生产力要求的代表者，是解放和发展中国先进生产力的领导者，是中国经济发展的集中统一领导者；在中国，要始终代表和发展最先进的生产力，必须走社会主义道路，社会主义是发展先进生产力和实现现代化的制度保障；现代市场经济体制是发展生产力和实现现代化的经济体制框架；不断改革开放是解放和发展生产力的动力。

（十一）经济工作的历史经验

科学地总结中国共产党经济工作的历史经验，是研究中国共产党经济工作史的基本理论目标之二。这也是研究中国共产党经济工作史的基本出发点。中国共产党人在100年的经济工作中，积累了大量的历史经验。最主要的经验可以概括为下述几个基本方面：必须坚持和发展马克思主义经济理论，并以此作为中国共产党经济工作的理论基础；必须科学认识和充分代表中国先进生产力的发展要求，并以此作为开展经济工作的基本出发点；走中国自己的路，继续探索中国特色社会主义经济建设模式；全面、科学地认识中国国情，以此作为开展经济工作的国情依据；始终坚持按客观经济规律办事，以此作为开展经济工作的思想路线；科学地对待人类文明的成果；等等。这些经验将成为启发未来的宝贵财富。

（十二）对马克思主义经济理论的发展与贡献

科学地总结中国共产党在经济工作层面上对马克思主义理论的发展和贡献，是研究中国共产党经济工作史的基本理论目标之三。中国共产党在100年的经济工作中，不仅坚持以马克思主义经济理论为指导，更重要的是发展了马克思主义的经济理论，推进了马克思主义中国化进程。例如，中国共产党创立的新民主主义经济理论，发展了马克思列宁主义关于经济落后国家如何走上社会主义道路的理论；中国共产党关于社会主义经济改造的理论与实践探索，丰富和发展了马克思主义关于社会主义改造的理论；中国共产党关于社会主义工业化建设的理论探索，丰富和发展了马克思主义的社会主义经济建设理论；中国共产党对社会主义基本经济制度的探索，丰富和发展了马克思主义的经济社会制度理论；中国共产党对社会主义市场经济理论的探索，丰富和发展了马克思主义的经济体制理论；中国共产党关于经济发展新常态、高质量发展新阶段、经济发展新格局的探索，丰富和发展了马克思主义再生产理论。

三、中国共产党经济工作史的阶段与分期

中国共产党经济工作史研究的上限是中国共产党成立起始时期，即1921年，目

前，研究时限的下限是 2020 年。2020 年，是中国经济发展和中国共产党经济工作史的一个重要节点。第一，从经济发展看，伴随"十三五"规划的收官、"十四五"规划的制定，中国经济高质量发展局面初步形成，中国经济发展将进入开创新局面的时期。第二，从民族复兴进程看，伴随全面建成小康社会目标的实现，人均国内生产总值突破 1 万美元，中国经济将进入由大到强的轨道，全面开启社会主义现代化的新征程。第三，从经济制度看，伴随全面深化改革的深入推进、社会主义市场经济的发展与完善，中国将迈向进一步完善社会主义市场经济体制和构建对外开放新格局的新阶段。第四，从经济社会发展道路来看，伴随着中国特色社会主义新时代的深入拓展，中国将进入全面开创中国特色社会主义新局面的阶段。

如何对中国共产党百年经济工作史进行分期？这是一个值得深入讨论的问题。最简便的方法是采用党史本身的分期。这样做的依据是，经济工作史是党史的一个有机组成部分，好处是可以将党的经济工作史放到党史的整体背景中，便于考察党的整体历史与经济工作史的关联性。但是，党的经济工作毕竟是具有特定指导思想、战略、方针、政策的过程，具有特定的对象、目标、方式和方法，因此，应该有不同于整体党史的分期标准和方法。即使是采用整体党史的分期，也必须明确特定的经济工作史内涵。

中国共产党经济工作 100 年的历史是一个整体过程，其主题是为中国人民谋幸福、为中华民族谋复兴。中国共产党的经济工作在不同时期面临不同的主要矛盾，肩负不同的历史使命，这一主题在不同时期具有不同的内涵。这种主要矛盾、历史使命以及主题内涵的差异就是中国共产党经济工作史的分期依据。法国"年鉴学派"大师布罗代尔提出过"历史时间"的分析方法框架，即将历史划分为长时段的结构历史、中时段的情势历史和短时段的事件历史三个层次。借鉴这种方法，结合中国共产党经济工作在不同历史阶段面临的主要矛盾和主要任务，可以将中国共产党经济工作 100 年的历史按照长时段、中时段、短时段三个层次进行划分，分别划分为两个时代、三个时期和十个阶段。

第一层次：两个基本时代，即以 1949 年为界分成两个时代——中国共产党作为领导革命的政党的经济工作时代和作为执政党的经济工作时代。这两个时代中，中国共产党开展经济工作的身份、范围和直接目的不同。在第一个时代，中国共产党是以领导革命的政党的身份开展经济工作的，开展经济工作的范围被局限于局部地区，开展经济工作的直接目的是支撑革命战争的胜利。在第二个时代，中国共产党是以执政党的身份开展经济工作的，范围扩展到中国领土范围内的执政区域，经济工作的直接目的是解放和发展生产力，实现中国的现代化。

第二层次：三个历史时期，即探索中国社会主义经济制度建立道路时期、探索中国社会主义经济建设道路时期和探索中国社会主义经济改革道路时期。在每个时期，中国先进生产力的发展和现代化进程有着不同的要求，中国共产党则努力认识和代表不同时期生产力发展的不同要求。

第一个历史时期，是中国共产党选择中国发展的社会主义方向并选择通过新民主主义走向社会主义的时期，即从中国共产党成立前后到1956年中国社会主义经济制度基本建立。这一时期，生产力发展最集中的要求是，推翻束缚生产力发展的"三座大山"，建立社会主义制度，解放生产力。中国共产党确立了通过建立社会主义制度解放和发展生产力的方向，探索了一条通过新民主主义革命和社会主义改造建立社会主义制度的道路，在中国建立了社会主义制度，从社会经济制度层面上解放了生产力。

第二个历史时期，是在曲折中探索中国社会主义建设道路的时期，即从1956年中国进入社会主义初级阶段到1976年"文化大革命"结束。在社会主义制度初步确立以后，生产力发展的集中要求是探索一条符合中国国情的社会主义现代化建设道路。中国共产党致力于探索一条中国式的社会主义建设道路，初步形成了中国生产力发展的制度基础和物质基础。但是，这种探索出现严重曲折和挫折，在一定程度上制约了生产力的发展，同时为后来的探索提供了历史的鉴戒。

第三个历史时期，是探索中国社会主义经济改革道路的时期。1977年到2020年，由于传统计划经济体制与传统经济发展战略制约了生产力的发展，这一时期生产力最集中的要求是通过体制改革和对外开放，解放和发展生产力。1978年以来，中国共产党通过经济体制改革与对外开放，建立和初步完善了社会主义市场经济体制，实现了对全球化经济体系的全面融入，极大地解放了生产力，中国生产力的发展取得长足进步，中华民族实现了从站起来到富起来的目标，开始进入从富起来到强起来、全面实现中华民族复兴的新的伟大征程。

第三层次：十个历史年代，即按照经济工作面临的具体历史背景、历史任务以及经济工作的具体内容所决定的阶段性特征，将中国共产党经济工作史分成十个阶段。这十个阶段的阶段性特征连接起来，构成中国共产党经济工作100年的历史轨迹。

第一个阶段，1921—1927年，这个阶段经济工作的阶段性特征是"起步"，即对社会主义经济进行初步理论探索，选择中国发展的社会主义方向，并开展初步的经济工作。中国共产党成立以前，中国早期共产主义者已经开始探索发展先进生产力的理论，他们取得的主要成果包括：①中国社会经济发展必须走社会主义道路。②社会主义经济制度的基本特征是公有制、计划经济和按劳分配。③创建中国的社会主义制度，应该走"俄国人的路"。中国共产党在成立时，将自己的奋斗目标界定为推翻资产阶级政权，建立无产阶级政权，实行无产阶级专政，消灭资本家私有制，消灭阶级。因此，中国共产党的成立标志着对社会主义道路的选择。中国共产党成立以后，大力推动第一次国共合作，并在此框架内领导了反封建的工农经济斗争。

第二个阶段，1928—1937年，这个阶段经济工作的阶段性特征是"摸索"，即开始独立地领导中国的民主革命，在根据地开展经济工作，摸索并确立通过新民主主义走向社会主义的道路，初步探索新民主主义建设模式。大革命失败后，中国共产党被迫走上农村包围城市、武装反抗国民党的道路。在革命根据地，中国共产党开始独立领导经济斗争和新民主主义经济建设。在理论上，中国共产党开始探索中国走向社会主义的道路。中国如何走上社会主义道路，党内"二次革命论"主张先建立资本主义社会，再进入社会主义。盲动主义则主张直接在半殖民地半封建社会基础上建立社会主义。这两种主张先后随着大革命的失败和军事盲动与冒险的失败而被否定。而毛泽东等则探索出农村包围城市的革命道路，并且在根据地开始进行新民主主义建设，进行反封建的土地革命，客观上走上了通过新民主主义走向社会主义的道路。

第三个阶段，1938—1945年，这个阶段经济工作的阶段性特征是"展开"，即中国共产党开始形成比较成熟的新民主主义经济革命与建设理论，在理论的指导下展开经济工作。这一时期，随着根据地在地域上的不断扩大、新民主主义建设经验的积累，中国共产党形成了完整、成熟的新民主主义理论体系，并突出体现在毛泽东的《中国革命和中国共产党》《新民主主义论》等著作中。党的七大确立了毛泽东思想的指导地位，标志着中国共产党开始摆脱教条主义的束缚，开始自主地探索中国革命的道路，在经济工作中，摆脱了教条主义照搬共产国际指令的做法，开始自主地开展经济工作。同时，中国人民通过艰苦抗战，摧毁了日本帝国主义试图将中国变成殖民地附属国的企图，第一次争得了民族独立，这是中国人民反对帝国主义这一约束中国生产力发展的因素的重大胜利。

第四个阶段，1946—1956年，这一阶段的主要特征是"转制"，即在军事胜利的基础上，将新民主主义经济制度扩展到全国范围，继而通过民主改造，彻底将半殖民地半封建社会经济制度转变为新民主主义社会经济制度和将新民主主义社会经济制度转变为社会主义社会经济制度。1947年开始，随着战略大反攻以及军事上的胜利，解放区的新民主主义制度向全国扩展。同时，在扩展新民主主义经济形态的过程中，中国共产党进一步明确了新中国成立以后的经济工作指导思想和方针。中华人民共和国的成立标志着新民主主义社会经济制度最终取代了半殖民地半封建社会经济制度。1950—1956年，通过民主改造，彻底将半殖民地半封建社会经济制度转变为新民主主义社会经济制度,将新民主主义社会经济制度转变为社会主义社会经济制度。1950—1952 年,主要是完成第一个制度转变。中国共产党开始全面实施新民主主义纲领,构建了多种经济成分并存、市场与计划并存的典型的新民主主义经济体制格局,社会生产力迅速恢复和发展。这表明,新民主主义社会经济制度是符合中国国情的,有利于解放和发展生产力。1953 年开始,中国共产党探索将新民主主义经济形态转变成社会主义经济形态,在中国建立社会主义经济制度与经济体制,同时开始有计划地进行经济建设。中国共产党开始有计划地发展生产力和进行工业化建设,同时,中国共产党探索了一条适合中国国情的社会主义改造道路,基本上完成了新民主主义向社会主义的转变。中国进入了社会主义初级阶段,制约生产力发展的社会制度因素被基本消除。但是,借鉴苏联模式形成的社会主义经济体制也出现了制约生产力发展的因素。

第五个阶段,1957—1966 年,这一阶段的特征是"曲折",开始全面探索中国社会主义经济建设道路。鉴于社会主义经济体制形成时暴露的弊端,中国共产党认识到,要迅速发展生产力,必须从中国实际出发,探索适合中国国情的社会主义经济建设道路,包括经济体制模式和经济发展战略。探索的起步是成功的。但是,1958—1961 年间的探索误入"大跃进"的歧途。"大跃进"是一次失败了的探索。1962—1965 年间,"调整"八字方针的实施将国民经济的发展纳入正常轨道。总体上看,这一时期的经济工作是富有成效的。

第六个阶段,1967—1976 年,这一阶段的特征是"挫折",即中国共产党对中国社会主义道路的探索出现严重挫折,中国的经济发展遭受严重破坏。"文化大革命"时期,国民经济出现三次严重"滑坡"。虽然周恩来、邓小平等老一辈革命家艰难地坚持抓经济工作,但是,总的来说,"文化大革命"前开始的中国社会主义经济建设道路取得的一些积极成果被否定。由于探索中出现反动和逆转,这十年间,中国的经济发展和现代化进程受到严重干扰,中国生产力与国外先进生产力水平之间的差距拉大。

第七个阶段,1977—1991 年,这一阶段的特征是"转折",即中国共产党实现工作重心的真正转移,对中国社会主义经济建设与现代化道路的探索初见成效。党的十一届三中全会是探索进入新的阶段的历史起点。此后的探索逐渐回到建设有中国特色的社会主义的正确轨道上来。这一时期理论探索的成果是最为丰富的,确立了社会主义初级阶段理论、"一个中心、两个基本点"这一党在社会主义初级阶段的基本路线、"三步走"的现代化建设战略以及建设有中国特色社会主义的理论。在实践上,这一时期的探索主要是依据发展社会化大生产的要求,实施改革开放,对传统计划经济体制实施革命性的改革，进一步解放生产力。具体来说，改革传统计划经济体制，初步建立了有计划的商品经济体制；打破了原有的封闭的国民经济体系，通过对外开放的实施，提高国民经济的对外开放度；调整经济增长模式，初步实现了经济增长方式由传统粗放型、外延型、速度型向集约型、内涵型和效益型的转变。这个时期，是中国生产力发展和现代化建设进展最快的历史时期之一。

第八个阶段，1992—2001年，这一阶段的特征是"转轨"，即中国共产党在前一阶段探索的基础上，在这个阶段拓展和深化中国社会主义经济建设道路和现代化道路探索并取得重大成果。1992年邓小平发表南方谈话以后，中国共产党人有关中国特色社会主义建设道路的探索开始深化和拓展，表现在理论上，提出了社会主义市场经济理论，形成了邓小平理论这一重大理论成果，在此基础上，江泽民同志又提出"三个代表"重要思想。在实践上，初步建立社会主义市场经济体制，经济体制转轨取得重大进展；经济结构调整步伐加快，产业结构升级换代取得重大进展；成功地加入世界贸易组织，国民经济对外开放度和国际化程度进一步提高；特别是顺应最先进生产力发展的要求，提出和实施了"科教兴国"、西部大开发、发展"知识经济"、走"可持续发展"道路、推进两个"根本性转变"等重大决策，为知识经济这一更先进生产力形态的发展提供了巨大的空间，提出了新世纪新时期全面建设小康社会的奋斗目标，为中国共产党在新的历史时期开展经济工作指明了方向。

第九个阶段，2002—2011年，这一阶段的特征是"转型"，即中国共产党根据新世纪头20年是我国社会主义现代化建设的重大战略机遇期的重要判断，紧紧抓住和牢牢把握新世纪头十年的重大战略机遇，以深化改革和扩大开放为抓手，实现了国民经济和现代化进程的跨越式发展，在经济体制转轨的基础上，开始推进经济社会发展模式的全面转型。这一时期的主题可以概括为"转型"。首先是确立了中国特色社会主义道路和理论体系，中国社会主义完成了从传统社会主义向中国特色社会主义的转型。其次，初步完善社会主义市场经济体制，全面启动了市场经济体制向现代市场经济体制的转型。再次，确立了"科学发展观"这一新的经济社会发展重大指导思想，明确了发展方式转变的方向和目标模式，启动了从传统发展方式向科学发展方式的转型。又次，在积极参与经济全球化的进程中，通过成功应对国际金融危机的冲击，进一步明确了中国在全球化格局中的方位，启动了从全球经济大国向全球经济强国的转型。最后，也是最重要的，在长期历史探索的基础上，初步形成了现代化的"中国模式"。

第十个阶段，2012—2020年，这一阶段的特征是"变革"，即以习近平同志为核心的党中央紧紧抓住新世纪第二个十年的重大战略机遇期，以全面深化改革和全面扩大对外开放为抓手，开启了中国经济由高速增长向高质量发展的重大变革。中国共产党适应、把握、引领中国经济新常态，坚持稳中求进的工作总基调，取得了改革开放和社会主义现代化建设的历史性成就，实现了包括经济工作和经济发展在内的党和国家事业一系列深层次、根本性、历史性的变革。第一，中国特色社会主义进入了新时代，全面建成小康社会取得决定性胜利，中华民族迎来了从站起来、富起来到强起来的伟大飞跃。第二，确立了习近平新时代中国特色社会主义思想这一新的经济社会发展重大指导思想，明确了发展中国特色社会主义的总目标、总任务、总体布局、战略布局和发展方向、发展方式、发展动力、战略步骤等基本问题。第三，确立了市场在资源配置中的决定性作用、更好发挥政府作用的定位，社会主义市场经济制度得到进一步完善，社会主义市场经济发展进入了一个新阶段。第四，新发展理念得到贯彻落实，现代化经济体系正在逐渐形成，推动中国经济由传统发展方式向高质量发展方式的变革。第五，在积极参与经济全球化的过程中，中国逐渐走近世界舞台的中央，长期作为世界经济增长的动力源，并在全球治理方面起到了举足轻重的作用。

以上是我们对中国共产党经济工作史分期的思考。为了叙述方便，本书按照第三层次分期设置每章的内容，同时，为了体现第一和第二层次分期，我们将第四个阶段（1946—1956年）分成两章叙述。① 为了每章内容相对均衡，把第十个阶段（2012—2020年）分成两章叙述。

---

① 这也是采纳龚育之先生的意见。在此对龚老抱病耐心听取赵凌云的研究思路汇报并悉心指导表示衷心感谢。

第一章

起步

(1921—1927)

科学社会主义经济观的确立与对工农经济斗争的领导

1921—1927年，是中国共产党人确立中国社会经济发展的社会主义方向和确立社会主义经济观，初步形成新民主主义经济理论基本观点，并领导工农群众开展经济斗争的七年。定向，是这七年间中国共产党经济工作史的主题。

1917年俄国十月革命的胜利，使中国的先进分子看到了中华民族解放的新希望，他们得出"走俄国人的路"的结论。十月革命后，中国具有初步共产主义思想的知识分子以马克思主义为指导探索中华民族解放和富强的道路，确立了社会主义的奋斗目标和科学社会主义的经济观，并在这一过程中完成了自身向共产主义者的转变。1921年7月，中国共产党第一次全国代表大会通过了推翻资产阶级专政，实行无产阶级专政，消灭资本家所有制，没收一切生产资料归社会所有的党纲，标志着中国共产党对社会主义道路的选择。党的一大之后，中国共产党进一步探索中国社会和革命问题，在正确分析中国社会性质和经济国情的基础上，党的二大确立了"两步走"的革命战略，并在对中国社会各阶级进一步的经济分析中，形成了新民主主义经济理论的基本观点。

这一时期的经济工作实践，主要是对工农经济斗争的领导。党领导的工农经济斗争，即是在工农运动中领导工农群众争取其经济利益。建党之初到1923年年底，中国共产党集中力量领导了工人运动，开展争取工人经济权利的经济斗争。从1924年1月国共合作建立到大革命失败，中国共产党又在国共两党统一战线的旗帜下，领导了更大规模的工农经济斗争。这表明中国共产党在成立之初，就把为人民谋利益作为自己经济工作的重要任务。

第一节　科学社会主义经济观的确立与新民主主义经济理论基本观点的初步形成

鸦片战争以后，无数仁人志士不懈地寻找救国救民的真理，探索中国的发展富强之路。但是，由于阶级的局限与历史的原因，这些努力均以失败告终。俄国十月革命后，中国人民和先进的知识分子选择了马克思主义。在马克思主义传播的过程中，早期共产主义者确立了社会主义的奋斗目标和科学社会主义经济观。党的一大标志着中国共产党科学社会主义经济观的正式确立。从党的一大到1927年，中国共产党在领导革命和工农经济斗争的过程中，把马克思主义与中国的具体实际相结合，初步形成了新民主主义经济理论的基本观点。

一、中国的仁人志士对社会主义的选择

鸦片战争后，在中国半殖民地半封建化不断加深的过程中，每一时代的仁人志士都在不断寻求救国救民的良方。在地主阶级、农民阶级、资产阶级的努力先后失败之后，工人阶级登上历史舞台，马克思主义成为中国人民新的选择。

（一）鸦片战争以来中国社会各阶级对中国社会发展道路的探索

1840年到1842年间英国侵略中国的鸦片战争，是中国沦为半殖民地半封建社会的起点，也是中国的仁人志士探索中国社会发展道路的开端。从那时起，他们便不懈地寻找救国救民的真理、经世致用的良方。从鸦片战争到五四运动的近80年间，这种努力从未间断。中国社会不同阶级、不同阶层都从不同的层面、不同的角度提出过自己的设想，实践过自己的主张。

鸦片战争后，以魏源、姚莹、包世臣等为代表的地主阶级改革派，就提出要向西方学习，把中国建设成一个富强的国家。魏源编撰的《海国图志》，对强国御侮的道路作了比较深入的探索，提出了"师夷长技"即向西方学习的新课题。他认为，学习西方不是只学其船坚炮利，"人但知船炮为西夷之长技，而不知西夷之所长不徒船炮也"①。姚莹、包世臣提出要学习西方的自然科学、议会政治，并对当时许多严重的社会问题作了广泛的探讨，提出了一些改革方案。然而，地主阶级改革派虽然提出了学习西方、改革内政的主张，但由于阶级局限性，他们不敢实践，更不敢触及封建制度，因而不可能使中国真正强盛起来。

1851年至1864年洪秀全领导的太平天国农民革命，以实现一个人人共享太平的平等社会为理想。1853年，太平天国颁布的《天朝田亩制度》绘制了太平天国革命所要建立的理想社会的蓝图，其中心和基础是剥夺地主的土地所有权，反映了农民的根本要求。但《天朝田亩制度》设想的理想社会是以小农经济为基础的绝对平均主义社会，违反社会发展规律，是不可能实现的。太平天国后期，洪仁玕写下《资政新篇》，在政治、经济、文化、外交等方面提出了一系列具有鲜明资本主义色彩的主张，描绘了一幅在中国实行资本主义的蓝图。但这些思想和主张，不是农民斗争实践的产物，与太平天国农民革命没有实际联系，也不反映当时农民最迫切的利益和要求，因而也

---

① 魏源：《海国图志》卷二《筹海篇三》。

根本不可能付诸实践。

19世纪60年代到90年代，清政府内部以曾国藩、李鸿章、左宗棠、张之洞为代表的"洋务派"为了"自强""求富"，以"中学为体，西学为用"为口号，开展"洋务运动"，采用西方资本主义国家的生产技术，创办新式军事工业和民用工业。这是中国历史上第一次由政府出面组织的比较系统地学习和移植西方资本主义生产方式、生产技术和科学知识的活动。"洋务运动"在客观上刺激了中国民族资本主义的产生和发展，但它没有也不可能使中国走上富强的道路。中法战争以及甲午中日战争的失败，宣告了"洋务运动"的破产。

康有为领导的资产阶级改良主义维新运动，是中国资产阶级企图通过改良方式走资本主义道路的一次尝试。1898年6月11日至9月21日的103天里，光绪皇帝采纳维新派的主张，先后颁布了几十道变法诏令，目的在于学习西方文化科学技术和经营管理制度，发展资本主义，建立君主立宪政体，使国家走向富强。这些新政措施虽然并未触及封建统治的基础，但是代表了新兴资产阶级的利益，必然为封建顽固势力所不容。操纵清政府实权的守旧派，极力反对和破坏变法维新。9月21日，慈禧太后发动政变，重新"训政"。戊戌变法的失败说明，在半殖民地半封建的中国，资产阶级改良道路是根本行不通的。

孙中山领导的辛亥革命，是一次比较完全意义上的资产阶级民主革命。革命的领导者，是代表中国民族资产阶级中下层利益的资产阶级革命派及其政党。革命的纲领——三民主义，是中国第一个比较完整的资产阶级民主革命纲领，它主张推翻对外投降卖国、对内实行民族压迫的清政府，建立一个资产阶级专政的民主共和国，通过"平均地权"解决土地问题，反映了民族资产阶级的政治经济要求，表达了中国人民要求民族独立和民主权利的迫切愿望。辛亥革命推翻了统治中国两百多年的清王朝，从而结束了两千多年的封建君主专制制度，建立了资产阶级共和制度，使民主共和观念深入人心，在一定程度上削弱了中外反动势力对中国民族资本主义的束缚和压迫，促进了民族资本主义的发展。然而，由于资产阶级革命派提不出彻底的革命纲领，没有形成坚强统一的领导核心，未能依靠和发动以农民为主体的广大群众，辛亥革命很快也因大权旁落而以失败告终。

鸦片战争以后中国的仁人志士探求中国社会发展道路的艰难历程，为中国的发展提供了深刻的历史启示。

第一，资本主义的发展道路在中国走不通。鸦片战争以后，学习西方、走西方资本主义的发展道路，是中国的仁人志士心目中的救世良方。然而，由于中国封建势力的顽固性、帝国主义势力的入侵以及资产阶级势力的软弱，无论是君主立宪制还是民主共和制,都遭到了失败。历史证明,资本主义发展道路走不通,中国必须寻找新的发展道路。

第二,中国的发展要由新的先进阶级来领导。鸦片战争以后,中国社会各阶级,包括地主阶级改革派、农民阶级、统治阶级中的洋务派、资产阶级改良派、资产阶级革命派,都提出并实践了自己的主张,但由于各自的阶级局限,最终都以失败告终。这表明,中国的发展,要由新的阶级即工人阶级来领导。

第三,中国的发展要有新的先进思想作指导。鸦片战争以后,中国的仁人志士与帝国主义、封建主义作斗争的思想武器是不断发展的,包括平均主义、改良主义、三民主义,但是,这些思想与理论在实践中或者失败,或者不彻底。这表明,中国的发展必须要有一个先进的科学的思想体系作指导,这就是马克思主义的科学社会主义。

(二)工人阶级代表先进生产力要求登上中国历史舞台

鸦片战争以来的历史表明,中国的发展要由新的先进的阶级来领导,这一新的阶级就是代表中国先进生产力发展要求的中国工人阶级。

鸦片战争以后在中国产生的先进生产力,是从欧洲移植到中国的工业生产力。从人类生产力发展史的角度看,古代中国本来是可以产生工业生产力的。在14世纪,中国曾经是世界上生产力最发达的国家,正如英国学者李约瑟指出的,在当时,导致18世纪末期英国工业革命发生的主要条件,在中国都已经存在。从生产力发展趋势的角度看,中国应该是最先出现工业生产力的国家之一。但是,14世纪以后,中国生产力发展出现停滞趋势,到鸦片战争前夕,欧洲迅速发展,逐渐将中国抛到后面。在中国已经产生的先进生产力萌芽没有发展起来的根本原因之一,是缺乏代表这种先进生产力发展要求的阶级。在欧洲,市民阶级以及以后的资产阶级和无产阶级依次成为先进生产力的代表,成为推动工业生产力发展的主体力量。但是,在中国,传统的、保守落后的地主阶级始终是统治阶级,它从根本上制约了代表先进生产力的阶级的成长。在欧洲,由于先进生产力有了阶级代表,得到培育和发展,最终发展成为工业革命。而在中国,先进生产力因素则被视为"奇技淫巧"而备受限制。因此,直到鸦片战争前,中国社会生产力的主体仍是以手工劳动为基本特征的小生产。

鸦片战争后,先进生产力因素由西方输入中国。最早的机器工业是"洋务派"创办的军工企业。到甲午战争爆发以前,"洋务派"共设立了大小24个军工企业,同时在交通运输业、采矿业等领域创办了20多个民用企业。在民族资本方面,到1894年甲午战争之前,民族资本创办的机器工业企业已经有130家左右。上述几乎所有企业采用的机器设备,都是从国外进口的。可见,鸦片战争以后,中国的先进生产力因素,是从西方移植进来的。

鸦片战争的失败以及随之而来的中国的半殖民地化进程惊醒了中国社会的各个阶级。他们都不同程度地不再将机器等先进的生产力因素看成是不利于统治秩序和有伤社会风俗的"奇技淫巧",而是"强国富民"的工具。事实上,各个阶级都试图掌握和发展这种先进生产力。但是,一些阶级的实践归于失败,一些阶级的愿望流于空想。

伴随中国民族资本主义的产生和发展,资产阶级和工人阶级这两个先进阶级登上历史舞台。但是,辛亥革命的失败,证明中国的资产阶级也不可能真正代表中国先进生产力的发展要求,从而领导中国的现代化。戊戌变法的失败证明资产阶级改良派不可能做到这一点,辛亥革命在推翻帝制后又大权旁落证明资产阶级革命派也不可能做到这一点。

因此,从鸦片战争到20世纪初期的历史先后证明地主阶级、农民阶级和资产阶级不能代表中国先进生产力的发展要求,不能领导中国走上现代化道路并实现现代化。这一任务,已经历史地落在中国工人阶级肩上。

中国工人阶级是中国新的社会生产力的代表,是近代中国最进步的阶级。它具有与先进的经济形式相联系,没有私人占有的生产资料,富于革命性、组织纪律性等无产阶级的共同优点。同时,中国工人阶级还具有自身特有的优点。

第一,中国工人阶级深受外国资本主义、本国封建势力和资产阶级的三重压迫和剥削,其工资之低、工作时间之长、劳动条件之恶劣,远甚于西方国家的工人阶级,因此,中国工人阶级具有更强的斗争性和更彻底的革命性。第二,中国工人阶级分布集中,在地区分布上集中于沿海通商口岸等大中城市,在行业分布上集中于纺织、造船、航运等行业,在企业分布上集中于少数较大的企业。这种集中性有利于中国工人阶级力量的组织和团结、革命思想的传播以及形成局部强大的力量。第三,中国工人阶级大部分出身于破产的农民,与农民有着天然的联系,这使得中国工人阶级易于和农民结成巩固的联盟。所有这些,使得中国的工人阶级与资产阶级相比,更能代表中国先进生产力的发展要求,承担领导中国实现现代化的历史使命。

但是,要真正成为先进生产力的自觉代表,中国工人阶级还必须掌握先进的理论,由"自在阶级"转变为"自为阶级"。马克思主义的科学社会主义理论在中国的广泛传播及其与工人运动的结合,使得最先进的生产力、最先进的阶级和最先进的理论结合起来。

(三)马克思主义在中国的传播

鸦片战争以来的历史表明,中国的发展要有新的先进的思想作指导,这一新的指导思想就是马克思主义。

俄国十月革命前,中国人便开始接触马克思主义。十月革命后,马克思主义开始在中国传播。"十月革命帮助了全世界的也帮助了中国的先进分子,用无产阶级的宇宙观作为观察国家命运的工具,重新考虑自己的问题。"[①]1918年到1919年年初,李大钊先后发表了《法俄革命之比较观》《庶民的胜利》《布尔什维主义的胜利》《新纪元》四篇文章,这是在中国最早用马克思主义观点讴歌十月革命的文章。1919年爆发的五四运动,不仅极大地促进了中国人民的觉醒,而且极大地推动了马克思主义的传播。五四运动后,马克思主义的传播形成一种潮流。1919年4月6日出版的《每周评论》第16号上,登载了《共产党宣言》第二章《无产者与共产党人》结束部分的译文。5月,《新青年》出版了李大钊主编的《马克思主义研究专号》,集中刊登了一批研究、宣传马克思主义的文章。其中,李大钊撰写的《我的马克思主义观》一文阐述了马克思主义的政治经济学、科学社会主义和唯物史观,指出:"这三部理论,都有不可分的关系,而阶级竞争说恰如一条金线,把这三大原理从根本上联络起来。"[②]这是中国人第一次对马克思主义所作的较为系统、全面的介绍。

1920年8月,在共产国际的帮助下,陈独秀等在上海建立起中国第一个共产党早期组织并组织了社会主义青年团。在随后的几个月里,北京、武汉、长沙、济南、广州等地也先后成立了共产党早期组织。各地共产党早期组织的成立,加强了马克思主义科学社会主义理论的研究和宣传。

上海共产党早期组织成立后,成立了马克思主义研究会,并把《新青年》改组为自己的机关刊物,系统宣传马克思主义。《新青年》杂志社组织力量翻译出版了马尔西的《马格斯资本论入门》、柯卡普的《社会主义史》、考茨基的《阶级斗争》等一批有关马克思主义的著作,并出版了陈望道翻译的《共产党宣言》全译本。随后,恩格斯的《社会主义从空想到科学的发展》、列宁的《国家与革命》等马克思列宁主义的经典著作相继翻译出版。北京共产党早期组织成立后,李大钊组织了社会主义研究会,编译宣传社会主义的书籍,发表宣传社会主义的论文。北京共产党早期组织把北京大学马克思学说研究会作为自己领导的群众团体,并通过这个团体收集马克思主义科学社会主义的中外文书籍,编辑、刊印有关论著,组织讨论会和演说会。长沙共产

[①] 《毛泽东选集(第四卷)》,人民出版社,1991,第1471页。
[②] 李大钊:《我的马克思主义观》,《新青年》1919年第6卷第5号。

党早期组织成立前后，毛泽东等相继发起成立文化书社和俄罗斯研究会，致力于传播马克思主义，并在新民学会的集会和通信中学习和讨论马克思主义。武汉共产党早期组织建立后，组织了马克思学说研究会，并在1921年春创办《武汉星期评论》，宣传辩证唯物论观点，讲解马克思主义科学社会主义学说。1920年秋，在济南共产党早期组织筹建过程中，王尽美、邓恩铭等成立了马克思学说研究会，同年冬，又成立了励新学会，并出版《励新》半月刊，进行马克思主义科学社会主义的宣传。广州共产党早期组织成立后，组织成立了马克思主义研究会，把《广东群报》作为传播马克思主义的重要阵地。1921年，陈独秀把《新青年》杂志社由上海迁到广州，进一步推进了马克思主义的宣传。同年2月，沈玄庐主编的《劳动与妇女》在广州创刊，扩大了马克思主义科学社会主义的宣传阵地。

可见，在中国共产党成立前的一年多时间里，已经有一批人信仰并积极宣传马克思主义科学社会主义；介绍和宣传马克思主义的刊物，比以前也有明显增加；更多的马克思主义原著被翻译成中文；在内容上，已经开始对马克思主义政治经济学、哲学和科学社会主义进行全面的介绍。

二、中国共产党的成立与中国社会主义经济发展方向的确立

在马克思主义的传播过程中，在与胡适改良主义作斗争的过程中，中国早期共产主义者论证了在中国实现社会主义经济制度的必然性，在理论上选择和确立了中国社会经济发展的社会主义方向。

（一）在论战中选择中国社会经济发展的方向

马克思主义的传播，遭到了各种非马克思主义的责难与反对。1919年7月，胡适发表《多研究些问题，少谈些主义》一文，宣扬改良主义，否认马克思主义的科学性，反对以科学社会主义作为改造中国的武器，反对用革命的手段对中国社会经济问题进行"根本解决"，主张用平稳方法进行一点一滴的改良。早期共产主义者与胡适改良主义进行了坚决的斗争。当年8月，李大钊在《每周评论》上发表《再论问题与主义》一文，对胡适的观点进行了有力的批评。李大钊指出，社会问题"必须有一个根本解决，才有把一个一个的具体问题都解决了的希望"。要根本解决中国的社会问题，就必须用社会革命的方法，对整个社会进行彻底改造。李大钊所说的社会革命，便是社会主义革命。

"问题与主义"之争是一次有关中国是否需要以马克思主义为指导，是否需要进行社会主义革命，对中国进行彻底改造的争论。以李大钊为代表的早期共产主义者论证了马克思主义的科学性和真理性,确立了马克思主义对中国革命的指导作用,也在理论上论证了中国社会经济发展的社会主义的前途。

以李大钊为代表的中国早期共产主义者从三个方面对中国实现社会主义经济制度的必然性进行了论证。[①]

首先,运用马克思主义政治经济学的基本原理,分析了资本主义灭亡的必然性,揭示了中国实现社会主义经济制度的理论依据。李大钊根据马克思的剩余价值和资本积累两大原理指出,随着资本积累的进行,"大都市发生的大产业一天多一天,失业的(无产阶级者)也一天多一天",其结果,"大家联合起来,和资本家作战,和资本家竞争。——这样发达的资本家,他们自己却产生了可以致其死命的敌人——无产阶级",即在"资本主义发达中,产生了一种新势力。这种新势力就是'社会主义'"。[②]最终,"他的发展的境界,就是他的灭亡的途径。资本主义趋于自灭,也是自然之势,也是不可免之数了"[③]。

其次,研究中国的具体国情,揭示中国实现社会主义经济制度的现实依据。李大钊认为,当时的中国已经是一个腐朽的没有组织没有生机的社会,一切机能都已闭止。经济组织改造以前,一切问题,丝毫不能解决。也就是说谋求中国社会的改造,首先必须根本变革中国社会政治经济制度,具体来说,就是"以社会主义改造经济组织"[④]。

最后,从俄国十月革命后世界经济政治形势的高度,寻求中国实现社会主义经济制度的世界历史依据。李大钊认为,十月革命后,"世界的经济组织,既已经资本主义以至社会主义",世界已经"自由竞争发达到必须社会主义共营地位"[⑤],并因此得出结论:"今日在中国想发展实业,非由纯粹生产者组织政府,以铲除国内的掠夺阶级,抵抗此世界的资本主义,依社会主义的组织经营实业不可。"[⑥]

早期共产主义者对中国实现社会主义经济制度必然性的论证是充分的、科学的,这一论证,也是早期共产主义者确立社会主义经济观的基础。

(二)初步探索社会主义经济理论,确立社会主义经济观

在传播马克思主义的过程中,早期共产主义者还同张东荪、梁启超等人的基尔特

[①] 参见赵凌云:《早期中国共产主义者的社会主义经济观》,《中南财经大学学报》1991年第4期。
[②] 《李大钊选集》,人民出版社,1959,第375页。
[③] 《李大钊选集》,人民出版社,1959,第211页。
[④] 《李大钊选集》,人民出版社,1959,第194页。
[⑤] 《李大钊选集》,人民出版社,1959,第356页。
[⑥] 《李大钊选集》,人民出版社,1959,第357页。

社会主义进行了斗争。如果说在"问题与主义"之争中，早期共产主义者确立了社会主义的奋斗目标，而与基尔特社会主义的斗争，则不仅坚持了社会主义的理想，而且开始探索社会主义经济理论，确立社会主义经济观。

1920年9月，英国著名唯心主义哲学家罗素来华讲学。在讲演中，罗素攻击十月革命和苏俄政府，宣扬政治上的改良主义。罗素的主张得到张东荪、梁启超等人的响应。张、梁先后发表文章，认为中国不具备实行社会主义的条件，提出要依靠绅士、商人和外国资本家在中国开发实业，走资本主义道路。对张、梁的错误言论，各地共产党早期组织成员纷纷发表文章，进行了有力的驳斥，其中，以李达的《讨论社会主义并质梁任公》①、陈独秀的《社会主义批评》②两篇文章最为深刻有力，影响较大，不仅论证了中国必须走社会主义道路，并且确立了早期共产主义者的科学社会主义经济观。

李达在文章中揭露了梁启超对社会主义的歪曲，指出：社会主义运动决不是梁所说的"劳动者地位改善"，实行所谓"均产"和"专在于争分配"，而是根本改造经济组织，"实行将一切生产机关归为公有，共同生产共同消费"。李达批判了梁启超借口中国经济落后和缺少劳动阶级，鼓吹发展资本主义和反对社会主义的论调，认为：中国新式生产机关少，需要开发生产事业，但若采用资本主义生产方法，势必如欧美那样招来经济恐慌、人民失业，采用社会主义生产方法则不会出现这种危险。李达还驳斥了梁的改良主义主张，指出梁"只主张借资本阶级的国家底[的]立法，施行几项温情政策……并不是想根本的[地]解决社会问题的"，"温情主义的主张是不能达到社会主义的"。李达明确表示中国应该走俄国十月革命的道路，指出俄国的革命运动采取了劳农主义的方式，"将来中国的革命运动，或者有采用劳农主义的直接行动的可能性"。

陈独秀指出："资本主义的生产分配方法不良，已到了自身不能救济自身底[的]危机必然崩溃的运命，代他而起的自然是社会主义的生产分配方法。"针对张、梁的中国资本主义不发达，不能实行社会主义的论调，陈独秀指出：现代人类的经济关系乃国际的而非国别的，经济制度要渐渐国际化，"各国资本制度都要崩溃，中国那[哪]能够拿国民性和特别国情等理由来单独保存"，"此时我们中国不但有讲社会主义底[的]可能，而且有急于讲社会主义底[的]必要"。陈独秀还把当时流行的社会主义流派分为五种，逐一进行分析、比较，批判了非马克思主义的社会主义流派，

---

① 李达：《讨论社会主义并质梁任公》，《新青年》1921年第9卷第1号。
② 陈独秀：《社会主义批评》，《新青年》1921年第9卷第3号。

指出中国应该像俄国共产党那样，采用马克思主义的社会主义。

李大钊等早期共产主义者在宣传马克思主义的过程中，对社会主义经济理论进行了探索，得出了一系列重要结论。①

关于中国社会主义经济制度的实现途径，早期共产主义者的探索结论，归纳起来包括下述几点。第一，应效法俄国，建立无产阶级专政，这是创立社会主义经济制度的政治前提。蔡和森指出，"社会主义必要之方法：阶级战争——无产阶级专政"，并认为这是实现社会主义"唯一制胜的方法"。②第二，实现生产资料公有制，这是社会主义制度建立的经济基础。要建立社会主义的经济制度，就要废除"资本主义的私有财产制"，"没收一切生产手段——土地、大工厂、资本——和交通工具为国有……以建筑共产社会的经济基础"。③早期共产主义者还对实现生产资料公有制的途径，根据资本规模、性质的不同，分别作了论述。

关于社会主义经济制度的基本特征及具体形式，早期共产主义者比较一致的观点主要是下述几点。第一，从生产资料所有制看，生产资料公有制是社会主义经济制度的基本特征。在公有制的具体形式上，瞿秋白通过研究苏联新经济政策时期的经济实践，认为社会主义是多种经济形式并存的，即包括国立的、集体的（包括市立的和工人协作社）等多种形式，而且，不排斥私人的经济层次。第二，社会生产目的不再是满足个别人的需要，而是"供给社会全体的消费"，保证"社会中最大多数的最大幸福"。④第三，在人和人的关系方面，社会主义制度下劳动者不会再受资本家的奴役，这时候人人都劳动，资本家也成为劳动者。第四，在分配方面，社会主义实行按劳分配原则，即"使直接从事生产的人得和他劳工相等的份"⑤。第五，从生产的组织形式看，生产必须集中统一领导，"非有中央权力去干涉不可，各地方的各职业的单位非绝对服从中央权力不可"⑥。在生产组织的具体形式上，李大钊设想设立农部委员会、工部委员会等执行经济职能的国家专门机构，对经济发展实行计划管理和专业管理。陈独秀则设想由"公的机关"来"统计调节和直接经营"社会主义生产。

关于社会主义经济建设的具体途径，早期共产主义者认识到，在社会主义基本经济制度建立后，发展生产力，巩固社会主义的物质基础，成为无产阶级的首要任务。

---

① 参见赵凌云：《早期中国共产主义者的社会主义经济观》，《中南财经大学学报》1991年第4期。
② 《蔡和森文集》，人民出版社，1980，第50页。
③ 《蔡和森文集》，人民出版社，1980，第81、84页。
④ 《李达文集》编辑组编《李达文集（第一卷）》，人民出版社，1980，第50、61页。
⑤ 《李大钊选集》，人民出版社，1959，第211页。
⑥ 《李达文集》编辑组编《李达文集（第一卷）》，人民出版社，1980，第50页。

瞿秋白结合苏联经验对中国这一落后国家如何进行经济建设、发展生产力进行了较为集中的论述。首先，社会主义经济建设的基本内容是工业建设。大工业是社会主义的基本，经济落后的社会主义国家要发展大工业，必须迅速地自主地开发中国大工业，这是经济落后国和半殖民地所应当走的道路。其次，落后国家的社会主义经济建设必须坚持对外开放政策。落后国家要迅速发展工业，必须和暂时没倒的外国资本家"相利用"，以"培植无产阶级社会主义的基本"。① 最后，社会主义在经济建设中应该利用商品货币关系。瞿秋白在考察苏联不同类型的企业之后，认识到社会主义所有制形式应该是多种多样的，这些不同的所有制之间应该是相互竞争的关系。同时，主张发展集市贸易，以利用商品货币关系。他认为，设置贸易市场，为人们进行商品交换提供了机会，大多数劳动人民会受许多方便利益。

（三）中国共产党的成立与中国社会经济发展社会主义方向的确立

1921 年 7 月 23 日，中国共产党第一次全国代表大会在上海举行。大会讨论通过的党的基本纲领是："（1）革命军队必须与无产阶级一起推翻资本家阶级的政权，必须支援工人阶级，直到社会阶级区分消除的时候；（2）承认无产阶级专政，直到阶级斗争结束，即直到消灭社会的阶级区分；（3）消灭资本家私有制，没收机器、土地、厂房和半成品等生产资料，归社会公有；（4）联合第三国际。"② 党的第一个基本纲领表明，中国共产党一经成立，就确立了社会主义—共产主义的奋斗目标。

要实现这一目标，在经济方面，即要"将生产工具——机器，工厂，原料，土地，交通机关等——收归社会共有，社会共用"③。立即没收民族资产阶级所拥有的一切资本生产资料和生产工具，并把它们转交给组织起来的无产阶级。为此，早期共产党人还提出了具体的实施方案。第一步，"铲除现在的资本制度。要铲除资本制度，只有用强力打倒资本家的国家"④，"用革命的手段打倒本国外国一切资本阶级，跟着俄国的共产党一同试验新的生产方法"⑤。第二步，建立无产阶级专政，由无产阶级掌握政权。"推翻有产阶级的国家之后，一定要建设无产阶级的国家；否则，革命

---

① 瞿秋白：《瞿秋白文集（一）》，人民文学出版社，1953，第 115 页。
② 中央档案馆编《中共中央文件选集（第一册）》，中共中央党校出版社，1982，第 5 页。
③ 《中国共产党宣言》，载中国社会科学院现代史研究室、中国革命博物馆党史研究室选编《"一大"前后：中国共产党第一次代表大会前后资料选编（一）》，人民出版社，1980，第 2 页。
④ 《中国共产党宣言》，载中国社会科学院现代史研究室、中国革命博物馆党史研究室选编《"一大"前后：中国共产党第一次代表大会前后资料选编（一）》，人民出版社，1980，第 2 页。
⑤ 《短言》，《共产党》1920 年第 1 号。

就不能完成，共产主义就不能实现。"① 即效仿俄国十月革命，不经过民主革命阶段，直接进行无产阶级社会主义革命，用革命手段消灭资产阶级，在政治上建立无产阶级专政的政权，在经济上建立社会主义的基本经济制度。

早期共产党人走十月革命的道路，坚持无产阶级革命和无产阶级专政，确立社会主义的奋斗目标，在方向上是正确的。但由于当时对中国社会性质和基本经济国情了解不够，把马克思主义的基本原理同中国革命的实际结合不够，早期共产党人在理论上尚不成熟，因而主张超越无产阶级领导的资产阶级民主革命阶段而直接达到社会主义。

三、新民主主义经济理论基本观点的初步形成

中国共产党成立后，把马克思主义与中国革命实际相结合，在科学认识中国社会性质和革命性质的基础上，正确分析中国社会各阶级，初步形成了中国共产党新民主主义经济理论的基本观点。

（一）对中国社会经济性质及基本经济国情的科学判断

鸦片战争前，中国是一个封建社会。鸦片战争后，在外国资本主义、帝国主义的侵略下，中国由封建社会逐步沦为半殖民地半封建社会。伴随这一进程，中国的仁人志士一直在寻找中国的发展之路，但从总体上看，他们对中国社会的性质及经济政治特征，并没有科学的认识。中国共产党建党之初，对中国社会性质和基本经济国情的认识，也是不符合实际的。在中国社会性质问题上，由于不了解中国半殖民地半封建社会的经济基础，因而认为中国是一个资本主义国家，把错综复杂的社会矛盾简单地看成是无产阶级与资产阶级的对立，认为资产阶级是主要敌人，提出用十月革命的手段打倒中外一切资产阶级，直接建立无产阶级专政的政权和社会主义的基本经济制度。

中国共产党成立后，根据马克思主义基本原理，结合中国的历史与现状进一步探索中国社会和革命问题，"努力研究中国的客观的实际情形，而求得一最合宜的实际的解决中国问题的方案"②，并在列宁和共产国际的帮助下，对中国基本经济国情和社会性质逐渐获得了正确的认识。

1920 年 7 月，在共产国际第二次代表人会上，列宁就明确指出：共产党应当"准

---

① ＣＴ（施存统）：《我们要怎么样干社会革命？》，载中国社会科学院现代史研究室、中国革命博物馆党史研究室选编《"一大"前后：中国共产党第一次代表大会前后资料选（一）》，人民出版社，1980，第 263 页。

② 《发刊词》，《先驱》1922 年创刊号。

确地估计具体的历史情况,首先是经济情况",殖民地半殖民地国家是"资本主义前的关系占统治地位的国家"①,中国便是"半殖民地国家"②。中国共产党接受了列宁和共产国际关于中国社会性质的基本观点。1922年7月召开的中国共产党第二次全国代表大会通过的《中国共产党第二次全国代表大会宣言》(以下简称《宣言》)对中国社会性质及基本经济国情作了科学的、马克思主义的分析。③

《宣言》回顾了帝国主义列强侵略中国的历史,明确指出,鸦片战争以来,"帝国主义的列强在这八十年侵略中国时期之内,中国已是事实上变成他们共同的殖民地了"。这八十年来,帝国主义者掠取了中国的大片领土,侵占了中国的许多通商口岸,强占租界,划分势力范围,取得了领事裁判权、协定关税权,并派驻军队,中国的领土、主权完整被破坏。外国的资本大量输入中国,中国经济生命的神经系已为帝国主义所掌握。在中国境内,三分之一的铁路为外国资本家所有,其他的铁路也由外国帝国主义者协定和管理。外国资本家开设工厂,开采矿山,开设银行,操纵中国的金融。中国三万万农民日趋穷困,数千万手工业者渐成为失业的无产阶级,国家和民众的经济生活都陷入极恐慌的状态之中。

《宣言》分析了当时中国的基本国情特别是经济国情,指出:"帝国主义的列强既然在中国政治经济上具有支配的实力,因此中国一切重要的政治经济,没有不是受他们操纵的。又因现尚停留在半原始的家庭农业和手工业的经济基础上面,工业资本主义化的时期还是很远,所以在政治方面还是处于军阀官僚的封建制度把持之下。"

《宣言》还对当时中国的基本经济国情进行了深入的分析,指出,帝国主义的入侵,严重阻碍了中国经济的发展,但也刺激了中国民族资本主义的产生,"外国资本家初到中国的时候,究不能独立经营,只好借助中国商人和雇用中国账房、买办、经纪人之类,做掠夺勾当的中间物。这么一来,中国资产阶级就渐渐完成他们的初步积累阶段。大战期内,欧美商品不能顾及中国,日本商品又遭抵制,遂造成中国资本家发展的最好机会,如是中国资本主义也渐渐在扬子江流域一带兴旺起来了"。除蒙古、西藏、新疆等地外,中国的经济生活"已由小农业、手工业渐进于资本主义生产制的幼稚时代"。但是,帝国主义侵略中国,绝不是为了在中国发展资本主义;帝国主义总是千方百计地压抑中国民族资本主义经济的发展,因而,"压迫在世界侵略的资本

---

① 中共中央马克思恩格斯列宁斯大林著作编译局编《列宁选集(第四卷)》,人民出版社,1995,第216、220页。
② 中共中央马克思恩格斯列宁斯大林著作编译局编《列宁选集(第四卷)》,人民出版社,1995,第276页。
③ 中央档案馆编《中共中央文件选集(第一册)》,中共中央党校出版社,1982,第64—79页。

主义极大组织之下的新兴的中国资产阶级,那[哪]能自由发展和自由竞争而达到独立的地位,只不过做世界资本主义侵入中国的中间物罢了。而且外国资本主义为自己的发展和利益,反扶助中国军阀,故意阻碍中国幼稚资本主义的兴旺"。

从上面的分析可以看出,中国共产党当时已经认识到中国是一个半殖民地半封建社会,从而纠正了党的一大关于中国社会是资本主义社会的错误认识,并为党的民主革命纲领的制定和新民主主义经济理论的提出奠定了基础。

(二)"两步走"革命战略的确立

如前所述,党的一大召开之时,共产党人不仅对中国社会性质和基本经济国情缺乏正确的认识,在中国革命性质问题上,也对中国革命同世界革命的关系缺乏全面的理解,认为十月革命后的世界社会主义革命是一个同步进行的国际革命整体,中国革命理应是无产阶级的社会主义革命,中国"要扑灭世界资本主义,只有举行社会革命建设劳工专政的国家,方能挽救当面的危机,免掉将来的苦痛"[①]。党的一大之后,也是在列宁和共产国际的帮助下,中国共产党确立了"两步走"的革命战略,从而也确立了新民主主义经济理论的基点。

1920年7月,列宁根据新的时代特点和俄国革命的经验,提出了民族和殖民地问题的理论,指出殖民地和落后国家的民族解放运动是资产阶级民主革命,并阐明了这些国家和地区资产阶级民主革命的任务、对象、动力、前途等基本问题。他把民族革命和殖民地革命当作世界无产阶级革命的一部分,要求这些国家的无产阶级首先必须进行资产阶级民主革命,并在革命过程中建立巩固的工农联盟,与资产阶级民主派结成联盟,在资产阶级民主革命胜利后,争取走非资本主义发展道路的前途,"在先进国家无产阶级的帮助下,落后国家可以不经过资本主义发展阶段而过渡到苏维埃制度,然后经过一定的发展阶段过渡到共产主义"[②]。

经过1922年1月至2月在莫斯科举行的远东各国共产党及民族革命团体第一次代表大会,中国共产党了解了列宁的民族和殖民地学说,开始把马克思主义的普遍真理同中国革命的具体实际结合起来。

在中国革命性质问题上,中国共产党认识到,不能空谈社会主义革命,因而不再主张立即进行社会主义革命,而应该根据实际情况,逐步解决中国社会革命问题。提出中国革命"应分两步去做":第一步是反帝反封建,"促成中国真正独立";第二步

---

① 《短言》,《共产党》1921年第6号。
② 中共中央马克思恩格斯列宁斯大林著作编译局编《列宁选集(第四卷)》,人民出版社,1995,第279页。

是"推翻有产阶级的统治","接着民主的革命成功,便会发生无产阶级对抗资产阶级的革命运动"。①

1922年7月,党的二大在正确分析中国半殖民地半封建社会性质的基础上,明确指出,在这个社会中,加给中国人民(无论是资产阶级、工人或农民)最大的痛苦的是资本帝国主义和军阀官僚的封建势力,因此反对那两种势力的民主主义的革命运动是极有意义的。基于这种分析,二大宣言除了重申党的一大所提出的纲领以外,还着重提出了党的民主革命纲领:"消除内乱,打倒军阀,建设国内和平";"推翻国际帝国主义的压迫,达到中华民族完全独立";"统一中国本部(东三省在内)为真正民主共和国"。

党的二大制定的民主革命纲领,是中国共产党人把马克思主义基本原理同中国革命具体实践初步结合的体现,并为继续深入探索中国革命道路奠定了良好的基础。这个纲领揭示了近代中国社会的基本矛盾和革命规律,给中国人民指明了争取解放的正确道路,同时也为早期共产党人领导人民进行经济斗争指明了方向。

从党的一大到党的二大的一年间,中国共产党对中国革命的认识,经历了由直接进行社会主义革命到先进行民主革命,再进行社会主义革命的转变。在民主革命时期,中国共产党从此不再提无产阶级专政的口号,并反复强调中国现阶段不能进行社会主义革命,"无论是实现社会主义的问题,还是建立苏维埃共和国的问题,在中国都没有提上日程"②。从经济工作的角度来看,这一变化主要体现在两个方面,一是工作中心由反对资本家阶级为目的的工人运动转向反帝反封建的国民革命,在此后的工人运动中,领导工人群众进行反帝反封建的政治斗争更为突出。二是强调反封建,提出中国"全部政策的中心问题乃是农民问题",必须进行"农民土地革命",实行没收土地政策。③这标志着中国共产党新民主主义经济理论基本观点开始形成。

(三)对中国社会各阶级的经济分析

党的二大关于中国经济国情和社会性质的科学判断以及关于中国革命"两步走"战略的确立,是对中国革命的正确的历史定位。那么,在这场革命中,中国共产党应如何动员和组织阶级力量来进行政治经济斗争,就成为一个十分重要的问题,这就要求党对中国社会各阶级进行科学的经济分析,在此基础上正确认识中国社会各阶级对待革命的立场、态度以及在革命中的地位和作用。

---

① 《中国社会主义青年团纲领》,《先驱》1922年第8号。
② 《共产国际与中国革命资料选辑(一九一九——一九二四)》,人民出版社,1985,第230页。
③ 中央档案馆编《中共中央文件选集(第一册)》,中共中央党校出版社,1982,第104页。

党的三大前后，中国共产党就开始对中国社会各阶级的经济地位、政治立场和在革命中的地位和作用进行分析。1925年1月召开的党的四大专门分析了中国社会各阶级的现状，指出：大商人买办资产阶级，完全是帝国主义的工具，是中国资产阶级中的反革命派。新兴的工业资产阶级有民族革命的要求，但还不能参加民族革命运动。经济地位不稳定的小商人、手工业者和生活不安的知识分子，也希望有一个民族民主革命。游民无产阶级多来自破产的农民和手工业者，在无产阶级领导下，在民族革命运动中也有相当的作用。农民阶级是中国革命运动中的重要成分，是工人阶级的天然同盟者。最受压迫而最有集合力的无产阶级，是最有革命性的阶级，是革命的领导阶级。通过对中国社会各阶级的分析，得出结论："越是上层阶级越富于妥协性"[①]。

1925年12月，毛泽东发表《中国社会各阶级的分析》[②]，着重从经济的角度分析了中国社会各阶级，代表了当时党内关于中国社会阶级分析的最高水平。关于无产阶级，毛泽东指出："工业无产阶级人数虽不多，却是中国新的生产力的代表者，是近代中国最进步的阶级，做了革命运动的领导力量。"原因就在于其经济地位低下。工业无产阶级"失了生产手段，剩下两手，绝了发财的望，又受着帝国主义、军阀、资产阶级的极残酷的待遇，所以他们特别能战斗"。都市苦力工人的"经济地位和产业工人相似"；农村无产阶级（雇农）"不仅无土地，无农具，又无丝毫资金，只得营工度日"。经济地位的低下，决定了中国工人阶级的革命性最强。

关于小资产阶级，毛泽东指出，小资产阶级包括中农、手工业主、小知识阶层。按照经济地位的差异，毛泽东又将这一阶级分为三个不同的部分。第一部分是有余钱剩米的，因为其经济地位和民族资产阶级接近，故对于民族资产阶级的宣传颇相信，对于革命取怀疑的态度，他们是小资产阶级的右翼。第二部分是在经济上大体上可以自给的。这部分人也想发财，但帝国主义、军阀、封建地主、买办大资产阶级的压迫和剥削，使其难以如愿，他们对革命抱中立态度，但是绝不反对革命。第三部分是生活水平逐年下降的，他们是小资产阶级的左翼。小资产阶级的三部分，虽然平时对革命的态度各不相同，但到革命高潮时，不但小资产阶级的左派、中派参加革命，其右派也会附和革命。

关于半无产阶级，毛泽东指出，半无产阶级主要包括半自耕农、贫农、小手工业者、店员、小商贩等。半自耕农、贫农和小手工业者所经营的，都是小生产的经济。绝大部分半自耕农和贫农虽同属半无产阶级，但其经济状况仍有上、中、下之别。半自耕农的革命性要高于自耕农而不及贫农。贫农是农村中的佃农，受地主的剥削。其

[①] 中央档案馆编《中共中央文件选集（第一册）》，中共中央党校出版社，1982，第274页。
[②] 《毛泽东选集（第一卷）》，人民出版社，1991，第3-11页。

经济地位又分两部分。一部分贫农有比较充足的农具和相当数量的资金,每年农业收成,自己可得一半,辅之以其他劳动,可以勉强维持生活,因而其革命性要强于半自耕农而不及另一部分贫农。另一部分贫农,既无充足的农具,又无资金,肥料不足,土地歉收,向地主交租之后,所得无几。他们是农民中经济地位最低、生活最苦的,很容易接受革命主张。小手工业者虽然自有简单的生产资料,但也常常被迫出卖一部分劳动力,且时有贫困的压迫和失业的恐慌,经济地位略与农村中的贫农相当。店员、小商贩的经济地位也与贫农及小手工业者不相上下,也需要一个改变现状的革命,故对于革命宣传也很容易接受。

毛泽东把中国的资产阶级区分为买办资产阶级和民族资产阶级两部分。民族资产阶级代表中国城乡资本主义的生产关系。他们对于中国革命的态度是矛盾的:在受到外国资本打击、军阀压迫感觉痛苦时,需要革命,赞成反帝国主义反军阀的革命运动;但是当革命迅速发展,危及其利益时,又怀疑革命。民族资产阶级以其本阶级为主体的"独立"革命思想,只能是一个幻想。地主阶级和买办资产阶级完全是帝国主义的附庸,代表中国最落后的和最反动的生产关系,阻碍中国生产力的发展。他们和中国革命的目的完全不相容,是中国革命的对象。特别是大地主阶级和大买办阶级,他们始终站在帝国主义一边,是极端的反革命派。

毛泽东还考察了中国革命所处的时代特点,指明中国革命的性质既不同于18、19世纪欧美各国和日本的资产阶级革命,也不同于1911年中国的辛亥革命;其前途既不是建立资产阶级一个阶级的独立专政,也不是要建立无产阶级专政,只能是一个"无产阶级、小资产阶级及中产阶级(即民族资产阶级——引者注)左翼的联合统治,即革命民众的统治"[1]。

毛泽东从中国社会各阶级的经济地位着手,分析了各阶级对于中国革命的基本立场和态度,形成了人民民主专政思想的雏形,表明中国共产党人在把马克思主义的基本原理同中国革命的实践相结合方面,已经迈出了重要的一步,这不仅为中国革命指明了方向,也为新民主主义革命时期中国共产党的经济斗争和经济工作指明了方向。结合党的二大关于中国革命"两步走"的理论,可以清楚地看出,中国共产党已经形成新民主主义经济理论、经济政策的基本观点:第一,地主阶级、买办资产阶级是中国革命的敌人,在政治上是革命的对象,在经济上也是打击的对象;第二,民族资产阶级是中国革命要争取的力量,在政治上要团结他们,在经济上也要保护、照顾其利益;第三,工人、农民、小资产阶级是革命的领导力量和依靠力量,在民主革命中,

---

[1] 中共中央文献研究室编《毛泽东文集(第一卷)》,人民出版社,1993,第19页。

必须维护他们的经济利益,并在斗争中为他们争取经济利益。以这些基本思想为基础,中国共产党人在后来的理论和实践探索中,逐渐形成了新民主主义革命的三大经济纲领。

第二节 中国共产党经济工作实践的起步与开端

在探索新民主主义经济理论的同时,中国共产党也开始了经济工作实践。这一时期党的经济工作,主要是领导工农经济斗争,即发动和组织广大工农群众为争取和维护自身经济权益而斗争。

一、对工人运动中经济斗争的组织与领导

中国共产党成立后,即集中力量领导工人运动,开展争取工人经济利益的经济斗争,并适时将经济斗争转向政治斗争,把经济斗争同政治斗争相结合。大革命时期,中国共产党领导了更大规模的工人运动,争取工人经济权益也始终是工人斗争的重要内容。

(一)建党初期领导工人争取经济权益的斗争

中国共产党建立之初,就十分重视工人运动,并集中力量领导工人运动,发动和组织工人为争取合法权利和维护自身利益而斗争。党的一大所通过的《中国共产党第一个决议》指出:"党的基本任务是成立产业工会。凡有一个以上产业部门的地方,均应组织工会;在没有大工业而只有一两个工厂的地方,可以成立比较适于当地条件的工厂工会。"[①] 这表明中国共产党已经明确把工会作为党领导工人运动的主要组织形式。

为加强对工人运动的领导,1921年8月,中国共产党在上海建立了公开领导工人运动的总机关——中国劳动组合书记部。1922年8月,劳动组合书记部由上海迁入北京。中国劳动组合书记部的日常工作主要是:举办工人业余学校和出版校刊,对工人进行马克思列宁主义的宣传教育;帮助各地工人建立工会组织;领导工人进行罢工斗争。

当时,除中国共产党在领导工人运动外,一些国民党人士、无政府主义者、工团主义者也组织了工人团体,工人中的一些先进分子也成立了自己的工会。为了使全国各工会团体联合起来,共同参加反帝反封建的斗争,中国共产党及时地提出了召开全国劳动大会的主张,并在会议通告中把争取工人阶级的经济利益作为大会的主要内容之一。

---

① 中央档案馆编《中共中央文件选集(第一册)》,中共中央党校出版社,1982,第7页。

1922年5月,第一次全国劳动大会在广州召开。共产党人谭平山担任大会主席。大会通过了中国共产党提出的"打倒帝国主义""打倒军阀"的政治口号,通过了"八小时工作制案""罢工援助案""要求劳动立法以保障劳工利益案"和"全国总工会组织原则案"等决议案,并决定在全国总工会成立之前,以中国劳动组合书记部为全国工会组织的总通讯机关,负责召集第二次全国劳动大会。这次大会是中国工人阶级第一次全国性的大会,表明中国共产党在全国工人运动中,从一开始就获得了领导地位,这对进一步加强中国共产党对全国工人运动及工人经济斗争的领导,推动全国工人运动的发展和统一起了重大作用。

1922年7月,党的二大通过的《关于"工会运动与共产党"的议决案》,在分析中国工人运动现状的基础上,阐述了工人运动的各项原则和方针政策。关于工会的任务,议决指出:工会就是保护工人切身的利益和为工人的利益奋斗的机关。工会应该努力做改良工人生活的运动。工会在领导工人进行改善工人生活条件和劳动条件等经济斗争的同时,还必须进行政治斗争;必须坚持集体契约和同工同酬的原则。议决还对工会与共产党的关系,工会在革命运动中的地位、策略和领导权问题进行了阐述。党的二大还把废除包工制、实行八小时工作制、工厂设立工人医院及其他卫生设备、工厂保险、保护女工和童工、保护失业工人等改良工人待遇的斗争作为党当时的奋斗目标的重要内容。[①]

《关于"工会运动与共产党"的议决案》是中国工人运动史上重要的历史文献之一,规定了党领导工人运动的方针政策,并把争取工人阶级的经济利益作为工人运动的重要任务之一,为党领导工人群众的经济斗争指明了方向。

1922年8月,根据党的第二次全国代表大会的精神,中国劳动组合书记部利用北京政府召开国会、准备制定宪法之机,提出了工人运动的纲领《劳动法案大纲》19条,要求将其纳入宪法之中,并发动全国工人开展劳动立法运动。大纲的主要内容是:承认劳动者有集会、结社、罢工和缔结团体契约及与国际联系的权利,实行八小时工作制,改善劳动待遇,保护女工、童工等。它得到了全国工人的热烈拥护和响应,实际上成为当时各地工人运动的共同纲领。

在中国共产党领导下,中国工人阶级在1922年1月至1923年2月间,掀起了第一次罢工高潮。第一次工人运动高潮的起点是1922年1月的香港海员工人大罢工。在香港海员工人大罢工的影响下,在第一次全国劳动大会和劳动立法运动的推动下,全国的工人罢工斗争迅猛发展起来,大小罢工达100多次。从经济斗争的角度来看,其

---

① 中央档案馆编《中共中央文件选集(第一册)》,中共中央党校出版社,1982,第78页。

中最重要的罢工是1922年4、5月间的上海日华纱厂工人罢工，9月的安源路矿工人大罢工，10月的开滦煤矿工人大罢工。

1922年4、5月间爆发的上海日华纱厂工人罢工，是中国共产党通过中国劳动组合书记部领导的一次较典型的以争取工人经济利益为主要目的的罢工斗争。1922年3月，在中国劳动组合书记部干事、共产党员李启汉的组织领导下，日华纱厂正式组建了上海浦东纺织工会，积极酝酿进行罢工斗争。4月，浦东纺织工会代表日华纱厂工人，先后两次向日本资本家提出增加工资、算还工人所有的存工（即平时和节假日加班所积存的工作日）、赔偿损失等五项要求。经过两次罢工斗争，取得了斗争的胜利。

1922年9月爆发的安源路矿工人大罢工是当时中国共产党领导的最为成功的罢工斗争。1921年12月，毛泽东到安源考察。1922年1月，李立三在安源创办工人补习学校，教育培养工人积极分子，并在其中发展了一批共产党员、青年团员，建立了党团支部。5月1日，又成立安源路矿工人俱乐部，李立三为主任。9月初，毛泽东再次来到安源，认为罢工时机已经成熟，并加派刘少奇到安源，协助李立三领导罢工斗争。9月14日凌晨，安源路矿13000多名工人实现了大罢工，并发表罢工宣言，向路矿当局提出承认工人俱乐部、不得随意开除工人、不得殴打工人、发还欠饷、增加工资等17项条件。经过激烈斗争，在工人群众的压力下，路矿两局被迫同意：承认俱乐部有代表工人之权；开除工人须公布正当理由，不能借此次罢工开除工人；抚恤因公伤亡者；不得殴打工人；增加工资；发还欠饷等。基本上满足了工人的要求，罢工斗争取得重大胜利。罢工胜利后，工人的政治地位、工作条件和生活待遇都有了显著的提高。

1922年10月，开滦煤矿4万多名工人在中国劳动组合书记部北方分部领导下举行的大罢工，是中国工人运动第一次高潮中最主要的罢工之一。中国共产党成立后，对唐山地区工人运动十分重视，先后派邓中夏、罗章龙、王尽美、邓培等到唐山开展工作，筹建工会，发展会员。为了增加工资和改善待遇，开滦煤矿工人于10月16日联合向矿局提出分等加薪等六项要求。这次大罢工虽然没有达到原来提出的要求，但给了英帝国主义以沉重打击，也在一定程度上改善了工人的待遇。

这一时期罢工斗争的直接要求主要是争取工人群众的经济利益。除京汉铁路工人大罢工（二七大罢工）一开始就是为成立京汉铁路总工会和争取工人阶级的政治权利外，其他罢工斗争主要是经济斗争。在罢工斗争中，中国共产党领导工人群众，不仅争取到了一些正当的政治权利，也为工人阶级争取到了正当的经济利益。由此可见，中国共产党成立伊始，就努力代表广大工人群众的直接利益，同时，工人阶级作为当时中国先进生产力的代表，其经济利益也体现着最先进生产力的发展要求。

（二）大革命时期党领导的工人经济斗争

在大革命的洪流中，工人运动在中国共产党的领导下蓬勃发展，其规模之大，参加人数之多，斗争之深入，都是前所未有的。从总体上看，这一时期工人群众的斗争以政治斗争为主，如五卅运动、省港大罢工、汉口九江工人收回英租界的斗争、上海工人三次武装起义等，但争取经济权益也始终是工人斗争的重要内容之一。

1923年京汉铁路工人大罢工失败后，工人运动由高潮暂时转入低潮。1923年6月，党的三大通过《劳动运动议决案》，11月，中共第三届第一次中央执行委员会全体会议又通过《劳动运动进行方针议决案》，提出了恢复工人运动的计划，"先行选择最重要的产业工人，如铁路、海员、矿工，集中我们的力量，加以切实的各个组织或整顿"①。并为此开展了大量的工作。

1924年1月，中国国民党第一次全国代表大会在广州召开，国共合作建立，为工人运动的恢复和发展创造了条件。此后，中国共产党着手恢复铁路工会。1924年2月7日，在中国共产党领导下，全国9条铁路的20多位代表在北京秘密召开全国铁路代表大会，但铁路工会成立后不久，就遭到封建军阀的破坏，北京、天津、石家庄、保定、郑州、武汉等地铁路工会先后被查封，工会领导人被逮捕。在此情况下，中国共产党决定首先恢复和发展广东的工人运动，采取从南向北恢复和发展工人运动的方针。当时广东革命政府支持工人运动，广东工会组织也存在，开展工人运动的条件十分有利。1924年5月1日，中国共产党联合国民党左派，以国民党中央工人部的名义，召开广州工人代表大会。大会十分重视工人的劳动权利和经济利益，大会通过的决议案规定：组织职业介绍所，介绍工人就业；学徒不开夜工；设立工人医院；开办工人夜校；等等。

为了加强对工人运动的领导，1924年5月，中共中央在上海召开执行委员会扩大会议，通过了《工会运动问题议决案》，强调发动工人阶级参加革命斗争的重要性，并对恢复和发展工人运动提出了一些具体措施，决定在中共中央和地方党委的工农部中设立工会运动委员会，作为专门领导工人运动的机关。②会后，工人运动得到迅速的恢复和发展。7月，广州沙面工人罢工的胜利，标志着工人运动的复兴。

在广东工人运动的影响和推动下，各地工人运动和工人经济斗争迅速发展起来。在南方，1924年8月，苏州一万多名机纺工人为要求改善生活条件、增加工资而举行大罢工；余姚盐工为反对盐运官吏设立公仓、危害盐工利益而举行大罢工；苏州铁机

---

① 中央档案馆编《中共中央文件选集（第一册）》，中共中央党校出版社，1982，第148页。
② 中央档案馆编《中共中央文件选集（第一册）》，中共中央党校出版社，1982，第189-193页。

丝厂工人为要求增加工资而举行罢工，木机工人举行同情罢工；上海南洋兄弟烟草公司工人罢工；汉口 8000 多名人力车工人为要求增加工资、改善生活待遇而举行罢工。其后，又有广州排字工人罢工，武昌裱糊工人罢工，上海日资纱厂工人罢工，上海闸北三星毛巾厂工人反对减少工资而举行罢工，浦东码头工人为增加工资而罢工，上海平和洋行工人要求增加工资而举行罢工。在北方，中国共产党营救了京汉铁路工人大罢工后被直系军阀所逮捕的工人运动领导人，并恢复了京奉、京汉、胶济、正太、京绥、陇海等铁路工会组织。随后，北京、唐山、沈阳等城市和胶济铁路工人相继举行罢工斗争。这些罢工多是经济斗争，其中以南洋兄弟烟草公司工人罢工、胶济铁路工人罢工以及上海日资纱厂工人罢工影响最大。

1925 年 1 月，党的四大在上海召开。会上明确提出无产阶级领导权和工农联盟的问题。大会通过的《对于职工运动之议决案》，提出必须把反帝反封建的政治斗争同经济斗争密切结合起来，"为各种具体的群众的利益而奋斗"[①]。1925 年 5 月 1 日，在中国共产党领导下，第二次全国劳动大会在广州召开。大会通过了《经济斗争的决议案》等 30 多个决议案，并成立了中华全国总工会，林伟民为委员长，刘少奇为副委员长，邓中夏为秘书长。会议的召开和中华全国总工会的成立，推动了全国工人运动的发展。

这次大会通过的《经济斗争的决议案》，是中国共产党领导工人群众进行经济斗争的纲领性文件。决议指出，"劳动的完全解放，只能在资本主义制度推翻、政权完全操入劳动者手中之后"，但在现阶段"我们不否认为改良劳动待遇条件，增高工人生活程度"斗争的意义。决议详细地提出了工人阶级在经济上的要求：①按照各地各时生活情形，规定最低限度的工资，这应成为目前应进行的主要工作之一。②八小时工作制的规定。每个工人最大限度的工作能力，一日不能超过八小时，只能往下少，不能往上增加。同时要注意在工作时间缩短的情况下，工资不能减少。③反对一切虐待。④改善女工、童工的生活。⑤实行劳动保护和社会保险。⑥取消包工制。[②] 大会还强调，全国总工会要具体指导所属各业工人，尽量利用一切可能的机会，去争取这些权利，去为获得这些权利而斗争。

大会闭幕不久，就爆发了全国规模的五卅运动。上海日资纱厂工人同盟罢工发生后，1925 年 5 月 28 日，中共中央召开紧急会议，决定以反对帝国主义屠杀中国工人为中心口号，将工人群众的经济斗争转变为各界人民的反帝政治斗争，因而，五卅运

---

① 中央档案馆编《中共中央文件选集（第一册）》，中共中央党校出版社，1982，第 286 页。
② 中央档案馆编《中共中央文件选集（第一册）》，中共中央党校出版社，1982，第 337–341 页。

动和响应五卅运动的省港大罢工，都是反帝的政治斗争，并把主要斗争矛头指向英帝国主义。

1926年7月，国民革命军出师北伐。随着北伐战争的胜利，在中国共产党领导下，各级工会组织不断发展壮大。1926年9月，中华全国总工会在汉口设立办事处。同年12月，全国工会会员由北伐前的100万人增加到近200万人，其中湖南、湖北、江西等的工人运动以空前的规模和声势迅猛发展起来。1926年12月，湖南全省工团联合会按中华全国总工会章程改组为湖南全省总工会。到1927年2月，湖南省有工会组织533个，会员达32.6万余人。1926年10月，湖北全省总工会在汉口成立，到1927年春，全省共成立工会约500个，会员达四五十万人。①在江西，北伐前只有少数工会组织，到1926年12月，九江、南昌、吉安、赣州等地都相继建立了总工会。工人组织遍布大中城市及县城，一部分集镇也建立了工会组织。在基层工会普遍建立的基础上，这些省还相继建立了省总工会。

工会组织的发展壮大，为工人阶级的斗争准备了条件。在中国共产党和各级工会组织的领导下，广大工人群众开展了反帝反封建的政治斗争，如声势浩大的反帝运动和收回汉口、九江两地英租界的斗争。与此同时，也进行了一系列的经济斗争。

在湖南，1926年10月，中共湖南区第六次代表大会通过的《职工运动决议案》指出，"工人阶级应仍随时随地作经济斗争，以逐渐改善其生活状况"，并提出了工人的最低经济要求：制定劳动保护法保护工人合法权利；实行八小时工作制；规定最低工资额；禁止雇用童工；男女工资平等；实行劳动保险；救济失业工人等。②大革命高潮期间，在中国共产党领导下，湖南各工会进行的经济斗争就有108次。经济斗争的结果是，湖南有20万工人平均增加工资20%到25%。

武汉地区工人群众为改善生活，进行了较多的经济罢工。从1926年10月至1927年4月，工人罢工达300余次，当时武汉有300多个工会，平均每个基层工会举行了一次罢工，重要且有记载的，也有36次。在这些斗争中，罢工工人都提出了经济要求，如改善劳动条件、增加工资、减少工时等。工人群众开展的这些经济斗争，大都取得胜利，有的工厂废除了封建性的工头和包工制，有的工厂实行八小时工作制，绝大部分产业工人、店员、手工业厂工人都不同程度地增加了工资。

二、对农民运动中经济斗争的组织与领导

建党之初，中国共产党在集中力量领导工人运动的同时，也在浙江、广东、湖南

---

① 中共中央党史研究室：《中国共产党历史（第一卷）（上册）》，中共党史出版社，2011，第179页。
② 《中国共产党湖南区第六次代表大会宣言》，《战士》1926年10月31日。

等一些地方领导开展了农民运动,大革命时期,更是领导开展了大规模的轰轰烈烈的农民运动。争取农民经济权益的斗争,是农民运动的主要内容。

(一)中国共产党领导农民经济斗争的开始

中国共产党成立后,随着对中国社会性质和革命性质问题认识的深化,对农民问题也逐步重视起来。1922年6月发表的《中共中央第一次对于时局的主张》,明确把"肃清军阀,没收军阀官僚的财产,将他们的田地分给贫苦农民""定限制租课率的法律""废止厘金及其他额外的征税"作为党当前的奋斗目标。① 党的二大指出了农民在中国革命中的重要地位,并对中国农民的经济现状进行了分析,指出农民摆脱贫苦状态的唯一办法就是革命。"中国三万万的农民,乃是革命运动中的最大要素","农民因为土地缺乏、人口稠密、天灾流行、战争和土匪的扰乱、军阀的额外征税和剥削、外国商品的压迫、生活程度的增高等原因,以致日趋穷困和痛苦","贫苦农民要除去穷困和痛苦的环境,那就非起来革命不可。而且那大量的贫苦农民能和工人握手革命,那时可以保证中国革命的成功"。② 1923年5月,共产国际给党的三大发来指示,指出:"在中国进行民族革命和建立反帝战线之际,必须同时进行反对封建主义残余的农民土地革命。只有把中国人民的基本群众,即占有小块土地的农民吸引到运动中来,中国革命才能取得胜利","全部政策的中心问题乃是农民问题"。③ 6月,党的三大通过了《农民问题决议案》,分析了农民生活愈加困难的现实,指出中国共产党有必要团结小农佃户及雇工,反抗帝国主义,打倒军阀、贪官污吏及土豪劣绅,以保护农民利益,推进国民革命。这是共产党制定的第一个有关农民运动的专门决议,它表明中国共产党已经开始在实践上重视农民运动的开展,把宣传和组织农民参加革命斗争提上了自己的议事日程,并为领导农民争取经济权益的斗争提供了依据。

这一时期党领导的农民运动有以下三次,主要是经济斗争。

浙江萧山县衙前镇的农民运动是中国共产党领导的最早的农民运动。1921年9月,在沈玄庐(时为共产党员)领导下,衙前农民大会召开,农民协会正式成立,通过了《衙前农民协会宣言》和《衙前农民协会章程》。农民协会成立后,开展了抗捐减租斗争,发动1000多人举行减租抗税请愿示威,要求"三折还租"。这一斗争波及萧山、绍兴、上虞等县的80多个村庄,当地的农民以衙前为榜样,建立农民协会,进行抗捐减租斗争。

---

① 中央档案馆编《中共中央文件选集(第一册)》,中共中央党校出版社,1982,第26页。
② 中央档案馆编《中共中央文件选集(第一册)》,中共中央党校出版社,1982,第76页。
③ 中央档案馆编《中共中央文件选集(第一册)》,中共中央党校出版社,1982,第104页。

广东海丰农民运动是中国共产党领导的早期农民运动中规模和影响最大的一次农民运动。1922年6月，共产党人彭湃便开始领导海丰农民开展反对地主阶级的斗争。1922年10月，赤山农会成立。在赤山农会的影响和彭湃的推动下，海丰许多乡村都建立了农会。1923年1月1日，海丰总农会成立，彭湃当选为会长。海丰总农会所采取的政策：一是对付田主；二是对付官厅。即"经济的斗争与政治的斗争并进，使农民有经济斗争的训练及夺取政权的准备"①。彭湃起草的《海丰总农会临时简章》和《农会利益传单》等文件，将农会的作用概括为17条，其主要方面，都是为农民争取经济利益，如：防止田主升租；防止勒索；防止内部竞争；凶年呈请减租；救济疾病；救济死亡；救济孤老；救济罹灾；共同生产；便利金融等。广大农民看到农会是真正代表自己利益的组织，都纷纷加入农会，海丰总农会很快发展到6万多会员，并影响到附近各县，陆丰、紫金、惠阳等县也相继成立农会。1923年5月，海丰总农会改组为惠州农民联合会，7月，又改组为广东省农会，会员有13万多人。广东省农会的纲领主要是争取农民的经济利益。在斗争中，农会领导农民维护了自己的经济利益，如取消了一些苛捐杂税，以"同盟非耕"对抗地主加租易佃的阴谋，等等。1923年7月，海丰受暴雨洗劫，农作物损失90%，农会又领导农民进行了减租斗争。而地主与官府勾结，派兵包围并强行解散了总农会，农民的这次斗争以失败告终，农会转入地下。

此外，还有1923年5、6月间刘东轩、谢怀德领导和发动的湖南衡山岳北农民运动。他们成立岳北农工会，开展平粜及阻禁谷米棉花出口的斗争，会员一度达10余万人，但当年年底即被反动政府镇压。

（二）北伐前对广东农民运动中经济斗争的领导

1924年5月，中共中央召开扩大会议。会议指出，为发动农民参加国民革命，"我们应当要求国民党实行废除额外苛税并禁止大地主对于贫苦佃农之过分的剥削"②。11月，《中共中央第四次对于时局的主张》进一步强调，"规定最高限度的租额，取消田赋正额以外的附加捐及陋规，谋农产品和他种生活必需的工业品价格之均衡，促成职业的组织（农民协会）及武装自卫的组织：这都是农民目前急迫的要求"③。1925年1月召开的党的四大再次强调了农民在中国革命中的重要作用，指出："中国共产党与工人阶级要领导中国革命至于成功，必须尽可能地、系统地鼓动并组织各地农民

---

① 《彭湃文集》，人民出版社，1981，第24页。
② 中央档案馆编《中共中央文件选集（第一册）》，中共中央党校出版社，1982，第188页。
③ 中央档案馆编《中共中央文件选集（第一册）》，中共中央党校出版社，1982，第238页。

逐渐从事经济的和政治的争斗。"①在农民运动的奋斗目标上，大会不仅重申了1924年5月扩大会议的有关规定，而且提出了"以官地分给贫农"的主张，并指出，在领导农民进行经济斗争时，"应特别宣传取消普遍的苛税杂捐，加征殷富捐所得税的口号"②。1925年10月，中共中央召开扩大会议，特别强调要解决农民土地问题。会议认为，"中国共产党对于农民的要求，应当列成一种农民问题政纲，其最终的目标，应当没收大地主军阀官僚庙宇的田地交给农民"，"没收土地的问题是革命中的重要问题。假使土地不没收交给农民，假使几万万中国农民因而不能参加革命，政府必定不能巩固政权，镇压军阀的反革命"，"我们现在所提出的过渡时期的农民要求，如减租、整顿水利、减税、废除陋规、收回盐税管理权、减少盐税、农民的乡村自治、农民协会的组织及农民自卫军等等，可以使农民革命化，可以组织农民起来，然而如果农民不得着他们最主要的要求——耕地农有，他们还是不能成为革命的拥护者"③。而为目前之自救计，农民也有最低限度的要求，在经济方面的要求是：由农民协会同乡村自治机关议定最高租额及最低谷价，反对苛捐杂税及预征钱粮，用地方公款办乡村农民无利借贷局，等等。这次会议不仅提出了土地革命的长期奋斗目标，也提出了最低限度的过渡要求，为农民运动中的经济斗争指明了正确方向，规定了正确的政策。

在中国共产党的正确领导下，广东的农民运动首先恢复并发展起来。到1925年5月，全省有22个县成立了农民协会，参加农会的农民有21万人以上。在此基础上，1925年5月召开了广东省第一次农民代表大会，正式成立了广东省农民协会。组织起来的农民在中国共产党的领导下，开展了反帝反封建的政治斗争，也为维护自身利益，进行了减租和抗捐等经济斗争。

1924年8月，广东省广宁县恢复农会，秋收时农民就提出减租的要求。11月农会发动减租运动，地主以武装镇压。在彭湃等人的建议下，广东革命政府派军队前往支援农民的斗争，农民的斗争取得了一定胜利。与此同时，惠阳、海丰、陆丰等县也都开展了减租运动，并都取得了一定成果。1925年秋，高要农民发动减租运动，遭地主豪绅的武装镇压，广东革命政府派兵援助，国民党区党部也给予支持，减租斗争取得了胜利。广大农民不仅要求地主减租，还对一些苛捐杂税进行了抵制。1924年10月，东莞、雷沥、锦夏等乡农民进行了反对虎门要塞司令及联团所抽取的30余种苛捐的斗争。

在广东农民运动的推动下，湖南、湖北等省的农民运动也开始恢复和发展，开展

---

① 中央档案馆编《中共中央文件选集（第一册）》，中共中央党校出版社，1982，第292页。
② 中央档案馆编《中共中央文件选集（第一册）》，中共中央党校出版社，1982，第296页。
③ 中央档案馆编《中共中央文件选集（第一册）》，中共中央党校出版社，1982，第398-399页。

了一系列经济斗争。1925年春,毛泽东回到湖南,发动韶山一带的农民运动,很快就建立了20多个秘密农会,领导农民进行了平粜、阻禁等斗争。1925年湖北大旱,绝大部分县受灾,在中国共产党领导下,农民的抗租斗争风起云涌,在斗争中,各地农民协会和农民自卫军也有发展。此外,在南方的江西、广西、四川,在北方的河南、山东、河北、陕西,农民运动都有所发展,并开展了一些经济斗争。

(三) 北伐开始后对农民运动中经济斗争的领导

随着农民运动的开展,在农民问题上,中国共产党内出现了右的倾向,因为害怕破坏统一战线而反对农民参加政治斗争,在经济斗争方面,除了提出废苛杂、苛例,取缔高利贷等要求之外,便是强调疏通水利、修筑公路等建设工作,连减租也不敢提。1926年9月,毛泽东在为《农民问题丛刊》写的序言《国民革命与农民运动》中,批评了农民运动中右的倾向,强调农民问题是国民革命的中心问题,农民必须进行反帝反封建的政治斗争和争取自身权益的经济斗争。

毛泽东的正确主张,为中共湖南区委所接受。1926年10月召开的中共湖南区六大,强调农民参加政治经济斗争,并提出了38条农民运动最低限度的政治经济要求。其中经济方面的要求有24条,主要是:减轻租额,佃农所得不能少于收获的50%;严禁增加租额;佃户押金租谷每石不得超过2元;绝对禁止重利盘剥,限制最高利率,年息不得过2分;改良雇农待遇,规定雇工工资的最低限度;限制粮食出境;不得预征钱粮;田赋附加不得超过正粮;以累进法征收地亩税;废除苛税杂捐,剔除征收陋规;减轻盐税;举办农村社会救济事业等。① 这是农民运动中对于农民经济要求最为完整最为详细的表达。1926年12月召开的湖南省第一次农民代表大会,进一步将中共湖南区六大提出的38条要求扩大为40条,并将国民党联席会议规定的减租25%,提高为最高可以减至30%。

随着农民运动的发展,地主豪绅、国民党右派、北伐军中的反动军官等,一齐向农民进攻,攻击农民运动是"痞子运动""堕农运动","糟得很"。陈独秀也指责和限制农民运动。1926年12月召开的中共中央汉口特别会议完全接受陈独秀的观点,经济方面,在农民已经以平均佃权为口号实际提出土地要求的时候,会议仍强调农民的要求只是减租减息,而不是土地问题。

1927年3月,毛泽东在实地考察湖南农民运动后发表了《湖南农民运动考察报告》,充分估计了农民在中国革命中的伟大作用,总结了农民运动的经验,驳斥了对农民运动的责难,在经济上、政治上提出了解决农民土地问题的行动纲领。

---

① 《第一次国内革命战争时期的农民运动资料》,人民出版社,1983,第394—395页。

在中国共产党的领导下,在北伐战争的推动下,以湖南为中心的农民运动迅猛发展,农民经济斗争也普遍加强。北伐军占领湖南后,湖南农民运动迅速发展。1926年11月,湖南全省75个县中有54个县建立了农民协会,会员达100万之众,到1927年1月激增到200万,农民协会能直接领导的农民群众有1000万,占湖南农民总数的一半。组织起来的农民,掀起了轰轰烈烈的反帝反封建的政治经济斗争,深度和广度都超过了广东农民运动。

农民的经济斗争主要表现在三个方面:①平粜、阻禁,协议谷价,限制和禁止谷米出境;②减租、减息;③农民协会组织力量,清算了旧农会的款项、社会积谷以及地方公产公款,对侵吞公款公产者,除退赔之外,还处以罚款。

特别突出的是,在湖南农民运动中,一些地方的农民开始进行土地革命。1927年3月,毛泽东以国民党中央农民运动委员会的名义为国民党二届三中全会起草的对农民宣言,已明确提出了解决农民土地问题的主张。中共湖南区委也把土地问题提上了议事日程。《中国共产党湖南区对湖南农民运动宣言》指出,贫农要求土地与资本,"必须于最短期间使这些贫农能够满足这一低度的要求"[①]。4月3日,《中国共产党湖南区为召集省民会议宣言》又指出:"农村中革命争斗的发展,已将土地问题列入议事程序的第一项。所谓土地问题是从减租减批[税]以至耕地农有,都在这一问题的范围以内,最重要的是在失业和半失业农民,需要土地与资本。"[②]在中共湖南区委的领导下,1927年4、5月间,湖南一些地区的农民协会成立了区乡土地委员会,"已经开始要解决土地问题——没收土豪劣绅的土地,并有分配土地的运动"[③]。首先是清丈土地,这一方面是使交租和田地面积相当,同时也是为解决土地问题作准备。其次是"播标",即重新分配土地耕种权。清丈对佃农有利,无田可耕的农民便要求标田。这是解决土地问题的前奏。在此基础上,一些地方开始分田,将田地依照人口进行分配,如在宝庆,"农民收了两千多张田契,都用火烧了。闹到后来,不但农民要求分田,就是地主们也自愿将田拿出来让大家分"[④]。但这只是个别地区。

湖南农民运动猛烈发展的同时,湖北、江西以及其他省的农民运动,也迅速发展起来。1927年2月湖北省农民第一次代表大会召开之前,全省69个县中有农民协会的县就有40余个,会员50余万。农民组织起来后,立即进行了减租减息、反对土

[①] 《中国共产党湖南区对湖南农民运动宣言》,《湖南民报》1927年3月12日,第7版。
[②] 《中国共产党湖南区为召集省民会议宣言》,《战士》1926年4月3日。
[③] 中央档案馆编《中共中央文件选集(第三册)》,中共中央党校出版社,1983,第53页。
[④] 中国第二历史档案馆编《中国国民党第一、二次全国代表大会会议史料(下)》,江苏古籍出版社,1986,第1104页。

豪劣绅把持乡政权等经济和政治斗争，农民运动开展得好的地方，减租减息已普遍实行，有的地方干脆不交租不付息。罗田、黄冈、阳新等县的农民还提出了分配土地要求，少数地方已清丈田亩、登记土地，并重新分配土地。北伐军进军江西后，江西的农民运动也得到较大的发展，到1927年2月召开省第一次农民代表大会时，农民协会已发展到15个县，会员达30万。农民进行了包括减租减息、选举乡村自治机关在内的经济政治斗争。此外，北伐后河南、陕西、安徽、四川、福建等省农民运动也有很大发展，广大农民在中国共产党领导下，开展了多种形式的经济斗争和政治斗争。

第三节 起步阶段经济理论探索与经济工作实践的特点与经验

这一时期中国共产党经济理论探索和经济工作实践都处在起步阶段，因而具有鲜明的时代特点，同时也积累了重要的领导经济工作的经验。

一、起步阶段经济工作的特点

经济工作的起步阶段，由于中国共产党没有建立自己独立的政权组织，没有形成自己独立控制的区域，因而党领导的经济工作主要是在统一战线的旗帜下开展工农运动，在工农运动中争取工农群众的经济利益。

（一）经济工作的主要内容是经济斗争

从1921年7月中国共产党成立到1927年7月国民革命失败，中国共产党开展的经济工作主要是发动和领导广大工人、农民进行争取工农群众经济利益的经济斗争。

这一时期以经济斗争为经济工作的主要内容，是由中国共产党的历史使命决定的。中国共产党作为中国广大人民群众最根本利益的代表，其历史使命是带领广大人民为实现共产主义的伟大理想和中华民族的伟大复兴而奋斗，而在当时，直接的目标是带领广大人民群众完成反帝反封建的革命任务。党的一大确立了社会主义—共产主义的奋斗目标，党的二大提出了党的民主革命纲领：消除内乱，打倒军阀，建设国内和平；推翻国际帝国主义的压迫，达到中华民族完全独立；统一中国本部（东三省在内）为真正民主共和国。这一阶段的革命任务，决定了这一阶段的中国共产党的首要任务，就是广泛地动员和组织广大人民群众，团结一切可以团结的力量，采取一切可行的方式，推翻帝国主义、封建主义，砸烂旧世界，建设新中国。因此，党在经济工作方面，就是动员和组织广大工农群众，开展经济斗争。这样，一方面可为工农群众争取经济利益，动员群众，激发他们的革命积极性，另一方面，给反动统治阶级以经济上乃至政治上的打击。

经济斗争的组织形式是工会、农会等群众组织。中国共产党领导的工农经济斗争，主要是通过工会、农会来进行的。动员组织广大工农群众起来斗争的任务，单靠共产党员是很难完成的，必须依靠广大工人、农民中的积极分子，以他们为骨干组织各种形式的工会、农民协会，这样才能更广泛地动员群众，组织力量。中国共产党在领导工农运动的过程中，不仅组织了大量的工会、农会，而且成立了中国劳动组合书记部，召开了第一次到第五次全国劳动大会，成立了中华全国总工会，大革命时期又召开各省的农民代表大会，成立中华全国农民协会临时委员会，在工农经济斗争中发挥了重大作用。

这一时期中国共产党领导的经济斗争的主要方式是工农运动，主要内容在工人运动中是提高工资、改善待遇，在农民运动中是减租、抗捐、平粜、阻禁直至土地革命。1922年1月至1923年2月，在中国共产党的领导推动下，出现了中国工人运动的第一次高潮，先后爆发工人罢工斗争187次，参加人数30万以上。大革命时期，工农运动更是迅猛发展，工人罢工斗争规模更大，参加的人数更多，农民运动的范围更广、更深入。在工农运动中，广大工人农民争取到了更多的经济利益，罢工工人的经济要求得到部分满足，农民的减租、抗捐、平粜、阻禁斗争也取得明显成效。

（二）经济斗争与政治斗争相结合

从1921年到1927年，中国共产党进行了与北洋军阀、国民党右派的政治斗争，领导了争取工农经济利益的经济斗争，开展了反对党内外各种错误思想的思想斗争等。相对而言，经济斗争在这一时期中国共产党领导的所有革命斗争中，不是独立的，而是从属于政治斗争的。

中国共产党领导的工农经济斗争与政治斗争是结合在一起进行的。从根本上说，是经济斗争服从于政治斗争，经济斗争为政治斗争服务。因为，只有取得政治斗争的彻底胜利，完成反帝反封建的革命任务，才能从根本上争取到工农群众的经济利益。中国共产党在领导工农运动的过程中，始终注意这一点。中国共产党第一个决议就强调："党在工会里要灌输阶级斗争的精神。"① 党的二大《关于"工会运动与共产党"的议决案》指出，"工会就是保护工人切身的利益和为工人的利益奋斗的机关"，工会的根本任务是向着劳动运动的最终目的进行，即完全打倒剥削奴役工人的资本制度，并按照共产主义原则改造社会。工会在领导工人进行改善工人生活条件和劳动条件等经济斗争的同时，还必须进行政治斗争，进行劳动立法运动；必须把反对某个工头或雇主的斗争，变成反对整个剥削阶级的斗争，变成真正的阶级的行动。"工

---

① 中央档案馆编《中共中央文件选集（第一册）》，中共中央党校出版社，1982，第7页。

会应该努力做改良工人状况的运动,凡在资本主义之下能够改良的,都要努力去做。同时须使工会很快的[地]向着劳动运动的最终目的进行,就是完全打倒工银奴隶制的资本制度,并照共产主义原则改造社会。"议决案还强调:"主张工会不做政治运动的,这是无政府工团主义的趋势,也是一个很大的错误。"①1924年5月,中共中央执委会扩大会议通过的《工会运动问题议决案》指出:"工会的责任是发展会员的阶级意识,扩大他们的眼界,使日常的斗争问题,都和工人最切身的利益联结起来……这样日常的争斗,应发展而且能发展成为总的民族斗争与阶级斗争。"②党的四大《对于农民运动之议决案》提出共产党和工人阶级"必须尽可能地、系统地鼓动并组织各地农民逐渐从事经济的和政治的争斗"③。1925年5月召开的第二次全国劳动大会再次强调,工人阶级"每个经济的斗争,同时就是政治的斗争"④。

在工农运动的实践中,经济斗争也是与政治斗争紧密结合在一起的。工农群众在党的领导下组织起来,立即提出自己的经济政治要求,并为此而进行斗争。这种斗争相当程度上是经济斗争。但是,工农群众的经济斗争必然遭到反动统治者的镇压,因此,政治斗争随即出现。"如工人的罢工,本是经济的斗争,但是资本家一利用军警来干涉,便转成政治的斗争了。"⑤在第一次工人运动高潮中,工人的每一次罢工斗争,都既提出了政治要求,也提出了经济要求。大革命时期,工农运动中政治斗争的特点突出出来,工农群众在进行争取自身经济利益斗争的同时,投入国民革命运动,有些是先参加国民革命运动,而后才组织进行争取自身经济利益的斗争,甚至主要只进行反帝反封建的政治斗争。如以湖南为中心的农村大革命,既开展了广泛的经济斗争,减租、抗捐,甚至重新分配土地,也进行了多种形式的政治斗争,如镇压罪大恶极的土豪劣绅,夺取乡村政权,一切权力归农会;改造团防,建立农民自卫军。而席卷全国的五卅运动,汉口、九江工人群众收回英租界的斗争,上海工人的三次武装起义等,则主要是进行反帝反封建的政治斗争。

(三)通过统一战线开展经济工作

1921年至1923年,中国共产党单独领导了工农运动中的经济斗争,1924年1月国共合作统一战线建立后,中国共产党领导工农经济斗争则主要是通过统一战线来进行。

---

① 中央档案馆编《中共中央文件选集(第一册)》,中共中央党校出版社,1982,第48-49页。
② 中央档案馆编《中共中央文件选集(第一册)》,中共中央党校出版社,1982,第191页。
③ 中央档案馆编《中共中央文件选集(第一册)》,中共中央党校出版社,1982,第292页。
④ 中央档案馆编《中共中央文件选集(第一册)》,中共中央党校出版社,1982,第338页。
⑤ 中央档案馆编《中共中央文件选集(第一册)》,中共中央党校出版社,1982,第338页。

1924年1月，在广州召开的中国国民党第一次全国代表大会，标志着国共合作的实现。由共产党人参加起草的国民党一大宣言，强调工农在国民革命中的作用和开展工农运动的重要性，指出，"国民革命之运动，必恃全国农夫工人之参加，然后可以决胜。盖无可疑者"，提出"对于农夫工人之运动，以全力助其开展，辅助其经济组织，使日趋于发达，以期增进国民革命运动之实力"。① 并明确规定：制定劳工法，改良劳动者之生活状况，保障劳工团体，并扶助其发展。国民党一大后，从国民党中央到各级党部均设立了工人部和农民部，而这些机构大都掌握在共产党员和国民党左派手里。以国共合作为基础的革命统一战线的建立，国民党进一步确定的新的劳工政策，以及大批共产党员加入国民党并在国民党各级工人部、农民部中担任负责工作，为恢复和发展工农运动、开展工农经济斗争，提供了有利条件。

在工人运动和工人经济斗争方面，国民党一大后，在中国共产党的推动和孙中山及国民党中央工人部领导下，首先统一和整顿了广州的工会组织。随后，孙中山以广东军政府大元帅的名义发布《工会条例》，对广东和全国工人运动及工人经济斗争的发展起到了重要推动作用。1924年7月，在中共领导下，广州沙面工人举行罢工斗争，得到了孙中山及其领导的国民党和广东革命政府的坚决支持，英法沙面租界当局被迫答应了工人的一切政治经济要求，补偿了罢工工人的薪金。1925年五卅运动爆发，国民党上海执行部与中国共产党共同组织领导了这一反帝大风暴。6月爆发的省港大罢工中，共产党坚持了同国民党密切合作的方针，省港大罢工的领导机构——省港罢工委员会，就是以国共合作为基础组成的，其中，国民党员10人，共产党员3人。除少数国民党右派外，国民党及广东革命政府对罢工采取了积极的态度：为了支援罢工，广东革命政府对香港实行封锁，在经济上打击英帝国主义；为了解决罢工经费和安排罢工工人的生活，国民党和广东革命政府在经济上给予积极的支持，"国民政府财政部，自始至终是每月送给罢工委员会一万元"；组织广东各界扩大对英经济绝交委员会，开展经济斗争。②

北伐开始后，国民党中央政治会议第26次会议通过了《工人运动方针案》，重申坚持孙中山扶助工人运动的政策，并提出了一些具体措施。国民政府迁都武汉之初，积极领导支持了当时的工人运动和工人阶级争取经济权益的斗争，如对武汉英美烟厂工人、两湖海员要求改善待遇罢工斗争的支持，对汉口、九江工人群众收回英租界斗争的领导等。但当时的国民党毕竟是代表资产阶级利益的，除了真正的国民党左派外，

---

① 《第一次国内革命战争时期的农民运动资料》，人民出版社，1983，第17页。
② 邓中夏：《中国职工运动简史（1919—1926）》，人民出版社，1953，第240页。

其对工人运动的支持领导也是有限的,特别是工人运动真正起来之后,他们又心怀恐惧,有所防范,国民党右派甚至叫嚷工人运动"罪在不赦",要"依法究办"。

在农民运动和农民经济斗争方面,国民党一大成立的农民部以共产党员林伯渠为首任部长。1924年3月,国民党中央又成立农民运动委员会,这是一个国共两党合作指导农民运动的组织。在共产党人的建议下,国民党中央开办农民运动讲习所,先后办了六届,为农民运动培养了大批骨干。在国民党和广东革命政府的支持下,中共领导的农民运动和农民经济斗争迅速发展起来。1924年11月,广宁县农民发动的减租斗争遭到地主武装镇压时,广东革命政府派铁甲车队和卫士队支援农民的经济斗争并取得了胜利。

1926年9月7日,国民政府发表《国民政府对农民运动第三次宣言》,重申要"竭力为农民改良其经济状况,当遵先总理之遗嘱,设法解决土地问题,务使农民能自由使用田土,同时政府当援助农民奋斗,使其能减低借贷之利率;及免除不合法之盘剥"①。武汉国民政府成立初期,又颁布了一些支持农民运动的文件和法律,国民党人尤其是国民党左派都能较好地执行。但中国资产阶级的软弱性决定了其不可能领导农民进行彻底的反帝反封建斗争,因而农民运动和农民经济斗争的实际领导,便落到共产党人身上。正是在中国共产党领导下,掀起了以湖南为中心的农村大革命。

二、起步阶段经济理论探索与经济工作实践的基本经验

坚持马克思主义为指导,从中国的基本国情出发,把马克思主义同中国实际相结合,是中国共产党经济工作理论创新的根本路径、实践探索的根本方法,也是这一时期中国共产党经济工作最大的经验。

(一)从中国国情出发探索新民主主义经济理论

国情是一定历史时期一个国家在经济、政治、思想、文化、社会生活等方面基本情况的总称。毛泽东指出:"认清中国社会的性质,就是说,认清中国的国情,乃是认清一切革命问题的基本的根据。"②科学认识中国国情,正确分析中国社会性质,同样也是中国共产党确立社会主义奋斗目标及科学社会主义经济观,形成新民主主义经济理论基本观点的基本依据。早期的共产党人在形成新民主主义经济观的过程中,对中国国情的分析和把握,就走过了一段弯路。而在科学地分析和把握了中国国情之后,才在确认中国革命分两步走的基础上,确立新民主主义经济理论的基本观点。

---

① 《第一次国内革命战争时期的农民运动资料》,人民出版社,1983,第42页。
② 《毛泽东选集(第二卷)》,人民出版社,1991,第633页。

如前所述，鸦片战争以后，中国的仁人志士不断地探索中国的发展之路，但他们的探索都以失败告终。俄国十月革命的胜利，使中国人民受到了极大的鼓舞，中国的先进分子立即把目光转向了东方，转向了俄国，中国的先进分子选择了走俄国人的路，走社会主义的路。但是，中国是否具备走社会主义道路的条件，就是早期共产主义者必须回答的问题。

所谓中国是否具备走社会主义道路的条件，即中国实现社会主义的经济基础和阶级基础是否具备，从根本上说，是如何看待中国经济落后、产业不发达的情况，如何估计中国工人阶级的力量、阶级觉悟和革命性的问题。早期共产主义者认为：一切产业的社会化，是实现社会主义必需的经济基础，而中国并不完全具备这样的基础，因而，中国实现社会主义要比一些发达国家"加倍困难"，中国人应该知道这一点是中国的"短处"。① 但是早期共产主义者又认为，中国现阶段不具备实现社会主义的经济基础，不等于中国没有进行社会主义革命、走社会主义道路的条件。中国已经有了社会化的大工业，有了一定数量的工人队伍，而且由于尖锐的阶级对立，中国革命必然要爆发。无产阶级可以先进行社会主义革命，夺取政权，然后再"借着政治的优越权，来改变经济组织"②，发展生产力，创造实现社会主义的经济基础。他们还以俄国为例，说明工业落后的国家，完全可以先夺取政权，然后靠社会主义的方法去发展生产力。他们还认为，是否具备进行社会主义革命、走社会主义道路的条件，不在于主观理想、知识程度以及道德程度，而在于"无产阶级经济生活，被压迫被剥削的程度"以及无产阶级"阶级觉悟的程度"③。早期共产主义者的这种分析，虽然还有很多不清晰的地方，但从选择社会主义的发展道路，确立社会主义的奋斗目标上来说，是正确的。而从当时工人阶级应该进行什么性质的革命来看，早期共产主义者由于对中国社会性质没有科学的把握，其立即进行社会主义革命的主张显然脱离了中国的实际。

中国共产党建党之初，提出直接建立无产阶级专政的政权和社会主义的基本经济制度，原因就在于不了解半殖民地半封建中国的社会经济基础，对中国的基本国情作了错误的判断，认为中国是一个资本主义国家，资产阶级是主要敌人，从而提出了一

---

① CT（施存统）：《我们要怎么样干社会革命？》，载中国社会科学院现代史研究室、中国革命博物馆党史研究室选编《"一大"前后：中国共产党第一次代表大会前后资料选编（一）》，人民出版社，1980，第267页。

② CT（施存统）：《我们要怎么样干社会革命？》，载中国社会科学院现代史研究室、中国革命博物馆党史研究室选编《"一大"前后：中国共产党第一次代表大会前后资料选编（一）》，人民出版社，1980，第273页。

③ 《蔡和森文集》，人民出版社，1980，第76页。

个一般地反对资本主义、消灭资本家私有制的纲领。

党的一大后,中国共产党在列宁和共产国际的帮助下,对中国基本经济国情和社会性质有了正确的认识。正是在正确认识和把握中国社会性质和基本经济国情的基础上,党的二大形成了党的民主革命纲领,并在领导中国革命的过程中,在对中国社会各阶级进行正确分析的基础上,逐步形成了新民主主义经济理论的基本观点。

(二)马克思主义必须与中国实际相结合

中国共产党是马克思主义与中国工人运动相结合的产物,从她诞生的第一天起,就高张着马克思主义的大旗,以马克思主义作为自己的指导思想,作为自己领导中国革命的思想武器。但是,马克思主义是行动的指南,并没有为共产党人如何领导中国革命提供具体的公式、现存的答案。中国共产党人只有把马克思主义与中国实际结合起来,运用马克思主义的立场、观点和方法观察处理中国革命的问题,才能制定出中国革命正确的路线、方针、政策,才能提出符合中国国情的新民主主义经济理论,指导新民主主义的经济斗争和经济建设。

中国共产党建立之初,对如何把马克思主义与中国实际相结合,没有完整的统一的理解。党的一大提出的党的纲领,"推翻资本家阶级的政权","承认无产阶级专政","消灭资本家私有制"[①],一方面表明中国共产党以马克思主义作为自己的指导思想,是马克思主义基本原理武装起来的无产阶级政党,另一方面也表明中国共产党还没能把马克思主义与中国的实际结合起来。中国是一个外受帝国主义列强侵略,内有封建压迫的半殖民地半封建社会,而不是如党的一大所判定的资本主义国家。在这样的国家,无产阶级应该怎样开展革命斗争,才能达到社会主义和共产主义的奋斗目标?在这样的革命过程中,又应该采取何种经济政策?这是当时中国共产党还没能解决的问题,原因就在于当时中国共产党未能把马克思主义理论与中国实际结合起来。

党的一大后,在列宁和共产国际的帮助下,中国共产党人开始把马克思主义与中国实际相结合,引入列宁关于民族和殖民地革命的理论,党的二大正确分析了中国的社会性质和革命性质,制定了反帝反封建的民主革命纲领,提出了中国革命分两步走的理论,并在此基础上,初步形成了中国新民主主义经济理论的基本观点。

反帝反封建民主革命纲领的制定,是马克思列宁主义的普遍原理同中国革命具体实践初步结合的体现,它标志着中国共产党对中国革命进程的科学把握,并为新民主主义经济理论基本观点的提出及对中国革命道路、规律的进一步深入探索奠定了良好的基础。

---

① 中央档案馆编《中共中央文件选集(第一册)》,中共中央党校出版社,1982,第5页。

第二章

摸索

（1928—1937）

新民主主义—社会主义经济革命道路的确立与新民主主义经济工作的初步展开

1927年大革命失败、国共合作破裂后，中国革命陷入低潮。中国革命向何处去，通过什么样的道路夺取革命胜利，是这一时期摆在中国共产党人面前的历史课题。独立地探索中国通向社会主义的道路，是这一时期中国共产党经济理论与实践探索的主题。

这一时期，中国共产党进一步深化了对国情的认识，从而正确地把握了中国革命的特点，确立了武装反抗国民党反动派和发动农民进行土地革命的基本路线，根据敌强我弱的形势，果断地把革命力量转移到农村，开辟了农村包围城市、"工农武装割据"的革命新道路。在这一过程中，中国共产党领导根据地人民初步开展了以土地革命为主要内容的新民主主义经济工作实践。

土地革命，变封建半封建土地所有制为农民土地所有制，既是中国新民主主义革命的重要内容，也推动了根据地农业生产的发展，改善了根据地人民群众的生活，在当时的历史条件下，是党为人民谋幸福的主要途径。

这一时期的经济工作大体上可以分成四个时期：1928年到党的六大，土地革命初步展开；党的六大到1930年，土地革命开始深入发展；1931年到1934年红军长征之前，经济工作中出现了"左"的错误；1934年到1936年，随着红军的长征和中日民族矛盾的上升，中国共产党的土地政策和各项经济政策都发生了深刻的转变。

第一节　新民主主义—社会主义经济革命道路的确立

大革命失败后，中国共产党在总结经验教训的基础上，开始寻找中国革命新道路。共产党人运用马克思主义经济理论的基本原理，进一步深化对中国国情的认识，力图把握中国社会经济特点、性质以及中国革命的特点，进而在理论上形成了农村包围城市、"工农武装割据"的崭新革命理论，确立了通过新民主主义走向社会主义这一适合中国国情的经济革命道路。

一、对中国社会经济国情认识的深化

早在大革命时期，党的二大已经对中国社会的性质作了初步的马克思主义分析，

第二章 摸索（1928—1937）
新民主主义—社会主义经济革命道路的确立与新民主主义经济工作的初步展开

确认中国是一个半殖民地半封建性质的社会。大革命失败后，人们对中国社会性质的认识在许多方面又变得模糊起来，随之对中国革命的性质及前途重新产生了疑问。正如李维汉回忆的，党的六大前，"大革命时期遗留下来的几个重大理论问题，还没有统一认识，有待于正确地澄清和解答，否则便不能适应历史前进的要求。例如：中国革命的性质问题。中国革命的性质是什么，它是由什么来决定的？"① 正是在这样的情况下，党的六大正确认识到中国革命与中国社会性质之间的关系深刻地说明了中国社会的半殖民地半封建性质，从而为中国共产党在20世纪30年代关于社会性质问题的论战提供了正确的理论依据和强大的思想武器。而这次大论战又深化了中国共产党对中国经济国情的认识。

（一）对中国社会经济发展阶段的科学定位

大革命失败前夕，苏联共产党内以托洛茨基为首的少数派与以斯大林为首的多数派之间关于中国社会性质问题的争论就直接影响到中国。在大革命失败的背景下，人们对中国社会性质又产生了各种不同的认识。于是，中国国内从1929年下半年到1934年下半年也展开了一场关于社会性质问题的大论战。论战的双方主要是以托洛茨基观点为指导思想的"动力派"和以马克思主义为指导思想的"新思潮派"。论战主要围绕帝国主义、封建主义、民族资本主义这三种势力的相互关系及农村社会经济性质问题展开，争论的核心是当时中国社会的性质是半殖民地半封建社会还是资本主义社会的问题，即中国社会经济发展所处历史阶段的定位问题。论战的实质和落脚点则是中国向何处去，要不要进行资产阶级民主革命的问题。

以严灵峰、任曙为代表的"动力派"认为中国已是"资本主义社会"，由此出发反对中国共产党关于中国社会性质和中国革命的观点。他们把商品经济等同于资本主义经济，并对中国商品经济的发展程度作了夸大的估计，认为"资本主义在中国现在发展到了摧毁封建经济，支配全国生活"的程度②；认为帝国主义"在中国势力的发展要绝对的［地］破坏封建势力和关系，促使中国走向资本主义进化的过程"③；认为帝国主义在华经济和中国民族资本主义经济都是"中国地域内的""统一的中国经济"，因此对二者应"一视同仁""一并计算"；认为"中国土地的问题，主要的已不是封建关系而是资本主义的关系了"④。因此，他们认为，中国应该直接进行反对资

---

① 李维汉：《回忆与研究（上）》，中共党史资料出版社，1986，第239页。
② 高军编《中国社会性质问题论战（资料选辑）（下）》，人民出版社，1984，第470页。
③ 高军编《中国社会性质问题论战（资料选辑）（上）》，人民出版社，1984，第367页。
④ 高军编《中国社会性质问题论战（资料选辑）（下）》，人民出版社，1984，第481页。

产阶级的社会主义革命,但同时又认为由于中国资产阶级还没有完全发达,还缺乏革命的基础。对上述种种谬论,以马克思主义为思想武器的"新思潮派"通过对中国社会经济状况的实地调查与研究分析,一一给予了有力的驳斥。他们指出,帝国主义在中国拥有最高的统治权,封建半封建的经济占支配地位,中国资本主义受帝国主义和封建势力的双重压迫,没有也不可能在中国经济中占压倒优势,中国农村现存的仍然是封建式的剥削关系,因此,中国处在半殖民地半封建的社会经济发展阶段。

(二)对中国社会经济结构与特点认识的深化

论战中,中国共产党已经开始有意识地分析中国社会的各种经济成分及特点,考察各种经济成分在中国社会经济生活中所处的地位,及其对中国社会经济发展的影响。

当时,中国共产党人已经认识到中国的"经济系统是非常复杂,有资本主义最高阶段的帝国主义经济,有'新兴的'民族资本主义经济,有广大的商业资本,有简单商业经济以至自然经济"①。关于帝国主义经济在中国经济中的地位及对中国经济的影响,他们指出,帝国主义在中国社会生活中居于统治地位,在一定程度上破坏了中国自给自足的自然经济,刺激了中国资本主义的发展,但更重要的是,"帝国主义的目的,是在把中国变成帝国主义经济的附庸,变成它的原料出产地,它的商品的市场,与它的投资的所在,所以它不但不能帮助中国资本主义的独立发展,而且阻止中国资本主义的独立发展,他〔它〕不但不消灭乡村中间的封建式的剥削,而且加紧了这种剥削"②。因此,"帝国主义在中国的统治,只能破坏中国经济,而不能发展中国的经济。它只能使中国的经济殖民地化,而不能使中国的经济独立发展"③。关于资本主义经济的特点,他们承认资本主义经济得到了一定程度的发展,但认为由于中国资本主义经济的发展受到帝国主义和封建势力的双重压迫,"中国资本主义经济并没有占得大的区域,在中国经济中并没有压倒的势力,并不是代表中国经济的主要特征……在中国整个经济依然不得不居于次要的地位,不能形成主要的支配的经济形态"④。并且,"民族工业的破产(丝业,棉业,面粉业,烟草业,火柴业,北方的纱业),成了目前普遍全国的现象"⑤。因此,中国资本主义根本不可能独立地发展,相反,对帝国主义和封建势力还有依附关系,也根本不可能统治全国的经济生活。关于

---

① 《王明言论选辑》,人民出版社,1982,第128页。
② 张闻天选集编辑组编《张闻天文集(第一卷)》,中共党史资料出版社,1990,第178页。
③ 张闻天选集编辑组编《张闻天文集(第一卷)》,中共党史资料出版社,1990,第199页。
④ 高军编《中国社会性质问题论战(资料选辑)(上)》,人民出版社,1984,第192页。
⑤ 高军编《中国社会性质问题论战(资料选辑)(上)》,人民出版社,1984,第210页。

农村经济的特点，张闻天指出，帝国主义的商品输入使商品经济在中国农村得到了急速的发展，但是这种发展，"只是加紧了地主，商人，高利贷者对于广大农民群众的剥削"，而这种剥削，"不是资本主义的剥削，而是封建式的剥削，因为这里对立的不是在土地上投下资本取得平均利润的资本家，与得到工资的工人，而是将土地出租给农民，向农民那里收到地租的地主与农民"①，"中国农村中主要的生产方法，还是手工的而不是机器的，还是封建式的生产，而不是资本主义式的生产"②。

（三）对中国社会经济性质的科学判断

通过对中国社会经济发展所处阶段的科学定位和对中国社会经济结构及其特点的分析，中国共产党人进一步揭示了中国社会经济的性质。他们指出："就整个中国经济关系来说，城市的资本主义确已占领了领导地位，整个经济发展的趋势确已是走向资本主义的过程。但是，在全国经济生活的比重上，半封建关系仍然占着比较的优势。"③同时，由于帝国主义经济在中国社会经济中居于统治地位，因此，"中国经济实在是帝国主义侵略下的一个半殖民地的封建的经济"④。

中国共产党人还指出了中国社会经济结构的过渡特性。由于在中国封建经济和民族资本主义经济都不可能取得支配地位，因此，"目前中国的经济是在由封建经济过渡到资本主义经济的过渡期中，其特质是半殖民地的半封建经济"⑤。中国共产党关于中国社会经济发展历史阶段、中国社会经济结构、中国社会经济性质的理论分析，对于确立中国正确的革命道路具有重大理论意义。正如张闻天在分析了中国农村经济状况以及整个国民经济状况后明确指出的："象［像］中国这样的经济，我们称做［作］半殖民地与半封建的经济，这种经济决定了中国革命的任务与性质，决定了中国革命中各阶级的关系，决定了中国革命的动力。"⑥

中国共产党对中国社会经济特点和性质的认识经历了一个逐步发展和不断深化的过程，在某些方面甚至还出现过错误。如受"左"的错误影响，这一时期中的很长一段时间，对民族资本主义和民族资产阶级缺乏深入的认识，没有把官僚买办资本与民族资本区别开来，没有认识到民族资本代表的是一种先进的生产方式并具有一定的进步性，甚至把民族资产阶级放在革命对象的位置。当然，随着认识的发展，党又明确

---

① 张闻天选集编辑组编《张闻天文集（第一卷）》，中共党史资料出版社，1990，第181页。
② 张闻天选集编辑组编《张闻天文集（第一卷）》，中共党史资料出版社，1990，第183页。
③ 高军编《中国社会性质问题论战（资料选辑）（上）》，人民出版社，1984，第209页。
④ 高军编《中国社会性质问题论战（资料选辑）（上）》，人民出版社，1984，第195页。
⑤ 高军编《中国社会性质问题论战（资料选辑）（下）》，人民出版社，1984，第721-722页。
⑥ 张闻天选集编辑组编《张闻天文集（第一卷）》，中共党史资料出版社，1990，第479页。

地把买办资产阶级与民族资产阶级区别开来。

二、新民主主义—社会主义经济革命道路的确立

中国共产党正是在正确认识中国国情，科学分析中国社会经济性质的基础上，不断探索中国革命的正确道路。在这一过程中，中国共产党曾经遇到来自"左"和右的错误思想的干扰，在与这些错误作斗争的过程中，中国共产党最终选择了新民主主义—社会主义的经济革命道路。

（一）"二次革命论"的破产

大革命时期，陈独秀在分析中国社会各阶级特点及与中国革命关系的基础上，认识到了中国革命要分两步走，但是由于他过分夸大资产阶级的力量，低估工人阶级的力量，因而认为"国民革命的胜利，自然是资产阶级的胜利……自然是资产阶级握得政权"[1]，于是机械地将民主主义革命与社会主义革命割裂开来，否认了新民主主义革命的"非资本主义"前途。基于这种思想，他认为中国革命应该先通过资产阶级民主主义革命建立资产阶级掌权的国家，等资本主义充分发展、工人阶级壮大以后再来进行无产阶级社会主义革命。在这样一种"二次革命论"思想的指导之下，他主张国民革命中一切工作以国民党为中心，放弃中国共产党在民主革命中的领导权，认为党当时的主要任务只是一般地做宣传和组织工作，反对土地革命，压制工农武装运动。这一错误思想是陈独秀右倾错误的理论基础，也是导致大革命失败的重要原因之一。大革命失败和国共合作破裂，已经证明"二次革命论"的破产。大革命失败后，陈独秀进一步发展了他的"二次革命论"的思想，对中国社会性质和革命前途作出了错误的判断。他认为中国社会的性质已经不是半殖民地半封建社会，而是资产阶级取得统治地位，进入资本主义发展时期的社会，因此，中国资产阶级民主革命的任务已经完成，无产阶级只有等待将来去进行社会主义革命。在中国共产党开始独立领导工农武装斗争以后，这种理论被实践证明是错误的。

（二）"一次革命论"的失败

1927 年的八七会议批判了陈独秀的右倾错误，但是，在反对陈独秀右倾错误的同时，"左"的错误开始发展。党内一部分人对革命形势作出了盲目乐观的估计，强调中国革命的"不断高涨"和"无间断性"，主张把资产阶级民主革命和无产阶级社会主义革命"毕其功于一役"，在半殖民地半封建社会的基础上直接建立社会主义社会。

---

[1] 陈独秀：《陈独秀文集（第二卷）》，人民出版社，2013，第 498、502 页。

1927年11月,临时中央政治局在瞿秋白的领导下召开扩大会议,会议通过的《中国现状与共产党的任务决议案》认为,"现在的革命斗争,已经必然要超越民权主义的范围而急剧的[地]进展;中国革命的进程,必然要彻底解决民权主义任务而急转直下的[地]进于社会主义的道路",要求全国各地不加区别地组织武装暴动,并进一步指出,"工农武装暴动的策略,尤其应当注意的是:对于豪绅工贼及一切反革命派,应当采取毫无顾惜的歼灭政策","对于上层小资产阶级——店东商人等等,切不可以存着犹豫动摇的心理"。[1] 这次扩大会议后,在以瞿秋白为首的临时中央政治局的领导下,各地发动了多次武装暴动,但多数暴动由于并不具备条件而最终失败,革命力量遭受了很大损失。在此情况下,中央及时纠正了这次"左"的错误。

但是,由于客观条件发生的一些有利于革命的变化,加上共产国际关于资本主义总危机已经到来的观点的影响,中共中央对革命形势又作出了过于乐观的估计,认为新的革命高潮"已经逼近"和"已经形成"。1930年6月,李立三主持召开的中央政治局会议通过了《新的革命高潮与一省或几省的首先胜利》的决议,对中国革命形势作出了错误的估计,认为革命危机在全国各地都有同样的生长,全国各地都要马上准备武装起义,中心城市尤其要首先发动以形成全国革命高潮的中心。为此,李立三制订了全国中心城市武装起义和集中全国红军攻打大城市的冒险计划,提出了"暴动、暴动、再暴动"的口号。在不到三个月的时间里,李立三的"左"的错误又使刚刚复兴的革命力量遭受重大损失。在共产国际的帮助下,中共六届三中全会纠正了李立三的"左"倾错误。

但是,1931年1月召开的中共六届四中全会上,王明等"左"倾教条主义者取得了中央的领导权,他们打着共产国际的招牌,系统地提出了一套关于中国革命的"左"的理论。在革命形势上,否认中国革命发展的不平衡性,强调全国性"革命高潮"的到来;在工作重点上,否认敌人对城市和乡村统治的不平衡性,坚持城市中心论,忽视农村根据地的地位和作用;在革命方式上,不切实际地强调"以罢工为主要武器"[2];在社会性质与革命任务上,片面夸大资本主义经济在中国社会经济中的比重,对封建经济基础估计不足,模糊了中国革命反帝反封建的主要任务;在革命的力量上,认为中国革命的动力只是工人、贫雇农、中农以及小资产阶级的下层,主张整个地反对资产阶级以至上层小资产阶级;在革命的性质上,把反资产阶级与反帝反封建并列为民主革命的任务,片面夸大了中国资产阶级民主革命中反资产阶级斗争、反

---

[1] 瞿秋白:《瞿秋白文集:政治理论编(第五卷)》,人民出版社,2013,第92、96页。
[2] 刘继增、张葆华主编《中国共产党国情认识史》,湖北人民出版社,1990,第143页。

富农斗争的意义。王明"左"倾教条主义在政治、经济、军事斗争中的全面推行,使党的力量遭受了惨重损失。到1932年年底,国统区的党组织几乎被破坏殆尽,中央机关被迫于1933年1月迁入中央革命根据地,第五次反"围剿"失败,红军被迫长征。

(三)新民主主义—社会主义经济革命道路的确立

大革命及其后的历史已经证明"二次革命论"和"一次革命论"的破产。摆在中国共产党面前的迫切任务是探索一条新的革命和社会发展道路。中国共产党在这一时期通过理论与实践的探索,不仅确立了通过新民主主义进入社会主义的整体革命战略,而且确立了通过新民主主义发展到社会主义的经济革命道路。

在白色恐怖的严峻现实面前,中国共产党逐渐开拓了通过开辟农村革命根据地以武装夺取政权的道路。在党的领导下,各根据地发动群众打土豪、分田地,恢复发展地党组织,建立地方武装和工农兵政府,并开始了新民主主义经济工作的初步实践。在实践的过程中,中国共产党人对根据地经济结构,各种经济成分在根据地经济中的地位、作用及整个根据地经济发展的前途都有了比较明确的认识。1933年4月,张闻天在《论苏维埃经济发展的前途》一文中分析了革命根据地的经济成分,认为革命根据地经济包括农民的小生产的商品经济、小手工业、私人资本主义经济、合作经济、国营企业等几部分,初步形成了根据地经济构成的雏形。1934年1月,毛泽东在中华苏维埃第二次全国代表大会所作的《我们的经济政策》的报告中,对根据地的经济结构也作了具体的分析。他说,"现在我们的国民经济,是由国营事业、合作社事业和私人事业这三方面组成的",并指出,"国家经营的经济事业,在目前,只限于可能的和必要的一部分","私人经济,不待说,现时是占着绝对的优势,并且在相当长的期间内也必然还是优势";"合作社事业,是在极迅速的发展中"。他不仅认识到根据地各种经济成分并存的局面,还指出了根据地经济发展的前途是"合作社经济和国营经济配合起来,经过长期的发展,将成为经济方面的巨大力量,将对私人经济逐渐占优势并取得领导的地位","造成将来发展到社会主义的前提"。[①]因此,私人资本主义的发展对苏维埃政权不仅不可怕,而且是国家和人民的利益所需要的,应在政府法律允许的范围内,提倡和奖励它们的发展,利用它们来发展苏维埃经济。

总之,这一时期,中国共产党人虽然还没有明确指出根据地经济就是新民主主义经济,但他们事实上已经实实在在地开展了新民主主义经济建设的探索,并将这种探索当作通往社会主义的现实途径。这表明,中国共产党已开始确立并走上通过新民主主义经济发展到社会主义经济的经济革命道路。

---

① 《毛泽东选集(第一卷)》,人民出版社,1991,第133、130页。

三、开展根据地经济工作的指导思想

在开创农村革命根据地和开展根据地经济建设的过程中,中国共产党人逐步认识到经济工作的极端重要性,并形成了根据地经济工作的指导思想。

(一)开展根据地经济建设工作的必要性和重要性

以毛泽东为代表的中国共产党人关于工农武装割据思想的三个方面基本内容之一,就是开展包括经济建设在内的根据地建设。他们认识到,没有根据地的经济建设,武装斗争就没有后方依托和物质保障,土地革命成果也无法巩固,革命也不可能取得胜利。因此,要取得农村包围城市、武装夺取政权的革命的成功,就必须开展革命根据地经济建设。

1. 开展经济工作是为革命战争提供物质保障的需要

毛泽东明确指出,"革命战争的激烈发展,要求我们动员群众,立即开展经济战线上的运动,进行各项必要和可能的经济建设事业",因为"只有开展经济战线方面的工作,发展红色区域的经济,才能使革命战争得到相当的物质基础"。[1]因此,为了革命战争的胜利,从物质上保障红军的供给,必须开展经济战线的斗争。中共中央在《苏区中央局关于在粉碎敌人四次"围剿"的决战前面党的紧急任务决议》中提出了"集中一切经济力量,为了战争"的口号。可见,党已经认识到,只有开展经济工作,创造尽可能多的物质去最大限度地保障革命战争的需要,才能争取革命战争的胜利。

2. 开展经济工作是供给和改良根据地军民生活的需要

"有足够给养的经济力"是革命根据地存在和发展的重要条件。革命根据地处在四面白色政权的包围之中,敌人力图"破坏正在前进的红色区域的经济建设工作,破坏已经得到解放的千百万工农民众的福利","他们不但组织了武装力量进行军事上的'围剿',而且在经济上实行残酷的封锁政策"。[2]而且,奸商反动派也趁机作乱,这就使根据地的生存遇到严重的经济困难和危机。为了巩固已建立的革命根据地政权,改良人民群众的生活,就必须同敌人的经济封锁和根据地投机奸商不法分子作经济斗争,"发展农业生产,发展工业生产,发展对外贸易和发展合作社"。[3]同时,"在敌人经济封锁之下,工业生产品的极端缺乏与昂贵,自然会影响到苏区内工农的生活水

---

[1] 《毛泽东选集(第一卷)》,人民出版社,1991,第119、120页。
[2] 《毛泽东选集(第一卷)》,人民出版社,1991,第130页。
[3] 《毛泽东选集(第一卷)》,人民出版社,1991,第130-131页。

平,使他们的生活恶化"①。而如果不改良苏区劳动人民的生活,就不能激发他们参加革命战争的积极性,红军就不可能取得胜利。因此,为了改良苏区民众的生活,必须有计划地进行各种必要的与可能的经济建设。

3. 开展经济工作是巩固革命根据地、实现社会主义前途的需要

经济建设不仅是为革命战争提供保障的需要,是供给和改良革命根据地军民生活的需要,也是开展根据地其他工作、巩固根据地的需要,是确保实现社会主义前途的需要。例如,增加财政收入、活跃物资交流等方面的经济工作,不仅是巩固根据地、保障革命战争胜利的需要,而且是巩固土地革命的成果、巩固工农联盟、争取国营经济对私人经济的领导、为将来社会主义的前途在经济上创造优势和前提的需要。

(二)经济工作在党的工作中的地位

由于革命根据地处在敌人的军事围剿与封锁之中,中国共产党的目标是武装推翻国民党反动派的统治,建立工农专政的新政权,这决定了党的"中心任务是动员广大群众参加革命战争,以革命战争打倒帝国主义和国民党,把革命发展到全国去,把帝国主义赶出中国去"②。因此,中国共产党提出,"现在我们的一切工作,都应当为着革命战争的胜利"③。因此,经济工作不是处于党的当前工作的中心位置,但由于经济工作对于革命战争的重要性,经济工作在党的工作中不能不处于重要位置。

具体来说,一方面,经济工作服从于党的中心工作即革命战争。早在井冈山时期,毛泽东就指出:"边界的斗争,完全是军事的斗争,党和群众不得不一齐军事化。"④那时还没有开展严格意义上的经济工作。后来随着实际斗争的需要,党在根据地开展了一些经济工作,但"革命战争是当前的中心任务,经济建设事业是为着它的,是环绕着它的,是服从于它的"⑤。既然革命战争是党的中心任务,经济工作同革命战争相比就不能不处于服从的地位。因此,在革命战争时期,"为将来的环境所许可而现在的环境不许可的那些经济建设工作,只是一种瞎想……只有在国内战争完结之后,才说得上也才应该说以经济建设为一切任务的中心"⑥。经济建设的规模、财政投资的方向、财政经济工作的领导方法与工作方法,都必须根据战争的需要与可能,量力

---

① 张闻天选集编辑组编《张闻天文集(第一卷)》,中共党史资料出版社,1990,第341页。
② 《毛泽东选集(第一卷)》,人民出版社,1991,第136页。
③ 《毛泽东选集(第一卷)》,人民出版社,1991,第119页。
④ 《毛泽东选集(第一卷)》,人民出版社,1991,第63页。
⑤ 《毛泽东选集(第一卷)》,人民出版社,1991,第123页。
⑥ 《毛泽东选集(第一卷)》,人民出版社,1991,第123页。

而行。张闻天在《论苏维埃经济发展的前途》一文中指出："我们党的任务是在集中苏区的一切经济力量，帮助革命战争，争取革命战争的胜利。"①

另一方面，经济工作在党的工作中处于十分重要的地位。强调革命战争是党的中心任务，并不是否定经济工作在党的工作中的重要性。在革命根据地建立之初，党就认识到"有足够给养的经济力"的重要性，进行了一些必要的和可能的经济建设。针对一些人把革命战争与经济建设根本对立起来，认为"革命战争已经忙不了，哪里还有闲工夫去做经济建设工作"②的错误观点，毛泽东提出了严肃批评，认为取消了经济建设，就不是服从战争，而是削弱战争。在《必须注意经济工作》一文中，毛泽东明确提出："只有开展经济战线方面的工作，发展红色区域的经济，才能使革命战争得到相当的物质基础……才能使我们有力量去扩大红军……也才能使我们的广大群众都得到生活上的相当的满足，而更加高兴地去当红军，去做各项革命工作。"③因此，党和各级地方政府必须着重讨论和开展经济建设工作。

（三）根据地经济工作的指导思想

中国共产党人不仅认识到经济工作的极端重要性，而且从新民主主义经济革命和战时经济的角度，明确了经济工作的指导思想。

1. 消灭帝国主义、封建主义经济

新民主主义革命的根本任务是推翻帝国主义和封建主义在中国的统治，反映在经济工作指导思想和方针方面，就是"为消灭帝国主义在中国的经济地位及国内封建残余而斗争"④。开创革命根据地，进行土地革命，核心就在于取消农村经济中的一切封建剥削，彻底消灭封建半封建的剥削制度。同时，将操纵在帝国主义手中的一切经济实行国有，构建社会主义性质的全民所有制经济的基础。

2. 支持和鼓励国营经济和合作社经济的发展，为将来向社会主义发展创造前提和优势

国营经济和合作社经济都是带有社会主义性质的经济形式。因此，党从各方面积极推进这两种经济的发展。张闻天在《论苏维埃经济发展的前途》一文中告诫全党："我们应该有系统的［地］来组织我们的经济力量，我们应该经过我们自己的苏维埃政权为将来社会主义的前途，在经济上创造一些前提和优势。"⑤

---

① 张闻天选集编辑组编《张闻天文集（第一卷）》，中共党史资料出版社，1990，第340页。
② 《毛泽东选集（第一卷）》，人民出版社，1991，第119页。
③ 《毛泽东选集（第一卷）》，人民出版社，1991，第120页。
④ 中央档案馆编《中共中央文件选集（第九册）》，中共中央党校出版社，1991，第638页。
⑤ 张闻天选集编辑组编《张闻天文集（第一卷）》，中共党史资料出版社，1990，第345页。

3. 允许私人资本主义存在和发展,保护民族资本主义工商业

党在根据地允许资本主义经济的存在与发展,利用私人资本来发展苏维埃的经济,鼓励资本家发展工商业。1931年11月中华苏维埃第一次全国代表大会通过的《中华苏维埃共和国关于经济政策的决定》规定:"苏维埃对于中国资本家的企业及手工业,尚保留在旧业主手中,尚不实行国有,但由工厂委员会及职工委员会,由工人监督生产。"①但是,由于李立三、王明推行"左"的劳动政策,强调片面提高工人工资,无视资本家的承受力,盲目打击资本主义工商业,使原本就不发达的私人经济在土地革命后期遭到严重打击。党关于私人资本主义经济的正确政策在实践中没有有效地贯彻执行。鉴于"左"倾错误的教训,1934年1月,在中华苏维埃第二次全国代表大会上,毛泽东强调指出,在红色根据地内,对包括民族资本主义工商业在内的私人经济要提倡和奖励,要允许它在相当长的时间内占优势。

4. 经济建设应当为革命战争服务

党明确提出经济建设应当为革命战争服务,明确了经济建设的内容、方向和目标,从而防止党内把革命战争与经济建设对立起来的错误观点,摆正了二者的位置。同时,党还对认为只有等到革命战争结束后、有了和平环境才能进行经济建设和离开革命战争进行经济建设的错误思想提出了严肃批评。这就使经济建设为革命战争服务成为党开展经济工作的一项重要指导思想。

总之,党关于经济工作的指导思想影响并决定着这一时期根据地经济建设和发展,对保障革命战争的胜利,建立新民主主义经济基础起了十分重要的作用。其中很多思想在今天还具有现实的意义。但是,由于战争环境下主客观条件的限制,这一时期党关于经济工作的指导思想和方针政策也还有不够完善的地方,表现在往往是根据政治形势、阶级关系、力量对比变化等方面,而不是从生产力与生产关系的矛盾运动方面去制定自己的经济方针,因而还带有较多的政治色彩等。这在当时是不可避免的。

第二节 新民主主义经济工作的初步展开

在上述经济建设指导思想与经济工作方针的指引下,党领导各根据地的人民群众创造性地开展了一系列的经济工作,主要包括:进行土地革命,变封建土地所有制为农民土地所有制;发展工农业生产,发展贸易,打破敌人的经济封锁,活跃物资交流;建立新型的财政金融体制,保障革命军队和各级政府工作人员的供给,支援革命战争

---

① 中央档案馆编《中共中央文件选集(第七册)》,中共中央党校出版社,1991,第795页。

等。在领导经济工作的实践中，党一方面初步积累了开展经济工作、领导经济建设的经验，另一方面在理论上为抗日战争时期新民主主义经济思想的成熟打下了良好的基础。

一、推进土地革命

大革命的失败使中国共产党第一次从战略上真正认识到了土地革命的极端重要性，把工作重心转向开展武装斗争和领导农村土地革命。

（一）实施向土地革命的战略转变

大革命失败后，中国共产党认识到进行土地革命、解决农民土地问题的重要性，并初步提出了土地革命斗争只有在土地革命、武装斗争、根据地建设三者有机结合的过程中才能顺利进行的基本思想。1927年7月20日，中共中央发布农字第九号通告《目前农民运动总策略》，通告明确指出中国革命已进入土地革命的新阶段，而要解决土地问题，必须领导农民武装夺取政权，并依靠这一政权来进行土地革命。最早体现党关于土地革命这一重要思想转变的是八一南昌起义。这是党把武装斗争和土地革命相结合的第一次伟大尝试。起义一开始就是在土地革命的旗帜下进行的，明确规定起义的主要目的，就是"为实行土地革命，解决农民问题而奋斗"[①]。起义军在行军途中，讨论和制定了土地革命的政策，沿途向农民宣传土地革命的意义，并在没收地主土地的问题上作出了可贵的探索，为中央制定土地革命的基本方针提供了经验。八七会议上，中共又进一步明确了土地革命的总方针，并提出要发动农民自己起来解决土地问题。会议指出，"土地革命问题是中国的资产阶级民权革命中的中心问题"，"土地革命，其中包含没收土地及土地国有——这是中国革命新阶段的主要的社会经济之内容，现时主要的是要用'平民式'的革命手段来解决土地问题，几千百万农民自己自下而上的［地］解决土地问题，而共产党则应当做这一运动的领袖"[②]。

作为生产关系领域的一场伟大革命，土地革命的基本任务是通过对农村土地所有权、占有权、支配权和使用权的重新分配，变革封建土地所有制，消灭以封建土地所有制为基础的剥削制度。这一基本任务又包括两个相关的政策环节，即没收剥削阶级所有的土地和把没收的土地分配给广大农民群众。这就涉及一系列的政策原则，即没收土地的对象是谁，怎样没收，分配土地的对象是谁，按什么标准分配，分配后的土

[①] 南昌八一起义纪念馆编《南昌起义》，中共党史资料出版社，1987，第36页。
[②] 中国社会科学院经济研究所中国现代经济史组编《第一、二次国内革命战争时期土地斗争史料选编》，人民出版社，1981，第155页。

地属于谁等。在制定上述基本方针政策的过程中,经过实践的摸索,中国共产党初步形成了土地的没收与分配政策。1928年3月10日,中共中央发出第三十七号通告——《关于没收土地和建立苏维埃》。这是中共中央最早制定的比较具体的土地法。文件对于土地的没收和分配问题作了比较详细的规定。

1. 土地革命政策

(1) 关于土地没收的对象。《关于没收土地和建立苏维埃》的通告指出,土地革命的根本任务是废除封建剥削制度,变封建土地所有制为农民土地所有制,因此应该实行完全针对封建剥削的没收政策。没收一切土地,意味着把农民也放在了土地革命对象之列,而且必然会侵犯一部分中农,特别是富裕中农的利益,这是不利于土地工作的开展的。

(2) 关于土地的分配政策。通告规定:"一切土地归苏维埃公有,由苏维埃支配——凡是能耕种的都可以分到土地。""土地的分配以土地的肥瘠和人口的多寡为标准。以年满十六岁能自耕种的人为一劳动单位,每一劳动单位平均使用土地(酌量各地情形决定亩数),其余的土地按照各劳动单位所属的四岁以上的人口之多寡均平分给于劳动单位使用。""土地之分配暂以一乡为单位,由乡苏维埃自己分配,区苏维埃指导帮助之。"①从以上可以看出,中共中央依据各个根据地实践探索的经验,制定了分田的数量标准、区域标准、质量标准,为土地分配提供了政策依据,各根据地一般采取的是以乡为单位,以人口和劳动力为标准,男女老幼平均分配,并以原耕为基础,抽多补少,抽肥补瘦。

(3) 关于土地的所有权政策。通告强调,一切土地归苏维埃公有。土地国有是列宁根据苏联的国情提出来的,当时也具备实行土地国有的条件。但把这一主张照搬到中国就不一定正确了。因为中国当时处于残酷的战争环境,生产力水平落后,特别是农民土地私有观念浓厚,实行土地国有既不适合国情,也不具备条件。在民主革命阶段,土地革命所要解决的是废除地主阶级的封建土地所有制,而不是立即实现消灭一切土地私有制。但是由于受苏联经验的影响和当时实际工作经验不成熟,中共中央还是制定了这样的政策。这反映出当时中国共产党人在民主革命与社会主义革命关系问题上的模糊态度。

(4) 关于土地革命中的阶级路线问题。土地革命之初,为了适应实际斗争的需要,中国共产党在划分农村阶级问题上也作了初步的尝试。1927年11月的《中国共

---

① 中国社会科学院经济研究所中国现代经济史组编《第一、二次国内革命战争时期土地斗争史料选编》,人民出版社,1981,第221页。

产党土地问题党纲草案》对农民阶级作出了具体的划分，指出："农民分做［作］三种：一、佃农，二、自耕农，三、半佃农。三种农民之中，都有贫农，小农，中农与富裕农民的区别。""每年收入不够维持最小限度的一家生活的"是贫农和小农，"重利盘剥，剥削雇佣劳动，出租耕牛及农具，强租贫民田地，或者将自耕所余田亩出租，兼营农业，商业或农村副业"的是富裕农民。关于地主阶级，则认为中小地主对佃农的剥削比大地主更厉害。同时，把地主、商贾、一部分富农、重利盘剥者、土豪乡绅不加区别地归为农村中的剥削者之列。[①]这说明党已经开始从生产资料的占有关系、生活状况、剥削关系及剥削手段上找划分农村阶级的依据，但是对自耕农与中农、富农之间的关系还没有完全搞清楚，对中农与富裕农民的概念及他们之间的区别还缺乏比较明确的界定，划分过于笼统和抽象，在执行中难以从质上作出判断和从量上作出分析。

2. 领导根据地土地革命

八七会议召开后，中国革命进入了以土地革命为中心内容的阶段。从八七会议到1928年年底，中国共产党领导推动了井冈山、海陆丰、琼崖、醴陵、永定溪南等根据地的土地革命。在这一过程中，中国共产党不断探索土地革命的方法，注重从组织上加强对根据地的领导，注重调查研究，并及时总结土地斗争的经验，在此基础上制定各种土地法规，指导土地革命的开展。

具体而言，首先，从组织上加强对土地革命的领导。

土地革命是一个十分复杂的事物，必须从组织上加强领导。中国共产党在领导土地革命的过程中，充分发挥了组织性强这一自身最大的特点和优点。在井冈山根据地，为了顺利地开展土地革命，1928年5月，毛泽东等领导召开了中共湘赣边界第一次代表大会。大会着重讨论了在湘赣边界如何深入开展土地革命的问题，并选举了以毛泽东任特委书记的湘赣边界第一届特委会具体指导土地革命工作。大会以后，在特委领导下，边界各县、区、乡普遍设立了土地革命委员会，从组织上加强对土地革命的领导。在党的领导下，边界各县开展了轰轰烈烈的打土豪、分田地运动，掀起全面分田的高潮。到1928年7月，宁冈全县，永新县和莲花县的大部分地区，遂川的一部分地区，都普遍分了田。[②]此外，其他根据地如海陆丰、琼崖、醴陵、永定溪南等地区在各级党和苏维埃政府的组织领导下，都不同程度地开展了土地革命。

其次，在调查研究的基础上制定土地政策、法规。

[①] 中国社会科学院经济研究所中国现代经济史组编《第一、二次国内革命战争时期土地斗争史料选编》，人民出版社，1981，第188页。

[②] 《谢觉哉文集》，人民出版社，1989，第161-162页。

关于怎样开展土地革命，中国共产党并不是一开始就能熟练掌握其规律和方法的。为了正确地指导土地革命，以毛泽东为代表的中国共产党人十分重视发挥调查研究的作用。在调查研究、试点的基础上，中国共产党将土地革命的成功经验加以总结，上升为土地法规，有力地推动了土地革命的开展。

毛泽东在领导井冈山土地斗争的过程中，为了摸索出土地革命的经验，亲自组织官兵进行社会调查和分田试点。根据了解到的实际情况，毛泽东写下了《宁冈调查》和《永新调查》。这些调查初步掌握和分析了湘赣边界的土地占有状况和农村阶级关系，为土地政策的制定提供了事实依据。在此基础上，毛泽东主持起草了《井冈山土地法》，对没收范围、分配土地的方法及数量标准和区域标准、土地所有权、手工业工人及红军官兵、政府工作人员均得分配土地等都作了简明扼要的规定。这是中国共产党领导农民开展土地革命时制定的第一部成文法，第一次以法律的形式肯定了农民分配土地的权利。

在海陆丰，彭湃等人在没有土地分配的现成经验可借鉴的情况下，深入农民群众中作调查研究，了解农村土地占有状况，在此基础上制定了具有法律效力的《没收土地案》，提出了一些具体可行的办法。

在琼崖，最早实现土地分配的乐四区苏维埃政府经过实践摸索和分田试验，制定了《乐四区土地问题临时办法》，提出了一些切合实际的政策。其中，关于土地的没收，没有实行没收一切土地，而是没收一切地主土地及公田。关于分田的质量标准，规定：田产分配以肥瘦为标准，由苏维埃政府判定之（因肥瘦不易分别），各家依前耕种之田分配外，余数抽出，不足者补之（视肥瘦而抽补）。[1]

由于经验不足，加上受当时中共临时中央政治局在土地问题上一些过"左"政策的影响，在各根据地土地革命开展过程中，也出现了"左"的错误，没收一切土地，对地主、富农不加区别，肉体上消灭地主阶级，实行土地国有、共耕制等。如，毛泽东主持制定的《井冈山土地法》规定没收一切土地归苏维埃政府所有，禁止土地买卖，实行没收一切土地和土地国有的政策。[2]毛泽东后来曾指出这部土地法的几个原则错误：①没收一切土地而不是只没收地主土地；②土地所有权属政府而不是属农民，农民只有使用权；③禁止土地买卖。[3]在海陆丰根据地的土地革命中，也出现了类似

---

[1] 《中共琼崖特委给省委的报告》，海南史志网，http://hnszw.org.cn/data/news/2014/01/68992/，访问日期：2021年1月30日。

[2] 中国社会科学院经济研究所中国现代经济史组编《第一、二次国内革命战争时期土地斗争史料选编》，人民出版社，1981，第267页。

[3] 《毛泽东农村调查文集》，人民出版社，1982，第37页。

的错误。

一些根据地在社会经济组织上也采取过"左"的做法。例如，琼崖根据地组织了若干农业合作社和类似于集体农庄的经济组织。有一个乡曾以"破除一切私有观念"为理由，实行"共同生产、共同消费"这种超前于当时实际生产水平和条件的过"左"做法。醴陵地区也采取了共耕制的办法。

此外，一些根据地还提出和实施了"左"的对待工商业的政策。如琼崖根据地提出杀尽一切反动派，工厂归工人等过"左"口号，扩大了打击面。

（二）土地革命的深入发展

随着革命根据地的发展壮大，党领导的土地革命也在更广阔的区域内得到深入发展。1929年年初到1931年年初是土地革命的深入发展时期。在这一时期，中国共产党在实践中逐步完善了土地革命政策，改进了领导土地革命的工作方法。

1. 对各项土地政策的完善

1928年6月，中国共产党第六次全国代表大会召开。这次大会有两个重要的决定，一是比较明确地规定了土地革命的路线，即依靠贫雇农，联合中农，中立富农，消灭地主阶级。二是将"没收一切土地"改为"没收地主阶级的一切土地"。这些原则为各个根据地土地革命的深入发展提供了政策依据。党的六大在土地问题上也有一些缺陷和不足，主要是在如何对待中农、如何对待富农的土地财产，以及在土地所有权问题上没有作出具体规定，特别是作出了不分给地主土地、肉体上消灭地主的错误决定。但总体上看，党的六大推进了党的各项土地政策的发展和完善。

（1）土地没收政策的多样化。1929年以后，各根据地开始执行党的六大制定的土地没收政策，但有些地方根据实际情况在实践中采取了比较灵活的政策。例如在毛泽东领导的赣西南、闽西根据地，仍然执行没收一切土地的政策。

（2）土地分配政策的具体化。一是以乡为单位分配土地的区域标准得到了进一步的充实与完善。各根据地基本上执行的是以乡为单位分田的标准。同时，针对实际中出现的一些特殊情况，毛泽东提出了"原耕总和分配"的办法，即"一乡的人拿了他们原在本乡及邻乡耕种着的土地，总合起来，平均分配"①。二是根据实际情况的不同采取了按人口和按人口、劳动力混合两种分田的数量标准。毛泽东领导的赣西南、闽西地区主要采取前一个标准，赣东北、湘鄂西、左右江等地采取了后一标准，即"每一劳动单位分全份，非劳动单位分半份"②。或在保证不能劳动的人分得一份维持生活之需的

---

① 《毛泽东农村调查文集》，人民出版社，1982，第174页。
② 《左右江革命根据地资料选辑》，人民出版社，1984，第238页。

土地后,使有劳动力的人多分半份。三是在分田质量标准上,提出了"双抽"原则,即"抽多补少""抽肥补瘦"。四是在法律上规定给地主家属一份土地。

(3)农民土地所有权的明晰化。1931年以前,党在有关土地所有权的文件上一般都规定了土地公有、农民使用、禁止买卖。这一原则造成了地权的不稳定,农民不能安心生产,影响了根据地农业的发展。党在实践上逐渐认识到这一问题的严重性。1930年9月,党的六届三中全会通过的决议指出:在目前革命阶段中,尚未到整个取消私有制度时,不禁止土地买卖和在苏维埃法律内的租佃制度。1931年2月8日,中共苏区中央局在《土地问题与反富农策略》的通告中指出,农民是小私有者,他们参加土地革命的目的,"不仅要取得土地的使用权,主要的还要取得土地的所有权"。目前,"土地国有只是宣传口号,尚未到实行的阶段。必须使广大农民在革命中取得了他们唯一热望的土地所有权,才能加强他们对于土地革命和争取全国苏维埃胜利的热烈情绪,才能使土地革命更加深入"①。这就正式解决了土地革命中长期没有解决好的土地所有权问题,标志着从土地国有到土地农有的转变。

(4)阶级划分标准的科学化。这一时期仍然坚持以收入和生活状况划分阶级,但也开始强调把剥削关系作为区分阶级的依据。在划分农村阶级的过程中,如何认识富农、界定富农是一个十分重要的问题,直接影响到如何区分富农和地主、富农和富裕中农的问题。

党的六大《土地问题议决案》中规定:农民之中,照他们的经济状态及土地的多少,分为几种小阶层(富农、中农、小农及最小农)。②对如何具体划分并没有作出具体的规定。1930年5月1日,右江苏维埃政府颁布了《土地法暂行条例》。这是各根据地中最早的关于划分农民阶级的文件。为了正确地区分富农与地主、富农与中农,毛泽东在1930年5月作了寻乌调查。毛泽东后来回忆说:"我作了寻乌调查,才弄清了富农与地主的问题,提出解决富农问题的办法,不仅要抽多补少,而且要抽肥补瘦,这样才能使富农、中农、贫农、雇农都过活下去。"③1931年2月8日,中共苏区中央局在《土地问题与反富农策略》的通告中指出,划分富农应"以剥削关系来决定",为了防止把中农的阶级成分划错,毛泽东在1931年4月2日的《总政治部关于调查人口和土地状况的通知》中强调指出:"特别是要说清楚:富农标准要是以剥削

---

① 中国社会科学院经济研究所中国现代经济史组编《第一、二次国内革命战争时期土地斗争史料选编》,人民出版社,1981,第493页。
② 中国社会科学院经济研究所中国现代经济史组编《第一、二次国内革命战争时期土地斗争史料选编》,人民出版社,1981,第224页。
③ 《毛泽东农村调查文集》,人民出版社,1982,第22页。

为他收入的相当部分。那些少量放帐［账］或借帐［账］的人还是列在中农。"①1931年8月21日的《苏区中央局关于土地问题的决议案》中不仅强调了富农与中农的区别，而且还提出把劳动不劳动作为区分地主与富农的界限。正是在革命实践和调查研究的基础上，中国共产党关于阶级划分的标准逐渐走向科学化。

2. 加强对根据地土地革命的领导

这一时期，中国共产党在领导土地革命的过程中，曾受到"左"倾土地政策的影响，出现了一些"左"的错误，这些错误在实践中逐渐得到纠正。同时，中国共产党还领导新开辟的广大根据地开展土地革命，创造性地丰富和发展了党的六大的土地政策。

1929年6月7日，共产国际执委给中共中央发来《关于农民问题的信》，要求中国共产党立即开展"加紧反对富农"的斗争。以李立三为代表的中共中央立即作出了《关于接受共产国际对于农民问题之指示的决议》，号召全党"必须坚决进行反富农斗争"。这样，"左"的富农政策在赣西南、闽西、湘鄂赣、鄂豫皖等地区得到了贯彻执行。这些地区都实行了没收富农按人口平均分配额以外多余土地的政策，即没收的土地中，既包括富农出租的土地，也包括富农雇工经营的土地，甚至一部分自耕的土地。在打倒富农的口号下，许多地方没收了富农土地，不分给土地；有的地方只给富农坏地；有的地方还驱赶富农上山开垦；有的地方甚至杀害富农。总的看来，这一时期对"左"的富农政策的抵制还是有很大局限的。

1930年5月，李立三在上海组织召开全国苏维埃区域代表大会，通过了《土地暂行法》，试图用"过早的办法"在当时的"苏维埃区域实行社会主义的政纲"②。这部土地法提出了许多过"左"的主张，如："禁止一切土地的买卖、租佃、典押"；"大规模的农场，不得零碎分割。应组织集体农场、生产合作社等实行集体生产"；"不耕种土地的人，不能享有土地的使用权"；红军士兵尚未分有土地者，"俟全国苏维埃政府成立时，再行决定分与土地"，等等。③当组织集体农场、实行集体生产的主张在鄂豫皖、湘鄂赣、赣西南等根据地的地区试行时，由于这些做法严重脱离实际和群众，遭到当地农民的普遍反对。

1930年9月，中共中央举行六届三中全会，纠正了李立三的"左"倾错误，提出"没收土地归农民"，"不禁止土地买卖和在苏维埃法律内的租佃制度"，实际上否定

---

① 《毛泽东农村调查文集》，人民出版社，1982，第13页。
② 《周恩来选集（上卷）》，人民出版社，1980，第58页。
③ 中国社会科学院经济研究所中国现代经济史组编《第一、二次国内革命战争时期土地斗争史料选编》，人民出版社，1981，第393-394页。

了土地国有。各根据地先后贯彻了这些指示。如闽西根据地1930年12月颁布的《租田条例》中规定，不能耕种土地的人、无法生活者可以出租田地。湘鄂西根据地1930年10月通过的《土地革命法令》规定，分配后的土地"不禁止买卖"。同时，中共中央还修改了《土地暂行法》，纠正了"组织集体农场"和"实行集体生产"的错误政策，一些地区的集体农场也随之陆续解散。

这一时期，中国共产党除了在前一时期已经进行过土地分配的湘鄂赣、闽浙赣、琼崖等地区领导开展土地革命的工作，还在新开辟的赣西南、闽西、右江根据地以及尚未开展土地分配的鄂豫皖、湘鄂西根据地领导了土地革命。

1929年1月，毛泽东、朱德率领红四军在下井冈山向赣南前进的途中，发表了由毛泽东起草的中国共产党红四军党部的《共产党宣言》。宣言根据党的六大决议，发布了《十条政纲》，其中第七条规定"没收一切地主阶级的田地，分给无田地及少田地的农民"。1929年4月，毛泽东在经过深入调查研究后起草了《兴国土地法》，根据党的六大精神，进一步改正了《井冈山土地法》中"没收一切土地"的错误，明确规定为"没收一切公共土地及地主阶级的土地"。[①]1929年7月，毛泽东主持召开中共闽西第一次代表大会，通过了《政治决议案》和《土地问题决议案》，提出了对各阶级的没收分配政策。在这些政策的指导下，到1930年春，闽西苏区的长汀、连城、上杭、龙岩、永定五县纵横三百多里的土地内，有50多个区、500多个乡的农民解决了土地问题。到1930年6月，在赣西南实行分配土地的地区，已遍及吉安、吉水、永丰、广昌、宁都、万安、安福等20个县的一部分或大部分地区。

1930年5月1日，右江苏维埃政府颁布了《土地法暂行条例》，对农村的阶级划分及没收分配土地的政策作出了比较详细的规定。在党的正确领导下，右江根据地的土地革命得到了健康的发展。

1929年6月，中共鄂东北特委制定了鄂豫皖特区地最早的一个土地法——《临时土地政纲》。1929年11月底至12月底，新成立的中共鄂豫边特委分别召开了边区党的第一次代表大会和第一届工农兵代表大会。这两次大会在总结前一阶段土地革命经验教训的基础上，制定了《群众运动决议案》和《土地政纲实施细则》两个解决土地问题的重要文件。这些文件的颁布促进了根据地土地革命的深入发展。1930年上半年，鄂东北、豫东南、皖西三块革命根据地统一为鄂豫皖根据地，中共鄂豫皖特委和鄂豫皖边区政府相继成立。在党和政府的领导下，鄂豫皖根据地的土地革命得到了迅

---

① 中国社会科学院经济研究所中国现代经济史组编《第一、二次国内革命战争时期土地斗争史料选编》，人民出版社，1981，第277页。

速发展。到 1930 年年底,实行土地分配的地区从开始的黄安、麻城两个县发展到黄陂、孝感(以上为鄂属),光山、罗山、商城(以上为豫属),六安、霍山、霍邱(以上为皖属)等 10 余个县。①

从 1927 年 9 月鄂西暴动到 1929 年夏以前,湘鄂西的土地革命尚处于宣传土地革命政纲的准备阶段,没有实行土地的分配。为了更好地指导土地革命,1930 年 9、10 月先后召开了湘鄂西特委第一次紧急会议和湘鄂西第二次工农兵贫民代表大会,分别通过了《关于土地问题决议案大纲》和《土地革命法令》,进一步规定了土地革命的具体政策条例。这两次大会后,湘鄂西根据地的土地革命得到了普遍开展。到 1930 年年底,实行土地分配的地区已由开始的监利、石首、江陵、沔阳四县扩展到潜江、华阳、鹤峰等县。②

党在领导各根据地革命的过程中,大胆探索,因地制宜,创造出了一些解决土地问题的新方法,丰富和发展了党的六大关于土地问题的决议。

毛泽东在领导赣西南、闽西地区的土地革命时,根据这些地区人多地少的实际情况,对党的六大决议作出了灵活的变通。如在对待地主的问题上,提出对在乡的地主"酌量分与田地"③,坚持了给地主生活出路的做法,在分田上第一次提出了"以抽多补少为原则"④,在没收土地范围上坚持了"没收一切土地"的政策。"没收一切土地"虽然与中央精神不相符合,却是根据当地实际情况作出的灵活调整。因为这些地区自耕农少,而且他们的土地也不够自己耕种,这些自耕农和占人口绝大多数的无地少地的贫农都赞成没收一切土地,按人口平分。这样做虽然事实上把富农按人口平分后的多余土地(包括雇工耕种和自耕的土地)都拿来分掉,超越了民主革命阶段主要反封建剥削的任务,却满足了农民的土地要求,适应了革命斗争形势的需要。

邓小平、张云逸在领导右江根据地土地革命的过程中,也根据当地实际情况创造性地制定出自己的土地政策。右江苏维埃政府在 1930 年 5 月 1 日颁布的《土地法暂行条例》中对农村阶级划分、土地分配问题作出了很多大胆的尝试。该条例第一次明确指出:"'自耕农''佃农'均不能成为代表一种成份[分]的标准,因自耕农或佃农之中,均有富农、贫农、中农之分",不能以此作为划分农村阶级的标准。关于土

---

① 赵效民主编《中国土地改革史(1921—1949)》,人民出版社,1990,第 156 页。
② 赵效民主编《中国土地改革史(1921—1949)》,人民出版社,1990,第 157 页。
③ 中国社会科学院经济研究所中国现代经济史组编《第一、二次国内革命战争时期土地斗争史料选编》,人民出版社,1981,第 302 页。
④ 中国社会科学院经济研究所中国现代经济史组编《第一、二次国内革命战争时期土地斗争史料选编》,人民出版社,1981,第 303 页。

地分配的方法，提出"分配土地应以人口为标准，以出产之多寡，平均分配之。暂用每一劳动单位分全份，非劳动单位分半份之办法处理之"。① 这样做既与党的六大按人口平分地精神相一致，同时又结合土地质量进行分配，可以避免肥瘦不均。

湘鄂西特委在领导土地革命时也体现出了自己的特色。如在分田的数量标准方面，规定以人口为标准，但"有耕种能力之男女可得全分［份］（红军虽在外应以有耕种能力看待）否则得半分［份］。绝不完全以耕种能力及生产工具为标准"。这种分配标准，既照顾到广大贫民对土地的要求，又兼顾劳动力素质的差异，使有劳动力的人多得半份土地，不能劳动的人分得一份维持生活水平的土地，有利于生产的发展，是一种比较科学的做法。关于对待中农的政策，强调"中农土地不动"，"富裕的中农亦须尽可能的［地］不侵犯其利益"，"土地有余时，还可分给非富裕的中农一点"。这显然比党的六大的规定要更明确更具体。同时还提出"如果在中农很少的地方，失地及少地的农民群众要求将一切土地平分时，党可以赞成之"。② 这虽然会侵犯少部分中农的利益，却能争取更广大的群众。关于对富农的政策，规定只没收富农多余出租的土地，而保留其雇工和自耕土地。这与党的六大精神是一致的，但已经把党的六大的原则规定变成了具体可行的办法，既限制了富农，又有利于富农经济的保存与发展，是对富农政策的一个创新。关于土地所有权，党的六大没有作出明确规定，而湘鄂西特委在土地法令中明确规定"土地不禁止雇佣耕种，不禁止买卖"。关于农村阶级划分标准，在党的六大没有明确规定的情况下也进行了一些尝试。如第一次把中农分为富裕和非富裕两种，强调要严格区别富农和富裕中农这两种经济成分。这样就减少了把富农当地主，特别是把富裕中农当富农的错误发生。

（三）土地革命中"左"的错误与查田运动的曲折

1. "左"倾土地政策的全面推行及其危害

1931年年初至1934年秋是土地革命战争的后期，也是王明"左"倾教条主义统治中央的时期。在土地政策方面，他们全盘否定"抽多补少""抽肥补瘦""给富农经济出路""给地主生活出路"等正确原则，强令推行一套"地主不分田，富农分坏田"的过"左"政策。

1931年2月，中共中央政治局和共产国际远东局共同起草的《土地法草案》规定：

---

① 中国社会科学院经济研究所中国现代经济史组编《第一、二次国内革命战争时期土地斗争史料选编》，人民出版社，1981，第388-389页。

② 中国社会科学院经济研究所中国现代经济史组编《第一、二次国内革命战争时期土地斗争史料选编》，人民出版社，1981，第464页。

地主土地被没收之后,"无权取得任何份地","富农在被没收土地后,可以分得较坏的'劳动份地'"。① 并规定这种政策应在苏维埃区域和新夺取的疆土内"立即施行",各个苏区已经分配的土地如不符合该规定,必须按照"地主不分田,富农分坏田"的原则重新没收并分配。1931年4月中旬,王明路线统治的中央派出四中全会代表团到达中央根据地,推行过"左"的土地政策。

"地主不分田,富农分坏田"和"平分一切土地"等"左"倾政策的强行贯彻,给苏区的土地革命带来了严重的影响。它搅乱了农村中的阶级路线,扩大了打击面,孤立了贫雇农,破坏了农村生产力的发展。对这些错误,各地也进行过一些抵制。例如,湘鄂西特委在接到"关于平均分配一切土地"的指示后,立即提出意见,认为"平分一切土地"就等于"没收一切土地",因此表示"不能执行"。② 中央根据地在收到《土地法草案》后很长一段时间内对富农并不是分给坏田,而仍然执行"抽多补少、抽肥补瘦"的政策。从1931年年底到1932年上半年,中央和各地经过努力,部分地纠正了侵犯了中农利益的错误,部分地纠正了对富农打击过重的错误,暂时地纠正了驱逐地主富农及其家属出境的错误。

1931年11月7日,中华苏维埃第一次全国代表大会在江西瑞金召开,原来以中共中央名义提出的《土地法草案》经过这次大会正式通过,称为《中华苏维埃共和国土地法令》。它坚持了党的六大关于没收地主阶级土地及公共土地分配给无地少地农民的政策,并把它具体化、法律化。但是,它把"地主不分田,富农分坏田"的"左"倾土地政策也用法律的形式固定下来,并以法律手段,强令各地执行。它规定,在已经分田的地区,"如不合本法令原则者则须重新分配"。从而,查田运动逐步开展起来。

2. 查田运动的曲折推进

查田运动就是在分配土地后进行土地清查的群众运动,检查土地分配是否正确合理,进而深入解决土地问题。由于封建半封建势力在中国农村革命根据地根深蒂固,革命最初阶段贫雇农的组织性和觉悟程度不足,党对土地革命的经验缺乏,加上长期处于战争环境中,土地革命工作不可避免地会出现一些问题。因此,开展查田运动是十分必要的。无论王明"左"倾教条主义者,还是以毛泽东为代表的坚持正确路线的领导人,在要不要查田的问题上并没有分歧,但是他们对于查田出发点的认识却有很大的不同。由于这一时期王明教条主义者统治中央,虽然毛泽东作为查田运动的主要负责人领导了查田运动,但不能不受到王明路线的干扰和影响,这就使得查田运动的

---

① 中共中央党史研究室编《土地革命纪事(一九二七——一九三七)》,求实出版社,1982,第220页。
② 赵效民主编《中国土地改革史(1921—1949)》,人民出版社,1990,第181页。

过程显得比较曲折复杂。总的说来，查田运动经历了三个阶段。

1931年年初至1933年年初是查田运动的第一阶段，也称作检查土地运动。中华苏维埃第一次全国代表大会以后，"左"倾教条主义者立即命令各地进行"土地检查"，这样做的主要目的是按照"左"的土地法令去检验土地的没收与分配情况，实行"地主不分田，富农分坏田"的政策，重新分配土地，全面贯彻"左"倾错误的土地路线。最先提出查田运动口号的是新的苏区中央局。但这一时期中央根据地的查田运动还没有正式开展起来。

1933年年初，"左"倾的临时中央从上海迁入中央根据地后，强制推行"左"的土地政策。2月1日，临时中央通过土地人民委员部第二号训令，号召各根据地"重新分田"和查田，并特别强调在分田和查田中，"要使豪绅地主分不到一寸土地，富农分不到一丘好田"①。于是，查田运动转入第二个阶段。

1933年春到1934年3月是查田运动的第二个阶段。这一阶段毛泽东先后发表了《怎样分析农村阶级》《查田运动是广大区域内的中心重大任务》等重要文章，阐明了开展查田运动的必要性和查田运动的路线、方针、政策和方法。在毛泽东的领导下，采取通过调查研究，先试点再全面展开的工作方法，并及时发现问题和纠正错误，因而运动开展得比较健康。

关于查田运动的必要性，毛泽东指出查田运动的基本目的是彻底消灭农村封建势力。"为了最后消灭封建残余势力，彻底解决土地问题，巩固苏维埃政权，必须开展广泛深入的查田运动。"②只有这样，才能把一切冒充中农、贫农的地主和富农清查出来，没收地主分到的土地，收回富农分得的好田换以坏田，从而使土地革命的果实完全落在贫农、雇农和中农等基本农民群众手里。

关于查田运动的基本方针，毛泽东指出："查田运动是查阶级，不是按亩查田。按亩查田，要引起群众恐慌，是绝对错误的。""查阶级是查地主富农阶级，查剥削者，查他们隐藏在农民中间而实在不是农民的人，查这些少数人，决不是查中农、贫农、工人的阶级。"③这就与"左"倾教条主义者开展查田运动的目的完全区分开来。

关于查田运动的阶级路线，毛泽东指出，查田运动的阶级路线是"以工人为领导者，依靠贫农，联合中农，去削弱富农，消灭地主"。为此，1933年6月毛泽东还专

---

① 《中华苏维埃共和国临时中央政府土地人民委员部训令第二号——春耕计划》，《红色中华》1933年2月13日，第5版。

② 中共中央文献研究室编《毛泽东年谱（1893—1949）（修订本）（上卷）》，中央文献出版社，2003，第405页。

③ 中共中央文献研究室编《毛泽东文集（第一卷）》，人民出版社，1993，第271页。

门写了《怎样分析阶级》一文。

毛泽东还规定了查田运动的步骤和工作方法，他指出，查田运动分为讲阶级（作宣传）、查阶级、通过阶级和没收分配四个步骤。每个步骤都要充分发动群众和信任群众，实行群众运动的工作方法。

在上述思想的指导之下，查田运动迅速在中央革命根据地及湘赣、湘鄂赣、赣东北等革命根据地开展起来。到1933年8月，查田运动就已取得了很好的成绩。但也出现过一些过"左"的东西。如查田查阶级事实上成了一种竞赛，哪个地方查出的地主、富农越多，哪个地方就被称赞为阶级斗争的模范。出现上述"左"倾的错误，一方面是受了王明"左"倾教条主义某些做法的影响，如查田运动与肃反相结合，进行过火斗争，搞所谓查阶级竞赛；另一方面也与当时还没有科学的划分农村阶级的标准有关。

对于查田运动中出现的错误，毛泽东及时作了总结。继《怎样分析阶级》后，毛泽东又主持制定了《关于土地斗争中一些问题的决定》，以纠正查田运动中的偏向。1933年10月10日，这两个文件经临时中央政府通过，正式公布（公布时《怎样分析阶级》改为《怎样分析农村阶级》），作为划分农村阶级成分的标准和纠正查田运动中出现的错误的依据。

文件颁布后，各地在实践中纠正了错划阶级的错误。查田运动查出了一批隐藏在贫农、中农队伍里的地主、富农，清除了一批混进党政机关的地主、富农，巩固了工农民主政权；纠正了一些受王明"左"倾土地政策影响而错划漏划的阶级成分，澄清了阶级阵线；调动了广大人民群众的革命和生产积极性，促进了生产的发展，支援了革命战争。

但是，正当中央苏区的查田运动在纠正了过去发生的"左"倾错误而得到健康发展的时候，"左"倾教条主义又出来干扰。他们把毛泽东提出的查田运动的路线和政策，说成是"右倾机会主义"。因此，在党的六届五中全会上，号召全党集中力量反对主要危险的右倾机会主义。这样，1934年3月到七八月间查田运动进入第三个阶段。

1934年3月15日，中华苏维埃第二次全国代表大会选出的人民委员会发布了《关于继续开展查田运动的问题》的训令（中字第一号），从根本上否定了临时中央政府1933年10月10日通过的《关于土地斗争中一些问题的决定》及贯彻该决定后查田运动中纠偏取得的成绩。训令批评该决定是"拿'算阶级'来代替查阶级，拿百分数的计算来代替阶级斗争"，并认为这是"给了地主、富农以许多反攻的机会"，因此应"坚决打击以纠正过去'左'的倾向为借口，而停止查田运动的右倾机会主义"，还规定"在暴动后查田运动前已经决定的地主与富农，不论有任何证据不得翻案，已翻案者作为无效"。①这样，就等于下令不准纠正"左"倾土地政策所造成的错划阶级成分，使查田运动由反"左"倾急剧发展到"反右倾"，出现了巨大的反复。原来一些已经纠正的错划成分被当作翻案又翻了回去。1934年6月以后，由于第五次反"围剿"节节失利，查田运动无法再进行下去，不了了之。红军被迫撤出各革命根据地，轰轰烈烈的土地革命不得不告一段落。

查田运动是土地革命发展中的一个重要阶段，开展查田运动是十分必要的，运动也取得了一定的成绩，但由于受"左"倾土地政策的干扰，运动也出现过严重失误。查田运动的过程及结果说明，当实事求是的思想方法以及从实际出发的工作方法得到较好贯彻时，查田运动就顺利发展，虽然有错误但也能及时纠正。当"左"倾错误在查田运动中占主导地位时，查田运动就出现失误甚至反复。由于客观环境与条件的限制，查田运动始终没能突破"地主不分田，富农分坏田"的"左"倾错误。

（四）根据形势和任务的变化转变土地政策

1934年秋到抗战初期是党的土地政策转变时期。1931年九一八事变后，中日民族矛盾逐步上升为主要矛盾。形势的变化要求党制定正确的战略策略，把各阶层的力量最广泛地聚集到抗战的旗帜下来。为此，中国共产党开始改变前一时期的土地政策。

1. 对待富农、地主政策的转变

1935年1月，中共中央在遵义召开了政治局扩大会议，实际上结束了王明"左"倾教条主义错误在中央的统治，确立了毛泽东同志在红军和中共中央的领导地位，为政策转变创造了前提条件。1935年10月，红军胜利到达陕北，为土地政策的转变提供了现实可能性。

党的土地政策的转变，是从对富农政策的转变开始的。1935年12月6日，中共中央根据国内政治形势的变化及历史上土地革命的经验，作出了《关于改变对富农策略的决定》。决定指出，一方面在民族革命战争紧迫的形势下，"富农也开始参加反对帝国主义侵掠［略］及豪绅地主军阀官僚的革命，或采取同情与善意的中立态度"②，不论哪种情形，对我们都是"有利的"。同时，过去"长期的苏维埃革命运动的经验，更告诉我们在加紧反对富农的斗争中，常常造成消灭富农的倾向，以致影响到中农群众，使他们不安，他们对于发展生产力减少兴趣"，因此，在白区，"我们应该联合整个农民，造成广泛的农民统一战线。故意排斥富农（甚至一部分地主）参加革命斗

---

① 张闻天：《关于继续开展查田运动的问题——人民委员会训令中字第一号》，《红色中华》1934年3月20日，第1版。
② 中央档案馆编《中共中央文件选集（第九册）》，中共中央党校出版社，1986，第590页。

争是错误的"。① 在苏区，"对于富农，我们只取消其封建式剥削的部分，即没收其出租的土地，并取消其高利贷。富农所经营的（包括雇工经营的）土地、商业以及其他财产则不能没收，苏维埃政府并应保障富农扩大生产（如租佃土地，开辟荒地，雇用工人等）与发展工商业等的自由"②。决定还明确规定对待地主与富农有区别，对待白区的富农与苏区的富农有区别，对待地主、富农出身积极参加革命的知识分子与地主、富农本身有区别，并有针对性地提出了不同的政策。1935年12月25日，中共中央在瓦窑堡会议上通过了《关于目前政治形势与党的任务决议》，再次重申了对富农的政策。"苏维埃人民共和国改变对富农的政策。富农的财产不没收。富农的土地，除封建剥削之部分外，不问自耕的与雇人耕的，均不没收。当农村中实行平分一切土地时，富农有与贫农中农分得同等土地之权。"③ 这说明党已经开始改变"富农分坏田"的政策。

1936年7月22日，中共中央发出《关于土地政策的指示》，改变了对地主的政策，对富农的政策也有了新的发展。对于地主，规定"没收之后，仍分给以耕种份地及必需的生产工具和生活资料"，而且"生活情况很坏的小地主"的土地不应没收；对于富农，规定"土地及其多余的生产工具（农具、牲口等），均不没收"。④ 这就比没收出租土地的规定前进了一步，但同时又提出"如果在基本农民要求之下，实行平分一切土地时，富农土地也当拿出一起平分"，说明这一政策转变还不彻底。还规定"商人兼大地主时，其土地部分照一般地主办理，但不得侵犯他的商业部分"⑤，这又体现了党区别对待封建剥削和资本主义剥削的原则。

1937年2月10日，中共中央发出《致国民党三中全会电》，在向国民党提出五项要求时，作出四项保证，其中第四项是"停止没收地主土地之政策，坚决执行抗日民族统一战线之共同纲领"。在民族危机面前，中共以民族利益为重，向国民党作出让步，但是这种让步也是有限度的，"在全国停止没收地主土地，并不能恢复苏区土地剥削制度，而要继续保障土地在农民手中"⑥。这就保障了苏维埃区域广大农民群众的利益不受侵犯。至此，1927年八七会议以来所确定和实施的土地革命方针已转变为抗日民族统一战线的土地方针。

---

① 中央档案馆编《中共中央文件选集（第九册）》，中共中央党校出版社，1986，第590-591页。
② 中央档案馆编《中共中央文件选集（第九册）》，中共中央党校出版社，1986，第591页。
③ 中央档案馆编《中共中央文件选集（第九册）》，中共中央党校出版社，1986，第615页。
④ 中央档案馆编《中共中央文件选集（第十册）》，中共中央党校出版社，1985，第57-58页。
⑤ 中央档案馆编《中共中央文件选集（第十册）》，中共中央党校出版社，1985，第58页。
⑥ 中共中央党史研究室编《土地革命纪事（一九二七——一九三七）》，求实出版社，1982，第372页。

2. 确定"减租减息"的土地政策，改善农民生活

停止没收地主土地以后，共产党又面临着如何改善农民生活的问题。为此，党提出了"减租减息"的土地政策。

1937年4月，陕甘根据地的苏维埃政府在解决回苏区的豪绅地主要收租还债问题时提出了减租减息的政策："以后交租的办法，可由地主与农民双方决定，但应比以前要减轻些，借债方面的利息，最高利息不得超过一分五厘，以前农民借地主的债，如果利息超过本钱或与本钱相等的则不再付利，没有超过本钱的，酌量减轻。"[①]1937年6月，中共中央在《关于御侮救亡、复兴中国的民族统一纲领草案》有关改善人民生活的条款中提出：要"修订并实行土地法（指国民党政府颁布的土地法——引者注），整理田赋，改良租佃制度，减轻地租，禁止地租以外之其他要素，并保证耕者有其田的主张之最后实现"，"整理农民债务，减低利息，禁止高利贷，规定最高利率"。[②]1937年8月22日至25日，中共中央政治局在陕北洛川举行扩大会议。会议通过的《抗日救国十大纲领》中正式把减租减息作为中共在抗日战争时期解决农民问题的基本政策。这一政策是在抗日这一大前提下，调节农民与地主两个对立阶级之间的利益和关系的最恰当的政策，虽然对于广大无地少地的农民来说只是一种改良性的政策，却是对封建土地所有制的一种渐进性的改革，为抗战胜利后彻底解决农民土地问题，实现耕者有其田奠定了基础。

二、初步展开其他经济工作

土地革命和整个革命的胜利，还取决于巩固的根据地和坚实的军事经济基础，取决于党开展扎实、具体、有效的经济工作。早在井冈山时期，以毛泽东为代表的中国共产党人就认识到有足够给养的经济力是革命根据地存在和发展的重要条件，已开始进行一些必要和可能的经济建设。毛泽东等同三次"左"倾错误进行了斗争，尽可能坚持经济发展的正确路线，将经济建设引向健康方向。

（一）在工业中发展多种经济成分的初步探索

"边界的经济，是农业经济"[③]，在革命根据地，生产力低下，商品经济极不发达，是小农经济的汪洋大海，几乎没有现代工业，边区的工业基本处于一种手工操作的落后状态。必须把这样一个"落后的农村造成先进的巩固的根据地，造成军事上、政治

---

① 中共中央党史研究室编《土地革命纪事（一九二七——一九三七）》，求实出版社，1982，第374页。
② 赵效民主编《中国土地改革史（1921—1949）》，人民出版社，1990，第225页。
③ 《毛泽东选集（第一卷）》，人民出版社，1991，第74页。

上、经济上、文化上的伟大的革命阵地"①,为此,中国共产党根据新民主主义的"国民经济,是由国营事业、合作社事业和私人事业这三方面组成的"②这一基本方针,大力发展多种经济成分并存的工业。

1. 创建国营工业,探索工业管理经验

所谓国营工业是指由中华苏维埃共和国各级政府直接经营,属于苏维埃政权所有的工矿企业,是新民主主义经济新的重要经济形式。根据地薄弱、分散、个体、落后的小手工业难以担负起革命战争庞大的军需和后勤任务,必须兴办各种必需的可能的军需工业以保障革命战争的物质需要。根据地的国营工业正是适应这种客观要求,从军需工业开始起步发展起来的,同时,也为打破敌人的经济封锁,满足人民日常生活的需要建立了一些可能的和必要的民用工业。

最早在革命根据地建立的国营工业是1927年成立的莲花兵工厂。1927年下半年,莲花县农民武装成立了修械所,1930年上半年就发展到800多人,成立莲花兵工厂,下半年发展到拥有一个子弹厂、一个兵工厂,能造子弹、六〇炮和炮弹,月产子弹12万发,炮弹3万—5万发,小炮6门,有力保障了军需所用。③但在土地革命战争初期,在军事上巩固、扩大革命根据地是紧要任务,还谈不上全面的经济建设,国营工业无论在数量还是规模上都是微小的。直到1931年第三次反"围剿"战争胜利后,由于根据地的巩固扩大和红军的发展,要求苏维埃政府发展自己的工业企业,以适应战争需要,苏区的国营工业才有了较快的发展,特别是1933年苏区经济建设大会之后,国营工业企业发展步入一个新的阶段。

在这一时期发展起来的国营工业主要有1931年成立的中央兵工厂、中央印刷厂、中央军委被服厂等,此外,苏维埃政府还兴办了一些出口工业和民用工业,如钨矿厂、樟脑厂、纸张厂、纺织厂等。

在第五次反"围剿"战争期间,尽管苏维埃政权的财政非常困难,但为了满足红军和群众对某些工业的需要,仍拨出大批资金来发展国营工业。1934年2月,中央国民经济部在汀州投资10万元建立了中华织布厂,同时投资20万元建立了中华纸业公司。在此之前还投资建立了中华樟脑厂、卫生材料厂、通讯材料厂、粮秣厂等。但正当国营工厂大发展时,受到了"左"倾错误干扰,许多地方曾一度出现不考虑客观条

---

① 《毛泽东选集(第二卷)》,人民出版社,1991,第635页。
② 《毛泽东选集(第一卷)》,人民出版社,1991,第133页。
③ 革命根据地财政经济史编写组编《革命根据地财政经济史长编(土地革命时期)(上)》,浙江新华印刷厂,1978,第681页。

件，不顾苏维埃政府当时的财力、物力和人力，制订一些庞大的工业计划，盲目发展国营工业，造成了经济发展的很大被动。

党在革命根据地领导建立国营工业后，开始探索国营工业的管理体制。中华苏维埃第一次全国代表大会之前，国营工厂实行的是军事化管理制度，政委决定厂里一切，实行供给制。中华苏维埃第一次全国代表大会后，苏维埃政府逐步改革国营工厂的管理制度，实行工资制，根据工人技术水平高低划分成不同等级，如：中央印刷局的工人最高工资是每月十八元，中等是十四元。[①] 赣东北国营工厂还组织了工厂生产管理委员会，让工人参加国营企业管理，行使主人翁的权力。这种组织管理形式的产生，极大激发了工人工作热情。1933年4月，中央国民经济部设立了国家企业管理局，总供给部设立军事工业局，加强了对国营工厂和军工企业的领导和管理。

尽管中国共产党积极加强对国营工业的领导，但由于经验不多，制度不健全，又处于战争环境之下，国营工业的管理仍然很混乱，"原料与工具没有人负责保管，兵器仓库非但无锁而且无门"[②]。为了改进管理中的不足，党和苏维埃政府采取了各种积极措施来加强对国营工业经济工作的管理。最为突出的是1934年4月中华苏维埃共和国人民委员会主席张闻天颁布了第一个国营工厂管理条例，即《苏维埃国有工厂管理条例》，创立了以厂长负责制为特征、经济核算制为核心的企业管理制度的雏形，对改善国营工厂管理作出了一系列首创性重要规定，改变了当时国营工厂管理上的混乱状况，使管理工作走上正轨，推动了国营工厂健康发展。临时中央政府还派出突击队，帮助国营工厂整顿，落实管理条例。

虽然这些经济管理方法有不完善的地方，但在困难的战争环境中，在国营工业建立不久的情况下，提出这些管理措施，不仅在当时具有重要意义和作用，而且许多重要原则至今仍值得借鉴和思考。

2. 全面扶持手工业生产合作社的发展

土地革命战争时期，革命根据地的工业中手工业占最大比重。为了恢复发展根据地的工业生产以保障革命战争需要，在发展国营工业的同时，中国共产党也积极着手恢复和发展手工业，并且以合作社的形式组织分散的个体手工业。中华苏维埃第一次全国代表大会之后，临时中央政府就采取了全面扶持手工业生产合作社的发展政策，并将之作为解决工人就业、恢复发展苏区工业生产的主要措施。

早在1929年，党就确定了在根据地办生产合作社的方针。毛泽东曾经指出，"合

---

① 《中央印刷局实行劳动法》，《红色中华》1932年1月20日，第5版。
② 赵效民主编《中国革命根据地经济史（1927—1937）》，广东人民出版社，1983，第363页。

作社经济和国营经济配合起来，经过长期的发展，将成为经济方面的巨大力量"[1]，号召"大规模地发展合作社经济"[2]，"开展合作社运动，成为最广大的群众运动，是经济建设工作中的主要一环"[3]。中华苏维埃第一次全国代表大会之前，由于根据地不稳定，也缺乏办社经验，所以手工业生产合作社发展较慢，只建立了少数几个合作社，而且其中许多还是由苏维埃政府出资或没收来的工厂、作坊，交给工人群众集体经营。中华苏维埃第一次全国代表大会之后，由于第三次反"围剿"的胜利，根据地出现了相对稳定的局面。中华苏维埃共和国临时中央政府颁布了从税收、租金、运输、房屋等各方面全面扶持合作社的发展政策。1933年8月中央苏区还召开了南部和北部经济建设大会，号召各级政府开展合作社运动，加强对发展手工业生产合作社的动员和组织工作，苏区出现了发展手工业生产合作社的高潮。到1934年2月，中央苏区的兴国等17个县的手工业生产合作社发展到176个，社员32761人，股金达到58552元。[4]其他苏区的手工业合作社发展也较快，规模大小不一，涉及部门有造纸、织布、炼铁、造农具、烧石灰、缝纫、熬硝盐、制陶器、造船、制雨伞、制木器等30余个，极大丰富了根据地的经济内容。

　　党和政府注重运用制度手段规范合作社的组建与管理，苏区政府颁布了各种规章条例。1932年4月12日，中华苏维埃共和国临时中央政府颁布了《合作社暂行组织条例》，规定："合作社须由工农劳动群众集资组织的，富农、资本家及剥削者均无权组织和参加"，"合作社之社员不仅兼股东，并且是该社的直接消费者"，"每个社员其入股的数目不能超过十股，每股金额不能超过五元，以防止少数人之操纵"。[5]同年9月19日，中央财政人民委员部颁布了《合作社工作纲要》，较之前述条例内容更为完备，各项政策更为明确，规定"社员无论股金多少，都只有一个表决权"，红利分配原则是"至少要将红利百分之五十为公债金不分散"，"再抽出百分之十或百分之二十为文化基金"等。[6]1933年9月中华苏维埃共和国临时中央政府还制定了《生产合作社标准章程》，较之以前各种章程、条例或纲要，在组织原则、社员权利、民

---

[1]《毛泽东选集（第一卷）》，人民出版社，1991，第133-134页。
[2]《毛泽东选集（第一卷）》，人民出版社，1991，第134页。
[3] 革命根据地财政经济史编写组编《革命根据地财政经济史长编（土地革命时期）（上）》，浙江新华印刷厂，1978，第723页。
[4] 吴亮平：《目前苏维埃合作运动的状况和我们的任务》，《斗争》1934年第56期。
[5] 革命根据地财政经济史编写组编《革命根据地财政经济史长编（土地革命时期）（上）》，浙江新华印刷厂，1978，第726-727页。
[6] 革命根据地财政经济史编写组编《革命根据地财政经济史长编（土地革命时期）（上）》，浙江新华印刷厂，1978，第727-728页。

主管理、盈利分配原则等方面都有新的发展。至此，各地手工业生产合作社就有了一个完整的、统一的章程可以遵循，并依之进行整顿，使各地生产合作社成了名副其实的由工农群众按自愿原则，合股集资组织起来，从事各种手工业生产，自产自销、自负盈亏的一种社会经济组织，有力促进了手工业生产合作社朝着积极健康的方向发展。

由于党和政府积极领导且重视手工业生产合作社对苏区工业生产发展的意义，制定了一系列发展合作社的正确方针和各项具体政策，而且从财政、信贷上给予大力支持，手工业生产合作社得到了较迅速的发展，在一定程度上解决了失业工人的就业问题，促进了苏区工业生产的恢复和发展，还有力支援了农业生产。例如：中央农具生产合作社1933年4月成立，仅一个多月就生产禾刀5000把，镰刀800把，以及其他一些农具，质量好且价格便宜，很受农民欢迎。[1]手工业生产合作社的大发展极大促进了苏区经济建设。

3. "左"的错误对私营经济发展的制约

如何对待私营工业的问题是在革命根据地扩大，特别是占据了一些城镇之后才遇到的一个问题。这一时期，党在这个问题上一直存在矛盾。对私营工业是保护还是消灭成为这一时期党内斗争的一种体现。革命根据地的私营工业大多以手工业为主，从民主革命性质上看，私营企业属于革命的团结对象，从发展苏区经济角度出发，应该保护私营工业并允许其发展。但从党的"阶级立场"，尤其从发动工农参加革命的需要出发，又希望提出一些有利于工人阶级利益的政策。这种矛盾状态与矛盾心理下，容易产生"左"的劳动政策和经济政策，打击破坏私人工业。

这一时期，三次"左"倾错误都是在对待私营工业这个问题上犯了同样错误，对私营工业一次又一次打击。1930年5月，中共中央在李立三的主持下制定了《劳动保护法》，规定：童工工作时间是4小时，成年工人8小时，而且工人做革命工作时照发工资。王明则一方面承认私营企业存在的必要性，认为"我们暂时还不能在中国苏区内消灭资本主义"，"而是利用它（在苏维埃政权机关所能做到的范围内）以谋振兴苏区的经济生活"，[2]另一方面又制定过"左"的劳动政策，打击了私营工业。中华苏维埃第一次全国代表大会通过的《中华苏维埃共和国劳动法》则更"左"，除了工作时间上机械限定8小时外，还规定工人必须享有服装、住房或住房津贴、免费医疗

---

[1] 革命根据地财政经济史编写组编《革命根据地财政经济史长编（土地革命时期）（上）》，浙江新华印刷厂，1978，第734页。

[2] 中央档案馆编《中共中央文件选集（第八册）》，中共中央党校出版社，1985，第791、792页。

等物质福利，工人参加职工大会等社会活动"无论时间之久暂，都不得克扣工资"，等等。[①] 王明等人甚至还经常煽动工人搞同盟罢工，以达到提出的苛刻要求。在几乎没有现代工业的革命根据地，仅有的一点私人经济，在"严厉"的劳动法压制下，逐渐走向倒闭和消亡。一些资本家、私营业主因经营困难而逃跑。

以毛泽东为代表的党内正确路线一直在与"左"的错误经济路线作斗争。早在开辟井冈山根据地时，毛泽东就十分注意党对中小工商业者的政策，一贯主张保护私营工业、鼓励私人投资。1934年1月，在中华苏维埃第二次全国代表大会上，毛泽东作了《我们的经济政策》报告，全面阐述了党对私营经济的政策，指出"我们对于私人经济，只要不出于政府法律范围之外，不但不加阻止，而且加以提倡和奖励"，认为"尽可能地发展国营经济和大规模地发展合作社经济，应该是与奖励私人经济发展，同时并进的"[②]，"在民主革命阶段，劳资间的斗争是有限度的。人民共和国的劳动法保护工人的利益，却并不反对民族资本家发财"[③]。面对日益暴露出的"左"倾错误带来的不良后果，中共其他一些领导人，例如陈云、张闻天等也开始审视并努力纠正过"左"的经济政策。张闻天在《论苏维埃经济发展的前途》一文中指出，"在敌人经济封锁之下，工业生产品的极端缺乏与昂贵"，"不能不利用私人资本来发展苏维埃的经济"，"甚至应该采取种种办法，去鼓动私人资本家的投资"。[④] 他还根据实际情况在中央苏区提出修改劳动法，认为劳动政策的正确与否应该通过实际来判断，主要看是否有利于发展苏维埃经济、改善人民生活和巩固苏维埃政权。正是在他的积极主张推动下，1933年10月中华苏维埃共和国临时中央政府颁布了新的劳动法，修改废除了某些过高的福利要求和脱离根据地实际的条款，具有较强灵活性，在一定程度上缓解了"左"的错误在经济上所造成的危害。

总体上看，这一时期私营工业的发展是有限的，而且，新劳动法颁布后立即开始了第五次反"围剿"战争，失败后又转入长征，对私营工业恢复并没有产生太大效果。

（二）开展贸易，初步积累培育、利用和驾驭市场的经验

在根据地的经济斗争中，商业贸易是一条极为重要的战线。一方面，商品流通

[①] 革命根据地财政经济史编写组编《革命根据地财政经济史长编（土地革命时期）（上）》，浙江新华印刷厂，1978，第767-778页。
[②] 《毛泽东选集（第一卷）》，人民出版社，1991，第133-134页。
[③] 《毛泽东选集（第一卷）》，人民出版社，1991，第159页。
[④] 中央档案馆编《中共中央文件选集（第八册）》，中共中央党校出版社，1985，第568页。

一旦受阻，工农业生产就会衰退停滞，另一方面，敌人为了实现其扼杀革命政权的目的，不仅实行军事"围剿"，而且进行经济封锁。为了打破敌人封锁，沟通内外贸易，活跃物资交流，克服工农业产品价格的剪刀差，苏维埃政府不但不禁止贸易的自由，而且鼓励商品的流通，同时"不应干涉经常的商品市场关系"①，以适应经济发展规律。在土地革命战争时期，中共在根据地全面开展了贸易工作，在这一过程中，初步积累了培育、利用和驾驭市场的经验。

1. 设立市场和改造市场

在当时中国偏远的农村，商品流通极端落后。集市数量少，条件差，且操纵在土豪劣绅手中，成为他们剥夺人民劳动成果的工具。为了繁荣根据地经济，促进商品流通，中国共产党利用、改造和新建了墟场这一农村商品交换场所。

在井冈山根据地，首先改造利用了草林旧墟场。草林是遂川较大的墟场之一，过去有一唐江、二营前、三草林、四大汾之称。毛泽东带领工农革命军进入草林之前，墟场基本上被市镇中的土豪劣绅占据垄断。毛泽东带领工农革命军进入之后，随即采取了一系列正确措施和革命政策，对墟场进行改造，镇压肃清了把持墟场的大土豪和"靖卫团"，打掉墟场周围的税卡，取消了苛捐杂税，实行保护中小商人的政策。有买有卖，市场异常活跃繁荣。每逢一、四、七赶墟，四面八方的群众提篮挑担，络绎不绝地到草林墟场做买卖，不下两万人。草林墟场的繁荣也给井冈山根据地提供了源源不断的物资支援。

其次是在1928年6月，苏维埃政府在湘赣交界处的宁冈县南部的大陇镇，新建了大陇红色墟场，在墟场还设立了专门管理机构和组织人员来管理墟场贸易活动，保护中小商人，鼓励他们来经商贸易。每逢二、五、八赶墟，公买公卖，秩序井然。大批白区商人甚至农民也来墟场做生意，这有利于打破敌人经济封锁，活跃商品流通。

随着革命根据地扩大和土地革命深入，工农业生产有了较大发展。福建、江西等地农村墟场也在党的正确领导下活跃起来，为商业贸易的发展繁荣创造了一个良好的市场环境。

2. 发展公营商业与合作社商业，建立市场宏观调节机制

公营商业是指苏维埃政府投资兴办的商业，是由苏维埃政府领导、归苏区人民所有的社会主义性质的经济组织。合作社商业则是由群众集资形成的具有社会主义性质的集体经济。它们主要包括土地革命战争时期各根据地兴办的公卖处，公营的各种

---

① 中央档案馆编《中共中央文件选集（第七册）》，中共中央党校出版社，1983，第483页。

商店、药店、饭店，在对外贸易中建立起来的对外贸易局、采办处及各种形式的合作社等。

具体而言，首先，设立公卖处，成立各种形式的公营商店、药店、饭店等。为了克服敌人经济封锁造成的生活困难，减少奸商的中间盘剥，1928年5月，井冈山根据地在茨坪兴办了最早的一个公卖处，这是公营商业的雏形。公卖处有些是用打土豪筹得的款项购买货物，属于公营性质的商业，有些是群众集资的，属于合作社集体经济性质的商业。其货物大多是苏维埃政府通过自己或发动群众直接从白区筹办来的，"进价比较便宜，出价当亦不贵"[1]，深受军民欢迎。

在井冈山根据地，除了创办公卖处外，还根据经济发展需要建立了一些公营或是合作社形式的店铺。1928年7月在宁冈县大陇红色墟场创办了一个公营商店，经营各种杂货，价格公道，对活跃市场、稳定物价起了积极作用。类似这种商店，在江西、闽浙赣、福建等地都相应建立了一些，如1933年闽浙赣苏区这样的商店"大约有三十多家"[2]。1928年年初，宁冈县工农兵政府在茅坪滩头村还设立了一个工农药店，除了为红军医院提供药材外，群众有病也到这里抓药，生活特别困难的贫苦农民经工农兵苏维埃政府批准还可以免费抓药，极大方便了人民群众。[3] 同时，在许多地方，党和苏区政府还出资兴办了工农"红色饭店"。

这些公营商业都是党和苏区政府在经济困难情况下创办的，虽然实力、规模、数量都有限，但在根据地对敌经济斗争、保障革命战争方面发挥了积极作用。

其次，设立粮食调剂局和各种形式的商业合作社。过去存在着"工业品特贵，农产品特贱"，及工农业产品不等价交换的现象，由于历史原因以及敌人军事"围剿"和经济封锁的现实原因，革命根据地出现了工农业产品价格剪刀差加剧的趋势。根据地农产品运不出去，靠外边供应的工业品又进不来，农民为了获得自己必需的日用消费品，只能贱卖粮食。工农业产品这种极端不平等交换，使农民吃亏很大，以致出现"农民有田不耕种的现象"，加剧了工农矛盾。

根据地党和政府高度重视这个问题。1929年9月，中共闽西特委专门发出通知指出："调剂剪刀（差）现象是苏维埃当前急务。"1930年6月，在闽西根据地最先成立

---

[1] 革命根据地财政经济史编写组编《革命根据地财政经济史长编（土地革命时期）（下）》，浙江新华印刷厂，1978，第883页。

[2] 革命根据地财政经济史编写组编《革命根据地财政经济史长编（土地革命时期）（下）》，浙江新华印刷厂，1978，第884页。

[3] 革命根据地财政经济史编写组编《革命根据地财政经济史长编（土地革命时期）（下）》，浙江新华印刷厂，1978，第884页。

了粮食调剂局,随后其他根据地也相继建立,其做法就是:新米谷登场后,由调剂局以高出市价三分之一的价格向农民买米谷,然后储藏起来,等到青黄不接时再按市价的九五折卖给农民,从中得到的差价用以弥补米谷损耗和管理费用。粮食调剂局通过购、销、调、存业务,打击了奸商,平抑了粮价,保证了军需民食,有时还有计划地组织粮食出口以换回食盐、布匹、药材等必需品供给军用、改善人民生活。

党和苏区政府在成立粮食调剂局的同时,为防止工农业产品交换时商人的中间盘剥,还鼓励群众组织各种合作社商业,如粮食合作社、消费合作社、购买合作社、贩卖合作社等。党和苏区政府对合作社的积极支持态度和正确领导,极大发展了合作社经济,很大程度上配合支持了公营商业的活动,打击了少数投机取巧的商人对经济市场的破坏和垄断。正是在党的积极领导推动下,合作社商业在各根据地的发展十分迅速。1934年2月与1933年8月经济建设大会前比较,消费合作社、入社社员及股金分别由1933年的417个、82940人、91670元上升为1934年的1140个、295993人、322525元。[①]虽然这些统计数据还不完备,但已经可以明确看到合作社特别是消费合作社在迅速发展。这对于缩小工农业产品价格剪刀差,打破敌人经济封锁,促进苏区商业繁荣起了明显作用。

3. 拓展根据地的对外贸易

无论是建立粮食调剂局还是成立各种合作社,还不能从根本上解决根据地经济困难以及工农业产品价格剪刀差等问题,必须打破对外贸易封锁,让农产品能出去,工业品能进来。张闻天指出,"苏维埃政府特别鼓励对外贸易的发展,来打破敌人对于我们的经济封锁"[②]。王明也说,"要使苏区的商品流通兴旺起来,首先就要坚决实行贸易自由的原则"[③]。为此,党和苏维埃政府为打通赤白贸易通道,确立了各种形式的对外贸易机构和鼓励贸易自由的政策原则。

1930年,为了加强同赣西南、闽西苏区的联系,党中央在闽西根据地的永定县建立了"武装通讯社"。除主要负责武装传送重要文件和护送往来同志等任务外,还承担起根据地军需民用物资的输送工作,如输送布匹、食盐、西药、军用修械器材等。有时还直接通过党在白区开设的秘密商店和利用白区的商人购进物资。为了加强对进出口贸易的领导,在赤白交界处还建立了"货物登记处"和"物资转运站",甚至是

---

① 革命根据地财政经济史编写组编《革命根据地财政经济史长编(土地革命时期)(下)》,浙江新华印刷厂,1978,第1015页。
② 中央档案馆编《中共中央文件选集(第八册)》,中共中央党校出版社,1985,第569页。
③ 中央档案馆编《中共中央文件选集(第八册)》,中共中央党校出版社,1985,第802页。

赤白交易所。

苏区的对外贸易不仅仅是依靠外贸机构的专业人员直接在边界墟场进行或到白区秘密进行，更重要的是积极鼓励帮助边沿地区的群众和商人进行贸易。据《赤区经济封锁的现象》一文记载：赣南、赣西各县偷运食盐的方法，"有些是把纸张或棉衣服，先用盐水浸过并晒干，然后带进赤区，又用沸水把它含蓄着的盐质盐味，煮出食用。灰色区域或赤区的农民，来城市购买肥料人粪，粪篓便桶中，也会暗藏着盐包或盐盒；或把便桶制成两截，底截较浅于上截，即藏食盐"①。不少苏区运用武装力量直接从事或保护对外贸易，甚至常用贿赂、收买敌方人员方法进行贸易交换。

党在领导革命根据地的军民打通赤白贸易方面付出了艰辛努力，取得了苏区对外贸易的巨大成绩，打破了敌人妄图用经济封锁来困死红军和苏区的阴谋。

无论是公营还是合作社商业，虽然还不能成为根据地经济生活的主体力量，但在粉碎敌人经济封锁，保障基本的军需民用，支援革命战争方面起到了领导作用，而且为以后向社会主义经济过渡准备了条件、积累了经验。

4. 大力发展私营商业

在革命根据地，私营商业的发展同私营工业一样受到"左"的错误的影响。列宁曾说过："试图完全禁止、堵塞一切私人的非国营的交换的发展，即商业的发展，即资本主义的发展，而这种发展在有千百万小生产者存在的条件下是不可避免的。一个政党要是试行这样的政策，那它就是在干蠢事，就是自杀。"②在土地革命战争时期，党内一些领导人错误对待私人经济的态度无疑是帮助了敌人，是自我封锁和扼杀。但同时党内也有一些领导人一直在同这些错误作斗争，以积极态度引导私营经济的发展。

早在土地革命战争初期，毛泽东就明确提出保护中小商人的政策。1928年，他在给中共中央的报告中就提出了要争取中小商人的问题。1929年1月他在起草的《红军第四军司令部布告》中又提出"城市商人，积铢累寸，只要服从，馀皆不论"③。1929年3月红军打下长汀后，他起草的红四军党部《告商人及知识分子》的文告中又强调指出："共产党对城市的政策是：取消苛捐杂税，保护商人贸易。在革命时候对大商人酌量筹款供给军需……至于普通商人及一般小资产阶级的财物，一概不没收。"④

---

① 赵效民主编《中国革命根据地经济史（1927—1937）》，广东人民出版社，1983，第408页。
② 中共中央马克思恩格斯列宁斯大林著作编译局编《列宁选集（第四卷）》，人民出版社，1995，第504页。
③ 《毛泽东选集（第一卷）》，人民出版社，1991，第52页。
④ 中共中央文献研究室编《毛泽东年谱（1893—1949）（修订本）（上卷）》，中央文献出版社，2013，第266页。

1934年,他在《我们的经济政策》一文中还说到"目前私人经济的发展,是国家的利益和人民的利益所需要的"①。

到了土地革命战争中后期,党在经历了一些错误后开始积极引导私营商业的发展。苏区先后颁布了《告商人及知识分子》《关于商人自由贸易问题》等一系列保护私营商业的政策,这无疑是有利于其发展的。但由于前期"左"的错误占据了主导地位,尤其是1927年到1930年各地烧商店、烧账簿、杀商人、重派款等行为时有发生,对私营经济打击过重,虽然后来积极改正,但成效并不大,只有个体小商贩、小商业者经营的私营商业有所恢复。

(三)领导财政工作的初步探索

财政是国家为了实现自己的职能而参加社会产品的分配和再分配所形成的分配关系。财政活动具体表现为国家资财的收入、管理、分配和支出等经济活动。建立财政,是红色革命根据地产生后开始的。革命政权需要财政的支持。战争中所需大量的物资供给需要财政解决。早在1931年11月,毛泽东就以中华苏维埃共和国中央执行委员会主席的名义,发布了《中华苏维埃共和国暂行税则》,规定在苏区实行统一的累进税;向富农征税;免收商业出入口税和工业的出厂税,以发展苏维埃区域的经济。12月又颁布《中华苏维埃共和国暂行财政条例》,规定实行财政统一,一切国家税收概由国家财政机关按照临时中央政府颁布的税则征收。1933年8月,毛泽东在苏区政府召开的中央苏区南部十七县经济建设大会上的报告,提出"发展经济,保障供给"是经济财政工作总方针的基本思想。毛泽东关于财政的思想,初步奠定了党和政府财政工作的基本思路。

革命根据地初创时期,没有条件进行全面的根据地经济建设。在土改尚未进行时,主要是采取打土豪筹款的办法解决红军给养问题。这是靠强制的政治力量取得财政收入的一种手段,也是土地革命战争初期财政收入的主要来源。在建立了比较巩固的根据地政权并进行土改后,则以土地税作为财政收入的主要来源。1928年11月,毛泽东在给中央的报告中说到,"政府和赤卫队用费,靠向白色区域打土豪。至于红军给养,米暂可从宁冈土地税取得"②。打土豪筹款办法虽起过积极作用,但正如毛泽东在1947年7月给刘伯承、邓小平的电报中所指出的:土地革命时期打土豪办法,所得不多。而依靠税收,在一个建立在个体经济基础上的,被敌人分割的,因而又是游击战争的农村根据地,由于经济力量十分薄弱,又遭到敌人破坏和经济封锁,也是

---

① 《毛泽东选集(第一卷)》,人民出版社,1991,第133页。
② 《毛泽东选集(第一卷)》,人民出版社,1991,第71页。

无法保证需要的。因此,毛泽东在1933年就提出从发展根据地经济上找出路,要求"动员群众,立即开展经济战线上的运动,进行各项必要和可能的经济建设事业"①,把"从发展国民经济来增加我们财政的收入"作为"我们财政政策的基本方针"②。

随着土地革命深入和经济建设展开,一些取之于民、取之于己的财政收入开始出现。这一时期党对财政工作的领导主要体现在以下几点。

1. 多渠道开辟财政收入来源

革命根据地财政收入是工农民主政权运用所掌握的政治的、军事的、经济的力量筹集一切可能动员的经济资源,支持革命战争、保障供给的重要手段。土地革命战争时期,苏区政府的财政收入,除了靠发展经济取得税收以外,也来源于一些非经济收入。

首先,向剥削阶级筹款。土地革命战争初期,毛泽东就曾明确规定打土豪筹款是红军三大任务之一,打土豪成为初期财政收入的主要来源。为此,中共中央还制定了打土豪筹款的专门政策,规定:"筹款的主要对象是地主豪绅,除没收其财产、田地、房屋、器具外,还可以罚款","对地主是消灭他的经济力量,对富农是削弱他的经济力量,因此,地主的钱应该筹个干净,富农的钱则只能捐他的一部分"。③ 除此之外,还要求城市资本家商人捐款,规定:没收财产的原则不要应用到商人及资本家的身上,实行"大商多捐,中商少捐,先捐大商,后捐中商"的原则。④ 对剥削阶级筹款的政策是正确的,其实施保证了革命初期财政收入来源,也削弱了封建经济基础。

其次,积极开展取之于民、取之于己的税收工作。打土豪筹款是与根据地经济基础不稳定、土地问题未完全解决的情况相适应的。由此形成的收入不能保证财政基础的稳定,是暂时的非常措施。而赋税则是定期征收,是固定、经常、及时的收入,它可以使苏区财政建立在可靠基础上。随着革命根据地的扩大、巩固和土改的深入,建立稳定税收工作就应成为党和政府的重要工作。

开展税收工作首先必须整顿税收,也就是要在废除国民党新军阀的一切田赋、丁粮、苛捐杂税、厘金的同时,建立新型统一累进税制度。1932年7月,中华苏维埃共和国临时中央政府公布了新修改的《中华苏维埃共和国暂行税则》和《土地税征收细则》,规定税收的种类分为商业税、农业税、工业税三种,都实行统一的累进税制,

---

① 《毛泽东选集(第一卷)》,人民出版社,1991,第119页。
② 《毛泽东选集(第一卷)》,人民出版社,1991,第134页。
③ 革命根据地财政经济史编写组编《革命根据地财政经济史长编(土地革命时期)(下)》,浙江新华印刷厂,1978,第1374页。
④ 革命根据地财政经济史编写组编《革命根据地财政经济史长编(土地革命时期)(下)》,浙江新华印刷厂,1978,第1381页。

等等。这样各行各业就可有规可依地进行征税。在实际执行中,农业税征收得并不多。因为农业税只对主要生产物(谷、麦)征税,而对农副产品则不予征税,而且为了照顾农民的基本生活需要,农业税规定只能以维持必需生活费为起征点,不足者免税。工商税也是在经济恢复之后才开始酌量征收。中华苏维埃第一次全国代表大会之后,尤其是从1933年起,国营工商业有很大发展。据不完全统计,仅中央苏区,到1934年3月就有32个国营工厂,还有几千工人的铝矿公司,苏维埃政府还建立了对外贸易局,创办了中华商业公司,等等。仅1933年1月至8月国营企业的收入就有107188元,表明财源上已有了"取之于己"的良好开端。

可见,无论是农业税,还是工商业税,党的税收都是建立在发展经济的基础之上的,党十分注重经济建设对于税收的基础性作用,体现了通过发展国民经济来增加财政收入的指导思想。

最后,为筹集革命战争经费和经济建设基金,苏维埃政府也采取了一些非常措施来获得财政收入,如向群众借粮、捐献、发行公债等。前两种方式属于战争状况下不得已偶尔采用的方法。值得一提的是发行公债对增加财政收入的意义。1932年6月,为解决经济建设资金问题,临时中央决定发行短期革命战争公债60万元;1933年7月,决定发行经济建设公债300万元。这些公债的发行,对保障红军作战需要,吸收群众零散资本扩充根据地经济建设资金具有重要作用。发行公债不仅是党在战时创立的一个非常措施,至今也是经济建设中集中财力的一个有效途径。

2. 开展节省运动,加强对财政支出工作的领导

土地革命战争时期,红军官兵的生活费和战争费用是根据地财政最大的支出项目。革命根据地部队供给标准十分低,例如:在井冈山根据地的红四军官兵,每人每天只有五分钱的生活费;县、区以上的政府工作人员供给标准一般低于红军部队;乡以下工作人员则是自带伙食。可即使在这样的情况下,财政收入还是不够支出。尤其是随着敌人"围剿"的加剧,军费开支激增,仅1933年9月至1934年1月就增加了40%—45%。这种状况要求党和苏区政府实行精打细算的、节省的财政支出方针。1934年1月,毛泽东在中华苏维埃第二次全国代表大会上指出:"财政的支出,应该根据节省的方针。应该使一切政府工作人员明白,贪污和浪费是极大的犯罪……节省每一个铜板为着战争和革命事业,为着我们的经济建设。"① 在毛泽东等领导人的号召下,革命根据地形成了群众性的财政支出节省运动。

节省运动首先是从节省各级机关经费开支开始的。到1933年,除继续节省政府

---

① 《毛泽东选集(第一卷)》,人民出版社,1991,第134页。

机关经费开支外，还展开了节省个人开支，每人每天节省一个铜板支援革命战争的运动。例如，以前机关晚上办公，每个办公室一盏灯，为了省油，晚上改为集体办公，许多人共用一盏灯，一般开会在月光下进行。"为了节省粮食，保证红军给养"，"每人每天减少食米二两"，"甚至还有许多政府工作同志，愿意自带伙食为政府工作，国家企业与国家工厂工人，公开提出免发或少发工资问题"[①]。在党的号召组织之下，广大军民积极响应，节省运动取得了很大成绩，仅1934年各根据地节省交到金库的数额就有560多万元。在节省财力、物力支出的同时，根据地各机关、部队、工厂企业等单位还普遍开展了精简人员、节省人力运动。开展反贪污、反浪费也成了节俭的一种方式。节省运动的展开，极大减少了财政支出方面的浪费和损失，使有限的财力得以集中，保证了革命战争的需要。

3. 建立统一的财税体制

随着革命根据地的巩固和扩大，财税收入有了经常性的来源，但总是入不敷出，收支不平衡。除了实行节俭的财政支出外，客观上还需要改变过去各根据地财政自收自支的现象，实行统一财政管理，最合理地管好用好有限的财力、物力。

革命根据地建立之初，财政各自为政，管理混乱。1931年11月，临时中央政府设立了财政人民委员部，任命邓子恢为部长。12月颁布了中央政府第一个财政法规，即《中华苏维埃共和国暂行财政条例》。条例规定，实行统一税收，一切税收概由国家财政机关按颁布税则征收；统一收支，一切收入概应随时转送或直接送中央财政部或相应银行；还建立预决算制度，统一记账簿和记账单位。而且还建立健全了各级财政组织系统，明确了其隶属关系。为了切实贯彻条例，1932年2月，中华苏维埃共和国人民委员会发布命令，要求各苏区都进行财政检查和整顿工作。此后，临时中央政府制定了一系列统一的规章制度，如国库制度、会计制度、审计制度等，使原本混乱的财政管理工作得以理顺并走上了正轨。

财政的统一管理，对革命根据地的战争供给和经济建设发挥了重要作用，使有限的财政收入的作用得到最大限度发挥。并且，还培养了一批财政工作人才，积累了丰富的工作经验，对后来乃至中华人民共和国成立以后财政工作的开展都具有重要意义。

（四）初步建立新的金融制度和体系

土地革命战争时期，党在根据地的金融工作处在起步阶段，主要是摧毁旧金融体系，建立新金融制度。

[①] 革命根据地财政经济史编写组编《革命根据地财政经济史长编（土地革命时期）（下）》，浙江新华印刷厂，1978，第1454页。

在根据地，摧毁旧的金融体系是一项紧迫的经济工作。首先，要摧毁高利贷资本体系。当时，资本主义借贷关系不发达。封建性的高利贷资本统治着广大农村，其利率往往高达30%—50%，甚至100%以上，成为贫苦农民的重负。因此，废除高利贷剥削就和平分地主土地一样，成为党的土地革命的重要内容，也是发动农民最有效的口号之一。1927年11月，中共中央临时政治局扩大会议通过的《中国共产党土地问题党纲草案》中就明确提出："一切苛约重债一概取消"。各地暴动后，都不同程度废除了高利贷剥削。其次，要取缔伪币在根据地的流通和使用。在根据地新的金融体系建立以前，国民党中央政府发行的货币和地方旧银行、商会遗留下来的杂钞劣币仍充斥根据地市场，这些杂钞劣币受国民党统治区通货膨胀的影响不断贬值，给根据地商品流通、军队供给带来很多问题，造成现金外溢，严重影响了根据地经济发展。

要摧毁旧的金融体系，必须创立新的金融体系。尽管在中华苏维埃第一次全国代表大会之前，各根据地就建立了银行，发行了货币，但一开始金融体系是不统一的，各根据地自行建行，各管发行，金融体系管理混乱。中华苏维埃第一次全国代表大会之后，随着根据地的巩固和扩大，苏区的金融事业在党和政府的领导下逐步走上统一发展的道路，主要体现在以下几点。

1. 建立了统一的金融组织机构

中华苏维埃第一次全国代表大会之前，各苏区都设有银行，但彼此独立，名称也各异，如"工农银行""农民银行""贫民银行"等。为了贯彻中华苏维埃第一次全国代表大会《关于经济政策的决议案》中有关统一货币制度和统一金融组织的决定，1932年年初，中华苏维埃共和国临时中央政府决定成立中华苏维埃共和国国家银行，各地原有的银行也改为国家银行在各省的分行或支行。其后，临时中央政府颁布了《中华苏维埃共和国国家银行暂行章程》，规定：国家银行组织系统中最高权力机关是管理委员会，与之并列的还有审查委员会，由财政人民委员部派若干人组成，形成一种监督机制；总行和分行都设有保管科、出纳科、营业科、总务科、会计科、国库科，此外，总行还设有发行科，专门发行国家流通货币；国家银行总行与财政部分离，直接受临时中央政府领导，各分行受同级政府领导，其机构设置、人员配备、方针任务政策的确定均由苏维埃政府统一决定，银行资金一部分由苏维埃政府拨给。统一而独立的国家银行的设立及其组织体系的建立，标志着根据地金融组织体系的形成。

2. 统一货币发行与流通

中华苏维埃第一次全国代表大会前，各根据地银行各自发行货币，不仅省级、县级银行发行纸币,甚至连信用合作社也发行流通券,市面流通货币极不统一。一个根据地内多种纸币同时流通,这不仅不利于流通,也不利于加强金融管理。因此,统一货币发行是非常必要的。因此,中华苏维埃第一次全国代表大会通过的《关于经济政策的决议案》规定,只有国家银行有发行货币的特权。1932年7月正式开始以"中华苏维埃共和国国家银行"名义发行纸币,与中央苏区不相连接的其他根据地可以分行的名义发行纸币,其他支行机构均无发行货币权力。这样就保证了苏区金融市场上纸币流通的统一,货币流通市场趋向规范和统一。

党和苏区政府力图根据货币发行规律发行国家纸币。在开始阶段,纸币发行以根据地拥有基金的多少来决定其发行量,这一举措保证了纸币能随时兑换现金,稳定了币值。但是后来由于种种原因,有些苏区不根据银行的基金数量,不按货币流通规律,单纯按财政需要发行纸币,结果造成纸币贬值。尤为突出的是,从1933年起,因为敌人的第四、第五次"围剿"和经济封锁加强,通货膨胀严重,战争形势恶化,根据地也不断缩小,赤白贸易中断,财政来源几近枯竭。党和政府对金融工作的领导也受到"左"的错误干扰,纸币信用开始出现危机。

3. 发展信用合作社及开展其他金融业务

信用合作社是在党的鼓励号召下群众集股组织起来的一种金融机构,经营存贷款、贴现、代理公债发行还本等业务,是苏维埃国家银行的一个有力助手。1930年3月,闽西根据地第一次工农兵代表大会通过的《经济问题决议案》中提出,要普遍发展信用合作社组织,吸收乡村存款。随后,信用合作社在闽西根据地发展起来。土地革命后期,党和政府十分重视信用合作社的发展,认为它是解决群众缺乏资本的主要办法,而且也是同城乡高利贷作斗争的有力武器[①]。1933年,临时中央政府还决定在发行的300万元经济建设公债中,拿出10万元支持信用合作社,以帮助解决资金短缺问题。党对金融事业的领导还表现在积极扩大银行业务,新增代理国家金库和开展信贷等活动,使根据地的金融工作得到较大的发展。

党和苏区政府对信用合作社的支持是显而易见的,在党的推动支持下,信用合作社也确实有所发展,但同其他合作社相比,其发展因战争局势恶化、苏区人民群众的经济负担过重而缓慢得多。

---

① 赵效民主编《中国革命根据地经济史(1927—1937)》,广东人民出版社,1983,第478页。

第三节　摸索阶段经济理论探索与经济工作实践的成就与经验

土地革命战争时期，对于中国共产党来说，无论是领导革命战争，还是开展经济工作，都是一个伟大的历史转折点，是中国共产党开始独立领导革命和经济工作的伟大开端。这一时期党的经济工作中形成的特点与经验不仅对后来战时经济工作产生了直接的影响，对中华人民共和国成立以后的经济工作也产生了深远的影响。

一、摸索阶段经济工作理论探索与经济工作实践的成就

土地革命战争时期，中国共产党的经济工作实践是在革命战争的条件下、在农村展开的，因此呈现出明显的战时经济工作特色和开创性的特点。在这十年间，中国共产党运用马克思主义经济理论，进一步深化了对中国经济国情的认识，开创了独立领导经济工作的新局面，取得了一系列具有重大历史意义的探索成就。

（一）开创了注重调查研究的经济工作方法

调查研究是一切工作之始。毛泽东强调调查研究是一切工作的第一步，提出了"没有调查，没有发言权"①的著名论断。张闻天强调，任何一个领导者，非但"在决定任务之前须要做一番精密的调查研究工作，即在正确的任务提出以后，也仍然需要不断的调查研究"②。他这样论述："要从实际出发，要认识实际，其基本一环，就是对于这个实际的调查研究。"③"许多问题的争论不决，闹不清楚，许多事情的办不通，办不好，归根到底，还不是由于我们对于这个问题没有做过一番切实的调查研究"④。土地革命战争开始后，党的工作重心转移到农村，党对农村实际状况并不是十分了解的。怎样开展土地革命？怎样领导经济工作？这都需要党的领导者深入实践进行一番调查研究才能作出正确的决策。

这一时期党内一些领导人接连犯"左"的错误，一个很重要的原因就在于他们对改变了的革命环境和实际完全不进行调查研究，仍然把以往做城市经济工作的方法搬到农村根据地，甚至教条地把马克思主义的经济理论大量用于根据地的经济工作实践，而以毛泽东为突出代表的一些共产党人则能够在探索中努力寻求正确的经济工作理论，一个很重要的原因在于他们十分注重调查研究，以精密的调查研究工作作为领导经济工作的基础。

---

① 《毛泽东选集（第一卷）》，人民出版社，1991，第 109 页。
② 《张闻天选集》编辑组编《张闻天选集》，人民出版社，1985，第 323 页。
③ 《张闻天选集》编辑组编《张闻天选集》，人民出版社，1985，第 322 页。
④ 《张闻天选集》编辑组编《张闻天选集》，人民出版社，1985，第 320 页。

为了解农村的社会经济关系,从1927年到1934年,毛泽东先后在江西、湖南、福建等地进行深入的调查,写了《寻乌调查》《兴国调查》《东塘等处调查》《木口村调查》《长冈乡调查》《才溪乡调查》等调查报告,在调查研究的基础上解决了土地革命中的许多重大理论和政策问题。这些调查研究对当时中国城乡社会经济关系和阶级结构以及进行土地革命的具体情况都作了周全详尽和深入的分析,不仅成为毛泽东在领导各项工作中的"发言权"的基础,而且促进了毛泽东关于中国民主革命经济变革和经济发展思想的形成。例如,毛泽东起草制定的党的历史上第一部较完整的土地法——《井冈山土地法》,就是在调查研究基础上制定的,以后土地法的几次修改也是毛泽东在不断的调查研究之后根据调查的结果进行的。

党的其他领导人也十分注重调查研究。例如,张闻天在土地革命战争初期因脱离实际犯过"左"的错误,1933年进入苏区之后,也开始注意调查研究。他先后写过《关于新的领导方式》等四篇文章,从理论上强调要改变旧的领导方式,改变过去那种浮在上面的领导为深入下层的具体领导。在实践上,他通过调查研究,在掌握大量第一手材料的基础上,提出修改劳动法,纠正了许多不利于苏区经济发展的劳动政策。

总之,土地革命战争时期,党在独立领导经济工作的开始阶段,就重视调查研究,创造了一个良好的工作方法,这为党后来开展经济工作创造了一个良好的开端。

(二)开创了党独立领导经济工作的新局面

大革命时期中国共产党尚没有独立领导经济工作,这一方面是因为当时的经济工作主要是在国共合作的框架内展开的,另一方面是因为当时党的经费主要依靠共产国际的支持、少量的党费以及革命人士的捐助维持。土地革命战争时期,形势发生了变化,一方面由于国共合作破裂,国共成为交战双方,另一方面由于建立了革命军队和革命根据地,经费需要大大增加,"战争不但是军事的和政治的竞赛,还是经济的竞赛"。赤白交战,环境恶化,要在"围剿"封锁中生存发展,各地红军和革命根据地只能靠自己去解决一切给养问题。因此,独立领导根据地的经济工作,就成为各根据地党和政府不得不面对的问题和时刻不能中断的工作。

开创革命根据地初期,党只有领导工农经济斗争的经验,而没有任何领导经济建设的经验,红军给养经费基本依靠军事和政治手段,即打土豪、剥夺剥削者的财产取得。但是随着根据地的稳定和扩大,必须打碎旧有的经济统治秩序,建立起一套独立的新的经济体系。毛泽东十分强调独立自主、自力更生,要依靠自身力量来推动根据地经济发展,党在革命根据地开始建立自己独立的经济体系,基本实现了在革命战争环境中自力更生的经济要求。

（三）实现了经济工作重心从城市向农村的转移

从1927年起，革命形势的变化迫使中国共产党人避开反动势力强大的城市，转向敌人力量相对薄弱的农村，同农民相结合，寻找新的革命道路。党的经济工作重心也随之由城市转移到农村。然而"革命战争是当前的中心任务，经济建设事业是为着它的，是环绕着它的，是服从于它的"①。土地革命战争时期，党领导开创的"农村包围城市"的革命道路，就是要在农村建立革命根据地，依靠广大农民，以农村为突破口寻找革命成功的道路。这种客观形势和性质也就决定了党在土地革命战争时期经济工作的中心就是土地革命，以动员广大农民，发展农业经济。

党把土地革命作为各项经济工作的中心，首先是中国革命重心由城市转向农村的结果。中国的社会经济结构是以农业为主体的，尤其是革命根据地所在区域，基本是落后偏远的农村，因此党领导军队进入农村后，在经济工作上必须以开展土地革命为中心。其次，这也是中国革命的性质和任务所决定的。土地革命是中国革命的主要内容，封建地主土地所有制是一切封建专制制度的经济基础，是帝国主义、军阀赖以统治的根基。要完成民主主义革命的任务，打倒封建专制制度、打倒帝国主义，就必须挖掉它的基础，把土地分配给农民。同时，也只有进行了土地革命，才能提高农业生产力，发展农业经济，解决全社会的生活问题，才能积极供给战争之需要的物质基础。

党在土地革命战争时期十分强调对农业经济的政策倾斜，甚至提倡各行各业都要支援农业。1933年2月，中华苏维埃共和国临时中央政府发出训令，号召广大干部参加农业生产，要求他们要尽可能地动员起来，亲自下田去帮助红军家属及缺乏劳动力的贫苦农民耕田。工农红军除了打仗，也要积极参加生产劳动。为恢复发展农业生产，苏维埃政府还从经济和物质上对农民给予扶持。农村经济工作在这一时期党的各项经济工作中占有举足轻重的地位，也体现了这一时期党领导根据地经济工作的特点。

（四）初步探索出战时经济工作特点

土地革命战争时期处于革命战争的时期，党的经济工作显示出战时经济工作的特点。

首先，这一时期对经济工作的领导方法明显带有战时性质，以政治性的鼓动宣传来推动经济工作的展开。这主要是"因为当时苏维埃政权比较多少巩固的苏区简直很少，它们大多是带有临时性质。红军占据了某一区，可是又不得不旋即退出，再向前

---

① 《毛泽东选集（第一卷）》，人民出版社，1991，第123页。

进到别一区域。在这样的情形之下,当然不能实行比较经常的经济政策"①。因此党领导的革命军队占据一个地方之后,多半是"向民众立刻指证他们在苏维埃政权之下的生活状况,与他们在旧统治之下的生活状况有何等显著的差别"②,从而激发鼓动民众起来进行经济斗争,响应党的经济主张,推动经济工作在根据地的开展。虽然这种经济工作方法是在战时革命形势不稳定下所采用的一种临时性措施,但为日后在革命战争条件下开展经济工作提供了借鉴。

其次,党在这一时期创办的国营经济和其他经济事业主要是为了适应战争需要。这一时期,党和苏区政府创办的一些国营企业,主要是兵工厂,例如,制弹厂、枪炮厂、军事及修械所等,根据地的公营工业就是从军需工业起步发展起来的。因为分散的个体手工业经济和私营经济不能及时保障革命战争的庞大军需和后勤要求,这要求建立国家经营的企业。只有国营的以军工企业为主导的经济结构才能适应战时所需。在土地革命中后期,也出现了一些民用企业,但许多都是为军队所需服务的,如被服厂、草鞋厂、通讯材料厂等。虽然以军工企业为主体的国营经济并非经济发展的最佳方式,但在革命战争年代是有效的经济发展模式。

最后,军队直接参与经济工作和经济建设。在以往观念中,军队的任务就是打仗训练。然而,党在革命实践中认识到,工农红军既是战斗队又是工作队,主张工农红军一要打仗,二要做群众工作,三要参加经济建设。一到驻地,要一面发动群众,组织群众,一面积极参加生产劳动。军队忙时打仗,闲时参加生产。这一方面可以解决军队给养,减轻人民负担,另一方面又将军队力量全面发挥出来,促进了根据地经济建设。历史表明,党开创的军队参与经济工作和经济建设的经验方法为革命战争的胜利作出了重大贡献。

(五)有力支持了土地革命战争

这一时期党在根据地开展的经济工作,有力支持了土地革命战争。打土豪筹款和政府筹款,保证了红军的军费,多方筹集军粮,保证了红军的粮食供应。

革命根据地建立之初,党对于红军所需军费和物资,采用了打土豪筹款的方针。1927年11月,工农革命军攻占湖南茶陵县城后,毛泽东明确提出了"打土豪筹款"的口号,并把它规定为红军的三大任务之一。中共中央也肯定了打土豪筹款是解决红军供给问题的根本来源,提出了红军自筹自养的任务。

第一次反"围剿"前,红军为准备反"围剿"所需经费,进行了紧张而有计划的

---

① 中央档案馆编《中共中央文件选集(第八册)》,中共中央党校出版社,1985,第789页。
② 中央档案馆编《中共中央文件选集(第八册)》,中共中央党校出版社,1985,第789页。

筹款活动。攻占吉安后，红军筹款13万元。此外，红军还分两路到白区打土豪筹款，一路到樟树等地筹款20万元，一路到抚州等地筹款40万元，基本上保证了战争需要，为取得第一次反"围剿"战争的胜利提供了有利的条件。第一次反"围剿"胜利后，主力红军抓紧时间进行紧张的军费准备。1931年1月16日，红一方面军总司令部发出"胜字"第四号命令，要求红军一方面注意训练，一方面在原地尽量分散筹款。18日，当得悉敌军准备再犯根据地时，红一方面军总司令部又发出"胜字"第五号命令，命令红军移师建宁、广昌一带，用最大的力量筹足3个月的给养44万元。第二次反"围剿"一结束，1931年6月2日，红一方面军总前委就提出"要筹足一百万元作为第三期作战费用"。随即将红军分散到黎川、建宁等地发动群众，一面分配土地，一面筹款。到6月20日，红军即筹款32万元，其中红一军团17万元、红三军团15万元。到7月初，筹款数目又增加了许多，为取得第三次反"围剿"的胜利提供了物质保证。

通过打土豪筹款，红军筹集了比较充裕的战争经费，保障了红军将士的供给。中共苏区中央局在总结第二次反"围剿"胜利的经验时，积极评价了红军筹款在战争中的作用，指出：这是使红军能在中央区支持八个月之久（即从1930年11月到1931年7月），取得第二次战争胜利的一个重要条件。

为支援革命战争，中国共产党还通过政府筹款的方式筹集军费。第一次反"围剿"前，1930年11月17日，江西省苏维埃政府发出紧急通知，决定：第一，迅速集中现金60万元；第二，采取绝对统一办法加强预算管理，只准留一个月办公费，其余现款一律上缴；第三，节省杂费并尽量减少办公费，全力支援红军。11月20日，又发布《筹集现金准备给养节省经费，争取阶级决战最后胜利》的通告，强调筹集经费、节约开支，准备反"围剿"战争。27日，又决定创设江西工农银行，并发行钞票100万元，以充裕的经费，保证反"围剿"战争的胜利。第四次反"围剿"期间，为了筹集反"围剿"战争所需经费，临时中央政府采取了发行公债的措施，于1932年6月、10月先后两次发行公债总计180万元。

筹集军粮，保障红军的粮食供应，是这一时期中国共产党经济工作的重要方面，反"围剿"战争中，军粮的筹措工作主要是在中国共产党领导下，由根据地的地方政府进行的。第一次反"围剿"前，根据地政府就特别强调要集中粮食，要求各地做到"红军一到就有饭吃"。第一次反"围剿"胜利后，红军派出许多政治工作人员到各县、区筹集粮食，为第二次反"围剿"作准备。1931年1月18日，闽西苏维埃政府还专门就红军粮食给养问题发出通知，规定"红军到达何地，即由该地政府很迅速地将米食付与红军。此项米食可将当地收的土地税，或粮食调剂局的谷子先行付出，并将数目报县苏,以便向本政府核算"。1931年4月,中共闽粤赣省委为了解决红军缺粮的困难,发出《赶快采办粮食供应红军的紧急通知》,提出了筹措军粮的一系列措施。第一,在各县、区的重要交通要道成立粮食站。粮食站的主要任务是负责粮食的集中,红军来时,做到及时供应。第二,由县、区苏维埃政府筹措一笔款子,派专人到各地收买谷米,其中包括从白区购买。第三,必要时向富农借粮食。第四,发动群众节省粮食,把省出来的粮食便宜卖给粮食站,供给红军。通知发出后,很快完成了筹措军粮的任务。

1934年第五次反"围剿"期间,随着扩大红军运动的开展,粮食需求量更大。为满足红军需求,1934年6月2日,中共中央和中华苏维埃共和国人民委员会发出《为紧急动员二十四万担粮食供给红军致各级党部及苏维埃的信》,7月22日,又发布《关于在今年秋收中借谷六十万担及征收土地税的决定》。在极为困难的条件下,经过根据地全体军民的努力,二十四万担粮食的紧急动员和六十万担借谷运动迅速圆满地完成,保证了第五次反"围剿"战争的军粮供应。

二、摸索阶段领导经济工作的经验教训

土地革命战争时期是中国共产党独立领导经济工作的摸索时期,这一时期党在经济工作中积累的经验,对后来各个时期的经济工作都产生了深刻的影响。

(一)开展经济工作必须时刻反对"左"的错误

"左"倾思想的影响不仅危害到革命,也极大影响到党的经济工作。土地革命战争时期是中国共产党独立领导中国革命的开始阶段,也是党的历史上"左"倾错误相对严重的时期。这一阶段接连发生了瞿秋白、李立三和王明的三次"左"倾错误,对整个革命事业和党的经济工作都带来了深刻的影响。无论是土地革命,还是根据地财政经济建设都不同程度受到"左"倾错误的冲击。从某种意义上来说,党领导经济工作是在同"左"的错误斗争中展开的。

在土地革命初期,党内出现过严重"左"倾错误的过激行为。例如,在瞿秋白"左"的"烧杀政策"的影响下,湘南暴动中出现了这样的口号:"烧,烧,烧,烧尽一切反动派的屋!杀,杀,杀,杀尽一切反动派的人。"一些根据地乱打土豪,消灭富农经济,对小资产阶级小商人实行过度捐款、打击,甚至是肉体消灭。这种政策严重打击了根据地脆弱的经济基础。由于毛泽东等一批党的领导人不懈地同这些"左"的思想作斗争,并在领导经济工作的具体实践中对错误加以修正,才慢慢使根据地经济工作向着正确的方向健康发展。根据地经济工作中的"左"倾错误对经济建设的影响是不可估量的。

"左"的经济政策和经济工作方法也是土地革命战争遭受重大挫折的重要原因之一，因此，开展经济工作，必须时刻反对"左"的错误，时刻警惕"左"的错误对经济工作的破坏和干扰。

（二）开展经济工作必须正确对待外国经验

中国革命和建设是一项开创性的事业，一切都在曲折探索之中。在这种情况下，学习外国经验是应该的。但不从中国的具体情况出发，教条主义地搬用外国经验又是极其有害的。党在土地革命战争时期经济工作的经验教训之一，就是在任何时期、任何情况之下，都必须正确对待外国经验。

由于中国革命和建设一开始就是在共产国际指导下开展的，在这个过程中不可避免要将苏联经验运用于中国。在土地革命战争时期，党的经济工作中的许多失误，产生于对苏联经济工作经验脱离实际的生搬硬套。这突出体现在土地革命战争时期所犯的教条主义错误。

党的六大以前，在对待农民土地问题上已出现教条主义错误，但党的六大总结了各根据地土地革命的经验，其后一段时间内，土地政策的发展是比较正常的，土地革命也开展得比较好。但从1929年9月传达了共产国际关于农民问题的来信后，土地革命中就开始出现照搬苏联经验的错误。共产国际根据苏联在农业合作化中消灭富农的政策，认为中国的富农"在大多数情形之下，都是小地主，他们用更加束缚和更加残酷的剥削形式去剥削中国农民基本群众"，"在农村里，富农分子照例到处都是公开地站到反动势力方面，来反对农民群众底[的]革命斗争"。[①]中国共产党接到共产国际来信后，开始加紧推行反对富农的政策。在经济上向富农征派，在政治上打击富农。而且还借鉴苏联办集体农庄的经验，主张"组织集体农场"，"实行集体生产"，对雇农"不必分与土地"，如分与土地，"须让他们集合起来，组织集体的农场"，等等。[②]这些照搬苏联经验的做法严重脱离了中国实际，极大影响了农村土地革命开展。正如毛泽东所说："中国农业经济主要的形式是小农经济"，"因此土地革命不是马上把这些分割极小的经济单位，集合起来，实行社会主义集体农场的生产，这是经济条件所不许可的"。[③]

---

① 《共产国际执委给中共中央关于农民问题的信》，《布尔塞维克》1929年第10期。
② 中国社会科学院经济研究所中国现代经济史组编《第一、二次国内革命战争时期土地斗争史料选编》，人民出版社，1981，第393-394页。
③ 中国社会科学院经济研究所中国现代经济史组编《第一、二次国内革命战争时期土地斗争史料选编》，人民出版社，1981，第456页。

这种教条主义的照搬照抄，到王明时期发展到高峰，其危害也更大。土地革命的过程充分表明，中国共产党包括经济工作在内的一切工作，都不能照搬别国的经验，只有从实际出发，实事求是，才能取得真正胜利。正确对待外国经验不仅是土地革命战争时期，而且是今后一切革命和建设工作中应牢牢记住的一条重要经验。

（三）经济斗争、经济革命与经济建设有机结合，服务于革命战争这个中心

经济斗争、经济革命与经济建设三者有机结合是这一时期党领导经济工作的又一大特点。在革命战争年代，尤其是革命根据地初创时期，党的经济工作绝不是单纯的经济建设，而是将经济斗争、经济革命与经济建设有机结合起来，这样才能真正推动经济工作的开展。因为，当时所处的经济建设环境是一个建立在落后的个体经济基础上的、被敌人包围和分割的、处于频繁的战争状态的农村根据地。在这种社会环境之下，要想进行经济建设，首先必须摧毁旧的经济统治，尤其要对广大农村进行土地革命，开展经济战线的斗争和革命。

在土地革命战争时期，为了坚持工农武装割据的道路，毛泽东十分重视经济战线上的斗争，并把马克思列宁主义的普遍真理和中国革命的具体实践相结合，制定了关于土地革命和财政经济斗争的战线、方针和政策，指导根据地经济战线上的斗争。体现得最为明显的是领导根据地民众开展了打土豪分田地的群众运动，不仅把没收的土豪劣绅的浮财和粮食分给农民，而且将他们的土地没收分给无地少地的农民，废除苛捐杂税，从而解放了农村被束缚的生产力，激发了农民的生产和革命热情。在城市里也领导打击奸商及欺行霸市的豪绅，保护中小商人。这些经济斗争为开展根据地党的经济建设准备了前提条件。反过来说，经济建设搞好了，革命根据地巩固了，又有利于党推进下一步的经济斗争和经济革命，从而把根据地经济建设推向新的发展阶段。

这一时期，党在领导经济工作的过程中，十分明确地强调根据地的财政经济建设事业必须围绕革命战争这个中心来进行。毛泽东说，"革命战争的激烈发展，要求我们动员群众，立即开展经济战线上的运动，进行各项必要和可能的经济建设事业"，"现在我们的一切工作，都应当为着革命战争的胜利"。[1]他强调，在革命战争时期，经济建设的规模、财政投资方向、财政经济工作的领导方法和工作方法都必须根据战争的需要和可能。因为在这一时期，经济斗争、经济革命、经济建设同革命战争是紧密联系在一起的，革命战争离不开经济斗争和建设，经济斗争、经济革命和经济建设必须保证革命战争的胜利和根据地人民生活的需要。毛泽东还批评了当时党内把革命战争和经济工作对立起来的错误观点，他指出：要等到战争结束后，

---

[1] 《毛泽东选集（第一卷）》，人民出版社，1991，第119页。

有了和平环境,才能进行经济建设,是错误的;而离开革命战争去进行经济建设,同样也是错误的。[1]

(四)及时实施经济工作战略性转变

形势决定路线,路线决定政策。从大革命时期到土地革命战争时期,从土地革命战争时期到抗日战争时期,中国共产党根据革命形势的发展,及时转变经济工作的路线与政策,体现出政策与策略上的灵活性。

大革命失败后,中共中央召开了紧急会议,及时转变革命路线,正式确立实行土地革命和武装反抗国民党反动派的总方针,将革命工作的重心转移到农村。党的经济工作也由过去注重发动、领导工人经济斗争,转向农村,转向革命根据地的建设和发展,转向土地革命,转向反封锁的经济斗争。到了土地革命战争后期,尤其是日本帝国主义加紧扩大对华侵略的华北事变以后,中国共产党开始调整经济工作思路和政策,加快向建立抗日民族统一战线的策略路线转变。这一转变必然带来经济政策的变化和整个经济工作的转变。例如:在工业方面主张实行投资开放政策,"允许苏区内外正当的大小资本家来投资各种工业"[2];在商业方面实行贸易自由政策,苏区的大小商人有充分的营业自由;在税收上"把一切工商业的捐税都完全取消,甚至于连关税、营业税等均一概免收"[3],对富农不实行没收和罚款,也免除一切税收等。中国共产党对经济政策的及时改变适应了抗日战争的需要,反映出党领导经济工作的灵活性和艺术性。根据形势及时转变工作思路,是中国共产党开展经济工作的一条重要经验。

---

[1]《毛泽东选集(第一卷)》,人民出版社,1991,第119页。
[2] 李占才主编《中国新民主主义经济史》,安徽教育出版社,1990,第145页。
[3] 李占才主编《中国新民主主义经济史》,安徽教育出版社,1990,第145页。

第三章

展开

（1938—1945）

新民主主义经济理论的
确立与新民主主义
经济工作的全面展开

抗日战争时期，中国共产党成为一个成熟的革命党。伴随中国共产党走向成熟，中国共产党作为革命党在经济工作方面也走向成熟，形成了比较定型的战时新民主主义经济模式和战时经济工作模式。在此基础上，中国共产党开始全面展开新民主主义经济工作。展开，是这一时期经济工作的基本特征。

这一时期中国共产党的经济工作大致可以分为三个阶段：第一阶段，1937—1939年，国内外人士不断给边区以财力物力的援助，中国共产党提出和实施"争取外援，休养民力"的方针，在财政上减轻人民负担，为经济建设打下基础。第二阶段，1940—1942年，解放区出现了严重的经济困难。为了克服困难，中国共产党提出了"自己动手，丰衣足食"的号召，领导人民开展了大生产运动，新民主主义经济工作全面展开。第三阶段，1943—1945年，中国共产党提出了"发展经济，保障供给"这一经济工作的总方针及一系列具体方针，对于指导抗日根据地经济工作起了重大作用，大生产运动更加深入展开，根据地经济困难形势逐渐缓解，抗日根据地经济发生了巨大变化。

在抗日根据地严重经济困难的情况下，中国共产党仍始终将经济工作的开展与人民群众的利益结合起来，既保证战争的需要，也兼顾人民群众生活的改善。减租减息，是抗日的背景下为减轻农民的负担实行的土地政策，而"休养民力""丰衣足食""保障供给"也体现了中国共产党对人民群众利益的重视。

第一节　新民主主义经济理论与经济纲领的确立

抗日战争时期中国共产党的策略转变，不仅要求党全面探索新民主主义经济理论和经济纲领，以团结根据地和全国各个阶层参加争取民族独立的斗争，同时也为这种探索提供了有利的客观条件。抗日战争时期，是中国共产党确立新民主主义经济理论和经济纲领的时期。

一、对中国社会经济性质认识的深化

要确立新民主主义经济理论和经济纲领,首先必须对中国社会经济性质,即中国当时社会经济发展所处历史方位有正确的判断。这一时期,中国共产党进一步深化了对这些基本经济国情的认识。

(一)对中国半殖民地半封建社会性质的剖析

通过 20 世纪 30 年代初关于中国社会性质的大论战,中国共产党认识到中国是一个"地方的农业经济(不是统一的资本主义经济)"的半封建社会,同时,"中国是一个许多帝国主义国家互相争夺的半殖民地"国家。① 但是,党内对中国社会性质的认识并非一致,特别是 1931 年王明等人掌握领导权后,对中国社会性质产生了一系列错误认识,使中国革命遭受重大损失。因此,对中国社会性质的正确认识,既要不断深化,还要在党内进一步统一。为此,抗日战争时期,毛泽东等人做了大量理论工作。

1938 年 5 月,毛泽东在《论持久战》中明确指出,中国是一个半殖民地半封建国家。11 月,毛泽东在《战争和战略问题》一文中再次指出,"中国的特点是:不是一个独立的民主的国家,而是一个半殖民地的半封建的国家"②。

1939 年至 1940 年,毛泽东发表的《中国革命和中国共产党》《新民主主义论》等文章,从历史的角度,进一步深入地分析了中国社会性质及其演变过程。

毛泽东认为,1840 年鸦片战争以前,中国是一个完全的封建社会,随着商品经济的发展,已经孕育了资本主义的萌芽,如果没有外国资本主义的影响,中国也将缓慢发展到资本主义社会。然而,外国侵略者用鸦片和大炮打开了中国的大门,世界各资本主义列强接踵而至,不断对中国进行军事、政治、经济、文化的侵略和压迫,成为近代中国一切灾难和祸害的总根源,也是阻碍中国独立发展的根本原因。同时,外国资本主义的侵略,对于中国的社会经济起了很大的分解作用,一方面,破坏了中国自给自足的自然经济的基础,破坏了城市的手工业和农民的家庭手工业,另一方面,则促进了中国城乡商品经济的发展。当然,我们必须看到,资本主义的某些发展,是外国资本主义侵入中国以来发生的变化的一个方面,还有和这个变化同时存在的阻碍这个变化的另一个方面,这就是帝国主义勾结中国封建势力压迫中国资本主义的发展。因为,"帝国主义列强侵入中国的目的,决不是要把封建的中国变成资本主义的中国。帝国主义列强的目的和这相反,它们是要把中国变成它们的半殖民地和殖民地"③。

---

① 《毛泽东选集(第一卷)》,人民出版社,1991,第 49、98 页。
② 《毛泽东选集(第二卷)》,人民出版社,1991,第 449、542 页。
③ 《毛泽东选集(第二卷)》,人民出版社,1991,第 628 页。

由此，中国走了一条崎岖的道路，即由一个独立的封建的中国走上半殖民地半封建社会的道路。

关于中国半殖民地半封建社会，毛泽东总结了六大特点：第一，封建时代的自给自足的自然经济基础是被破坏了，但是，封建剥削制度的根基——地主阶级对农民的剥削，不但依旧保持着，而且同买办资本和高利贷资本的剥削结合在一起，在中国的社会经济生活中，占着显然的优势。第二，民族资本主义有了某些发展，并在中国政治的、文化的生活中起了颇大的作用，但是，它没有成为中国社会经济的主要形式，它的力量是很软弱的，它的大部分是与外国帝国主义和国内封建主义有或多或少的联系的。第三，皇帝和贵族的专制政权是被推翻了，代之而起的先是地主阶级的军阀官僚的统治，接着是地主阶级和大资产阶级联盟的专政。在沦陷区，则是日本帝国主义及其傀儡的统治。第四，帝国主义不但操纵了中国的财政和经济的命脉，并且操纵了中国的政治和军事的力量。在沦陷区，则一切被日本帝国主义所独占。第五，由于中国是在许多帝国主义国家的统治或半统治之下，由于中国实际上处于长期的不统一状态，又由于中国的土地广大，中国的经济、政治和文化的发展，表现出极端的不平衡。第六，由于帝国主义和封建主义的双重压迫，特别是由于日本帝国主义的大举进攻，中国的广大人民，尤其是农民，日益贫困化以至大批地破产，他们过着饥寒交迫的和毫无政治权利的生活，中国人民的贫困和不自由的程度，是世界所少见的。①

正是上述这些特点决定了近代中国社会的主要矛盾是帝国主义和中华民族的矛盾，封建主义和人民大众的矛盾。中国革命就是在这些基本矛盾的基础上发生和发展起来的。对外推翻帝国主义的压迫，对内推翻封建主义的统治，就成为近代中国民族民主革命的两大任务。为了完成这些任务，在经济上，必须走新民主主义的经济革命和经济建设道路。

（二）对根据地社会性质的分析

抗日战争开始后，中国共产党领导的武装力量八路军、新四军深入敌后，发动群众，分别在华北、西北、山东和大江南北建立了十几个大的根据地，到1945年年初，根据地总面积达95万平方千米，人口9550万。抗日根据地与国民党统治区和沦陷区相比，社会经济性质已发生了根本变化。以毛泽东为代表的中国共产党人科学地分析和把握了根据地的社会经济性质，为领导根据地的经济工作提供了理论依据。

中国共产党领导的根据地，最重要的是没有帝国主义经济的统治，没有半殖民地性质。在这里，帝国主义的各种特权被取消。中国共产党根据《新民主主义论》中提

---

① 《毛泽东选集（第二卷）》，人民出版社，1991，第630-631页。

出的各项方针来建设根据地,这就使得"各抗日根据地的社会性质已经是新民主主义的"。"各根据地的政治,是一切赞成抗日和民主的人民的统一战线的政治,其经济是基本上排除了半殖民地因素和半封建因素的经济,其文化是人民大众反帝反封建的文化。因此,无论就政治、经济或文化来看,只实行减租减息的各抗日根据地,和实行了彻底的土地革命的陕甘宁边区,同样是新民主主义的社会。各根据地的模型推广到全国,那时全国就成了新民主主义的共和国。"①

根据毛泽东的分析,根据地社会经济性质的第一个特点,就是在经济上实行了节制资本、保护工商业和平均地权的方针,使工商业和农村经济有了较大的发展。抗日战争期间,中国共产党将耕者有其田的政策改为减租减息的政策,使得封建生产关系的束缚大为减弱,农村土地关系、阶级关系也发生了很大变化,主要表现在地主经济逐渐削弱,贫雇农经济迅速上升。产业方面,公营、私营企业都有了一定程度的发展,并出现了一些较大的工商业。

根据地社会经济性质的第二个特点就是政治上建立了地方性质的联合政府。当时,在解放区,按"三三制"原则建立了联合政权,即共产党员、非党进步分子和中间分子,在民意机关和政府机关中的名额各占三分之一,这种经过民主选举建立的抗日民主政权"是几个革命阶级联合的政权"②。正如毛泽东所说:"判断一个地方的社会性质是不是新民主主义的,主要地是以那里的政权是否有人民大众的代表参加以及是否有共产党的领导为原则。因此,共产党领导的统一战线政权,便是新民主主义社会的主要标志。"③

根据地社会经济性质的第三个特点就是民族的、科学的、大众的文化。首先,解放区文化反对帝国主义侵略中国,反对日本帝国主义的侵略战争,主张中华民族的尊严和独立,因而具有民族性;其次,解放区的文化反对封建思想和迷信思想,主张实事求是,主张客观真理,主张理论与实践的统一,因而具有科学性;再次,解放区文化是为占人口90%以上的工农劳苦民众服务的,因而是具有大众性的。它既不是资产阶级的文化,又不是单纯的无产阶级的社会主义文化,而是以无产阶级社会主义文化思想为领导的人民大众的反帝反封建的新民主主义文化。

抗日战争时期,沦陷区、国统区和根据地的并存决定了当时中国社会经济性质的多元性和复杂性。而由于正确认识了根据地的社会经济性质,中国共产党在根据地全面建设新民主主义经济,形成了当时中国最有生命力和活力的经济形态,为夺取政权

---

① 《毛泽东选集(第二卷)》,人民出版社,1991,第785页。
② 中央档案馆编《中共中央文件选集(第十二册)》,中共中央党校出版社,1991,第268页。
③ 《毛泽东选集(第二卷)》,人民出版社,1991,第785页。

后建设新民主主义经济积累了经验,准备了模式。

二、新民主主义经济理论的确立

在上述对社会经济国情正确认识的基础上,以毛泽东为代表的中国共产党人进行理论概括和总结,确立了新民主主义经济理论,完成了对马克思主义经济理论在中国的第一次重大发展。

(一)《新民主主义论》等重要著作的发表标志着新民主主义经济理论的确立

抗日战争开始后,国共两党围绕抗战胜利后中国向何处去的问题,展开了激烈的论战。中国到底是什么性质的社会,今后应走向何处去,建立一个什么样的国家,成为一个关系重大的理论问题。弄清这一问题,可以回击国民党顽固派对马克思主义和中国共产党的攻击,可以揭露和批判形形色色的假三民主义,同时,也可以澄清共产党内的糊涂思想,统一全党认识,进一步从理论上把握中国社会的性质和历史发展的特点,明确中国革命的性质、任务及基本战略策略等重大问题。

有关中国革命的基本问题,特别是革命性质问题,尽管早在党的二大时,就提出了彻底的反对帝国主义和反对封建主义的革命纲领,初步规定了中国革命的民主主义性质,但此后很长一段时间,对这一问题的认识是不深刻的,出现过"左"和右的偏向。毛泽东在领导中国革命的实践中,逐步认识到共产党领导下的民主革命已经不同于过去的旧式民主革命。1939 年 5 月,他在《五四运动》一文中就明确指出,五四运动已经使中国的民族民主革命"发展到了一个新阶段"[①]。10 月,毛泽东发表《〈共产党人〉发刊词》,开始研究中国社会的特点与中国革命的关系,不断深化对中国革命基本问题的认识。12 月,毛泽东与张闻天、李维汉等合写了《中国革命和中国共产党》,从理论和实际的结合角度分析了中国社会性质及其演变过程,揭示了中国革命的历史特点,第一次提出了"新民主主义"这一命题,明确指出:"现时中国的资产阶级民主主义的革命,已不是旧式的一般的资产阶级民主主义的革命,这种革命已经过时了,而是新式的特殊的资产阶级民主主义的革命","我们称这种革命为新民主义的革命"。[②]

1940 年 1 月,毛泽东发表《新民主主义论》,在批驳顽固派反共谬论的同时,丰富和完备了中国共产党的新民主主义革命理论,向全国人民阐明了中国共产党对于中国革命和新中国建设的全部见解,提出了新民主主义革命的根本路线和纲领政策,丰

---

① 《毛泽东选集(第二卷)》,人民出版社,1991,第 558 页。

② 《毛泽东选集(第二卷)》,人民出版社,1991,第 647 页。

富和发展了马克思主义,标志着中国共产党人新民主主义经济理论的确立,标志着中国共产党在探索适合中国国情的革命道路过程中的历史性飞跃。

(二)新民主主义经济理论的基本内容

以毛泽东为代表的中国共产党人在《新民主主义论》等一系列著作中,全面阐明了新民主主义经济建设的基本方面,形成了新民主主义经济理论,其基本内容包括:

第一,新民主主义的经济结构。毛泽东分析了中国现状后认为,在现阶段即新民主主义革命阶段,中国的经济,必须是由国家经营、私人经营和合作社经营三者组成的。抗战的特殊条件下也允许封建地主经济存在。这个国家经营的所谓"国家",应该是新民主主义的国家,而所谓私人经营则包括私人资本主义经营和劳动人民个体经营。这就是说,新民主主义经济包括国营经济、合作社经济、私人资本主义经济和劳动人民个体经济这四种经济形态。

关于国营经济,毛泽东认为,大银行、大工业、大商业,即有关国家经济命脉和足以操纵国民生计的事业,均由国家统一经营。建立国营经济的目的,是为了使私有资本经济不能操纵国民之生计。毛泽东指出,由于新民主主义国家是无产阶级领导下的政权,因此,其"国营经济是社会主义的性质,是整个国民经济的领导力量"[①]。

关于私人资本主义经济,毛泽东认为,在中国,没有资产阶级性的彻底的民主革命,没有私人资本主义经济的发展,要想在半殖民地半封建的废墟上建立起社会主义社会来,是完全不可能的。他说:"这种资本主义经济,对于封建经济说来,它是新经济。"[②]资本主义的发展,不但有利于资产阶级,同时也有利于无产阶级,或者说更有利于无产阶级。因此,毛泽东强调,在新民主主义国家制度下,除了国家自己的国营经济、劳动人民的个体经济和合作经济之外,一定要让私人资本主义经济在不能操纵国民生计的范围内获得发展的便利,才能有益于社会向前发展。

毛泽东分析了合作经济的性质。他认为,新民主主义社会,"一般地还不是建立社会主义的农业,但在'耕者有其田'的基础上所发展起来的各种合作经济,也具有社会主义的因素"[③]。在新民主主义社会,这种合作经济是必要的,毛泽东在后来写的《论联合政府》中,认为这种合作经济是在个体经济基础上发展生产力的重要形式。

第二,新民主主义的土地政策。毛泽东从中国经济变革和社会变革的需要论述

---

① 《毛泽东选集(第二卷)》,人民出版社,1991,第678页。
② 《毛泽东选集(第二卷)》,人民出版社,1991,第695页。
③ 《毛泽东选集(第二卷)》,人民出版社,1991,第678页。

了土地改革的必要性。抗日战争时期,为了团结各阶级抗战,中国共产党并不进行土地改革,而是实行减租减息政策,并保护地主土地私有。但随着中国革命的发展、中国经济变革和社会变革发展的需要,建立了无产阶级领导的新民主主义共和国,就应该进行土地改革。毛泽东说:"这个共和国将采取某种必要的方法,没收地主的土地,分配给无地和少地的农民,实行中山先生'耕者有其田'的口号,扫除农村中的封建关系,把土地变为农民的私产。"①

第三,新民主主义经济的发展前途。毛泽东指出:"中国革命的历史进程,必须分为两步,其第一步是民主主义的革命,其第二步是社会主义的革命,这是性质不同的两个革命过程。"②这就说明,新民主主义经济,只是中国经济发展的第一步,随着社会主义革命的发生,反映这个革命发生的经济基础也会发生变化,其前途必定是社会主义经济,而不是发展到资本主义经济上去。毛泽东当时说得十分清楚:"中国的经济,一定要走'节制资本'和'平均地权'的路,决不能是'少数人所得而私',决不能让少数资本家少数地主'操纵国民生计',决不能建立欧美式的资本主义社会,也决不能还是旧的半封建社会。谁要是敢于违反这个方向,他就一定达不到目的,他就自己要碰破头的。"③这就说明,新民主主义经济不会通向资本主义,而是为社会主义的发展扫清道路,准备基础。然后,"经过长期的充分的发展之后,在人民的需要与意愿之下,将来可以和平地[地]转变到社会主义社会"④。这就是新民主主义经济的前途。

从上面分析可见,这一时期,中国共产党关于新民主主义经济的思想十分丰富,比土地革命战争时期大大前进了一步,不仅补充、完善了原有思想,而且提出了一些新的思想,可以说,中国共产党关于新民主主义经济的理论已经形成。

三、新民主主义经济政策、经济纲领和经济建设指导思想的确立

为了指导根据地新民主主义经济建设和经济工作实践,抗日战争时期,在新民主主义经济理论的基础上,中国共产党确立了新民主主义经济政策、经济纲领和经济建设指导思想。

(一)战时财政经济政策的提出

1937年8月,中国共产党在陕北洛川召开了中央政治局扩大会议,会议通过了

---

① 《毛泽东选集(第二卷)》,人民出版社,1991,第678页。
② 《毛泽东选集(第二卷)》,人民出版社,1991,第665页。
③ 《毛泽东选集(第二卷)》,人民出版社,1991,第678-679页。
④ 《关于发展私人资本主义》,《解放日报》1945年6月21日,第1版。

《关于目前形势与党的任务的决定》和《抗日救国十大纲领》。在《抗日救国十大纲领》中，中国共产党就战时财政经济方面，提出了基本主张："财政政策以有钱出钱及没收汉奸财产作抗日经费为原则。经济政策是整顿与扩大国防生产，发展农村经济，保证战时农产品的自给。提倡国货，改良土产，禁绝日货，取缔奸商，反对投机操纵。"① 同时，还确定以减租减息作为抗日战争时期解决农民土地问题的基本政策。它表明中国共产党从全民族和全国人民的利益出发，根据变化了的时局和国情，适时地调整经济政策，表现了灵活性和策略性。

抗战相持阶段到来后，中国共产党人进一步分析了战争的形势，在此基础上更加详细地论述了新的战时财政经济政策。1938年10月12日至14日，在中共中央扩大的六届六中全会上，毛泽东指出，全民族的任务，在于实行一种新的战时财政经济政策。他代表中共中央，正式提出十大新的战时财政经济政策。第一，新政策以保障抗日武装部队一切必要供给，满足人民必需品的要求，并和敌人的经济封锁与经济破坏作斗争为目的。第二，有计划地在内地重新建立国防工业，从小规模的急需的部门开始，逐渐发展改进；吸收政府、民间与外国三方面的资力；并从政治上动员工人，保障其最低限度的物质待遇，改良工厂管理制度，以提高生产率。这些，不但是必须的，而且是可能的。第三，用政治动员与政府法令相配合，发展全国农业与手工业生产，组织春耕秋收运动，使全国农业手工业在新的姿态下发展起来。在战区注意保护农具牲畜及手工作坊，保证被隔断区域的经济自给。第四，保护私人工商业的自由营业，同时，注意发展合作事业。第五，在有钱出钱原则下，改订各种旧税为统一的累进税，取消苛杂和摊派制度，以舒民力而利税收。第六，用政治动员与政府法令相配合，征募救国公债、救国公粮，并发动人民自动捐助经费及粮食，供给作战军队，以充实财政收入。第七，有计划地与敌人发行伪币及破坏法币的政策作斗争。允许被隔断区域设立地方银行，发行地方纸币。第八，厉行廉洁运动，改订薪饷办法，按照最低生活标准规定大体上平等的薪饷制度。第九，由国家银行办理低利借贷，协助生产事业的发展及商品的流通。第十，恢复与发展战区的邮电交通。②

这十大战时财经政策，是建立在反侵略战争的基础上而提出的。在抗日战争中，中国是弱国，要支持长期战争面临着诸多困难。战胜这些困难，其重心在于组织广大人民的生产积极性，使之为战争供给而效力。要组织和发动广大人民参与生产，支持战争，必须实行必要的政治方面与经济方面的改革。十项战时财经政策，正是反映了这一改革的要求。

---

① 中央档案馆编《中共中央文件选集（第十一册）》，中共中央党校出版社，1991，第329页。
② 中央档案馆编《中共中央文件选集（第十一册）》，中共中央党校出版社，1991，第615页。

(二)新民主主义经济纲领的提出

以毛泽东为代表的中国共产党人在论述新民主主义经济理论时,提出了新民主主义经济纲领,作为整个新民主主义经济革命和建设的指导方针,以及党制定各项具体的经济政策的依据。

第一,没收大银行、大工业、大商业为国家所有。早在1939年12月,毛泽东在《中国革命和中国共产党》一文中,就提出新民主主义革命"在经济上是把帝国主义者和汉奸反动派的大资本大企业收归国家经营"[①]。在《新民主主义论》中也明确提出大银行、大工业、大商业归新民主主义的国家所有,并引述国民党第一次全国代表大会宣言中的一段话:"凡本国人及外国人之企业,或有独占的性质,或规模过大为私人之力所不能办者,如银行、铁道、航路之属,由国家经营管理之,使私有资本制度不能操纵国民之生计,此则节制资本之要旨也。"认为,"这就是新民主主义共和国的经济构成的正确的方针"[②]。这一经济纲领包含的意思有:凡是有关国家经济命脉和操纵国民生计的事业,必须由国家经营;对帝国主义、大资产阶级的大资本、大企业,必须采取没收、剥夺的办法,将其收归国有;收归国有的目的是建立社会主义的经济基础。

第二,没收地主的土地,分配给无地和少地的农民,实现"耕者有其田"。解决农民土地问题,是争取中国革命胜利和中国社会生产力发展的关键,是新民主主义经济纲领的重要内容,也是中国共产党人努力奋斗的目标。特别重要的是,毛泽东还从中国工业化的角度论述了土地改革的必要性,认为土地改革将大大提高劳动生产率,使得大量劳动力从农村分流,进入城市。而且,土地改革促进农业生产的发展,农民生活水平提高,那么对工业品的需求也会提高,使工业品获得广阔市场。这说明,土地改革是中国工业化的前提条件。

第三,允许不操纵国民生计的城乡资本主义经济基础存在与发展。对待不操纵国民生计的民族资本主义经济,中国共产党态度十分明确,即允许其存在和发展,毛泽东在《新民主主义论》一文中指出:"这个共和国并不没收其他资本主义的私有财产,并不禁止'不能操纵国民生计'的资本主义生产的发展,这是因为中国经济还十分落后的缘故。"[③]因为中国还处在外国帝国主义和本国封建主义压迫之下,与它们相比,资本主义当然是一种进步的经济形态。因此,毛泽东说:"现在的中国是多了一个外

[①]《毛泽东选集(第二卷)》,人民出版社,1991,第647页。
[②]《毛泽东选集(第二卷)》,人民出版社,1991,第648、678页。
[③]《毛泽东选集(第二卷)》,人民出版社,1991,第678页。

国的帝国主义和一个本国的封建主义，而不是多了一个本国的资本主义，相反地，我们的资本主义是太少了。"① 同时，毛泽东还认为，资本主义是反对帝国主义和封建主义的重要力量，因此，要允许资本主义的存在和发展。

（三）经济建设与经济工作的指导方针

这一时期，中国共产党对经济建设和经济工作的重视，超过以往任何时期，这是基于对经济建设重要性的充分认识。首先，要支持长期的抗战，没有雄厚的物质基础是不行的，经济建设搞好了，才能提供充裕的物力和财力，才能战胜敌人；其次，抗战时期，中国共产党领导的敌后根据地处于敌人的封锁包围之中，出现了经济困难，在这种情况下，发动根据地军民搞好经济建设，是战胜困难的唯一出路；再次，进行抗战必须发动广大民众，而要发动民众，则必须改善民生，只有搞好经济建设，才能提高人民生活水平，进而调动人民参加抗战的积极性。

中国共产党在抗战时期经济建设与经济工作的指导方针，主要体现在两个方面：

第一，发展经济，保障供给。毛泽东说："发展经济，保障供给，是我们的经济工作和财政工作的总方针。"② 这一指导思想是以"经济决定财政"为理论依据的。即首先是发展生产，在发展生产的基础上增加社会财富，增加物质基础，进而满足人民的需要，达到完全自给。发展经济，既要发展民营经济，也要发展公营经济，毛泽东说："只有实事求是地发展公营和民营的经济，才能保障财政的供给。"③ 他要求大力发展民营企业，采取适当的步骤和办法，帮助人民发展自己的经济。同时，毛泽东还强调不能什么东西都向人民要，否则，人民负担不起。要发展公营经济，发展军队和机关的自给经济，以解决自己的生活需要，减轻人民的负担。"发展经济，保障供给"的方针，为抗战时期根据地经济建设指明了正确方向。

第二，以农业为主体，全面发展解放区经济。在根据地经济建设上，中国共产党始终强调把农业放在第一位，认为"农业生产是抗日根据地的主要的生产，党与政府的工作人员必须用最大力量推动发展之"，要求各级政府将精力"主要是放在农业及手工业生产上，而不是放在商业上"。④ 这一基本指导思想的提出，是基于对当时形势和中共所处环境的科学分析。其一，当时正进行艰苦的抗日战争，粮食是战争所需要的最大供给，发展农业，就能解决粮食问题；其二，中国共产党领导的抗日根据地

---

① 《毛泽东选集（第三卷）》，人民出版社，1991，第 1060 页。
② 《毛泽东选集（第三卷）》，人民出版社，1991，第 891 页。
③ 《毛泽东选集（第三卷）》，人民出版社，1991，第 895 页。
④ 中央档案馆编《中共中央文件选集（第十三册）》，中共中央党校出版社，1991，第 283、291 页。

地处农村，以农业经济为主，发展农业生产是壮大根据地经济的主要途径；其三，要建设新民主主义的中国，也应优先发展农业。正如李富春所说："发展农业生产，繁荣农村经济……是抗日根据地财政经济政策的第一等任务，是发展整个经济的先决条件。"①

以农业为主体，但并不排斥工业和商贸业，整个根据地建设中，工业和商贸业也占有重要地位。发展工业，既是为了解决工业品自给自足，粉碎敌人的经济封锁政策，也是中国迈向工业化道路所必需的。发展商贸业，则是为了活跃商品流通，满足根据地人民生活需要，促进工农业生产发展的必要举措。

中国共产党的新民主主义经济建设指导思想是从抗日战争实际出发而提出的，它的基本特点是：着眼于抗战，以满足战争需要为出发点；着眼于人民利益，以满足人民生活需要为原则。因此，这一指导思想是有效的、切实的，也被后来的实践证明是正确的。

第二节　新民主主义经济工作的全面展开

在新民主主义经济理论、经济纲领、经济政策和经济方针的指引下，这一时期，中国共产党在陕甘宁边区和敌后根据地展开了全面的经济建设和对敌经济斗争。

一、发展农业生产，推进农业制度变革

在边区和根据地，中国共产党从两个方面推进农业的发展，一是通过军民大生产运动促进农业生产的发展，二是通过农业生产关系的变革解放和发展农业生产力。

（一）根据地发展农业的指导思想及政策

1941年5月，中共中央军委在《军委关于陕甘宁边区部队生产工作的指示》中提出："在生产工作的政治动员中，必须将自给自足的口号与抗战建国建设新民主主义经济基础的任务连接起来，使生产工作能够遵循着党的财政经济政策来进行"②。这说明，当时中国共产党发展农业的指导思想，一方面是从当时形势出发，力图打破敌人经济封锁，克服困难，达到自给自足之目的，另一方面从长远目标着眼，使农业的发展与抗战建国、建设新民主主义经济结合起来。在这一思想指导下，中国共产党制定了一系列发展农业的具体政策。

---

① 李富春：《对抗日根据地财政经济政策的意见》，《共产党人》1941年第18期。
② 中央档案馆编《中共中央文件选集（第十三册）》，中共中央党校出版社，1991，第115页。

第一，实行减租减息。中国共产党在土地革命战争时期实行的是"没收地主土地"政策，在其新民主主义经济纲领中提出了"没收地主的土地，分配给无地和少地的农民"的主张。但在抗日战争特定的历史条件下，中国共产党认为，中国的土地是属于日本还是属于中国的问题，超过了是属于地主还是属于农民的问题。为了团结包括地主阶级在内的全国民众参与抗战，中国共产党停止了没收地主土地的政策，改为实行减租减息的政策。减租，一般以二五减租为原则；减息，一般减到社会借贷关系所允许的程度。"一方面，要规定地主应该普遍的［地］减租减息，不得抗不实行。另一方面，又要规定农民有交租交息的义务，不得抗不缴纳。"[1]这一政策的实行，团结了地主阶级中的爱国人士和开明人士，同时也调动了农民的积极性，促进了农业的发展。

第二，提高农业生产技术。即从根据地现有的农业技术与农民生产知识出发，依可能办到事项从事研究，以便帮助农民"对于粮棉各项主要生产事业有所改良"。具体来说，如兴修水利，推广优良品种，鼓励从事秋开荒、秋翻地，鼓励农民多锄一二次草，推广先进经验，在边区中小学开设农业常识课，对一些环境污染问题进行科学治理，等等。

第三，实行休养生息的政策。根据地农民虽然分得了土地，但由于"左"的政策的影响，农民一度不敢发展生产。有鉴于此，中国共产党纠正了经济政策上的一些"左"的错误，从各方面减轻农民的负担，提高粮价，使农民恢复了元气，愿意增加耕具，积极生产，促进了农业发展。

第四，采取移民政策。即从土地少的地区向土地多的地区移民，使一些地广人稀的地区人口大量增加。如延安1937年只有3万多人，1942年达7万多人，安塞1936年只有2万多人，1942年达4万多人。[2]移民的增加，不但使耕地面积扩大，发展了农业，也使畜牧业、商业得到发展。

第五，实行农贷政策。为了帮助农民发展农业，根据地政府实行农贷政策，帮助农民购买耕牛、农具，如1942年陕甘宁边区发放农贷400多万元，使农民购买耕牛2600多头，农具近5000件，对农民的帮助很大。[3]1943年发放农贷690万元，1941年发放1260万元，这些都极大地促进了农业发展。

第六，奖励开荒。为了扩大耕地面积，各根据地都制定了奖励开荒的政策。毛泽东提出：我们应在一切有荒地的县、区、乡组织农民多开荒地，以期增产粮食。[4]

---

[1] 中央档案馆编《中共中央文件选集（第十三册）》，中共中央党校出版社，1991，第283页。
[2] 毛泽东：《经济问题与财政问题》，中原新华书店，1949，第10页。
[3] 毛泽东：《经济问题与财政问题》，中原新华书店，1949，第11页。
[4] 毛泽东：《经济问题与财政问题》，中原新华书店，1949，第23页。

在这一政策鼓励下,根据地人民积极垦荒,使耕地大量增加,如陕甘宁边区 1942 年耕地为 28 万多亩,1943 年多达 77 万多亩,1937 年到 1945 年的八年间,晋察冀边区扩大耕地面积达 180 多万亩。耕地的扩大,使得农业生产迅速发展。

第七,推广植棉。为了推广植棉,边区各级政府做了大量工作,如帮助棉户准备棉种、肥料、学习技术,制造轧花机供给棉农,组织棉花合作社,奖励优秀棉农等,提高农民生产积极性。

第八,实行农业累进税。过去根据地农业税是采取救国公粮的形式,虽也是按累进原则征收,但容易发生摊派现象和不公平现象。1943 年,中国共产党提议各级政府实行农业累进税则,即依一定土地量按地分等计算税率,使农民能够按照自己耕地的质与量计算交税数目。这样避免了摊派和不公平现象,提高了农民的生产积极性。

上述八项政策的提出和施行,使农民的生产情绪大大提高,使解放区农业迅速恢复和发展起来,出现了欣欣向荣的景象。

(二)大生产运动的展开

由于日本侵略者空前残酷的大"扫荡"和国民党顽固派的包围封锁,再加上华北地区连续发生水旱、虫灾等自然灾害,1941 年到 1942 年间根据地陷入极端困难,"曾经弄到几乎没有衣穿,没有油吃,没有纸,没有菜,战士没有鞋袜,工作人员在冬天没有被盖"①的严重境地。为了战胜严重困难,坚持长期抗战,中共中央先后制定了巩固根据地的十大政策,其中整风运动和大生产运动是两个中心环节,整风运动是为战胜困难奠定思想基础,而大生产运动则是为了奠定物质基础。

早在 1938 年秋天,陕甘宁边区的部队即开始从事生产。当困难时期到来时,中共中央和毛泽东发出号召,军民同时开展大规模生产运动。

大生产运动首先在边区的军队、学校、机关开展起来。中共中央主要领导人毛泽东、周恩来、朱德都参加了大生产运动。针对有些人认为军队参加了生产,就不能作战和训练,学校和机关参加了生产,就不能学习和工作的观点,毛泽东指出:"军队和机关学校所发展的这种自给经济是目前这种特殊条件下的特殊产物,它在其他历史条件下是不合理的和不可理解的,但在目前却是完全合理并且完全必要的。"②

在党中央的号召下,边区各部队提出了"背枪上战场,荷锄到田庄"的口号,展开了南泥湾、槐树庄、大凤川等地的屯田运动,使昔日野狼成群的荒原,变成了到处是庄稼、遍地是牛羊的"陕北江南"。

---

① 《毛泽东选集(第三卷)》,人民出版社,1991,第 892 页。
② 《毛泽东选集(第三卷)》,人民出版社,1991,第 892 页。

在领导大生产运动的过程中,党中央和毛泽东提出了一系列领导、发展生产的具体方针,主要有:根据人力物力分散的特点,生产和供给采取"统一领导,分散经营"的方针;在公私关系上实行"公私兼顾""军民兼顾"的方针,使公营经济和民营经济都有所发展,军民生活都得到改善;大生产运动包括农业、工业、手工业、运输业、畜牧业和商业,而以农业为主体;把党政军的劳动力和人民的劳动力都组织起来以从事生产等。

通过大生产运动,解放区军民战胜了严重经济困难,使解放区经济趋于恢复和繁荣,增加了军民的收入,改善了军民的生活,大大巩固了解放区,为最后战胜日本帝国主义和夺取新民主主义革命在全国的胜利奠定了物质基础。

(三)农业合作化的初步探索

中国农村本来就有劳动互助的习惯,土地革命战争时期,革命根据地组织过各种形式的互助合作组织。抗战时期,为了发展农业生产,中国共产党大力号召农民实行劳动互助。毛泽东认为:"如果不从个体劳动转移到集体劳动的生产方式的改革,则生产力还不能获得进一步的发展。因此,建设在以个体经济为基础(不破坏个体的私有财产基础)的劳动互助组织,即农民的农业生产合作社,就是非常需要了。"[①]在党中央和毛泽东的号召下,农民自愿组织的变工队、扎工队等各种劳动互助组织大量出现。变工是自耕农之间的劳动协作,扎工是雇农共同劳动的一种形式。在一些人口密集的乡村,还组织了一些劳动互助社。

在1943年以前,合作社几乎都是自上而下组织的,并由党和政府的干部来领导,农民在其中没有多少权力和主动性。中国共产党发现问题后,立即进行改正。第一,合作社不能过大,城镇和行政村不能作为生产单位,要以自然村为单位;第二,"对于劳动互助的领导,必须经过群众慎重选择,公举出在群众中有威信、生产积极、有办法的人出头领导"[②]。这样,便将传统的互助协作方式改造成新型农业互助组织。

合作社管理的关键在于分配标准的制定,特别是人工与资金、畜工之间换算的标准。刚开始,将劳动力视为主要的分配依据,这样不能调动富裕农民的积极性,直到1943年,中国共产党鼓励富农参加互助组,并认为互助组的成功必须以维护私有制为前提,既以劳动力作为分配的依据,也以资金、牲畜、农具作为分配的依据,这对于促进生产产生了很好的效果。

在中国共产党领导下,这种劳动互助的组织形式已经超越了过去传统的民间互助

---

① 《毛泽东选集》,东北书店,1948,第889页。
② 《把劳动力组织起来》,《解放日报》1943年1月25日,第1版。

形式。不仅组织的数量上有了空前发展,而且内容上和组织形式上也都发生了变化;不仅成为长期的固定组织,而且有了领导人,有了劳动纪律,劳动的计算也趋向严格和公平。这一时期的互助合作社,总的来说还是建立在个体经济之上的农民集体劳动组织,虽然也产生了一些社会主义性质或者有较多社会主义性质的农业生产合作社,但只是少数而已。中国共产党在领导农业合作化方面还处于探索阶段。

(四)开展学习英模运动

为了更好地发挥广大农民的积极性,推进农业建设快速发展,中国共产党在广大农民中开展了生产竞赛和学习英模运动。毛泽东号召:"各位劳动英雄和模范生产工作者,你们是人民的领袖,你们的工作是很有成绩的,我希望你们不要自满。我希望你们回到关中去,回到陇东去……领导人民,领导群众,把工作做得更好。"[①]

劳动英雄生活在群众中,对解决那些错综复杂的社会经济问题能找到有效办法,能带动群众更好地参加生产劳动,毛泽东将劳动英雄比喻为传奇中的历史人物诸葛亮,表明了他对生产及农民的重视,学习英模运动正是体现了这种精神。在中共中央和毛泽东的号召下,各级政府都在其所在地区掀起学习英模运动。各地也涌现出很多英模人物。

大量英模从普通农民中产生,受到党和边区政府的表扬、鼓励和训练,他们来到延安参加劳动英雄大会,将新的观念、新的情感带回生产中去,起到了先锋模范作用。正如《解放日报》一篇社论所说:"从来只有战争中或政治舞台上的英雄,而现在劳动者也可以成为英雄了。"[②]中国共产党正是依靠这些英雄,去领导广大农民改造发展农村的社会与经济。

二、发展根据地工业的进一步探索

抗日根据地工业基础薄弱,为了发展工业生产,中国共产党不仅大力发展根据地的公营工业,也非常重视根据地私营企业的发展。

(一)大力发展公营工业

中国共产党领导的抗日根据地,大都处于北方农村,几乎没有工业基础。中共中央所在地陕甘宁边区为西部贫困地区,一开始仅在民间有一些小作坊和盐池、炭窑等,农村家庭纺织业也因为外来纺布的涌入而几乎销声匿迹。中共中央到达陕北后,才办起几个小规模的印刷厂、被服厂、军需厂等工厂,职工总共才几百人。

[①]《毛泽东选集(第三卷)》,人民出版社,1991,第935页。
[②]《建立新的劳动观念》,《解放日报》1943年4月8日,第1版。

自 1939 年中共中央提出"自己动手""自力更生"的号召后,各抗日根据地开始重视工业建设,创办了一些公营企业。如陕甘宁边区的新华光学厂、光华制药厂等,公营工厂的职工有近千人。1941 年,边区遭到更严密的封锁,中共中央又提出"由半自给过渡到全自给"的号召,各地更加注重工业投资。陕甘宁边区政府和银行对工业建设给予了大量投资和贷款。

刚开始,工业建设盲目性很大,各地一哄而起,缺乏统一领导,表现出无政府状态,而且很多企业资本不够,原料供应不足,技术人才缺乏,不能支持持续生产。中共中央发现问题后,很快制定了"巩固现有公营工业,发展农村手工业"的方针,对公营工业进行整顿、调整、合并,开始实行统一的有计划的经营。

为了解决企业原料不足问题,中央号召尽量自己动手。为解决技术人才缺乏问题,中共中央发出《关于党员参加经济和技术工作的决定》,要求党员转变不愿参加技术工作的思想,服从分配,到经济和技术部门中去工作。中央强调挖掘自身潜力,要求"立即登记各种技术人才,汇报经建部,并不得隐瞒不报"[①],然后由经建部安排到各公营工厂担任技术员。同时,广泛争取、吸纳各地技术人才到抗日根据地工作。如在上海经营机器厂的沈鸿,是一名优秀的机械技师,带领 7 名工人来到延安后,受到重用。还有化学工程师钱志道、电器工程师陈振夏等,来到延安后,都被委以重任,被"作为建立工业的指导力量"[②]。

工业建设中,也提倡学习英雄模范人物,激发工人们的生产热情,如学习赵占魁运动,就是生动一例。赵占魁是边区农具厂看炉工人,他勤恳努力工作,爱护工厂财产,遵守劳动纪律,团结全厂职工,成为边区公营工厂工人的模范。1942 年 9 月 11 日,《解放日报》发表了《向模范工人赵占魁学习》的社论,掀起了学习赵占魁的热潮。在赵占魁事迹的鼓舞下,出现了大批英模人物,极大地促进了根据地的工业建设。

(二)保护鼓励私人资本主义企业的发展

私人资本主义工业是中国共产党领导下的抗日根据地工业中不可缺少的一部分。中国共产党在领导工业建设的过程中,一方面发展公营经济,另一方面也重视发展私人资本主义经济,提出了"公私并进,公私两利"的原则。党以很大精力领导私营经济,帮助其解决各种困难,促进了私营经济的发展。

要促进私人资本主义发展,首先要保护私人资本主义的正当利益。1941 年 3 月 15 日,毛泽东在中共中央政治局会议上指出:"各种垄断的办法必须立即改变,私利

---

① 中央档案馆编《中共中央文件选集(第十三册)》,中共中央党校出版社,1991,第 116 页。
② 毛泽东:《经济问题与财政问题》,中原新华书店,1949,第 116 页。

不要妨碍人家，政府要实行纠正……过去实行以公营事业吞并私人事业的政策是不对的。对边区资本主义发展不要害怕。"① 提出要奖励私人企业，保护私有财产，欢迎外地投资。还要保证除汉奸以外的一切私人资本家的人权，政治、财政及言论、集会、结社之自由。对于有些地方劳动政策过"左"的现象，毛泽东也提出了批评，要求经济政策要与发展工业生产相结合，以促进经济的发展。他说："劳动政策力避过左，目前只作轻微改良，例如十四小时工作日者减至十三小时或十二小时，不要实行八小时制，保证资本家能赚钱。"② 他强调："在革命战争时期，不能机械地执行工人八小时工作制，不能无条件地增加工资。"③

其次，要帮助私人资本家发展企业。中共中央和根据地各级政府采取各种办法，帮助私营企业发展经济，如政府对私营工厂实行投资、贷款、订货等措施，保证其有资金来源，有原料来源，有产品销路，有利润可赚，从而使私营工厂得以与公营工厂同时发展。同时，政府还从公营工厂中抽调技术人员到私营企业中去指导技术，解决生产中的问题。

私营企业的发展，也促进了公营工厂的繁荣，使得抗日根据地工业建设蓬勃发展，纺织、被服、造纸、印刷、制药、肥皂、皮革、陶瓷、石油、煤炭、工具制造等各种与人民生活相关的产业兴建起来，改善了人民生活，为解放区渡过经济困难时期奠定了物质基础。

三、发展商贸业的进一步探索

中国共产党高度重视根据地商业贸易的发展，制定了较为完善的商贸政策，不仅繁荣了根据地的商业贸易，并在反经济封锁斗争中发展了对边区之外的贸易。

（一）发展商贸业的政策与措施

商业贸易是经济活动中的重要环节，发展边区商业是根据地经济建设中的一项重要任务。在中国共产党领导下，边区政府有效地组织商业贸易，给边区经济生活带来了无限生机。

解放区商贸业基本政策是：对内实行贸易自由，对外实行统制。即在边区内部，以发展公营商业和合作商业为主，同时保护正当的私营商业，但限制商业资本的过分

---

① 中共中央文献研究室编《毛泽东年谱（1893—1949）（修订本）（中卷）》，中央文献出版社，2013，第281页。
② 中共中央文献研究室编《毛泽东文集（第二卷）》，人民出版社，1993，第320页。
③ 中共中央文献研究室编《毛泽东年谱（1893—1949）（修订本）（中卷）》，中央文献出版社，2013，第209页。

盘剥,取缔奸商,反对投机倒把。对外实行管制贸易,在根据地政府贸易部门的统一领导和管理下,以税收和行政手段对出入口货物加以控制,禁止一切奢侈品和非必需品的输入与内部必需品的输出,奖励必需品的输入与内部多余物品的输出。这一政策经过了一个发展和逐步完善的过程。

刚开始,根据地对出口管理严格,而对进口的管理则比较松懈,同时硬性规定不利用伪币,使自己陷入被动。1941年,中国共产党试图对商业贸易实行管理。5月1日,陕甘宁边区政府通过《关于贸易局工作的决议》,要求实行"新民主主义的贸易政策……反对私人资本垄断,同时也不赞成用国家资本或权力来垄断或统制……一方面达到输出入平衡,一方面防止市场操纵,不妨碍自由,又非放纵自由"[1]。这就是说,既要反对"垄断",允许贸易自由,又要反对放纵自由,对商业贸易实行一定程度的管理。这一政策实行的结果,是减少了入超,支援了财政,减缓了金融波动和物价上涨的势头。1942年,边区政府进一步提出实行商贸统一管理,并相应地逐步建立了商业许可制、公私商业管理制、商业情报制等制度,并确定商贸业的任务就是为人民的消费与生产起集中的组织与调节作用。这样,根据地商贸业逐步走上了正确轨道。

为了促进商贸业的发展,中国共产党还采取了一系列举措,主要有以下五方面。

第一,建立领导商贸的组织机构。1935年,陕甘宁边区政府设立了贸易局,领导商业贸易,后来撤销。随着商贸业的发展,1941年2月,中共中央决定恢复贸易局。贸易局在延安设总局,在延长、鄜县、关中、陇东、三边、绥德等地设立分局,并在各县和重要口岸设立了支局。为了更好地领导根据地经济工作,中共中央决定成立西北财经办事处,贺龙、陈云分别担任办事处正副主任,同时撤销贸易局,成立了物资局。物资局的任务是:管理与加强商业贸易,稳定金融,平抑物价,协助财政保证实物供给,辅助国民经济之发展。在西北财经办事处和物资局领导下,边区商贸业走上了健康发展的轨道。1944年,物资局改为贸易公司。

第二,调整公营商业。调整的基本原则是,"在商业为辅的方针下,按照不违反贸易政策,不做投机生意的原则,按照各系统各单位精简后的情形,实行商店的合股经营和疏散经营,取缔违反政策的商业,关闭无利可图的商店"[2]。

第三,发展合作商业。合作商业是边区商业的重要组成部分。边区政府为调剂民生,维持贸易,采取各种措施大力发展合作商业,如发放贷款,调低税收,稳定物

---

[1] 陕西省档案馆、陕西省社会科学院编《陕甘宁边区政府文件选编(第三辑)》,陕西人民教育出版社,2013,第246-247页。
[2] 《毛泽东选集》,东北书店,1948,第870页。

价,打击伪钞等,帮助各地建立小型的消费合作社、运销合作社,再使各个小合作社联合起来,逐渐将商业集零为整,使之成为有实力的合作商业。

第四,保护私营商业。根据地商业全部为中小商人经营,行商小贩占绝大多数,坐商虽不少,但多属农商兼作,农忙时务农,农闲时以运销方式进行商业活动。为了扶植、发展私营商业,根据中共中央有关精神,边区政府规定:小贩行商只要不违背政策法令,均可在领取营业证和通行证后在边区境内自由买卖。同时,对一些无本经营的小商贩,由贸易局专门发放一次无利小本贷款,不取利息,扶助小商贩的经营。这样,边区私营商业得到了很大发展。

第五,实行灵活的外贸政策。外贸一般实行统制政策,但在实施过程中,也采取灵活办法,如为了团结私商,采取了抵押贷款和期买期卖等办法。外商将货运进口岸,若暂时不能推销,可将货物抵押给贸易局,贸易局向外商贷给相应数量的货币,并帮助采购所需的商品。同时,还成立了物品信托交易所,买卖双方都可委托交易所购买和推销商品,价格由交易所秉公议定。另外,还用廉价货物和给予贷款的办法扶助小商。这些,都有力地促进了外贸的繁荣与发展。

(二)商贸业的繁荣与发展

在中国共产党商贸政策的正确指导下,抗日根据地商贸业获得长足发展,在打破敌人经济封锁、促进物资交流方面,起到了很大作用。

公营商业稳步发展。公营商业经过调整后步入良性循环,规模逐渐扩大。如陕甘宁边区贸易公司下属的南昌公司,有12个分公司;下属的盐业公司,建立了123个骡马店;下属的延安光华商店,1941年资本达160万元,营业总额达893万多元,利润达114万多元。再如晋察冀边区,仅北岳区1942年就有公营商店24家,资金达193万多元。公营商业已成为解放区商业中的一支重要力量。

合作商业发展迅速。合作商业是劳动人民集体投资组织商品交换的一种集体所有制商业,在中国共产党正确政策指导下,发展异常迅速。仅陕甘宁边区,1937年有消费合作社130家,到1941年,四年时间,就增加到155家,而且人员、股金增加幅度大,到1944年,全区消费合作社猛增到3699家。再如晋察冀边区,仅北岳区,1938年有消费合作社14家,社员5000多人,而到1939年就激增到13000多家,社员6万多人,到1940年,合作社又增加了6000多家。曲阳一个县,就有混营合作社113个,消费合作社153个。[①] 这些合作社在便利交换,抵制商业资本过分盘剥,改善

---

① 魏宏运主编《抗日战争时期晋察冀边区财政经济史资料选编(工商合作编)》,南开大学出版社,1984,第856页。

人民生活等方面，起了重大作用。

私营商业得到一定发展。由于执行了内部贸易自由，扶植、发展私商的政策，私营商业也有了一定的发展。如延安的私营商店，1938年有40家，1939年发展到149家，1940年增加到320家，1943年发展到473家。私营商业的发展，对活跃经济，改善边区人民的生活，支援抗日战争，巩固根据地起到了积极作用。

（三）在反经济封锁斗争中发展对边区之外的贸易

1939年夏，国民党开始对陕甘宁边区实行经济封锁，边区商品奇缺，物价不断上涨。在严密的封锁下，边区极难从外地买进布匹和棉花或卖出边区的食盐，边区面临着极大的经济困难。

刚开始，由于根据地商贸业处于初创时期，中国共产党也缺乏做经济工作的经验，特别是缺乏对敌经济斗争的经验，在工作中存在很大盲目性，不懂得用贸易的方法去占领市场，因此禁止同敌人贸易，这套办法很快被证明对根据地是不利的。

1940年，边区商贸业有了初步经验，逐步走向充实和成熟。这一年，中共中央北方局召开黎城会议，提出了在晋冀鲁豫边区范围内征收出入口税，统制对外贸易的原则。不久，中共陕甘宁边区中央局也发出《对财政经济政策的指示》，提出"以边区所有易边区所无的原则"，"与边区内外的商人合作，发展对边区之外的贸易"。[①]1941年5月，陕甘宁边区政府也作出《关于贸易局工作的决定》，提出"保护自由贸易，作有计划的输出和输入"的政策，即"管理进口，保护出口，发展内部贸易"的政策。这样，各抗日根据地都十分理智地看待对敌贸易，并尽量做好这一工作。

首先，组织商品有计划输出，边区输出品主要是食盐和土特产。1943年7月23日，中共中央西北局发出了《关于改进食盐统销的指示》，允许群众驮盐，经盐业公司登记后可自由运出。这个指示的发出，打开了盐和土产品自由输出的大门，但由于限制走私的措施没有跟上，走私一度泛滥。10月，西北局又作出禁止食盐输出的决定，实行专卖与统制政策，由贸易局、盐业公司组织商品输出。这样，不仅打乱了敌占区实行的物资统制配给制度，活跃了边区经济，提高了边币对伪币的比值，对稳定边区金融、平抑物价也起到了积极作用，同时也保护了边区重要物资，不使资敌。

其次，在游击区、敌占区设置各种形式的商店或商业小组。一是设立经由敌占区、游击区通到边区巩固区的过渡店，以二三人组成，深入游击区、敌占区，办理收货、发货、订货及买卖货物的业务，起着交易所的作用；二是由设在靠近游击区的商

---

① 中央档案馆、陕西省档案馆编《中共陕甘宁边区党委文件汇集（一九四〇年——一九四一年）》，1994，第203页。

店派出两三个人员,到敌占区或游击区办理推销采购,将工作展开出去;三是利用敌占区或友区的商店或商人,替边区办理入口贸易,将其变成边区出入口的起点或终点。这些形式都由公营商店完成,主要业务是对外办理出入口和对内调剂市场、平抑物价,其所经营的货物主要是粮食、棉布、食盐、火柴、军需品及其他军民所必需的商品,一般不进行零售。①同时,各根据地还有计划向敌占区和游击区派出干部开展工作,这些干部到敌占区后,创办贸易商行、货栈、粮店等商业机构,为根据地采办紧缺物资,输送经济情报,进行对敌贸易,为根据地经济建设作出了重要贡献。

四、加强对财政金融业的领导

在发展工农业生产、繁荣商业的同时,中国共产党还制定了正确适当的财政、金融、税收政策,对发展经济、保障供给起到了积极作用。

(一)促进财政金融发展的方针政策

要坚持长期的战争,需要巨大的财政支持,当时根据地饱经战争的消耗,需要恢复,因此,一要发展经济,二要减轻人民的负担。中国共产党的财政政策,是尽量做到合理负担,实行"钱多多出,钱少少出"的原则,采取量出为入和量入为出相配合的办法,即"生产第一,分配第二;收入第一,支出第二"②。既照顾到人民的负担能力,又照顾抗战需要,取之合理,用之得当。在发展生产的同时,还强调节约,开源与节流并重。

抗日根据地各级政府在中国共产党领导下,相继废除了抗战前的各种苛捐杂税,确立新的税制。如工商税方面,采取有钱出钱、钱多多出的原则。政府收税,一般税率都较低,只占总收入的1%—5%,同时,还执行奖励生产发展的原则,对工业投资、合作社股金、水利投资只征收收益税,而不征收财产税,对一些急需发展的自给工业以及家庭副业实行免税。

抗日根据地财政税收坚持"取之于民,用之于民"的原则,财政收入的绝大部分,都是用之于当时革命事业的急需方面,用之于人民事业方面。正如林伯渠所说,在陕甘宁边区的财政开支中,用于保卫边区的"军事费的支出占第一位","培养大批干部的教育费就占第二位。至于行政费用,则极力紧缩,所占很少"。另外,还尽可能地投资于经济建设。③

---

① 魏宏运主编《晋察冀抗日根据地财政经济史稿》,档案出版社,1990,第255页。
② 陈云:《陈云文选(第一卷)》,人民出版社,1995,第289页。
③ 陕甘宁边区财政经济史编写组、陕西省档案馆编《抗日战争时期陕甘宁边区财政经济史料摘编(第一编)》,陕西人民出版社,1981,第126页。

为了管好财政，边区政府实行了财政预决算制度。如陕甘宁边区政府施政纲领规定"实行统筹统支，确立预决算与会计制度"，作为边区财政经济建设的一项重要措施，对于保证财政收支，维护财政经纪律，巩固根据地具有决定性意义。

抗战后期，财政管理方面又出现新的问题，一些地方花钱大手大脚，不遵守财经制度，不执行预决算制度，有的甚至任意扩大预算数目。为了制止这种现象，各根据地相继建立审计制度，边区政府成立审计委员会或审计署，并向各专署派出审计员，代表边区对地方政府财政收支进行审计。审计制度的建立，对于坚持财政制度，克服本位主义，发展经济起到了很好作用。

为了适应财政经济发展和对敌斗争的需要，根据地金融事业也建立起来。1937年，陕甘宁边区成立了陕甘宁边区银行。1938年，晋察冀边区成立了晋察冀边区银行，山东解放区成立了北海银行。1939年，晋冀鲁豫边区成立了冀南银行。1940年，晋绥边区成立了西北农民银行。不久，华中解放区也先后成立了淮南银行、淮北银行、盐阜银行、大江银行等，后合并为华中银行。

银行与货币政策，是金融政策的重要部分。边区政府确定："银行的任务是调剂金融，发展生产，因此它在事务上，应大量吸收存款，对工业、农业、对外贸易三项积极放款及投资，并多设分行及代办处，来健全边区的汇兑网。"[①]在这一方针指导下，边区各地银行在统制金融、调剂金融、流通资金、代理国库、筹划财务、支付财政贷款、扶持生产方面发挥了重要作用。同时，各地还建起了一批信用合作社。

边区政府的货币政策是保护法币，不使法币窖藏或逃避，因此，停止法币在边区境内流通。同时发行地方钞票，对巩固边币，则采取加强准备、限制发行数额的办法。

（二）发行边币与统一边币市场

为了活跃根据地经济，稳定金融，促进生产，改善人民生活，克服财政困难，在特定历史条件下，抗日根据地银行还发行了自己的货币，即边币。由于各抗日根据地被敌人封锁分割与独立作战的缘故，各地的军需民用都由当地自筹，地区之间甚至没有物资交流，财政收支是独立的，因此各地发行的货币是不同的，但发行方式与政策都是一致的。

为了保证边币的发行，在中国共产党统一领导下，各抗日根据地采取了许多行之有效的措施。第一，确定边币独占发行，各根据地政府都发出通告，规定边币为市面上唯一的交换媒介，禁止法币、杂钞市面流通。持有法币、杂钞者，必须在交易前，

[①] 陕西省档案馆、陕西省社会科学院编《陕甘宁边区政府文件选编（第三辑）》，陕西人民教育出版社，2013，第144页。

先到兑换机关兑成边币，否则不能使用。第二，人民有正当理由，需要携带法币或杂钞出境者，随时可以持边币到银行换取法币或杂钞。第三，人民有意愿储藏法币者，听之。但不得投入流通界，致被敌伪吸收。广泛宣传，向人民说明边区金融政策的目的，不是为了吸收法币，而是为了防止敌人吸收法币，扰乱根据地的金融。第四，以法币作边币的基础。因法币在金融上势力最大，要巩固边币的信用与地位，必须借重法币力量，以打击杂钞、伪钞。因此，边区政府规定边币与法币的兑换率为一比一，与其他各钞则照市价。第五，严禁奸商私运法币、现银出境。第六，禁止伪钞入境或流通。①

边币发行之初，信用度并不高，流通范围有限，和法币、银元、杂钞、土票等同时流通，货币市场是一种混合市场。中国共产党除了用政权力量强制推行外，还从政治上着眼，在群众中广为宣传，使群众认识到：使用边币关系到稳定根据地金融和粉碎敌人进攻；边币发行有充足的基金作保证；中国人不应花日本人及汉奸政府的钞票等。同时，从经济上着手，向市场提供充足的商品。另外，有计划地发行边币，避免在部分地区局部膨胀的现象，从而保证了边币在全局的稳定。

边币发行后，为了形成统一市场，必须实行对敌货币斗争。各根据地都广泛开展了打击伪币的行动。1942年以后，由于法币币值猛跌，日伪利用大批法币向根据地掠夺物资，造成根据地大批物资外流，物价飞涨。在此情况下，中国共产党制定了排挤法币、伪钞，建立独立自主的边币市场的方针，除用行政手段禁用法币、伪钞外，还通过输出物资吸收法币、伪钞，然后将其逐渐压价和排挤。仅半年时间，就将法币和伪钞的比价压低到原来的五分之一到六分之一，使边币币值不断提高。与此同时，边区政府还开展了打击日伪掠夺银元的斗争。当时，日伪以倾销商品为表象，达到掌握银元，再以银元吸收边区粮食和主要物资，扰乱边币市场的目的。各根据地政府采取措施，坚决打击日伪活动。如晋察冀边区1940年5月发布公告，规定："白银绝对禁止流通"，"白银绝对禁止出境"，否则以汉奸论处。②在政府强制行动下，这一斗争很快取得胜利。

通过一系列斗争，边币信用度不断提高，逐渐摆脱对法币的依赖，成为抗日根据地内独立自主的一元化货币，统一的边币市场逐渐形成。

（三）实施负担合理的农村税费政策

抗日根据地的经济主要是农村经济，经济主体是农民。中国共产党十分重视保护

---

① 彭真：《关于晋察冀边区党的工作和具体政策报告》，中共中央党校出版社，1997，第122页。
② 魏宏运主编《抗日战争时期晋察冀边区财政经济史资料选编（财政金融编）》，南开大学出版社，1984，第694页。

农民经济利益。这一时期,中国共产党对根据地农村的税收政策几经变化,经过反复实践,终于形成了以合理负担为基本原则的农村税费政策。

1937—1938年,各抗日根据地建立后,相继废除了此前的各种苛捐杂税,确立新的税制。农村中,农业税以征收粮食为主,叫作"救国公粮"。救国公粮主要是按土地的产量累计征税,与过去的田赋制度有原则性区别,并且实行统一税制,降低税率,一切税收除一次统征外,没有附加和重征。一般来讲,税率都很低,有的地区征收救国公粮的同时,还保留了田赋制度,按占有土地的面积加征土地税。但由于土地大部分在地主、富农手里,这种办法实质上是增加地主、富农税负,一般老百姓负担都比较轻。这种轻税收政策使人民得到了休养生息的机会,促进了边区社会经济的发展。

1940—1942年,由于日寇对抗日根据地大扫荡,国民党实行反共政策,使得边区经济发生困难,而过去征收救国公粮也存在不合理和不完善的地方,主要问题是负担面太窄,不利于广泛动员人民的财力和物力战胜困难,支援持久抗战。在这种情况下,中国共产党在各抗日根据地提出并实行了新的税制,即统一累进税。农业统一累进税的基本精神如下。

第一,征收内容分为财产税与收入税两种,土地财产和农业收益均为农业统一累进税的税本,从而把财产税和收入税融合起来,统一起来。在收入税的计算中,要从总收入中扣除一定比例的生产消耗,这样就适当地增加了地主的负担,给农民以应得的照顾。

第二,采用累进税制。办法是将税分为若干等,从低等到高等累进率不断提高。这就使不同的阶层有不同税率的负担,使负担更加合理。

第三,规定有免征点和累进最高率。但免征点定得比较低,农民中除少数极贫者外,都要缴纳税收。而累进最高率的规定,则避免地主负担过重。

累进税率是按收入多少而纳税,累进,就是钱多的人纳较多的税,钱少的人少纳税,这是合理的。另外,这种税是直接税,不转嫁于任何人。

采用农业统一累进税是一种比较科学的征税办法,它使人民负担更趋于合理,使边区税收制度向成熟方向发展。但由于当时处于困难环境下,税收的量上有所加重,人民的负担还是有所增加。再加上一些地方基层干部在执行农业统一累进税过程中,为了完成各项任务,对原来一些规定及程序置之不理,使得在农业税征收上一度出现一些问题。中国共产党很快意识到了这些问题,并且着手改进。

1943—1945年,根据地重新修订农业统一累进税办法。修订的要点(以晋察冀边区为例)是:第一,增加免税的财产和收入项目。凡不雇工、利用农闲进行的家庭副业与经政府批准的合作社,其财产与收入完全免税。第二,土地所有人负担土地税,地主之地租收入及经营农业者之收入,征收收入税。矫正过去收入税与收入脱节,财产税与财产脱节之弊,使负担更加公平合理。第三,缩短等级距离(12等改为16等),缩小累进率,使累进税更合理。第四,免税点以行政村为单位的升降取消,使每一地区的免税点达到一致。①

新修订的税收办法,明确规定了各阶层的最高负担限度,如贫农不得超过总收入的10%,1943年改为不超过5%。这就比过去更加切合实际。同时,在执行过程中,随时发现问题,及时修改,使之不断完善。新的税收办法受到农民的欢迎,人民负担减轻了,政府的税款上来了,生产也得到了发展。

第三节 新民主主义经济工作的理论探索与理论总结

如何在战争状态下进行新民主主义经济建设,是中国共产党在成为执政党之前探索的重要内容。虽然在大革命时期和土地革命战争时期有过一些实践,但毕竟所费精力不多,积累经验有限,尚不能形成成熟的理论。抗日战争时期,中国共产党通过延安整风,确立了实事求是的思想路线,将马克思主义与中国实际结合,形成了毛泽东思想这一中国化的马克思主义。与此同时,中国共产党在新民主主义经济工作与经济建设的理论探索方面也开始趋向成熟。

一、毛泽东《经济问题与财政问题》报告

抗战开始后,中国共产党充分认识到经济建设的重要性,认为它是战胜侵略者的基础,因此将经济建设确定为抗日根据地的主要任务之一。毛泽东更是从抗日根据地经济建设的实际出发,在理论上进行了很多可贵探索和系统总结。

1941年和1942年,是抗日根据地最困难的时期,毛泽东在陕甘宁边区高级干部会议上作了题为"经济问题与财政问题"的重要报告,对根据地新民主主义经济建设与经济工作进行了比较系统的理论分析。主要内容有:

第一,关于抗战时期的经济问题和财政问题。毛泽东着重批判了离开发展经济而单纯在财政收支上打主意的错误思想,批判了不注意动员人民、帮助人民发展生产和渡过困难,而只注意向人民要东西的错误作风,提出了党的"发展经济,保障供给"的经济工作方针。他说:"财政政策的好坏固然足以影响经济,但是决定财政的

---

① 孙元范:《关于统一累进税在晋察冀的实施》,《解放日报》1942年8月10日,第4版。

却是经济。未有经济无基础而可以解决财政困难的，未有经济不发展而可以使财政充裕的。"①

第二，关于发展农业。毛泽东认为边区各项经济发展，农业极为重要，应该以农业为主体。他总结了过去抗日根据地农业发展的原因，在于纠正了经济政策上"左"的错误，实行了休养生息的政策。同时，党重视农业，发出开展生产的号召，动员广大人民参加生产等。他还提出了促进农业生产的八大措施，他说：减租减息，增开荒地，推广植棉，不违农时，调剂劳动力，增加农贷，提高技术与准备实行累进税——这八项，就是我们在1943年可以做，必须做，并会切实有效的农业政策。

第三，关于发展自给工业。毛泽东认为，发展根据地经济，重点在于发展公营经济事业，而发展公营经济事业重点在于发展公营自给工业。他提出搞好公营工业的一系列改革计划，如增加资本，建立全部自给工业的统一领导，建立经济核算制度，改善工厂的组织与管理，充实与扩大纺织厂，整理造纸厂，增加煤油生产等。

第四，关于发展军队的生产事业。毛泽东认为，在政府、军队、机关三部分公营经济中，军队所经营的公营经济是最主要的，因为它在解决经济所需中，既是最迅速的，又是最大量的，其以极少的资本，落后的技术条件，发展了农业、手工业、运输业与商业，有些还开设了规模较大的纺织及造纸工厂。在总结过去的经验教训后，毛泽东还提出了今后的任务，如：要减轻民负，休养民力；应有相当数量的部队实行屯田政策；应有组织有领导有计划地从事生产；选择政治上与工作能力上比较强的干部去管理生产和供给工作；为鼓励生产人员积极性，应允许从他们的生产结果中支出相当部分去改善他们的生活；厉行"军民兼顾"的原则，坚决不允许损害人民的利益；生产与教育不可偏废；部队政治工作的中心内容，就是保障部队生产计划与教育计划的完成等。

第五，关于发展机关学校的生产事业。毛泽东认为，机关学校的生产事业，是直接为着自己解决生活资料与事业经费的，其重要性仅次于军队。他在总结了过去机关学校从事生产事业的经验教训后，提出了今后施行的各项方针，如：以农业为主；调整与发展各种手工业；发展畜牧业；发展运输业；整理商业；实行统一领导；一切农工畜运商业实行企业化；一切生产机关、学校，均应实行群众化；等等。

毛泽东在《经济问题与财政问题》中阐述的这些经济思想，不仅指导了陕甘宁边区和各抗日根据地的经济建设和经济工作，而且标志着以毛泽东为代表的中国共产党人开始系统探索和总结新民主主义经济工作和经济建设的理论。

---

① 《毛泽东选集（第三卷）》，人民出版社，1991，第891页。

二、毛泽东《必须学会做经济工作》中的经济思想

1944年年底，陕甘宁边区召开劳动英雄和模范工作者代表大会，会议期间，毛泽东作了题为"必须学会做经济工作"的讲话。讲话中，毛泽东进一步从理论上总结党的经济工作经验，进一步阐述了一系列带有全局性和总体性的经济工作与经济建设理论与指导思想。

第一，经济建设要从实际出发。毛泽东认为，我们的经济思想要适合于我们所处的环境。当时，中国共产党开展经济工作所处的环境是建立在个体经济基础上的、被敌人分割的农村。搞经济建设就要从这个实际出发。毛泽东说："如果我们所做的一切都是从这一点出发，看起来收效很慢，并不轰轰烈烈，但是在实际上，比较那种不从这一点出发而从别一点出发，例如说，从城市观点出发，其工作效果会怎么样呢？那就决不是很慢，反而是很快的。"① 一切从实际出发，这是经济规律的基本要求，毛泽东所提出的，就是按经济规律办事的思想。

第二，搞经济建设必须调动广大人民的积极性。广大人民是生产力的创造者，要发展生产力，必须激发人民群众的创造性与积极性。毛泽东认为，中国共产党地处农村，而农民都是分散的个体生产者，使用着落后的生产工具，大部分土地又还为地主所有，农民受着封建的地租剥削，为了提高农民的生产积极性和农业劳动生产率，必须采取减租减息和组织劳动互助这样两个方针。他说："减租提高了农民的生产兴趣，劳动互助提高了农业劳动的生产率。"这样，"几年之内，农村就会有丰富的粮食和日用品，不但可以坚持战斗，不但可以对付荒年，而且可以贮藏大批粮食和日用品，以为将来之用"。②

第三，搞经济建设要自力更生。毛泽东说："我们希望有外援，但是我们不能依赖它，我们依靠自己的努力，依靠全体军民的创造力。"③ 依靠自己人民的力量，充分利用自己的资源和资金发展民族经济，毛泽东这一思想后来成为中华人民共和国成立后经济建设的基本方针。

第四，搞经济建设，必须爱惜人力物力，要有长远规划。经济建设需要人和物，这是基本的条件。由于根据地处于艰苦环境，人和物都十分欠缺，因此，不能大手大脚，随意浪费。而且要有总体安排和长远规划。毛泽东说："任何地方必须从开始工作的那一年起，就计算到将来的很多年，计算到长期坚持战争，计算到反攻，计算到

---

① 《毛泽东选集（第三卷）》，人民出版社，1991，第1016页。
② 《毛泽东选集（第三卷）》，人民出版社，1991，第1016、1017页。
③ 《毛泽东选集（第三卷）》，人民出版社，1991，第1016页。

赶走敌人之后的建设。"①

可见，毛泽东在《必须学会做经济工作》中所阐述的经济思想，已经超出了对具体经济工作的探讨，是对经济工作规律性的探索，是对新民主主义经济工作与经济建设基本指导思想的理论探索与总结，标志着中国共产党人对于新民主主义经济建设与经济工作的理论思考达到了新的境界。

三、对马克思主义经济理论的发展

抗日战争时期，伴随新民主主义经济理论的确立，中国共产党逐步将马克思主义经济理论与中国实际相结合，继承和发展了马克思主义经济理论。

马克思主义产生于资本主义发达的欧洲，它要求无产阶级革命者必须先推翻资产阶级的统治，然后，"无产阶级将利用自己的政治统治，一步一步地夺取资产阶级的全部资本，把一切生产工具集中在国家即组织成为统治阶级的无产阶级手里，并且尽可能快地增加生产力的总量"②。但中国与欧洲先进的工业国存在极大差别。党的二大已经认识到，中国"尚停留在半原始的家庭农业和手工业的经济基础上面，工业资本主义化的时期还是很远"，中国经济生活仅仅是处在"由小农业、手工业渐进于资本主义生产制的幼稚时代"。③后来，日本帝国主义侵略中国，更是使中国国内阶级关系发生变动，使得中国各个阶级、阶层与日本帝国主义形成了最尖锐的矛盾。一是中国社会自身的发展状况，一是帝国主义侵略中国的外部环境，使得中国与西方资本主义国家在国情上迥然不同。因此中国当时不仅不能消灭资本主义经济，即使是马克思、恩格斯所说的小工业家、小商人、手工业者、农民，"他们不是革命的，而是保守的"④，也要团结他们，发展其经济。毛泽东说："在目前的农村根据地内，主要的经济成分，还不是国营的，而是私营的，而是让自由资本主义经济得着发展的机会，用以反对日本帝国主义和半封建制度。这是目前中国的最革命的政策，反对和阻碍这个政策的施行，无疑义地是错误的。"⑤

这是一种什么样的经济呢？以毛泽东为代表的中国共产党人提出了新民主主义经济的理论。根据毛泽东的论述，新民主主义经济，既不是半殖民地半封建的经济，也

---

① 《毛泽东选集（第三卷）》，人民出版社，1991，第1019-1020页。
② 中共中央马克思恩格斯列宁斯大林著作编译局编《马克思恩格斯选集（第一卷）》，人民出版社，1995，第293页。
③ 《中共党史教学参考资料（一）》，人民出版社，1957，第10-11、12页。
④ 中共中央马克思恩格斯列宁斯大林著作编译局编《马克思恩格斯选集（第一卷）》，人民出版社，1995，第283页。
⑤ 《毛泽东选集（第三卷）》，人民出版社，1991，第793页。

不是受帝国主义剥削的殖民地经济，同时也不是社会主义经济或资本主义经济。它不允许操纵国民生计的垄断资本存在，而是使各阶级、各阶层都各得其所，都能安居乐业，不论贫富都受保护，都能拥有一定的生产资料进行生产，改善生活，真正符合各阶级利益。正如林伯渠所说的那样，历史要求我们推翻封建，替资本主义扫清道路，资本主义是必然要发展且需要它发展，只有迅速发展才能医治我们历史上的经济创伤。企图超过此阶段是不被许可的。然而历史又要求无产阶级及其政党参加与领导完成资产阶级民主革命阶段任务，不可能还有资产阶级专政。因此，经济建设要求在于有益于广大民众，不可能容许再有操纵国民生计的大私有财产，这就是新民主主义经济。[①]

如何促进新民主主义经济的发展，毛泽东还提出了建立合作社的办法。马克思、恩格斯很早就提出了将农民组织起来，通过合作社的途径走社会主义道路的思想，列宁更是提出了合作社的发展等于社会主义发展，合作社是社会主义的另一个入口的思想。列宁说："从实质上讲，在实行新经济政策的条件下，使俄国居民充分广泛而深入地合作化，这就是我们所需要的一切……难道这不是我们通过合作社，而且仅仅通过合作社……来建成完全的社会主义社会所必需的一切吗？"[②] 可以看出，马克思、列宁等革命导师，都是把建立合作社作为进入社会主义的一个必要手段。

抗日战争时期，中国共产党人从当时地处广大农村，发展经济主要是发展农业这一基本情况出发，认为用合作社方式，可以把分散的劳动力组织起来，提高劳动生产率，促进生产发展。毛泽东说：如果不从个体劳动转移到集体劳动的生产方式的改革，则生产力还不能获得进一步的发展。因此，建设在以个体经济为基础（不破坏个体的私有财产基础）的劳动互助组织，即农民的农业生产合作社，就是非常需要了。[③] 很显然，毛泽东对合作社，强调的是其对生产力的作用，而不是其发展趋势，不是社会主义的生产关系。因为当时抗日根据地实行的是新民主主义经济模式，不是立即走向社会主义。所以，毛泽东虽然也肯定了合作社的半社会主义性质，但主要是将其作为组织劳动力、提高劳动效率的一种形式，没有生搬硬套马克思主义词句，而是灵活运用于发展新民主主义经济。

抗日战争时期，中国共产党关于新民主主义经济工作的理论全面而且系统，涉及

---

① 陕甘宁边区财政经济史编写组、陕西省档案馆编《抗日战争时期陕甘宁边区财政经济史料摘编（第一编）》，陕西人民出版社，1981，第64-65页。
② 中共中央马克思恩格斯列宁斯大林著作编译局编《列宁选集（第四卷）》，人民出版社，1995，第768页。
③ 《毛泽东选集》，东北书店，1948，第889页。

经济工作的重要性和具体的方针政策，涉及经济工作和经济建设的各个领域。更重要的是，这一理论是将马克思主义经济理论与中国具体实际结合的产物，将马克思主义经济理论在中国的发展推向了一个新的境界。这标志着中国共产党新民主主义经济理论的基本成熟，这一理论中的诸多重要思想不仅适用于新民主主义时期的经济工作，而且适用于未来社会主义时期的经济工作和经济建设。

第四节 展开阶段经济工作方法、经济模式及其影响

抗日战争时期不仅是中国共产党全面开展新民主主义经济工作的时期，中国共产党新民主主义经济理论成熟的时期，而且是中国共产党形成系统的战时经济工作方法和战时经济模式的时期。这些方法和模式不仅保证了新民主主义经济工作的成功展开，而且对中国共产党成为执政党以后的经济工作方法和经济模式的选择产生了深远的影响。

一、展开阶段开展经济工作的基本经验

抗日战争时期，中国共产党有了相对丰富的经济工作经验的积累，更重要的是，这一时期，中国共产党人确立了实事求是的思想路线和毛泽东思想的指导地位，经济工作的开展有了正确的指导思想，加上这一时期中国共产党有了相对稳定的根据地，所有这些，使得中国共产党可以着力探索经济工作的方法。因此，这一时期，中国共产党在经济工作中形成了诸多成功的经验。

（一）开展经济工作必须注重调动一切积极因素

开展经济工作，搞经济建设，不是一个人或者少数人能够完成的，必须发动广大民众参与，即调动一切积极因素为经济建设服务。调动一切积极因素为经济工作服务，是中国共产党在抗战时期领导经济工作鲜明的特色和成功的经验。

首先，实施民主的经济政策，调动各个阶级、阶层的积极性。1943年，中共中央发布的《中共中央为抗战六周年纪念宣言》中明确提出："我们认为应该是为着发展生产，而实行一个调节各阶级经济利益的民主集中的经济政策。动员全国的军队一面抗战，一面生产；动员全国一切机关学校，一面工作、学习、一面生产；动员全国农民增加生产，同时坚决实行减租减息政策；动员全国工人增加生产，同时增加工人的工资；保护中小工业的生产，使之不受官僚资本与投机商业的打击；在实行这些新的经济政策时，必须首先废除一切妨碍公私生产积极性的现行财政经济政策。"[①] 如前所

---

① 中央档案馆编《中共中央文件选集（第十四册）》，中共中央党校出版社，1992，第56—57页。

述,中国共产党在根据地实施了这样的经济政策,在经济工作中照顾了农民,也照顾了地主,照顾了工人,也照顾了资本家,充分调动了各个阶级和阶层的积极性。

其次,发展多种所有制形式,调动各种经济成分的积极性。在根据地,中国共产党注重同时发展公营经济和民营经济。公营经济即政府、军队、机关、学校所经营的工商业,民营经济是一切私人经营的农工商业。发展公营经济是为了解决数万党政军人员的生活费与事业的主要部分,以便减轻人民的负担,休养民力。发展民营经济是为了解决根据地人民生活,同时以租税形式支持政府与军队,支持抗战建国的神圣事业。毛泽东强调照顾好这两方面的利益,他提出了处理两者关系,调动其积极性的基本原则:"在公私关系上,就是'公私兼顾',或叫'军民兼顾'。我们认为只有这样的口号,才是正确的口号。只有实事求是地发展公营和民营的经济,才能保障财政的供给。"[①]诚然,公营经济必须大力发展,但它毕竟只是新民主主义经济的一部分,光调动公营经济的积极性还不够,必须大大提倡和促进包括个体经济、私人资本主义经济和合作经济在内的民营经济,调动民营经济的积极性。这样,公营经济、民营经济密切联系、共同发展,才能推动整个抗日根据地经济的发展。

(二)开展经济工作必须注重动员群众

通过动员群众、典型引路、组织起来等方式将广大群众动员起来,参与经济建设,是中国共产党在抗战时期经济工作方法的又一显著特征和成功经验。

首先,动员群众。毛泽东指出:"任何工作任务,如果没有一般的普遍的号召,就不能动员广大群众行动起来。"[②]政治工作、军事工作是如此,经济工作也是如此。广大人民是经济建设的主体力量。中国共产党认为,群众有伟大的创造力,党的政策一旦为群众掌握,就会变成巨大的物质力量。特别是占根据地人口绝大多数的劳动人民,有着不可估计的经济创造力量,只要把这一伟大力量发挥起来,其作用是无可限量的。怎样发挥呢?群众动员是非常重要的一环。

以毛泽东为代表的中国共产党人是实践群众动员的典范。当陕甘宁边区面临经济困难时,中共中央在延安召开生产动员大会,李富春作了题为"加紧生产,坚持抗战"的动员报告,毛泽东在动员大会上发表讲话,他说:在目前严重的困难面前,"饿死呢?解散呢?还是自己动手呢?饿死是没有一个人赞成的,解散也是没有一个人赞成的,还是自己动手吧!"[③]动员大会激发了群众的热情,根据地军民都积极投入到生

---

① 《毛泽东选集(第三卷)》,人民出版社,1991,第894-895页。
② 《毛泽东选集(第三卷)》,人民出版社,1991,第897页。
③ 陕西省档案馆编《陕甘宁边区政府大事记》,档案出版社,1991,第30页。

产建设中去。

其次，典型引路。经济工作是广大人民的实践活动，为了推动这种实践活动，中国共产党注重深入群众的实践，在群众中发现典型、宣传典型、以典型引路。朱德对典型的作用十分重视，他说："有了这批积极分子，就有了团结群众的核心，在他们的影响下，使全体群众更积极地行动起来。"①陕甘宁边区开展了一年的劳动竞赛，群众中涌现了数百个劳动英雄，如以刘建章为代表的合作社英雄，以赵占魁为代表的工业劳动英雄，以杨朝臣为代表的退伍残疾军人劳动英雄，再如运盐英雄刘永祥、畜牧英雄贺保之、植棉英雄郭秉仁等。通过树立这些典型，让群众向他们学习，人民的生产积极性进一步得到激励。正如林伯渠所说："劳动合作，劳动英雄，模范村以至模范乡，这就是边区人民生产大进步的最重要、最有意义的标志。"②

最后，组织起来。根据地经济建设是以农业为主体，而农业建设的直接劳动者是农民，农民几千年来都是个体经济，一家一户是一个生产单位，这种分散的个体生产阻碍了农村生产力的发展。怎样才能改变这现状呢？毛泽东说，"克服这种状况的唯一办法，就是逐渐地集体化"，即把群众组织起来，建立合作社。这样，就"把一切老百姓的力量、一切部队机关学校的力量、一切男女老少的全劳动力半劳动力，只要是可能的……组织起来，成为一支劳动大军"。③这样一支劳动大军参与根据地经济建设，促进了生产力的发展，带动了解放区的经济繁荣。

（三）经济工作必须与群众利益结合

中国共产党始终代表着中国最广大人民的根本利益。在抗日战争时期开展经济工作的过程中，中国共产党始终将经济工作的开展与群众利益结合起来，这也成为这一时期经济工作的重要经验。

抗日战争时期，中国共产党人在处理战时财政与经济建设的关系时，不仅强调要通过发展经济来保障供给，而且强调在要求人民支持军政财政、供给军粮时不要忘记人民的利益："为了抗日和建国的需要，人民是应该负担的，人民很知道这种必要性……但是我们一方面取之于民，一方面就要使人民经济有所增长，有所补充。这就是对人民的农业、畜牧业、手工业、盐业和商业，采取帮助其发展的适当步骤和办法，使人民有所失同时又有所得，并且使所得大于所失，才能支持长期的抗日战争。"④

---

① 《朱德选集》，人民出版社，1983，第120页。
② 林伯渠：《边区政府一年工作总结》，《解放日报》1944年2月8日，第1版。
③ 《毛泽东选集（第三卷）》，人民出版社，1991，第931、928页。
④ 《毛泽东选集（第三卷）》，人民出版社，1991，第893-894页。

只注意向人民要东西，不顾人民的利益，对人民竭泽而渔，诛求无已，是国民党的思想，中国共产党不能承袭。根据这一指导思想，边区政府在极端困难的条件下，帮助人民发展农业、畜牧业、手工业和商业，尽量给人民带来利益。如陕甘宁边区仅1942年在农业方面就投资约1000万元，用于兴修水利，制造农具，购买耕牛、种子，因而受到农民极大欢迎。以延安地区为例，发放耕牛与农具贷款158万元，帮助农民购买耕牛农具，还发放植棉贷款，使得当地增开荒地10万亩，增收棉花87万斤。① 这就使经济工作与群众利益结合起来，尽量照顾到了人民利益，人民虽有所失，但同时又有所得，并且所得大于所失。

为了减轻人民的负担，中国共产党号召部队、机关参加生产，通过生产，既解决了自己的一部分需要，又可少向人民要钱要粮。毛泽东说："它在其他历史条件下是不合理的和不可理解的，但在目前却是完全合理并且完全必要的。我们就用这些办法战胜了困难。"②

（四）自力更生、因地制宜，是领导经济工作的中心环节

中国共产党认为，中国的抗战要自力更生，搞经济建设也要自力更生。当时，根据地经济基础极其贫弱，再加上敌人的不断扫荡与顽固派的封锁，依靠外面的接济完全是不可能的，在这种条件下坚持抗战，只能把希望寄托在自己身上。毛泽东说，"我们每一个人也都有两只手，我们也可以将手接长起来——拿着工具"，"这样一来，我们的问题就立即解决了"。③ 自力更生，依靠自己的努力，依靠群众开展经济建设，是中国共产党自力更生思想的立足点。

中国共产党认为，主张自力更生不是不要外援，相反，外援愈多，对我们的帮助会愈大，我们应当主动去争取外援。但在当时的条件下，外援是有限的，我们不能依赖外援，应主要靠自己的努力，靠群众的力量克服所面临的困难。不放松力争援助，但不依赖外援，这就是中国共产党在经济工作中关于自力更生与争取外援的辩证法思想。

为了坚持自力更生的方针，中国共产党提出了自给自足的主张。这一主张是与抗日根据地的环境紧密相联的，由于各抗日根据地处于被分割的游击战争的农村环境，必须建立自给自足的经济，这是粉碎敌人从经济上毁灭边区的阴谋的唯一保证。因为边区实现了自给自足，敌人的封锁政策自然无效。而边区处于敌人重重包围之中，经

---

① 财政部财政科学研究所编《抗日根据地的财政经济》，中国财政经济出版社，1987，第95页。
② 《毛泽东选集（第三卷）》，人民出版社，1991，第892页。
③ 中共中央文献研究室编《毛泽东文集（第二卷）》，人民出版社，1993，第461页。

济上得不到任何援助，要坚持抗战，只有依靠自给自足。同时，边区有广大农村，有丰富的资源、众多的人口、固有的技术，这是实现自给自足的条件。因此，建立自给自足经济，不仅具有必要性，而且具有可能性。

要自力更生，必须因地制宜，一切从现实所具备的条件出发。中国共产党根据当时根据地的实际，提出了一系列因地制宜的经济政策。例如，根据根据地地处农村的环境，当时最大的需要是粮食这一客观现实，提出了以农业为主体，全面发展解放区经济的方针，认为这是"抗日根据地财政经济政策的第一等任务，是发展整个经济的先决条件"[1]。在工业方面，注重发展小型工业，特别是手工业和家庭工业，且注意力又放在日用品的生产方面。这都是从当时根据地的条件，因地制宜而提出的正确主张。

（五）必须注重保护和利用资本主义

利用资本主义，是中国共产党抗战时期经济工作的一个突出特点和成功经验。从政治上说，利用资本主义，有利于团结资产阶级组成统一战线，抵抗日本帝国主义的侵略；从经济上说，则有利于发展新民主主义经济。中国是一个半殖民地半封建社会，经济十分落后，处于外国帝国主义和本国封建主义的压迫之下，与它们相比，资本主义当然是一种进步的经济形态，利用这种进步的经济形态，带动社会经济的发展，是十分重要的。毛泽东说："现在的中国是多了一个外国的帝国主义和一个本国的封建主义，而不是多了一个本国的资本主义，相反地，我们的资本主义是太少了……我们共产党人根据自己对于马克思主义的社会发展规律的认识，明确地知道，在中国的条件下，在新民主主义的国家制度下，除了国家自己的经济、劳动人民的个体经济和合作社经济之外，一定要让私人资本主义经济在不能操纵国民生计的范围内获得发展的便利，才能有益于社会的向前发展。"[2]

在整个抗日战争时期，中国共产党在进行新民主主义经济建设的过程中，不但不消灭资本主义，相反保护、利用资本主义，并促进其发展。因此，中国共产党不仅在抗日救国的经济主张中强调扶助民间工业，给予民间工业借贷资本、购买原料和推销产品的便利，而且在抗日根据地经济建设中，提出了"奖励私人企业、保护私有财产"的政策，并在实践中在投资、贷款、订货等方面采取了公私半等的措施。根据地私人资本主义经济的发展，带动了整个根据地经济的繁荣。

---

[1] 李富春：《对抗日根据地财政经济政策的意见》，《共产党人》1941年第18期。
[2] 《毛泽东选集（第三卷）》，人民出版社，1991，第1060-1061页。

二、战时经济斗争艺术的形成与战时经济工作方法的成熟

在长期的经济工作中,中国共产党逐步积累了丰富的经济工作经验,形成了独特的经济斗争艺术和经济工作方法。

(一)战时经济斗争艺术的形成

经济斗争是中国共产党在成为执政党以前经济工作的重要组成部分。在大革命时期和土地革命战争时期领导经济斗争的实践中,中国共产党积累了丰富的经验,逐步形成了独特的斗争艺术。到抗日战争时期,敌我经济斗争异常激烈,特别是抗战最后两三年,这种斗争更加尖锐。中国共产党领导人民开展了对敌经济斗争,进一步积累了对敌经济斗争经验,形成了比较成熟的战时经济斗争艺术。

第一,发展经济,增强对敌经济斗争的物质基础。敌人的经济封锁造成了抗日根据地的困难,中国共产党认为,要战胜困难,必须开展一系列经济建设,奠定强大的战胜经济困难的物质基础。毛泽东说:"为了对付敌人的'三光'政策,为了救济灾荒,就不能不动员全体党政军民,一面打击敌人,一面实行生产。"[1] 只有进行生产,才能创造丰富的物资,才能使根据地实现自给自足,而只有实现自给自足了,才能增强对敌经济斗争的实力,处于主动地位,才能更好地实现对敌经济斗争,才能最终打破敌人的经济封锁。

第二,以经济的方法开展经济斗争。经济有经济的规律,经济斗争有经济斗争的特点,不能用政治斗争、军事斗争代替经济斗争。抗日战争时期,中国共产党始终坚持运用经济的方法开展经济斗争,并取得了一系列胜利。首先,统制对外贸易。除重要物品由政府专卖出口外,其他货物免税自由出口;入口货物,除奢侈品、迷信品外,凡抗战所需、人民生活所需,都准许入口,自由买卖。对出入口货物的检查,各级政府直接负责,对有些物品则在交纳出入口税后准予出入口。这对调剂市场,争取出入口贸易平衡,起到了很好的作用,也打击了敌人的经济封锁与商品倾销图谋。其次,开展物资争夺战。为了掌握物资,冲破敌人的封锁,中国共产党派出大量优秀人员到敌占区、游击区办商店,设货栈,吸收边区所需的物资,然后再想法运回边区。同时,利用市场价格规律,用少数物资换回较多的物资,用不必需的物资换回必需的物资等。再次,开展对敌货币斗争。为了稳定边区物价,促进经济繁荣,各根据地发行了边币,边币发行后,收兑伪币,并将伪币投到敌占区购回物资。同时,针对敌人收兑群众手中的法币的情况,根据地采取了打击伪币、保护法币的政策,准许法币在根

---

[1]《毛泽东选集(第三卷)》,人民出版社,1991,第930页。

据地通行，但禁止出境。但太平洋战争爆发后，敌人变换手法，从收兑法币到驱逐法币，把大量法币投送到国民党大后方和抗日根据地，用来掠夺物资。在这种情况下，根据地政府采取果断措施，排挤法币，禁用伪币，将法币打回敌占区，既换回了大量物资，又提高了边币的币值。

第三，军事斗争与经济斗争配合。中国共产党在对敌经济斗争中，主要是用经济手段，有时也运用军事斗争配合。如冀中白洋淀盛产芦苇席，1941年日寇设卡低价强制收购芦苇席，不准他人购买。冀中抗日根据地为了争夺这一资源，并解决群众疾苦，首先在军事上进行打击，摧毁敌人一些据点，然后发出布告，减低粮价，提高芦苇席收购价格，群众皆大欢喜，均向根据地出卖芦苇席。

（二）新民主主义战时经济工作方法的成熟

抗日战争时期是新民主主义经济发展的一个重要阶段。这一时期，中国共产党在领导人民进行经济建设的实践中，积累了丰富的战时经济工作经验，中国共产党新民主主义战时经济工作方法趋于成熟。其成熟性表现在下述几个方面。

第一，形成了成型的经济工作基本方法。毛泽东在谈到领导方法问题时说："我们共产党人无论进行何项工作，有两个方法是必须采用的，一是一般和个别相结合，二是领导和群众相结合。"[1]一般和个别相结合，就是从实际中来，在普遍工作的情况下，必须深入具体的一个地方、一个单位进行重点领导，详细研究，找到规律和经验，再推广到一般，去指导多数；领导和群众相结合，就是从群众中来，即深入到群众中去，将群众意见集中起来，化为集中的系统的意见，再到群众中去实践，检验这些意见是否正确，再从群众中集中起来，并到群众中坚持下去。

第二，形成了系统的战时经济工作方针政策体系。中国共产党在抗战时期的经济工作中，制定和执行了一系列正确方针，每一条方针都是一条宝贵的经验。"发展经济，保障供给"在于将财政问题的解决立于努力发展生产这一坚实的物质基础上；"自己动手，丰衣足食"强调解决经济困难必须着眼于自力更生，不能依赖外援；"公私兼顾，军民兼顾"要求发展经济必须照顾到各方面利益，调动广大民众的积极性，共同努力，促进解放区经济繁荣；"统一领导，分散经营"旨在使公营经济的发展既能调动各部门的积极性，又能防止盲目性，做到计划统一，经营合理；"组织起来"提出走劳动互助合作的道路，找到了农业发展的根本途径；"以农业为主体"强调了农业在经济发展中的重要地位，既适应了解放区经济的现实条件，也体现了农业是工业基础的精神；"生产与节约并重"要求既要开源，也要节流，生产、节约两不误。这

---

[1]《毛泽东选集（第三卷）》，人民出版社，1991，第897页。

些丰富的经验无不是从实际中来，从群众中来，是中国共产党实行正确的经济工作方法的累累硕果。

第三，形成了定型的经济工作领导体制。领导工作方法还有一个重要方面，就是让下级机关的负责人负起责任来。毛泽东说："对于任何工作任务（革命战争、生产、教育，或整风学习、检查工作、审查干部，或宣传工作、组织工作、锄奸工作等等）的向下传达，上级领导机关及其个别部门都应当通过有关该项工作的下级机关的主要负责人，使他们负起责任来，达到分工而又统一的目的（一元化）。"[1] 领导工作是一个系统，每个环节都必须发挥作用，才能保证领导工作正常进行。

第四，形成了经济工作领导队伍。抗战时期，中国共产党造就了一批经济工作的领导干部和经济工作者（包括科技人员、管理干部）。各解放区都建立有专门的领导机构，每个机构都有专门的负责人，共产党对经济工作的领导主要是政策、方向上的领导，具体的事务，则是由专门的经济领导干部、经济技术干部去执行。这就使整个抗日根据地的经济工作能正常运作。

三、展开阶段公营工业发展的经济模式及其影响

中国共产党在经济工作的领导中很重要的一个方面，就是对公营工业的领导。整个抗战期间，由于党的正确领导，抗日根据地公营工业有了很大的发展，工厂数量不断增加，规模、产量、生产效率都比以前有了很大提高，成为根据地经济发展的重要组成部分。但由于解放区公营工业处于初创时期，中国共产党对此缺乏经验，很大程度上是学习苏联办企业的一些办法，再加上处于战争期间，所以，当时的公营工业无不打上计划与战争的烙印，具有计划经济模式和战时经济模式的一些特征，表现在以下几个方面。

第一，重视经济发展的计划性。在抗日战争的环境下，边区发展工业，原料、物资供应极为困难，这就需要减少浪费，使工业能均衡发展，这就需要相当缜密的计划。林伯渠当时就强调："工作中心已转到国防建设方面来了。如果说，过去工作多带着流动的性质，常采取突击的方式，那么现在则更固定些。计划应有经常性。"[2] 为了应付战争，更有效地利用有限的人力、物力和边区资源，促进工业发展，边区政府要求提高计划性，使工业发展融入计划经济的模式中。

第二，实行供给性生产。当时公营工厂进行生产不是为了商品和利润，而是供

---

[1] 《毛泽东选集（第三卷）》，人民出版社，1991，第900页。
[2] 林伯渠：《由苏维埃到民主共和国制度》，《解放》1937年第1卷第5期。

给本部门的需要。工厂的一切费用，采取本部门报销制。由于是供给性生产，因此不搞经济核算。由于不搞成本核算，也不计算盈亏，工厂关心的只是完成任务，至于产品质量，是否符合市场需要、是否盈利，那可以全然不管，因此，生产中出现浪费现象，产品成本高出私营工厂很多。同时，由于生产与管理费用凭预算拨款，结算凭单据报销，工厂就无多余资金作临时必须的周转，使生产受到影响。另外，工人的劳动报酬实行平均主义的供给制和津贴制，即按统一的供给标准，由公家供吃供穿，再发很少一点津贴，使得时间一长，工人的积极性很难提高。

第三，管理机关化。由于公营工厂是部队机关学校办的，工厂就变成这些机关的一个组成部分，工厂的大小问题必须请示主管机关解决，这就束缚了工厂的手脚，养成了对上级的依赖性，失去了主动改进管理、改革技术、扩大经营的积极性。由于工厂是机关的组成部分，其内部管理完全是机关的一套模式，与机关内部机构相对应，工厂内设置许多类似机构，造成机构庞杂，冗员众多，办事效率低下，严重影响了工厂的生产。

对以上这些问题，中国共产党发现后，一度进行调整，毛泽东在《经济问题与财政问题》的报告中，提出过批评，并建议公营工厂建立经济核算，组织管理上实现一元化领导。各根据地也发布命令，要求各公营工厂实行领导一元化，克服官僚主义，改善工厂管理，实行经济核算，反对贪污浪费，节省生产成本等，取得一定成效。但由于当时处于紧张的战争环境，人们形成的观念难以彻底转变，因此，公营工业发展中所形成的计划经济和战时经济的一些特点并没有得到根本改变，在根据地经济建设中已有了计划经济的雏形。

计划经济雏形的出现，在当时已显现出一些弊端，但在战争年代这一特定的历史条件下，这种计划经济有利于动员资源的优势，有利于在短时期内筹集物资，战胜困难，应对战争。

中华人民共和国成立后，这种计划经济雏形发展成为定型模式，其弊端便明显暴露出来。随着战争的结束，这种与战争相适应的发展计划和体制的积极作用开始弱化，粗放发展以及与此相对应的管理体制的潜力逐步耗尽，这种封闭半封闭的忽视市场的供给式生产举步维艰。

四、经济工作对敌后抗战的有力支持

中国共产党领导的敌后抗日根据地经济工作，为敌后抗战提供了有力的经济支持，保障了抗战军需物资的供给、抗战军费的筹措。

抗日战争时期，抗日根据地军需物资的绝大部分是根据地自力更生生产的。1938

年到1939年间，陕甘宁边区创办了卫生、器材、纺织、制革、农具、石油、造纸等7个公营工厂，到1941年，陕甘宁边区公营工厂发展到97个，职工达7000余人。山东解放区工业，到1945年，已有公营工厂88个，职工3000余人。其他抗日根据地公营工厂也迅速发展。各抗日根据地除建立军民兼顾的工厂外，还建立了一大批直接生产军用品的兵工厂。抗日根据地工商业的发展，保障了抗战军需物资的供给。在各根据地，军需的机械、矿产品、纸张、被服等一般物资，绝大部分都能自给或半自给，枪械、弹药等军火也绝大部分自给。

抗日根据地的大生产运动，保障了边区部队军粮和副食的供应。在抗日战争最艰苦的岁月，各抗日根据地普遍开展的大生产运动取得了很大的成绩。陕甘宁边区部队1939年开荒23136亩，1940年开荒20680亩，1941年开荒14794亩，粮食产量逐年增加，部队粮食、办公费大部分自给，蔬菜全部自给。冀鲁豫边区部队1940年开始进行农业生产，1943年每人种地3亩，自给一季粮食。晋绥边区1944年全军开荒166000亩，打粮20000石，蔬菜基本上自给。晋察冀边区部队种地70000多亩，收获粮食15000石，蔬菜基本上自给。

抗日根据地的军费，主要是在发展经济的基础上，通过财政和金融的渠道筹措，如恢复田赋、征收统一累进税、征收救国公粮、发行救国公债等。1938年到1941年间，晋察冀边区为了满足财政急需，恢复征收田赋，仅冀中区1938年就征收田赋600万元，占全区财政收入的20%。政府收入的增加，扭转了晋察冀边区军费紧张的局面。征收统一累进税，纳税面扩大到70%—80%，使抗日军费有了可靠的来源。救国公粮是抗战时期各边区农业税的形式之一，也是边区财政最主要的收入之一，农民有粮出粮，便于交纳，减少运输，便于军需供给，这种形式受到了农民的拥护，广大农民踊跃交纳。征收救国公粮，初步解决了军队和脱产政府工作人员的吃粮问题。一些边区银行发行救国公债，弥补了抗日军政费用的不足。

抗日根据地的财政支出，遵循"用之得当""保障供给"的原则。中国共产党和边区政府将绝大部分财力用于抗战军事方面，保障了抗战所需经费。如陕甘宁边区1944年财政支出中，军费占44%以上。1938—1944年，晋察冀边区平均每年军费开支占边区财政总支出的80%以上，最高的一年（1938年）达到93%。

抗日根据地对敌货币斗争的胜利，保护和争取了大量抗日军需民用物资，也是边区经济顺利发展的重要条件。首先，稳定了边区的物价。如在山东解放区，由于停用法币，市场流通的货币量减少，各地物价下降，为根据地经济发展创造了良好的条件。其次，边币的币值提高。以山东抗日根据地北海区为例，北海币与法币的币值比1943年夏季为1∶1，到年底升为1∶5；北海币与伪币的币值比1943年上半年为7∶1，到下半年则为 1.5∶1。最后,保护和夺取了大量物资。随着货币斗争的胜利,大量法币、伪币被排挤出边区,这不仅保护了边区的物资免遭劫夺,而且从敌占区获取了大量物资,弥补了初期法币、伪币夺取根据地物资所造成的损失,更重要的是,边币的信用得到确立,流通范围扩大,不仅完全占领了边区市场,许多游击区也成了边币市场,就连一些敌占区的人民也乐于接受边币。

根据地工商业的发展,大生产运动的开展,财政金融工作及对敌货币斗争等方面取得的成绩,保证了抗日根据地的军需民用,为抗日战争的胜利奠定了财力、物力基础。特别重要的是,边区经济的发展,大大调动了边区人民参加抗日战争的积极性,广大农民积极参军参战,保证了抗日部队的兵员充足。

第四章

扩展

（1946—1949）

新民主主义经济理论的发展与经济工作的扩展

1945年8月，日本投降，抗日战争取得伟大胜利，党的经济工作进入了一个新的历史时期。从抗战胜利到中华人民共和国成立，党的经济工作的主题是经济拓展与经济建国。具体来说，一是在新老解放区继续实行反封建的农村土地改革，二是逐步开展城市经济工作，拓展经济工作新的领域，三是在理论上发展新民主主义经济理论。

这一时期的经济工作可分为三个阶段：（1）1945年8月—1946年5月，党的经济工作是在各解放区仍实行抗战时期的减租减息政策。（2）1946年6月—1949年3月，全面内战爆发后，党的经济工作指导思想由和平建国转变为战时经济的思想，将减租减息改为没收地主土地政策。随着解放战争的胜利进展，党的城市经济工作展开。这一时期，党的新民主主义经济模式的构想初步形成。（3）1949年4月—1949年10月，党的经济工作重心由农村转向城市，党的经济工作以接管和管理城市为主，同时不放松农村经济工作。党进一步探讨新民主主义经济理论。党的七届二中全会正式形成新民主主义经济模式的构想，并经过《中国人民政治协商会议共同纲领》予以法律上的确立。

解放战争时期，中国共产党更加重视为人民谋利益。新老解放区的减租减息、减租复查斗争，《关于土地问题的指示》（史称《五四指示》）发布后"耕者有其田"的土地改革，接管城市后既重国计又重民生、"劳资两利"的政策，赢得了人民群众对人民解放战争的广泛支持。人心向背是解放战争迅速取得胜利的重要原因。

第一节　经济工作指导思想的转变与经济工作内容的变化

抗战胜利后，中国面临着两种抉择：和平建国和全面内战。中国共产党努力争取和平建国局面的出现，同时作好自卫战争的准备。在错综复杂的斗争和形势剧烈的变化下，党的经济工作指导思想经历了由支持抗日战争向和平建国的转变，以及由和平建国向战时经济的转变。党的经济工作的内容也随之发生变化。

一、国内政治形势的变化及党面临的中心工作

抗战胜利后，以中国国民党蒋介石集团为代表的大地主大资产阶级同以中国共

产党为代表的人民大众之间的矛盾成为中国国内的主要矛盾。解决这个矛盾，制止内战，反对独裁，争取和平与民主，是新的历史时期中国共产党所面临的新的任务。

（一）战后国内政治形势及主要矛盾的变化

抗战胜利后，国内各派政治力量关注的焦点是中国向何处去：是和平建国，还是诉诸武力？是民主，还是独裁？中国将建立一个怎样的国家？

以中国共产党为代表的人民革命力量空前强大。由于中国共产党及其领导的人民军队实行全面抗战路线，不仅坚持了持久抗战，而且赢得了人民的信任，发展壮大了自身力量。中国共产党顺应民意，主张团结一切爱国民主力量，走一条和平建国之路，把中国建设成为一个独立、自由、民主、统一、富强的新国家，并为此而进行不懈的努力。在抗战中成立并发展起来的中国民主同盟以及抗战胜利前后成立的一批民主党派、团体，也有较大的发展，并同中国共产党建立了较密切的联系。他们是国内民主力量的重要组成部分，纷纷发表国是主张，主张改革中国的政治，和平建国。

以国民党蒋介石为代表的统治集团，代表大地主大资产阶级的利益，抗战胜利后，顽固坚持独裁、内战的方针，企图继续实行国民党一党专制和蒋介石的个人独裁，使中国仍然处于半殖民地半封建状态。在行动上，国民党蒋介石在美国支持下大肆抢占人民抗战的胜利果实，运送兵力抢占战略要地，积极准备发动新的内战，企图以武力消灭中国共产党领导的人民力量。但是，当其内战还未准备好的时候，就打出"和谈"旗号，以掩盖其内战阴谋。

上述情况表明，抗战胜利后，中国面临着两种命运、两个前途的严重斗争。国内的主要矛盾已经由中日间的民族矛盾向阶级矛盾转化。以国民党蒋介石集团为代表的大地主大资产阶级同以中国共产党为代表的人民大众之间的矛盾正在成为中国国内的主要矛盾。解决这个矛盾，制止内战，反对独裁，争取和平与民主，成为这一斗争的主要内容，也是新的历史时期中国共产党所面临的新的任务。

在这一历史的转折关头，中国共产党为争取光明的前途，坚决保卫人民胜利的成果，作好武装自卫的准备；同时提出和平、民主、团结三大口号，决定与国民党谈判，力争实现国内和平。中国进入争取和平民主的新的历史阶段。

（二）对和平民主建设新阶段的估计

1945年10月20日，中共中央发出《关于和平建设过渡阶段的形势和任务的指示》，指出："目前开始的六个月左右期间，是为抗日阶段转变至和平建设阶段的过渡期间。今后六个月的斗争，是我们在将来整个和平阶段中的政治地位的决定关键。"

党在这一过渡阶段内的任务,在国统区是"扩大民族民主的统一战线工作",在解放区,中心任务是"集中一切力量反对顽军的进攻及尽量扩大解放区",其中,新区的减租减息、建立民主政府和组织生产运动,对于争取胜利具有特别重大的意义。①

1946年1月16日,中国共产党代表团在政治协商会议上提出《和平建国纲领草案》,共十项内容,其中第八项为财政经济改革,主要是:①确定预算决算制度,并平衡收支,取消苛杂,改革税制,收缩通货,稳定币制,国家支出之最大部分,应保证用于经济建设、文化事业。②为促进中国工业化,定期召开全国经济会议,吸收对发展经建有关之各方面代表人士参加,决定经建方针,规定计划,废止现行统制政策,实行经济民主与企业自由,确立国营与民营之种类,取消国营工业之特殊待遇,扶助民间工业,给予大量贷款、轻税及购买原料与运销之便利。但中国经济应走上公营私营及合作经营共同发展的道路,以反对国内官僚资本,并防止外国独占资本之操纵国民生计。严禁官吏利用其权势地位,从事投机垄断,逃税走私,私用公款与非法使用交通工具的活动。③实行农业改革,扶助农民组织,推行全国减租,适当地保证佃权并保证交租,严禁高利盘剥,国家银行应扩大农贷数量,对贫苦农民给予低利贷款,供给农具、耕牛及种子,发展合作事业,开垦荒地,建设水利。④实行劳动法。改善工人生活,救济失业工人。②这是一个改善民生、发展经济、促进中国工业化的财政经济改革方案,基本被会议通过的和平建国纲领所采纳。

面临新的形势,中共估计到中国将进入一段和平民主建设的新阶段。政协会议一结束,中共中央即于1946年2月1日发出《关于目前形势与任务的指示》,指出:"中国革命的主要斗争形式,目前已由武装斗争转变到非武装的群众的与议会的斗争,国内问题由政治方式来解决。党的全部工作,必须适应这一新形势。"指示同时指出:"中国民主化的道路,依然是曲折的,长期的","为了保证国内和平,各地应利用目前时机大练兵三个月,一切准备好,不怕和平的万一被破坏"。要求"在六个月至十个月内放手发动群众……完成新旧解放区的减租,以巩固我党在解放区的群众基础",同时提出"练兵、减租与生产是目前解放区三件中心工作"。③

二、经济工作向和平建国方向的转化

从抗战胜利到全面内战爆发的将近一年的时间内,是中共争取和平民主的阶段。党的主要任务,一是作好自卫战争的准备,二是力争和平建国局面的实现。相应地,

---

① 中央档案馆编《中共中央文件选集(第十三册)》,中共中央党校出版社,1987,第182页。
② 中央档案馆编《中共中央文件选集(第十三册)》,中共中央党校出版社,1987,第292-293页。
③ 中央档案馆编《中共中央文件选集(第十三册)》,中共中央党校出版社,1987,第318-321页。

中国共产党的经济工作也必须围绕这一政治任务而展开。

（一）继续在解放区实行减租减息政策

为了调动解放区广大农民的积极性，确立党的群众基础，巩固新解放区，同时团结更广泛的社会各阶层结成统一战线，以孤立国民党反动派，中国共产党延续了抗战时期的经济政策，继续在解放区实行减租减息政策。

中国共产党在抗战胜利前夕就宣布：减租减息这个政策，"如果没有特殊阻碍，我们准备在战后继续实行下去，首先在全国范围内实现减租减息，然后采取适当方法，有步骤地达到'耕者有其田'"①。1945年8月11日，中共中央发出《关于日本投降后我党任务的决定》，指出：今冬明春，必须在一万万人民中，放手发动减租，在一切新解放区一律减租，迅速巩固一切新解放区。

1945年11月7日，中共中央发布了由毛泽东起草的党内指示《减租和生产是保卫解放区的两件大事》，明确提出："目前我党方针，仍然是减租而不是没收土地"。指示指出：我党当前任务，是动员一切力量，站在自卫立场上，粉碎国民党的进攻，保卫解放区，争取和平局面的出现。为达此目的，使解放区农民普遍取得减租利益，使工人和其他劳动人民取得酌量增加工资和改善待遇的利益；同时又使地主还能生活，使工商业资本家还有利可图；并于明年发展大规模的生产运动，增加粮食和日用必需品的生产，改善人民的生活，救济饥民、难民，供给军队的需要，成为非常迫切的任务。②

1945年12月15日，毛泽东为中共中央起草的《一九四六年解放区工作的方针》，共十项内容。其中关于经济工作的方针就有减租、生产、财政、救济四项。对于"减租"则进一步强调指出：各地务必在1946年，在一切新解放区，发动大规模的、群众性的、但是有领导的减租减息运动。工人则酌量增加工资。在老解放区，则应复查减租减息的工作，进一步巩固老解放区。③毛泽东特别指出，实施此项政策的目的，是使广大群众，在此运动中翻过身来，并组织起来，成为解放区自觉的主人翁。在新解放区，如无此项坚决措施，群众便不能区别国共两党的优劣，便会动摇于两党之间，而不能坚决地援助我党。

中共中央的指示精神下达后，各解放区于1945年冬到1946年春，开展了大规模的、群众性的减租减息和复查减租减息运动。

---

① 《毛泽东选集（第三卷）》，人民出版社，1991，第1076页。
② 《毛泽东选集（第四卷）》，人民出版社，1991，第1172-1173页。
③ 《毛泽东选集（第四卷）》，人民出版社，1991，第1175页。

（二）新区的反奸清算和减租减息斗争

新解放区是指 1945 年春，中国共产党领导的人民军队对日发动反攻后，从日本帝国主义手中收复的大量失地。其中有新收复的，也有在原解放区基础上扩大的。这些地区解放后，日伪残余、汉奸地主仍有一定的势力，广大农民群众仍然遭受压制。针对这种情况，党中央从老解放区调派大批干部，奔赴新区，开展群众斗争。

新解放区的群众斗争从反奸清算开始。所谓"反奸清算"，就是惩办罪大恶极的汉奸卖国贼，控诉汉奸恶霸压迫剥削农民的种种罪行，清算被其霸占、掠夺的土地和财产，转嫁的日伪负担，额外剥削等。在党的领导和人民军队的支持下，广大新区群众性的反奸清算斗争迅速开展起来。这一斗争主要从下面几个方面逐步深入。

一是充分发动群众，召开群众性的控诉大会，控诉汉奸恶霸为虎作伥、为非作歹、压迫剥削农民的罪恶。

二是清算，就是将汉奸恶霸对农民的盘剥进行清算，将其还给农民，使群众获取看得见的利益。经过控诉、清算斗争，群众不仅得到部分经济利益，如收回被汉奸伪人员霸占的土地财产，索回被掠夺、讹诈、贪污的款项等，而且摧毁了伪政权，建立了民主政权。他们组织控诉委员会、清算委员会、工会、农会等群众性的团体，维护自己的利益。

三是没收和分配日伪霸占的土地。随着斗争的深入发展，1946 年年初，各解放区分别颁布条令，没收日伪、大汉奸的一切土地，并要求在春耕之前，分配到农民手里。各地党组织和民主政府，派遣工作队，依靠群众积极分子，通过农民自治会等组织，首先对日伪土地、农民人口和缺地状况等进行调查研究，通过群众评议，将日伪土地无偿分配给无地少地的农民。通过没收与分配日伪土地，不少佃农、雇农、赤贫获得土地，上升为自耕农，劳动农民获得初步的利益，农村阶级关系也开始变化。广大的新区群众被广泛地动员和组织起来，政治觉悟程度大为提高，为新区的巩固奠定了基础。

四是开展减租减息运动。广大新区虽经反奸清算和没收日伪土地，但其生产关系并未从根本上改变，大量土地仍然掌握在地主阶级手里，劳苦大众仍然遭受残酷的封建剥削。因此，减轻封建剥削，是大多数人民群众的利益之所在。另外，1946 年春季，广大新区又遭受严重自然灾害，农民生产和生活陷入困境，因此实行减租减息十分迫切。1946 年春，广大新区普遍开展了减租减息运动。

这一时期的减租减息在政策和方式上，既不同于抗战时期的减租减息，也不同于上述的反奸清算。抗战时期的减租减息是在维护统一战线的前提下，在保障地主的地权、财权基础上进行的，而此时的减租减息并没有特别强调保障地主的地权和财权，当运动深入开展后，农民要求取得地主的土地，有的地区不同程度地触动了地主的土地。这种触动也不是没收，而是有偿地赎回农民被迫当出的土地，或以土地清偿的方式偿还对农民的非法剥削等。此时的减租减息与反奸清算也有明显区别，主要采取说理、算账退租、订立减租合同等方式，是一种"和平"的方式，是在改善农民生活的前提下保证农民交租交息，以团结中小地主和其他对抗战有功的人士，共同建设解放区。而反奸清算则是"批斗"清算，是敌我斗争。

新区的减租减息运动在短短的几个月中就形成了高潮。在运动中也出现了两种倾向，有的新区分配了地主的土地，斗争超出了减租减息的范围，有的还未发动群众开展减租减息运动，存在"空白村"。对此，中共中央1946年4月11日发出指示，进行及时的纠正。

减租减息斗争的开展，削弱了封建地主的剥削，一部分农民获得了土地、房屋和粮食，生活初步得到改善。广大农民亲身体会到共产党和国民党的区别，大大提高了保卫和建设解放区的积极性，奠定了党在新区的群众基础。

（三）老解放区的减租复查

老解放区就是在对日反攻前建立的解放区。这些地区自1942年以来普遍开展了减租减息运动，取得很大成绩，但是，由于种种原因，一些地区不同程度地存在一些问题。这些问题归纳起来主要就是减租不彻底。具体表现在：一是减租后出现反复。少数地主减租后又夺佃，以种种理由抽回佃出的土地。二是改定租为活租。少数地主为多收租子，违背租佃法令。三是明减暗不减。少数地主诱胁佃农，在应付区上的检查时，要佃农说已经减了，实际上并没有减。

造成上述问题的原因，一是地主的破坏。他们使用种种手段，如哄骗、威胁、拉拢的手法，来抵抗减租减息的真正实行，如利用民主运动反对村干部，挑拨制造群众中的宗派斗争，收买拉拢干部，挑拨干群关系，打入政权内部维护其利益等。二是农民有各种顾虑，如"变天"思想，依靠地主的思想，情面关系，不相信自己的力量等。三是部分干部存在麻痹思想，发动群众不充分，工作不深入。

各老解放区在短时间内，找出了减租工作中存在的问题，并认真贯彻党的指示，制定具体措施，切实做好查减工作。首先，抓干部的教育，这是查减工作的关键。有的老区不重视查减工作，认为没什么问题；有的则担心运动过火，出现束手束脚的情况；有的则工作简单，态度粗暴，有的干部把"放手"误认为放任自流，不注重在政策上对群众进行领导。针对这些情况，各级党组织开展整风，召开座谈会，研究政策，检讨经验，使干部认识到查减工作的重要性，改正工作中的缺点。有的地方在查减工作中还整顿了农会，使农会干部真正为农民谋利益。其次，充分发动群众投入到查减中来，这是进行查减工作的基本条件。如太行涉县在之前的减租工作中，全县158个村庄，有52个村庄从未发动过，67个村庄发动不充分，在这次查减工作中基本上都发动起来了。从1945年12月8日至1946年1月25日，据不完全统计，共解决租佃、债务、增资案件7905件。①再次，减租保佃。在查减工作中，许多地区强调了保护租佃权的问题。陕甘宁区的甘泉县首先具体明确规定了减租保佃的办法，在此基础上，教育佃农认真检查减租执行情况。晋绥宁武县南屯等村，在查减运动中与地主订立减租保佃办法，明确规定因减租而被地主夺去的土地，仍退还给原佃户；一律实行二五减租；取消佃户对地主土地的一切额外负担等。最后，将查减工作与生产紧密联系起来。1946年年初，为了不误春耕农时，各地要求查减工作与生产联系起来进行，把查减所得之实利迅速组织到生产中去，以查减促生产。

老解放区开展的减租复查工作，巩固了抗战时期农民所得的胜利果实，大大激发了广大农民革命和生产的积极性，对于争取和平民主和进一步巩固解放区，都具有重要的意义。

三、由和平建国向战时经济的转变

中国共产党为争取和平民主而努力，但是，国民党蒋介石集团的独裁内战政策并没有改变，其在美国的支持下，加紧内战部署，并在东北大打，在关内不断制造军事冲突。全面内战一触即发。在这一由争取和平建国到全面内战爆发的转变关头，中国共产党的经济政策和经济工作也发生了转变，即由"减租减息"转变为"耕者有其田"。

（一）《五四指示》的发布

在反奸清算、减租减息的斗争中，已经有不少农民从地主手中取得土地。而随着群众运动的深入，广大农民迫切要求突破减租减息的界限，直接从地主手里获取土地。随着国内政治形势的转变，继续解放广大农村生产力，调动广大农民支援人民军队，支持长期战争，消灭封建土地所有制就势在必行。

1946年5月4日，中共中央发布了刘少奇起草的党内指示——《关于土地问题的指示》（即《五四指示》），决定将减租减息改为"耕者有其田"的政策。

《五四指示》的基本精神是：坚决支持、肯定和批准农民对土地的要求，采取适

---

① 《大胆放手发动群众，涉县察北减租运动展开》，《解放日报》1946年2月20日，第1版。

当的方法，领导广大群众直接从地主手中获得土地，实现"耕者有其田"，迅速实行土地制度的改革。指示要求"各地党委必须明确认识，解决解放区的土地问题是我党目前最基本的历史任务，是目前一切工作的最基本的环节。必须以最大的决心和努力，放手发动与领导群众来完成这一历史任务"[①]。

《五四指示》共有十八项条款，其基本内容主要是：

1. 解决土地问题的方式是有偿获取

鉴于当时全面内战尚未爆发，《五四指示》指出：解决土地问题的方式不是无条件地没收一切地主的土地。除没收和分配极少数大汉奸的土地之外，对于一般地主的土地，则沿用减租减息以来农民所创造的多种方式，主要通过清算、减租、减息及献地等方法，使农民从地主手里获取土地，实现"耕者有其田"。

2. 解决土地问题的政策界限

（1）对于属于地主成分的抗日军人、抗日干部的家属及开明绅士等，应谨慎处理，适当照顾，给他们多留下一些土地。

（2）对于中小地主应与大地主、恶霸有所区别，对其生活应予相当照顾。

（3）一般不变动富农的土地。

（4）决不可侵犯中农的土地。

（5）在运动中所获得的果实，必须公平合理地分配给贫苦的烈士遗族、抗日战士、抗日干部及其家属和无地及少地的农民。

（6）对待工商业资产阶级与对待封建地主阶级要有原则区别，不可将农村中解决土地问题、反对封建地主阶级的办法，用来反对工商业资产阶级。凡富农及地主开设的商店、作坊、工厂、矿山，不要侵犯，应予以保全，以免影响工商业的发展。

（7）区别边沿地区与中心地区。对于我政权不巩固的边沿地区，一般不要发动群众起来要求土地，就是减租减息也要谨慎办理。

3. 解决土地问题的工作方法

（1）坚持群众路线。"在进行斗争时，必须完全执行群众路线，酝酿成熟，真正发动群众，由群众自己动手来解决土地问题，绝对禁止使用违反群众路线的命令主义、包办代替及恩赐等办法。"

（2）团结知识分子和党外人士。对一切可能团结的知识分子，必须极力争取，给以学习与工作机会；对开明绅士及其他党外人士，或城市中的自由资产阶级分子，"均

[①] 《刘少奇选集（上卷）》，人民出版社，1981，第378页。

应当继续和他们合作,一个也不要抛弃"。

(3)坚决按党的政策办事,加强党员干部的政策观念。"各地应当教育干部,特别是区乡干部,发挥共产党员为人民服务的精神,不要利用自己的领导地位取得过多的利益",纠正已发生的"左"的和右的偏向。

(4)注重组织建设。"在运动中及土地问题解决后,应注意巩固与发展农会和民兵组织,发展党的组织,培养提拔干部,改造区乡政权,并教育群众为保卫已得的土地和民主政权而斗争"。①

从以上主要内容可以看出,《五四指示》的最大特点,就是过渡性,即党的土地政策由减租减息向没收分配地主土地过渡,由削弱封建剥削向变革封建土地关系、废除封建剥削制度过渡。一方面,《五四指示》坚决支持农民的土地要求;另一方面,又从当时的形势着眼,在内战危机重重而尚未全面爆发、和平之门并没有完全关闭的情况下,没有明确宣布废除封建土地制度,而是提"耕者有其田",通过减租等形式,从有偿获取地主土地向没收地主土地过渡。这既支持了农民反对封建土地制度的革命行动,又有利于团结各阶层人士,争取社会舆论,维护反封建的统一战线。《五四指示》是适应客观历史条件的正确政策。

(二)《五四指示》的贯彻执行

《五四指示》在党内下达后,各解放区召开干部会议,总结减租以来的经验,学习、掌握新的政策精神,转变观念,统一认识。在此基础上,各解放区根据本地区具体情况,制定措施,开展土地改革运动。一般的方法包括:

一是没收日伪公地及大汉奸、恶霸地主、土匪窝主的土地。如东北解放区,除继续分配日伪的开拓地、满拓地外,对于大汉奸,其土地在300—500亩以上的,要没收分配;对于勾结汉奸惯匪、藏匿枪支、阴谋不轨的地主,将其作为土匪窝主,彻底清算,其坐地分赃谋得的土地、财物,全部没收分配;对于不法地主,发动群众斗争算账,直至分配土地。这一点各解放区普遍实行。

二是以清算的方式取得地主土地。对于一般的地主土地,采取算账的方式,清算租息、清算额外剥削、清算无偿劳役、清算转嫁负担等,使地主的土地在偿还积债、交纳罚款、退还霸占、赔偿损失等名义下,转移、折算或出卖到农民手里。

三是以征购的方式获得地主的土地。1946年7月19日,中共中央发出的《关于要求各地答复制定土地政策中的几个重要问题的指示》中,对征购作了明确规定:地主土地超过一定数额者由政府以法令征购之,地主的工厂、商店、矿山不得征购;

---

① 《刘少奇选集(上卷)》,人民出版社,1981,第378-383页。

征购的办法，由政府发行土地公债作为地价交付地主，分十年还本；公债基金由获得土地的农民负担一部分，农民每年向政府交付一定数量的地价，分十年或二十年交清，另一部分由政府在自己的收入中调剂，或不要农民出地价，全部由政府的财政税收调剂。①

四是开明绅士、中小地主献田。献田是地主无偿将土地献给农民，作为农民获取土地的一种辅助方式。运动初期，各解放区都有一批著名的开明绅士献出土地，其中不乏在解放区政府中担任要职的。在各地党政军干部中，也有不少地主家庭出身的同志说服家庭，献出土地。在华东中央局于1946年9月1日发出的《关于土地改革的指示》中，要求动员、鼓励抗工属与中小地主献田。

从1946年5月到1947年2月，各解放区已有三分之二的地方执行了《五四指示》，解决了土地问题，实现了"耕者有其田"。这就极大地调动了广大农民保卫解放区、发展生产、支援革命战争的积极性，使中国共产党在革命转变关头，取得了主动，实现了对农民的领导权。到1946年10月，全解放区已有30万人参加了人民解放军，有三四百万人参加了民兵和游击队。土地改革壮大了人民革命力量，巩固了后方，人民自卫战争的胜利得到有力的保障。

但是，由于处于战争环境、时间紧迫等因素，土地改革出现不平衡的现象。1947年2月1日，中共中央政治局召开会议，会上明确指出，解放区大约还有三分之一的地方没有实现"耕者有其田"，大部分地区不彻底，出现右的倾向；少数地方则出现对地主扫地出门、侵犯中农、侵犯地主工商业等"左"的倾向。

随着国内革命形势的发展，客观上要求彻底消灭封建半封建的土地制度，土地革命运动的深入发展势在必行。

（三）解放区生产运动的开展

生产，是党在争取和平民主阶段的三大任务之一，是保卫和巩固解放区的重要手段。1945年11月7日，中共中央在《减租和生产是保卫解放区的两件大事》的指示中指出："在一九四六年内，全解放区的农业和工业的生产，务使有一个新的发展。不要因为新的大规模战争而疏忽减租和生产；恰好相反，正是为了战胜国民党的进攻，而要加紧减租和生产。"② 中共中央在《一九四六年解放区工作的方针》中又指出："各地立即准备一切，务使一九四六年我全解放区的公私生产超过以前任何一年的规模和

---

① 中央档案馆编《中共中央文件选集（第十三册）》，中共中央党校出版社，1987，第453页。
② 《毛泽东选集（第四卷）》，人民出版社，1991，第1172-1173页。

成绩。"①关于开展生产运动的方法，中共中央指示："使大多数生产者组织在生产互助团体中，是生产运动胜利的关键。政府发放农贷、工贷，是必不可少的步骤。不违农时，减少误工，也十分重要。现在一面要为战争动员民力，一面又要尽可能地不违农时，应当研究调节的办法。在不妨碍战争、工作和学习的条件下，部队、机关、学校仍要适当地参加生产，才能改善生活，减轻人民的负担。"②在中央的指示精神下，在减租减息的基础上，各解放区纷纷制定措施，提出要求，开展大规模群众生产运动。

第一，贯彻以农业为主、工业为辅的方针。1945年年底至1946年年初，各解放区党委在组织群众开展生产运动之际，依据实际情况和需要，制定了以农业为主、工业为辅的方针。

第二，各级党和政府对生产进行积极引导和帮助。一是发放贷款，解决资金不足的问题。据不完全统计，到1946年年底，各解放区共发放贷款160.6亿元法币，其中仅晋察冀就贷出60多亿元法币。贷款主要用于农业，其次是工商业。二是政府帮助解决缺少生产工具、耕牛等困难。晋绥边区政府采取购买与调剂的方法解决新区耕牛与农具缺乏的问题。1946年春，在兴县、晋中等40多处，先后举行骡马大会，以方便耕畜的交换，边区生产委员会还令各地贸易机关及合作社贷款给群众，从外地购买耕牛。三是注重科学种田，改进生产技术。如太行行署在春耕运动中提出"加强科学指导"的口号，要求干部不仅组织群众生产，还要学会技术，对群众进行生产技术的指导。③西北局将改进农业技术作为边区生产运动中极其重要的一项工作，专门组织有关单位举行农业技术座谈会，总结、推广好的经验。④

第三，组织农民发展农村变工队、互助组等组织。为解决劳力、牲畜不足等问题，老解放区已经普遍实行了各种方式的互助合作。1946年春耕前，各地对互助合作进行了整顿。新区的互助合作组织则刚建立起来。在老区的影响和带动下，广大新区的互助合作组织，如变工队、扎工队、换工队等纷纷建立，在生产运动中发挥着重要作用。

第四，扶植和奖励工商业的发展。为使解放区的工业、矿业、商业得到恢复和发展，各级政府大量贷款扶植工人复工。为恢复发展私营企业，政府设法为其购买原料、提供物资、订购产品，在原料与产销问题上给予切实的照顾。1946年8月7日，晋察冀边区行政委员会发布法令，公布保护与发展民族工商业的暂行办法，规定凡在

---

① 《毛泽东选集（第四卷）》，人民出版社，1991，第1175-1176页。
② 《毛泽东选集（第四卷）》，人民出版社，1991，第1173页。
③ 《太行行署指示今年农业生产，组织工作、技术指导并重》，《解放日报》1946年1月17日，第1版。
④ 《西北局召集有关方面举行农业技术座谈会》，《解放日报》1946年1月2日，第1版。

边区境内创设棉纺、毛纺、平板玻璃、电气、钢铁、机器制造、农具制造及其他重工业原料工业者,享受全免营业税、所得税2—5年,在资金、原料及成品运输、推销等方面遇有困难时,边区各级政府予以援助。① 解放区的工人还开展了增资运动,提高工人工资,改善工人生活条件,成立各种行业工会,保障工人利益。

生产运动的开展,使解放区的农业生产、工业生产得到恢复和发展。在农业方面,粮食、棉花等农作物普遍获得丰收。1946年太行、冀南两解放区,产棉自给有余。在山东,1946年棉产量比1945年增加63%,在纺织方面,全年生产布匹500多万匹,全省军民穿衣可以自给。在东北解放区,1947年比1946年扩大耕地50%以上。解放区工业也得到迅速的恢复和发展,到1946年10月晋冀鲁豫解放区的重工业发展水平恢复到战前的82%,轻工业发展水平恢复到战前的90%,部分已超过战前水平。② 商业方面也呈现出活跃的新气象。张家口市战前有商店2352家,日伪统治时减少到1981家,战后到1946年1月已增至2670多家。③ 解放区的生产运动,为巩固解放区,粉碎国民党的军事进攻奠定了物质基础。

第二节 为夺取全国政权而进行的经济理论准备和经济工作

1947年7月,人民解放军由战略防御转入战略进攻,战争形势发生了根本的转变。1947年10月10日,中国人民解放军总部发布毛泽东起草的《中国人民解放军宣言》,提出了"打倒蒋介石,解放全中国"的口号,从此,中国革命进入夺取全国胜利的阶段。在这一新的形势下,党一方面发展了新民主主义经济理论及其政策,另一方面为夺取全国政权而开展了各项经济工作。

一、新民主主义经济纲领的确立

1947年下半年,人民解放军胜利地完成了由战略防御转入战略进攻的任务,进入了夺取全国政权的历史阶段。在这一历史转变的关键时刻,中国共产党制定了夺取全国胜利的纲领,党发展了新民主主义理论,完善了新民主主义各项经济政策。

1947年12月25日至28日,中共中央在陕北米脂县杨家沟召开了扩大会议,毛泽东作《目前形势和我们的任务》的报告,确立了新民主主义三大经济纲领,即"没收封建阶级的土地归农民所有,没收蒋介石、宋子文、孔祥熙、陈立夫为首的垄断资

---

① 《晋察冀边委会颁布法令,保护与发展民族工业》,《解放日报》1946年8月8日,第1版。
② 周瀚宁:《中国近代经济史新论》,南京大学出版社,1991,第352-353页。
③ 《张家口市在和平实现后,商业繁荣超过抗战前》,《晋察冀日报》1946年1月21日。

本归新民主主义的国家所有,保护民族工商业"①。

中国共产党人提出三大经济纲领的理论依据主要是:

在半殖民地半封建的中国,封建主义是帝国主义和官僚资本主义的统治基础。封建的土地制度残酷地剥削和压迫广大的劳动人民,是中国被侵略、被压迫、贫穷落后的根源,也是中国国家的民主化、工业化、独立、统一和富强的基本障碍。因此,没收封建阶级的土地归农民所有,进行土地革命,就成为新民主主义革命的主要内容,也是建立新民主主义经济的基础。

中国的官僚资本,是在土地革命战争时期萌芽,抗日战争时期形成,解放战争时期发展起来的。经过20年的积聚,已经有了价值100亿至200亿美元的巨额财产,垄断了全国的经济命脉。"这个垄断资本,和国家政权结合在一起,成为国家垄断资本主义。这个垄断资本主义,同外国帝国主义、本国地主阶级和旧式富农密切地结合着,成为买办的封建的国家垄断资本主义。这就是蒋介石反动政权的经济基础。这个国家垄断资本主义,不但压迫工人农民,而且压迫城市小资产阶级,损害中等资产阶级。"②因此,新民主主义的革命任务,除了取消帝国主义在中国的特权以外,在国内,就是要消灭地主阶级和官僚资产阶级的剥削和压迫,改变买办的封建的生产关系,解放被束缚的生产力。这是中国共产党第一次明确提出没收官僚资本归新民主主义的国家所有的理论。

在半殖民地半封建特殊国情上产生的中国民族工商业,是在外国帝国主义的侵略和本国封建主义的夹缝中,艰难生长出来的,它们也受到官僚资本主义及其国家政权的压迫和损害。包括上层小资产阶级和中等资产阶级在内的民族资产阶级,虽然也是资产阶级,但是他们和帝国主义没有联系,或者联系较少,是可以参加新民主主义革命或者保守中立的。毛泽东指出:对于这些阶级,在新民主主义的国家权力到达的地方,"必须坚决地毫不犹豫地给以保护"③。

为了切实实行三大经济纲领,毛泽东阐述了党的具体经济政策和经济建设的方针。

在农村土地改革方面,毛泽东总结了自全面内战爆发十八个月以来党的土地改革的经验,指出了土地改革中必须注意的两条基本原则:"第一,必须满足贫农和雇农的要求,这是土地改革的最基本的任务;第二,必须坚决地团结中农,不要损害中农

---

① 《毛泽东选集(第四卷)》,人民出版社,1991,第1253页。
② 《毛泽东选集(第四卷)》,人民出版社,1991,第1253-1254页。
③ 《毛泽东选集(第四卷)》,人民出版社,1991,第1254页。

的利益。"① 毛泽东说，只要我们掌握了这两条基本原则，土地改革任务就一定能够胜利完成。针对土地改革中侵犯中农利益的"左"倾错误，为了巩固地联合中农，又提出一系列具体政策。如平分土地时，必须注意中农的意见；分配土改胜利果实时，应注意某些中农的需求；不要错划中农的成分；在农会和政府中要吸收中农的积极分子参加等。

对于民族资产阶级，毛泽东指出，对其中为数不多的政治上存有反动倾向的右翼分子，应当向受他们影响的群众进行揭露的工作，打击他们在群众中的政治影响，使群众从他们的影响之下解放出来。但是，政治上的打击和经济上的消灭是两件事，如果混同这两件事，我们就要犯错误。新民主主义革命所要消灭的对象，只是封建主义和垄断资本主义，只是地主阶级和官僚资产阶级，而不是一般地消灭资本主义，不是消灭上层小资产阶级和中等资产阶级。

毛泽东规划了新民主主义经济的发展前途：没收官僚资本后，使其成为国营经济，成为国民经济的领导成分，由新民主主义国家控制全国经济命脉；使个体农民朝着集体化方向发展；在革命胜利以后的一个长时期内，还是必须允许民族工商业的存在，并且按照国民经济的分工，使其有益于国民经济的部分有一个发展。

这次扩大会议还规定了新民主主义经济发展的指导方针，即"必须紧紧地追随着发展生产、繁荣经济、公私兼顾、劳资两利这个总目标。一切离开这个总目标的方针、政策、办法，都是错误的"②。

中国共产党以新民主主义的三大经济纲领为指导，遵循"发展生产、繁荣经济、公私兼顾、劳资两利"的方针，为夺取革命在全国的胜利而领导开展了大量的经济工作。

二、解放区土地改革的深入进行

全面内战爆发一年后，随着革命战争形势的根本性转变，在解放区，打碎封建的生产关系，实行彻底的土地改革，既是广大农民群众的普遍愿望，也是形势发展的要求。

（一）《中国土地法大纲》的颁布及土地改革的彻底进行

为适应人民解放军转入战略进攻的新形势，总结前一阶段土地改革的经验，制定今后更彻底的土地政策，1947年7月至9月，中共中央工作委员会在河北省平山县

---

① 《毛泽东选集（第四卷）》，人民出版社，1991，第1251页。
② 《毛泽东选集（第四卷）》，人民出版社，1991，第1256页。

西柏坡村召开了全国土地工作会议。会议详细研究了中国土地制度的情况,总结了自《五四指示》发布和实施以来各地土地改革的经验,分析了土地改革不彻底的原因及今后土地改革的方向,于9月13日通过了《中国土地法大纲(草案)》(同年10月10日,由中共中央正式公布实行)。这是抗日战争胜利后,中国共产党公开颁布的第一个土地改革纲领性文件。

《中国土地法大纲》(以下简称《大纲》)[①]共有十六项条款,其主要内容是:

第一,彻底废除封建剥削制度,实行耕者有其田。《大纲》明确规定:"废除封建性及半封建性剥削的土地制度,实行耕者有其田的土地制度";"废除一切地主的土地所有权";"废除一切祠堂、庙宇、寺院、学校、机关及团体的土地所有权";"废除一切乡村中在土地制度改革以前的债务"。这四个"废除"表明,它是一个彻底消灭封建土地剥削制度的纲领,与《五四指示》的"有偿方式"相比,是一个彻底没收地主土地的政策。

第二,实施土地改革的机构。《大纲》规定:"乡村农民大会及其选出的委员会,乡村无地少地的农民所组织的贫农团大会及其选出的委员会,区、县、省等级农民代表大会及其选出的委员会为改革土地制度的合法执行机关。"这一规定保障了农民的根本权利。

第三,平分的原则。一是土地平分:"乡村中一切地主的土地及公地,由乡村农会接收,连同乡村中其他一切土地,按乡村全部人口,不分男女老幼,统一平均分配,在土地数量上抽多补少,质量上抽肥补瘦,使全乡村人民均获得同等的土地,并归各人所有。"二是财产平分:"乡村农会接收地主的牲畜、农具、房屋、粮食及其他财产,并征收富农的上述财产的多余部分,分给缺乏这些财产的农民及其他贫民","地主及其家庭,分给与农民同样的土地及财产"。三是土地分配的区域标准:"土地分配,以乡或等于乡的行政村为单位。"

第四,土地分配后持有人的权利。"分配给人民的土地,由政府发给土地所有证,并承认其自由经营、买卖及在特定条件下出租的权利。"

第五,保护工商业。"保护工商业者的财产及其合法的营业,不受侵犯。"并保护大森林、大水利工程、大矿山及其他资财等"归政府管理",以免分散和破坏。

《中国土地法大纲》是一个彻底的反封建的土地革命纲领,把中国的土地改革推向了一个新的阶段和新的高潮。

全国土地工作会议后,各解放区相继召开土地会议,贯彻全国土地工作会议精神

[①] 中央档案馆编《中共中央文件选集(第十六册)》,中共中央党校出版社,1992,第547–550页。

及《中国土地法大纲》的各项政策。各解放区从各级党、政、军机关抽调大批人员组成工作组，深入农村开展工作。1947年年底到1948年春，轰轰烈烈的土地改革运动，很快在各解放区广泛开展起来。

在老解放区，凡是过去封建土地制度已经全部或大部分被废除、土改基础较好的地区，均实行抽补、调剂政策，即采取"抽多补少，抽肥补瘦，抽近补远"的办法，以解决贫雇农土地不足的部分。半老解放区一般的做法是"多少拉平，好坏填齐，照顾远近，打烂重分"，即重新丈地，评级，按人口分配。在新解放区，也套用老解放区或半老解放区的做法，迅速开展了平分土地和浮财的运动。

在党的领导下，土地改革运动取得了巨大的成就。在解放区，基本上消灭了封建土地剥削制度，改变了旧有的生产关系，推动了革命政权的建设，巩固了解放区，从而为夺取全国政权奠定了基础。通过土地改革，打碎了几千年以来套在农民身上的封建枷锁，解放了农村生产力，获得土地的农民生产情绪高涨，解放区经济得到发展，为打败蒋介石奠定了物质基础。通过土地改革，农民群众在经济上、政治上得到解放，从而焕发了极大的革命热情，他们踊跃参军参战，积极支援前线，成为人民解放力量的源泉。

（二）在纠正"左"倾错误中完善土地政策和改进土改工作方法

在土地改革的高潮中，在平分土地的群众运动中，许多地方出现了打击面过宽的"左"倾错误。到1947年年底，一些地方甚至发展到很严重的地步。这种"左"倾错误主要表现在：

一是阶级划分标准混乱。由于当时党对于划分阶级的标准没有给予充分的说明和具体的政策指导，加之群众运动高潮中出现的非理性因素，实践中出现了阶级成分划分上的偏差。一些地方为了多分浮财，地主、富农越划越多，有的地方达到20%至30%。

二是损害中农的利益。把中农或富裕中农错划为富农或地主，侵犯其土地和财产。搞绝对平均主义，把高于平均水准的中农的土地抽出来平分。

三是侵犯部分工商业。有的地方，把农村的做法照搬到城市，认为工商业者也是财主。在"平分"高潮中，不少农村集镇及县城的工商业者被斗，财产被没收分配。把地主、富农的兼营工商业的部分，也加以清算没收。

四是提出"左"倾错误口号。把片面的孤立的贫雇农路线当作党的阶级路线，提出"彻底满足贫雇农的要求""群众要怎么办就怎么办"口号，甚至提出"贫雇农打江山坐江山"这类严重原则性错误口号，其结果是贫雇农自己受到孤立。

五是在"平分"高潮时期，有的地方对地主和富农、地主中的恶霸和非恶霸不加区别,用同样的方式进行斗争。有的不分大、中、小地主,党外人士,开明绅士,一律不给生活出路,"扫地出门"。

六是新区土改过急。在土改条件不具备的新区,急于搬用老区、半老区做法,造成混乱和损失。

土地改革中"左"倾错误产生的主要原因,除政策上不完善的因素外,还有更深刻的社会历史原因,这就是在小农经济基础上滋生的平均主义思想在中国农民中普遍、长期地存在。一旦农民被充分发动起来,反封建的土地革命形成高潮,如果无产阶级政党不加以正确引导和政策上的教育,群众的自发情绪就会增长,导致平分一切社会财富的绝对平均主义。加之在当时的整党运动中强调的是"反右倾",一些人存在宁"左"毋右的思想,在"群众要怎么办就怎么办"的思想指导下,放任群众中过火的行为,加快了"左"倾错误的流行。

这次"左"倾错误来得猛,纠正得也很快。《中国土地法大纲》颁布不久,中共中央即派人到各地了解情况,发现了土改中的大量"左"倾错误,即着手纠正。

1947年11月29日,为纠正划分阶级时业已出现的"左"倾错误,中央把1933年苏维埃政府颁发的《怎样分析阶级》《关于土地斗争中一些问题的决定》两个文件,根据新情况修改后重新下发,详细规定了划分成分的具体标准和办法。1947年召开的党的"十二月会议",详细讨论了解放区土改出现的"左"倾错误以及纠正的办法。毛泽东在讲话中对"左"倾错误作了深刻的分析批判,并提出土改中必须注意的两条基本原则:"第一,必须满足贫农和雇农的要求,这是土地改革的最基本的任务;第二,必须坚决地团结中农,不要损害中农的利益。"① 以"十二月会议"为标志,党从理论上、政策上和实践上纠正土改中的"左"倾错误进入实质性的阶段。与此同时,党的土改政策和策略进一步发展、完善。

根据"十二月会议"精神,毛泽东于1948年1月18日起草了《关于目前党的政策中的几个重要问题》的党内指示,其中对土地改革和群众运动的具体政策从12个方面作了说明。主要是:

①批判了"贫雇农打江山坐江山"的错误口号。指出,将贫雇农的利益和贫农团的带头作用放在第一位,不是抛弃中农,由贫雇农包办一切。在乡村,是雇农、贫农、中农和其他劳动人民联合一道,在共产党领导之下"打江山坐江山",而不是单独贫雇农"打江山坐江山"。在全国,是工人,农民(包括新富农),独立工商业者,被反动势力所压迫和损害的中小资本家,学生、教员、教授、一般知识分子,自由职

---

① 《毛泽东选集(第四卷)》,人民出版社,1991,第1251页。

业者，开明绅士，一般公务人员，被压迫的少数民族和海外华侨，联合一道，在工人阶级（经过共产党）的领导之下，"打江山坐江山"，而不是少数人"打江山坐江山"。

②提出对于三种人要避免任何冒险政策。一是必须避免对中农采取任何冒险政策。二是必须避免对中小工商业者采取任何冒险政策。三是对于学生、教员、教授、科学工作者、艺术工作者和一般知识分子，必须避免采取任何冒险政策。对于那些同我党共过患难确有相当贡献的开明绅士，必须分别情况，予以照顾。

③提出四种区别对象。一是必须将新富农和旧富农加以区别，平分土地时，对于老解放区的新富农，照富裕中农待遇，不得本人同意，不能平分其土地。二是对待地主和对待富农必须依照土地法大纲加以区别。三是对大、中、小地主加以区别。四是对地主、富农中的恶霸和非恶霸在平分土地的原则下，加以区别。

④严禁乱杀。极少数真正罪大恶极分子必须经人民法庭认真审讯判决并经一定政府机关（县级或分区一级所组织的委员会）批准枪决，予以公布。必须坚持少杀，严禁乱杀。主张多杀乱杀的意见是完全错误的。①

毛泽东起草的这一党内指示，明确了具体的政策界限，弥补了《中国土地法大纲》中的不足之处，正确指导了已兴起的土改高潮，有力遏止了已经出现的"左"倾的错误做法，对于纠正土改中的"左"倾错误奠定了政策基础。各地在实践上按照中央的政策规定进行大力纠正。

1948年春，党中央、毛泽东接连发布了一系列重要文件、批示、指示，进一步阐述党的土改政策和策略，采取有力措施，继续纠正土改工作中的"左"倾错误。至1948年春夏，各地所发生的"左"倾错误基本得到纠正。

1948年4月1日毛泽东在晋绥干部会议上的讲话，则是对这一时期党的土改工作经验教训的高度总结，是对党的关于土地改革理论、政策、策略的进一步发展和完善。主要包括以下几点。

首先，强调改进党的工作方法。在充分肯定晋绥分局一年来土改工作的成绩及分析出现的"左"倾偏向后，从党的工作方法的高度总结了经验教训，指出："按照实际情况决定工作方针，这是一切共产党员所必须牢牢记住的最基本的工作方法。我们所犯的错误，研究其发生的原因，都是由于我们离开了当时当地的实际情况，主观地决定自己的工作方针。这一点，应当引为全体同志的教训。"②自此，"按照实际情况决定工作方针"的指导思想树立起来，党的工作方法特别是经济工作方法得到改进。

---

① 《毛泽东选集（第四卷）》，人民出版社，1991，第1268-1271页。
② 《毛泽东选集（第四卷）》，人民出版社，1991，第1308页。

其次，强调树立正确的政策观念，批判绝对平均主义。毛泽东指出："我们赞助农民平分土地的要求，是为了便于发动广大的农民群众迅速地消灭封建地主阶级的土地所有制度，并非提倡绝对的平均主义。谁要是提倡绝对的平均主义，那就是错误的。现在农村中流行的一种破坏工商业、在分配土地问题上主张绝对平均主义的思想，它的性质是反动的、落后的、倒退的。我们必须批判这种思想。"① 这就从理论上为土改中的"左"倾错误定了性。

最后，完整地提出了党关于土地改革的总路线和总政策，这就是"依靠贫农，团结中农，有步骤地、有分别地消灭封建剥削制度，发展农业生产"②。这条总路线和总政策，是中国共产党长期领导土地改革的经验总结，它正确地规定了土地改革依靠的力量、团结的力量，明确规定了土改的方法、对象，第一次科学地提出了土改的直接目的，即发展农业生产。这是党第一次从总路线和总政策的高度所作的科学概括，标志着党的土地改革理论和政策的成熟，对当时及今后党的土地改革工作具有重要的指导意义。

在党的正确的路线、方针、政策指导下，党及时纠正了曾一度出现的"左"倾错误，党的土地改革工作全部走上正轨。到1948年10月，大约有1亿人口的解放区进行了土地改革，到1949年10月，约有1.6亿人口的地区完成了土地改革，有1亿左右的贫雇农从地主阶级和旧式富农手里取得了3亿多亩土地。土地改革的进行，为人民解放战争的胜利，为中华人民共和国的建立奠定了坚实的基础。

三、新解放城市经济工作的开展

抗战胜利后的两年间，中国共产党曾占领和接管一些城市。1947年7月人民解放军转入战略进攻后，中国革命进入夺取城市阶段。随着人民解放战争的胜利推进，党占领的城市越来越多。占领和接管城市后，如何管理城市，如何开展城市的经济工作，这对于长期处于农村工作环境的中国共产党来说，无疑是一个新的课题。

（一）解放战争的胜利推进和城市经济工作的新任务

早在抗战后期，毛泽东就要求全党，准备到城市做工作，要学习好如何管理大城市的工商业和交通机关。在党的七大的政治报告中，毛泽东指出："在城市驱逐日本侵略者以后，我们的工作人员，必须迅速学会做城市的经济工作。"③

---

① 《毛泽东选集（第四卷）》，人民出版社，1991，第1314页。
② 《毛泽东选集（第四卷）》，人民出版社，1991，第1314页。
③ 《毛泽东选集（第三卷）》，人民出版社，1991，第1091页。

抗战胜利前后，中共对占领城市及城市工作作了部署。

1945年9月2日，中共中央发出《关于新解放城市中的工作的指示》，要求新解放的城市立即建立县市政权，并尽可能吸收当地的群众领袖、积极分子与进步人士参加；成立人民自卫军，协助军政维持秩序。对敌伪公有财产及大汉奸的企业，应成立统一的接收机关暂行管制，以便研究情况，分别处理，部队机关的各个单位不得乱没收；对于伪币应挤其外流，使用根据地本币；在较大城市中，必要时成立粮食管理机关，召集粮商，研究粮食需要与来源，协助粮运，疏畅粮源；对公用事业及财经机关的原有人员，尽量争取，照常工作；对于税收，除去其苛杂部分外，一般地暂时照旧征收。为解决将来根据地内军火与工业生产的困难，须搬运必需的机器及重要材料到根据地。搬运的原则：估计可以久占的区域不搬；估计难于久占者，属于敌伪公产可以搬运；属私人企业者则购买；英美投资的重要企业（例如开平煤矿）则不应破坏，我所需要之器材应与其洽商或买或捐，不加强迫；搬运器材时，均须与该企业工人商量，听取他们的意见等。①这一指示适合当时的实际，为党的城市工作指明了方向。

正当解放区军民举行全面反攻，收复失地，准备夺取敌占大城市的时候，国民党蒋介石集团却在美国的支持下，抢夺人民抗战胜利果实，迅速占据了几乎全部大城市及主要交通要道。在这种情况下，中国共产党实事求是地改变了原夺取大城市的计划，把工作重心仍放在农村，放在土地改革上，以巩固根据地。

虽然如此，从抗日战争的反攻阶段到抗日战争胜利后的两年间，中国共产党曾占领并管理过张家口、邯郸等几十个城市，并按照党的城市工作的方针政策，在城市中建立革命政权，没收敌伪财产，没收官僚资本，保护民族工商业，依靠工人阶级，恢复和发展城市的生产等，取得一些经验。但是，在这一阶段，从总的情况看，党的注意力偏重战争和农村工作。由于占领的城市不多，有的还难以保住，因此城市工作的方针政策都比较原则化，对于城市工作经验没来得及进行系统总结和及时推广，对部队和机关也没有充分进行城市政策教育和纪律教育，因而在城市工作中也曾出现过一些侵犯工商业、损害工厂设备的"左"的做法和无政府无纪律的现象。"如何去收复城市，收复后又如何管理，这在党内一般是还没有解决的问题。"②城市的经济工作是一项新的任务。

（二）接管石家庄工作经验的总结

1947年7月人民解放军转入战略进攻后，攻克和收复了大批城市，管理城市的任

---

① 中央档案馆编《中共中央文件选集（第十三册）》，中共中央党校出版社，1987，第140-141页。
② 中央档案馆编《中共中央文件选集（第十四册）》，中共中央党校出版社，1987，第43页。

务摆在面前，城市经济工作的重要性也日益突出。在这一形势下，中共开始把注意力转向城市，用很大的精力总结城市工作的经验教训，研究、制定正确的方针政策。

1947年11月，人民解放军攻克华北重镇石家庄。这是人民解放军转入战略进攻后所攻占的第一个敌人设防坚固的大城市。如何接管和管理这座城市，中共中央工作委员会十分重视。中央吸收了收复井陉、阳泉和张家口的经验教训，训令部队及民兵干部，注意保护机器物资及一切建筑物，不准破坏，不准自由抓取物资。但是，主要来自农民的人民军队和地方干部中的一些人，往往还以游击战争的观点和小生产者的眼光来看待城市，把农村工作的一套办法照搬到城市，在收复过程中暴露出一些问题。例如：由于没有进行广泛的宣传教育，仍有不少士兵乱拿东西，还鼓励城市贫民去拿，先是搬取公用物资，后来就抢劫私人财物；太行、五台、晋绥各机关派遣万余人员前来抢购物资，搬拆机器零件；四乡农民也准备进城。这一混乱状况如不立即制止，后果难以想象。中共中央工作委员会及石家庄市政府发现上述情况后，有针对性地采取强硬措施，及时进行了制止。

1948年2月19日，中共中央工作委员会撰写《中共中央工委关于收复石家庄的城市工作经验》，上报中共中央。这些经验主要是：

一是必须明确认识到收复石家庄过程中曾发生的错误的性质，"是一种极左的无政府主义思想，与我们的主张和政策毫无相同之点"，"这种情形，如不立即纠正，让其发展下去是极危险的"。

二是必须明确城市工作的方针，即"我们工作应作长期打算，方针是建设，而不是破坏"。一切入城工作的干部和士兵，"必须保持纯洁与艰苦的作风"。所有缴获物资一律归公；不准私人拿取一点东西，不准制新衣，大吃大喝；由物资委员会统一搜集或购买如鞋、袜、衬衣、牙刷等日用品，有计划地分配，慰劳攻城部队士兵及城市工作人员。

三是由市政府发出布告，除政府及公安局依法逮捕与没收财产外，禁止任何团体和个人没收财产及逮捕殴打任何人。同时政府委派人员组织人民法院，接受人民控诉，惩治罪大恶极的汉奸恶霸。

四是由市政府召集各界座谈会，宣布政策，聘请若干工农商学各界参议员，成立临时参议会，作为市政府咨询机关，并筹备选举正式市人民代表大会。

五是工厂筹备复工或迁移，工会开办工人学校，训练干部；工资一般不能增加，只保证实际工资不继续降低并发给大部实物。[①]

[①] 中央档案馆编《中共中央文件选集（第十四册）》，中共中央党校出版社，1987，第40—43页。

石家庄经验受到中央高度重视。1948年2月25日中共中央发出《关于注意总结城市工作经验的指示》，要求各中央局、分局、前委高度重视石家庄城市工作经验，在攻占城市后，应以管理石家庄的方针及方法为基本方针及方法。指示指出，"多年以来，我们占领了很多城市，有了丰富的经验。但是没有总结，让这些经验埋没，让各种错误的方针及方法反复重犯"，对这一现象进行了批评。为了做好城市工作，中央责成各中央局、分局、前委，对于自己占领的城市，凡有人口5万以上的，要逐一作出简明扼要的工作总结，并限三至四个月内完成，上报中央。[①]

（三）城市工商业政策的制定及完善

由石家庄经验开始，中央以相当大的精力关注城市工作，制定城市工作政策，总结城市工作经验，开展城市经济工作。

中共在制定城市政策时，首先解决的是如何正确对待工商业的问题。1948年2月27日，中共中央发出毛泽东起草的党内指示《关于工商业政策》[②]，明确指出，必须从领导方针和领导方法高度，纠正严重破坏工商业的错误。

在领导方针上，提出"一个预防""两个区别"，即："应当预先防止将农村中斗争地主富农、消灭封建势力的办法错误地应用于城市，将消灭地主富农的封建剥削和保护地主富农经营的工商业严格地加以区别，将发展生产、繁荣经济、公私兼顾、劳资两利的正确方针同片面的、狭隘的、实际上破坏工商业的、损害人民革命事业的所谓拥护工人福利的救济方针严格地加以区别。"应当教育工人群众，决不可只看到眼前的片面的福利而忘记了工人阶级的远大利益；应当引导工人和资本家在当地政府领导下，共同组织生产管理委员会，尽一切努力降低成本，增加生产，便利推销，达到公私兼顾、劳资两利、支援战争的目的。

在领导方法上，要求中央局、分局必须以各种方法同区党委、地委或自己派出的工作团，保持密切的联系；利用报纸作为自己组织和领导工作的重要工具；必须随时掌握工作进程，交流经验，纠正错误；明确划清允许做和不许做的事情的界限，随时提醒下面，使之少犯错误。指示特别强调党的政策对于革命政党和革命群众的实践的重要性。

1948年3月1日，中共中央发出毛泽东起草的党内指示《关于民族资产阶级和开明绅士问题》，强调要争取和团结民族资产阶级的大多数，对其经济地位，"必须在原

---

① 中央档案馆编《中共中央文件选集（第十四册）》，中共中央党校出版社，1987，第52-53页。
② 《毛泽东选集（第四卷）》，人民出版社，1991，第1285-1286页。

则上采取一律保护的政策。否则,我们便要在政治上犯错误"①。

1948年4月5日,人民解放军再度攻克洛阳。4月8日,中共中央及时发出了由毛泽东起草的党内指示《再克洛阳后给洛阳前线指挥部的电报》,全面而详细地规定了党的城市政策:①极谨慎地清理国民党统治机构,只逮捕其中主要反动分子,不要牵连太广。②对于官僚资本要有明确界限,不要将国民党人经营的工商业都叫作官僚资本而加以没收。对于那些查明确实是由国民党中央政府、省政府、县市政府经营的完全官办的工商业,应该确定归民主政府接管营业的原则。但如民主政府一时来不及接管或一时尚无能力接管,则应该暂时委托原管理人负责管理,照常开业,直至民主政府派人接管时为止。对于这些工商业,应该组织工人和技师参加管理。对于著名的国民党大官僚所经营的企业,应该按照上述原则和办法处理。对于小官僚和地主所办的工商业,则不在没收之列。一切民族资产阶级经营的企业,严禁侵犯。③禁止农民团体进城捉拿和斗争地主。④不要轻易提出增加工资减少工时的口号。在战争时期,能够继续生产,能够不减工时,维持原有工资水平,就是好事。将来是否酌量减少工时增加工资,要依据经济情况即企业是否向上发展来决定。⑤不要忙于组织城市人民进行民主改革和生活改善的斗争。⑥有计划地处理粮食和燃料问题,逐步解决贫民的生活问题。不要提"开仓济贫"的口号。⑦国民党员和三青团员,必须妥善地予以清理和登记。⑧一切作长期打算。严禁破坏任何公私生产资料和浪费生活资料,禁止大吃大喝,注意节约。⑨市委书记和市长必须委派懂政策有能力的人担任。②

以上各项政策,不仅适用于洛阳,也基本适用于一切新解放的城市,因此这个电报同时下发给其他前线和其他地区的领导同志。

到1948年下半年,解放战争已发展到夺取大城市的大规模的兵团作战,城市的作用更加重要。可以说,没有城市生产更多的军需产品和日用品来支援战争,没有铁路的运输,战争就不可能取得胜利。在这种情况下,防止破坏城市,破坏工商业,严格遵守党的工商政策,尽快地恢复生产,就显得尤为重要。中共在进一步总结城市工作经验的基础上,创造了"军事管制"的形式。1948年6月10日,中共中央批转东北局《关于保护新收复城市的指示》,决定"在新占领城市实行短期的军事管理制度"③。即在占领城市初期,由攻城部队直接最高指挥机关担任该城的军事管理,所有入城工作的地方党政机关及工作人员,一律听其指挥;组织军事管理委员会,吸收

---

① 《毛泽东选集(第四卷)》,人民出版社,1991,第1289页。
② 《毛泽东选集(第四卷)》,人民出版社,1991,第1323-1325页。
③ 中央档案馆编《中共中央文件选集(第十四册)》,中共中央党校出版社,1987,第170页。

地方党政负责人参加，担负保护新占领城市的全部责任。指示明确规定了攻城、入城部队及后方党、政、军、民机关在爱护城市、保护城市工商业等方面应遵守的事项。军事管制的实行，使城市工商政策的贯彻、落实有了重要的保障。自此以后，新攻占的城市一律实行军事管制。

1949年前后，人民解放军在三大战役中解放了一批大城市，党中央就大城市的特点，进一步就如何在政治上、经济上稳定人心，如何接收官僚资本、保护民族资本、推动私营工厂复工，如何恢复电力、解决金融物价问题、解决税收问题、妥善处理工资问题，等等，发布一系列指示，进一步完善了党的城市经济工作的方针政策。在夺取全国胜利的进程中，党的工作重心开始由农村转向城市，做好城市工作，恢复和发展城市的生产，就成为中国共产党应主要解决的问题。

（四）城市经济工作的开展

在占领和接管城市后，在党的正确领导下，城市的经济工作迅速开展起来。

党在城市的工作，首先是恢复和发展城市的生产。抗战胜利后人民解放军最早解放的一批城市，如烟台、张家口、临沂、长治等，由于日伪的严重破坏，复工生产中遇到许多困难，主要是缺乏资金与原料。中国共产党采取得力措施，如向企业发放没收的日伪财产，发放工商业贷款，帮助企业解决恢复所必需的资金、原料及产品的销路等问题，使经济得到迅速的恢复和发展。如烟台是个拥有近20万人口的城市，在日伪统治下，800家商号倒闭，经济一片萧条，许多工厂基本处于停产状态。烟台解放后，人民政府将过去日伪没收合并的企业，如张裕酿酒公司等的财产发还原主，并明令取消日伪的一切苛捐杂税及统治政策，同时大量发放工商业贷款，为企业的恢复创造条件。另外，政府还为私营工商业调剂原料，推销产品。实施这些措施后，工厂得到迅速恢复。

没收和接管官僚资本，是一项牵动全局、影响深远的重大政策，也是新解放城市经济工作的一项主要任务。抗战胜利后，党主要在华北的一些新解放城市接管了少量的官僚资本。接管中，由于受过去游击战争习惯的影响，打乱、分散资财的现象普遍发生。1948年2月鞍山解放后，没收接管了国民党政府最大的钢铁企业鞍山钢铁公司。当时的做法仍然是将原企业高级管理人员和工程师等400余人撤走，并遣散近千名职工。这种做法不利于城市生产恢复和发展，也不利于社会秩序的恢复。1948年3月攻克洛阳后，毛泽东在给前线指挥部的电报中，阐明了对官僚资本接管的明确界限。11月，解放军攻克了国民党在东北的大本营沈阳，陈云领导接管工作时制定了"各按系统，自上而下，原封不动，先接后分"的原则，禁止乱搬乱调和分散物资。同月，毛泽东在同华北局书记薄一波谈话时指出：接收官僚资本要"原封原样，原封不动"，让他们开工，恢复生产，以后再慢慢来。① 1949年1月天津解放后，中央下达指示：不要打乱企业组织的原有机构，如原来的厂长、矿长、局长及工程师，愿意继续服务者，应令其担任原有职务；对企业中的各种组织及制度，应照旧保持，不应任意改革及宣布废除；旧的实际工资标准和等级及奖励、劳保等制度，亦应照旧，不得取消和任意改订；旧制度中有一部分需要加以改良的，须等到详细研究后，才能提出更合理的改进办法，绝不是草率拟订办法或用老解放区企业中的制度硬套所能改善的。只有如此，接收人员才能保持主动，否则，他们将立即陷于被动。② 1949年4月25日，中共中央在批转华东局拟订的接管江南城市的指示中指出：军管会接收企业、工厂和物资后，应迅速分别交给各适当的负责机关管理和经营，如将市政工业及其他若干工商业交市政府管理经营，其他工商业则组织若干公司来负责经营，否则很难开工营业。③ 总之，严格区分官僚资本界限、不要打乱分散、完整接管、迅速复工，成为党没收官僚资本的基本原则。

在党的正确的方针政策指导下，没收官僚资本的工作有序地进行。党和政府严格地区分官僚资本的界限，对属于国民党各级政府及大官僚经营的一切工厂、银行、铁路、矿山、商店以及其他企业，进行了有准备、有步骤的没收工作。军管会接收企业、工厂和资财后，迅速交给市政府及其组织的公司管理和经营；对于那些人民政府一时来不及收管的或一时尚无能力接管的企业，则暂时委托原管理人负责管理，照常开业，直至人民政府派人接管为止；对于那些原管理人员已逃跑，处于停歇状态的企业，则由工人和技师选出代表，组织管理委员会，然后由政府委任经理和厂长，同工人一起管理经营这些企业。没收工作进展顺利。

1949年上半年，中共中央先后发出《关于接收官僚资本企业的指示》《关于接管江南城市给华东局的指示》《关于接收平津企业经验介绍》等文件，进一步规定了接收官僚资本企业应采取"不要打乱旧机构"和"保持原职原薪制度"的政策，为没收官僚资本后的迅速复工、经营提供了保障。

到1949年年底，人民政府共没收国民党国家垄断资本和私人官僚资本企业2858家，银行系统2400余家，铁路2万多公里，机车4000多台，以及一大批商业企业。没收官僚资本后，党和政府掌握了国家的经济命脉，建立了比较强大的国营经济。

---

① 薄一波：《若干重大决策与事件的回顾（上）》，中共党史出版社，2008，第4页。
② 中央档案馆编《中共中央文件选集（第十四册）》，中共中央党校出版社，1987，第497页。
③ 中央档案馆编《中共中央文件选集（第十八册）》，中共中央党校出版社，1992，第235页。

第四章 扩展（1946—1949）
新民主主义经济理论的发展与经济工作的扩展

保护民族工商业是党在革命过程中长期实行的一项基本的经济政策，是新民主主义三大经济纲领之一。在解放战争中，在没收官僚资本的同时，党和人民政府在新解放城市严格地执行了保护民族工商业的政策。保护民族工商业，从总的方面来看，就是贯彻党的"发展生产、繁荣经济、公私兼顾、劳资两利"的方针。具体来说：

一是保护工商业的财产不受侵犯。在新解放的城市中，曾一度发生侵犯工商业的现象。如进城后，有的机关、部队占用私营企业房屋、仓库；公营企业急于扩大而排斥私营企业；工人急于提高工资，以至于发生斗争资本家的现象；在税收方面打击工商业；土地改革中将地主兼营的工商业也予以没收等。中央发现这些问题后，及时予以纠正，坚决保护工商业的财产不受侵犯，并引导工人和资本家在当地政府领导下，共同组织生产管理委员会，尽一切努力降低成本，增加生产。

二是帮助解决私营企业的困难，鼓励私人经营，适当地照顾私营厂商的利益，对于遭到破坏或营业困难的工厂企业，政府多方扶助，并适当调整公营企业和私营企业的关系，因公营企业处于国民经济的领导地位，对有益于国计民生的私营企业要扶助。在工资政策方面则贯彻"劳资两利"的原则，既反对资本家对工人的过分剥削，又反对忽视工厂具体条件要求过分提高工资的过"左"倾向，既做到工人生活有所改善，又使工商业者有利可图。在党的正确政策的指导下，私营工商业很快得到恢复和发展。1947年11月石家庄解放时，全市仅有私营工业和手工业760多家，一年以后，就发展到1700余家；私人商业则由1500多家发展到2100多家。北京市工业开业户数，1949年比1948年增长60%。绝大多数私营企业获得盈利。

三是引导工商业资本家朝有利于国计民生的方面发展，而限制其不利于国计民生的方面。如提高工业利润，鼓励发展机器制造、纺织、木制、化学等行业；对于烟酒、化妆、迷信品等行业，则在活动范围、税收政策、市场价格等方面采取一定的限制性措施；对于有害的如鸦片烟馆等则予以取缔。另外，要求私人工商业按政府的法令行事，获得正当利润，而不能非法牟取暴利。对于一些投机商人或者买空卖空、扰乱市场者，则要教育甚至打击，以使正当的私人工商业得到有利的发展环境。

四是提倡如公私合营、租赁等多种发展私人工商业的方式。这在东北较早实行。哈尔滨1946年4月解放后，市委发布的关于恢复与发展工商业之具体办法的条文中提出四项办法，包括提倡公私合办，提倡工人分红制，由政府出租工厂机器、组织工人合作经营等。1947年10月中共东北局批准的《东北解放区一九四八年经济建设计划大纲》规定：凡公营工矿业，目前无力经营者，在政府法令规定下，允许长期租给私资经营、私人集股经营或公私合股经营。这些政策规定大大激发了工商业者投资经营的积极性。哈尔滨1946年4月解放时有私营工商业6347家，到1948年6月发展到 26539 家；1946 年有公私合营企业 6 家，1947 年年底增至 23 家；1948 年私营工业中由政府委托加工的有 2790 家。

在党的正确领导下，广大新解放城市的工商业得到迅速恢复与发展，有力地支援了解放战争，改善了人民群众的生活，并为中华人民共和国成立后国民经济的恢复和发展奠定了物质基础。

四、新民主主义经济向全国的推进与经济工作重心转移

在人民解放战争胜利进军的形势下，解放区不断扩大，分散孤立的地区逐渐连接成片，新民主主义的经济也在向全国推进。在这种情况下，党的经济工作由分散向集中统一的领导方式转变，势在必行。党抓紧开展了统一财政经济的工作，以充足的物资支援全国战争，为建立全国政权作了准备。随着大城市的占领，城市已成为夺取全国胜利的桥头堡，党的经济工作重心开始向城市转移。

（一）统一财政经济工作

关于解放区财政经济工作的统一问题，中共中央考虑得较早，从人民解放战争由防御转入进攻前后就开始了准备工作。1947 年 5 月，华北各解放区召开财经工作会议，提出今后要逐步达到各解放区财经工作的统一，并决定成立华北财经办事处，在中央领导下统一规划和规定。华北财经办事处按照统一领导、分散经营的方针，广泛开展调查研究，积极筹备统一货币的工作，同时逐步建立财政管理的各项规章制度，为统一财政金融奠定基础。1947 年 11 月，石家庄解放，把晋察冀和晋冀鲁豫两大解放区连成一片，各区之间的联系日益加强，过去的分割状态已经成为经济发展的障碍。1948 年 5 月，中共中央决定将晋察冀和晋冀鲁豫合并为华北解放区，华北解放区的成立，为财政经济工作的统一创造了条件。

1948 年 7 月初，中央财政经济部成立，董必武任部长，加强了对财经工作的领导，实现了财政工作在组织领导上的统一。9 月，华北人民政府成立后，随即成立华北财经委员会。此后，华北财经委员会相继召开华北工商会议、金融贸易会议，研究解决统一华北各区的货币、物资交流等问题，制定金融、贸易、工商税收等政策，并发出《关于统一华北财政工作的决定》。经过大量艰苦细致的工作，华北解放区的财政经济逐步走向统一。与此同时，其他几个大解放区，如华东、西北等区都相继举行财经会议，统一了各区内部的财经工作。各解放区开始着手财政上的统筹调拨和统一领导，这就为以华北为主全面统一财经工作准备了条件。1948 年 9 月，中央政治局扩大会议就财经统一问题指出，以华北人民政府的财委会统一华北、华东及西北三区的经济、

财政、贸易、金融、交通和军工的可能的和必要的建设工作和行政工作。不是一切都统一，而是可能的又必要的就统一，可能而不必要的不统一，必要而不可能的也暂时不统一。如农业、小手工业等暂时不统一，而金融工作、货币发行就必须先统一。行政上的统一，就是由华北财委会下命令，三区的党、政、军要保障华北财委会统一命令的执行。这就为财经的统一指明了方向。1948年12月，各解放区联合财经会议召开，标志着全解放区的财经工作正式进入全面统一阶段。统一财经的具体工作主要有以下几个方面。

一是财政税收的统一。首先是改革和统一农业税。农业税占解放区财政收入的绝大部分。由于老解放区已经进行了彻底的土地改革，农民获得了土地，生产有一定的发展，华北地区和西北地区遂将原有的"统一累进税制"改变为"比例税制"。1948年12月，华北人民政府公布实施了有免税点的比例税则，规定凡常年产量十市斗之土地为一标准亩，所有农业人口，不分男女老幼，一律扣除一个标准亩，作为免税点，然后按各户的标准亩数征收一定数量的农业税。实行统一累进税制时的许多行之有效的规定，如按常年产量计税和各种优待减免办法等则予以保留。其次是征收各种工商业税，如出入口货物税、酒税、纸烟税、交易费等。随着大城市的相继解放，工商业税收有较大的增长，但在总收入中的比重不高。例如在晋察冀，1948年工商业税仍只占总收入的10%左右。解放区的工商业税比国民党统治区要低得多。解放区的工商业税和农业税一样，也体现了促进发展生产的原则。当然，因战争环境、交通困难，财政税收工作的统一还需要一个过程。

二是金融的统一。各解放区大都建有银行，基本任务是发行货币、扶持生产。但是由于过去处于分割、封锁状态，各解放区发行的货币并不相同，有的一个大解放区就有几种不同的货币。1947年5月，华北财经会议以后，晋察冀边币与冀南币、北海币之间，建立了汇兑关系和兑换所。到1948年，随着解放区的扩大及连接成片，货币的统一成了迫切的需要。根据当时的战争环境和各根据地的具体条件，党和政府并未操之过急，而是采取了逐渐统一的步骤，即先使各大解放区内的货币按固定比价混合流通，然后再逐步统一。如在东北地区，长城币和关东币停止发行，三种货币混合流通，以东北币为主要流通货币，并逐渐收回长城币和关东币。在华北地区，晋察冀边币、冀南币混合流通，晋察冀边币停止发行，以冀南币为主要流通货币。在华东地区，华中币停止发行，统一流通北海币。在西北地区，陕甘宁边币停止发行，以西北农民币为主要流通货币。在中原解放区，统一流通中州币。[①] 各大解放区内货币的统

---

① 李占才主编《中国新民主主义经济史》，安徽教育出版社，1990，第307-308页。

一，是全国货币统一的第一步。1948年12月1日,由华北银行、北海银行、西北农民银行合并而成立的中国人民银行在石家庄宣告成立,并从即日起发行人民币,以此统一解放区的货币,并作为新中国的本位币。在中华人民共和国成立之前,统一各解放区货币工作的主要部分已经完成。与此同时,各解放区组织动员群众,迅速收兑和肃清国民党政权发行的货币,使人民币逐渐占领了货币市场。金融货币的统一,大大促进了经济的发展。

在统一货币过程中,党又制定了以调节货币发行数量为中心的货币政策,做到既保证战争供给的需要、生产建设的需要,又保持币值和物价的稳定。

三是对外贸易工作的统一领导。随着解放战争的胜利推进,所需物资大量增加,对外贸易的统一领导是十分必要的。这时的对外贸易主要是指解放区对国民党统治区的贸易和解放区对外国的贸易。对外贸易的主要任务是推销各种剩余土产,采购各种军用器材、重要的生产资料和一部分民用必需品。高价输出、低价输入,努力争取出超,是对外贸易的基本原则。1948年8月6日,在中共中央批转的华北《金融贸易会议综合报告》中指出,"为着加强对敌经济斗争,我们的对外贸易必须步调一致"[1]。报告提出了"三统一"。一是统一税则税率、共同的进出口计划。二是统一领导。会议决定在天津、济南等地外围,分别成立出入口管理委员会,在中央财经部领导下,吸收各地代表参加,其任务是掌握出入口的政策方针,商讨出入口的共同斗争计划,调解各地区间关于出入口的纠纷。各地区亦各自成立出入口管理委员会或出入口管理局,来统一领导各地区的对敌经济斗争(包括对外贸易、外汇管理及出入口税等)。三是统一军用器材的采购工作,除在天津外围已成立统一的采购公司外,在胶东增设统一的采购委员会,受中央财经部及华东财办的双重领导,统一采购计划和分配采购物资。

1949年年初,由于天津及其他重要港口的解放,许多外国的商业机关和国民党统治区的商业机关恢复和解放区进行贸易,中国共产党为新中国成立后迅速恢复与发展经济,也需要进行这种贸易。1949年2月16日,中共中央作出《关于对外贸易的决定》,提出:立即在天津设立对外贸易局,统一管理华北一切对外贸易事宜;对外贸易应由国家经营和管制,目前国家尚不能经营的某些贸易,可在国家管制下允许私人经营;并对对外贸易的计划、政策、办法作了一系列的规定。所有这些,为中华人民共和国的对外贸易奠定了基础。

(二)经济工作重心的转移

长期以来,中国共产党的工作重点在农村,在农村聚集力量,走农村包围城市、

---

[1] 中央档案馆编《中共中央文件选集(第十四册)》,中共中央党校出版社,1987,第282页。

武装夺取政权的道路。党的经济工作以土地革命和根据地建设为主要内容。1949年前后，人民解放战争进入夺取大城市的阶段。经过辽沈、淮海、平津三大战役，国民党反动政权即将被摧毁，人民革命在全国的胜利已成定局。在这一历史转变的关头，党的工作重心也要随之发生变化。1949年3月5日至13日，中国共产党在河北省平山县的西柏坡村召开了七届二中全会，着重讨论了党的工作重心的战略转移，即由乡村转移到城市的问题。毛泽东在全会的报告中指出："从一九二七年到现在，我们的工作重点是在乡村，在乡村聚集力量，用乡村包围城市，然后取得城市。采取这样一种工作方式的时期现在已经完结。从现在起，开始了由城市到乡村并由城市领导乡村的时期。党的工作重心由乡村移到了城市。"[①] 党的工作重心的转移，也就是党的经济工作重心的转移。七届二中全会在阐明党的工作重心转移到城市的同时，也形成了党的城市经济工作的指导思想。

第一，处理好城乡关系。全会认为，党的工作重心转移到城市后，开始了由城市领导乡村的时期，但是决不可以丢掉乡村，必须城乡兼顾，使城市工作和乡村工作之间、工人和农民之间、工业和农业之间紧密地联系起来。

第二，城市工作的依靠力量。全会指出：我们必须全心全意地依靠工人阶级，团结其他劳动群众，争取知识分子，争取尽可能多的同我们合作的民族资产阶级分子及其代表人物站在我们方面，或者使他们保持中立，以便向帝国主义者、国民党、官僚资产阶级作坚决的斗争，一步一步地去战胜这些敌人。毛泽东批评了那些认为城市工作仅依靠贫农群众或依靠资产阶级的糊涂思想。

第三，全党必须学会管理城市和建设城市。全会认为：必须用极大的努力去学会管理城市和建设城市。从我们接管城市的第一天起，我们的眼睛就要向着这个城市的生产事业的恢复和发展。我们的同志必须用极大的努力去学习生产的技术和管理生产的方法，必须去学习同生产有密切联系的商业工作、银行工作和其他工作。

第四，城市工作必须以生产建设即经济工作为中心。全会指出，城市生产的恢复和发展必须确定：第一是国营工业的生产，第二是私营工业的生产，第三是手工业生产。建设的目的，是将消费的城市变成生产的城市，这样，人民政权才能巩固起来。

第五，城市的其他工作要为生产建设服务。全会强调指出：城市中其他的工作，例如党的组织工作，政权机关的工作，工会的工作，其他各种民众团体的工作，文化教育方面的工作，肃反工作，通讯社、报纸、广播电台的工作，都是围绕着生产建设这一个中心工作并为这个中心工作服务的。

---

① 《毛泽东选集（第四卷）》，人民出版社，1991，第1426-1427页。

七届二中全会为党的经济工作重心的转移指明了方向。全会还为革命胜利后建设新民主主义社会勾画了蓝图,并作出了各项政策规定。这对中国革命在全国的胜利以及新中国的建设事业都具有重要的指导作用。

1949年10月1日中华人民共和国的成立,既是新民主主义革命在全国的胜利,也标志着新民主主义经济在全国的胜利。

第三节　对新中国新民主主义经济模式的构想

党的经济工作的实践发展,促进了党的经济理论和经济政策的发展和完善。在新民主主义革命的胜利进程中,党对新民主主义经济模式进行了不间断的探索,形成了从新民主主义的经济构成框架到新民主主义的经济发展方向的完备的理论形态。

一、中国新民主主义经济模式的探索过程

中国共产党对新民主主义经济模式的理论与实践探索在抗日战争时期就已经开始了。解放战争时期,随着人民解放军由防御转入进攻以及革命战争的胜利发展,党的这一探索也在不断深化。从1947年"十二月会议"开始,经过1948年9月政治局扩大会议、"东北提纲"的提出,以及党的七届二中全会,到中华人民共和国成立前夕,中国人民政治协商会议通过的《共同纲领》,中国新民主主义经济模式的构想最终形成。

(一)1947年12月中央扩大会议

1947年12月25日至28日,中共中央召开扩大会议(即"十二月会议"),为准备夺取全国胜利,制定各项行动纲领。毛泽东在《目前形势和我们的任务》的报告中,提出了著名的新民主主义三大经济纲领,并深刻分析了新民主主义经济的发展前途,形成了新民主主义经济模式的雏形。

关于三大经济纲领,毛泽东指出,没收封建阶级的土地归农民所有,这是中国民主革命的主要任务。毛泽东深刻分析了中国官僚资本主义的产生及其性质,即是"买办的封建的国家垄断资本主义",它"不但压迫工人农民,而且压迫城市小资产阶级,损害中等资产阶级"[①],因此,必须没收官僚资本归新民主主义国家所有。

关于保护民族工商业,毛泽东用了较大篇幅论证其必要性。首先,资本主义经济在新民主主义经济中是不可缺少的一部分。毛泽东指出:"由于中国经济的落后性,

---

① 《毛泽东选集(第四卷)》,人民出版社,1991,第1253-1254页。

广大的上层小资产阶级和中等资产阶级所代表的资本主义经济,即使革命在全国胜利以后,在一个长时期内,还是必须允许它们存在;并且按照国民经济的分工,还需要它们中一切有益于国民经济的部分有一个发展;它们在整个国民经济中,还是不可缺少的一部分。"① 其次,私人资本主义的存在并不危险,因为"革命在全国胜利以后,由于新民主主义国家手里有着从官僚资产阶级接收过来的控制全国经济命脉的巨大的国家企业,又有从封建制度解放出来、虽则在一个颇长时间内在基本上仍然是分散的个体的、但是在将来可以逐步地引向合作社方向发展的农业经济,在这些条件下,这种小的和中等的资本主义成分,其存在和发展,并没有什么危险"②。最后,对于民族资产阶级"必须坚决地毫不犹豫地给以保护"③。

由此,毛泽东提出了新中国经济的构成:①国营经济,这是领导的成分;②由个体逐步地向着集体方向发展的农业经济;③独立小工商业者的经济和小的、中等的私人资本经济。④ 在这里,毛泽东将掌握国家经济命脉的国营经济放在第一位,并突出它的领导地位;个体农业逐渐向集体化方向发展,这是新民主主义经济的重要组成部分;允许中小私人资本主义经济的存在和发展,这对新民主主义经济发展是不可缺少的。这三个方面组成了新民主主义经济,这是新民主主义经济模式的雏形。

党的"十二月会议"后,毛泽东于1948年2月15日发表《中国的社会经济形态、阶级关系和人民民主革命》一文,进一步从理论的高度,分析了中国的社会经济形态自鸦片战争以来的发展演变,指出:"在目前整个中国社会经济中,一方面,存在着外国帝国主义的经济,本国封建主义的经济、官僚资本主义的经济和自由资本主义的经济,这些就是旧中国的社会经济形态;另一方面,存在着新式的国家经济、被解放了的农民和小生产者的经济和在新民主国家指导下的私人资本主义经济,这些就是新中国的社会经济形态。"⑤ 而旧中国半殖民地半封建的经济形态,长期以来占据优势,但现在正被新民主主义的经济形态迅速代替。"中国现阶段的人民民主革命的任务,就是要改变旧的社会经济形态、旧的生产关系以及竖立在其上面的一切社会的、政治的、精神的旧的建筑物,建立新的社会经济形态、新的生产关系以及竖立在其上面的一切社会的、政治的、精神的新的建筑物。我们的基本任务,就是如此。"⑥ 毛泽东的这一论述,对于中

---

① 《毛泽东选集(第四卷)》,人民出版社,1991,第1254–1255页。
② 《毛泽东选集(第四卷)》,人民出版社,1991,第1255页。
③ 《毛泽东选集(第四卷)》,人民出版社,1991,第1254页。
④ 《毛泽东选集(第四卷)》,人民出版社,1991,第1255页。
⑤ 中共中央文献研究室编《毛泽东文集(第五卷)》,人民出版社,1996,第57页。
⑥ 中共中央文献研究室编《毛泽东文集(第五卷)》,人民出版社,1996,第58页。

国共产党人进一步认识和探索新民主主义经济模式奠定了理论基础。

（二）1948年9月中央政治局扩大会议

1948年9月，中共中央召开了政治局扩大会议，毛泽东在《在中共中央政治局扩大会议上的报告和结论》中，进一步说明了在新民主主义经济中起决定作用的国营经济、公营经济的社会主义性质。这是对新民主主义经济模式理论的重大发展。

毛泽东在论述国营经济、公营经济的社会主义性质时，是从政治和经济两个层面来说明的。

在政治上，毛泽东指出：在打倒帝国主义、封建主义和官僚资本主义的反动专政后，新政权的阶级性质是"无产阶级领导的，以工农联盟为基础，但不是仅仅工农，还有资产阶级民主分子参加的人民民主专政"[1]。在这样的政权下，"在我们社会经济中起决定作用的东西是国营经济、公营经济，这个国家是无产阶级领导的，所以这些经济都是社会主义性质的"[2]。也就是说，新民主主义政权的性质，决定了国营经济和公营经济的社会主义性质。"我们国营经济、公营经济，在数量上较小，但它是起决定作用的。我们的社会经济的名字还是叫'新民主主义经济'好。"[3]

国营经济是通过没收官僚资本而来的，"只要一没收，它们就属于社会主义部分"[4]。这就是说，没收而来的官僚资本已经属于新民主主义国家全民所有了。从所有制上看，它是属于社会主义性质的。

毛泽东还指出了合作社的性质："农民在土地革命后搞合作社，要看在谁的领导之下：在资产阶级领导之下，就是资本主义的；在无产阶级领导之下，就是社会主义的"，"当然，今天我们农村的合作社，是个体农民在私有财产基础上组织的合作社，不完全是社会主义的，但它带有社会主义性质，是走向社会主义的。合作社和国营企业不同，国营企业是完全社会主义性质的，它不带资本主义性"[5]。

同时，毛泽东指出：从整体来看，新民主主义经济并不完全等同于社会主义经济，它是"社会主义经济领导之下的经济体系"，我们要"完成新民主主义到社会主义的过渡的准备"，"努力发展经济，由发展新民主主义经济过渡到社会主义"[6]。初步指出了新民主主义经济的过渡性。

---

[1] 中共中央文献研究室编《毛泽东文集（第五卷）》，人民出版社，1996，第135页。
[2] 中共中央文献研究室编《毛泽东文集（第五卷）》，人民出版社，1996，第139页。
[3] 中共中央文献研究室编《毛泽东文集（第五卷）》，人民出版社，1996，第139页。
[4] 中共中央文献研究室编《毛泽东文集（第五卷）》，人民出版社，1996，第140页。
[5] 中共中央文献研究室编《毛泽东文集（第五卷）》，人民出版社，1996，第140-141页。
[6] 中共中央文献研究室编《毛泽东文集（第五卷）》，人民出版社，1996，第141、146页。

这次会议从理论上论证了国营经济、公营经济的社会主义性质，并从理论上探讨了其性质的依据，从本质上说明了新民主主义国营经济姓"社"不姓"资"，为党的新民主主义经济理论发展和对新民主主义经济模式的进一步探索奠定了理论基础。

（三）"东北提纲"

"东北提纲"即1948年9月15日在东北局高干会议上提出的《关于东北经济构成及经济建设基本方针的提纲》，该提纲于11月6日经中央修改后作为各解放区经济建设的方针，分发全国各解放区，并印成小册子在党内及工人群众中进行教育。

由于抗战胜利后，中国共产党成功地实施了向北发展、向南防御的部署及争夺东北的战略方针，除了几个大城市外，东北基本控制在中国共产党领导的人民军队手里。因此，东北解放区无论是农村的土地改革还是城市经济工作的开展，都进行得比较彻底。东北的国民经济，在彻底消灭封建主义、官僚资本主义及取消帝国主义在东北的经济特权以后，即已成为完全的新民主主义的国民经济。因此，分析东北新民主主义经济的成分及其构成，认识其特点、性质，并提出基本的经济建设方针，以为全国新民主主义经济的发展提供经验，既是必须的，也是可能的。在这一情况下，"东北提纲"应运而生。

"东北提纲"根据东北新民主主义的国民经济状况，提出了新民主主义经济主要由五种成分所构成，这就是："（一）国营经济；（二）合作社经济；（三）国家资本主义经济；（四）私人资本主义经济；（五）小的商品经济及半自然经济。"提纲指出："正确地认识这五种经济成份[分]的社会性质及其相互间的矛盾，并认识每一种经济成份[分]在新民主主义的国民经济中所占的地位及其发展的趋向，乃是正确地决定我们经济政策的出发点与基础。也只有从此出发，我们才能在经济战线上把握住正确的路线，实现无产阶级对于国民经济建设的正确领导。"①

这是一个较完整的新民主主义经济模式的构想。与上述党的"十二月会议"提出的经济模式比较，这一模式中的经济构成更加丰富，除了国营经济、私人资本主义经济外，增加了国家资本主义经济，并将合作社经济与小商品经济及半自然经济划分开来，成为两种独立经济形式。这就使新民主主义经济具备了五种经济成分，形成了新民主主义经济模式的完备形态。

由于东北解放区比较早地提倡并采取租赁制、加工制等国家资本主义形式，实践的结果，"这种经济形式，是私人资本主义经济中最有利于新民主主义的一种形式"，因此，"我们应该有意识地承认'国家资本主义'这个经济范畴，有意识地加以提倡

---

① 中央档案馆编《中共中央文件选集（第十四册）》，中共中央党校出版社，1987，第389页。

和组织"。① 而在东北农村中，已经部分地出现了农业生产中的劳动互助组织，城市开始出现手工业合作社。但还存在许多问题，应该有步骤地加以引导。小商品经济及半自然经济主要是指小农经济，在数量上还占优势，经过较长时间的教育与斗争，可以向社会主义方向发展。因此，"东北提纲"提出国家资本主义经济形式与小商品经济及半自然经济形式，是对东北解放区新民主主义经济实践的总结。

"东北提纲"认为，五种经济成分都应加以发展，但是在发展中，在经济政策上，必须实行一条明确的无产阶级的领导路线，这条路线就是："以发展国营经济为主体，普遍地发展并紧紧地依靠人民群众的合作社经济，扶助与改造小的商品经济及自然的与半自然的经济，使之向合作社方向发展，容许私人资本主义经济，鼓励国家资本主义经济，防止与反对商人的资本主义经济所固有的投机性与破坏性，禁止与打击一切有害于国计民生的和投机操纵的经营。"提纲指出：只有实行这条路线，才能顺利地发展新民主主义经济，加强新民主主义经济中的社会主义成分，并为整个国民经济的发展开辟道路，以便将来能够顺利地、不流血地过渡到社会主义。②

"东北提纲"构建了完整的新民主主义经济模式理论，是党的新民主主义经济理论发展和对新民主主义经济模式探索的重要里程碑。

（四）七届二中全会

1949年3月5日至13日，中国共产党在河北省平山县的西柏坡村召开了七届二中全会。毛泽东在会议上所作的报告，提出了促进革命迅速取得全国胜利和组织这个胜利的各项方针。在经济上，着重分析了当时中国经济各种成分的状况，和党所必须采取的政策，指出了中国由农业国转变为工业国、由新民主主义社会转变为社会主义社会的发展方向。

报告对中国新民主主义经济模式进行了进一步的探索。一是强调了无产阶级及其政党的先进性，对中国革命和新民主主义经济的领导作用和地位。二是进一步强调国营经济在整个国民经济中的领导地位，进一步明确"这一部分经济，是社会主义性质的经济，不是资本主义性质的经济"。三是阐述了对私人资本主义要采取利用和限制的双重政策。毛泽东指出，在革命胜利以后一个相当长的时期内，还需要尽可能地利用城乡私人资本主义的积极性，以利于国民经济的向前发展。"但是中国资本主义的存在和发展，不是如同资本主义国家那样不受限制任其泛滥的。它将从几个方面被限制——在活动范围方面，在税收政策方面，在市场价格方面，在劳动条件方面。我们

---

① 中央档案馆编《中共中央文件选集（第十四册）》，中共中央党校出版社，1987，第402页。
② 中央档案馆编《中共中央文件选集（第十四册）》，中共中央党校出版社，1987，第409–410页。

要从各方面,按照各地、各业和各个时期的具体情况,对于资本主义采取恰如其分的有伸缩性的限制政策。"四是对占国民经济总产值百分之九十的分散的个体的农业经济和手工业经济,"必须谨慎地、逐步地而又积极地引导它们向着现代化和集体化的方向发展"。不如此,"就不可能由新民主主义社会发展到将来的社会主义社会,就不可能巩固无产阶级在国家政权中的领导权"。①

通过上述分析和论述,毛泽东勾画了一个比较完整的新民主主义经济模式,即"国营经济是社会主义性质的,合作社经济是半社会主义性质的,加上私人资本主义,加上个体经济,加上国家和私人合作的国家资本主义经济,这些就是人民共和国的几种主要的经济成分,这些就构成新民主主义的经济形态"②。

七届二中全会对新民主主义经济模式构想的发展,主要表现在:一是不仅强调了国营经济的社会主义性质,而且明确指出了合作社经济的半社会主义性质,这就使五种经济成分中的社会主义因素增加了。二是明确了对私人资本主义采取利用和限制的政策。三是明确了"由新民主主义社会发展到将来的社会主义社会"的方向。

(五)《共同纲领》

1949年9月29日,中国人民政治协商会议第一届全体会议通过《中国人民政治协商会议共同纲领》(以下简称《共同纲领》),在其第四章中,全面阐述了中华人民共和国的经济政策,正式形成了新民主主义经济模式的构想。

《共同纲领》规定了中华人民共和国经济建设的根本方针,这就是"以公私兼顾、劳资两利、城乡互助、内外交流的政策,达到发展生产、繁荣经济之目的。国家应在经营范围、原料供给、销售市场、劳动条件、技术设备、财政政策、金融政策等方面,调剂国营经济、合作社经济、农民和手工业者的个体经济、私人资本主义经济和国家资本主义经济,使各种社会经济成分在国营经济领导之下,分工合作,各得其所,以促进整个社会经济的发展"③。

这里所说的五种经济成分"在国营经济领导之下,分工合作,各得其所",就是新民主主义经济模式的完整蓝图。

《共同纲领》分别对五种经济成分的性质和政府对其政策作了明确的规定。国营经济是社会主义性质的经济。凡属有关国家经济命脉和足以操纵国民生计的事业,均应由国家统一经营。凡属国有的资源和企业,均为全体人民的公共财产,为人民共和

---

① 《毛泽东选集(第四卷)》,人民出版社,1991,第1431-1432页。
② 《毛泽东选集(第四卷)》,人民出版社,1991,第1433页。
③ 中央档案馆编《中共中央文件选集(第十四册)》,中共中央党校出版社,1987,第737页。

国发展生产、繁荣经济的主要物质基础和整个社会经济的领导力量。合作社经济是半社会主义性质的经济，为整个人民经济的一个重要组成部分。人民政府应扶助其发展，并给以优待。凡有利于国计民生的私营经济事业，人民政府应鼓励其经营的积极性，并扶助其发展。国家资本与私人资本合作的经济为国家资本主义性质的经济。在必要和可能的条件下，应鼓励私人资本向国家资本主义方向发展，例如为国家企业加工，或与国家合营，或用租借形式经营国家的企业，开发国家的富源等。人民政府应组织农民及一切可以从事农业的劳动力以发展农业生产及其副业为中心任务，并应引导农民逐步地按照自愿和互利的原则，组织各种形式的劳动互助和生产合作。

《共同纲领》还对发展工业、交通、商业、财政、金融等方面，一一作了政策性规定。

由于《共同纲领》在中华人民共和国成立初期起临时宪法作用，因此，新民主主义经济模式构想的实施，也就具备了法律保证。《共同纲领》的规定，标志着新民主主义经济模式构想的正式确立。

二、中国新民主主义经济模式的内容

中国共产党运用马克思主义的基本原理，结合中国特殊国情，探索了中国新民主主义的经济模式。这一模式探索的过程，也就是对其内容不断发展的过程。从新民主主义经济模式构想的基本出发点，到对五种经济形态的分析，至新民主主义经济的发展方向，其内容十分丰富。

（一）经济模式构想的基本出发点

中国共产党探索中国新民主主义经济模式的基本出发点，是中国半殖民地半封建的国情，以及在这一特殊国情基础上形成的中国特定的经济状况。

毛泽东在七届二中全会的报告中，明确指出了中国的经济状况，这就是："中国的工业和农业在国民经济中的比重，就全国范围来说，在抗日战争以前，大约是现代性的工业占百分之十左右，农业和手工业占百分之九十左右。"毛泽东指出："这是帝国主义制度和封建制度压迫中国的结果，这是旧中国半殖民地和半封建社会性质在经济上的表现，这也是在中国革命的时期内和在革命胜利以后一个相当长的时期内一切问题的基本出发点。"[①]

中国"现代性的工业占百分之十左右，农业和手工业占百分之九十左右"的基本国情，就是新民主主义经济模式构想的基本出发点。

从中国现代性工业占国民经济百分之十左右这一点出发，毛泽东论证了国营经济

---

① 《毛泽东选集（第四卷）》，人民出版社，1991，第1430页。

在整个国民经济中的领导作用。虽然现代工业占的比重小,但是它集中在帝国主义者和官僚资产阶级的手里。"没收这些资本归无产阶级领导的人民共和国所有,就使人民共和国掌握了国家的经济命脉,使国营经济成为整个国民经济的领导成分。"① 这一部分经济,就成为社会主义性质的经济,而不是资本主义性质的经济。谁要是忽视或轻视了这一点,谁就要犯右倾机会主义的错误。

在百分之十的现代工业中,私人资本主义工业占了现代性工业中的第二位,是一个不可忽视的力量。毛泽东从民族资产阶级所处的地位、政治态度以及中国的经济状况出发,阐述了在革命胜利以后一个相当长的时期内,还需要其存在和发展,同时又要对其加以一定的限制,但决不可以限制得太大太死。对于私人资本主义采取限制政策,必然要遇到资产阶级在各种程度和各种方式上的反抗,因此"限制和反限制,将是新民主主义国家内部阶级斗争的主要形式"②。毛泽东指出:如果认为我们现在不要限制资本主义,这是完全错误的,这就是右倾机会主义的观点。但是反过来,如果认为应当对私人资本限制得太大太死,或者认为简直可以很快地消灭私人资本,这也是完全错误的,这就是"左"倾机会主义或冒险主义的观点。

从个体农业和手工业经济占国民经济百分之九十左右这一点出发,毛泽东论证了这一落后的经济形态还将存在相当长的一个时期。"在今天,在今后一个相当长的时期内,我们的农业和手工业,就其基本形态说来,还是和还将是分散的和个体的,即是说,同古代近似的。"③ 毛泽东强调:谁要是忽视或轻视了这一点,谁就要犯"左"倾机会主义的错误。

同时,毛泽东指出:"占国民经济总产值百分之九十的分散的个体的农业经济和手工业经济,是可能和必须谨慎地、逐步地而又积极地引导它们向着现代化和集体化的方向发展的,任其自流的观点是错误的。"④ 单有国营经济而没有合作社经济,我们就不可能领导劳动人民的个体经济逐步地走向集体化,就不可能由新民主主义社会发展到将来的社会主义社会,就不可能巩固无产阶级在国家政权中的领导权。谁要是忽视或轻视了这一点,谁也就要犯绝大的错误。

正是由这一基本的国情出发,毛泽东提出了国营经济、合作社经济、私人资本主义经济、个体经济,以及国家资本主义经济,"这些就是人民共和国的几种主要的经

---

① 《毛泽东选集(第四卷)》,人民出版社,1991,第 1431 页。
② 《毛泽东选集(第四卷)》,人民出版社,1991,第 1432 页。
③ 《毛泽东选集(第四卷)》,人民出版社,1991,第 1430-1431 页。
④ 《毛泽东选集(第四卷)》,人民出版社,1991,第 1432 页。

济成分,这些就构成新民主主义的经济形态"①。

(二)五种经济成分并存的新民主主义经济形态

五种经济成分并存的新民主主义经济形态,包括国营经济、合作社经济、个体农业和个体手工业经济、私人资本主义经济和国家资本主义经济。完整地提出五种经济形态是在"东北提纲"中,经过七届二中全会再到《共同纲领》,对这一经济形态的理论分析和政策性的规定趋于完备。

关于国营经济,通过没收官僚资本归新民主主义国家所有而形成的国营经济,虽然在国民经济中所占比例不大,但已掌握了国家的经济命脉,在国民经济中居领导地位。无产阶级领导的人民共和国所经营的这种经济,已经是社会主义性质的经济。国营经济"是城市无产阶级和乡村农民在经济上结成经济联盟的依据,是新民主主义政治的主要的经济基础,是新民主主义经济的主要的支柱,是新民主主义国家实行国民经济的计划性和无产阶级在经济战线上反对投机操纵,和资本主义进行经济竞争的最有力的武器",应该"把它放在国民经济建设的最主要的地位"。②

合作社经济是半社会主义性质的经济,是整个国民经济的重要组成部分。合作社有生产的、消费的和信用的合作社,"这种合作社是以私有制为基础的在无产阶级领导的国家政权管理之下的劳动人民群众的集体经济组织","单有国营经济而没有合作社经济,我们就不可能领导劳动人民的个体经济逐步地走向集体化,就不可能由新民主主义社会发展到将来的社会主义社会"。③国家应扶持合作社经济的发展。

个体农业和个体手工业经济,应谨慎地、逐步地而又积极地引导它们向着现代化和集体化方向发展。按自愿和互利的原则组织各种形式的劳动互助和生产合作,使其向社会主义方向发展。

私人资本主义经济,是一支不可忽视的力量。"在革命胜利以后一个相当长的时期内,还需要尽可能地利用城乡私人资本主义的积极性,以利于国民经济的向前发展","但是中国资本主义的存在和发展,不是如同资本主义国家那样不受限制任其泛滥的",应"采取恰如其分的有伸缩性的限制政策"。④"凡有利于国计民生的私营经济事业,人民政府应鼓励其经营的积极性,并扶助其发展。"⑤

国家资本与私人资本合作的经济称为国家资本主义性质的经济。国家资本主义经

---

① 《毛泽东选集(第四卷)》,人民出版社,1991,第1433页。
② 中央档案馆编《中共中央文件选集(第十四册)》,中共中央党校出版社,1987,第389–390页。
③ 《毛泽东选集(第四卷)》,人民出版社,1991,第1432页。
④ 《毛泽东选集(第四卷)》,人民出版社,1991,第1431页。
⑤ 中央档案馆编《中共中央文件选集(第十四册)》,中共中央党校出版社,1987,第738页。

济的形式有出租制、加工制、订货制等。国家与资本家订立合同，国家提供一定的条件，资本家在生产或交换活动中获取一定的利润。这样就把私人资本置于国家的管理和监督之下，使之成为国民经济计划有机的一部分。"这种经济形式，是私人资本主义经济中最有利于新民主主义的一种形式"，"在新民主主义经济中，这应该成为私人资本主义发展中的有利的方向"。①

五种经济成分并存的经济形态，既有社会主义性质的公有制经济，具领导因素，起决定作用，又有其他多种性质的经济成分，在很长时间内可以并存和共同发展，以促进国民经济的整体发展。这样的一种经济形态，是前人从未提出过的创造性的构想。它既不同于苏联的社会主义经济，更不同于英美的资本主义经济。它是产生于中国半殖民地半封建的经济基础上的，向着社会主义经济方向发展的过渡阶段的经济制度，是符合中国实际、有利于社会生产力发展的经济制度，是中国由农业国转变为工业国的必经之路。

（三）由农业国转变为工业国的发展方向

改变中国半殖民地半封建的落后状况，将中国由一个落后的农业国转变为一个先进的工业国，这是中国共产党领导中国人民革命奋斗的根本目的。党的七届二中全会在论述了中国的经济状况以及新民主主义经济模式后，明确指出了"使中国稳步地由农业国转变为工业国，把中国建设成一个伟大的社会主义国家"②的目标。

由于中国没有经历过资本主义的独立发展阶段，社会生产力十分低下。半殖民地半封建的社会经济基础，使中国的现代工业只占整个国民经济的百分之十，而分散落后的农业和手工业经济却占到百分之九十。在这种情况下，革命胜利后如何由一个落后的农业国发展为一个先进的工业国？中国共产党创立的新民主主义的经济模式，是中国由农业国转变为工业国的必经之路。

中国新民主主义经济模式，是在用革命的方式推翻了旧有的生产关系后而建立的新型的生产关系。从本质上看，这一新型的生产关系，"使全国一切积极的生产力获得向上发展的可能，替未来的更进步的更能自由地发展生产力的社会主义社会准备条件"③。这就是说，新民主主义的经济制度，为生产力的发展创造了条件，开辟了道路。而由农业国向工业国发展，又是生产力发展的基本规律。

新民主主义经济模式自身的规定性，又决定了中国由农业国向工业国发展的方向

---

① 中央档案馆编《中共中央文件选集（第十四册）》，中共中央党校出版社，1987，第402页。
② 《毛泽东选集（第四卷）》，人民出版社，1991，第1437页。
③ 中共中央文献研究室编《毛泽东文集（第五卷）》，人民出版社，1996，第61页。

性。在新民主主义经济模式里，国营经济虽然在数量上所占比例较小，却代表了中国最先进的生产力，是整个国民经济的领导力量。新民主主义国家将发展国营经济放在第一位，大力发展。《共同纲领》规定，以有计划有步骤地恢复和发展重工业为重点，"以创立国家工业化的基础"[①]。国营经济的发展壮大，是中国由农业国转变为工业国的基础和支柱。

合作社经济是国营经济的"最可靠的和有力的助手"，是"经济上的同盟军"[②]，而国营经济也是合作社经济最有力的领导力量，合作社和国营经济的紧密关系，决定了其现代化的发展方向。

私人资本主义的工业，占了现代工业中的第二位，也是中国先进生产力的组成部分。新民主主义国家允许其有利于国计民生的方面存在和发展，这是中国由农业国转变为工业国的重要力量。

个体农业和个体手工业经济占百分之九十，如何对待这部分经济成分，是中国由农业国转变为工业国的关键。首先，通过土地改革，实现了耕者有其田，广大农民获得土地后，大大激发了生产积极性，农业生产发展了，农民的生活得到改善，购买力随之提高，工业品的消费也就会增加，进一步促进工业的发展。其次，在新民主主义经济模式里，个体农业和个体手工业经济的发展方向是现代化和集体化，这不仅将使生产力大为提高，而且将为工业化提供广阔的市场。广大的个体农业和个体手工业经济的发展，为国家的工业化创造了必要的条件。

国家资本主义经济是无产阶级领导的国家资本和私人资本之间的某种形式的联合。这种经济形式去掉了私人经济的盲目性，从国家的需要出发，在国家的管理和监督之下为国家服务，已经成为国民经济建设计划的有机的一部分。国家资本主义同样是工业化方向的重要力量。

总之，新民主主义经济模式的构想，规定了中国由农业国转变为工业国的发展方向，而1949年10月1日中华人民共和国成立，则使这一模式的构想变为实践。中国共产党领导全国人民，开始了将中国由农业国转变为工业国的新的历史征程。

第四节　扩展阶段经济理论探索与经济工作实践的特点与经验

解放战争虽然只有短短的四年时间，但是，由于国内政治形势风云变幻，中国共产党和中国人民经历了由民族解放战争到全国解放战争、再到夺取全国胜利的革命转

[①] 中央档案馆编《中共中央文件选集（第十四册）》，中共中央党校出版社，1987，第739页。
[②] 中央档案馆编《中共中央文件选集（第十四册）》，中共中央党校出版社，1987，第401页。

变，党的经济理论和经济工作也随着形势的变化而不断发展、前进，由此形成了这一时期的特点和经验。

一、扩展阶段战时经济工作的特点

战争时期经济工作最大的特点，是解决好战争与生产的关系。打仗需要有物资作基础，后勤为保障，这就必须发展解放区的生产，以生产服务于战争，而解放区生产的发展又与解放区的巩固有关，这就有赖于战争的胜利进展，以作保障。在这方面，中国共产党积累了可贵的经验。

（一）发挥群众运动的优势和特点

在长期的革命斗争中，中国共产党创立了群众路线的工作方法，即从群众中来，到群众中去，一切依靠群众，一切为了群众。解放战争时期，中国共产党和人民军队已经得到很大的发展，党更具备了充分发动群众、依靠群众运动开展经济工作的条件。

发挥群众运动的优势和特点来开展党的经济工作，主要表现在解放区的土地改革上。每一阶段的土地改革，党都充分发动群众，依靠群众，使之形成大规模的群众运动，成为广大群众的自觉斗争，通过群众运动，使农民自身获得解放。毛泽东在1945年11月7日发出的党内指示指出："减租必须是群众斗争的结果，不能是政府恩赐的。这是减租成败的关键。"[①] 这说明了土地改革中群众运动的重要性。群众运动的优势和特点主要表现在以下几个方面。

一是群众参与性强，参与面广。由于土地改革是要改变千百年来的封建土地剥削制度，打碎套在农民身上的枷锁，是关系到广大农民经济上翻身、政治上解放的大问题，因此，经过发动和政策的宣传教育后，广大群众压抑多年的怒火喷发出来，积极参与各种斗争。如1945年冬至1946年春开展的反奸清算斗争，各老抗日根据地派出大批干部赴新解放区，放手发动新解放区的群众，开展斗争。各新解放区群众积极参与，在斗争中表现出极大的革命热忱。在反奸清算运动中，群众既是参与者，也是受教育者。通过控诉，群众的觉悟迅速提高，斗争朝着清算汉奸、恶霸地主的土地财产和分配日伪土地方向发展。《中国土地法大纲》颁布后，东北嫩江省（1949年并入黑龙江省）从1947年12月开始，不到一个月，即发动全省人口的四分之三，80%以上的村庄和贫雇农卷入了斗争。

二是声势浩大，对敌震慑力强。在反奸清算斗争中，由于那些大汉奸、恶霸危害

---

① 《毛泽东选集（第四卷）》，人民出版社，1991，第1173页。

深、涉及面广，斗争从一开始就具有广大群众性，声势浩大。华中区 1946 年年初一个半月就有 40 万群众参加斗争。只江苏淮安市就有 3 万群众参与控诉公审两名大汉奸。减租减息开展后，往往是几十个村联合起来对大地主进行说理斗争，形成了一场村与村联合、城乡联合、各阶层联合的群众运动。《五四指示》下达后，东北解放区在两个月内就有 12000 名干部下乡，掀起轰轰烈烈的土地改革运动。通过斗争，农民群众扬眉吐气，汉奸恶霸、地主阶级受到沉重打击。

三是斗争彻底，见效快。无论是反奸清算、减租减息，还是直接没收地主土地分配给无地少地的农民，群众性的斗争都进行得很彻底，农民得到了看得见的物质利益，如土地、财物等。如清算斗争，农民采取算账的办法，即用清算租息，清算额外剥削（如大斗进小斗出），清算无偿劳役，清算转嫁负担，清算霸占吞食，清算人权侮辱等，使地主的土地在偿还积债、赔偿损失的名义下，转移到农民手里，达到耕者有其田的目的。《中国土地法大纲》颁布后，各根据地普遍施行没收地主土地，按人口平分土地。土地改革后农民焕发了空前的生产、参军、参战、支前的积极性，发展了生产，巩固了根据地，有力支持了解放战争的胜利。

（二）经济工作适应于战争的需要

解放战争时期是关于中国前途和命运的决战时期。人民解放战争的胜利推进，需要后勤物资作保障。整个解放战争时期，党的经济工作和战争的需要紧紧联系在一起，进入战时经济状态，以土地改革为战争打下物质基础，以生产支援前线。

抗战一胜利，中国共产党一方面力争和平民主局面的形成，一方面作好国民党发动内战的准备。为了粉碎国民党的进攻，以自卫战争保卫解放区，党中央决定在解放区开展减租和生产运动，并把减租和生产作为保卫解放区的两件大事向党内发布指示，指出："只有减租和生产两件大事办好了，才能克服困难，援助战争，取得胜利。"①1945 年 12 月 15 日发布的《一九四六年解放区工作的方针》关于生产一项指出："各地立即准备一切，务使一九四六年我全解放区的公私生产超过以前任何一年的规模和成绩"，"减租和生产两大任务是否能够完成，将最后地决定解放区政治军事斗争的胜负，各地切不可疏忽"。②以减租促进生产，以生产支援前线。从 1945 年年底到 1946 年春，各新老解放区投入大量人力物力，采取一系列重大措施，在减租基础上大力开展生产运动。各级政府积极引导农民发展农村变工队、互助组等组织，及时发放农业和工业贷款，以恢复和发展解放区的生产。生产运动的开展，使解放区的工农业

---

① 《毛泽东选集（第四卷）》，人民出版社，1991，第 1172 页。
② 《毛泽东选集（第四卷）》，人民出版社，1991，第 1175-1176 页。

生产得到恢复和发展，为人民解放军进行防御作战提供了一定的物质基础。

全面内战爆发后，为巩固新解放区，必须作持久打算，支持长期战争，解放区各级政府根据中共中央关于"发展生产，保障供给，集中领导，分散经营，军民兼顾，公私兼顾"的财经工作方针，对财经工作实行由和平建设体制到战时经济体制的转变，做到既满足战争的物资需求，又尽可能地减轻人民的负担，使人民生活有所改善。在农村则贯彻《五四指示》，发动群众，开展土地改革，恢复发展生产，自力更生，支援战争。

1947年7月人民解放军由防御转入进攻。全国性的反攻开始后不久，中国共产党立即召开土地工作会议，制定并通过《中国土地法大纲》，进行彻底的土地改革。1947年9月1日，毛泽东起草的《解放战争第二年的战略方针》中指出："在一切新老解放区必须坚决实行土地改革（这是支持长期战争取得全国胜利的最基本条件），发展生产，厉行节约，加强军事工业的建设，一切为了前线的胜利。"[①] 从1947年年底到1948年春，解放区进行了轰轰烈烈的土地改革运动，从人力、物力等各方面支持解放战争的发展。

减租、生产和土地改革运动推动了解放区经济的发展，保证了人民解放军军需物资的供应。解放区的土地改革，使广大翻身农民获得了自己的土地，生产积极性大大提高。在生产运动中，大量增加了粮食、棉花及其他农产品的种植，大力恢复纺织业和其他手工业，有重点地恢复建设机器工业、矿业，有力地推动了生产力的发展，保证了解放区人民日常生活的供应，也保证了战争一般军需物资的供应，为人民解放战争的胜利奠定了坚实的物质基础。

在一个时期内，人民解放军也开展了大规模的生产自给运动。如1946年11月，东北局发出关于部队机关生产的指示，要求一切部队，除有重要作战任务的兵团外，都要明确规定自己的生产任务，制订具体生产计划，规定从1946年下半年起，做到菜金自给或大部自给，并生产两个月以上的粮食。晋察冀军区也发出指示，规定了军队的生产任务。部队的自给性生产，在一定程度上满足了部队自身的需要，减轻了人民的负担。

各解放区军事工业的发展，保证了人民解放战争对军火、武器装备的需要。1947年12月，华北财经办事处主持召开了全国解放区第一次兵工会议，制定了发展兵工生产的方针，即为革命战争服务，以自力更生为主，坚持实事求是，既照顾目前需要，又要作长期打算，扩大兵工生产，组织民用工业品生产，补助国民经济。在这一方针指

[①] 《毛泽东选集（第四卷）》，人民出版社，1991，第1233页。

导下,各解放区军事工业迅速发展,为解放战争提供了大量武器装备。以东北解放区为例,1945—1949年间,东北军事工业一共生产手榴弹4995799枚、子弹28067768发、掷弹筒弹229280发、炮弹3054958发、地雷3896个、各种火炮3153门、爆破筒30744个、各种枪支10676支。此外,还制造了通信器材、机器等多种军需物资。[①]

解放区的土地改革和各项经济工作的开展,还激发了广大人民参战支前的积极性,大量的支前物资,源源不断地运往前线。这一点,在三大战役中表现得尤为突出,统计如下:

三大战役中农民支前人力物力统计表

	辽沈战役	淮海战役	平津战役
民工	160万人	225万人	154万人
挑子		42000副	
担架	13800副	73900副	20000副
小车		410900辆	20000辆
大车	6750辆	3070辆	380000辆
牲畜	30000头	6300头	1000000头
船只		13630只	
粮食	7000万斤	57000万斤	31000万斤

资料来源:王其坤主编《中国军事经济史》,解放军出版社,1991,第643页。

(三)经济工作与党的建设、政权建设紧密结合

加强党的建设,是党的各项工作的保证,经济工作同样如此。解放战争时期,党的经济工作与党的建设紧密结合,与政权的巩固与建设紧密结合,在这方面积累了不少经验。

一是把土地改革与整党同步进行。抗战胜利以来,党的队伍得到很大的发展,到1947年已经发展到270万人,这是党进行一切工作的领导和核心力量。但是,在激烈而复杂的土地改革中,一些党组织特别是农村基层党组织中逐渐暴露出一些问题,如:有的党员阶级观点模糊,包庇、袒护地主、富农;有的党员利用职权多分多占土改果实;有的干部强迫命令,脱离群众;有的基层党和政府的组织不纯,领导权被地主、富农所把持。针对这些情况,为了坚决彻底实行土地改革,1947年9月全国土地工作会议提出了整党的任务,并在贯彻执行《中国土地法大纲》过程中,开展整党。党中央制定一系列整党的正确方针政策,并把整党看作"是解决土地问题和支援长期战争

[①] 朱建华主编《东北解放区财政经济史稿》,黑龙江人民出版社,1987,第222页。

的一个决定性的环节"①。1948年5月25日，中共中央发出毛泽东起草的《一九四八年的土地改革工作和整党工作》的指示，规定了土改和整党方针政策和具体任务，提出自1948年9月至1949年3月，各区要"按照正确政策实行初步整党"，"完成党的支部组织的整理工作"。此后，大批干部深入乡村，以"完成全部土地改革、整党建政和准备春耕的工作"。②

二是土地改革和农村的政权建设互为支持。解放区建立民主政权后，在党和政府的领导下，开展减租减息、土地改革，使农民获得土地。而只有农民被发动起来了，积极地参与，土地改革才能轰轰烈烈地开展起来。农民获得土地后，不仅经济上翻身，政治上也获得解放，当家作主，巩固和加强了解放区的民主政权。在土地改革中成立的农民大会、贫农团等群众组织，是农村基层政权的好帮手。土地改革的胜利为新民主主义政权的建立和巩固奠定了经济基础，也提供了干部队伍。在土改中涌现出的积极分子，许多人被充实到乡村基层政权中。在土改结束工作中，大量培养和训练干部，以使他们掌握领导生产、建设政权、执行政策等方面的领导能力。在土地改革中所诞生的人民代表会议制度，又使新民主主义政权有了最好的组织形式。

三是恢复和发展城市的生产建设是巩固城市政权的前提。在占领和接管城市后，党把恢复和发展生产作为头等大事来抓。毛泽东在七届二中全会上指出：接管城市后应立即开始城市建设，恢复和发展城市的生产事业，"务须避免盲目地乱抓乱碰，把中心任务忘记了，以至于占领一个城市好几个月，生产建设的工作还没有上轨道，甚至许多工业陷于停顿状态，引起工人失业，工人生活降低，不满意共产党。这种状态是完全不能容许的"。毛泽东强调，如果我们不能使生产事业尽可能迅速地恢复和发展，"那我们就不能维持政权，我们就会站不住脚，我们就会要失败"。③

（四）及时总结经验，纠正错误

解放战争时期党的经济工作，无论是土地改革运动还是城市经济工作，都取得了很大成就，运动总的来说是健康的、成功的。但是也发生过偏差和错误，不过与以往各历史时期相比，这些偏差和错误发生的时间短，没有造成太大的危害，其主要原因是党能够及时总结经验，及时发现错误，纠正偏差。

土地改革运动中出现的主要是"左"倾错误，特别是《中国土地法大纲》颁布后，从1947年10月到12月，"左"倾错误达到高潮。各解放区都有不同程度的表现，

---

① 《毛泽东选集（第四卷）》，人民出版社，1991，第1253页。
② 《毛泽东选集（第四卷）》，人民出版社，1991，第1331页。
③ 《毛泽东选集（第四卷）》，人民出版社，1991，第1428页。

但以晋绥地区较为严重。主要表现是侵犯部分中农利益，侵犯和破坏一部分民族工商业，对地主、富农不加区别地"扫地出门"，新区急性土改，乱打乱杀等。中央发现这些错误后，采取有力措施，大力进行纠正。

首先是总结经验，完善政策。1947年11月，中央把1933年苏维埃政府颁发的《怎样分析阶级》《关于土地斗争中一些问题的决定》两个文件，根据新情况修改后重新下发，以纠正划分阶级时出现的"左"倾错误。1947年，"十二月会议"召开，详细讨论了解放区土改出现的"左"倾错误以及纠正的办法。1948年1月18日毛泽东起草的《关于目前党的政策中的几个重要问题》的党内指示中，批判了"贫雇农打江山坐江山"的错误口号，针对侵犯中农利益、乱打乱杀等"左"倾错误，从12个方面对土改运动的具体政策作了严格明确的规定。1948年4月1日，毛泽东在《在晋绥干部会议上的讲话》中，对这一时期党的土改工作经验教训进行了高度总结，并从改进党的工作方法，树立正确的政策观念，批判绝对平均主义等方面作了深入细致的阐述，完整地提出了党关于土地改革的总路线和总政策，这就是"依靠贫农，团结中农，有步骤地、有分别地消灭封建剥削制度，发展农业生产"①。这条总路线和总政策，是中国共产党长期领导土地改革的经验的总结和理论的高度概括。1948年春，党中央、毛泽东接连发布了一系列重要文件、批示、指示，进一步阐述党的土改政策策略，采取有力措施，纠正土改工作中的"左"倾错误。在这一过程中，土改中的"左"倾错误得到及时纠正，土地改革运动步入正轨。

其次是改变或取消某些"口号"。"平分土地"是《中国土地法大纲》中明确规定的土地分配的一项政策，也是这次土改中最具号召力的一个口号，它对于发动广大农民投身土地改革运动，满足贫雇农的土地要求，确实起到很大作用。但在实践贯彻中，各地平分土地的做法五花八门，有的地方甚至"全部打乱，彻底平分"。这种方法不是以是否消灭剥削而是以是否平分土地为衡量的标准，与党的土地改革是废除封建性和半封建性剥削的土地制度的目的是相违背的，因而出现了严重侵犯中农利益的现象，导致农民绝对平均主义思想的滋长泛滥。党在纠正"左"倾错误过程中，及时修正这一口号的内涵，并最终取消这一提法。党的"十二月会议"后，1948年1月18日中共中央在《关于目前党的政策中的几个重要问题》中规定，富裕中农的土地不得本人同意不能平分，老解放区的新富农不得本人同意，不能平分其土地。取消了"打乱平分"的办法。1948年2月22日的《老区半老区的土地改革与整党工作》指示中宣布：老区半老区土地已经平分或大体平分了的地区，不再平分土地。毛泽东于

---

① 《毛泽东选集（第四卷）》，人民出版社，1991，第1314页。

1948年4月《在晋绥干部会议上的讲话》中批判了绝对平均主义后，中共中央于4月30日发布的《纪念"五一"节口号》中，不再提"平分土地"。此后，毛泽东在几个有关土地改革的指示中，改提"实行分配封建土地和封建财产"[①]。在纠正"左"倾错误时，党及时总结推广好的经验，以"中间不动两头平"的政策取代"平分土地"。1949年8月10日中共中央在给华中局的批复中，明确规定"中间不动两头平"的政策，正式取消"平分土地"的提法。另外，针对一些地方的群众把土地改革的重点集中在斗地主、分浮财、挖地财上，以致出现乱斗乱打的现象，中央对"分浮财""挖地财"的口号也不提倡了，要求把主要力量集中在解决农民的土地问题上。

在城市经济工作中的错误和偏差，主要是把农村工作的一套办法照搬到城市，以致出现一些侵犯工商业、损害工厂设备的"左"的做法和无政府无纪律的现象。中共中央发现后及时总结经验，纠正错误。1948年2月19日中央工委写了《中共中央工委关于收复石家庄的城市工作经验》，上报中共中央，指出收复石家庄过程中曾发生的错误的性质"是一种极左的无政府主义思想，与我们的主张和政策毫无相同之点"，提出了城市工作的方针是"应作长期打算，方针是建设，而不是破坏"。[②]党中央立即将石家庄的经验下发介绍给各地，指导和纠正实际工作中的"左"倾错误。1948年4月8日，中共中央及时发出了由毛泽东起草的党内指示《再克洛阳后给洛阳前线指挥部的电报》，全面而详细地规定了党的城市政策，把党的城市工作纳入正轨。1949年上半年，中共中央先后发出《关于接收官僚资本企业的指示》《关于接管江南城市给华东局的指示》《关于接收平津企业经验介绍》等文件，进一步规定了接管城市时不打乱企业、完整接收的原则。这些政策规定，保证了接管城市后生产的迅速恢复和发展。

二、扩展阶段经济理论探索的特点

中国共产党是一个十分重视理论建设的政党。解放战争时期，党和毛泽东用了相当大的精力对新民主主义经济理论进行了探索，并形成了新民主主义经济模式的构想。由于这一阶段处于人民解放战争胜利发展和中华人民共和国成立的前夜，党不仅有农村经济工作经验，而且有了城市经济工作的实践，因此，党对经济理论的探索也具有阶段性的特点。

---

① 《毛泽东选集（第四卷）》，人民出版社，1991，第1328页。
② 中央档案馆编《中共中央文件选集（第十四册）》，中共中央党校出版社，1987，第40-43页。

(一) 连续性

中国革命胜利以后将建立一个新民主主义社会，实行新民主主义政治和经济制度，这早在抗日战争时期，毛泽东在《新民主主义论》中就已说明。但是，解放战争时期和抗日战争时期国内的政治经济形势大不相同，特别是在1947年7月人民解放军从战略防御转入战略进攻，进入夺取全国胜利的阶段。革命在全国胜利后，有怎样的经济结构？采取什么样的经济模式？党在实践的基础上，加紧了对新民主主义经济理论的探索，并表现出明显的连续性特点。

首先是探索时间上的连续性。从1947年党的"十二月会议"对新民主主义经济模式的初步探索，到1948年9月中央政治局扩大会议和"东北提纲"的发展，再到党的七届二中全会，及至1949年9月中国人民政治协商会议第一届全体会议通过《共同纲领》，以法定形式规定了新民主主义经济模式的构想，在前后不到两年的时间内，连续召开重要会议，不间断地进行探索，终于使新民主主义经济模式的构想形成完备的形态。

其次是理论内容上的连续性，经历了五次阶段性的发展与深化。第一次，在1947年党的"十二月会议"，毛泽东提出新民主主义三大经济纲领，分析了三大经济纲领的依据及党的基本政策，规定了新中国经济的构成：①国营经济，这是领导的成分；②由个体逐步地向着集体方向发展的农业经济；③独立小工商业者的经济和小的、中等的私人资本经济。这三个方面组成了新民主主义经济，新民主主义经济模式的雏形出现了。

第二次，在1948年9月中共中央召开的政治局扩大会议上，毛泽东在报告中进一步说明了在新民主主义经济中起决定作用的国营经济、公营经济的社会主义性质，从理论上探讨了其性质的依据，为党的新民主主义经济理论的进一步探索奠定了理论基础。

第三次，1948年9月，"东北提纲"提出了新民主主义经济的构成：①国营经济；②合作社经济；③国家资本主义经济；④私人资本主义经济；⑤小的商品经济及半自然经济。"东北提纲"认为，五种经济成分都应加以发展，其发展的路线应是：以发展国营经济为主体；发展并依靠人民群众的合作社经济；扶助与改造小的商品经济及自然的与半自然的经济，使之向合作社发展；允许私人资本主义经济；鼓励国家资本主义经济。"东北提纲"比较完整地勾画了新民主主义经济模式的蓝图。

第四次，在1949年3月召开的七届二中全会上，毛泽东提出了一个完整的新民主主义经济模式，即"国营经济是社会主义性质的，合作社经济是半社会主义性质的，加上私人资本主义，加上个体经济，加上国家和私人合作的国家资本主义经济，这些就是人民共和国的几种主要的经济成分，这些就构成新民主主义的经济形态"①。七届二中全会对新民主主义经济模式构想的发展，主要是强调了国营经济的社会主义性质，明确了合作社经济的半社会主义性质；明确了对私人资本主义采取利用和限制的政策；明确了由新民主主义社会发展到将来的社会主义社会的方向。新民主主义经济理论趋于完备。

第五次，1949 年 9 月 29 日，中国人民政治协商会议第一届全体会议通过的《共同纲领》，阐述了新民主主义经济的五种成分，并规定了五种经济成分的运行机制，即"在国营经济领导之下，分工合作，各得其所"。这一规定进一步发展了新民主主义经济理论，并使新民主主义经济模式构想的实施具备了法律保证。

（二）批判性

党对新民主主义理论探索的批判性特点，主要表现在对农业社会主义思想的批判。

所谓农业社会主义思想，是指在小农经济基础上产生的一种平均主义思想。抱有这种思想的人，企图用小农经济的标准，来认识和改造全世界，以为把整个社会经济都改造为划一的"平均的"小农经济，就是实行社会主义，而可以避免资本主义的发展。②

中国是一个以小农经济为主的半殖民地半封建的社会经济形态，在中国共产党领导的土地改革中曾出现绝对平均主义的思想，特别是 1947 年 10 月至 12 月的土改中，如平分一切土地，破坏工商业，提出"贫雇农打江山坐江山""贫雇农要怎么样就怎么样"等口号。上升到理论上，这些观点都可以归结为农业社会主义思想。正因如此，土改一度出现严重的"左"倾错误。毛泽东对这种"左"倾错误进行了严厉的批评。1948 年 4 月 1 日，毛泽东在晋绥干部会议上的讲话中指出："现在农村中流行的一种破坏工商业、在分配土地问题上主张绝对平均主义的思想，它的性质是反动的、落后的、倒退的。我们必须批判这种思想。"③ 在 1948 年 9 月政治局扩大会议上，毛泽东再次指出："我们反对农业社会主义，所指的是脱离工业、只要农业来搞什么社会主义，这是破坏生产、阻碍生产发展的，是反动的。"④ 毛泽东从理论的高度批判了由土地改革中的绝对平均主义思想而导致的党内一度出现的农业社会主义的反动观点。

1948 年 7 月 27 日，新华社信箱发表经毛泽东审阅过的《关于农业社会主义的问

---

① 《毛泽东选集（第四卷）》，人民出版社，1991，第 1433 页。
② 中央档案馆编《中共中央文件选集（第十四册）》，中共中央党校出版社，1987，第 236 页。
③ 《毛泽东选集（第四卷）》，人民出版社，1991，第 1314 页。
④ 中共中央文献研究室编《毛泽东文集（第五卷）》，人民出版社，1996，第 139 页。

答》(以下简称《问答》)①,从理论上集中批判了农业社会主义的反动性,揭示了其危害性,并指明了经过土地改革后,小农经济发展的道路,新民主主义经济发展的必然性,以及社会主义和工业化的前景。这对于清除党内一些人存在的糊涂观念,对于正确地执行党的经济政策,坚持和发展新民主主义理论,都具有重大的意义。

第一,《问答》说明了以小农经济为基础的平均主义思想,在一定的历史条件下,有革命的与反动的两重性质。即"从农民平分封建阶级的土地财产这方面来说,这是革命的方面,正确的方面",但这"也只是反对封建主义的资产阶级性质的民主革命,而并不是反对资本主义的社会主义性质的革命。如果把农民平分封建土地财产的革命,误解为是实行社会主义或共产主义,那也是完全错误的和极端有害的"。以小农经济为基础的平均主义的反动方面、错误方面,就是它在主观上梦想超越这个反封建主义的界限,还要平分社会上其他一切阶级、农民一切阶层和其他一切人等的土地财产,还要平分工商业,并把这种一切平分称为"共产",或称为"社会主义","这就是一种绝对平均主义,这就是反动的、落后的、倒退的"。因为这样平均的结果,破坏了自由资本主义的财产关系及一部分中农和新式富农的土地和财产,打击了广大工业和农业生产者的向上积极性,必然使社会生产力大大降低和后退。

第二,《问答》说明了土改后小农经济的分化是不可避免的。土改后,农村不可避免地会生成新的分化,绝不能永远保持"平均的小农经济"。农民在分得土地后,由于生产条件、经营能力等的差异,有的逐渐富裕起来,其中有小部分可能进行剥削而成为新的富农。而另外有些农民逐渐地穷困下来,其中有一部分就不能不受人剥削而变为新的贫农或雇农。"这种竞争与新的阶级分化,即在新民主主义的社会里,也是不可避免的,而且是被允许的,不是可怕的"。在一定的历史条件下,只有允许这种竞争,"才能发动广大农民的生产积极性,把农业经济广大地发展起来,所以这种私有经济基础上的竞争,有其一定的进步性"。

第三,《问答》指出了农民解放的道路。由无产阶级及其政党领导的土地改革完成后,实行一系列新民主主义的经济政策。一方面在农村个体经济基础上组织变工合作,另一方面,政府在生产上给予财政投资及经济和技术的援助,这样就使大多数努力生产的农民可能保持中农的地位,生活则步步向上。同时,工业则可以利用农村因发展变工合作及提高技术而过剩的劳动力,获得广大的工业后备军。"中国工人阶级领导农民与其他人民,进行土地改革,发展新民主主义经济,这是农民解放的第一步。中国工人阶级领导农民与其他人民,经过另一个阶段的历史斗争,实现社会主

---

① 中央档案馆编《中共中央文件选集(第十四册)》,中共中央党校出版社,1987,第236-242页。

义，这是农民解放的第二步。"只有社会主义才可能消灭一切的贫困，才可能最后来解放农民。当然，即使在社会主义社会，也不能使所有的人在生活上完全划一，这也和农业社会主义者的反动观点完全不同。社会主义社会决不容许不劳而食，也决不容许偷懒的人与积极劳动的人取得同样的报酬与享受同样的待遇。

第四，《问答》指出，必须经过新民主主义经济的发展才能到达社会主义。社会主义不是依靠小生产可以建设起来的，而是必须依靠社会化的大生产，首先是工业的大生产来从事建设。但我们要达到社会主义，实现社会主义的工业和农业，必须经过新民主主义经济一个时期的发展，在新民主主义社会中大量地发展公私近代化工业，制造大批供给农民使用的农业机器，并因此"将农民的个体经济逐步的［地］转变为集体农场经济之后"，才有可能。没有工业的大量发展，没有大量的成千成万的农业机器供给农民使用，并使农民有可能团结于集体农场之中，而要实行社会主义的农业，那只能是反动的幻想。

第五，《问答》指出，绝对平均只会导致绝对贫穷。马克思主义者把历史看成是生产发展的历史，是生产人民的历史。平分封建的土地财产是从发展生产力这一个基本点出发的，绝不是为分配而分配。在土地改革中分得土地财产的贫雇农，此后必须努力生产，依靠变工互助的劳动改善自己的经济情况，决不能还等待什么分配又分配。"必须知道，如果不努力生产，广大的［地］发展生产力，即使按照农业社会主义的反动空想，采取冒险办法，而把社会上一切阶级一切阶层的土地财产按绝对平均的方法分配了，那也是没有多少东西可以长期吃用的。所得的结果，一定仍然是大家的一场贫困。"所以，一切共产党员必须坚持关于发展生产的观点。在土地改革后，特别对于贫农和雇农进行发展生产的教育，使大多数农民都能生产发家，都能过富裕生活，是共产党员在农村中的根本任务，以此扫除农业社会主义的空想，顺利地完成当前的革命工作。

由于及时批判了农业社会主义的反动观点，党内清除了思想障碍，树立了牢固的新民主主义经济思想的观念，为新民主主义经济理论和实践的进一步发展提供了前提条件。

（三）预见性

党在探索新民主主义经济理论的过程中，对于由新民主主义经济向社会主义的发展和转变，具有很强的预见性，并经历由宏观到具体的认识过程。

早在抗日战争时期，毛泽东就在《新民主主义论》里论述了中国革命分两步走，第一步新民主主义革命，第二步社会主义革命，并指出了"在无产阶级领导下的新民主主义共和国的国营经济是社会主义的性质"①。党的七大把从新民主主义革命转变到社会主义的思想正式写进了党章,指出,革命胜利后中国共产党的任务是:根据中国社会经济发展的需要与人民的意愿,经过必要步骤,为在中国实现社会主义与共产主义制度而奋斗。这些为进一步的探索奠定了基础。随着解放战争的胜利进行,中共关于由新民主主义经济向社会主义发展转变的具体设想逐步趋于成熟,并预见了转变条件、途径和时间等。

第一,预见了由新民主主义经济向社会主义发展转变的根本的政治条件。这就是革命在全国的胜利,并建立一个无产阶级领导的以工农联盟为基础的人民民主专政的国家政权。只有在无产阶级及其政党的领导之下,才能彻底实现新民主主义的三大经济纲领,并引导新民主主义经济向社会主义发展。只有实行人民民主专政,才能团结一切可以团结的力量,迅速恢复和发展生产。毛泽东在七届二中全会上指出,在无产阶级领导的以工农联盟为基础的人民民主专政的基础上,"使中国稳步地由农业国转变为工业国,把中国建设成一个伟大的社会主义国家"②。

第二,预见了由新民主主义经济向社会主义发展转变的先决条件。这就是大力发展具有社会主义性质的、在国民经济中居于领导地位的国营经济。中国共产党人清醒地认识到,在半殖民地半封建经济废墟上建立和发展起来的新民主主义经济,其基础是十分落后的,社会主义性质的国营经济还比较薄弱。只有大力发展社会主义性质的国营经济,才能有效地发挥国营经济在国民经济中的领导作用。只有社会主义的经济基础确立以后,才能引导其他经济成分逐步地向社会主义方向发展和转变。

第三,预见了由新民主主义经济向社会主义发展转变的关键。这就是逐步引导在国民经济中占百分之九十左右的小农经济向现代化集体化方向发展,使其具有充分的社会主义发展的前景。毛泽东在七届二中全会上指出:对于广大的分散的个体农业经济和手工业经济,"必须谨慎地、逐步地而又积极地引导它们向着现代化和集体化的方向发展"。不如此,"就不可能由新民主主义社会发展到将来的社会主义社会,就不可能巩固无产阶级在国家政权中的领导权"③。

第四,预见了由新民主主义经济向社会主义发展转变的途径。在中国特定的社会经济条件下,要实现由新民主主义经济向社会主义的发展转变,绝对不是一蹴而就的,必须有一个转变的过程,经历一个发展的阶段,通过一定的途径,才能实现转

---

① 《毛泽东选集(第二卷)》,人民出版社,1991,第678页。
② 《毛泽东选集(第四卷)》,人民出版社,1991,第1437页。
③ 《毛泽东选集(第四卷)》,人民出版社,1991,第1432页。

变。这一过程和途径就是,在革命胜利以后,要经过一个相当长的新民主主义建设阶段,使新民主主义经济的五种成分都得到充分发展,并在国营经济领导之下,分工合作,各得其所,以促进整个社会经济的发展。在这一阶段内的主要任务就是发展经济,实现由农业国向工业国的发展,条件成熟后,再实现转变。

第五,预见了由新民主主义经济向社会主义发展转变的时间。新民主主义何时向社会主义转变?毛泽东在1948年9月政治局扩大会议上指出:"到底何时开始全线进攻?也许全国胜利后还要15年。"[1]毛泽东在七届二中全会的报告中指出,要经过新民主主义革命胜利之后的"一个相当长的时期"[2]。1949年6月,刘少奇在《关于新中国的经济建设方针》中也指出:在经济上,"只有在经过长期积累资金、建设国家工业的过程之后,在各方面有了准备之后,才能向城市资产阶级举行第一个社会主义的进攻,把私人大企业及一部分中等企业收归国家经营。只有在重工业大大发展并能生产大批农业机器之后,才能在乡村中向富农经济实行社会主义的进攻,实行农业集体化"。如果我们"过早地、过多地、没有准备地去采取社会主义的步骤",就会使"共产党失去农民小生产者的拥护,破坏城市无产阶级与农民的联盟,这就要使无产阶级领导的新民主主义政权走向失败"。[3]

中国共产党人对中国由新民主主义经济向社会主义发展和转变的预见,说明了党的新民主主义经济理论的成熟。这对于正确指导和推动党在农村和城市经济建设的实践,具有重大意义,也为中国革命胜利后,中国共产党实施由新民主主义经济向社会主义的发展和转变,作了理论和思想的准备。中华人民共和国成立后,党的经济工作进入了由新民主主义向社会主义转变的实践阶段。

---

[1] 薄一波:《若干重大决策与事件的回顾(上)》,中共党史出版社,2008,第34页。
[2] 《毛泽东选集(第四卷)》,人民出版社,1991,第1430页。
[3] 《刘少奇选集(上卷)》,人民出版社,1981,第430-431页。

第五章

转制

（1950—1956）

社会主义经济改造道路的探索
与社会主义经济制度的建立

1949年10月1日，中华人民共和国成立，揭开了中国历史的新篇章。自此，领导中国人民革命取得胜利的中国共产党，从在革命根据地、解放区局部执政的党成为执掌全国政权的党，担负起领导全国各族人民建设新国家、新社会的重任，党的经济工作历史也揭开了新的篇章。

中华人民共和国的成立，标志着新民主主义社会经济制度最终取代了半殖民地半封建社会经济制度。在中国共产党的领导下，从1949年10月到1956年，我国相继实现了从半殖民地半封建社会到民族独立、人民当家作主的新社会，从新民主主义到社会主义的两个历史性转变。

1949—1952年，中国共产党在胜利完成繁重的社会改革任务和进行抗美援朝战争的同时，开始全面实施新民主主义经济纲领，构建了多种经济成分并存、市场与计划并存的新民主主义经济体制，社会生产力得到迅速恢复和发展，全面恢复了遭到严重破坏的国民经济。

1953—1956年，中国共产党领导人民进行了大规模的有计划的经济建设，并成功探索出一条适合中国国情的社会主义改造道路，实现了中国社会从新民主主义向社会主义的转变。1956年年底，社会主义改造基本完成，中国进入社会主义初级阶段，制约生产力发展的社会制度因素被消除。这是中国历史上最深刻的社会变革。社会主义经济制度的建立，从根本上代表了最广大人民的利益。

完成半殖民地半封建经济社会经济形态向新民主主义经济形态的转变，基本完成新民主主义经济形态向社会主义经济制度的转变，是这一时期中国共产党经济工作的主线，为当代中国一切发展进步奠定了根本政治前提和制度前提。转制，是这一阶段党的经济工作的基本特征。

第一节 经济工作指导思想与社会主义经济改造理论的形成

1949年到1956年，中国共产党领导的经济工作从多方面展开，从生产力角度看，经历了从恢复国民经济到大规模经济建设的转变，从生产关系角度看，经历了从实践新民主主义经济模式到建立社会主义经济体制和建立社会主义经济制度的转变。在这一过程中，中国共产党把马克思主义与中国实际相结合，进一步发展了新民主主义经济理论，创立了适合中国国情的社会主义经济改造理论，并在借鉴苏联经验的基础上，开始探索构建适合中国国情的社会主义经济体制模式和经济建设道路，取得了巨大的实践成果和初步的理论成果。

一、实践新民主主义经济模式的指导思想

在长期的革命根据地经济工作中，中国共产党提出了新民主主义的三大经济纲领，阐明了新民主主义的经济结构；从党的七届二中全会到中国人民政治协商会议制定的《共同纲领》，又形成了关于新民主主义经济模式的构想，从而形成了完整的新民主主义经济理论。中华人民共和国成立之初，中国共产党在经济工作中面临的首要问题，就是实践新民主主义的经济模式，并在这一过程中，迅速恢复和发展国民经济。

（一）实践新民主主义经济模式的根本方针

实践新民主主义经济模式的核心问题，是正确处理各种经济成分的关系，调动各种经济成分的积极性，在社会主义性质的国营经济的领导下，各种经济成分"分工合作，各得其所"，通过优先发展国营经济，开展互助合作运动，发展国家资本主义经济，促进新民主主义经济向社会主义过渡。

中华人民共和国成立之初，中国共产党就制定了国家经济建设的根本方针："以公私兼顾、劳资两利、城乡互助、内外交流的政策，达到发展生产、繁荣经济之目的。国家应在经营范围、原料供给、销售市场、劳动条件、技术设备、财政政策、金融政策等方面，调剂国营经济、合作社经济、农民和手工业者的个体经济、私人资本主义经济和国家资本主义经济，使各种社会经济成分在国营经济领导之下，分工合作，各得其所，以促进整个社会经济的发展。"① 即"四面八方"方针。这一经济建设的根本方针，旨在确立国营经济的领导地位，强调国家调剂五种社会经济成分，使不同的经济成分之间分工合作，各得其所，做到公私兼顾、劳资两利，因此，是实践新民主主义经济模式的指导思想。

公私兼顾，即正确处理公营经济主要是国营经济与私营经济之间的关系，这是实践新民主主义经济模式的核心问题。公私兼顾，首先必须发展公营经济特别是国营经济。在新民主主义条件下，社会主义性质的国营经济控制国家的经济命脉，是人民共

---

① 中共中央党校党史研究室选编《中共党史参考资料（七）》，人民出版社，1980，第22页。

和国发展生产、繁荣经济的主要物质基础和整个社会经济的领导力量,是新民主主义经济中最进步的经济成分。发展国营经济,重点是有计划地优先发展重工业,逐渐向轻工业扩展;必须采用最先进的设备和技术,进行集中的大规模生产,提高劳动生产率;必须建立严密的经济核算制度,进行科学管理,提高经济效益;必须以确保广大劳动人民的利益为准绳,逐渐消灭剥削因素;工人阶级必须参加生产管理,以奠定社会主义的基础。

在发展国营经济的同时,也要扶持私营经济的发展。私营经济包括民族工商业资本家所经营的经济以及农民和手工业者的个体经济,"在工业方面,一部分是国家资本,绝大部分是私人资本;至于农业,则全部是私人的"①。在新民主主义条件下,私营经济在国民经济中占有重要地位,为迅速恢复和发展国民经济,凡有利于国计民生的私营经济,应鼓励其经营的积极性,并扶持其发展,在必要和可能的条件下,应鼓励私人资本向国家资本主义方向发展。"要使国营私营互相合作配合,减少竞争,政府要发展国营生产,也要发展私营生产,这就是公私兼顾","有饭大家吃,有钱大家赚"。②

公私兼顾不是"公""私"完全一样对待,而是先公后私。社会主义性质的国营经济、半社会主义性质的合作社经济,担负着发展生产、繁荣经济的重任,也是将来向社会主义过渡的物质基础,因此要重点扶持。对私营经济则要扶持其有利于国计民生的一面,限制其不利于国计民生的一面。"我们的政策是走新民主主义,不是走旧的资本主义。要采取限制政策,就是为了避免旧资本主义的前途。"③

公私兼顾又是与劳资两利联系在一起的。资本主义的生产目的是追求剩余价值,因此资本家必然要剥削工人阶级。为了恢复和发展生产,允许私人资本主义经济的存在和发展,也就允许资产阶级对工人阶级的一定的剥削。中华人民共和国成立之初,中国经济尚不发达,资本家多开工厂,发展生产,减少失业,对国家是有利的。工人阶级是国家的主人,国家受益,对工人阶级当然有利。1949 年刘少奇在与天津工商界人士座谈时指出:"我们的政策是劳资两利,我们共产党和人民政府是要贯彻这个政策,是要真正做到劳资两利的。"他还说:"现在有好些人怕说剥削,但剥削是一个事实。尽管工厂有几千几百个股东,但你是代表股东,代表资方的,有义务有责任在工人身上剥削剩余价值,一块钱也是剥削。有这个事实,只好承认。但是,认为'剥削多,罪恶大,要审判,要枪毙',因而苦闷,这种想法是错误的。今天资本主义的剥

---

① 中共中央党校党史研究室选编《中共党史参考资料(七)》,人民出版社,1980,第 1 页。
② 中共中央党校党史研究室选编《中共党史参考资料(七)》,人民出版社,1980,第 2 页。
③ 中共中央党校党史研究室选编《中共党史参考资料(七)》,人民出版社,1980,第 3 页。

削不但没有罪恶，而且有功劳。封建剥削除去以后，资本主义剥削是有进步性的。"①刘少奇在天津的讲话虽然个别言辞如剥削"有功"不妥当，但基本是符合党的七届二中全会精神的，为实践新民主主义经济模式，正确处理"四面八方"的关系提供了重要思想武器。②朱德也说："私人资本主义企业中的职工，他们在经济上还没有获得完全解放，他们还受着资本家剥削，这种剥削在新民主主义时期只能够受到限制，而不能够消灭。""新民主主义政权下私人资本主义企业中的职工，在经济上要自觉地接受劳资两利的政策。这种容许私人资本存在和实行劳资两利政策的方针，在一个长时期内是完全必要的。"为了工人阶级根本的长远的利益，工人阶级还必须"在现阶段自觉地忍受资本家之一定限度以内的剥削"。③

上述新民主主义的基本经济方针，对于中华人民共和国成立后不断发展和壮大社会主义性质的国营经济，充分利用资本主义工业这部分生产力，逐渐扩大现代工业在整个国民经济中的比重，为实现向社会主义的转变奠定物质技术基础，具有重要意义。

（二）恢复国民经济的行动纲领和战略策略方针

1950年6月6日至9日，党的七届三中全会在北京召开，这是中华人民共和国成立之初中国共产党召开的第一次中央全会。毛泽东向大会作了题为"为争取国家财政经济状况的基本好转而斗争"的书面报告和题为"不要四面出击"的讲话，提出了恢复国民经济的行动纲领和战略策略方针。

在全面分析国内外形势后，毛泽东特别就财政经济问题进行了阐述，指出我们现在在经济战线上已经取得了一些胜利，财政收支接近平衡，通货停止膨胀，物价趋向稳定，财政经济情况开始好转，但这还不是根本的好转，还没有获得有计划地进行经济建设的条件。毛泽东强调：要获得财政经济情况的根本好转，需要三个条件，即：①土地改革的完成；②现有工商业的合理调整；③国家机构所需经费的大量节减。要争取这三个条件，需要相当的时间，大约需要三年时间，或者还要多一点。全党和全国人民均应为创造这三个条件而努力奋斗。④为了创造上述三个条件，毛泽东又强调必须做好八项工作，即：有步骤有秩序地进行土地改革工作；巩固财政经济工作的统一管理和统一领导，巩固财政收支的平衡和物价的稳定；在保障有足够力量用于解放

---

① 中共中央党校党史研究室选编《中共党史参考资料（七）》，人民出版社，1980，第6、9-10页。
② 薄一波：《若干重大决策与事件的回顾（上）》，中共党史出版社，2008，第37、35页。
③ 《朱德选集》，人民出版社，1983，第261-262页。
④ 《中共党史文献选编（社会主义革命和建设时期）》，中共中央党校出版社，1992，第24页。

全国和镇压反革命的条件之下，人民解放军应在1950年复员一部分，保存主力；有步骤地谨慎地进行旧有学校教育事业和旧有社会文化事业的改革工作，争取一切爱国的知识分子为人民服务；救济灾民及失业者；团结各界民主人士，帮助他们解决工作问题和学习问题，克服统一战线工作中的关门主义倾向和迁就主义倾向；坚决地肃清一切危害人民的土匪、特务、恶霸及其他反革命分子；加强党的建设，进行全党整风，改善党和人民的关系。① 这三个条件和八项工作，绝大部分都是经济方面的工作或与恢复国民经济有着密切的关系，是中华人民共和国成立后头三年中国共产党领导恢复国民经济的行动纲领。

在为进一步解释和说明书面报告的战略策略思想所作的重要讲话中，毛泽东提出了"不要四面出击"的战略策略方针。他指出，由于社会经济改组和战争带来的工商业的某些破坏，民族资产阶级不满意我们，失业的知识分子和失业的工人不满意我们，一批小手工业者不满意我们，在大部分农村，由于还没有实行土地改革，又要收公粮，农民也有意见。在这种情况下，党的总方针就是"肃清国民党残余、特务、土匪，推翻地主阶级，跟帝国主义斗争到底"，"为了孤立和打击当前的敌人，就要把人民中间不满意我们的人变成拥护我们"。② 毛泽东强调不要四面出击，要求全党绝不可树敌太多，造成全国紧张，必须在一个方面有所让步，有所缓和，集中力量向另一方面进攻，这就是我们的战略策略方针。毛泽东还着重批评了那种认为可以提早消灭资本主义、进入社会主义的思想，指出：民族资产阶级将来是要消灭的，但是现在要把他们团结在我们身边，共同发展国民经济，而不要把他们推开。我们一定要做好工作，使工人、农民、小手工业者都拥护我们，使民族资产阶级和知识分子中的绝大多数也不反对我们，这样我们的敌人就孤立了。可见，"不要四面出击"明确了全党的主要任务和主攻方向，不仅是解决当时各种社会矛盾的总方针，也是恢复国民经济的战略策略方针。

党的七届三中全会提出的恢复国民经济的行动纲领和战略策略方针，对中华人民共和国成立之初中国共产党领导人民迅速恢复和发展国民经济，保证我国稳步地实现由新民主主义向社会主义的转变具有重大指导意义。

二、创立适合中国国情的社会主义经济改造理论

新民主主义革命胜利后，在什么时间、以何种方式实现新民主主义向社会主义的

---

① 《中共党史文献选编（社会主义革命和建设时期）》，中共中央党校出版社，1992，第25-27页。
② 《中共党史文献选编（社会主义革命和建设时期）》，中共中央党校出版社，1992，第29页。

转变,是国民经济恢复后中国共产党人面临的又一重大问题。以毛泽东为代表的中国共产党人,把马克思主义与中国实际相结合,创立了适合中国国情的社会主义经济改造理论,为我国实现新民主主义向社会主义的转变指明了方向和道路。

(一)革命转变的理论构想

在中国实现社会主义,是中国共产党人自建党之日起就已明确的历史使命和奋斗目标。20世纪30年代末40年代初,以毛泽东为代表的中国共产党人就已经明确,整个中国革命包括新民主主义革命和社会主义革命两个阶段。新民主主义革命是社会主义革命的必要准备,社会主义革命是新民主主义革命的必然趋势。民主革命和社会主义革命必须紧密衔接,决不容许也不可能两步之间横插一个资产阶级专政阶段。中国共产党在强调新民主主义向社会主义转变的历史必然性的同时,又不急于实现两个革命的转变。毛泽东指出,没有新民主主义的政治、经济、文化的发展,没有几万万人民的个性解放与发展,没有一个由共产党领导的新式的资产阶级性质的彻底的民主革命,要想在半殖民地半封建的废墟上建立起社会主义社会来,只能是空想。刘少奇也认为,民主革命任务彻底完成后,只有中国社会经济在新民主主义国家中有了一定程度的充分发展后,只有在经过许多必要的准备步骤后,并且只有根据中国人民的需要和意愿,才能在中国实现社会主义与共产主义的社会制度。

中华人民共和国成立前夕,在中国人民政治协商会议筹备过程中,有些代表提议把社会主义前途问题写进作为临时宪法的《中国人民政治协商会议共同纲领》中去,刘少奇、周恩来代表中国共产党在新政协全体会议上解释了不必明确写进去的原因。刘少奇说:"在中国采取相当严重的社会主义的步骤,还是相当长久的将来的事情,如在共同纲领上写上这一目标,很容易混淆我们在今天所要采取的实际步骤。"[①]周恩来也说:"现在暂时不写出来,不是否定它,而是更加郑重地看待它。而且这个纲领中经济的部分里面,已经规定要在实际上保证向这个前途走去。"[②] 1949年9月,政协会议期间,毛泽东在回答党外人士关于过渡到社会主义的时间问题时,曾经指出大概需要二三十年时间。

1950年6月,在中国共产党七届三中全会上,毛泽东批评了主张提早消灭资本主义、实行社会主义的错误思想。在政协一届二次会议上,毛泽东更为明确地阐明了向社会主义过渡问题,指出我们的国家经过战争,经过新民主主义的改革,稳步地前进,在国家经济事业和文化事业大为兴盛了以后,在各种条件具备了以后,在全国人

[①] 《刘少奇选集(上卷)》,人民出版社,1981,第435页。
[②] 《周恩来选集(上卷)》,人民出版社,1980,第368页。

民考虑成熟并在大家同意了以后,就可以从容地和妥善地走进社会主义的新时期。随着国内外形势的发展,毛泽东在1951年2月召开的中共中央政治局扩大会议上提出"三年准备、十年计划经济建设"的思想,认为中国人民有把握用三年的时间完成经济恢复的任务,因此有必要把进行有计划的经济建设这一前景,更切近地提到党的领导干部面前,以期勿失时机,在各方面预作准备。这是中华人民共和国成立初期毛泽东有关向社会主义转变的又一重要构想,这一构想就是把新民主主义建设与社会主义改造分开进行,在物质条件和精神条件完全成熟之后,再从容地由新民主主义过渡到社会主义。这一构想,在当时的历史条件下,也是全党的共识。

1951年3月,刘少奇在为第一次全国组织工作会议起草的《共产党员标准的八项条件》中,明确提出了"巩固新民主主义制度"的口号,其中第二条为:"中国共产党的最终目的,是要在中国实现共产主义制度。它现在为巩固新民主主义制度而斗争,在将来要为转变到社会主义制度而斗争,最后要为实现共产主义制度而斗争。"① 刘少奇的这一思想是符合党的七届三中全会精神的。

中华人民共和国成立初期,中国共产党把马克思主义同中国实际情况相结合,始终把握新民主主义向社会主义转变的必然趋势,以先进生产力发展的要求为依据,积极探索中国生产资料私有制的社会主义改造,并在探索中创立了适合中国国情的社会主义经济改造理论,创造性地开辟了一条适合中国特点的社会主义改造道路。

(二)创立适合中国国情的社会主义经济改造理论

1. 农业的社会主义改造理论

中国是个农业大国,农民占人口的绝大多数,由于封建土地制度的长期束缚和多年的战乱,整个农村经济处于凋敝状态。江河堤岸常年失修,洪涝灾害频为祸患,给农业生产造成极大的破坏。中华人民共和国成立后,党和政府把农业的恢复作为整个国民经济恢复的基础,强调发展农业是头等大事。农业的社会主义改造也就成为社会主义经济改造理论的重要内容。以毛泽东为代表的中国共产党人,创造性地运用和发展了马克思列宁主义,创立了适合中国国情的农业社会主义改造理论。

中华人民共和国成立之初,在农业合作化问题上,毛泽东曾有过"先机械化,后集体化"的设想。但在全国性的土地改革以后,农村出现了两极分化的现象,毛泽东的思想也随之发生了变化。他认为,中国绝不能停留在这种状态,不能任由两极分化的趋势继续下去,更不能指望在这种基础上实现国家工业化和建立社会主义制度。唯一的选择,就是在土地改革以后趁热打铁,依靠广大农民,联合起来,走社会主义道

---

① 《刘少奇选集(下卷)》,人民出版社,1985,第62页。

路。从1951年9月召开的中共中央第一次农业互助合作会议开始，经过几年的探索，到1955年，中国共产党逐步形成了关于农业社会主义改造的理论。这一理论的主要内容是：

第一，关于农业合作化的必要性和可能性。中国共产党认识到，开展农业合作化，引导个体农民走社会主义集体化的道路，是十分必要的。首先，农业合作化是社会主义工业化发展的需要。工业和农业是国民经济中密切联系、互相促进的两个基本部门，社会主义再生产不能长期建立在全民所有制大工业和私有制的小农经济相互矛盾、相互脱节的基础上。工业发展所需要的原料、市场、劳动力，都要求农业生产有一个大发展。而不解决农业合作化问题，就不能解决日益增长的商品粮、工业原料的需要同现时主要农作物产量低的矛盾，社会主义工业化就会遇到很大困难。[①] 其次，农业合作化也是巩固工农联盟的需要。毛泽东认为，过去我们同农民在土地革命基础上建立的那个联盟，现在农民不满足了。他们要求摆脱贫穷，共同富裕。只有实行合作化，在农村中消灭富农经济制度和个体经济制度，才能使全体农村人民共同富裕起来。只有这样，"工人和农民的联盟才能获得巩固。如果我们不这样做，这个联盟就有被破坏的危险"[②]。

农业合作化不仅是必要的，也是可能的。经过三年努力，国民经济已经恢复到了抗战前的最高水平以上，生产结构得到调整，工业生产设备制造能力大大提高，而且政局稳定，社会清明，人心向上，工农群众的政治觉悟和生产积极性也大大提高。在国际上，帝国主义挑动第三次世界大战的企图遭到了挫败，世界和平民主阵营更加强大，相对稳定的国际政治环境为国内农业的社会主义改造提供了极为有利的条件。农民中蕴藏着一种走社会主义道路的极大的积极性。毛泽东指出，土地改革后，"贫农、新中农中间的下中农和老中农中间的下中农，因为他们的经济地位困难（贫农），或者他们的经济地位虽然比较解放以前有所改善，但是仍然不富裕（下中农），因此，他们是有一种走社会主义道路的积极性的，他们是积极地响应党的合作化号召的，特别是他们中间的觉悟较高的分子，这种积极性更大"[③]。共产党的责任，就是引导这种积极性，领导农民搞社会主义。中国共产党也有能力领导好农业合作化，在长期的民主革命中，中国共产党已经形成了善于领导农民的特点和优势，有领导农民组织带有社会主义萌芽性质的农业生产互助组织的经验，加上有土地改革的伟大胜利为农业

---

① 《中共党史文献选编（社会主义革命和建设时期）》，中共中央党校出版社，1992，第65-66页。
② 《中共党史文献选编（社会主义革命和建设时期）》，中共中央党校出版社，1992，第71-72页。
③ 《中共党史文献选编（社会主义革命和建设时期）》，中共中央党校出版社，1992，第55页。

合作化所奠定的政治基础，以及强大的国营经济为整个国民经济的社会主义改造所奠定的物质基础，就一定能够领导农民搞好农业合作化运动。

第二，关于农业合作化的具体方针政策。在实现农业合作化的过程中，中共中央和毛泽东提出了一系列具体的方针政策。主要有如下几点。

一是坚持农业社会主义改造与社会主义建设同时并举的方针。"农业生产合作社必须采取一系列的措施，来保证农业生产力的增长，并且在事实上证明合作社比较单干户以至互助组有巨大的优越性。"① 既强调抓好农业合作化，又要求不失时机地搞好农业生产，保证农业的增产，使农民看到合作化的实际好处，通过增产增收巩固农业合作化的成果，又通过农业合作化的所有制变革更好地促进农业生产力的发展。

二是把对农业的社会主义改造和对资本主义工商业的社会主义改造有机地结合起来。毛泽东认为，农业和资本主义工商业的社会主义改造是相互促进的。一方面，农业的社会主义改造可以割断城市资产阶级同带有自发倾向的个体农民的联系，有利于私营工商业者接受社会主义改造；另一方面，对资本主义工商业的社会主义改造，又可以进一步巩固农业的社会主义改造成果。国家一方面依靠同农民的联盟取得粮食和工业原料，以控制资产阶级，迫使资产阶级不得不把工业品卖给国家，进而迫使它接受社会主义改造，另一方面利用与资产阶级的暂时性联盟取得更多的工业品去满足农民的需要，并换取更多的农副产品，用以解决国家工业化和人民生活的需要。通过这两种联盟的相互作用，促进整个社会主义改造。毛泽东还深入指出，粮食和工业原料的供应和需求之间存在极大的矛盾，"从解决这种供求矛盾出发，就要解决所有制与生产力的矛盾问题"。"个体所有制的生产关系与大量供应是完全冲突的。个体所有制必须过渡到集体所有制，过渡到社会主义。"②

三是坚持自愿互利的原则。农民既是私有者，又是劳动者。在土地改革中，农民分得了土地，建立了个体农民的土地私有制，在社会主义改造中，不能用没收农民土地的办法搞合作化。对于合作化，由于种种原因，农民中有些人很积极，有些人暂时还不大积极，有些人还要看一看，因此，合作化必须坚持自愿的原则。"在处理互助组和生产合作社内部所存在的任何问题上，有两条原则是必须绝对遵守的，就是自愿的原则和互利的原则。"③ 对于那些暂时还不愿入社的人，不能采取剥夺的办法，只能引导、说服教育，使之自觉自愿地走上合作化道路。为此，中共中央和毛泽东专门对

---

① 中共中央党校党史研究室选编《中共党史参考资料（八）》，人民出版社，1980，第175页。
② 中共中央文献研究室编《毛泽东文集（第六卷）》，人民出版社，1999，第301页。
③ 《中共党史文献选编（社会主义革命和建设时期）》，中共中央党校出版社，1992，第39页。

自愿原则作了说明，指出所谓自愿原则，就是坚持入社自愿，退社自由。在经济上坚持平等互利，主要是处理好贫农和中农的关系，贫农不能随便占中农的便宜，中农也要从大局出发，不要斤斤计较。

四是采取循序渐进的"三步走"步骤，由低级到高级逐步过渡。第一步，按自愿互利的原则，号召农民组织带有某些社会主义萌芽性质的、几户或十几户的农业生产互助组；第二步，在互助组的基础上，组织以土地入股和统一经营为特点的小型半社会主义性质的初级农业生产合作社；第三步，在初级社的基础上，进一步组织大型的生产资料农民集体所有的完全社会主义性质的农业生产合作社，即高级社。

五是实行正确的农村阶级政策，依靠贫下中农，团结中农。毛泽东指出，在合作化运动中，首先要把贫下中农组织起来，树立其在合作社中的领导地位。巩固地团结新老上中农，并根据自愿原则吸收他们入社。在已经巩固了的合作社内，有条件地、分期分批地吸收原地主分子和富农分子入社，并在集体劳动中改造他们。

这些具体的方针政策，在实践上为农业的社会主义改造指明了方向，在理论上则构成中国共产党农业社会主义改造理论的重要内容。

2.手工业的社会主义改造理论

对个体手工业的社会主义改造，是过渡时期的三大改造任务之一。由于我国工业基础薄弱，手工业历来在国民经济和社会生活中占有重要地位，是供应城乡人民生产和生活资料的重要经济力量，对于支援农业生产，满足城乡人民生活需要，弥补大工业产品的不足以及特种工艺品出口等方面，都有重要作用。但手工业是个体经济，经营分散且规模小，生产条件落后，不能使用新技术，劳动生产率低下，不适应国家经济建设和人民生活的需要。为了发展手工业，满足城乡人民不断增长的物质需要，必须对个体手工业进行社会主义改造。

个体手工业作为小商品经济，抵御经济风险的能力很弱，基础不稳固。如果任其自发地发展，会走少数人发财、大多数人破产失业的道路。因此，改造个体手工业的任务，就是逐步引导手工业劳动者走社会主义集体化道路。由于个体手工业者同个体农民一样，是小私有的独立劳动者，因此，如同对个体农业的社会主义改造一样，对个体手工业的社会主义改造，也是要经过合作化的道路，把手工业劳动者的个人所有制改变为社会主义集体所有制。又由于手工业有许多与农业不同的特点，故在手工业社会主义改造中，中国共产党又采取了一些与农业合作化不同的方针政策，如统筹兼顾、全面安排、积极领导、稳步前进的方针，通过说服教育、典型示范和国家帮助的方法，提高手工业者的社会主义觉悟，使他们自愿地组织到手工业合作社中来。在方法和步骤上,从供销社入手,采取由小到大、由低级到高级逐步过渡的步骤,即通过具有社会主义萌芽性质的手工业生产小组,到半社会主义性质的供销生产合作社,再发展到社会主义性质的生产合作社,逐步地改变手工业的生产关系。

3. 资本主义工商业的社会主义改造理论

中国共产党历来把中国的资本主义分为官僚资本和民族资本两部分,并采取不同的政策区别对待。中华人民共和国成立之初,对官僚资本采取没收政策,而对民族资本则采取利用、限制政策。1953年6月,中共中央统战部部长李维汉按照中共中央的指示,在深入调查研究的基础上,写成调查报告《资本主义工商业中的公私关系问题》,正式提出了对资本主义工商业进行社会主义改造,把民族资本主义经济逐步改造为社会主义国营经济的问题。此后,在工商业社会主义改造过程中,以毛泽东为代表的中国共产党人把马克思主义与中国具体情况结合起来,系统论述了在中国对私人资本主义实行和平改造的依据、方式、途径等问题,形成了对资本主义工商业进行和平改造的理论。

第一,关于和平改造的可能性和必要性。从可能性方面来说,一是中国的民族资产阶级存在着两面性。在社会主义改造过程中,民族资产阶级既有剥削工人取得利润的一面,又有拥护宪法,愿意接受社会主义改造的一面。二是中华人民共和国成立后,中国共产党仍然同民族资产阶级保持着统一战线的关系,"在我们国家里,工人阶级同民族资产阶级的矛盾属于人民内部的矛盾。工人阶级和民族资产阶级的阶级斗争一般地属于人民内部的阶级斗争"[①]。工人阶级和民族资产阶级之间的矛盾的性质,为和平改造提供了有利条件。三是人民民主专政的国家政权和社会主义国营经济的建立,为和平改造资本主义工商业提供了政治经济基础。强大的人民民主专政的国家政权,巩固的工农联盟,掌握了国家经济命脉的社会主义国营经济,使民族资产阶级在政治上和经济上都陷入孤立地位,不得不接受社会主义改造。从必要性方面来说,和平改造有利于发展社会主义经济。中华人民共和国成立初期,民族资本主义工商业在整个国民经济中占有重要的地位,在国民经济恢复过程中曾起到十分重要的积极作用。社会主义改造中,采取和平方式改造资本主义工商业,能有效地避免社会经济秩序发生大的震荡,从而避免社会生产力的破坏,有利于经济的发展。而且,和平改造也有利于把资本家改造成自食其力的劳动者,利用其掌握的管理经验和技术发展社会主义的生产力。

第二,关于资本主义工商业社会主义改造的形式。资本主义工商业社会主义改

---

① 《毛泽东著作选读(下册)》,人民出版社,1986,第758页。

造的主要形式是国家资本主义。在马克思主义发展史上，列宁是国家资本主义理论的创立者。列宁提出，在一个经济落后的无产阶级国家，国家资本主义是小生产过渡到社会主义的中间环节，并且认为，所谓国家资本主义，就是无产阶级国家能够加以限制、规定其活动范围的资本主义。[①] 解放战争时期，东北解放区就采用了公私合办、出租、委托经营、公私合营、订货包销等国家资本主义形式进行新民主主义经济建设，并得到毛泽东的高度重视。到1953年开始进行资本主义工商业社会主义改造时，国家资本主义理论已比较成熟，有了明确的内容。

国家资本主义是国家直接控制和支配下的资本主义经济，其作用取决于所在国家的性质。在中华人民共和国，国家资本主义经济不是普通的资本主义经济，而是一种特殊的即新式的资本主义经济。它是和社会主义国营经济相联系的、受工人监督的资本主义经济，主要不是为了资本家的利润而存在，而是为了供应人民和国家的需要而存在。[②] 国家资本主义是改造资本主义工商业并向社会主义过渡的中间环节。中国资本主义工商业的社会主义改造是分两步进行的：第一步是有步骤地把一切对国计民生有利而又为国家所需要的资本主义企业，基本上改造为国家资本主义企业，并使初级形式的国家资本主义向高级形式的国家资本主义发展；第二步是逐步地把国家资本主义经济转变为社会主义经济。国家资本主义是这两步之间必不可少的中间环节。

通过国家资本主义改造资本主义工商业，必须采取多种形式，实行逐步过渡的方针。在资本主义工商业社会主义改造过程中，中国共产党创造了一系列由初级到高级的国家资本主义形式。初级形式在工业方面有加工、订货、统购、包销，在商业方面有经销代销；高级形式有单个企业的公私合营和全行业的公私合营。通过由初级到高级的国家资本主义形式实行逐步过渡，完成资本主义工商业的社会主义改造。

通过国家资本主义改造资本主义工商业，在实质上就是通过和平赎买的办法，把资本主义私有制变为社会主义公有制。国家资本主义是形式，和平赎买是内容。所谓和平赎买，就是国家有代价地变革资本主义所有制，是有偿而不是无偿地将私营企业收归国有。由于资本家占有的生产资料是工人劳动创造的剩余价值，因此赎买的代价不取决于生产资料的价值，而视社会主义改造的进程和实际的需要来定。毛泽东提出，和平赎买不是一次赎买，也不是由国家另外拿出一笔钱来赎买，而是工人阶级在以后十几年的生产过程中，仍然为资本家生产一部分利润，以此作为和平改造的代

[①] 中共中央马克思恩格斯列宁斯大林著作编译局编译《列宁全集（第四十一卷）》，人民出版社，1986，第217页。

[②] 《建国以来毛泽东文稿（第四册）》，中央文献出版社，1990，第271页。

价。在对资产阶级进行和平改造的过程中，毛泽东提出了不同阶段的和平赎买形式。在加工订货阶段，企业生产的原料由国家供给，资本家拿加工费。如按产品成本计算利润，资本家取得的利润占五分之一左右，资本家的剥削受到了限制。在单个企业公私合营阶段，按照"四马分肥"原则进行企业利润分配。这一阶段"工人还要为资本家生产一部分利润，但是这一部分利润，在整个企业盈利中不过只占四分之一左右。占了四分之三左右的盈利的主要部分，是为国家（所得税）为工人（福利费）和为扩大企业设备（公积金，这里包含了为资本家生产利润的一个小的成分）而生产的"[①]。在全行业公私合营阶段，又改为让资本家拿定息，即把资本家所有的生产资料估价折算成股份，国家每年按股份给资本家固定的利润，以定息的形式支付，其余利润由国家支配。

第三，对资本家实行团结、教育、改造方针。在资本主义工商业社会主义改造中，坚持改造企业与改造人相结合，改造个人与消灭个人所属阶级相结合。在把资本主义私营工商企业改造为社会主义全民所有制企业的同时，把资本主义工商业者改造为社会主义自食其力的劳动者，以改造阶级成员的方式达到从整体上消灭资产阶级的目的。对资本家实行团结、教育、改造方针，一方面，对他们进行社会主义教育，组织他们学习，引导他们参加各种政治实践活动，提高他们的认识，使他们了解中国共产党团结、教育和改造的方针，自愿地接受社会主义改造，另一方面，对他们进行必要的工作安排，人尽其才，发挥其生产管理方面的长处，并在生活上"包到底"，使他们的生活水平不致因改造而下降。

第二节　成功领导国民经济恢复工作

1949年到1952年间，中国共产党领导全国人民，在矛盾十分尖锐、工作千头万绪的情况下，全面实施新民主主义经济纲领，改组社会经济结构，发展生产，恢复经济，经过艰苦努力，胜利完成了恢复国民经济的任务，为新民主主义向社会主义的过渡以及全面计划经济建设的展开，奠定了坚实的经济基础。

一、改组社会经济结构，建立社会主义的经济基础

没收官僚资本、完成土地改革，既是完成新民主主义革命的任务，也是建立社会主义的经济基础。中华人民共和国成立后，中国共产党领导人民有序完成了没收官僚

[①]《建国以来毛泽东文稿（第四册）》，中央文献出版社，1990，第279-280页。

资本和土地改革任务，为国民经济的恢复创造了条件。

（一）新的工作着重点的确定及对中华人民共和国成立初期经济形势的分析

中华人民共和国成立之初，百废待兴，迅速开展经济工作，恢复国民经济，是中国共产党面临的主要任务之一。1949年3月召开的中共七届二中全会着重讨论了党的工作重心的战略转移，即工作重心由乡村转移到城市的问题。全会指出，党要立即着手建设事业，一步一步地学会管理城市，并将恢复和发展城市中的生产作为中心任务。全会充分研究了经济政策问题，指出当时全国工农业总产值中，现代工业大约占10%，农业和手工业占90%。这是党在中国革命胜利后一个相当长的时间内考虑一切问题的基本出发点。1949年6月，刘少奇明确指出："今后的中心问题，是如何恢复与发展中国的经济。"[①] 1950年，在《国家的工业化和人民生活水平的提高》一文中，刘少奇进一步强调了经济建设在新中国建设中的重要性。他指出，中国的劳动人民还很穷困，他们迫切地需要提高生活水平，过富裕的和有文化的生活。这是全国最大多数人民最大的要求和希望，也是中国共产党和人民政府力求实现的最基本的任务。造成中国人民穷困的基本原因有两个：一是中国近代化的机器工业、运输业和农业还很少，生产力水平很低，不能生产出大量的物质资产来供人民享受；二是外国的帝国主义者和中国的封建地主、官僚、买办阶级在中国的长期统治，他们无限制地掠夺中国人民的财富，阻碍中国工业的发展，压制和毁坏已经是很低的中国的生产力。要使中国人民从穷困、痛苦和被侮辱的生活中解放出来，并不断地提高他们的生活水平，使他们能够过富裕的和有文化的生活，就必须做好两件最基本的事情。第一件事情，就是推翻外国帝国主义和中国封建地主、官僚、买办阶级的统治，建立人民民主专政的政权，实现中国的独立和统一，没收官僚资本，实行土地改革和其他各种民主改革，从而在城市和农村中解放已有的生产力。第二件事情，就是利用已经建立并且巩固起来的人民民主专政作为主要工具，发展一切有利于人民的生产及其他经济事业。刘少奇认为："当着我们去做好第一件事情的时候，我们的目的就是为了要做好第二件事情。现在第一件事情已经或者差不多做好了，第二件事情也已经在一些地方开始进行，不久以后，就要更大规模地有全面计划地来进行，而且要永远继续下去，因为生产是更基本的，永远需要的。"[②] 从党的七届二中全会关于工作任务的规定到刘少奇关于革命建设关系的论述可以看出，中华人民共和国成立之初，中国共产党已经着手逐步将工作着重点转移到经济建设上来。

[①] 《刘少奇选集（上卷）》，人民出版社，1981，第426页。
[②] 《刘少奇选集（下卷）》，人民出版社，1985，第4页。

为加强对经济工作的领导,党的七届二中全会还决定组建中央财经委员会等中央经济工作领导机构。1949年5月31日,中共中央发出《关于建立中央财政经济机构大纲(草案)》的文件,指出:"由于人民革命战争正在取得全国范围的胜利,为了尽可能迅速地和有计划地恢复与发展人民经济,借以供给目前人民革命战争的需要及改善人民生活之目的,应即建立有工作能力的中央的财政经济机构,并使各地方的财政经济机构和中央财政经济机构建立正确的关系。"① 1949年7月,中央财政经济委员会正式设立,隶属中国人民革命军事委员会,以陈云为财经委员会主任,薄一波、马寅初等为副主任。"中财委为稳定金融物价,统一财经管理,调整工商业,完成国民经济恢复时期的任务,拟定和准备实施第一个五年计划,做了大量工作。""这个时期的经济工作,大政方针都是由党中央和毛主席决定的,而中财委作为党中央的财经参谋部和具体作战的指挥机构,在陈云同志的领导下,工作也是做得出色的。"②

以经济建设作为工作着重点,要求中国共产党对经济形势作出科学的判断。中华人民共和国成立前后,在中共领导人毛泽东、刘少奇、陈云等的一系列讲话和报告中,对财政经济上的严重困难给予了充分的估计。由于帝国主义的掠夺和国民党的腐朽统治,以及长期战争的摧残破坏,整个国民经济已处于崩溃状态。与抗战前的最好年份相比,1949年重工业生产下降70%,轻工业生产下降30%,民族工业处于破产半破产的境地,许多工矿企业关闭,400万城市人口失业。农业生产也比抗战前下降25%,新解放区有3亿多农民因未进行土改而尚未获得土地,加上1949年"有广大的灾荒,约有一亿二千万亩耕地和四千万人民受到轻重不同的水灾和旱灾"③。交通运输几乎处于瘫痪状态,内外贸易、城乡交流受阻,市场物资匮乏。此外,财政金融也发生了严重的困难,由于财政赤字过大,不得不靠增发货币来弥补,加剧了通货膨胀,引起物价上涨。

对于财政经济上的严重困难,中共中央在充分估计的基础上,也提出了解决困难的指导思想。1949年8月,陈云在上海主持召开财政经济会议,从指导思想上明确了"观察和解决财经问题,要有政治观点","观察和解决财经问题,要着眼于恢复和发展生产",④并提出了克服经济困难的措施。12月,毛泽东在中央人民政府委员会第四次会议上发表讲话,指出在财经问题上的基本情况是"有困难的,有办法的,有

---

① 薄一波:《若干重大决策与事件的回顾(上)》,中共党史出版社,2008,第49页。
② 薄一波:《若干重大决策与事件的回顾(上)》,中共党史出版社,2008,第51页。
③ 《中共党史文献选编(社会主义革命和建设时期)》,中共中央党校出版社,1992,第23页。
④ 薄一波:《若干重大决策与事件的回顾(上)》,中共党史出版社,2008,第52、53页。

希望的"①。

（二）没收官僚资本，建立社会主义国营经济

随着新的国家政权的建立，迅速组建社会主义性质的国营经济，使之成为整个国民经济的领导成分，是从半殖民地半封建经济转变到新民主主义的重要步骤和关键所在。新中国国营经济的建立，主要是从接管城市过程中没收官僚资本企业入手的。没收官僚资本归国家所有，是建立国营经济的最重要的物质前提，并构成国营经济的主体部分。没收官僚资本是中国共产党新民主主义的三大经济纲领之一。从摧毁国民党反动统治经济基础的角度来说，没收官僚资本是中国共产党领导的新民主主义革命的重要内容；从建立社会主义性质国营经济的角度来看，没收官僚资本又是为完成中国共产党"二步走"革命战略奠定经济基础。

没收官僚资本，主要是没收国民党各级政府所经营的企业和大官僚所经营的企业。小官僚和地主所办的工商业以及官僚资本企业中的民族资本主义成分，都不在没收之列。官僚资本占旧中国全部工业资本的三分之二，占全部工业、运输业固定资本的80%左右。中华人民共和国成立前夕，国民党政府的"资源委员会"垄断了全国钢铁产量的90%，煤产量的33%，发电量的67%，水泥产量的45%，以及全部石油和有色金属。官僚资本还掌握着大银行，全国的铁路、公路、航空运输和44%的轮船吨位，以及十几个垄断性贸易公司，并控制了轻工业生产。②这种官僚资本主义所有制同帝国主义、封建主义所有制一样，严重地阻碍着中国社会生产力的发展。作为中国人民根本利益和中国社会先进生产力的代表，中国共产党必须首先没收官僚资本，并以此为基础建立社会主义国营经济，以适应生产力发展的要求。

1946年解放哈尔滨时，中国共产党就运用人民民主政权的力量，开始没收官僚资本。其后，随着人民解放战争的胜利推进，人民解放军所到之处，各级军管会和人民政府便根据中共中央的指示，全部没收了国民党政府和官僚资本家所经营的工厂、商店、银行、仓库、船舶、码头、铁路、邮政、电报、电灯、电话、自来水和农场、牧场等官僚资本企业（其中包括抗日战争胜利后由国民党政府接收的日、德、意各国在华企业），归人民共和国所有。到1949年年底，没收的官僚资本企业达2858家，拥有生产工人75万多人。③1951年年初，政务院颁布了《企业中公股公产清理办法》和《关于没收战犯、汉奸、官僚资本家及反革命分子财产的指示》，清理了隐藏在一般企

---

① 中共中央党校党史研究室选编《中共党史参考资料（七）》，人民出版社，1980，第28页。
② 车书栋等主编《中国共产党七十年大事本末》，长春出版社，1991，第498页。
③ 牛连海、陈万安、魏关松主编《中国革命史》，华中师范大学出版社，1988，第433页。

业中的官僚资本股份和其他应没收的财产。根据1953年全国清产核资委员会统计的数字，截至1952年，全国国营企业固定资产原值为240.6亿元人民币，其中大部分为没收官僚资本企业的资产。这一巨大价值的财富收归人民的国家所有，构成了中华人民共和国成立初期国营经济物质技术基础的最主要部分。

没收官僚资本是一项政策性很强的工作，为加强对这一工作的领导，1949年1月，中共中央发出关于接收官僚资本企业的指示，明确了处理官僚资本经济机构和国民党政权机构的原则区别，规定对于国民党统治的政权机构应该加以彻底的破坏，要打碎它，而对官僚资本经济机构，则不是打碎它，而是改造它的生产关系，保护和发展生产力。对官僚资本企业，实行"原职、原薪、原制度"的政策，不打乱原来的技术组织和生产管理，而是把它完整地接收下来，先实行监督生产，然后逐步实行民主改革和生产改革，把官僚资本企业改造成为社会主义性质的国营企业。这一政策的实施，保证了没收官僚资本企业工作的顺利进行，基本上没有发生生产停顿或企业设备被毁坏的现象，并且使原来企业中的工程技术人员和管理人员基本上都保留下来，继续为新民主主义生产服务。

由于官僚资本在中华人民共和国成立之前控制了全国的经济命脉，它一经收归人民共和国所有，国营经济便由此掌握了国民经济中大部分社会化的生产力，直接掌握了国家的经济命脉。社会主义性质的国营经济作为人民共和国发展生产、繁荣经济的主要物质技术基础和整个社会经济的领导力量，为国家调节各种私有制经济成分，组织恢复生产事业提供了有力的物质手段，并决定着全社会经济的性质和发展方向。

（三）在新的历史条件下推进和完成土地改革

封建土地制度是造成我国农民贫穷和农业生产落后的总根源，推翻封建土地制度，是中国共产党领导的新民主主义革命的基本内容，是迅速恢复国民经济的重要条件，也是"符合最大多数人民的利益"的重大举措。[①] 中华人民共和国成立前，已有约1.2亿农业人口的老解放区进行了土地改革，还有约2.9亿农业人口的新解放区和待解放区未进行土地改革。在这些约占全国三分之二的地区，封建土地所有制仍然严重地束缚着社会生产力的发展。

1950年6月，在中国人民政治协商会议第一届全国委员会第二次会议上，中共中央提出了《中华人民共和国土地改革法草案》，并由刘少奇代表中共中央作《关于土地改革问题的报告》，对土地改革法草案作了说明，阐述了土地改革的基本理由和基本目的，以及新解放区土地改革的重要意义，提出了土地改革的总路线和一系列的方

---

① 《刘少奇选集（下卷）》，人民出版社，1985，第31页。

第五章 转制（1950—1956）
社会主义经济改造道路的探索与社会主义经济制度的建立

针政策。刘少奇指出：中国原来的土地制度极不合理，是我们民族被侵略、被压迫、穷困及落后的根源，是我们国家民主化、工业化、独立、统一及富强的基本障碍。这种情况如果不加改变，中国人民革命的胜利就不能巩固，农村生产力就不能解放，新中国的工业化就没有实现的可能，人民就不能得到革命胜利的基本果实。而要改变这种情况，就必须进行土地改革。刘少奇强调，我们在今后的土地改革中，"必须完全依照中央人民政府和各级人民政府所颁布的法令及其所决定的方针、政策和步骤，有领导地、有计划地、有秩序地去进行"[①]。

1950年6月28日，中央人民政府颁布了《中华人民共和国土地改革法》，它总结了中国共产党过去领导土地改革的经验和教训，又适应中华人民共和国成立后的新形势，确定了土地改革的新政策。土地改革法规定，土地改革的基本目的是"废除地主阶级封建剥削的土地所有制，实行农民的土地所有制，借以解放农村生产力，发展农业生产，为新中国的工业化开辟道路"[②]。土地改革的总路线是"依靠贫农、雇农，团结中农，中立富农，有步骤地有分别地消灭封建剥削制度，发展农业生产"[③]。土地改革法改变了过去征收富农多余土地财产的政策，实行保存富农经济的政策，即保护富农所有自耕和雇人耕种的土地及其他财产，富农出租的少量土地一般也保留不动，半地主式富农出租大量土地，超过其自耕和雇人耕种的土地数量者，征收其出租的土地。对地主限制了没收其财产的范围。对小土地出租者，提高了保留其土地的标准。实行新的土地改革政策，是为了更好地保护中农，有利于分化地主阶级，减少土改运动的阻力，还有利于稳定民族资产阶级。归根到底，是为了有利于农业生产的恢复和发展。

为保证土地改革有准备有计划有步骤地进行，中共中央决定，从1950年冬开始，用两年半或三年左右的时间，根据各地区的不同情况，在全国分期分批地进行土地改革。为保证土地改革的顺利进行，中共中央要求，在全面进行土地改革之前，县以上的各级党政领导机关都要先选择少数地区作为土地改革的试点，总结经验，集训干部，在此基础上，开展全面的土地改革。在土地改革中，要认真执行土地改革总路线和总政策，做到准确地划分农村阶级成分；详细研究、认真执行《中华人民共和国土地改革法》；充分发动广大农民群众，依靠农民的政治觉悟和组织力量，自己起来打倒封建势力；组织农民协会，团结雇农、贫农、中农以及农村中一切反封建分子，进行反封建的社会改革；安排组织好农民的生产生活，保障农民的政治权利；按《人民

---

① 《刘少奇选集（下卷）》，人民出版社，1985，第31页。
② 中共中央党校党史研究室选编《中共党史参考资料（七）》，人民出版社，1980，第79页。
③ 《刘少奇选集（下卷）》，人民出版社，1985，第43页。

法庭组织通则》建立人民法庭，运用司法程序解决土改中的纠纷，惩治危害土地改革的罪犯。

从1950年冬开始，新解放区的土地改革运动开始推进。各地的土地改革一般经历四个阶段：首先，派出土改工作队，访贫问苦，宣传党的政策，建立以贫雇农为核心的农民协会，组织阶级队伍；其次，划分农村阶级成分，分清敌我，发动农民对地主进行面对面的揭发和清算，把恶霸和不法地主分子交人民法庭公审；再次，将地主的土地、家具、耕畜和多余的房屋分配给无地和少地的农民，地主也同样留得一份，使他们在劳动中改造自己；最后，进行复查，整顿和加强农村政权，引导农民发展生产。到1952年年底，除部分少数民族地区和尚未解放的台湾省外，全国土地改革基本完成，我国农村的土地占有关系发生了根本变化：占农村人口92.1%的贫农、中农，占有全部耕地的91.4%；原来占农村人口7.9%的地主、富农，只占有全部耕地的8.6%。[1]

全国土地改革的基本完成，对我国经济、政治、文化和城乡社会都产生了极为深刻的影响。广大农民在土地改革中获得了土地和其他生产资料，生产积极性空前高涨，全国粮食、棉花、油料等主要农产品的产量逐年增加，1951年比1950年分别增长8.7%、48.8%、22.4%，1952年又比1951年分别增长14.1%、26.5%、12.5%，[2]充分显示了土地制度的改革对解放生产力、恢复和发展农业生产的巨大推动作用。土地改革不仅使广大农民迅速提高了经济地位，而且形成了有觉悟有组织的阶级队伍，实现了对农村旧的基层政权的改造，成为巩固人民民主专政和保卫翻身果实的重要力量。随着土改后农村经济的恢复，农民的文化需求日益增加，初步兴起农村文化热潮，对农村经济发展和农村社会进步起到了重要作用。

土地改革在全国的基本完成，使中国延续两千多年的封建土地所有制被彻底废除，从根本上铲除了中国封建制度的根基，"耕者有其田"的理想在中国共产党的领导下变成了现实，长期被束缚的农村生产力获得了历史性的大解放，为我国逐步实现社会主义工业化扫清了障碍。这是中国共产党领导中国人民反对封建主义斗争的历史性标志，为新中国的经济恢复发展与社会进步奠定了坚实基础。

二、完成国民经济恢复任务

在党的七届三中全会恢复国民经济行动纲领和战略决策方针的指导下，中国共产

---

[1] 中共中央党史研究室：《中国共产党历史（第二卷）（上册）》，中共党史出版社，2011，第100页。
[2] 国家统计局国民经济综合统计司编《新中国五十五年统计资料汇编》，中国统计出版社，2005，第45页。

党领导全国人民在进行各项民主改革的同时，经过三年努力，全面恢复了国民经济，为其后进行的社会主义改造创造了条件。

（一）与投机资本进行经济斗争，夺取市场控制权

中华人民共和国成立前后，许多新解放城市承受着旧秩序被破坏、新秩序尚未建立起来的经济震荡，国民党统治时期恶性通货膨胀的影响仍在延续，一大批不法投机商趁机兴风作浪，致使物价猛烈上涨，经济秩序极其混乱。为克服当时的财政经济困难，中国共产党首先遇到的一个迫切任务，就是要控制市场，稳定物价，扭转财政经济形势极端混乱的状况。

当时的中国面临着百废待兴的局面，国家的财政收支不平衡，入不敷出。由于解放战争还在继续，军费开支庞大，1949年占财政总收入的一半以上，1950年占41.1%。为了稳定社会，人民政府对国民党留下的几百万军政和公教人员采取包下来的办法，"三个人的饭五个人吃"，这样，连同自己的军政公教人员，国家需要供给的脱产人员达900万人，行政费用也很大。恢复生产和交通运输需要投资，几千万灾民和失业者需要救济。人民政府的财政收入远远不够支付浩大的费用，1949年国家支出中有三分之二的赤字，为此，不得不靠大量发行货币来弥补财政赤字。人民币的发行额，以1948年年底为基数，到1949年11月增加约100倍，到1950年2月则增加278倍。在这种情况下，旧中国遗留下来的投机资本便在新解放的城市中囤积居奇，造成市场混乱，物价飞涨。从1949年4月到1950年2月，短短10个月中，就出现过四次全国性的物价大波动。为了制止投机资本操纵市场而加剧的经济混乱，中国共产党和人民政府依靠国营经济的力量和广大工人、农民的支持，采取有力的经济措施和必要的行政手段，在新解放城市进行了打击不法投机资本的斗争，相继组织了同投机资本作斗争的两大战役，即有名的"银元之战"和"米棉之战"。

针对当时银元投机猖獗的情况，各大城市军管会和人民政府，明令严禁金条、银元和外币在市场上流通，一律由人民银行挂牌收兑，规定人民币为唯一合法的货币。但投机商对人民政府的法令置若罔闻，继续扰乱市场。在上海，投机商的活动尤为猖狂，银元的黑市价从人民币1400元涨到2000元以上。为打击投机资本，1949年6月10日，经中共中央批准，上海市军管会一举查封了金融投机的大本营"证券大楼"，将投机商人238人逮捕法办，沉重地打击了金银外币的投机活动。这场斗争的胜利在社会上引起很大震动，银元价格立即大幅下跌，全国粮油市场价格随之回落，人民币迅速进入市场流通。

在打击了金银外币投机之后，投机商又转而囤积粮食、棉纱、棉布、煤炭等物

资,以哄抬物价,甚至扬言,只要控制了"两白一黑"(即大米、棉花和煤炭)就能置上海于死地,气焰十分嚣张。"稳定金融物价的斗争,主要是同民族资产阶级中的投机资本家的较量","是我们同民族资产阶级争夺经济领导权的斗争"。① 谁掌握了市场,谁就掌握了经济上的领导权。为了克服财政经济上的困难,整治金融市场,稳定物价,打退投机资本的进攻,1949 年 7 月 27 日至 8 月 15 日,主持中央财政经济委员会工作的陈云同志,受中共中央委托,召开了有五大区领导干部参加的财经工作会议。会议提出了克服困难的四项办法,即:精简节约;在新解放的乡村抓紧征粮,新解放的城市抓紧征税;发行公债;从各地调拨物资,保证上海的需要。针对投机资本家大量囤积粮食、棉纱的情况,会议也进行了部署,决定进行"米棉之战"。在中财委的统一部署下,各地一致行动,经济手段和行政手段双管齐下。一方面,在全国范围内调运粮食、棉花、棉布和煤炭,择机抛出;另一方面采取措施,收紧银根。1949 年 11 月 25 日,当物价上涨最猛的时候,全国各大城市按照中央的统一部署,一致行动,敞开抛售,使物价迅速下跌。"这一抛(抛售物资主要是纱布)一收(收紧银根),资本家两面挨'耳光'。"② 投机商资金周转失灵,纷纷破产。

两大"经济战役"沉重地打击了投机资本,各地市场从 1949 年 11 月 25 日起趋于稳定,到 12 月初物价上涨风告一段落。打击投机资本斗争的胜利,表明中国共产党和人民政府在市场上已经取得了领导地位,掌握了稳定市场的主动权。

要从根本上制止通货膨胀、稳定物价,还必须平衡国家财政收支。而平衡财政收支的关键,在于节约支出,整顿收入,统一财政收支的管理。在财政收支的管理问题上,抗日战争和解放战争时期,为适应各解放区被敌人分割、独立作战的环境,中国共产党采取了政策上统一领导、业务上分散经营的方针,曾经收到了极大的成效。中华人民共和国成立以后,全国在地域、交通及物资交流与币制等方面已经统一,但公粮和税收大多还由各大区省、市、县人民政府管理,而国家支出的大部却由中央人民政府负责和依靠增发通货。这种财政上的不统一和收支机关之间的脱节现象,如果任其下去,势必又要额外增加通货的发行,引起金融物价的波动,给资产阶级的投机活动以可乘之机,严重地影响人民的生活,妨碍国民经济的恢复和建设。因此,中国共产党和人民政府决心采取重大的步骤来转变这种局面。

1950 年 3 月 3 日,政务院颁布《关于统一国家财政经济工作的决定》(以下简称《决定》)。《决定》分析了当时国家财政经济情况的特点,说明了统一财经工作的重要

---

① 薄一波:《若干重大决策与事件的回顾(上)》,中共党史出版社,2008,第 55 页。
② 薄一波:《若干重大决策与事件的回顾(上)》,中共党史出版社,2008,第 57 页。

性,并作出了十项决定,其主要内容是:统一国家财政收支,使国家收入的主要部分集中到中央,用于国家的主要开支;统一全国物资调度,使国家掌握的重要物资从分散状态集中起来,合理使用,调剂余缺;统一全国现金管理,一切军政机关和公管企业的现金,除留若干近期使用者外,一律存入国家银行,统一调度。同日,中共中央向各级党委发出《关于统一国家财政经济工作的通知》,指出:"过去各解放区被分割的状态,已经完全改变,全国在地域、交通及物资交流与币制等等方面已经统一。在这种情况下,如果国家财政收入的主要项目不作统一的管理和有计划的使用,则非但不利于国家的财政和经济工作,且将严重地影响人民的经济生活与妨害国家的恢复和建设。"对这种不统一的局面,"必须切实地加以转变",并要求"各级党委必须用一切方法去保障这个决定的全部实施"。①

根据政务院的决定和中共中央的通知,各大行政区人民政府(军政委员会)、各大军区都召开会议,讨论并通过了贯彻执行《决定》的各项具体措施。同时,政府又采取了核实编制、清理仓库、整顿税收、发行公债、节约开支等措施,并收到了明显的效果,财政收支很快就接近平衡,金融、物价趋于稳定,国家财经工作在全国范围内迅速地统一起来。

稳定物价和统一财政经济工作,结束了国民党统治时代长期以来通货膨胀、物价飞涨的局面,标志国家财政经济状况已经开始好转,表明社会主义国营经济对整个国民经济的领导地位已经开始确立,也进一步说明中国共产党不仅在军事上是无敌的,政治上是坚强的,而且在经济斗争和经济工作上也是具有高超艺术的。

(二)调整工商业,理顺公私关系

中华人民共和国成立初期,私营工商业在国民经济中占有相当大的比重。1950年,私营工业的产值占全国工业总产值的51%,私营商业的商品零售额占全国商品零售总额的85%。私营经济在满足人民需要,帮助商品流通,促进城乡交流,吸收职工就业,增加国家税收等方面,对恢复和发展国民经济有着重要的作用。

1950年春夏之交,国家经济生活中出现了市场萧条、私营工商业经营困难的问题,表现在商品滞销、生产减缩、关店歇业增多、失业人数增加等。据统计,14个较大城市在1950年1月至4月,倒闭的工厂达2945家。16个较大城市半停业商店达9347家。全国失业工人逾百万。私营工商业遇到困难的主要原因为:一是因通货膨胀而形成的虚假购买力的消失;二是从前依赖外国市场和面向达官贵人的产品和服务项目失去了市场;三是占城乡人口大多数的工人和农民购买力低;四是有些私营工商企

---

① 中共中央党校党史研究室选编《中共党史参考资料(七)》,人民出版社,1980,第36页。

业管理落后,人浮于事。①

为了克服私营工商业遇到的困难,1950年夏,中共中央先后多次召开会议进行研究,作出了调整工商业的决定。1950年4月,毛泽东在政治局会议上指出:"目前财政上已经打了一个胜仗,现在的问题要转到搞经济上,要调整工商业。"②并指出调整工商业的原则是公私兼顾、劳资两利,要纠正一些干部中存在的想挤垮私营工商业的不正确思想和做法。1950年6月召开的中共七届三中全会讨论了毛泽东提交的《为争取国家财政经济状况的基本好转而斗争》的书面报告。毛泽东在报告中把土地改革的完成,现有工商业的合理调整,国家机构所需经费的大量节减作为获得财政经济状况的根本好转的三个条件。他指出,要在统筹兼顾的方针下合理调整工商业,在调整中要切实而妥善地改善公私关系和劳资关系,以促进整个社会经济的恢复和发展。党的七届三中全会把合理调整工商业列为财政经济状况基本好转的重要任务之一。陈云在会上作了重要发言,阐明了调整工商业的必要性、调整的内容和有关政策,对合理调整工商业作了具体部署。

调整工商业主要是调整公私关系和劳资关系,首先是调整公私关系。调整公私经济关系的实质,是在巩固国营经济领导地位的前提下,使私营经济发挥有利于国计民生的作用。对私营工业,采取加工、订货等方式扶持,并在原料供应、资金供给等方面实行公私大体平等的原则。对私营商业,国家划分公私经营的范围。国营零售商业紧缩了一部分机构,把经营货物的品种由过去的几十种减为主要经营粮食、煤炭、布匹、油类、食盐、生产工具等少数重要物资,扩大了私营商业的经营范围;调整价格政策,使私营零售商有利可图。调整劳资关系,主要是遵循公私兼顾、劳资两利的原则,既要保护私营工商业的合法权益,又要保障工人的权益。当时提倡"劳资团结,渡过难关",适当降低了一部分工人的工资。同时,政府做好失业救济和安置工作。此外,还调整了产销关系,由政府统一制订产销计划,克服生产中的无政府状态,使产销之间趋于平衡。

经过全国工商业的合理调整,公营经济和私营经济都获得了迅速发展。公营工业总产值,1950年比1949年增长了148.8%,商业零售额,1951年比1950年增长了133.2%。私营工商业也渡过了难关,得到了发展,1951年与1950年相比,全国私营工业生产总值增长了39%,商业零售额增长了36.6%。全国29个城市失业人数由1950年6月的166万,减少到1951年7月的45万。这就为争取国家财政经济状况的

---

① 薄一波:《若干重大决策与事件的回顾(上)》,中共党史出版社,2008,第68页。
② 薄一波:《若干重大决策与事件的回顾(上)》,中共党史出版社,2008,第70页。

基本好转,恢复和发展国民经济奠定了基础。

(三)国民经济的全面恢复

按照党的七届三中全会的精神,中国共产党领导全国各族人民为恢复和发展工农业生产及各项经济事业付出了巨大的努力,同时有力促进了抗美援朝战争进入谈判停战的阶段。从 1949 年到 1952 年年底,经过三年多的艰苦奋斗,中华人民共和国成立前遭到严重破坏的国民经济获得全面恢复,并有了较大发展。新民主主义经济在全国范围内得以确立,工农业生产、交通运输、内外贸易得以恢复并有所发展。国家财政收支平衡,物价稳定,人民物质文化生活得到初步改善。

到 1952 年下半年,国家财政经济状况得到根本好转,工农业生产达到或超过历史最高水平。1952 年全国工农业总产值 810 亿元,比 1949 年增长 77.6%,比中华人民共和国成立前最高水平的 1936 年增长 20%,三年中平均递增 21.1%。这一年钢产量达到 135 万吨,原煤 6449 万吨,粮食 3278 亿斤,棉花 2607 万担,农田水利建设投资 8.25 亿元,都超过历史最高水平。交通运输方面,三年共修建铁路 3000 多公里,铁路通车达 24500 公里,公路通车达 126600 公里。

三年间,国民经济结构也发生了重大变化。国营经济、私人资本主义经济、个体经济、国家资本主义经济、合作社经济都得到发展,以社会主义国营经济为主导的多种所有制结构初步形成。社会主义性质的国营经济发展最为迅速。1949 年到 1952 年,国营工业在工业总产值中的比重从 34.7% 上升到 56%;国家资本主义工业的比重由 9.5% 上升为 26.9%;社会主义商业的比重由 1950 年的 14.9% 上升为 42.6%;对外贸易完全由国家统一管理。国民经济的产业结构也发生了深刻变化。工业(包括手工业)总产值在工农业总产值中的比重也由 1949 年的 30.1% 上升到 1952 年的 43.1%,其中现代工业总产值由 17% 上升到 27.7%。可见,国民经济的恢复,不仅是量的发展,而且有性质的变化和质量的提高。

人民物质生活明显改善和提高。随着工农业生产的发展,职工就业人数逐年增加。全国职工人数 1952 年达 1580 万人,比 1949 年增长 97.5%,职工平均工资比 1949 年增长 70% 左右,农民收入一般增长了 30%。文化、教育、卫生事业也得到相应发展。1952 年同 1949 年相比,全国学生总数增加了一倍多。从 1952 年 6 月起,国家对职工实行公费医疗制度。科学研究事业、新闻出版事业、电影广播事业和各种群众文化活动都有很大发展。

中华人民共和国成立后三年间国民经济的全面恢复和发展,始终贯穿着中国共产党作为工人阶级执政党的领导核心作用。党在纷繁复杂的斗争中,牢牢把握解放和发展生产力这个中心环节,动员一切力量促进国民经济的全面恢复和发展,为整个国家和社会从新民主主义转变到社会主义,为开始进行大规模的经济建设创造了前提条件。

第三节　领导社会主义经济改造与建立社会主义经济制度

实现从新民主主义向社会主义的转变,是中国革命发展的必然趋势,也是中国共产党的重要历史使命。1953 年到 1956 年,在党的过渡时期总路线指引下,中国进入了全面实行社会主义改造与建立社会主义经济制度的时期。中国共产党成功领导了生产资料私有制的社会主义改造,构建了社会主义经济体制,建立了社会主义的基本经济制度,为社会主义生产力的发展开辟了广阔的道路。

一、党在过渡时期的总路线的确立

国民经济恢复任务完成后,中国共产党根据形势的变化,提出了党在过渡时期的总路线,为实现国家向社会主义的转变指明方向。

（一）向社会主义转变的历史条件的形成

在中国实现社会主义,是中国共产党自创立时就确定的奋斗目标。新民主主义社会是过渡性质的社会,是以社会主义为前途的。我国国民经济恢复任务完成后,中国共产党和中国人民面临的迫切任务,就是要将中国由一个贫穷落后的农业国建设成一个富强的先进的工业国,将新民主主义经济改变为社会主义经济,为把中国建设成为一个强大的社会主义国家创造条件。

中华人民共和国成立后,经过三年多的经济恢复和发展,我国社会中的社会主义因素一直在不断增长,不仅在政治上而且在经济上已居于领导地位,并远远超过私营工商业的发展,日益加强控制力量,而非社会主义因素已不断受到限制和改造。中国共产党认识到,由于国民经济的全面恢复和发展,国家的政治、经济面貌发生了巨大的变化,向社会主义过渡的条件已经基本具备。

政治上,工人阶级领导的、以工农联盟为基础的人民民主专政的国家政权已经巩固,社会秩序基本稳定,包括各民主阶级、各民主党派、各少数民族和海外华侨在内的统一战线也进一步扩大,全国安定团结的政治局面业已形成。这是进行社会主义改造的根本保证。同时,三年国民经济恢复过程中,中国共产党已在一些方面实际上进行了社会主义改造的工作,并取得了一些经验,培养了一批干部,完全有能力去推进社会主义改造工作的顺利进行。

经济上，经过三年恢复，中国社会生产力已经有了较大发展。到 1952 年年底，全国钢产量已达到 135 万吨，发电量达 73 亿度，工业（包括手工业）总产值在工农业总产值中的比重达 43.1%，现代工业产值在工业总产值中的比重达 27.7%，全国职工人数 1580 万。掌握在工人阶级领导的国家手中的社会主义性质的国营经济，控制着全国的经济命脉，是进行社会主义改造的基本物质基础。

从外部环境来看，中国已经同几十个国家建立了外交关系，同社会主义国家的友好往来也日益发展。特别是抗美援朝战争取得了决定性的胜利，国家的独立与安全已获得了保障。这就客观上提供了一个和平的国际环境，使我们能够将主要的精力和财力用到经济建设上来。

（二）党在过渡时期的总路线的提出

中国共产党提出由新民主主义向社会主义过渡时期的总路线，经过了一段较长时间的酝酿，并随着实践的发展而逐渐深化认识。1949 年 3 月，党的七届二中全会决议指出："在革命胜利以后，迅速地恢复和发展生产，对付国外的帝国主义，使中国稳步地由农业国转变为工业国，由新民主主义国家转变为社会主义国家。"这已指明了由新民主主义到社会主义要经过一个转变时期，即过渡时期。当时，中共中央曾经设想，新中国成立后还要继续搞一段时间的新民主主义，经过 10 年到 15 年的新民主主义建设时期，等条件成熟再向社会主义过渡。随着中华人民共和国成立后三年来的经济恢复和发展，中共中央和毛泽东逐步认识到，中华人民共和国成立后的新民主主义建设时期，也就是社会主义经济成分不断增长的时期，恢复国民经济阶段的许多措施本身已有社会主义革命的性质。如没收官僚资本建立国营经济，在调整工商业中，对私营工商业采取加工订货、统购包销、经销代销形式，土改后农村中发展互助组、合作社等，都已具有了社会主义性质。新民主主义时期，也就是新民主主义到社会主义的过渡时期。

1952 年 9 月 24 日，毛泽东在中央书记处的会议上谈到，我们现在就要开始用 10 年到 15 年时间基本上完成到社会主义的过渡，而不是 10 年或者 15 年以后才开始过渡。之后中央书记处又经过多次讨论并研究了苏联的经验。1953 年 6 月 15 日召开的中央政治局会议，明确提出了过渡时期总路线的基本内容。6 月至 8 月，中共中央召开全国财经工作会议，会议在讨论贯彻过渡时期总路线、处理与资产阶级关系问题的过程中，批评了 1953 年上半年实施的"公私一律平等"的新税制以及其他一些财经工作中的错误、缺点。认为新税制是"有利于资本主义，不利于社会主义的错误"[1]，反映了一些同志对总路线的基本精神领会不深，贯彻不力。该会议统一了全党在总路线问题上的思想认识，为贯彻执行总路线奠定了思想基础。9月，中共中央发布的庆祝国庆四周年的口号中，向全国公布了过渡时期总路线。12月，毛泽东亲自审阅和修改中宣部编写的《为动员一切力量把我国建设成为一个伟大的社会主义国家而斗争——关于党在过渡时期总路线的学习和宣传提纲》时，对过渡时期总路线作了完整的表述，即"从中华人民共和国成立，到社会主义改造基本完成，这是一个过渡时期。党在这个过渡时期的总路线和总任务，是要在一个相当长的时期内，逐步实现国家的社会主义工业化，并逐步实现国家对农业、对手工业和对资本主义工商业的社会主义改造"[2]。并指出，这条总路线是照耀各项工作的灯塔，各项工作离开它，就要犯右的或"左"的错误。1954年2月10日，党的七届四中全会通过决议，正式批准了中央政治局提出的党在过渡时期的总路线。1954年9月，中华人民共和国第一届全国人民代表大会通过的《中华人民共和国宪法》，把党在过渡时期的总路线作为国家在过渡时期的总任务写入总纲。

过渡时期总路线的内容，简称为"一化三改"。"一化"即逐步实现国家的社会主义工业化，"三改"即逐步实现国家对农业、手工业、资本主义工商业的社会主义改造。实现国家的社会主义工业化，就是通过发展社会主义工业，改造非社会主义工业，建立一个基本完整的社会主义工业体系，使社会主义工业在整个国民经济中成为具有决定作用的领导力量，使中国由农业国转变为工业国。实现对农业、手工业、资本主义工商业的社会主义改造，就是要把农业、手工业的个体所有制，逐步改造为社会主义的集体所有制，把私营工商业的资本主义所有制，逐步改造为社会主义的全民所有制。这是社会主义建设和社会主义改造并举的路线。它要求在基本实现社会主义工业化的同时，基本完成对农业、手工业和资本主义工商业的社会主义改造。社会主义工业化为社会主义改造提供物资和技术基础，社会主义改造又为社会主义工业化创造必要的条件。实现社会主义工业化是总路线的"主体"，三大改造是总路线的"两翼"。二者相互联系，相互促进，体现了发展生产力和变革生产关系的辩证统一。

过渡时期总路线向全党和全国人民指明了逐步过渡到社会主义的步骤和途径，解决了在中国这样一个经济文化落后，农民占人口大多数的国家如何过渡到社会主义的

---

[1] 薄一波：《若干重大决策与事件的回顾（上）》，中共党史出版社，2008，第174页。
[2] 中共中央党校党史研究室选编《中共党史参考资料（八）》，人民出版社，1980，第44页。

问题。过渡时期总路线提出后,在全国掀起了学习、宣传和贯彻总路线的热潮。通过学习和宣传,广大干部和群众明确了把中国建设成为一个伟大的社会主义国家的奋斗目标和具体道路,极大地激发了全国人民的社会主义积极性。

(三)党在过渡时期的总路线的实质和意义

中国共产党在过渡时期的总路线的提出,是根据马克思列宁主义关于从资本主义到社会主义的过渡时期理论,结合中国的实际情况,来确定中国从新民主主义逐步过渡到社会主义的路线、方法和步骤,它反映了历史发展的必然。

列宁认为,在经济不发达的国家,无产阶级夺取政权后,必须有一个过渡时期。过渡时期的基本特征是多种经济成分并存,主要是社会主义、小商品生产和资本主义三种经济形态。无产阶级政党在过渡时期的任务是:利用国家政权,通过合作社的形式改造小农经济,把广大农民逐步引上社会主义道路;根据资产阶级对国家资本主义的态度,分别采取没收和赎买的政策,将资本主义私有制变为国家所有制;建立社会主义社会的物质基础——大工业,实现社会主义工业化。

1952年年底国民经济恢复任务完成时,中国仍是一个生产力水平很低的农业国。作为国民经济发展水平主要标志的现代工业,只占工农业总产值的27.7%,还没有大型机器制造工业,更没有现代化的农业和国防工业。五种经济成分中,社会主义性质的国营经济占国民经济的19.1%,半社会主义性质的合作社经济占1.5%,资本主义经济占6.9%,农业和手工业的个体经济占71.8%。这种情况表明,农业和手工业的个体经济占绝对优势,工业和商业的资本主义经济也占有相当的比重。只有改变上述落后的生产力状况和复杂的经济结构,才能把中国建设成为一个伟大的社会主义国家。过渡时期总路线正是反映了改变中国工业不发达和私有制占绝对优势状况的客观要求。

第一,工业化是国家独立和富强的必然要求和必要条件。尽快地改变贫穷落后的面貌,实现国家的独立和富强,是中国人民100多年来的夙愿。只有实现工业化,才能用先进的技术装备农业、交通运输业和国民经济的其他各部门,发展社会生产力。不实现工业化,便没有巩固的国防,便没有国家的富强,便没有人民生活水平的提高。因此,实现国家的工业化,使中国由农业国变为工业国,就成为中国人民面临的一项迫切的任务。

第二,对资本主义工商业的社会主义改造是由当时国内的主要矛盾决定的。新民主主义革命在全国胜利及土地改革在全国完成以后,国内的主要矛盾已经变为工人阶级和资产阶级之间、社会主义道路和资本主义道路之间的矛盾。中华人民共和国成立后头几年,国家需要有利于国计民生的资本主义工商业有一定的发展,以增加社生产，促进商品流通，积累建设资金，培养建设人才，解决一部分人的就业问题。但是资本主义工商业又有唯利是图、投机取巧、生产无政府、破坏统一的国民经济有计划建设等不利于国计民生的消极的一面，这就不能不进行限制和反限制的斗争。随着有计划经济建设的开展，在资本主义企业和国家各项政策之间，在它们和社会主义国营经济，以及和本企业职工之间，利益冲突越来越明显。为了解决这些矛盾，以适应有计划的社会主义建设的要求，必须逐步实现对资本主义工商业的社会主义改造，以便从根本上解决无产阶级同资产阶级的矛盾，解放被资本主义生产关系束缚的生产力。

第三，国家对农业、手工业的社会主义改造，是发展生产力和改善人民生活的客观要求。土地改革完成后，农业生产力已从封建制度的束缚下解放出来，但仍然是分散的、落后的小农经济，限制了生产力的发展，不能适应国家工业化对商品粮食、工业原料、建设资金和商品市场日益增大的需要。同时，小农经济极其脆弱，很不稳定，不可避免地会产生两极分化，其结果会使农村中的少数人成为新的剥削者，而多数人陷于贫困和破产。同时，个体农民，特别是土改中刚刚获得土地的广大贫下中农，为了发展生产，摆脱贫困，兴修水利，抵御自然灾害，采用农业机械和其他新技术，也确有走互助合作道路的要求。工业化的不断发展，一方面对农产品的需求日益增大，另一方面对农业技术改造的支援日益增强，这也是促进个体农业向合作化方向发展的一个动力。因此，对农业进行社会主义改造，不仅反映了广大农民的迫切愿望，也是工业发展的必然结果。逐步引导个体农民走合作化的道路就成为土改后农村的中心任务。个体手工业的情况和个体农业的情况相类似。

因此，过渡时期总路线的实质，就是把中华人民共和国成立初期建立在多种所有制基础上的新民主主义社会，改造为建立在全民所有制和集体所有制基础上的社会主义社会，"使生产资料的社会主义所有制成为我国国家和社会的唯一的经济基础"[1]。

党在过渡时期总路线的提出，在中华人民共和国历史发展上具有转折性的意义。这是中国共产党依据中华人民共和国成立后经济、政治条件的新变化而作出的重大决策，改变了原来的设想，不是等待长期准备之后再采取实际的社会主义步骤，而是现在就采取社会主义工业化和社会主义改造同时并举的方针，向社会主义过渡。这是党的总路线、总任务及发展战略上的重大转变，其内容是对党的七届二中全会决议所确定原则的进一步明确化和具体化。历史证明，党提出过渡时期总路线，是符合新中国社会发展的实际和规律的，反映了历史的必然性，是完全正确的。

---

[1] 中共中央党校党史研究室选编《中共党史参考资料（八）》，人民出版社，1980，第45页。

二、中国共产党对三大改造的组织和领导

在过渡时期总路线的指引下,中国共产党迅速领导完成了对个体农业、手工业和资本主义工商业的社会主义改造,奠定了中国社会主义的经济基础。

(一)对农业社会主义改造的组织和领导

农民的个体所有制属劳动者私有制,按照马克思主义理论,在消灭私有制、建立公有制的过程中,对农民的这种私有制原则上不能采用暴力剥夺的办法,而应通过示范引导和提供社会帮助,引导其走合作化道路,逐步把农民的个体所有制改造为劳动群众的集体所有制。

中国共产党在土地改革完成后,就及时地引导农民走互助合作的道路。1951年12月,中共中央制定《关于农业生产互助合作的决议(草案)》,规定了农业生产互助合作的路线、方针和办法,要求各级党委根据需要和可能的条件,按照积极发展、稳步前进的方针和自愿互利的原则,逐步引导农民走集体化的道路。在这个决议的指导下,各地农村普遍发展临时和常年互助组,少量试办初级农业生产合作社。但在实践中,一些地方发生了急躁冒进的情况。中共中央及时发现了这一情况,并采取了一系列措施进行纠正。1953年3月8日,中共中央下达《中央关于缩减农业增产和互助合作发展的五年计划数字给各大区的指示》,要求各大区将原定计划压缩,并转发《华北局关于纠正农业生产合作社发展中的盲目冒进偏向的指示》等文件,很快纠正了急躁冒进的倾向。从全国来看,农业互助合作组织由于工作比较扎实,生产组织程度比较适当,当年有90%以上的互助组、合作社增产,显示了农业合作化的优越性。

在发展农业互助合作组织的同时,国家进一步加强了经济上对农业生产的扶持,适当提高农副产品的收购价格,坚持实行依税率计征、鼓励增产的税收政策,增加农用生产资料的供应量,扩大农田水利建设规模,有力地支持了农业增产,推动了农业合作化运动的发展。

1953年12月,中共中央在总结农业生产互助经验的基础上,作出《关于发展农业生产合作社的决议》。决议认为,农村工作的中心任务,是要发展互助合作,以提高农村的生产力。决议指出,引导个体农民经过具有社会主义萌芽性质的互助组,到半社会主义性质的初级社,再发展到社会主义性质的高级社,是对农业进行社会主义改造的正确道路。决议还提出了农业合作化必须遵循的自愿互利、典型示范和国家帮助的原则,积极领导、稳步前进的方针和依靠贫下中农、团结中农的政策,逐步引导农民走合作化道路。决议发表后,农业互助合作运动进入重点发展初级农业生产合作社阶段。到1954年年底,初级社发展到48万个,这些合作社大部分是增产的,合作

化运动的发展是健康的。但在大发展的过程中，一些地区再次出现了发展过急过猛的急躁冒进倾向，违反了自愿互利原则，侵犯了中农的利益，再加上1954年国家向农民多购了70亿斤粮食，致使全国农村出现了不同程度的紧张状况。

1955年1月10日，中共中央发出了《关于整顿和巩固农业生产合作社的通知》，要求各省区根据不同情况作出规划：凡是基本上完成发展计划的应停止发展，全力转向巩固；未完成计划的地区，应有准备地在巩固中继续发展；计划过高的可报中央农村工作部批准适当收缩；对仓促铺开的地区，应进行整顿。通知发出后，农业生产合作社继续有所发展，到1955年4月，达到67万个。但到6月底，全国农业合作社数量为65万个，同4月相比，减少了两万个。

1955年7月31日，毛泽东在省市自治区党委书记会议上作了题为"关于农业合作化问题"的报告。报告进一步阐明了中国农业合作化的可能性、必要性，重申了自愿互利原则。但由于报告的基调是批判"小脚女人走路"的"右倾"观点，而且会后批判不断加温，到10月的七届六中全会和随后《中国农村的社会主义高潮》一书的出版而达到高潮，这推动了农业合作化的急速前进。1955年夏季以后，农业合作化运动迅猛发展，出现了整乡、整区、整县实现农业合作化的高潮。年底，参加合作社的农户占全国农户总数的60%。

从1956年春起，农业合作化运动转入建立高级农业生产合作社的阶段。6月，全国人大一届三次会议通过并公布了《高级农业生产合作社示范章程》，各地根据这个章程对已经建立的高级社进行整顿和巩固，并继续发展高级社，到1956年年底，入社农户已达1.17亿户，占全国农户总数的96.3%，其中加入高级社的占全国农户总数的87.8%。至此，农业的社会主义改造基本完成。

在农业合作化的过程中，也存在一些缺点和偏差，例如推进过急，方式过于简单。但是，总体上看，引导个体农民走合作化的道路是完全正确的，农业合作化的成绩是伟大的。农业合作化的胜利，使广大农民群众彻底摆脱了小块土地私有制的束缚，走上了合作经济的广阔发展道路，进入了建设社会主义农村的历史时期，并为实现国家工业化和推进对资本主义工商业的社会主义改造创造了有利条件。

（二）对手工业社会主义改造的组织和领导

党在对农业进行社会主义改造的同时，对手工业也进行了社会主义改造。1953年11月至12月，在第三次全国手工业生产合作会议上，中共中央号召把手工业者组织起来，走社会主义道路。会议指出：手工业合作组织必须根据生产需要和手工业劳动群众的觉悟程度，采取群众所能接受的形式，由群众自愿地组织起来。会议确定了对手工业进行社会主义改造的方针和政策：在方针上，应当是积极领导，稳步前进；在方法上，应当是从供销入手，实行生产改造；在步骤上，应当是由小到大，由低级到高级。会议总结了中华人民共和国成立以来试办手工业合作组织的经验，明确提出了三种组织形式。第一种是手工业生产小组，首先从供销方面把手工业劳动者组织起来，有组织地购买原料、推销成品或接洽加工业务。这是广泛组织手工业劳动者的初级形式。第二种是手工业供销生产合作社，是由若干手工业劳动者或几个手工业生产小组组织起来，统一购买原料、推销成品，统一承揽加工订货，并以业务经营中的积累来购置公有的生产工具，进行部分的集中生产，逐渐增加社会主义因素。第三种是手工业生产合作社，是手工业社会主义改造的高级形式。其中一部分社的主要生产资料已完全归社员集体所有，完全按劳分配，已经是完全社会主义性质的生产合作社；还有一部分社的主要生产资料尚未完全成为集体所有，实行工具入股分红，统一经营，收益的一部分采取按劳分配，这是半社会主义性质的生产合作社。

　　这次会议后，对手工业的社会主义改造全面展开。到1954年年底，全国手工业合作组织达到4.17万多个，社（组）员121.35万人，当年产值11.7亿元，相当于1953年的2.3倍。手工业的供销生产合作很有生气，社（组）员劳动积极性很高，劳动生产率也相应提高，发挥了组织起来的优越性。1955年，根据党中央的要求，全国各地进一步加强了对手工业改造的领导，经常进行监督和检查，及时予以工作上的指导和帮助，使这一时期手工业合作化得到积极、稳步、健康的发展。到1955年上半年，手工业合作组织已发展到5万个，人数近150万。

　　1955年下半年，在农业、资本主义工商业改造的高潮中，手工业改造的速度也加快了。其间也曾在手工业内部和外部关系上出现过一些问题，主要表现在组织形式上盲目合并，原有供、产、销关系被打乱等方面。党中央、国务院发现并注意到这些问题，要求予以纠正。各地对这些问题进行了纠正和调整后，手工业生产合作社普遍增加了生产，提高了收入，表现了集体经济的优越性。到1956年6月底，组织起来的手工业者，已占手工业者总数的90%。同年底，全国手工业合作社（组）已发展到10.4万余个，社（组）员达到603.9万余人，占全部从业人员的91.7%。其中，高级形式的手工业生产合作社发展到7.4万余个，社员484.9万人，占全部从业人员的73.6%。合作化手工业的产值108.76亿元，占手工业总产值的92.9%。至此，手工业由个体经济向集体经济的转变基本完成。除了某些边远地区以外，全国基本实现了手工业合作化。

(三)对资本主义工商业社会主义改造的组织和领导

早在 1949 年 3 月召开的党的七届二中全会上,中国共产党就确定了对资本主义工商业实行利用、限制的方针。对资本主义工商业的社会主义改造从中华人民共和国成立之初接收大城市起就已开始了。当时将私营企业中的战犯、汉奸、官僚股权收归国有,实行公私合营;在统一财经管理、平抑物价时,为取缔投机倒把,人民银行与私营银行、钱庄开始实行联营,随后又实行公私合营。这些举措实际上就已经拉开了改造资本主义工商业的序幕。

从 1950 年到 1953 年,是实施初级形式的国家资本主义阶段。1950 年工商业合理调整的重要措施之一,就是由国营企业向私营工厂实行加工订货、统购包销,这就是把私营企业纳入国家资本主义的初级形式。到 1952 年年底,加工、订货、统购、包销和收购产品的产值已占私营工业总产值的 56%。从 1953 年 10 月起,国家陆续对粮食、油料、棉花等主要农产品及棉纱、棉布等人民必需的工业品实行统购统销的政策,对煤炭、钢材、生铁等重要工业原料实行计划供应,使其脱离自由市场。国家不仅从供销两头卡住了私营工业,同时也排挤了私商,在商业领域出现了经销代销等国家资本主义的初级形式。初级形式的国家资本主义,生产关系仍属资本家所有,企业基本上还是按资本主义方式经营,只是在企业外部即流通领域同社会主义国营经济发生联系。它的生产和经营在一定程度上纳入了国家计划轨道,限制了资本主义的活动范围;它的利润按照"四马分肥"的原则进行分配,从而在一定程度上限制了资本家的剥削。

过渡时期总路线公布以后,资本主义工商业的社会主义改造工作一直进展顺利。从 1954 年到 1956 年,国家资本主义进入高级形式,即公私合营阶段。公私合营又分为单个企业的公私合营和全行业公私合营两步。1954 年 1 月,中央财经委员会召开扩展公私合营工业计划会议,决定在几年内首先分期分批将 10 人以上的资本主义工业企业改造为公私合营企业。到 1954 年年底,实行公私合营的工业户已有 1764 户,占全部私营工业的 1%,但因为是大户,产值却占 33%,职工人数占 23%。公私合营后,企业由公私双方共有,接受国家的领导,由公私双方代表共同负责经营管理,企业的生产基本纳入国家计划的轨道,生产的目的由追求利润变为以满足国计民生的需要为主;企业利润仍按"四马分肥"的原则进行分配,资本家的剥削在更大程度上受到限制。这时,社会主义国营经济与资本主义经济在企业内部进行合作,因而企业已经具有半社会主义性质。

资本主义工商业中的大户进行了个别企业的公私合营后,为数众多的小户发生经营困难。这主要是因为：第一，私营工业遇到的货源问题无法解决。第二，农业合作化高潮掀起后，工农联盟的巩固，割断了资产阶级和农民的联系，处境孤立。第三，企业内部资本家和工人更加对立。私营企业的工人和国营企业、公私合营企业的工人比较，本来就有政治上低人一等的错觉，在生产不景气、工资无保障的情况下，更是希望早日实行公私合营。1955年，中共中央决定对资本主义企业实行"统筹兼顾、合理安排"的方针，采取以大带小、以先进带落后的办法进行联营合并。同年10月，中国共产党七届六中全会后，毛泽东两次约见工商界的代表谈话，勉励他们认清社会发展趋势，主动掌握自己命运，站在社会主义方面，有觉悟地逐渐转变到新制度去。11月，中共中央召开工作会议，讨论通过了由毛泽东主持并制定的《中共中央关于资本主义工商业改造问题的决议（草案）》，确定要把对资本主义工商业的改造工作推进到一个新的阶段，即从个别实行公私合营阶段，推进到全行业公私合营阶段。这是资本主义私有制过渡到完全的社会主义公有制的具有决定意义的重大步骤。同月，全国工商联首届执委会举行第二次会议，号召一切爱国的工商业者把自己的命运同国家的前途联系起来，在现有的基础上进一步接受社会主义改造。在经营困难和政策的双重压力之下，全国各地敲锣打鼓掀起了资本主义工商业社会主义改造的高潮。不少城镇申请公私合营者川流不息，日夜不断。在这种情况下，中共中央决定，先批准公私合营，把清产核资、改组企业、安排生产、安置人员、组织专业公司等工作，放到后面去做。1956年1月，北京第一个实现了全行业公私合营。1956年年底，全国基本上完成了全行业公私合营。

全行业公私合营后，企业完全由国家统一支配，企业的经营管理直接纳入国家计划，资本家对企业的支配权只表现在领取私股的固定利息上（一般年息为5%）。定息自1956年1月起计算，原定7年，后又延长3年，到1966年9月停止支付。据统计，1956年全国公私合营企业的私股总额为24.2亿元，国家每年支付定息1.2亿元。定息是资本家凭借原有的生产关系占有剩余价值的一种特殊形式，仍是资本家的剥削收入。但在这些企业里资本家不只是退出了生产领域，他所能得到的以定息形式表现出来的那一部分剩余价值，也同原来的企业断绝了联系，整个企业已归国家所有，基本上成为社会主义的企业了。

在实行全行业公私合营过程中，也出现了缺点和偏差。主要是时间过于仓促，工作不够细致，只采用公私合营这一种形式；把大批个体手工业者和小商贩卷入了全行业公私合营，混淆了劳动者和剥削者的界线；对于一部分原工商业者的使用和处理也不很适当。党中央、国务院对这些问题高度重视，及时采取措施，进行调整，基本上克服了改造高潮中的混乱现象。全行业公私合营以后，大多数公私合营企业合理调整了劳动力,集中了技术力量,提高了设备利用率,使企业得以充分发挥生产潜力。1956年,全国公私合营工业的劳动生产率比1955年提高了20%—30%,总产值达191.1亿元,比1955年增加了32%,全国公私合营商业的零售总额比1955年增加了15%以上。经过全行业公私合营这一决定性的步骤,国家更充分地利用公私合营这部分企业发展生产,活跃经济,积累资金,培训工人和管理干部,促进了整个国民经济的发展。

三、建立社会主义经济制度和经济体制

生产资料私有制社会主义改造的完成,标志着以公有制为基础的社会主义基本经济制度的建立。在这一过程中,以计划经济为特征的经济体制也最终形成。

(一)建立社会主义基本经济制度

1956年,生产资料私有制的社会主义改造取得了决定性的胜利,社会经济结构发生了根本性的变化,社会主义经济成分已占绝对优势,全民所有制和劳动群众集体所有制这两种形式的社会主义公有制已成为社会主义的主要经济基础。至1956年年底,中国约有1.17亿农户和500多万个手工业者的个体经济变为集体经济,7万户的私营工业企业已经变为公私合营企业,将近200万个私营大中小商店已经变为公私合营商店、合作商店、合作小组或直接转变为国营商店。1956年同1952年相比,国民经济总收入中,国营经济所占的比重由19.1%上升到32.2%,合作社经济由1.5%上升到53.4%,公私合营经济由0.7%上升到7.3%,资本主义经济由6.9%下降到0.1%以下,个体经济由71.8%下降到7.1%。社会主义经济在国民经济中的比重已由21.3%上升为92.9%。在工业总产值中,全民所有制工业的比重由41.5%上升到54.5%,集体所有制工业由3.2%上升到17.1%,公私合营工业由4%上升到27.2%,私营工业由30.7%下降到0.04%,个体手工业由20.6%下降到1.2%。社会主义公有制工业已达98.8%。社会商品零售总额中,国营经济由16.2%上升到34%,合作社经济由18.2%上升到30.1%,国家资本主义及合作化经济由0.4%上升到28.3%,私营经济由65.2%下降到7.6%。社会主义公有制经济已达92.4%。这表明,几千年以来以生产关系私有制为基础的阶级剥削制度已经基本被消灭,以生产关系公有制为基础的社会主义经济制度已经基本建立起来了。1956年9月,在党的八大上,刘少奇在《政治报告》中宣布:"改变生产资料私有制为社会主义公有制这个极其复杂和困难的历史任务,现在在我国已经基本上完成了。"党的八大《关于政治报告的决议》也宣布:"几千年来的阶级剥削制度的历史已经基本上结束,社会主义的社会制度在我国已经基本上建立起

来了。"① 此前，1954年9月第一届全国人民代表大会通过的《中华人民共和国宪法》，规定了国家的性质和根本政治制度，确认中华人民共和国是工人阶级领导的、以工农联盟为基础的人民民主专政的国家，中华人民共和国的一切权力属于人民，人民行使权力的机关是全国人民代表大会和地方各级人民代表大会。这为社会主义的基本经济制度提供了政治保障。

社会主义改造，也解放了生产力，推动了中国社会生产力的发展。经过"一五"计划建设，国民经济得到较大的发展，社会主义工业化取得较大成就，国民经济结构发生了很大变化。基础工业得到加强，一些新兴工业部门开始大批建立起来，工业布局不合理的状况有所改变。这一切，都构成了社会主义的物质基础。

伴随社会经济结构的变化和生产力的发展，中国的阶级关系也发生了根本的变化。在生产资料公有制的基础上，人剥削人的制度基本已经被消灭，原来的地主、富农及民族资产阶级分子，正在被改造成为自食其力的劳动者，广大农民和其他个体劳动者，已经成为社会主义的集体劳动者，工人阶级作为国家的领导阶级，其觉悟程度和文化技术水平得到了提高，知识分子成为社会主义建设的重要力量。劳动人民成为社会和生产的主人，在劳动过程中建立了同志式的互助合作的关系。生产资料的社会主义公有制，作为社会主义的生产关系，已经表现在生产、交换、分配、消费等各个方面。可见，到1956年，社会主义基本经济制度已经在中国确立。这是一个伟大的胜利，是中国共产党历史上一个重要的里程碑。

（二）在借鉴苏联模式的基础上构建中国社会主义经济体制

伴随着社会主义改造的完成和社会主义基本经济制度的确立，在借鉴苏联经验的基础上，中国共产党领导人民建立了以单一公有制为基础的计划经济体制。

中国选择这种集中统一的计划经济体制，首先是基于马克思主义关于社会主义经济理论的基本观点。马克思主义经典作家曾设想，在社会主义公有制条件下，资本主义生产的无政府状态，将由社会根据统一计划来配置资源这样一种有计划的经济形态所取代。这种设想对中国共产党人产生了深远的影响。其次，是受苏联模式的影响。中国共产党在开始建设的时候，曾经号召"学习苏联"，而苏联模式，就是集中统一的计划经济模式，这种模式在实现苏联经济的快速恢复与发展的过程中发挥了重要作用。最后，中华人民共和国成立初期，中国经济基础极为薄弱，财力物力十分有限。为了迅速恢复国民经济，稳定市场，保证工业化重点项目的建设，有计划地建设社会主义，实现对生产资料私有制的社会主义改造，客观上需要国家运用集中统一的计划

---

① 中共中央党校党史研究室选编《中共党史参考资料（八）》，人民出版社，1980，第304、523页。

手段组织生产。事实上，国家计划也是中国共产党领导国民经济恢复，进行社会主义改造的重要手段。

集中统一的计划经济体制是在国民经济恢复和社会主义改造过程中逐步形成的。《共同纲领》规定："中央人民政府应争取早日制定恢复和发展全国公私经济各主要部门的总计划，规定中央和地方在经济建设上分工合作的范围，统一调剂中央各经济部门和地方各经济部门的相互联系。中央各经济部门和地方各经济部门在中央人民政府统一领导之下各自发挥其创造性和积极性。"① 可见，《共同纲领》实际上已经提出了构建统一的经济管理体制的问题。

1950年3月，根据中共中央的指示，政务院发布《关于统一国家财政经济工作的决定》，规定统一全国财政收支，统一全国物资调度，统一全国现金管理，开始形成中央集中"统收统支"的财政管理体制。陈云指出："统一国家财经工作，将不仅有利于克服今天的财政困难，也将为今后不失时机地进行经济建设创造必要的前提。"② 1951年3月，政务院又发布了《关于一九五一年度财政收支系统划分的决定》，提出"划分收支，分级管理"的财政管理体制，这比中央统收统支增加了灵活性。1952年1月，参考苏联计划工作的经验，中央颁布了《国民经济计划编制暂行办法》，规定了国民经济计划的编制程序、编制办法、基层计划单位、物资供应办法等。1952年年底，为了适应大规模经济建设的需要，成立了国家计划委员会，直属中央人民政府。国家计委是一个与政务院同级的经济工作机构，主要的任务是制定国民经济发展的年度计划和中长期计划。1953年年底，又撤销了大行政区机构，大型国营企业陆续收归中央工业部直接领导，工资管理集中到中央劳动部。1953年，陈云向中央建议：对农民实行粮食征购，对城镇消费者实行粮食配售。要求农业生产者必须将政府规定征购的产品，按统一规定的品种、数量和价格，向指定的商业机构交售，并由国家集中经营，实行一种定量供应政策，即"统购统销"。1953年11月和1954年9月，中央先后决定对粮食、食用植物油、棉花、棉布实行统购统销。统一调拨、管理的产品由主要工业品扩大到主要农产品。

随着社会主义经济改造的推进，与逐渐趋于单一的公有制相适应，集中统一的经济管理体制也逐步形成和建立起来。但由于有资本主义工商业、个体经济等多种经济成分存在，在加强集中统一管理的同时，中国的经济管理体制，在很多方面具有一定的灵活性，主要表现在对不同的经济成分实行不同的管理办法。对国营经济，实行直

---

① 中央档案馆编《中共中央文件选集（第十四册）》，中共中央党校出版社，1987，第738页。
② 陈云：《陈云文选（第二卷）》，人民出版社，1995，第74-75页。

接计划，对其他经济成分，实行间接计划，并根据企业的具体情况，在计划管理上作不同的要求。对关系到国计民生的主要产品，采取直接计划，下达指令性指标，对各种小商品，采取间接计划，实行市场调节。同时，注意运用经济手段管理经济，如通过价格杠杆调节农业生产，通过税收政策调节不同经济形式的关系。1956年年底，社会主义改造基本完成，以指令性计划为主、指导性计划为辅的计划经济体制最终形成。

第四节 制定重工业优先的工业化经济发展战略，推进"一五"计划建设

发展生产力，是中国共产党的重大历史使命。中国共产党从中国的实际出发，制定了实现中国社会主义工业化的战略目标和一系列战略方针，领导全国人民进行了国民经济的第一个五年计划建设，奠定了中国社会主义工业化的初步基础。

一、从实际出发制定社会主义经济发展战略

工业化是国家富强的基础。在完成国民经济恢复任务和制定过渡时期总路线的过程中，中国共产党从国情出发，确立了国家社会主义工业化的战略目标和经济发展的战略方针。

（一）确立社会主义工业化的战略目标

经济发展战略，是在分析制约经济发展的各种主客观因素的基础上，从全局出发制定的较长时期内社会经济发展的目标以及实现这一目标的具体途径和方针。经济建设必须制定经济发展的战略目标和方针，这是经济建设的首要问题。中国共产党最初确立的社会主义经济建设的战略目标，是实现国家的工业化。

在新民主主义革命时期，中国共产党就提出了中国要实现工业化的思想。1944年5月，在陕甘宁边区职工代表大会上，毛泽东指出，中国落后的原因，主要是没有新式工业，日本帝国主义之所以敢于这样欺侮中国，就是因为中国没有强大的工业。它欺侮我们的落后，因此消灭这种落后，是我们全民族的任务。毛泽东强调，要打倒日本帝国主义，就必须工业化；要中国的民族独立有巩固的保障，就必须实现工业化。我们共产党是要为中国的工业化而努力的。1945年4月，在党的七大上所作的《论联合政府》的报告中，毛泽东再次指出："没有独立、自由、民主和统一，不可能建设真正大规模的工业。没有工业，便没有巩固的国防，便没有人民的福利，便没有国家的富强。"并提出："中国工人阶级的任务，不但是为着建立新民主主义的国家而斗争，

而且是为着中国的工业化和农业近代化而斗争。"① 在党的七届二中全会上，毛泽东又一次强调，在革命胜利后，中国共产党的历史任务是"迅速地恢复和发展生产，对付国外的帝国主义，使中国稳步地由农业国转变为工业国，把中国建设成一个伟大的社会主义国家"②。

中华人民共和国成立后，毛泽东提出了"三年准备、十年建设"的工业化设想。从1949年10月中华人民共和国成立时起，用三年时间完成民主革命遗留任务，建立和巩固人民民主专政，恢复和发展国民经济，为国家的工业化建设创造条件。三年准备之后，从1953年起进行十年工业化建设。"十年以后，新中国的面貌就要改变一下。我们不但有庞大的农业，而且还有不少工业。那时我们就做到了自给自足，使中国变成一个比现在富足的国家。"③ 1953年确立的过渡时期总路线明确提出，要在一个相当长的时期内（约三个五年计划15年时间），逐步实现社会主义工业化。经中共中央批准的《为动员一切力量把我国建设成为一个伟大的社会主义国家而斗争——关于党在过渡时期总路线的学习和宣传提纲》指出：党和全国人民的基本任务，就是要改变国家经济落后的状况，使我国在经济上由落后的贫穷的农业国家，变为富强的社会主义的工业国家。而要完成这一任务，就需要实现国家的社会主义工业化，使我国有强大的重工业，可以自己制造各种必要的工业装备，使现代化工业能够完全领导整个国民经济而在工农业总产值中占绝对优势，使社会主义工业成为我国唯一的工业。提纲还强调了实现社会主义工业化的重大意义，指出：实现国家的社会主义工业化，就可以促进农业和交通运输业的现代化，就可以建立和巩固现代化的国防，就可以保证逐步完成非社会主义经济成分的改造，就可以大大发展社会主义的商业，大大加强工农联盟，并且大大提高国家的经济财政力量和人民的收入，使人民的物质和文化生活水平不断地提高。④ 实现社会主义工业化是中国人民百年来梦寐以求的理想，是全国人民的最高利益。1954年2月，党的七届四中全会正式批准了党在过渡时期的总路线。这表明，中国共产党正式将实现国家的社会主义工业化作为社会主义建设的战略目标。

（二）从实际出发制定经济发展战略方针

中国共产党不仅确立了中国经济发展的战略目标，还根据中国的实际制定了一系

---

① 《毛泽东选集（第三卷）》，人民出版社，1991，第1080、1081页。
② 《毛泽东选集（第四卷）》，人民出版社，1991，第1437页。
③ 中共中央文献研究室编《刘少奇论新中国经济建设》，中央文献出版社，1993，第182页。
④ 中共中央党校党史研究室选编《中共党史参考资料（八）》，人民出版社，1980，第47页。

列经济发展的战略方针。

第一,以重工业作为工业化建设的重点,集中主要力量优先发展重工业。《为动员一切力量把我国建设成为一个伟大的社会主义国家而斗争——关于党在过渡时期总路线的学习和宣传提纲》指出:"实现国家的社会主义工业化的中心环节是发展国家的重工业,以建立国家工业化和国防现代化的基础。"[1]将重工业作为经济建设的重点,一方面,是学习苏联的结果。苏联从重工业建设开始,在十多年里就实现了国家的工业化。"苏联过去所走的道路正是我们今天要学习的榜样。"[2]另一方面,以重工业为重点又是从中国的实际出发。中国的轻工业相对说来还有一些基础,只是由于设备利用率还很低,生产潜力还没有得到充分发掘。农业的发展在当时主要只能靠农民自己的劳动积极性和资金投入。而中国的重工业基础则十分薄弱。1952年,重工业在工业总产值中的比重只有35.5%。对这种状况,毛泽东深刻地指出:"现在我们能造什么?能造桌子椅子,能造茶碗茶壶,能种粮食,还能磨成面粉,还能造纸,但是,一辆汽车、一架飞机、一辆坦克、一辆拖拉机都不能造。"[3]为了改变这种落后的状况,获得实现工业化的物质基础,就必须大力发展重工业。只有建立了重工业,才能为轻工业、运输业、建筑业、农业的发展提供装备。为此,"一五"计划58.2%的基本建设投资用于工业基本建设,其中的88.8%又是用于重工业建设。刘少奇说:"我国的工业化事业是以发展重工业的生产,即生产资料工业的生产为基础的","今后必须继续贯彻执行优先发展重工业的政策"。[4]

强调以重工业为重点,必须处理好农业、轻工业和重工业的比例关系。中国共产党吸取了苏联在发展重工业时忽视农业和轻工业的教训,在确定优先发展重工业作为社会主义工业化的中心环节的同时,规定了要使工业和农业、重工业和轻工业的发展之间保持一个适当的比例。毛泽东指出,"发展重工业可以有两种办法,一种是少发展一些农业轻工业,一种是多发展一些农业轻工业",从长远的观点看,"后一种办法会使重工业发展得多些和快些,而且由于保障了人民生活的需要,会使它发展的基础更加稳固",[5]使国民经济能够有计划、按比例地协调发展。

第二,大力发展内地工业,充分利用沿海工业。正确处理沿海工业和内地工业的关系,合理调整工业布局,是工业化过程中的一个重要问题。由于历史原因,中国经

---

[1] 中共中央党校党史研究室选编《中共党史参考资料(八)》,人民出版社,1980,第48页。
[2] 中共中央党校党史研究室选编《中共党史参考资料(八)》,人民出版社,1980,第49页。
[3] 《毛泽东著作选读(下册)》,人民出版社,1986,第712页。
[4] 中共中央文献研究室编《刘少奇论新中国经济建设》,中央文献出版社,1993,第303页。
[5] 《毛泽东著作选读(下册)》,人民出版社,1986,第722-723页。

济不仅十分落后，而且发展极不平衡。东南沿海集中了现代工业的70%以上，中西部地区的现代工业很少。这种发展不平衡的状况严重影响到社会主义工业化的进程。为此，毛泽东提出："沿海的工业基地必须充分利用，但是，为了平衡工业发展的布局，内地工业必须大力发展。"① 首先，要大力发展内地工业。"新的工业大部分应当摆在内地，使工业布局逐步平衡，并且利于备战。"② "一五"计划体现了毛泽东的这一思想，国家基本建设投资半数以上投放内地，一大批工矿企业在内地兴办。同时，要继续适当发展和充分利用沿海工业。毛泽东指出："好好地利用和发展沿海的工业老底子，可以使我们更有力量来发展和支持内地工业。"③ 刘少奇也强调：大力发展内地工业，"决不是说可以否认或者忽视沿海各省工业的作用。我们应当充分利用沿海各省的有利条件，继续适当地发展那里的工业，以帮助内地工业的发展，加速全国的工业化"④。总之，是要做到沿海工业和内地工业同时并举，两条腿走路。

第三，正确处理积累和消费的关系，把发展生产同改善人民生活恰当地结合起来。积累与消费的关系，就是"今天吃的与明天吃的、眼前利益跟长远利益、我们这一代跟我们的后代的分配问题"，"到底积累多少，消费多少，这是一个大问题"。⑤ 从长远来看，这二者在根本上是一致的，实现社会主义工业化，就是为了逐步地满足人民日益增长的物质和文化需要，改善人民生活。但在社会主义工业化的过程中，发展生产又需要积累大量资金，这与增加消费、满足人民眼前利益又构成矛盾。正确处理积累和消费的关系，直接关系到社会主义工业化的进程和国家建设的发展，关系到人民生活的改善和调动人民群众建设社会主义的积极性。为此，中国共产党一方面强调全国人民必须艰苦奋斗，勤俭节约，服从国家建设的长远根本利益，而对眼前生活改善的幅度作必要的限制，为工业化建设积累资金，另一方面，也要在生产发展和劳动生产率提高的基础上，适当改善人民生活。同时，正确处理积累和消费的关系，要求慎重决定工业化的规模和速度。工业化的规模和速度决定了积累的多少、高低。党强调经济建设的规模和速度，必须根据实际情况，量力而行，确定工业增长速度。

实现国家的社会主义工业化的战略目标及一系列战略方针，构成了中国共产党开始社会主义建设之初的经济发展战略。随着社会主义建设的发展，中国共产党又进一步提出了实现社会主义现代化的战略目标。

---

① 《毛泽东著作选读（下册）》，人民出版社，1986，第723页。
② 《毛泽东著作选读（下册）》，人民出版社，1986，第724页。
③ 《毛泽东著作选读（下册）》，人民出版社，1986，第724页。
④ 中共中央文献研究室编《刘少奇论新中国经济建设》，中央文献出版社，1993，第304-305页。
⑤ 中共中央文献研究室编《刘少奇论新中国经济建设》，中央文献出版社，1993，第338页。

二、中国共产党对国家"一五"计划建设的领导

国民经济恢复任务完成后,进行有计划的经济建设的任务,已经摆在中国共产党人面前。为了贯彻过渡时期总路线,中共中央及时组织编制了发展国民经济的第一个五年计划(1953—1957年)。

(一)"一五"计划的制定

"一五"计划是在中共中央和毛泽东的领导下,由周恩来、陈云、李富春等亲自制定的,它是中国共产党领导中国计划经济建设的第一步,也是实现党在过渡时期总路线的一个重大步骤。

1951年,中共中央开始着手"一五"计划编制的准备工作。1952年,中共中央正式成立由周恩来、陈云、李富春、薄一波、聂荣臻等人组成的"一五"计划编制工作领导小组。1954年2月,为更好地领导"一五"计划编制工作,中共中央调整"一五"计划编制工作领导小组,吸收邓小平、邓子恢等人参加,并以陈云为组长。8月,领导小组接连召开17次会议,审议国家计划委员会提出的"一五"计划草案(初稿),对草案进行了全面的讨论和修改。随后,毛泽东、刘少奇、周恩来等又在广州用一个月的时间再次对计划草案进行审议修改。11月,中共中央召开政治局会议,进一步讨论了"一五"计划的方针任务、发展速度、投资规模、工农业关系、建设重点和地区布局,并提出许多修改意见和建议。1955年3月,中国共产党全国代表会议讨论通过了"一五"计划草案。7月,第一届全国人民代表大会第二次会议正式审议通过了《中华人民共和国发展国民经济的第一个五年计划(1953—1957)》。

第一个五年计划的基本任务是优先发展重工业,集中主要力量进行以苏联援助建设的156个项目为中心的,由限额以上的694个项目组成的工业建设,以建立社会主义工业化的初步基础;发展部分集体所有制的农业生产合作社和手工业生产合作社,以建立对于农业和手工业社会主义改造的初步基础;基本上把资本主义工商业分别纳入各种形式的国家资本主义轨道,以建立对于私营工商业社会主义改造的基础。

"一五"计划的中心是发展以重工业为主的工业基本建设,把钢铁、有色金属、机械制造、能源、交通等重工业放在优先发展的地位。在优先发展重工业的同时,相应发展轻工业、农业、商业和科学文化教育事业,力求使工业和农业、重工业和轻工业之间保持适当的比例,保证在发展生产的基础上逐步提高人民物质生活和文化生活的水平。

第一个五年计划的制定,既借鉴了苏联的建设经验,又结合了中国的实际情况,虽然制定的过程长了一些,但它经过多方面的反复论证,成为一个比较好的中期发展

计划，反映了全国人民要求迅速改变国家贫穷和落后的面貌，把国家建设成为一个初步繁荣昌盛的社会主义国家的强烈愿望，受到了广大人民群众的热烈欢迎和拥护，在我国工业化建设的起步阶段发挥了重要作用。

（二）"一五"计划的实施与成就

从1953年开始，中国共产党为实现第一个五年计划，领导全国人民，进行了多方面的努力。1953年元旦，《人民日报》发表社论，宣布从1953年起，开始执行国家建设的第一个五年计划，并号召全国人民为完成第一个五年计划而奋斗。周恩来在年初召开的全国政协一届四次会议上指出：1953年是第一个五年计划的第一年，动员工人阶级和全国人民，集中力量，克服困难，为完成和超额完成1953年度的建设计划而奋斗，是我们贯穿全年的压倒一切的中心任务。为保证"一五"计划的贯彻执行，中共中央还发出通知，要求各级党组织从各方面抽调优秀干部，充实工业建设第一线，培养他们成为工业建设的领导骨干。毛泽东号召全党同志特别是领导干部要努力学习，成为工业建设和经济建设的内行。1955年，在党的全国代表会议上，毛泽东强调：我们进入了钻社会主义工业化，钻社会主义改造，钻现代化的国防，并且开始要钻原子能这样的历史新时期。适应这种新的情况钻进去，成为内行，这是我们的任务。

在中国共产党领导下，工人、农民、知识分子在各条战线纷纷投身国家经济建设的热潮之中。1953年，中华全国总工会根据中共中央的指示精神，发出《关于进一步开展增产节约、劳动竞赛，保证全面地完成国家生产计划的紧急通知》，全国广大职工积极响应，以高昂的生产热情，深入开展增产节约运动和劳动竞赛运动，充分挖掘企业潜力，努力增加生产，提高产品质量，节约原料材料，降低产品成本，不断提高劳动生产率和企业管理水平，显示了工人阶级在国家建设中的主力军作用。广大农民通过总路线的宣传教育，认识到社会主义工业化将给农业发展带来广阔的前景，他们努力增加生产，以积极交纳农业税和交售粮棉的实际行动支援工业建设。随着国家基本建设的不断扩大，大批青壮年农民被工矿、建筑企业吸收，直接投身于国家的工业建设。1954年，全国总工会又在全国开展技术革新运动，科学技术人员在工业化中大显身手。大批高等学校和各类专业技术学校的毕业生奔赴祖国各地工业建设的第一线，1952年、1953年两年甚至把建设急需的理工科大学生，提前一年毕业分配。以华罗庚等为代表的一批在海外的科学家，毅然放弃国外优越的工作环境和生活条件，冲破重重阻力，先后回到祖国参加伟大的建设事业，他们在科学技术的各个领域发挥着重要作用。

1956年，第一个五年计划的主要指标大都提前完成。1957年，第一个五年计划全面超额完成。五年间实际完成基本建设投资总额 588 亿元，已经施工的限额以上的工矿建设项目 921 个，到 1957 年年底，全部投产的 428 个，部分投产的 109 个。1957 年全国工业总产值达 704 亿元，比 1952 年增长 128.6%。钢产量达到 535 万吨，比 1952 年增长 296%，为中华人民共和国成立前最高年产量的 5.8 倍；原煤产量 1.31 亿吨，比 1952 年增长 98.5%，为中华人民共和国成立前最高年产量的 2.1 倍。1957 年农业总产值达 537 亿元，比 1952 年增长 24.8%。粮食产量达 3900.9 亿斤，比 1952 年增长 19%；棉花产量达 3280 万担，比 1952 年增长 26%。五年间，全国物价基本稳定，国家财政除 1956 年有赤字外，其余各年都收支平衡，略有节余。全国居民平均消费水平 1957 年达到 108 元，比 1952 年提高 24.5%。职工人数到 1957 年年底为 3101 万人，比 1952 年增长 93.4%，1957 年职工年平均工资 637 元，比 1952 年增长 30.3%。

第一个五年计划超额完成，工业生产所取得的成就远远超过中华人民共和国成立之前，对中国经济发展产生决定性的加速作用。据国家统计局的资料，"一五"计划时期，工业全员劳动生产率提高一倍多，在工业总产值增加额中，由于提高劳动生产率增加的产值占 59.7%，比国民经济恢复时期高出 11 个百分点，是 1978 年以前最高的时期，因而是改革开放前我国经济效益最好的时期。第一个五年计划时期我国经济建设取得的成就，为中国社会主义工业化奠定了初步的基础，为社会主义建设积累了宝贵经验。

第五节　转制阶段对经济建设道路的初步理论探索与经济工作实践的基本经验

从 1949 年到 1956 年，经过短短的七年时间，中国共产党就在中国这样一个经济落后、人口众多的国家里，在国民党遗留的烂摊子的基础上，恢复了国民经济，完成了社会主义改造，建立了社会主义基本经济制度和计划经济体制，开展了大规模的经济建设，取得了奇迹般的成就。党在这一时期的经济建设中，对社会主义建设道路进行了初步的理论探索，积累了许多宝贵的经验。

一、中国社会主义经济建设道路的初步理论探索

在社会主义改造的进程中，中国共产党就提出要探索适合中国国情的社会主义建设道路，党的八大对这一时期探索的理论成果进行了科学总结。

(一)适时提出探索适合中国国情的社会主义建设道路的任务

中国共产党在领导社会主义经济改造的同时,也对中国社会主义经济建设道路进行了初步的理论探索。1956 年是中国共产党领导完成社会主义改造的一年,也是中国共产党开始探索适合中国国情的社会主义建设道路的一年。

一方面,社会主义改造取得决定性的胜利,已经把如何进行社会主义建设这一全新的课题摆到了中国共产党人面前,要求党找到一条适合中国国情的社会主义建设道路。1955 年下半年到 1956 年春,生产资料私有制的社会主义改造出现了高潮,改造的步伐大大加快。从 1953 年执行第一个五年计划算起,社会主义经济建设已进行了三年时间,并积累了一些经验。但是,如何进行社会主义经济建设,中国共产党的理论准备和思想准备是不足的。1953 年开始"一五"计划建设的时候,中国共产党和毛泽东号召过学习苏联,并在工业、计划管理、金融、统计等方面,基本上借鉴了苏联的经验。这在当时有其历史必然性,并且收到了积极的效果。但是,苏联的经验并不都是成功的,苏联成功的经验也并不都适合中国的情况,学习苏联并不能代替对自己道路的探索和寻求。苏共二十大前后,苏联暴露了其在社会主义建设过程中的一些缺点及苏联模式存在的弊端,如过分强调优先发展重工业,忽视农业和轻工业,导致国民经济比例严重失调;主要靠行政手段管理经济,过于强调集中统一;商品流通范围仅限于消费资料,价值规律的作用被严格限制在一定范围内,实行基本上排斥市场调节的指令性计划。这表明,中国共产党在领导中国社会主义建设过程中,必须把马克思主义同中国的实际结合起来,探索自己的建设道路。事实上,中国共产党也一直希望找出一条适合中国国情的社会主义建设道路。毛泽东后来说:"解放后,三年恢复时期,对搞建设,我们是懵懵懂懂的。接着搞第一个五年计划,对建设还是懵懵懂懂的,只能基本上照抄苏联的办法,但总觉得不满意,心情不舒畅。"[1]

另一方面,苏共二十大揭开了斯大林个人崇拜的盖子,也为中国共产党探索自己的社会主义建设道路创造了条件。中国共产党对苏共二十大全盘否定斯大林的做法是不赞成的,但同时也认为:"揭开斯大林的盖子,对于各国马克思主义政党,包括我们党,破除对斯大林和苏联经验的迷信,解放被教条主义绳索束缚的思想,努力寻求适合本国情况的革命和建设道路,有重要的意义。"[2]

在 1956 年年初,中国共产党即已开始探索适合中国国情的社会主义经济建设道路。1956 年年初,在农业社会主义改造加速进行的形势下,中共中央提出了《1956 年

---

[1] 中共中央文献研究室编《毛泽东文集(第八卷)》,人民出版社,1999,第 117 页。
[2] 中共中央党史研究室著、胡绳主编《中国共产党的七十年》,中共党史出版社,1999,第 368 页。

第五章　转制（1950—1956）
社会主义经济改造道路的探索与社会主义经济制度的建立

到1967年全国农业发展纲要（草案）》和建设社会主义要又多、又好、又快、又省的方针政策，反映了党把注意力转移到农业和整个国民经济的建设上来的指导思想。

这一时期，为探索适合中国国情的社会主义建设道路，中共中央主要领导人毛泽东、刘少奇等都开展了大量的调查研究工作。刘少奇为起草党的八大政治报告，从1955年12月7日到1956年3月8日，先后找了32个部委的负责人谈话，听取汇报，总结第一个五年计划执行的情况，探索中国经济发展的道路。从1955年12月21日到1956年1月12日，毛泽东外出调查，在京汉、粤汉、沪杭、沪宁、津浦铁路沿线找地方干部谈话，了解情况。从1956年2月中旬起，毛泽东又用了近两个月的时间，先后找了工业、运输业、农业、商业、财政等34个经济主管部门的负责人来汇报情况、讨论问题。刘少奇、周恩来以及中共中央政治局、国务院的一些领导人也参加了汇报会。在此期间，中央又组织各省、市、自治区党委以及一些重要工厂、建设工地向中共中央和毛泽东上报书面汇报材料。在对经济建设情况详细调查研究的基础上，中共中央政治局进行了反复的讨论，对社会主义经济建设的许多问题统一了认识。

1956年4月25日和5月2日，毛泽东在中共中央政治局扩大会议和最高国务会议上，作了题为"论十大关系"的报告。毛泽东指出："我们要学的是属于普遍真理的东西，并且学习一定要与中国实际相结合。""我们的理论，是马克思列宁主义的普遍真理同中国革命的具体实践相结合。"[1] 谈到以苏联经验为鉴戒，毛泽东强调："特别值得注意的是，最近苏联方面暴露了他们在建设社会主义过程中的一些缺点和错误，他们走过的弯路，你还想走？"[2] 毛泽东强调把马克思主义与中国实际相结合，避免走苏联走过的弯路，实际上是把探索适合中国国情的社会主义经济建设道路的任务提到了全党的面前。

《论十大关系》同时也是中国共产党探索适合中国国情的社会主义经济建设道路的最初理论成果。报告初步总结了我国过去几年经济建设方面的经验，对今后建设工作中需要着重处理好的十个方面的问题，作了精辟的论述。"十大关系"中前五个方面都是关于社会主义经济建设的，归纳起来，主要是：第一，正确处理积累与消费的关系。必须兼顾国家、生产单位和生产者三者利益，无论只顾哪一个，都不利于社会主义建设。既要提倡艰苦奋斗，反对把个人物质利益看得高于一切，也要关心群众，反对不关心群众痛痒的官僚主义。第二，正确处理重工业与轻工业、农业之间的比例关系。重工业是我国建设的重点，必须优先发展生产资料的生产，但决不能因此忽视

---

[1] 中共中央文献研究室编《毛泽东文集（第七卷）》，人民出版社，1999，第42页。
[2] 中共中央文献研究室编《毛泽东文集（第七卷）》，人民出版社，1999，第23页。

生活资料，尤其是粮食的生产。要多发展一些农业、轻工业，才能保障人民生活的需要，同时增加资金积累，促进重工业的发展。第三，合理解决经济建设的布局。为了平衡工业发展布局，必须大力发展内地工业，但是必须同时充分利用和发展沿海工业基地，使我国有更多的力量来发展和支持内地工业。第四，调整经济管理体制。为了建设成一个强大的社会主义国家，必须有中央的强有力的统一领导。但是，应当在巩固中央统一领导的前提下，扩大地方的权力，给地方更多的独立性，让地方办更多的事情。要给工厂一点自主权，使各个生产单位都有相对独立性。第五，处理好学习与创新的关系。一切民族、一切国家的长处，我们都要学，资本主义国家的先进科学技术和企业管理方法中合乎科学的方面也要学。但是必须有分析有批判地学，不能一切照抄，机械搬用。《论十大关系》初步提出了中国社会主义经济建设的若干新方针，展现了中国共产党为寻找适合中国实际的建设社会主义的道路而进行的多方面探索，中国社会主义建设道路的基本思路逐步清晰起来，对当时和以后都有很大的针对性和理论指导意义。

（二）党的八大对探索成果的集大成理论总结

1956年9月召开的中国共产党第八次全国代表大会，对中国共产党探索适合中国国情的社会主义建设道路的理论成果进行了集大成的科学理论总结。关于社会主义经济建设，党的八大总结的理论探索成果主要有以下三方面。

第一，正确分析了社会主义改造完成后国内社会经济关系与阶级关系的新变化，根据对新形势下社会主要矛盾的探索成果，决定把党的工作重心转移到社会主义建设上来。党的八大关于政治报告的决议指出：党已经领导人民取得了对农业、手工业和资本主义工商业的社会主义改造的全面的和决定性的胜利。这表明，中国的无产阶级同资产阶级之间的矛盾已经基本上解决，社会主义的社会制度在中国已经基本上建立起来了。国内主要矛盾，已经是人民对于建立先进的工业国的要求同落后的农业国的现实之间的矛盾，已经是人民对于经济文化迅速发展的需要同当前经济文化不能满足人民需要的状况之间的矛盾。这一矛盾的实质，就是先进的社会主义制度同落后的社会生产力之间的矛盾。"党和全国人民的当前的主要任务，就是要集中力量来解决这个矛盾，把我国尽快地从落后的农业国变为先进的工业国。"① 党的八大关于国内主要矛盾提法的着眼点，在于把我国生产力发展还很落后这一基本国情突出出来，强调在生产资料私有制的社会主义改造已经基本完成的情况下，国家的主要任务是在新的生产关系下"保护和发展生产力"，把党的工作重心转移到社会主义建设上来。这是党

---

① 中共中央党校党史研究室选编《中共党史参考资料（八）》，人民出版社，1980，第524页。

的八大最重要的理论贡献。

第二,坚持了1956年5月中共中央提出的既反保守又反冒进,在综合平衡中稳步前进的经济建设方针。"一五"计划建设过程中,1955年的计划偏于保守,财政上出现了过多的结余,而1956年的经济建设又出现过小的冒进,引起财力、物力供应的紧张。在反冒进中,1956年5月,中共中央提出了既反保守又反冒进,在综合平衡中稳步前进的经济建设方针。党的八大坚持了这一方针。周恩来在关于第二个五年计划建议的报告中提出:应该根据需要和可能,合理地规定国民经济的发展速度,把计划放在既积极又稳妥可靠的基础上,以保证国民经济比较均衡地发展;要使重点建设和全面安排相结合,以便国民经济各部门能够按比例地发展;要增加后备力量,健全物资储备制度;要正确地处理经济和财政的关系,在制定财政收入计划时,必须考虑经济发展的可能性,考虑积累和消费之间的比例关系,避免把收入定得过分紧张;在制定财政支出计划时,必须考虑建设规模与物资供应之间的平衡。党的八大关于政治报告的决议也指出,我们"有可能高速度地发展我国的生产力。如果对于这种可能性估计不足,或者不努力把这种可能性变为现实性,那就是保守主义的错误。但是,我们也必须估计到当前的经济上、财政上和技术力量上的客观限制,估计到保持后备力量的必要,而不应当脱离经济发展的正确比例。如果不估计到这些情况而规定一种过高的速度,结果就会反而妨碍经济的发展和计划的完成,那就是冒险主义的错误。党的任务,就是要随时注意防止和纠正右倾保守的或'左'倾冒险的倾向,积极地而又稳妥可靠地推进国民经济的发展"[①]。党的八大规定的经济建设方针,初步反映了党对我国社会主义经济发展规律的正确认识。

第三,提出了改革我国社会主义经济体制的设想。在大会发言中,陈云根据我国商品生产不发达、生产建设及人民生活对产品需求十分复杂的具体情况,提出了"三主体三补充"的经济体制改革的设想,即:在工商业经营方面,国家经营和集体经营是主体,附有一定数量的个体经营作为补充;在生产的计划性方面,计划生产是工农业生产的主体,按照市场变化而在国家计划许可范围内的自由生产作为补充;在社会主义的统一市场里,国家市场是主体,附有一定范围内的国家领导的自由市场作为补充。这些意见受到大会的重视,写进大会决议之中。这是从理论和实践上突破苏联模式,探索经济体制改革道路的重要尝试,在当时是十分可贵的。

党的八大关于中国社会主义建设道路探索的理论成果是正确的,对中国共产党进一步探索适合中国国情的社会主义经济建设道路,领导中国社会主义经济建设的发

[①] 中共中央党校党史研究室选编《中共党史参考资料(八)》,人民出版社,1980,第529页。

展，具有长远的重要的指导意义。

二、转制阶段经济工作的基本经验

转制阶段中国共产党经济工作内容丰富、成就卓越，并积累了开展大规模经济工作的丰富经验。

（一）以经济工作为中心，正确处理经济工作与其他各项工作的关系

从中华人民共和国成立到社会主义改造完成，是中国社会变革最为剧烈的时期。形势复杂，矛盾众多，百废待兴，任务繁重。面对这种情形，中国共产党头脑清醒，目标明确，始终坚持以经济工作为中心，正确处理经济工作与其他各项工作的关系，取得了国民经济恢复、社会主义改造和"一五"计划建设的重大胜利。

党的七届二中全会在作出党的工作重心由乡村转移到城市的决定同时，也对党的工作任务的重点作出了规定。毛泽东指出，在人民掌握了政权并从根本上解决了土地问题的北方大多数地区，"党在这里的中心任务，是动员一切力量恢复和发展生产事业，这是一切工作的重点所在"[①]。刘少奇也指出："今后的中心问题，是如何恢复与发展中国的经济。"[②] "我们以经济建设为中心，除了必要的国防建设外，其他各项都要配合经济建设，如文化建设，学校要多少，大、中、小学生的培养，都为了经济建设。国防建设也是围绕经济建设进行。"[③]

中华人民共和国成立之初，党面临的任务繁多：肃清国民党残余势力，镇压反革命，建立各级人民政权，没收官僚资本，进行土地改革，等等。党在进行这些方面工作的同时，始终以经济工作为中心。党的七届三中全会上，毛泽东号召"为争取国家财政经济状况的基本好转而斗争"，这就是中共中央向全党和全国人民提出的当时的中心任务。朝鲜战争爆发后，党和人民政府要用很大的力量去进行抗美援朝战争，但依然坚持"边打、边稳、边建"的方针。

中华人民共和国成立初期各项政治运动的开展，都是紧紧围绕着经济恢复工作，各项重大政策，都是以解放生产力、发展生产力为根本出发点，并把人民群众在革命中激发出来的政治热情，引导到发展生产上去。如土地改革运动都安排在每年秋收后进行，避免了土地改革对农业生产的冲击。没收官僚资本，也是将官僚资本企业系统完整接管下来，先实行监督生产，再逐步实行民主改革和生产改革。这样，在迅速接

---

① 《毛泽东选集（第四卷）》，人民出版社，1991，第1429页。
② 《刘少奇选集（上卷）》，人民出版社，1981，第426页。
③ 中共中央文献研究室编《刘少奇论新中国经济建设》，中央文献出版社，1993，第205页。

收几千个官僚资本企业的过程中，基本上没有发生生产停顿或企业设备毁坏的现象。抗美援朝战争爆发后，中国共产党在全国掀起了抗美援朝运动，号召广大人民群众在各自的岗位上努力工作，以实际行动支援抗美援朝战争。由于采取了正确的政策，中华人民共和国成立初期各种政治运动和激烈的阶级斗争不仅没有妨碍经济工作，反而成为恢复国民经济的强大动力。

国民经济恢复任务完成后，在向社会主义过渡的过程中，中国共产党仍然坚持以经济工作作为各项工作的中心。党在过渡时期的总路线规定，逐步实现国家的社会主义工业化，逐步实现国家对农业、手工业、资本主义工商业的社会主义改造是整个过渡时期的总任务。而社会主义工业化是经济建设工作，社会主义改造也主要是经济改造工作。在贯彻总路线的过程中，中国共产党始终强调工业化建设是总路线的主体，《为动员一切力量把我国建设成为一个伟大的社会主义国家而斗争——关于党在过渡时期总路线的学习和宣传提纲》指出，"社会主义工业是对整个国民经济实行社会主义改造的物质基础，只有充分强大的社会主义工业才能吸引、改组和代替资本主义工业，才能支持社会主义的商业，改造和代替资本主义商业，才能用新的技术来改造个体的农业和手工业，才能最迅速地扩大生产，积累资金，造就社会主义的建设人才，培养社会主义的习惯，从而创造保证社会主义完全胜利的经济上、文化上和政治上的前提。"① 在社会主义经济改造过程中，中国共产党在制定政策时，也十分注意避免对生产造成冲击。由于政策适当，所有制的改造没有对生产力的发展造成大的消极影响，从总体上看，社会主义改造促进了国家社会生产力的迅速发展。始终坚持以经济工作为中心，是中国共产党提前完成"一五"计划，迅速完成社会主义改造任务的重要原因。

（二）经济工作要遵循经济规律，循序渐进，量力而行

经济发展有其自身的客观规律，必须遵循经济规律，按客观经济规律办事，循序渐进，量力而行。在这一时期党的经济工作中，按经济规律办事主要体现在对社会主义改造速度和经济建设速度的把握上。

中国的社会主义经济改造从总体上看是成功的，但在改造过程中，也存在一些缺点和偏差。主要是1955年夏季以后出现了要求过急、工作过粗、转变过快、形式过于简单划一的问题。总的来说，1955年夏季以前，社会主义改造是在按计划稳步推进，虽然在1952年下半年一些地方农业社会主义改造中出现了小的冒进，但很快在1953年上半年得到纠正。1955年夏季，关于农业合作化的速度问题，党内发生了一场重大的争论。中共中央农村工作部部长邓子恢认为，合作化运动应该与工业化速度相适

---

① 中共中央党校党史研究室选编《中共党史参考资料（八）》，人民出版社，1980，第45页。

应，发展不宜过快，现有农业合作社存在的问题较多，应该着重巩固现有合作社。毛泽东则认为邓子恢和中央农村工作部的思想右了，是对合作化不积极，并在7月召开的省市自治区党委书记会议上严厉批评了邓子恢等人的"右倾"。其后，农业合作化运动急速推进。在农业合作化运动迅猛发展的推动下，手工业、资本主义工商业的社会主义改造也加速进行。到1956年年底，农业、手工业、资本主义工商业的社会主义改造基本完成。这样，原来预计15年完成的社会主义改造，仅用了4年时间便完成了。

在社会主义经济建设的速度问题上，中国共产党是掌握得比较好的。国民经济恢复任务完成后，在开始"一五"计划建设的时候，中国共产党特别强调经济建设的规模和速度，必须建立在可靠的基础上。如开始拟定"一五"计划的时候，根据1950—1952年的经验，最早提出工业生产平均每年递增20%以上，农业生产平均每年递增7%。后经过仔细调查研究，反复测算，并征求苏联政府的意见，认识到1950年、1951年的高速度是带有恢复性质的速度，要在恢复以后的有计划的经济建设中保持同样的高速度，是不现实的。又鉴于1953年和1954年连续两年农业生产因灾不能完成当年计划的情况，最后确定工业生产平均每年增长14.7%，农业生产平均每年增长4.3%。这一速度是符合当时实际的。但在具体执行过程中，也出现了1956年的冒进。

1955年下半年农业合作化高潮后，毛泽东把注意力转移到经济建设的速度问题上，并把合作化问题上的反对右倾保守转用到经济建设上来。1955年12月，毛泽东在《中国农村的社会主义高潮》一书序言中说：农业合作化高潮这件事告诉我们，中国的工业化的规模和速度，科学、文化、教育、卫生等项事业的发展的规模和速度，已经不能完全按照原来所想的那个样子去做了，这些都应当适当地扩大和加快。在这种思想指导下，1956年的国民经济建设出现了基建投资过大、职工人数增加过多、信贷突破计划、农业急于求成的偏差。"结果，不但财政上比较紧张，而且引起了钢材、水泥、木材等各种建筑材料严重不足的现象，从而过多地动用了国家的物资储备，并且造成国民经济各方面相当紧张的局面。"[①]

主持实际经济工作的周恩来、陈云等在察觉了经济建设中的冒进倾向后，开始采取措施反冒进。1956年2月10日，在周恩来主持下，国务院将影响1956年国民经济整体平衡的主要指标作了压缩。6月4日，刘少奇主持中央会议，提出了既反保守又反冒进，在综合平衡中稳步前进的方针。6月5日，周恩来主持国务院会议，决定按5%削减国家预算，其中基建投资由147亿元减至140亿元。9月，党的八大正式通

[①]《周恩来选集（下卷）》，人民出版社，1984，第219页。

过了周恩来《关于发展国民经济的第二个五年计划的建议的报告》，并肯定了他对"一五"计划执行情况的估计和反冒进的措施，坚持了既反保守又反冒进，在综合平衡中稳步前进的经济建设方针。

实践证明，这次反冒进效果是好的。正因为及时采取措施调整了局部的比例失调，才使经济建设沿着正常健康的轨道发展，到1957年顺利和超额完成了第一个五年计划。反冒进中提出的在综合平衡中稳步前进和建设规模必须同国力相适应，更是经济建设中应永远遵循的正确方针。

（三）正确处理学习外国经验与探索本国道路的关系

马克思主义告诉我们，一个国家无论是搞革命还是搞建设，都不能照抄照搬别国的经验，必须把学习外国经验与探索适合本国国情的道路结合起来。国民经济恢复任务完成后，在开始"一五"计划建设和向社会主义过渡的时候，中国共产党选择了学习苏联。这是因为中国共产党还没有进行大规模经济建设的经验，对如何建立中国社会主义经济体制也没有充分的准备。而苏联是世界上第一个社会主义国家，它的社会主义建设也取得了重大成就，苏联模式也适应新中国在工业化初期重点发展重工业的需要。因而，在当时学习苏联模式就成为一种必然。

但苏联经验并不都是成功的，苏联成功的经验也不一定都适合中国，在学习苏联经验的进程中，中国共产党人也逐渐觉察到苏联模式的一些弊端，发现苏联的一些经验并不完全适合中国的国情。1955年年底，毛泽东在党内首先提出了要以苏联经验为鉴戒，探索适合中国国情的社会主义建设道路的重大问题。为此，毛泽东、刘少奇等直接领导了历时几个月的大规模的调查研究和听取汇报的工作，并在如何对待包括苏联在内的外国经验问题上形成了许多共识。刘少奇在听取汇报时明确提出，对苏联的经验应该有所学、有所不学。毛泽东更是在各种场合阐述对待外国经验应该有的辩证态度。他指出，每个民族都有它的长处，也都有它的短处，我们的方针是，一切民族、一切国家的长处都要学，政治、经济、科学、技术、文学、艺术的一切真正好的东西都要学。但是，必须有分析有批判地学，不能盲目地学，不能一切照抄，机械搬运。他们的短处、缺点，当然不要学。对于苏联和其他社会主义国家的经验，也应当采取这样的态度。[①]

正是基于这种科学态度，中国共产党在实践中正确处理了学习外国经验与探索本国道路的关系，既借鉴苏联经验，也有自己的独创。例如，采取社会主义工业化与社会主义改造同时并举的方针；实行逐步改造生产资料私有制的具体政策；在优先发展

---

① 《毛泽东著作选读（下册）》，人民出版社，1986，第740-741页。

重工业的同时,适当安排农业和轻工业的发展,注重综合平衡。在所有制结构、经济运行调节机制、市场结构以及微观企业管理模式等方面,有诸多创新。这些创新,丰富了马克思主义经济理论的思想宝库。

(四)将马克思主义与中国实际相结合,开创适合中国国情的社会主义经济改造道路

中国共产党一贯强调马克思主义的普遍原理必须与中国的实际相结合。在推进社会主义经济改造的过程中,中国共产党把马克思列宁主义关于采用和平赎买办法消灭资本主义的思想运用于中国实际,开创了一条适合中国特点的社会主义经济改造道路。

马克思、恩格斯和列宁都曾设想过,无产阶级在夺取国家政权后,运用和平赎买的办法消灭资本主义剥削和资产阶级。恩格斯指出:"我们决不认为,赎买在任何情况下都是不容许的;马克思曾向我讲过(并且讲过好多次!)他的意见:假如我们能赎买下这整个匪帮,那对于我们最便宜不过了。"[①] 但马克思、恩格斯没有机会去实现他们的设想。俄国十月革命胜利后,列宁也多次阐述过对资产阶级实行和平赎买的思想,并提出采用国家资本主义的形式来实现这种"赎买"。但由于俄国的资产阶级不肯接受国家资本主义的政策,并对苏维埃政权采取敌对的态度,甚至勾结帝国主义发动反革命内战,在这种情况下,无产阶级国家只能采用暴力手段,将资本家的企业全部没收。列宁的和平赎买主张也未能实现。

中国共产党从中国的特殊国情出发,将中国的资产阶级分为官僚资产阶级和民族资产阶级两个部分,区别对待。对官僚资本和官僚资产阶级采取没收和专政的办法,而对民族资本和民族资产阶级则用和平赎买和团结教育改造的办法。中国共产党分析了民族资产阶级接受和平改造的可能性和必要性,并由此出发,开创出一条适合中国国情的社会主义经济改造道路,即在政治上、经济上、组织上无产阶级与资产阶级建立了联盟的条件下,在统一战线内,通过委托加工、计划订货、统购包销、委托经销代销、公私合营、全行业公私合营等一系列从低级到高级的国家资本主义的过渡形式,和平地消灭资本主义和资产阶级,实现了马克思、恩格斯和列宁曾经设想过的对资产阶级的"和平赎买"。这条适合中国国情的社会主义改造道路,是对马克思主义的丰富和发展。

[①] 中共中央马克思恩格斯列宁斯大林著作编译局编《马克思恩格斯选集(第四卷)》,人民出版社,1995,第503页。

第六章

曲折

（1957—1966）

"左"倾错误的形成与中国社会主义经济建设道路探索的曲折

1956年，对生产资料私有制的社会主义改造基本完成，标志着由新民主主义经济形态向社会主义经济形态转变过程的基本完成。在实现这个历史性的转变后，如何找到一条适合中国国情的社会主义经济建设道路，是中国共产党经济工作中面临的一个新课题。中国共产党从1957年到1966年"文化大革命"全面开始的前夕，围绕中国社会主义经济建设道路，进行了近十年的艰苦而曲折的探索。

在这十年中，党的经济工作在指导方针上有过严重失误。觉察失误后，党作了纠正"左"倾错误的努力，并对国民经济实行全面调整。这一时期的历史发展虽然是曲折的，但在党的领导下，全国各族人民开始了全面的大规模的社会主义经济建设探索，并取得了重大成就。人民生活虽然经历过严重困难，但调整过后，在总体上也得到一定程度的改善。探索与曲折，是这十年间中国共产党经济工作史的主线。

第一节 "左"的经济工作指导思想的形成与发展

社会主义改造完成后，大规模的社会主义经济建设展开。在全面经济建设过程中，党的经济工作从正确的探索开始，却由于政治上"左"的错误的发生，最终走上了曲折之路。

一、党的工作重心偏离经济工作

党的八大强调国家的主要任务是在新的生产关系下保护和发展生产力，党的工作重心是社会主义经济建设。但由于反右派斗争扩大化的影响，党的工作重心也开始偏离经济工作。

（一）工作重心偏离的轨迹

在中国社会主义经济改造基本完成以后，中国共产党以经济工作为重心的指导思想是明确的。1957年2月，毛泽东在《关于正确处理人民内部矛盾的问题》的讲话中指出："我们的根本任务已经由解放生产力变为在新的生产关系下面保护和发展生产力。"随后又多次讲到，"现在处在转变时期，由阶级斗争到向自然界斗争，由革命到建设，由过去的革命到技术革命和文化革命"。①

但是，1957年反右派斗争的扩大化，使党探索适合中国国情的建设社会主义道路的良好开端遇到挫折，使党的工作不仅在实践上偏离了经济工作这个重心，而且在理论上造成了一个严重后果，那就是改变了党的八大一次会议关于社会主要矛盾的判断，为工作重心转向阶级斗争构建了理论基础。毛泽东在党的八届三中全会的讲话中提出，"无产阶级和资产阶级的矛盾，社会主义道路和资本主义道路的矛盾，毫无疑问，这是当前我国社会的主要矛盾"②。党的八大二次会议按照毛泽东的意见进一步断言："在整个过渡时期，也就是说，在社会主义社会建成以前，无产阶级同资产阶级的斗争，社会主义道路同资本主义道路的斗争，始终是我国内部的主要矛盾。"③虽然毛泽东在1958年又提出"把党的工作的着重点放到技术革命上去"④和"鼓足干劲，力争上游，多快好省地建设社会主义"，但由于在主要矛盾和主要任务的关系上，是前者决定后者，主要矛盾判断的变化最终导致以阶级斗争为纲，使全党的工作重心从经济工作转移到阶级斗争上去。

1959年党的八届八中全会上，当彭德怀提出如何正确总结"大跃进"和人民公社化运动的若干经验教训的意见时，毛泽东认为这一举动是所谓路线斗争，是一场阶级斗争，是过去十年社会主义革命过程中资产阶级与无产阶级两大对抗阶级的生死斗争的继续，错误地把阶级斗争扩大到党内。1962年党的八届十中全会进一步提出：在无产阶级革命和无产阶级专政的整个历史时期，在由资本主义过渡到共产主义的整个历史时期存在着无产阶级和资产阶级之间的阶级斗争，存在着社会主义和资本主义这两条道路的斗争。这就实际上提出了"以阶级斗争为纲"的基本路线，从而使经济工作降为"纲"下面的"目"。由于毛泽东在会上采纳了刘少奇的意见，提出：不要因为强调阶级斗争而放松经济工作，要把经济工作放在第一位，从而使全会结束后的经济调整工作能够继续进行。

（二）工作重点问题上的二元论

党的工作重心在社会主义制度建立之初不能顺利实现转移的原因是多方面的，最根本的原因是毛泽东在工作重点问题上的二元论指导思想。

毛泽东从1956年年底起，对中国进入社会主义社会后国内的阶级状况、主要矛

---

① 《建国以来毛泽东文稿（第六册）》，中央文献出版社，1992，第403页。
② 中共中央文献研究室编《建国以来重要文献选编（第十册）》，中央文献出版社，1994，第606页。
③ 中共中央文献研究室编《建国以来重要文献选编（第十一册）》，中央文献出版社，1995，第288页。
④ 中共中央文献研究室编《毛泽东文集（第七卷）》，人民出版社，1999，第351页。

盾的认识发生了重大的变化。在党的八届三中全会上，他重提两个阶级、两条道路的斗争是当前国内的主要矛盾。毛泽东提出，为了解决这个矛盾，必须有一个政治战线上和思想战线上的彻底的社会主义革命，认为不进行这样的革命，社会主义制度就不能巩固。因此，在1958年1月南宁会议上，毛泽东提出："从今年起，要在继续完成政治战线上和思想战线上的社会主义革命的同时，把党的工作的着重点放到技术革命上去。这个问题必须引起全党注意。"①这段话准确地表达了毛泽东对工作重点的观点。显然，在毛泽东看来，工作重点不是一个，而是两个，即阶级斗争和经济工作。

关于继续完成政治战线上和思想战线上的社会主义革命的内涵，毛泽东在1959年冬曾这样说过：三大改造基本完成以后，资产阶级右派的猖狂进攻，使我们搞出了政治战线上和思想战线上的社会主义革命这个提法。现在看来这个方面的革命是非常重要的。庐山会议上也还是进行这个革命，是这个革命的继续，而且斗争是很尖锐的，如果不在这次会议上把彭德怀那条路线打下去，我们的总路线就不能巩固，那是不行的。从这段话可见，毛泽东所说的政治战线上和思想战线上的社会主义革命，具体来说就是反右派运动和庐山会议"反右倾"斗争。因此，毛泽东上述关于工作重点的观点，实际上就是继续进行阶级斗争的同时抓经济工作。这种工作重点问题上的二元论，使党和国家的工作重心长期得不到真正转移。

二、经济工作"急于求成"指导思想的形成和发展

"左"的错误的影响，既表现在党的工作重心偏离经济工作，也表现为经济工作中"急于求成"指导思想的形成。

（一）"急于求成"指导思想的形成

早在1955年中国农村社会主义高潮出现后不久，中国共产党领导人就已开始关注如何加快社会主义经济建设的问题。当年12月，毛泽东在《中国农村的社会主义高潮》序言中提出：中国的工业化的规模和速度……已经不能完全按照原来所想的那个样子去做了，这些都应当适当地扩大和加快。同年12月5日，刘少奇在中南海召集有关负责人，传达了毛泽东关于批判右倾保守思想，争取提前完成过渡时期总任务的指示，其中心思想就是要利用目前国际休战时间，加快发展，提早完成社会主义工业化的任务。

为了加快农业的发展，毛泽东于1955年11月中旬主持起草了《农业十七条》，后发展为《农业四十条》。毛泽东当时就说过，他抓《农业十七条》，就是为了造成

---

① 中共中央文献研究室编《毛泽东文集（第七卷）》，人民出版社，1999，第350—351页。

"乡下压城市"的形势。他认为,形势已经到来了,本来可以快一点办好的事,不要慢慢来。一年能够办到的事,不要拖到两年去办。在此前后,毛泽东提出社会主义经济建设要"又多又快又好"。李富春稍后补充了一个"省"字。1956年《人民日报》元旦社论将"多快好省"的口号公开向全国发表。1956年1月,毛泽东在知识分子问题会议上讲话时,把"多快好省"作为领导方法加以强调,并号召各级组织要成为社会主义促进派。

上述这些情况反映了中国共产党人希望在新的社会主义生产关系的基础上,把生产力发展得更快一些的愿望。但是,由于对工农业生产的发展规模和速度要求过大过高,1956年年初,开始出现了急躁冒进的倾向。周恩来、陈云、刘少奇等发现此问题后,积极加以纠正,要反冒进。在1956年11月召开的党的八届二中全会上讨论1957年的经济计划时,周恩来提出,1957年的经济计划应当实行"保证重点,适当收缩"的方针。但毛泽东认为,1956年的经济工作,不正确的部分不到"一个指头",主张1957年的预算指标可以高一点。与会者大都认为1957年的经济建设宁肯慢一点,稳当一点,赞同周恩来提出的方针。毛泽东虽然没有明确反对这一方针,但在会议结束时的讲话中强调:我们的各级党委、各部、各级政府,是促进呢,还是促退呢?根本还是促进的,要保护干部和人民群众的积极性,不要在他们头上泼冷水。1957年1月,在省市自治区党委书记会议上,毛泽东第一次对反冒进进行了明确的指责。由于毛泽东的不满和指责,周恩来这一反冒进的主要主持者,也不得不在相当程度上改变自己对反冒进的态度。以周恩来态度的改变为标志,党的主要领导人之间在1956年的大部分时间存在的关于经济建设方针问题的意见分歧已经基本消除。

反右派运动开始后,毛泽东认为1956年的反冒进为右派进攻提供了口实,从而更加相信反冒进是错误的。在党的八届三中全会上,他正式地批评说,去年的反冒进扫掉了"多快好省"、农业发展纲要四十条、促进委员会,表示要"复辟"这三个东西。对反冒进愈益升级的错误批判,使人不敢再行提出对急躁冒进错误的异议,而且直接助长了党内早已存在的急于求成情绪。

(二)"急于求成"指导思想的发展

党的八届三中全会后,由于对社会主义建设长期性缺乏认识以及骄傲情绪的滋长,党在经济建设方面"急于求成"的指导思想迅速发展起来。

第一,提出15年赶上和超过英国的口号。1957年11月,毛泽东在率领中共代表团参加莫斯科各国共产党和工人党代表会议期间,赫鲁晓夫提出苏联的工农业在最主要产品的产量方面15年赶上和超过美国的口号。在11月18日的会议上,毛泽东说,赫鲁晓夫同志告诉我们，15年后，苏联可以超过美国；我也可以讲，15年后，我们可能赶上或者超过英国。15年赶超英国口号的提出，反映了毛泽东要尽快改变中国落后面貌的雄心壮志，同时也表明急于求成的思想在党内已占主导地位，而且还使这种思想有了具体的发展目标，这就是片面追求钢产量的增长，从而在相当程度上导致了大炼钢铁运动的发动。更为严重的是，在这一口号提出之后的不长时间内，随着"大跃进"运动的发动，赶超时间又一再提前：1958年《人民日报》元旦社论提出要在15年左右赶上英国，再用20到30年赶上美国；5月，党的八大二次会议提出7年超过英国、15年赶上美国的口号；6月，毛泽东在薄一波《两年超过英国》报告上批示：超过英国，不是15年，也不是7年，只需2到3年，两年是可能的；9月2日，毛泽东在给刘少奇、陈云、李富春等的信中说："为五年接近美国、七年超过美国这个目标而奋斗吧！"①9月5日，毛泽东在最高国务会议上提出，明年是基本上赶上英国，除了造船、汽车、电力这几项外，明年都要超过英国。直到"大跃进"运动遭到失败后，才放弃了这些口号。

第二，"大跃进"理论的主要内容形成。1958年年初和1958年春，中共中央召开了一系列旨在发动"大跃进"运动的会议。这些会议发展了党的八届三中全会形成的党的"左"倾错误指导思想，突出的表现就是在狠批反冒进的过程中形成了"大跃进"理论。关于开展"大跃进"的必要性，一是认为中国仍然处在有帝国主义颠覆危险的国际环境，"如果我们不以最快的速度进行建设，不力争在尽可能短的时间内在经济上赶上发达的资本主义国家，我国的安全就不能认为有充分的保证"，二是认为中国是一个贫穷落后的大国，社会主义制度的物质基础薄弱，"如果我们不迅速改变这种落后状态，不力争在比较短的时间内使我国拥有现代工业、现代农业和现代文化科学，提高人民的物质生活和文化生活水平，我国社会主义制度的物质基础就不能认为是巩固的"。②

关于开展"大跃进"的可能性，当时认为，"一九五六年在社会主义所有制方面取得了基本的胜利，一九五七年发动整风运动，又在思想战线和政治战线方面取得了基本的胜利，就在这一年，又超额地完成了第一个五年建设计划"③。在此情况下，我国六亿人民在中国共产党的领导下，有苏联的援助，有丰富的资源，一定能够在经济建设方面取得"跃进"的发展。

关于实现"大跃进"的方法，一是认为必须不断地批判"右倾保守思想"，只有这样才能鼓起广大群众"跃进"的干劲，二是认为必须实行积极的平衡，"采取积极

---

① 中共中央文献研究室编《毛泽东年谱（1949—1976）（第三卷）》，中央文献出版社，2013，第431页。
② 《鼓起干劲，力争上游！》，《人民日报》1958年2月3日，第1版。
③ 中共中央文献研究室编《毛泽东文集（第七卷）》，人民出版社，1999，第344页。

的态度解决不平衡，不断地提高落后的指标和定额，使它适应于先进的指标"①，只有这样，才能使国民经济得到"跃进"的发展。

第三，确立社会主义建设总路线。1958年5月，党的八大二次会议把社会主义建设的速度问题强调到了一个很高的程度，认为，"建设速度的问题，是社会主义革命胜利后摆在我们面前的最重要的问题"。并且认为，社会主义革命的胜利，使我国进入了马克思所预言的"一天等于二十年"的伟大时期，我国社会主义建设事业的发展也完全能够达到一个极高的速度。基于上述认识，党的八大二次会议提出了工业、农业和科学技术等方面的不切实际的任务。党的八大二次会议还把过去党内曾发生过的关于速度和方针等问题的分歧和争论，错误地归结为"快些好些"和"慢些差些"两种不同指导思想、不同领导方法的斗争，认为在社会主义建设问题上，毛泽东历来主张"采取快些好些的方法，拒绝慢些差些的方法"②。会议正式通过了毛泽东提出的"鼓足干劲，力争上游，多快好省地建设社会主义"的总路线。社会主义建设总路线的提出，反映了党和广大人民群众迫切要求改变中国经济文化落后状况的普遍愿望。但是由于这条总路线是在批评反冒进的过程中形成的，是在急躁冒进、急于求成的思想指导下制定的，因而又存在着严重缺陷。这主要是片面强调经济建设的发展速度，忽视了经济建设所必须遵循的客观规律和量力而行、实事求是的原则。

第二节 "大跃进"运动

党的八大确立的既反保守又反冒进，在综合平衡中稳步前进的经济建设方针，在其后的批评反冒进和制定社会主义建设总路线过程中也被改变。在"急于求成"思想指导下，1956年冬至1958年春"大跃进"运动拉开序幕。

一、"大跃进"运动

"大跃进"运动是在党内"左"倾思想急剧发展的背景下发动的，其推动方式具有明显的政治运动特征。

（一）反右开道和党内斗争的政治运动方式

1. "大跃进"的发动是靠"反右倾"开道的

1955年下半年，毛泽东严厉批评了以邓子恢为代表的"小脚女人"，发动了反对

---

① 《打破旧的平衡，建立新的平衡》，《人民日报》1958年2月28日，第1版。
② 中共中央文献研究室编《建国以来重要文献选编（第十一册）》，中央文献出版社，1995，第297页。

合作化运动中的右倾机会主义的斗争。在加快农业社会主义改造步伐的同时,他又提出中国工业化的规模和速度应当适当地扩大和加快的要求。强调"反右倾"的结果,是导致1956年上半年的经济工作发生了比较严重的急躁冒进偏差,造成了相当紧张的局面。周恩来、陈云等及时地提出反冒进的主张,调整了经济计划,才缓和了紧张局面。党的八大也改变了原来片面强调"反右倾"的精神,确定了既反保守又反冒进,在综合平衡中稳步前进的经济建设方针。但随着反右派斗争的发动,党内的"左"倾思想急剧地发展起来。在1957年9月召开的党的八届三中全会上,毛泽东对1956年的反冒进提出了批评。会后,又在党内外大批右倾思想。11月13日,《人民日报》在题为"发动全民,讨论四十条纲要,掀起农业生产的新高潮"的社论中说:"有些人害了右倾保守的毛病,象[像]蜗牛一样爬行得很慢,他们不了解在农业合作化以后,我们就有条件也有必要在生产战线上来一个大的跃进。"在批判右倾保守的同时,第一次提出"大跃进"口号。

2. "大跃进"第二个回合的发生是庐山会议后期党内反对右倾机会主义斗争的结果

从1958年11月第一次郑州会议到1959年7月庐山会议前期,党中央一直致力于纠正已经察觉到的"大跃进"工作中"左"的错误。就在庐山会议按原定计划即将结束之际,彭德怀于7月14日给毛泽东写信,要求进一步深入纠"左",要求从指导思想上清理"左"倾错误的根源。彭德怀信中的观点在小组会上得到了张闻天、黄克诚、周小舟等人的明确支持。张闻天还对"大跃进"以来发生的严重问题从理论上作了系统的分析。彭德怀的信和张闻天的发言引起毛泽东的强烈不满。他认为这实际上是对"大跃进"和人民公社表示怀疑和反对,因而是右倾的表现。当时,对"大跃进"和人民公社,党内外、国内外议论纷纷,通过各种渠道向中央反映了不少干部和群众对当前形势的忧虑以及对领导工作中缺点错误的批评,其中也有否定"大跃进"和人民公社的意见。毛泽东把这些批评和意见当作对党的攻击,并且把它们同庐山会议上中央领导层内部的争论联系起来,又把国内的批评和争论同国际上帝国主义对中国的攻击和苏联赫鲁晓夫对中国的批评联系起来,于是得出结论:党正处在内外夹攻之中,右倾已成为当前的主要危险。他认为现在党内外出现了一种新的事物,就是右倾情绪、右倾思想、右倾活动已经增长,大有猖狂进攻之势。反右必出"左",反"左"必出右,这是必然性。现在是应该反右的时候了。这样,会议的主题由纠"左"一变而为反右。八届八中全会决议正式认定"保卫总路线,击退右倾机会主义的进攻,已经成为党的当前的主要战斗任务"。"反右倾"决议逐步传达到全党,在全国范围内展开了一场大规模的历时半年左右的"反右倾"斗争。

"反右倾"斗争打断了在经济工作上纠"左"的积极进程,使"大跃进"和人民公社化运动中许多已被指出、有待纠正的"左"倾错误重新发展起来。"反右倾"斗争的中心口号是"反右倾、鼓干劲,掀起新的大跃进高潮"。这就推动了"大跃进"第二个回合的进程,使得以高指标、浮夸风、共产风和瞎指挥为主要标志的"左"倾错误再度出现,并且持续更长的时间。

(二)"积极平衡"与两本账的经济计划方式

"大跃进"运动也是通过制定高指标来推动的,而高指标是通过所谓"积极平衡"的经济计划方式制定出来的,"积极平衡"的经济计划方式又是以毛泽东的"不平衡"哲学思想为理论依据的。

早在1955年12月,刘少奇在一次有在京中央委员参加的党政军各部门负责人的座谈会上,传达毛泽东关于批判右倾保守思想,争取提前完成过渡时期总任务的指标时,就有这样一段话:"客观事物的发展是不平衡的,平衡不断被冲破是好事。不要按平衡办事,按平衡办事的单位就有问题。"① 冲破平衡,导致1956年上半年的冒进。周恩来在谈到纠正当时的冒进时说,搞计划必须注意实事求是,必须注意平衡。党的八大总结了"一五"期间的成功实践,以及1956年坚持反冒进的经验,确立了坚持既反保守又反冒进,在综合平衡中稳步前进的经济建设方针。此后,陈云又提出了经济建设必须保持财政收支、银行信贷和物资供应三大平衡的著名论点。毛泽东同意了党的八大提出的综合平衡方针,但是很勉强的。在党的八届二中全会上,毛泽东在讲计划经济平衡问题时说,计划经济是平衡又不平衡,平衡是暂时的、有条件的。不打破平衡,那是不行的。我们的经济究竟是进,还是退?要促进,不要促退。在毛泽东看来,要促进经济发展就必须打破平衡。

反右派运动后,在批判反冒进的同时,毛泽东进一步强调"不平衡"。1958年年初,在杭州华东六省市党的负责人会议上,他指出:不平衡不仅是社会法则,也是宇宙法则;刚刚平衡,立即突破;刚刚平衡,又不平衡。1958年1月毛泽东在《工作方法六十条(草案)》中写道:"不平衡是普遍的客观规律。从不平衡到平衡,又从平衡到不平衡,循环不已,永远如此,但是每一循环都达到高的一级。不平衡是经常的,绝对的;平衡是暂时的,相对的。"② 根据这种观点,自然就可以任意打破平衡,搞人为的不平衡;"打破旧的平衡,建立新的平衡","事物也就前进了一步"。这就对"不平衡"论作了系统的发挥。

---

① 薄一波:《若干重大决策与事件的回顾(上)》,中共党史出版社,2008,第368页。
② 中共中央文献研究室编《毛泽东文集(第七卷)》,人民出版社,1999,第352页。

根据毛泽东的"不平衡"论,《人民日报》于1958年2月28日发表《打破旧的平衡,建立新的平衡》的社论。社论以对立统一的辩证法则说明,事物的平衡是相对的,不平衡是绝对的,认为"积极平衡和消极平衡,这是计划工作中两种互相对立的方法";支持新生事物和群众的积极性,不断地提高落后的指标和定额,这就是积极的平衡,否则,就是慢与差的消极平衡。只有冲破旧的平衡,达到新的平衡,事物才能前进。社论号召:"我们必须反对庸俗的平衡论,或均衡论,反对消极的平衡方法。从庸俗的平衡论的思想束缚中解放出来,我们也就敢于跃进了。"① 从此以后,计划工作中不断地出现层层加码的高指标,"打破平衡""积极平衡"成为计划工作的理论。

与"积极平衡"相联系的是两本账的计划方式。1958年1月南宁会议上要求实行生产计划三本账的制度。中央两本账:一本是必成的计划,这一本公布;第二本是期成的计划,不公布。地方也有两本账:第一本就是中央的第二本账,这在地方是必成的;第二本账,在地方是期成的。这种三本账制度,是造成"大跃进"中生产计划层层加码、追求高指标的一个重要因素。正如薄一波在总结历史经验教训时所说的:"两本账或三本账的观念为计划的层层加码打开了一个重要的缺口。中央带头搞两本账,各级就都搞自己的两本账,下到基层,同一个指标就有六七本账了。不管工业也好,农业也好,其他行业也好,'大跃进'中的各种高指标,大都是通过编两本账的方法,层层拔高的。"②

(三)"小土群"和"全民大办"的群众运动方式

如果说"大跃进"在决策层面是通过批右倾的政治运动方式推进的,在基层实施层面,则是靠群众运动方式来推动的。在基层,群众性大规模开展的兴修农田水利和积肥运动揭开了"大跃进"运动的序幕,而"小土群"全民大办钢铁运动又将"大跃进"运动推向高潮。

1957年9月党中央在八届三中全会上作出了《关于在今冬明春大规模地开展兴修农田水利和积肥运动的决定》后,全国各地掀起空前规模的农田水利建设运动,实际上吹起了农业"大跃进"的号角。农田水利建设运动大搞人海战。1958年2月3日《人民日报》社论指出:"农村中每天有近一亿人向自然大进军,热火朝天地进行水利建设。"③ 在生产手段比较落后的情况下,在某些工程建设上(如农田水利建设)可以采用类似群众运动的方式、大会战的方式进行。但总的来讲,社会主义现代化经济建

---

① 《打破旧的平衡,建立新的平衡》,《人民日报》1958年2月28日,第1版。
② 薄一波:《若干重大决策与事件的回顾(下)》,中共党史出版社,2008,第480页。
③ 《鼓起干劲,力争上游!》,《人民日报》1958年2月3日,第1版。

设是一项十分复杂的工程，用搞群众运动的方式是很难奏效的。随后把"大跃进"推向高潮的全民大炼钢铁运动就说明了这一点。

1958年8月北戴河会议上提出当年钢产量要完成翻番的任务。而原有的大中型钢铁企业生产能力及交通运输、煤炭电力的供给能力显然是不够完成这一任务的。于是党中央决定采取发动群众、土洋结合的方式。1958年9月，毛泽东在视察安徽、江苏、上海的一些地方和企业的过程中，在谈到钢铁生产时指出：发展钢铁工业一定要搞群众运动，什么工作都要搞群众运动，没有群众运动是不行的。他从上海回到北京后对新华社记者发表谈话时，对那种认为工业方面搞大规模群众运动是不正规、农村习气和游击作风的意见进行了批评。1958年7月，全国投入钢铁生产的劳动力仅几十万人，8月底增至几百万人，9月竟达到6000万人。9月20日，《人民日报》发表社论，介绍了河南、湖南、贵州等省大搞群众运动的经验，即组织大辩论，成立指挥部，书记亲自上前线，全党全民、各行各业编成钢铁帅、运输营、采矿队等各种野战军、后勤部，昼夜突击，突破一点，创造高产纪录，开现场会议，推动大面积丰收。① 10月1日，《人民日报》发表题为"'卫星'齐上天，跃进再跃进"的社论，再次强调："在进入10月份之后，要巩固'卫星'成果，实现更大的跃进，除了必须大搞群众运动之外，没有别的办法。群众运动是我们办一切事业的法宝，丢掉这个法宝，我们就一事无成。"②

大搞群众运动炼钢铁不但要多投入人力，而且相应地要搞小高炉、小转炉土法炼钢炼铁的群众运动，即"小土群"。1958年8月8日，《人民日报》发表社论，号召一年之内建成中小型转炉200座，以形成年产增加1000万吨钢的能力；建成13000多座中小型高炉，以形成年产增加2000万吨钢的生产能力。③ 10月7日至9日，冶金工业部在天津召开全国地方炼钢现场会，介绍了天津新兴钢厂土法炼钢的基本经验。三天后，又在河南商城召开土法炼钢现场会，通过现场参观和实习操作，推广土法炼钢。自此，全国掀起土法炼钢的高潮。

为了满足大炼钢铁的需要，在地质、煤炭、电力、机械、交通运输等方面都采取"全民大办"的办法。为解决钢铁战线上煤炭不足的突出问题，煤炭部提出，一方面，原有的大煤矿应进一步增加生产，另一方面，要求"全民大办小煤窑"，采取"小土群"的方针，"兵对兵，将对将，用分散的小煤窑对分散的小高炉"，全国一时办起

---

① 《关键在于大搞群众运动》，《人民日报》1958年9月24日，第1版。
② 《"卫星"齐上天，跃进再跃进》，《人民日报》1958年10月1日，第4版。
③ 《土洋并举是加速发展钢铁工业的捷径》，《人民日报》1958年8月8日，第6版。

10万多个小煤窑。这样,全国到处都摆开大炼钢铁的战场,各行各业从党委书记到广大干部、工人、农民、解放军指战员、大中小学师生,甚至七八十岁的老人,夜以继日,奋战在矿山和炉旁。结果浪费了大量的人力物力,炼出一堆堆废钢废铁。同时冲击了各行各业的正常工作,特别是农村,严重影响了农业生产。

二、人民公社化运动

"急于求成"思想在经济工作中,还表现为"一大二公"、急于过渡到共产主义的人民公社化运动的开展。

(一)人民公社组织的出现

农村基层经济组织变动的设想是毛泽东和其他一些中央负责人在"大跃进"运动中萌生的。1957年冬大搞农田水利基本建设,从而揭开了"大跃进"的序幕。由于农田水利基本建设要求在大面积土地上统一规划,修建长达几公里、几十公里甚至上百公里的灌溉渠系,一些较大工程的建设需要大批的劳动力和资金,建成后的使用又要求做到大体与受益单位的投入(劳动力、土地、资金等)相适应,这就不仅涉及农业生产合作社之间的经济关系问题,还涉及村与村、乡与乡、区与区,甚至县与县之间的经济关系问题。在当时的条件下,不可能也不允许根据商品经济的原则,按照各农业社投入的大小,与利益挂钩进行结算,只能从调整农业生产合作社的规模和调整行政区划方面打主意。在这种情况下,毛泽东提出并社的意见。1958年3月召开的成都会议,根据毛泽东的建议,通过了《中共中央关于把小型的农业合作社适当地合并为大社的意见》。此后,一些地区即开始进行并社的试点工作。

成都会议通过了《中共中央关于发展地方工业问题的意见》,第一次正式提出农业生产合作社办工业的问题,这就突破了"农业生产合作社"这个名称的限制,实际上提出了给农村主要的合作经济组织另找名称的问题。当时,以大搞农田水利建设为中心的农业生产高潮掀起,地方工业遍地开花,带来了农村劳动力紧张的问题。一些地方为了尽可能地腾出劳动力用到工农业生产上去,办起了简易的公共食堂和托儿所。为了让青年农民学习农业技术,一些地方的农村办起了"农业大学"。正是在这种情况下,毛泽东等领导人开始酝酿新的农村基层组织结构问题。陆定一在党的八大二次会议上发言时介绍了中央领导人最早关于这个问题的酝酿情况。他说:"毛主席和少奇同志谈到几十年以后我国的情景时,曾经这样说,那时我国的乡村中将是许多共产主义的公社,每个公社有自己的农业、工业,有大学、中学、小学,有医院,有科学研究机关,有商店和服务行业,有交通事业,有托儿所和公共食堂,有俱乐部,也有维持治安的警察等等。若干乡村公社围绕着城市,又成为更大的共产主义公社。前人的'乌托邦'想法,将被实现,并将超过。"① 这就把人民公社的基本轮廓及其远景清晰地勾画出来了。

党的八大二次会议闭幕后,有些地区进行了办公社的试验,采用的名称各种各样。"6月间,党中央和毛泽东同志才选择了'人民公社'这样一个比较最能表现这一组织的内容和最能受到群众欢迎的名称。"② 7月1日出版的《红旗》1958年第3期,刊登了《全新的社会,全新的人》一文,指出:"把一个合作社变成为一个既有农业合作又有工业合作的基层组织单位,实际上是农业和工业相结合的人民公社。"③ 第一次公开提出人民公社的名称。7月16日《红旗》第4期又发表《在毛泽东同志的旗帜下》一文,其中也讲到:"毛泽东同志说,我们的方向,应该逐步地有次序地把'工(工业)、农(农业)、商(交换)、学(文化教育)、兵(民兵,即全民武装)'组成为一个大公社,从而构成为我国社会的基本单位。"④ 这就向全国人民公开传达了毛泽东关于人民公社的基本构想。

8月6日,毛泽东视察新乡七里营人民公社时说:人民公社是一个好名字,包括工农商学兵,管理生产,管理生活,管理政权,人民公社前面可以加上群众喜欢的名字。8月9日,毛泽东在山东视察时又说,还是办人民公社好,它的好处是,可以把工农商学兵合在一起,便于领导。毛泽东视察这些地方的消息在报刊上突出宣传后,各地竞相仿效,试办人民公社。8月底,北戴河会议通过的《中共中央关于在农村建立人民公社问题的决议》发布后,人民公社运动迅速走向高潮。到9月底,全国农村就基本实现了人民公社化。

(二)人民公社组织模式的基本特点和思想渊源

人民公社组织的基本特点是一大二公。具体说来:第一,人民公社规模大、管得宽。原来的高级社一般只有一二百户,而人民公社平均每社有4600多户,多者达万户以至两万户以上。人民公社实行乡社合一,既是经济组织又是政权组织,而且实行四社合一,即把供销、信贷、手工合作社与农业生产合作社都合并在一起。这样就把一个乡范围的农林牧副渔、工农商学兵,总之,把政治、经济、文教、军事等各方面的工作全部集中到公社。公社不仅要管生产,管政权,还要管社员的生活(食堂、医

---

① 薄一波:《若干重大决策与事件的回顾(下)》,中共党史出版社,2008,第514-515页。
② 《人民公社万岁》,《人民日报》1959年8月29日,第1版。
③ 陈伯达:《全新的社会,全新的人》,《红旗》1958年第3期。
④ 陈伯达:《在毛泽东同志的旗帜下》,《红旗》1958年第4期。

院、托儿所、敬老院、缝纫组，等等）。第二，扩大公有制和提高公有化程度，消灭私有制残余。人民公社成立初期，实行单一的公社所有制，把原来生产社的小集体所有制扩大为公社的大集体所有制（当时认为是大集体、小全民）。在公社化过程中，社员的自留地、自家牲畜、自营的成片果树以及一些较大的生产工具等都被收归公社所有，社员的家庭副业、小商小贩以及集市贸易等也都被取缔。第三，破除所谓"资产阶级法权"思想，实行供给制和工资制相结合的分配制度。毛泽东把马克思所说的"资产阶级权利"误认为是资产阶级的东西，要求在社会主义社会就破除"资产阶级法权"思想。他在北戴河会议的讲话中，把工资制、加班费，脑力劳动工资多、体力劳动工资少等都说成是资产阶级的东西，提出要考虑取消工资制、恢复供给制的问题。人民公社化运动中，供给制一般是供给口粮，实行吃饭不要钱。这部分被认为是体现了"按需分配"的共产主义原则。至于工资制，名曰"按劳分配"，实际只有象征性的一点，而且大体平均，略有差别。第四，组织军事化、行动战斗化、生活集体化。全体劳力按军事编制组成班、排、连、营等单位，在公社统一指挥调动下，采用大兵团作战的方法，从事工农业生产。与此同时，社队普遍建立公共食堂、托儿所、敬老院、缝纫组等。第五，缩小商品交换，扩大产品分配。当时在《红旗》杂志上发表的一篇通讯中有这样的记载：公社成立后，"产品直接分配的部分扩大了，商品交换的比重缩小了。过去在手工业社和农业社之间、农业社和农业社之间、农民和农民之间，许多通过商品流通的产品，现在变为自产自用，在社内直接分配了。即是说，过去为出卖而生产的东西，现在变为自己需要而生产了；过去需要从市场上购买的某些东西，现在自己也能够生产自给了"①。

　　上述特点表明，初期的人民公社组织模式，实质上是一种建立在半自然经济基础上的、带有浓厚平均主义和军事共产主义色彩的空想社会主义模式。这种空想社会主义模式，不是由毛泽东等党的领导人的头脑凭空想出来的。它的产生有着极为复杂的思想认识根源。

　　第一，把马克思、恩格斯、列宁关于社会主义的理论教条化或作了错误的理解。中国共产党领导人在酝酿基层经济组织变动之初就指派中宣部部长陆定一组织编写了《马克思、恩格斯、列宁、斯大林论共产主义社会》一书。马克思、恩格斯常把他们设想的共产主义社会的基层组织称为公社。列宁在1919年12月全俄农业公社和农业劳动组合第一次代表大会上的讲话中称："农业公社是个很响亮的名称，是与共产主

---

① 李先念：《人民公社所见》，《红旗》1958年第10期。

义这个概念有联系的。"① 这部书的编出，对毛泽东最后决定把新合并起来的大社叫作人民公社起了不小的促进作用。因此，在后来的北戴河会议上，毛泽东向与会者一再推荐这本书。马恩关于社会主义的论述很多是根据西欧发达国家当时的情况提出的，还有些具体设想属于推测之词，难免带有某些空想成分。把这些照搬到没有经过发达资本主义阶段的中国社会中来，必然会成为超越社会主义初级阶段的空想论。另外，当时党的领导人对马克思、恩格斯、列宁的一些深刻思想也作了错误解释，并从中引出"左"的做法，这种情况也有不少。对"资产阶级法权"的误解就是一个典型的例子。这一误解是形成供给制和吃饭不要钱等人民公社分配制度的基本原因。

第二，受西方历史上乌托邦思想的影响。青少年时代的毛泽东受过包括欧美和日本的空想社会主义和康有为的《大同书》的影响。1919年春夏，他曾与蔡和森等青年一道，计议在长沙岳麓山进行建设"新村"的实验。1919年12月他发表在《湖南教育月刊》第1卷第2号上的《学生之工作》一文，不仅介绍了建设"新村"的理想，还详细描绘了"新村"的蓝图："此新村以新家庭新学校及旁的新社会连成一块为根本理想"，"新学校中学生之各个，为创造新家庭之各员"，"合若干之新家庭，即可创造一种新社会"，"新社会之种类不可尽举，举其著者：公共育儿院，公共蒙养院，公共学校，公共图书馆，公共银行，公共农场，公共工作厂，公共消费社，公共剧院，公共病院，公园，博物馆，自治会"，"合此等之新学校，新社会，而为一'新村'"。② 从人民公社的模式中，可以隐约看到他早年曾考虑过的"新村"计议的某些设想和轨迹。事实上，在酝酿农村基层经济组织变动之初，空想社会主义确实对毛泽东、刘少奇等中共领导人产生了影响。当时刘少奇布置邓力群编写空想社会主义材料，就说明了这一点。毛泽东1958年8月在北戴河会议上谈人民公社时也讲过：空想社会主义的一些理想，我们要实行。

第三，受到中国历史上的小农平均主义思想的影响。这种思想在中国源远流长，表现形式也多种多样。毛泽东在北戴河会议上谈到吃饭不要钱的问题时，就是联系东汉张陵的五斗米道而谈起来的，1958年11月3日在第一次郑州会议上谈吃饭不要钱时，又讲了五斗米道的传人，张陵的孙子张鲁的故事。他说，三国时候，汉中有个张鲁，也搞过吃饭不要钱。凡过路的人，在饭铺里吃饭、吃肉都不要钱，尽肚子吃。这不是吃饭不要钱吗？12月10日，毛泽东批示编印了《三国志·魏志》中的《张鲁

---

① 中共中央马克思恩格斯列宁斯大林著作编译局编译《列宁全集（第三十七卷）》，人民出版社，1986，第362页。
② 中共中央文献研究室、中共湖南省委《毛泽东早期文稿》编辑组编《毛泽东早期文稿》，湖南人民出版社，1990，第449-454页。

传》，发给即将召开的武昌会议的与会者参阅。毛泽东在批语中写道："我国从汉末到今一千多年，情况如天地悬隔。但是从某几点看起来，例如，贫农、下中农的一穷二白，还有某些相似。"批语对五斗米道的某些纲领作了通俗的解释，对"义舍"解释说："大路上的公共宿舍"，"吃饭不要钱（目的似乎是招来关中区域的流民）"；对"不置长吏，皆以祭酒为治"解释说："近乎政社合一，劳武结合，但以小农经济为基础"。12月7日写的另一条批语还指出：《张鲁传》中"所说的群众性医疗运动，有点像我们人民公社免费医疗的味道"，"道路上饭铺里吃饭不要钱，最有意思，开了我们人民公社公共食堂的先河"。在对我国历史上众多的农民革命战争作了评述之后，批语指出："现在的人民公社运动，是有我国的历史来源的。"①

第四，把革命战争年代的经验神圣化。毛泽东首先把长期革命战争中实行供给制的经验神圣化了。毛泽东1958年8月在北戴河会议上说，我们过了22年的军事共产主义生活。我们的军事共产主义，是生活平等，搞供给制，军民一致，官兵一致。我们就依靠这个打败了日本帝国主义和蒋介石。22年战争都打胜了，为什么建设社会主义就不行了呢？毛泽东还说，战争时期不是劳动力统一调配吗？我们现在办大公社，统一调配劳动力，这就是战争时期的经验。

三、改进经济管理体制的第一次尝试

社会主义建设曲折发展过程中，党的经济工作一方面发生了急于求成的"左"的错误，另一方面，在改进经济管理体制方面，则进行了一些有益的探索。

（一）"放权"与"收权"：改进宏观经济管理体制的尝试与曲折

党中央酝酿改进宏观经济管理体制始于1955年。当年，毛泽东外出视察工作期间，所到各省的负责人纷纷向他反映中央对经济统得过死，严重束缚着地方与企业的手脚，要求中央向下放权。毛泽东对此极为重视，回京后在中央的会议上，多次讲到经济管理体制要改，要注意发挥中央和地方两个积极性。1956年2月，毛泽东在听取重工业几个部的负责人向他汇报时说：地方同志流露不满，"他们是块块，你们是条条，你们无数条条往下达，而且规格不一，也不通知他们；他们的若干要求，你们也不批准，约束了他们"②。4月，毛泽东在中央政治局扩大会议上作了题为"论十大关系"的讲话，主张扩大一点地方的经济管理权力，给地方更多的独立性，特别是主张给企业一点权力、一点机动、一点利益，使企业在实施经营、发展经济中具有相对的

---

① 《建国以来毛泽东文稿（第七册）》，中央文献出版社，1992，第627—629页。
② 薄一波：《若干重大决策与事件的回顾（上）》，中共党史出版社，2008，第341页。

独立性。这些思想从理论上开了尝试改革我国经济管理体制的先声。根据毛泽东《论十大关系》的讲话精神，国务院于1956年5月和8月间召开全国体制会议，研究改进经济管理体制的方案。国务院在8月起草了《国务院关于改进国家行政体制的决议（草案）》。

为了加强对经济工作和改进体制工作的统一领导，党中央于1957年年初成立了中央政治局领导下以陈云为组长的中央经济工作五人小组。在改进体制问题上，五人小组着眼于下放管理权限。1月27日，在中央召开的省市区党委书记会议上，针对地方同志提出的"分权"要求，陈云作了明确的答复："有些企业的管理权要下放，财务要下放，利润也要下放"，"中央不可能包揽全国的事情，所以应当有适当的分权，重点不能过分集中"。[①] 同时，五人小组又重视综合平衡工作，重视全局和局部的协调问题，避免权力下放后出现混乱现象。9月24日，陈云在党的八届三中全会上作了题为"经济体制改进以后应该注意的问题"的发言，着重讲了四点：①中央某些职权下放以后，必须加强对各个地方的平衡工作；②地方要切实掌握资金的投放方向；③财政体制一经改变，必须建立相应的财务管理制度；④中央和地方各种分成制度，基本上三年不变，但执行一年以后，如果有不适当的地方，应该有局部的调整。

实际上，早在1956年全国体制会议上周恩来就提出：改进体制的工作不要匆匆忙忙，要实事求是；不要急躁冒进，要逐步实现。但是，1958年在"大跃进"的推动下，党中央决心加快和扩大管理权限下放的步伐。4月11日，中共中央、国务院在《关于工业企业下放的几项决定》中要求把中央各部门所属企业，除了一些重要的、特殊的和试验性质的企业外，原则上一律下放给地方管理。而且要求雷厉风行，以跃进的速度完成此事。6月2日，中共中央发布的《关于企业、事业单位和技术力量下放的规定》，通知将九个工业部门的880多个企、事业单位下放地方管理，并要求在6月15日前，完成全部下放企业的交接手续。"大跃进"前，中央各部所属企、事业单位共有9300多个。"大跃进"期间，绝大部分企业都下放给地方，仍属中央各部管理的只剩下1200个。与此同时，中央还把财贸、物资、劳动、计划等方面的管理权也大幅度地下放地方，各地又效法中央，层层下放。

由于企业下放过猛过快，加之当年下半年开展的全民大办钢铁运动，不仅打乱了企业间原有的生产协作关系，而且出现了各地大上基建项目，大量增加职工，以及平调国营企业设备、材料的问题，从而导致计划失控，工业生产秩序混乱。尽管党中央在作出下放企业决定的前后，也曾发出通知，要求加强全国和地方的平衡工作，生产

[①] 薄一波：《若干重大决策与事件的回顾（下）》，中共党史出版社，2008，第556页。

资料必须按计划统一调拨,立即停止招收新职工和固定临时工,但管理混乱和经济失控的半无政府状态的局势并未得到控制。为了扭转这种局面,《人民日报》1959年2月24日发表题为"全国一盘棋"的社论。3月11日,国务院决定将有关全局性的34个企业由地方收归国务院有关部领导。4月28日,又批准21个企业由地方收归国务院有关部领导,24个企业由地方管理改由国务院有关部与地方双重领导。从此,中央又逐步上收企业的管理权。这样,以下放企业管理权为中心内容的改进体制的工作,又以上收企业管理权而告结束。

(二)"两参一改三结合":改进微观经济管理体制的探索

"大跃进"时期,中国共产党还推进了以"两参一改三结合"为中心的改进微观经济(即企业)管理体制的探索。1959年12月至1960年2月,毛泽东在读苏联《政治经济学教科书》时,较深入地探讨了社会主义公有制建立后的管理问题。他认为,"私有制问题基本解决以后,最重要的问题是管理问题,也就是人们在生产中的相互关系问题"。而人们在生产中的相互关系是改变还是不改,对于推进还是阻碍生产力的发展,都有直接的影响。因此,毛泽东强调,要使社会主义公有制企业真正体现出社会主义的优越性,就必须在直接生产过程中,建立起劳动者、管理者之间真正平等互助的关系。如何建立起这种关系呢?毛泽东提出:"对企业的管理,采取集中领导和群众运动相结合,干部参加劳动,工人参加管理,不断改革不合理的规章制度,工人群众、领导干部和技术人员三结合。"[①]这就比较明确地形成了"两参一改三结合"的企业管理思想。

1960年3月,毛泽东在转发中共鞍山市委《关于工业战线上的技术革新和技术革命运动开展情况的报告》的指示中,正式强调了"两参一改三结合"的微观经济管理模式,从此,中国许多大型企业把它作为一种制度陆续试行。6月24日,《人民日报》发表了中共成都量具刃具厂委员会写的《新型的社会主义企业管理制度》一文和刘少奇为此所写的编者按。文章主要介绍了成都量具刃具厂实行"两参一改三结合"的企业管理制度的经验。编者按则强调:"凡是条件业已具备的厂矿企业,应当推广成都量具刃具厂的经验,条件尚未具备的厂矿企业,则应积极创造条件,以便在不久以后也能推广。"[②]27日,中共中央发出了关于组织企业干部学习《新型的社会主义企业管理制度》的通知。通知说:"成都量具刃具厂执行和发展'两参一改三结合'管理制度的经验,是近两年来我国在企业中贯彻执行党所确定的企业领导制度和管理制度

---

① 《毛泽东读苏联〈政治经济学教科书〉谈话记录选载(五)》,《党的文献》1994年第3期。
② 中共成都量具刃具厂委员会:《新型的社会主义企业管理制度》,《人民日报》1960年6月24日,第1版。

所取得的伟大成就的典型总结。"1961年，中央工作会议通过了毛泽东签发的中国第一个《国营工业企业工作条例（草案）》（即《工业七十条》），正式肯定了这种制度，并且把企业的职工代表大会作为实行这种制度的一种具体形式。此后，它就成为中国企业管理的一项重要制度。

第三节 调整时期党的经济工作

"大跃进"和人民公社化运动中出现的问题，极大地影响了国家经济建设和人民生活。在察觉到"左"的错误后，党开展了初步纠"左"工作。为扭转困局，党对国民经济进行了全面调整。

一、实事求是、调查研究的经济工作路线的部分恢复

庐山会议后的"反右倾"斗争和继续"大跃进"，使国民经济困难进一步加重。面对困难，中国共产党人既从书本中学习，也从实践中学习，大兴调查研究之风，党的实事求是的经济工作路线得到部分恢复。

（一）联系经济建设实际学习经济理论

1958年8月北戴河会议后，在大办钢铁的群众运动和人民公社化运动中掀起的"共产风"，破坏了国民经济比例和结构，导致人们思想的混乱。为了帮助各级干部纠正错误认识，使他们更多地了解马克思主义基本经济理论，毛泽东号召他们读《苏联社会主义经济问题》和中宣部主编的《马克思、恩格斯、列宁、斯大林论共产主义社会》两本书。毛泽东在11月9日致中央、省市自治区、地、县四级党委委员的信中写道："要联系中国社会主义经济革命和经济建设去读这两本书，使自己获得一个清醒的头脑，以利指导我们伟大的经济工作。现在很多人有一大堆混乱思想，读这两本书就有可能给以澄清。"毛泽东还建议广大干部有时间可以读读苏联同志们编的那本《政治经济学教科书》。[①]在11月武昌会议的讲话中，毛泽东再次要求领导干部学习苏联《政治经济学教科书》和《苏联社会主义经济问题》。在八届六中全会上，毛泽东进一步指出：为了我们的事业和当前的工作来研究政治经济学，比平素我们离开实际专门看书要好得多；在目前研究这个问题，有很大的理论意义和现实意义。

1959年的庐山会议初期，毛泽东拟定会议讨论的19个问题，头一个问题就是"读书"。7月2日，他在会议开幕的讲话中明确指出：有鉴于去年许多领导同志对于社

[①] 《毛泽东书信选集》，人民出版社，1983，第552–553页。

主义经济问题还不大了解,不懂得经济发展规律,有鉴于现在工作中还有事务主义,应当好好读书;中央、省、市、地委一级委员,包括县委书记,要读《政治经济学教科书》;时间三至五六个月或一年。还说:现在有些人是热锅上的蚂蚁,要让他们冷一下;去年有一年的实践,再读书更好。毛泽东的这番计划是好的,可是庐山会议后期"反右倾",冲击了读书的安排。

"反右倾"高潮过去后,1959年冬,党中央重新强调学习苏联《政治经济学教科书》。1959年11月初,刘少奇到海南岛,和广东省委的负责人组成了学习这本书的读书小组。读书小组还请了著名经济学家王学文和薛暮桥参加。1960年1月,在上海中央工作会议上,毛泽东再次号召领导干部要学习苏联《政治经济学教科书》,并且肯定了读书小组的办法。2月中旬,周恩来到广东从化与国务院部分部委和中南局的负责人组成读书小组,学习苏联《政治经济学教科书》。他们用了三个星期,将该教科书的社会主义部分通读了一遍。毛泽东本人从1959年12月10日到1960年2月9日,组织了一个读书小组,先后在杭州、上海和广州读苏联《政治经济学教科书》。参加读书小组的,有陈伯达、胡绳、邓力群、田家英等。这个读书小组采取边读边议的方法。毛泽东发表了许多谈话,由参加读书的同志整理成读书笔记。

尽管今天中国特色社会主义的实践,早已突破了斯大林著作和苏联教科书的框框,但是,应该承认,在60多年前,中国共产党人还是从这两本书中受到了教益,初步懂得了什么是经济规律,社会主义和共产主义的区别,为什么要发展商品生产和商品交换,尊重价值规律等。结合当时中国经济建设的实际问题,学习经济理论著作,反对教条主义和经验主义,使中国共产党人的思想离实际更近了一些,也使实事求是的经济工作作风和路线开始有所恢复。

(二)全党大兴调查研究之风

为纠正农村工作中"左"的错误,毛泽东和党中央在20世纪60年代初重新提倡调查研究,试图通过对农村实际情况的调查来解决农村实际存在的问题。1960年11月15日,毛泽东在为中央起草的《关于彻底纠正五风问题的指示》中强调指出,"省委自己全面彻底调查一个公社(错误严重的)使自己心中有数的方法是一个好方法","省委不明了情况是很危险的。只要情况明了,事情就好办了"。① 在1960年年底至1961年1月召开的中央工作会议和党的八届九中全会上,毛泽东都着重强调了调查研

---

① 中共中央文献研究室编《关于建国以来党的若干历史问题的决议注释本》,人民出版社,1983,第279页。

究的问题。他号召全党大兴调查研究之风，要求1961年成为实事求是年、调查研究年。他要求参加会议的同志回去后，不但要亲自抓典型，到一两个生产队、一两个公社、一两个工厂、一两个学校、一两个商店进行深入的周密的由历史到现状的调查，而且要组织和指导广大干部去搞调查研究，教会许多人作调查研究。会后，毛泽东亲自组织和领导了三个调查组，由陈伯达、胡乔木、田家英分别任组长，到广东、湖南、浙江三个省的农村去调查。

1961年3月，广州中央工作会议通过并发出了《中共中央关于认真进行调查工作问题给各中央局，各省、市、区党委的一封信》，附有散失多年、当时新近发现的毛泽东1930年写的《关于调查工作》（后来公开发表时改题为"反对本本主义"）一文，要求县以上各级领导机关联系实际深入学习。信中指出：最近几年工作中缺点错误之所以发生，根本上是由于许多领导人员放松了在抗日战争和解放战争期间进行得很有成效的调查研究工作，在一段时间内，根据一些不符合实际的或者片面性的材料作出一些判断和决定。这是一个主要的教训，全党各级领导同志，决不可忽略和忘记这个付出了代价的教训。信中还说：深入基层调查研究，是领导工作的首要任务。"一切从实际出发，不调查没有发言权，必须成为全党干部的思想和行动的首要准则。""在调查的时候，不要怕听言之有物的不同意见，更不要怕实际检验推翻了已经作出的判断和决定。"① 这实际上是向全党领导干部提出了端正思想路线的问题。强调以实践作为检验真理的标准，而不是以过去作出的判断和决定作为真理的标准，这就为根据实践标准来纠正过去决定的错误开辟了道路。调查研究、实事求是的思想路线在一定程度上的恢复，是这段时间实际经济工作方法在一定程度上发生重要转变的思想前提。

1961年4月25日，毛泽东又致信时任中共中央总书记的邓小平，要他通知各中央局，各省、市、自治区的领导人在5月中央工作会议前利用一段时间对农村的若干问题（如食堂问题、粮食问题、供给制问题、自留地问题等）进行重点调查，"下十天至十五天苦功夫，向群众寻求真理"②。这样，从广州中央工作会议后，从中央到地方，各级领导人纷纷走出机关，深入基层进行比较扎实的典型调查。刘少奇到湖南，周恩来到河北，朱德到四川、河南等省，邓小平、彭真直接组织五个调查组到北京市顺义县、怀柔县农村进行调查。这一时期，毛泽东收到各地送来的许多调查报告，为了交流情况，他批转了一些报告和信件。他在5月14日给时任湖南省委第一

---

① 中共中央文献研究室编《建国以来重要文献选编（第十四册）》，中央文献出版社，1997，第226页。
② 中共中央文献研究室编《毛泽东文集（第八卷）》，人民出版社，1999，第268页。

书记的张平化的信中说:"都要坚决走群众路线,一切问题都要和群众商量,然后共同决定,作为政策贯彻执行。各级党委,不许不作调查研究工作。绝对禁止党委少数人不作调查,不同群众商量,关在房子里,作出害死人的主观主义的所谓政策。"① 中共中央于 6 月 15 日发出指示,重申毛泽东在《工作方法六十条(草案)》中的规定,要求各级领导干部除生病和年老的以外,每年一定要有四个月的时间轮流离开办公室,到下面去调查研究。此后,更多的领导同志深入城乡基层单位进行典型调查。全党大兴调查研究之风,使中国共产党人的认识逐步接近客观实际,从而为国民经济的调整创造了先决条件。

二、党对国民经济调整工作的领导

在广泛调查研究的基础上,党对社会主义建设方针作出重大调整,停止了"大跃进"的方针,实行"调整、巩固、充实、提高"的八字方针,并采取一系列有效措施,促进了国民经济的好转。

(一)"调整、巩固、充实、提高"经济工作方针的提出和执行

1. 从六字方针到八字方针

在 1960 年 7 月至 8 月北戴河中央工作会议期间,李富春针对"大跃进"导致的国民经济比例失调状况,提出了整顿工业企业的建议和"整顿、巩固、提高"的六字方针。会后,李富春进一步把整顿工业企业的六字方针,推及为制订整个国民经济计划的方针。8 月中下旬,国家计委党组讨论编制 1961 年国民经济计划控制数字时,李富春提出,1961 年国民经济计划的方针"应以整顿、巩固、提高为主,增加新的生产能力为辅;着重解决配套、补缺门、前后左右和品种质量问题,以便取得主动"②。国家计委将六字方针写入了提交国务院审查的《关于一九六一年国民经济计划控制数字的报告》中。李富春的意见得到了周恩来的支持。8 月 30 日,周恩来在审议上述报告时,在"巩固"之后增加了"充实"二字,使六字方针变成"整顿、巩固、充实、提高"的八字方针。几天后,周恩来又将"整顿"二字改成"调整"。9 月 30 日,由周恩来签发,中共中央批转了这个报告,第一次完整地提出"调整、巩固、充实、提高"八个字,使之成为调整国民经济的重要指导方针。1961 年 1 月中共中央召开党的八届九中全会,会上正式宣布从 1961 年起对国民经济实行调整的八字方针。这意味着实际上停止了"大跃进"的方针,国民经济将转入调整的轨道。

---

① 《毛泽东书信选集》,人民出版社,1983,第 582 页。
② 吴群敢:《关于周恩来一九六〇年审定调整经济方针的考证》,《党的文献》1990 年第 6 期。

2. "必须退够"和"伤筋动骨"的决策

八字方针出台后的半年多，农村形势明显好转，而工业生产调整效果不大，计划指标虽不断降低，但总的来说只是小幅调整，始终没有一下降到"底线"。原因在于党内对形势的观察与实际情况尚有距离，许多人还是没有认识到必须"后退一步"才能调整，因而决断起来显得犹豫徘徊。李富春看到问题所在，及时提出了计划指标要退够的主张。他在 1961 年 8 月的中央工作会议上说："工业，不仅基本建设和生产指标都要主动地、有计划地退下来，而且要退够，留有余地，使总的情况松动下来，以利于调整……只有退下来，才能主动。退够是为了更好地前进。""所谓退够，就是要根据各行业各企业的现有综合生产能力和原材料、燃料供应等各方面的可能，来全面安排生产任务，并且要着重抓质量、品种、讲究经济效果。"[①] 8 月至 9 月举行的庐山中央工作会议采纳了李富春的主张，会议郑重告诫全党："我们已经丧失了一年多的时机。现在，再不能犹豫了，必须当机立断，该退的就坚决退下来，切实地进行调整工作。"[②]

到 1961 年年底，经济方面开始出现有所好转的迹象，但总的来说，经济困难的局面还是很严峻的。对于经济形势的估计，党内的思想认识并未统一，调整工作因此遇到了阻力而难以深入。为了总结经验，统一认识，加强团结，克服困难，中央于 1962 年年初召开了扩大的工作会议（即"七千人大会"）。这次会议达到了全党团结的目的，但因规模太大不可能具体地部署经济调整工作。因此，在"七千人大会"后不久，又由刘少奇主持在中南海西楼召开中央政治局常委扩大会议（即"西楼会议"）。陈云在会上就当时的财政经济情况和克服困难的办法作了重要讲话。他分析了粮食减产、基建规模过大、通货膨胀、人民生活水平下降等困难因素，认为应该充分地估计困难，把工作的基点放在"争取快、准备慢"上面。他接着提出六条解决措施。陈云的讲话得到刘少奇的赞赏和与会者的同意。

1961 年 3 月 7 日，在中央财经小组会议上，陈云着重讲了 1962 年国民经济计划的调整问题。陈云强调指出：调整计划实质上是放慢工业生产和基本建设速度，以便真正把重点放在农业和市场上，因为农业和市场问题是关系五亿多农民和一亿多城市人口生活的大问题；今年的计划要先把农业和市场这一头定下来，然后看有多少材料搞工业，搞工业也要首先照顾维修、配套，能够维持简单再生产后再搞基本建设，要准备对重工业、基本建设的指标"伤筋动骨"。会议强调必须"退够"才能完全摆脱

---

① 《李富春选集》，中国计划出版社，1992，第 272 页。
② 中共中央文献研究室编《建国以来重要文献选编（第十四册）》，中央文献出版社，1997，第 617 页。

被动局面，作出了全面贯彻执行八字方针、进一步对国民经济进行大幅度调整的重大决策。

3. 作出再用三年调整的决策

八字方针的全面贯彻执行到1963年上半年已经见了成效。国民经济形势开始全面好转，工农业生产稳步上升，市场供应明显改善，财政收支情况良好。面对这种形势，有些领导人认为调整国民经济的任务已经基本完成，不必再提"调整、巩固、充实、提高"的方针了，有些人甚至认为目前的形势是由八字方针转变为新的"大跃进"的开始。1963年9月，中央召开工作会议，认真分析了当时的经济形势，认为1963年国民经济的发展，确实出现全面好转的局面，但问题仍然不少，特别是农业生产还没有恢复到1957年的水平，吃、穿、用的商品供应还很紧张；整个工业系统，特别是基础工业的调整还有大量工作要做；企业还需要大力整顿。基于这样的分析，会议确定再用三年时间继续进行调整、巩固、充实、提高的工作。把1963—1965年这三年作为一个过渡阶段，1966年再开始实施第三个五年计划。中央工作会议作出再用三年调整的决策，对于统一干部思想，防止形势稍有好转就想大干快上的"左"的倾向，保持健康发展的势头，争取国民经济的根本好转有重要意义。

（二）调整国民经济的具体经济政策和措施

1. 调整农村生产关系和有关经济政策措施

为了恢复农业生产，中共中央于1960年11月发布了《关于农村人民公社当前政策问题的紧急指示信》，1961年3月和5月又制定和修改了《农村人民公社工作条例（草案）》，调整了农村的生产关系和有关的经济政策。在所有制关系方面，明确以生产大队为基本核算单位的三级所有制是现阶段农村人民公社的根本制度，并决定恢复社员的自留地，允许社员发展家庭副业和手工业生产。在分配关系上，取消过去实行的部分供给制，严格实行评工记分和按工分分配的办法；5月，又明确规定停办农村公共食堂。同时，坚决退赔人民公社化运动以来平调社队和社员个人的各种财物和劳动力；减少粮食征购，减轻农民负担；提高农副产品的价格；从增产农机具、化肥、农药，增加农业贷款等方面，加强各行各业对农业的支援。1962年2月，中共中央对农村政策又作了进一步调整，决定改变农村人民公社基本核算单位，一般实行以生产队（即小队，相当于初级社）为基本核算单位的三级所有制，至少30年不变。同年9月，党的八届十中全会通过的《农村人民公社工作条例（修正草案）》，正式规定了以生产队为基本核算单位的各项有关政策。

2. 加强对国民经济的集中统一管理

为了迅速扭转国民经济的严重困难局面,把有限的资金和物资用于最需要的方面,1961年1月,中共中央规定把经济管理大权集中到中央、中央局和省(市、自治区)三级,两三年内更多地集中到中央、中央局。所有生产、基建、物资、收购、劳动、财务都必须执行全国一盘棋、上下一本账的方针,不得层层加码。货币发行权归中央,不允许赤字预算。同时,降低企业利润留成比例,并对其使用方向作了严格规定,此项资金一律不得用于计划外基本建设。为了加强银行管理,控制货币发行,1962年3月,中共中央发布了《关于切实加强银行工作的集中统一,严格控制货币发行的决定》,规定:收回几年来银行下放的一切权力,对银行业务实行完全彻底的垂直领导。

3. 缓解供应紧张局面的经济措施

①大力精简职工和压缩城镇人口,这是缓解供应紧张局面的一项根本性措施。1961年上半年,党中央要求各级机关把现有人员减少三分之一到二分之一,动员那些"大跃进"时进城的农民返回农村,同时动员一部分家在农村的职工"回家就食",以减轻城镇粮食供应的负担。到1961年年底,职工人数减少了872万,城镇人口减少1000万人左右,但城镇人口仍比1957年多出2758万人。"七千人大会""西楼会议"认为城镇人口还是过多,粮食、副食的供应难以保证,应再多减一些。1962年5月中央工作会议决定,在1962年内再减少城镇人口1000万人,其中精简职工850万人。这样,1961年和1962年两年内共减少城镇人口2000万以上。②大力压缩社会集团购买力,减轻市场需求的压力。积极恢复和发展日用工业品和手工业品的生产,从国外进口粮食和其他一些急需物资,增加市场的供应能力。③国家对于占职工生活支出总额的50%至60%的粮食、棉布等18类基本生活必需品实行平价定量供应办法,同时对一部分消费品实行高价政策。④改进商业工作。1961年6月,中共中央制定了《关于改进商业工作的若干规定(试行草案)》(简称《商业四十条》)。该规定要求,坚持等价交换原则,推广产品收购合同制度;恢复供销合作社和合作商店、合作小组;开放农村集市贸易;恢复同农村商业有关的农产品加工作坊等。这些政策规定,对于增加流通渠道,活跃城乡市场,改善供应状况,起到了积极的作用。⑤开展清仓核资工作。1962年,对于工商企业的储存物资和流动资金进行了一次全面的清理和核定。清仓的结果是,清出了超过合理储存的物资150亿元,由国家统一调配使用。

4. 缩短基本建设战线,压缩基本建设规模

1961年2月23日,中共中央发出《关于安排一九六一年第一季度基本建设计划

的紧急通知》，要求 1961 年第一季度的基本建设，除原定的 855 个项目外，其余项目坚决停工。855 个项目中，除煤炭、木材、运输、矿石等重点项目外，其他项目也要缓建。一律不得安排自筹资金的建设项目。除已有材料的校舍、宿舍和民房外，其他非生产性建设一律停工。对于国家计委安排 1961 年的年度基本建设计划，中央还提出了有多少材料、设备，就办多少事情的原则。1962 年为了压缩国家计划外基建规模，中央规定：基建单位订货必须持有银行签署的证明，银行贷款不得用于基本建设；建设项目须经审批，凡未经批准的项目，各级财政部门和银行不得付款；动工兴建之前必须先落实资金、物资、施工力量等；所有正在施工的计划外工程，一律停止施工。由于采取以上有力措施，基建规模得到了有效控制。

5. 加强工业企业管理，大力压缩工业战线

为了改变"大跃进"以来工业企业规章制度废弛、生产秩序混乱的局面，加强对工业企业的管理工作，1961 年 8 月至 9 月庐山中央工作会议正式通过《国营工业企业工作条例（草案）》，要求国营工业企业普遍试行。对工业企业的调整，主要采取了关、停、并、转的措施。随着工业生产指标的大幅度压低，很多企业任务不足，有的甚至无任务。中共中央和国务院按照经济合理、拉长短线、保留骨干的原则，大刀阔斧地对工业企业进行了关、停、并、转。对消耗大、成本高、质量差、劳动生产率低、经过整顿仍然亏损的企业，一律关闭或停办；对一时因原材料、燃料和动力供应不上，任务不足的企业，则实行合并或缩小规模；对"大跃进"期间转产生产资料的轻工企业限期恢复原来的生产；对任务不足，适合生产短线产品的企业，要根据需要转产；人民公社的工业企业，除少数具备生产条件，产品急需、质量又好的以外，原则上一律关闭。

三、经济管理体制改革的新探索

在国民经济调整基本完成和经济全面复苏的背景下，党在经济管理体制改革方面进行了新的探索，试办托拉斯，尝试用经济办法管理企业。

（一）两种劳动制度和两种教育制度的试行

两种劳动制度、两种教育制度的设想，是刘少奇提出来的。1957 年上半年，刘少奇在南方五省的调查中，许多学生和青年不能继续升学读书与工农业生产急需大量有文化的劳动者之间的矛盾给他留下了深刻印象。他从当时的矛盾中看到了中国劳动制度和教育制度中存在的问题，从而提出一系列改革设想。他先是提出要少用固定工，多招亦工亦农的临时工，后于 1958 年又进一步提出要有两种劳动制度和两种教育制

度：一种是全日制的劳动制度和全日制的教育制度，另一种是半工半读或半农半读的劳动制度和教育制度。从 1958 年起，半工半读或半农半读的劳动制度和教育制度在全国一些地方进行试验，后来，由于三年经济困难，就逐渐处于放任自流状态，大部分没有坚持下来。

1964 年，随着国民经济的调整工作基本完成，工农业生产在恢复的基础上开始前进，刘少奇又重提"两种制度"的设想，使之更加成熟完善。他先后到河北、山东、安徽、湖北、湖南、广东、广西等地视察，一路上宣传两种劳动制度、两种教育制度。除此之外，从 1964 年下半年到 1966 年年初，刘少奇在有关会议、会见外宾、召集有关部门汇报工作等场合，30 多次谈到这个问题，进一步指出："两种劳动制度、两种教育制度，有一部分是结合的，既是劳动制度，又是教育制度，又是学校制度。"[①]提出要把这种制度作为正规的劳动制度、教育制度，建议各省、市、自治区和每个大城市着手试验和试办半工（农）半读学校。

1965 年，刘少奇在倡导半工（农）半读的同时，又提出了新的设想，即"社来社去"和"城来社去"。"社来社去"就是学生来自农村，从半工（农）半读学校毕业后去农村当社员。"城来社去"就是学生来自城市，从半工半读学校毕业后去农村当社员。在 1965 年 8 月召开的全国高中等农业教育会议上，刘少奇要求今后新办的半工半读、"社来社去"的学校，要办到农村去，实行劳动建校。同年 12 月，中共中央在北京召开第一次全国城市半工半读教育会议，刘少奇在会上要求各省、自治区和直辖市在 1966 年结合动员城市知青上山下乡，重点试办"城来社去""半工半读"的劳动大学。这次会议还提出，城市学校的毕业生，除一部分在城市升学或就业外，大部分要上山下乡。城市学校要为农村大量培养有觉悟、有文化、有生产技能的人才。半工半读学校可以办在农村，招收城市的学生，学生毕业后就在农村工作，也可以办在城市或郊区，面向农村，学生毕业后，上山下乡。刘少奇认为半工半读教育在大力推广前，要有实验和总结经验的过程，要 5 年实验，10 年推广。在这两次会议前后，中共中央接连发出指示，要求各地进行半工半读的试点工作。根据中共中央指示和刘少奇的讲话精神，各地和国务院有关部门采取措施进行了半工半读和半农半读制度的实验和试办。

（二）试办托拉斯

20 世纪 60 年代前期，中国共产党人通过试办托拉斯，在工业管理体制改革上进行了一次新的尝试。1960 年上半年，组织托拉斯的问题就已由刘少奇、邓小平等人明

[①]《刘少奇选集（下卷）》，人民出版社，1985，第 465 页。

确提出，并且在党的高层领导人中间取得了共识，但恰逢国民经济大调整，没有具体实施起来。1963年，国民经济开始好转，在工交企业中试办托拉斯的工作才被提上日程。1963年，根据中央精神，国家经济委员会先派工作组到工业比较发达集中的沈阳进行实地调查，后又召开全国工业、交通工作会议，就试办托拉斯问题进行讨论和征询意见。1964年6月，国家经委在反复调查研究的基础上，草拟了《关于试办工业、交通托拉斯的意见的报告（草稿）》。随后，中共中央批转了这一报告，正式决定：除已建立起来的烟草公司、盐业公司和华东煤炭工业公司完全按照托拉斯的办法进行管理之外，再试办汽车工业公司、拖拉机内燃机配件公司、纺织机械公司、制铝工业公司、橡胶工业公司、医药工业公司、地质机械仪器公司、京津唐电力公司、长江航运公司九个托拉斯，这样就铺开了试点工作。实践证明，首批试办的中央和地方的托拉斯大都取得了较好的经济效益。

在试办托拉斯的过程中也出现了一些问题，尤其是那些全国性跨地区的托拉斯同许多方面发生了矛盾。由于有些托拉斯把所有的同类工厂统统上收，有些则把主要工厂收上来，这样就涉及地方的利益，导致有些工厂原定该收而收不上来，有些地方发生了调工厂设备、人员以至将工厂改行转产的尴尬局面。针对这些问题，刘少奇在1965年5月至6月国家经委党组召开的托拉斯试点工作座谈会上提出了几种解决的办法：①国民经济中重要行业，如煤炭、石油、重要机械、基本化工、纺织等应当办全国性的托拉斯，并由中央部门直接管理。有些行业，如玻璃、塑料制品、某些通用机械、铸锻件等，宜办地方性的托拉斯，由省和市直接管理。②在托拉斯内部，有些行业需要而且能够高度集中统一管理的，应当把同一行业的全部工厂收上来。有些行业可以只收重要工厂，其余的工厂隶属关系仍可不变，托拉斯可以负责统筹安排其生产和建设，统一下达计划，有些还可以逐步把重要原材料的申请分配、产品的调拨或销售统一起来。这样的托拉斯可以建立若干分公司，把一个地区同一行业的工厂组织起来等。会议还决定，1965年工作的重点继续放在办好现有的托拉斯上，少数条件比较成熟的行业和地方，可以试办若干区域或地方性的托拉斯。总之，由于既坚持少量试办、总结经验、逐步推广的方针，又积极解决矛盾，这一时期试办托拉斯的工作是富有成效的。

试办托拉斯，表明中国共产党在经济工作中开始注意借鉴和学习国外资本主义的先进经营管理经验。邓小平在1960年提出"要走托拉斯道路"，"托拉斯是工业发达国家找到的比较进步的组织管理形式，机器设备利用得比较合理，搞得也比较快"。[1]

---

[1] 薄一波：《若干重大决策与事件的回顾（下）》，中共党史出版社，2008，第824页。

1963年9月，中央在起草的《关于工业发展问题》的文件中指出：可以考虑用像托拉斯这类生产、交换和科学实验的综合性的组织形式，来为社会主义服务。10月，刘少奇指出："资本主义管理企业的经验，特别是搞垄断企业的经验要学习。苏联好的经验也要学。托拉斯、辛迪加、国家资本主义等等，列宁不是早就讲过了吗?"[①] 1964年，国家经济委员会在草拟试办托拉斯方案的时候参照了国外的做法，当时，收集并研究了《美国工业托拉斯的组织和管理》《美国通用汽车公司的组织结构、职权分工和管理情况》《美国石屋电器制造公司的组织管理情况》《日本工业公司管理体制演变的趋向》《英法煤炭工业的组织管理情况》《瑞士钟表工业的组织概况》《苏联早期采用托拉斯管理体制的演变情况》等参考资料。

试办托拉斯，表明中国共产党人试图改善偏重用行政办法管理经济的方式，并实行政企分开。1963年9月，中央组织起草的《关于工业发展问题》的文件中指出：管理工业企业，主要是用经济办法，而不能片面地依靠行政手段。托拉斯就是"用经济办法管理工业企业的一种组织形式"。10月下旬，刘少奇在听取薄一波关于工业情况的汇报时强调：我们现行的办法是用行政的手段去管理经济，即由各级行政机关行使管理经济的权力，这就造成经济管理上或是"统"得过死，或者分散主义，造成经济工作中的官僚主义。他更进一步指出：这种办法是"中央各部和省、市的厅、局都干预经济，这是超经济的办法，不是资本主义的办法，是封建主义的办法"[②]。12月26日，刘少奇听取薄一波、余秋里关于全国工业、交通工作会议情况的汇报时指出："我们过去都是行政机关管工厂，用行政办法管理企业。过去苏联也是这样搞的，证明不行。统统改成公司，无非是几十个，百把个公司，有的部可以组成几个公司。这样，部就轻松了、搞平衡、检查、监督，帮助公司搞好工作。厅、局也去搞这些事，不直接插手管工厂。"[③] 刘少奇多次谈到托拉斯组织起来以后，国务院各部职能将有明显的变化，可以提高经济管理的水平与效益。托拉斯管理工厂，管实际工作；部则管计划工作，搞综合平衡，做政治工作，监督托拉斯。这是政企分开的一种新设想。1964年1月，毛泽东在听取工业、交通工作会议情况的汇报时，也肯定了建立托拉斯的设想，同时指出，"目前这种按行政方法管理经济的办法，不好，要改"，企业"用那么多的人，就是不按经济法则办事"。同年六七月间，周恩来在讨论托拉斯问题的座谈会上讲话指出："托拉斯要按照经济的办法来办，按照经济规律的要求来管理。公司的企

---

① 中共中央文献研究室编《刘少奇论新中国经济建设》，中央文献出版社，1993，第527页。
② 中共中央文献研究室编《刘少奇论新中国经济建设》，中央文献出版社，1993，第528页。
③ 中共中央文献研究室编《刘少奇论新中国经济建设》，中央文献出版社，1993，第530页。

业职能逐步扩大,行政职能就要逐步缩小,行政的职能转化为经济的职能。"①

四、四个现代化经济发展战略的提出

"左"的错误发展过程中,中国共产党人对社会主义建设道路的探索也有正确的成果,其最突出的就是四个现代化战略目标的确定。

(一)四个现代化战略目标的确定

早在1949年3月党的七届二中全会上,毛泽东就对中国经济发展的战略目标提出了最初的构想。他指出:新中国建立以后,要迅速地恢复和发展生产,进而使中国稳定地由农业国转变为工业国,把中国建设成一个伟大的社会主义国家。1953年年底,经毛泽东修改和审定的《为动员一切力量把我国建设成为一个伟大的社会主义国家而斗争——关于党在过渡时期总路线的学习和宣传提纲》,在解释总路线规定的实现社会主义工业化目标时,提出要"促进农业和交通运输业的现代化","建立和巩固现代化的国防"。1954年6月,毛泽东在《关于中华人民共和国宪法草案》的讲话中提出"要实现社会主义工业化,要实现农业的社会主义化、机械化"②。同年9月,毛泽东在第一届全国人民代表大会第一次会议上的开幕词中提出,全国人民的总任务是要"建设一个伟大的社会主义国家",即"准备在几个五年计划之内,将我们现在这样一个经济上文化上落后的国家,建设成为一个工业化的具有高度现代文化程度的伟大的国家"。③周恩来在同一个会议上作的政府工作报告中进一步指出:"如果我们不建设起强大的现代化的工业、现代化的农业、现代化的交通运输业和现代化的国防,我们就不能摆脱落后和贫困,我们的革命就不能达到目的。"④以上论述是对四个现代化的战略目标的最早表述,主要体现了对物质文明的要求。在1957年发表的毛泽东的《关于正确处理人民内部矛盾的问题》和《在中国共产党全国宣传工作会议上的讲话》以及1958年党的八大二次会议的决议中,改变了这个表述,提出要建设一个具有现代工业、现代农业和现代科学文化的社会主义国家。这里用"现代科学文化"代替"现代化的交通运输业"体现了一个好的思想,即后者可以包括在"现代工业"之中,而新加的"现代科学文化",则反映了现代化包括对精神文明建设的要求。到1964年12月召开第三届全国人民代表大会第一次会议时,这个提法又被"现代科学技术"所

---

① 《关于六十年代初期试办工业、交通托拉斯的一组文献》,《党的文献》1993年第2期。
② 《毛泽东著作选读(下册)》,人民出版社,1986,第712页。
③ 中共中央文献研究室编《毛泽东文集(第六卷)》,人民出版社,1999,第350页。
④ 《周恩来选集(下卷)》,人民出版社,1984,第132页。

代替。周恩来庄严宣告："要在不太长的历史时期内，把我国建设成为一个具有现代农业、现代工业、现代国防和现代科学技术的社会主义强国，赶上和超过世界先进水平。"① 从此，实现四个现代化的战略目标正式确立。它体现了中国共产党人对社会主义建设道路的深入探索，成为凝聚和团结全国各族人民努力奋斗的强大精神力量。

（二）实现四个现代化时间表的制定

对实现"四化"战略目标所需的时间，中国共产党人的估计经历了长—短—长的变化过程。1955年3月毛泽东在党的全国代表会议上提出：要建设成一个强大的高度社会主义工业化的国家，就需要有几十年的艰苦努力，比如说，要有50年的时间，即本世纪的整个下半世纪。在同年10月的七届六中全会上又把时间延长到75年。1956年9月，毛泽东在接见南斯拉夫共产主义者联盟代表时将这个时间进一步延长到100年。

1957年11月，毛泽东在赴苏联参加十月革命40周年庆祝活动和各国共产党和工人党代表会议期间，不切实际地提出中国要在15年或更多一点时间内，在钢铁和其他重要工业产品产量方面赶上或超过英国的口号。1958年6月21日，他在军委扩大会议上的讲话更把赶超的时间作了提前，改为"三年基本超过英国，十年超过美国，有充分把握"。1958年8月召开的北戴河会议更是要求在1962年提前实现建成现代工业、现代农业和现代科学文化的社会主义国家，并为开始向共产主义过渡创造条件。这显然是一份过急的时间表。

经过"大跃进"的曲折，在痛定思痛后，1961年9月，毛泽东在会见英国元帅蒙哥马利时说："建设强大的社会主义经济，在中国，五十年不行，会要一百年，或者更多的时间。在你们国家，资本主义的发展，经过了好几百年。十六世纪不算，那还是在中世纪。从十七世纪到现在，已经有三百六十多年，在我国，要建设起强大的社会主义经济，我估计要花一百多年。"② 接着，1962年3月28日，周恩来在第二届全国代表大会第三次会议上所作的政府工作报告中指出：在我国建成一个独立的、完整的、现代化的国民经济体系，英国和法国要花费300年的时间所做的事情，美国花费200年时间所做的事情，我们只要花100年左右的时间，就一定能够做到，而且要做得比他们好得多。这个时间设想，基本上是符合当时中国经济发展实际情况的。

在国民经济形势开始全面好转后，1963年9月中央工作会议在制定国民经济长远规划时，为了实现"四化"任务，根据毛泽东的意见，提出了"两步走"的设想。第

---

① 《周恩来选集（下卷）》，人民出版社，1984，第439页。
② 《毛泽东著作选读（下册）》，人民出版社，1986，第827-828页。

一步,建立一个独立的、比较完整的工业体系和国民经济体系,使我国工业大体接近世界先进水平;第二步,全面实现农业、工业、国防和科学技术的现代化,使我国经济走在世界的前列。随后,周恩来在三届人大的政府工作报告中宣布,第一步,大约用三个五年计划的时间;第二步,力争在本世纪末。这是中国共产党最早提出的我国经济建设远景规划的宏伟蓝图。尽管存在着要求过高过急的问题,但是有步骤分阶段的思想是可取的。

第四节　曲折阶段经济工作的特点

1957年至1966年是社会主义建设曲折发展的十年,也是艰辛探索的十年。十年间,党在经济工作中进行了有益的探索,也存在不少问题,取得了重要成就,也有严重失误。在探索和曲折中,在成就和失误间,党积累了领导经济工作的丰富经验,也有了深刻的教训。

在社会主义建设曲折发展阶段,党的经济工作具有明显的探索性特征,由于"左"的错误在较长时间内占据了主导地位,党领导经济工作改变国家贫穷落后面貌的良好愿望没有能够完全实现。

一、十年经济工作总体上属于探索性质

在毛泽东看来,中华人民共和国成立头七年党的经济工作基本照抄了苏联的办法,他"觉得不满意,心情不舒畅"。于是,在社会主义经济改造基本完成之时,他向全党明确提出了探索适合中国情况的社会主义经济建设道路的任务。1957年至1966年"文化大革命"前夕近十年时间,党的经济工作就是围绕着这一探索任务展开的。十年建设取得很大成就,是党在探索中积累的正确的理论观点、方针政策直接指导的结果。但是,由于党在探索过程中发生指导方针上的严重失误,加上当时复杂多变的国际形势和自然灾害的影响,这十年的建设又遭受严重挫折,经历了曲折的发展过程。

毛泽东在明确提出和阐述了社会主义建设的十大关系之后,于1957年2月发表了题为"关于正确处理人民内部矛盾的问题"的讲话,进一步发展了《论十大关系》中关于农业与工业关系的思想,把正确处理农、轻、重的关系,特别是工业与农业的关系上升为实现中国工业化道路的问题。1960年6月18日,毛泽东在《十年总结》中回顾对社会主义建设道路探索的起始阶段时说:"前八年照抄外国的经验。但从一九五六年提出十大关系起,开始找到自己的一条适合中国的路线","开始反映中国

第六章 曲折（1957—1966）
"左"倾错误的形成与中国社会主义经济建设道路探索的曲折

客观经济规律"。① 这表明中国共产党人探索适合中国情况的社会主义经济建设道路有了一个良好的开端。

1958年1月南宁会议到1958年11月第一次郑州会议以前，党对中国社会主义经济建设道路的探索误入"大跃进"的轨道。1959年年底至1960年年初，毛泽东在读苏联《政治经济学教科书》的谈话中回顾说：第一个五年计划只能基本上照抄苏联的办法，但总觉得不满意，心情不舒畅，"看了斯大林一九四六年选举演说，苏联在一九二一年产钢四百多万吨，一九四〇年增加到一千八百万吨，二十年中增加了一千四百万吨。当时就想，苏联和中国都是社会主义国家，我们是不是可以搞得快点多点，是不是可以用一种更多更快更好更省的办法建设社会主义。后来提出了建设社会主义的两种方法的问题……此外没提其他的具体措施"。② 到党的八大二次会议才正式通过总路线，提出一系列两条腿走路的方针。毛泽东的这番话，虽然是从肯定总路线的角度说的，但它完整地反映出"大跃进"兴起的脉络。这就是说，从不满意苏联建设速度和方法开始，经过寻找与比较，终于提出了一套不同的做法和方针。而这一整套方针，正是中国"大跃进"的理论根据与现实基础。由于这样的原因，毛泽东才对中国自己的这个"大跃进""兴奋异常"。他说，这一年"开辟了道路，有好多是过去不敢设想的"③。他自以为已经找到了适合中国情况的经济建设道路。1958年10月2日，他在接见东欧六国共产党代表团时说：世界上就有这么蠢的人，像我和我们这些人，这么多年就不知道以钢为纲。今年我们才知道这一条。你把钢铁搞起来了，其他东西都可以跟上来。1958年4月20日，他对意大利共产党代表团说：现在已经打开一条道路，有可能使我们的经济、文化生活的建设一年一年地好起来。但是，实践证明，1958年"大跃进"和公社化这样的探索，既违背经济发展的客观规律，也不符合当时中国生产力发展的实际状况。1958年11月第一次郑州会议到1959年7月庐山会议前期，中国共产党人召开了两次郑州会议、武昌会议和八届六中全会、上海会议和八届七中全会等，对探索失误进行了初步的纠正。但这种纠正只限于具体工作，当彭德怀等在庐山会议上从指导方针上提出反"左"问题，要求从根本上总结教训时，毛泽东发动"反右倾"，从而中断了反"左"的进程。

庐山会议后新的"跃进"运动的开展，使国民经济出现了非常困难的形势。在这种情况下，毛泽东一方面承认，客观规律，你违反了它，就一定要受惩罚，我们就是

---

① 中共中央文献研究室编《建国以来重要文献选编（第十三册）》，中央文献出版社，1996，第418页。
② 中共中央文献研究室编《毛泽东文集（第八卷）》，人民出版社，1999，第117-118页。
③ 中共中央文献研究室编《毛泽东年谱（1949—1976）（第三卷）》，中央文献出版社，2013，第494页。

受了惩罚，最近三年受了大惩罚，另一方面表示怎样建设社会主义，还要在实践中继续探索。1961年8月23日，毛泽东在庐山中央工作会议上说："现在遭到了挫折和失败，碰了钉子，但还碰得不够，还要碰。再搞两三年看看能不能搞出一套来。对社会主义，我们现在有些了解，但不甚了。我们搞社会主义是边建设边学习。搞社会主义，才有社会主义经验。'未有学养子而后嫁者也'。""现在搞了'六十条'，不要认为一切问题都解决了。搞社会主义，我们没有一套，没有把握。"① 1962年1月30日，在政治局扩大工作会议上的讲话中，毛泽东明确提出："在社会主义建设上，我们还有很大的盲目性。社会主义经济，对于我们来说，还有许多未被认识的必然王国……社会主义建设，从我们全党来说，知识都非常不够。我们应当在今后一段时间内，积累经验，努力学习，在实践中间逐步地加深对它的认识，弄清楚它的规律。一定要下一番苦功，要切切实实地去调查它，研究它。"② 1961年党的八届九中全会确立八字方针后，中国共产党人正是由于在实践中继续探索社会主义经济建设的规律，才把党的经济工作重新纳入了较为正确的轨道。

二、曲折阶段经济工作基本上在"左"的主导下进行

1957年以后，我国社会经济发展的步履是相当沉重的，国家建设事业所付出的代价是巨大的。发生这种情况的原因，主要是在经济建设上急于求成，在生产关系上急于过渡，以及"以阶级斗争为纲"的"左"倾错误思想逐渐在党的指导思想中占据统治地位。对此，邓小平在回顾党的历史的时候多次说过："一九五七年后，'左'的思想开始抬头，逐渐占了上风。"③ 陈云也曾经指出："开国以来经济建设方面的主要错误是'左'的错误。一九五七年以前一般情况比较好些，一九五八年以后'左'的错误就严重起来了。这是主体方面的错误。代价是重大的。错误的主要来源是'左'的指导思想。在'左'的错误领导下，也不可能总结经验。"④ 在这里，两位当时党的经济工作的领导者和参与者实际上指出了1957年至1966年"文化大革命"前夕近十年党的经济工作的一个显著特点，即十年经济工作是在"左"的思想主导下进行的。

在经济建设上急于求成的"左"倾思想指导下，毛泽东否定了党的八大确立的既反保守又反冒进，在综合平衡中稳步前进的经济建设方针，提出了"鼓足干劲，力争上游，多快好省地建设社会主义"的总路线，发动了以高指标、浮夸风、瞎指挥为主

---

① 薄一波：《若干重大决策与事件的回顾（下）》，中共党史出版社，2008，第892-893页。
② 《毛泽东著作选读（下册）》，人民出版社，1986，第829页。
③ 邓小平：《邓小平文选（第三卷）》，人民出版社，1993，第115页。
④ 陈云：《陈云文选（第三卷）》，人民出版社，1995，第281-282页。

要内容特征的"大跃进"运动。这些"左"倾错误反映到具体的经济工作当中,就是追求高指标,大刮浮夸风,盲目瞎指挥,片面夸大主观能动性,就是贬低知识分子,大搞群众运动,全民大炼钢铁,就是打破"消极平衡",实行所谓"积极平衡","以钢为纲,带动一切",就是盲目建立协作区,大刮"下放风"。

在生产关系上急于过渡的"左"倾思想指导下,中国共产党人发动了以"共产风"为特征,旨在"摸索出一条过渡到共产主义的具体途径"的人民公社化运动。超越阶段的"左"倾错误反映到具体的经济工作上,就是盲目扩大基层经济组织的规模和权限,提高和扩大公有制的程度和范围,消灭私有制残余,就是破除资产阶级法权,实行供给制,办公共食堂,吃饭不要钱,就是组织军事化,行动战斗化,生活集体化。

从反右派斗争的扩大化到庐山会议的"反右倾",再到党的八届十中全会以后阶级斗争扩大化的"左"倾错误的发展,"以阶级斗争为纲"的"左"倾错误指导思想逐渐形成。受此影响,1957年以后,党的工作重心也由经济工作一步一步滑向阶级斗争的轨道。虽然在1957年至1966年期间,阶级斗争扩大化的"左"倾错误没有达到支配党的工作全局的程度,但是,它作为推动经济工作的手段确实深深地影响了党的经济工作的进程。党的十年经济工作是在经济上急于求成和政治上阶级斗争扩大化的"左"倾错误下进行的,这是十年经济工作走向曲折的根本原因。

三、十年经济工作反映了党和人民的良好愿望

十年经济工作反映了中国共产党和中国人民急于摆脱贫穷落后面貌的良好愿望。虽然中国共产党人在探索中国社会主义经济建设道路一开始就遇到曲折,但是,我们并不能由此否认中国共产党人发动"大跃进"和人民公社化运动的良好动机。中国是一个经济文化落后的国家,按照毛泽东的说法就是"一穷二白"。由于贫穷落后,长期遭受帝国主义的欺凌,鸦片战争以来,许多仁人志士前赴后继,抛头颅,洒热血,闹革命,驱列强,尽管他们的政治经济社会目标各不相同,但有一个共同愿望,就是使我们国家尽快强大起来,富裕起来,自立于世界民族之林。在推翻帝国主义、封建主义、官僚资本主义三重大山之后,中国人民虽然在政治上站立起来了,但国家的落后面貌没有改变。因此,中华人民共和国成立之初仍面临着强大的内外部压力。一方面,国际上以美国为首的一大批资本主义国家不仅拒绝承认中国,而且仍然对中国虎视眈眈。1957年11月莫斯科会议后,毛泽东多次讲话反复阐明:我们这个国家,吹起牛皮来,了不起——地大物博,人口众多,历史悠久,等等,但就是钢赶不上比利时,粮食亩产很低,识字的人只那么一点点,因此,过去帝国主义欺侮我们,现在世

界上的一些人,比如美国的杜勒斯等,也不把我们放在眼里。另一方面,在国内又面临着提高人民生活水平的压力,当了解到社会主义制度建立起来后农民还在吃着又黑又硬、掺杂大量粗糙糠皮的窝头时,毛泽东带着困惑的表情说:我们是社会主义么,不该是这样。他表示:要想个办法,必须想个办法,来加速实现社会主义。由此可见,正是由于经济欠发达造成了强大的内外部压力,中国共产党人才产生了强烈的赶超愿望。正如毛泽东所说,"这是一种责任。你有那么多人,你有那么一块大地方,资源那么丰富,又听说搞了社会主义,据说是有优越性,结果你搞了五六十年还不能超过美国,你像个什么样子呢?那就要从地球上开除你的球籍!所以,超过美国,不仅有可能,而且完全有必要"[①]。这个愿望是正当的,无可厚非的。"大跃进"的号召,一经发出,全国上下,奋起响应,迅速成为规模宏大的群众运动,这也说明毛泽东、党中央当时提出的为改变国家贫穷落后面貌而加快经济发展的战略,反映了全国人民的共同要求和愿望。

[①] 中共中央文献研究室编《毛泽东文集(第七卷)》,人民出版社,1999,第89页。

第七章

挫折

（1967—1976）

"左"的错误的发展与中国社会主义经济建设道路探索的挫折

1966—1976年发生的"文化大革命",使中国的社会主义建设事业遭受了严重的挫折。由于以周恩来、邓小平为代表的老一辈革命家和广大群众的共同努力,"文化大革命"的破坏受到了一定程度的限制,在不同的年份、不同的地区、不同的经济领域,干扰破坏的程度有所不同。因此,在"文化大革命"十年期间,中国的经济建设呈现出复杂纷繁的形势,带有一定的起伏性,总的趋势是三起三落。

一是在20世纪60年代前期,中共中央制定和贯彻"调整、巩固、充实、提高"的八字方针,克服了"大跃进"和"反右倾"的错误带来的严重困难,国民经济得到了恢复和发展,1966年上半年,经济建设仍然保持上升发展的好势头。但是,自从1966年下半年"文化大革命"全面发动起来之后,经济发展趋势出现了逆转。1967年和1968年,在"打倒一切,全面内战"的形势下,全国经济建设陷入混乱,呈现一种明显下降的态势。二是在1969年至1973年期间,由于党和人民的艰苦努力,经济逐步回升,但是,1974年大搞"批林批孔"运动,又使经济形势重新恶化。三是经过1975年的全面整顿,国民经济有了明显的好转,而1976年发动的所谓"批邓、反击右倾翻案风"运动,使经济建设又处于停滞不前的状态。

第一节 "文化大革命"时期经济发展的三次大挫折

一、1967—1968年的第一次大挫折

1966年是执行第三个五年计划的第一年,在前五年调整后的良好经济形势基础上,1966年上半年国民经济继续显示出良好的发展趋势,主要工农业产品产量比上年同期都有较大幅度增长,几乎所有的工业品技术经济指标,都创出了中华人民共和国成立以来的最高水平。《五一六通知》发布之后,"文化大革命"全面发动,党的经济工作干部和知识分子有许多被揪斗、打倒,各级党政机关大多处于瘫痪或半瘫痪状态,打断了国民经济的正常发展进程,使生产指挥系统难以正常调度,各地业务部门受到冲击,生产秩序受到严重影响,工业、交通运输业生产能力开始下降。

1967年年初,上海掀起了"一月风暴","造反派"夺了上海市党政大权。随即,

造反夺权之风刮遍全国。一直到 1968 年年底，全国出现了"打倒一切""全面内战"的动荡局面。在运动的冲击下，国民经济全面衰退。其一，工农业生产大幅度下降。1967 年工农业总产值为 2306 亿元，比上年下降 9.6%；1968 年比 1967 年又下降 4.2%，主要工农业产品大都连续两年减产。[①] 其二，交通运输严重阻塞，货运量大幅度下降，使粮食、煤炭、石油、木材等重要物资的运输受到严重影响，给生产建设和人民生活造成巨大困难。其三，基本建设和经济效益连续下降。1967 年，国家预算内基本建设投资完成额较之 1966 年下降 35.3%，1968 年较之 1967 年又下降 17.6%。这两年的新增固定资产交付使用率是中华人民共和国成立以来最低的两年。其四，国民收入连年减少，财政收支状况恶化。1967 年国家财政收入为 419.4 亿元，比上年减少约 25%，并出现财政赤字 22.5 亿元，1968 年国家财政收入比 1967 年又减少约 13.9%。[②] 其五，市场商品短缺，供应紧张，凭票凭证限量供应的商品品种越来越多，人民生活水平下降。其六，对外经济关系受到严重损害，盲目排外的极左思潮盛行，导致引进的项目都无法实现合同规定，建成项目也不能正常生产，引进的机器设备长期闲置，损坏严重。

二、1974 年的第二次大挫折

1969 年，随着全国 29 个省、市、自治区革命委员会的先后建立，夺权、武斗在大部分地区基本终止。4 月，党的九大召开。此后各项工作虽然仍在"左"倾方针指导下进行，但由于政治局势渐趋稳定，国民经济也开始出现恢复的形势。1969 年全国生产状况逐渐好转，基本上刹住了前两年生产下降的趋势。1970 年是第三个五年计划的最后一年，这一年经济发展所达到的实际水平已基本上完成和超额完成了"三五"计划的主要指标。1971 年开始实行发展国民经济的"四五"计划，工农业总产值比上年增长 10.96%，主要工农业产品产量，除棉花外都有较大增长，国家预算内基本建设投资 282.77 亿元，比上年增长 3.9%。[③]1971 年 9 月林彪反革命集团阴谋发动武装政变，自取灭亡。在毛泽东支持下，周恩来主持中共中央日常工作。他领导批判极左思潮，认真落实各项经济政策，努力调整国民经济，使 1972—1973 年的经济持续发展，工农业总产值 1972 年比上年增长 4.5%，1973 年比 1972 年增长 9.2%。1973 年基本建设投资总额达到 338 亿元，固定资产交付使用率为 68.7%，比 1972 年提高 13%。1973

[①] 孙健：《中华人民共和国经济史（1949—90 年代初）》，中国人民大学出版社，1992，第 340 页。
[②] 赵德馨主编《中华人民共和国经济史（1967—1984）》，河南人民出版社，1989，第 24-25 页。
[③] 董辅礽主编《中华人民共和国经济史（上卷）》，经济科学出版社，1999，第 479 页。

年国家财政达到收支平衡，略有节余。①

但是，1974年开始的"批林批孔"运动又冲击了好转的经济工作。1973年8月，中国共产党召开了第十次全国代表大会。在十届一中全会上，王洪文取得了党中央副主席的地位，张春桥成为中央政治局常委，江青、姚文元成为政治局委员，他们更加紧密地勾结，在中央政治局内结成"四人帮"，加紧篡党夺权的阴谋活动。周恩来关于批判极左思潮的正确意见和为消除极左思潮在各个领域的影响所作的努力，击中了"四人帮"的要害，遭到了他们的激烈反对。1974年1月，毛泽东批准王洪文、江青关于把林彪与孔孟之道的材料转发全国的要求，"批林批孔"运动在全国展开。江青一伙利用"批林批孔"运动，别有用心地大批"周公""宰相""现代大儒"，含沙射影地把周恩来主持工作期间所实行的纠正"左"倾错误的政策和有效措施诬蔑为"复辟""倒退"。从中央到地方，不少老干部被诬蔑为"复辟势力代表""孔老二的徒子徒孙"，又受到批斗、攻击，不能正常领导和组织生产。

由于"批林批孔"运动的冲击，国民经济形势出现逆转和恶化：一是工农业生产下降，大部分产品生产未能完成国家计划。1974年全国工农业总产值为4007亿元，为计划的95.6%；主要工业产品除原油外都没有完成计划；主要农产品除粮食外，经济作物大部分也未能完成计划。二是交通运输严重堵塞，秩序混乱。1974年铁路货运量7.87亿吨，为计划的92%，比上年减少3.3%；津浦线、京广线、京包线、贵昆线经常堵塞，致使山西、河南的煤炭和其他物资不能及时外运，不少工厂处于停产和半停产状态。三是基本建设战线过长，投资效益低。1974年全民所有制单位基本建设投资总额达347.71亿元，固定资产交付使用率由上年的68.7%降为63.4%，当年建成投产的大中型项目比计划少86个。四是商品短缺，市场供应紧张。1974年社会商品购买力同零售商品货源的差额有18亿元，严重影响了人民的生活。五是财政收支状况恶化。1974年国家财政收入比1973年减少3.29%，并且出现赤字7.7亿元。②

三、1976年的第三次大挫折

1974年国民经济重新恶化的状况，引起全国人民极大的不满，也引起了毛泽东的重视。毛泽东对"四人帮"借"批林批孔"和四届人大进行组阁篡权的活动进行了严厉批评。毛泽东于1974年10月4日提议邓小平担任国务院第一副总理，协助周恩来工作。四届人大后，周恩来病重，由邓小平主持中央日常工作。邓小平根据毛泽东提

---

① 赵德馨主编《中华人民共和国经济史（1967—1984）》，河南人民出版社，1989，第32页。
② 曾璧钧、林木西主编《新中国经济史（1949—1989）》，经济日报出版社，1990，第262-264页。

出的"要安定团结""要把国民经济搞上去"的指示，采取果断措施，对国民经济进行了全面整顿，扭转了"文化大革命"所造成的混乱局面。1975年上半年国民经济形势明显好转，工业生产、交通运输一月比一月好，原油、原煤、发电、化肥、水泥、内燃机、纸和纸板、铁路货运量等，5、6月份创造了历史上月产最好水平。到年底，工农业总产值比上年增长11.5%。[①] 国民经济摆脱了停滞倒退的局面，经济形势有了新的转机。

但是，1976年的"反击右倾翻案风"对国民经济形成了新的干扰和破坏。邓小平实行全面整顿的主张和措施，实质上是在比较系统地纠正"文化大革命"的错误和恢复党的行之有效的正确政策。这遭到"四人帮"的反对，他们认为邓小平的全面整顿是刮右倾翻案风，诬蔑邓小平是"复辟资本主义"，向邓小平发起猛烈攻击。1975年年底，一场由"四人帮"控制的"反击右倾翻案风"运动在全国开展起来。"四人帮"把1975年的全面整顿当作"走资派还在走"的"罪证"，层层揪斗"走资派"，直至1976年4月7日，中央政治局作出撤销邓小平党内外一切职务的决议。这一切，使得各级经济机构再次受到冲击，大批领导干部再次被批斗、打倒，许多法令、章程、制度再次被废除，各级经济机构再次陷入瘫痪和半瘫痪状态，正常的经济秩序遭到很大的破坏。

"反击右倾翻案风"运动使"文化大革命"期间的政治、经济形势第三次急转直下，使1975年刚刚有了明显好转的国民经济再次受到严重挫折。按原定的1976年国民经济计划，工农业总产值要比上年增长7%—7.5%，其中工业总产值增长8.2%—9%，农业生产总值增长4%。但由于"反击右倾翻案风"的冲击，这些计划都没有实现。工农业总产值实际完成4536亿元，比计划少5.5%—6%。其中工业总产值3158亿元，比计划少7.1%—7.9%；农业生产总值1378亿元，比计划少1.4%。主要工农业产品产量也都没有完成计划。铁路运输再一次受到严重破坏，经济增长速度和经济效益大幅度下降，1976年全国国营企业亏损总额达177亿元，较之1965年增加了2倍。生产形势恶化导致财政枯竭，国库空虚，1976年财政赤字达29.6亿元。[②] 国民经济比例关系出现严重失调的局面。

1976年是中国的多事之秋，周恩来、朱德、毛泽东相继与世长辞，邓小平遭受诬陷而离开工作岗位，唐山地震灾难深重，"反击右倾翻案风"对国民经济破坏严重。这一切大大加重了经济困难，国民经济已到崩溃的边缘。

[①] 苏少之：《中国经济通史（第十卷）（上册）》，湖南人民出版社，2002，第302页。
[②] 董辅礽主编《中华人民共和国经济史（上卷）》，经济科学出版社，1999，第500页。

第二节 "文化大革命"时期党对经济工作的艰难维持

在"文化大革命"十年期间,以周恩来、邓小平为代表的老一辈革命家,为维护国家正常的政治秩序和经济秩序,限制"文化大革命"对国民经济的严重破坏,竭尽全力进行了正义的斗争。在当时党内"左"倾思想占主导地位,林彪、"四人帮"两个反革命集团肆虐横行的情况下,他们无法从全局上纠正"文化大革命"的错误,但毕竟在艰难的环境中使"文化大革命"的破坏受到一定程度的限制,使遭受严重损失的国民经济在一定时期或某些方面取得宝贵的进展。他们为此付出了巨大的勇气、智慧和心血,作出了不可磨灭的历史贡献。

一、"文化大革命"初期的"抓革命,促生产"

(一)党内高级领导干部对"文化大革命"的抵制

从 1966 年 5 月开始,"文化大革命"的风暴席卷全国,给社会的政治、经济、文化带来巨大冲击。为了维护国家正常的政治秩序和经济秩序,广大干部、群众,特别是党内一些高级领导干部,自觉或不自觉地采取各种方式对这场运动进行了抵制。

1966 年 6 月底,在北京主持中央日常工作的刘少奇、邓小平担心运动会影响工业生产,特地写信给在南方的毛泽东,对生产下降、质量下降、事故增多、计划完成不好的情况作了如实汇报。经毛泽东同意,中共中央、国务院于 7 月 2 日发出由刘少奇、邓小平主持起草的《中共中央、国务院关于工业交通企业和基本建设单位如何开展文化大革命运动的通知》,要求各级党委对工业生产和外贸方面出现下降及基本建设施工速度迟缓等问题,立即采取措施加以解决;要求"工业交通企业和基本建设单位(包括设计、施工单位)的文化大革命,要和'四清'运动结合起来,按照《二十三条》的规定,按照各地原来确定的部署,分期分批地、有领导有计划地进行",不要一哄而起;要求"各级党委必须抓革命、促生产,做到革命和生产建设双胜利"。7 月 22 日,中央又发出补充通知,进一步明确指出,"文化大革命"的重点是文教部门和地专级以上党政机关,在开展"文化大革命"的单位,也要指定人员组织一个班子抓生产、抓业务、抓科研,保证当年国民经济计划的完成。

上述两个文件在一定程度上限制了"文化大革命"开展的范围,维持了生产建设部门及城乡基层单位的相对稳定,实质上是对"文化大革命"的抵制。但此后不久,刘少奇、邓小平就失去了领导权,后来更被当作"党内最大的走资本主义道路的当权派"打倒。在这之后,新上任的中央政治局常委、中央书记处常务书记、国务院副总理陶铸在周恩来的支持下,对"文化大革命"的"左"倾错误进行了又一次斗争。

同年 8 月，林彪在接见红卫兵的讲话中号召"打倒一切"。成千上万的红卫兵们纷纷冲出校门，使红卫兵运动由城市学校扩展到农村、工矿企业、事业单位，给全国城乡生产建设带来了第二次大冲击。

时逢秋收、秋种、秋购的"三秋"大忙季节，为了防止事态蔓延和恶化，中央于 9 月 14 日连发两个文件，即《中共中央关于县以下农村文化大革命的规定》和《中共中央关于抓革命、促生产的通知》，重申中央 7 月 2 日和 22 日的两个通知仍然有效，并要求：工业、农业、交通、财贸等部门立即加强或组织各级指挥机构，确保生产建设、科研、设计、市场、收购等工作的正常进行；各有关单位和行业的职工都应当坚守岗位，学生和红卫兵不要进入那些单位去串连，影响他们的生产和工作；已经开展"文化大革命"的单位，要用业余时间搞运动，未开展"文化大革命"的单位可推迟进行。9 月份，中央还要求在农村、工矿企业、事业单位、党政机关及群众团体内不成立红卫兵等群众组织，不要再进行内外串连。

上述这些措施是在周恩来、陶铸的主持或坚持下采取的，起到了抵制"文化大革命"开始以来对工农业生产建设的第二次冲击的作用，保证了农村"三秋"任务的完成，维护了全国城乡生产建设秩序的暂时的相对的稳定。

进入 1967 年，从上海开始的夺权"一月风暴"迅速向全国各地区、各部门蔓延，各级党政机关和领导干部被冲击，被打倒，无政府主义泛滥成灾。当时，陶铸由于坚持正义，抵制"文化大革命"中"左"的错误，保护领导干部，被诬为"资产阶级司令部第三号人物""中国最大的保皇派"而遭打倒。在"一月风暴"的影响下，"文化大革命"从学校、机关、文化界发展到工矿企业、农村以及一些部队单位，造成了更为严重的社会动荡，使经济建设受到很大破坏。

面对这种局势，一些老一辈革命家挺身而出，进行抗争。1967 年 2 月 11 日、16 日，在两次政治局委员碰头会上，叶剑英、陈毅、谭震林、李富春、李先念、徐向前、聂荣臻等政治局和军委的领导人，对中央文革小组的种种错误行为提出激烈的批评。由于这种抗争实际上是力图纠正"文化大革命"的"左"倾错误，因而受到毛泽东的严厉指责。中央文革小组又在政治局生活会上，以"资产阶级复辟逆流"的罪名组织对这些老同志的围攻。此后，中央政治局停止活动，中央文革小组基本上取代了政治局的职能。他们把叶剑英、谭震林等党政军领导人对"文化大革命""左"倾错误的抗争诬为"二月逆流"，煽动群众掀起"反击自上而下的复辟逆流活动"。在相当一段时间内，全国的经济领导工作，实际上是周恩来等少数中央负责人在极度困难复杂的环境中勉力支撑。

（二）周恩来艰难维持经济秩序

在"文化大革命"初期，随着刘少奇、邓小平等党内领导人被打倒，历史把周恩来推到了"文化大革命"的风口浪尖上。周恩来克服重重困难，在自己的权力范围内，尽可能地稳定局势。对于重大原则问题，他一方面争取毛泽东的支持，一方面与林彪、江青等人进行针锋相对的斗争。

1966年8月，在党的八届十一中全会通过《中国共产党中央委员会关于无产阶级文化大革命的决定》时，周恩来、陶铸力主使"抓革命、促生产"作为第14条写进该决定。9月初，中央决定由余秋里和谷牧同志协助周恩来抓经济工作。周恩来语重心长地对他们说："你们可得帮我把住经济工作这个关啊！经济基础不乱，局面还能维持；经济基础一乱，局面就没法收拾了。所以，经济工作一定要紧紧抓住，生产绝不能停。"①9月15日，周恩来在接见全国各地来京师生时提出要求："为了有利于工农业生产的正常进行，大中学校的红卫兵和革命学生，现在不要到工厂、企业单位和县以下的机关、农村人民公社去进行串连，工厂、农村不能像学校那样放假，停止生产来革命。"②

10月初，根据林彪的提议，经毛泽东审阅同意，中央批转了中央军委、总政治部发出的由中央文革小组参与起草的《关于军队院校无产阶级文化大革命的紧急指示》，宣布取消原有的由党委领导运动的规定。此后，全国很快掀起"踢开党委闹革命"的浪潮，工农业生产受到前所未有的冲击。对此，周恩来极为焦虑，他一再对国务院有关同志讲：工农业生产绝对不能中断，经济建设一定要尽可能设法进行下去。他特别强调，工交企业要业余闹革命，要坚持八小时工作制，要保证生产活动的正常进行！③

11月9日，周恩来亲自主持讨论《人民日报》社论稿《再论抓革命促生产》。次日，这篇社论发表，向全党、全国人民公开宣布："抓革命、促生产"的方针，"不论在城市工矿企业、事业单位里面，在一切科学研究和设计部门里面，在农村里面，都是完全适用的，没有例外的，必须坚决遵守、时刻遵守的"。应当说，在"文化大革命"即将全面涉入工农业生产领域的汹涌势头面前，这篇社论却敢于顶风而立，其针对性是不言而喻的。

在11月召开的全国工业交通座谈会上，陈伯达拿出一份由中央文革小组拟定的《关于工厂文化大革命的十二条指示（草案）》，与周恩来所表明的观点大唱反调。各

---

① 中共中央文献研究室编《周恩来年谱（1949—1976）（下卷）》，中央文献出版社，1997，第56页。
② 中共中央文献研究室编《周恩来年谱（1949—1976）（下卷）》，中央文献出版社，1997，第64页。
③ 安建设编《周恩来的最后岁月（1966—1976）》，中央文献出版社，1995，第74页。

地负责人对形势表示强烈担忧,对该文件表示激烈反对,大家一致支持周恩来的主张,并在陶铸的主持下,草拟了一份《工交企业进行文化大革命的若干规定》,明确提出:工矿企业搞文化大革命必须在党委领导下,分期、分批地进行。但是,这个文件没有得到批准。

12月4日至6日,林彪主持召开中央政治局扩大会议。他在会上说,工交座谈会"开得不好,是错误的,思想很不对头",工交战线的干部"现在需要来一个一百八十度的大转变"。他指责工交系统"有一条黑线",要克服右倾观点,开展"文化大革命"。①12月9日,下发《关于抓革命、促生产的十条规定(草案)》。这个文件虽然接受了工交座谈会的部分意见,要求重视生产问题,却有明显的缺陷:只提群众自己教育自己,不提党的领导;群众造反组织合法化;承认串连的合法性;等等。至此,"文化大革命"开始遍及全国城乡每一个角落。

(三)一手抓革命,一手抓生产

全国工交座谈会上的斗争,实际上是以周恩来、陶铸为代表的老一辈革命家对林彪、江青一伙借抓"革命"而搞乱生产的抵制。在当时的政治环境下,周恩来等是无法抵制这场"革命"的,他们能够做到的,是尽可能使生产建设事业遭到较少的破坏,尽量保持国民经济能够继续运行,不要完全瘫痪。否则,中国共产党和中国人民经过近百年前赴后继、英勇斗争所建立起来的中华人民共和国这座大厦就可能塌陷。因此,在"文化大革命"初期,周恩来积极利用"抓革命、促生产"的政策,尽力维持正常的生产秩序,减少"文化大革命"给国家和人民带来的损失。

首先,尽量设法将"革命"控制在一定范围内进行,全力保护生产,使其少受干扰和损失。周恩来在许多场合,对抓紧工农业生产和科研业务工作提出了明确要求。他针对农业生产指出:一定要抓季节,要不误农时,讲"关心国家大事",搞好秋收秋种也是"大事"之一。他针对工业战线指示说:现在工业方面已出现了不好的苗头,如果继续下去,不但今年年度计划难以完成,还要影响明年计划,影响整个"三五"计划的实现。他针对中国科学院的科研业务状况,特别强调:我们在进行无产阶级文化大革命、搞阶级斗争的同时,又要进行其他两大革命——生产斗争和科学实验,要大抓"三大革命运动"。"抓革命、促生产"是对科学院的最大考验。②1967年,当"全面夺权"的"一月风暴"严重冲击生产秩序时,周恩来指示国家计委在2月和5月两次开会讨论抓革命、促生产的问题,并于3月起草了一份文件,要求各地迅速建立抓

---

① 董辅礽主编《中华人民共和国经济史(上卷)》,经济科学出版社,1999,第462页。
② 安建设编《周恩来的最后岁月(1966—1976)》,中央文献出版社,1995,第71页。

革命、促生产第一线指挥部,并特意强调,"不论需要不需要夺权或者已否夺权的地区,都应该这样做"。①

其次,坚决反对借"革命"之名破坏生产建设的极左倾向。1967年6月,周恩来向国防科工委某造反派严正指出:不能任"打、砸、抢、抄、抓"的歪风发展下去,这样做不是无产阶级革命派,是不顾大局的极左思潮。7月25日,他针对钢产量急剧下降的情况,严厉批评鞍钢两派代表:你们这样做完全是为个人、为小团体、为派别利益争"气",而不是为国争光;你们两大派相互"压"的结果,不是把派性组织压垮了,而是把钢铁生产压垮了!11月,他针对铁路完不成运输任务的状况批评"造反派":全国铁路革命革了一年半,造成这种局面,我们在座的难道心里就舒服?我就不信!②随后,周恩来在许多场合强调:要反对极左倾向,其表现就是无政府主义,就是不相信领导,怀疑一切,打倒一切。③

最后,强调"抓革命"的积极作用应体现在生产上,生产是检验一切革命的标准。1967年,正当"全面夺权"深入进行时,周恩来即向造反派指出:搞革命,就要使工作有起色。难道搞革命就是为争权吗?在后来的一些场合里,他还讲过:生产是检验我们各项工作成绩的最好标志;每一个革命群众组织,都要在生产中经受考验。6月下旬,在接见国家机关各部委代表及出席全国订货会议代表时,周恩来说:愿做真正的革命派,就要"抓革命、促生产",眼下首先要保证把订货会议开好。7、8月间,周恩来在接见河南等地代表时又指出:现在是黄河防汛时期,这关系到千百万人的生命财产,也是对你们的最大考验。铁路上的两派,不管过去认识怎样,都要在"抓革命、促生产"这个问题上一致起来,都要保证铁路畅通。10月29日,周恩来在全国铁路运输工作会议期间更加明确地提出:空喊"革命"而不抓业务,"革命"就是空的,革命与业务要联系起来、结合起来。1968年2月2日,在接见各部委及国务院直属单位的代表时,周恩来再次强调:每个部门一定要把革命跟业务、跟工作结合起来,再不能只抓"革命",不管工作。④

二、"九一三"事件后的经济整顿

1971年秋,发生了震惊中外的"九一三"事件。之后,毛泽东决定由周恩来主持党中央的日常工作,把党政军的重要权力交给周恩来、叶剑英等。这样,就使得党内

---

① 赵士刚主编《回顾与思考——共和国经济建设之路(下)》,经济管理出版社,1996,第215-216页。
② 赵士刚主编《回顾与思考——共和国经济建设之路(下)》,经济管理出版社,1996,第216页。
③ 安建设编《周恩来的最后岁月(1966—1976)》,中央文献出版社,1995,第81页。
④ 安建设编《周恩来的最后岁月(1966—1976)》,中央文献出版社,1995,第82-83页。

上层力量的对比发生了自"文化大革命"以来最重要的变化，从而为周恩来能够在后来一段时间内着手纠正"文化大革命"的错误、进行经济整顿创造了条件。

（一）批判极左思潮

"九一三"事件之前，处境艰难的周恩来一直在为纠正"文化大革命"的错误，减少林彪、江青反革命集团的破坏进行不懈的努力。1969年4月12日，周恩来在一次谈话中对"文化大革命"中否定一切的做法提出尖锐批评，认为中华人民共和国成立20年来成绩是"主要的"，砸烂一切规章制度是"极左思潮"。① 他还用实际行动抵制和纠正"打倒一切"的极左做法。

"九一三"事件以后，人们纷纷从思索中觉醒。周恩来抓住这一历史契机，把批判林彪集团的罪行同批判极左思潮结合起来，领导了批判极左思潮的斗争。

1972年2月26日，周恩来在听取国家计委汇报工作时指出："一九六九年以后，在经济管理上瞎指挥盛行。南昌把飞机厂最好的工人下放了。景德镇陶瓷窑也给炸了。林彪一伙一直破坏到'九一三'，影响到一九七三年，恶果逐步暴露出来了。应把九大以来林彪一伙破坏经济计划的情况编个材料，供大家批判。一定要批透，把破坏性后果消除掉。"②

在周恩来的指导下，自1971年年底至1973年，国务院召开了一系列全国性专业会议，批判林彪一伙破坏党的经济工作的各种罪行。如林彪一伙自立政策、自成系统、搞独立王国，破坏党对经济建设的领导；反对有计划按比例发展国民经济，鼓吹"我说的就是计划""打仗就是比例"；反对抓生产，鼓吹"大干大坏，小干小坏，不干不坏"；等等。通过批判极左思潮，1972年经济工作的方针、任务、建设重点以及具体安排等，较之前几年有了较大的改变：一是删除了"用打仗的观点，观察一切，检查一切，落实一切"等论点；二是强调发展农业、轻工业，把发展农业放在第一位，三线建设改为第三位；三是提出要在加强经济建设的基础上加强国防工业建设；四是要求下决心控制基建规模和职工人数；五是要把产品质量放在首位；六是整顿和加强企业管理，要求把岗位责任制、考勤制、技术操作规程、经济核算制等生产管理制度建立健全起来；七是要求认真落实党的政策，正确处理政治与经济的关系。

周恩来特别强调对极左思潮要批透。他在1972年8月1日的讲话中指出：一些单位极左思潮没有批透，"左"的不批透，右的东西也会抬头。在后来外交部召开的

---

① 安建设编《周恩来的最后岁月（1966—1976）》，中央文献出版社，1995，第176页。
② 《周恩来选集（下卷）》，人民出版社，1984，第463-464页。

外事会议上，他再次强调，"极左思潮不批透，还会犯错误"①。1972年8月，他在接见驻外大使时明确提出，要批判林彪鼓吹的"空头政治"，政治挂帅一定要挂到业务上，各级领导干部要打消顾虑，理直气壮地抓业务、抓生产、抓管理。②为了肃清极左思潮和无政府主义在经济工作方面的影响，周恩来提出要加强经济工作的集中统一领导。国家计委于1973年2月起草了《关于坚持统一计划，加强经济管理的规定》，强调要坚持统一计划，搞好综合平衡；基本建设要集中兵力打歼灭战，提高投资效果；要控制职工总数和工资总额，加强财政资金和信贷资金的管理；集中物资分配调度的权力，建立企业统一生产指挥系统；加强党对经济工作的领导，坚持政治和业务的统一；管好大中型企业，坚持按劳分配等。这个文件虽然由于江青反革命集团的破坏，没有正式发下去，但它还是在恢复生产秩序，加强经济计划、企业管理，以及发挥工人和技术人员的积极性等方面起了很好的作用。

（二）解决"三个突破"问题

在"九一三"事件以前，由于经济工作中"左"的指导思想的影响，计划追求高指标，再加上林彪一伙的干扰破坏，从而造成了经济工作中的"三个突破"问题。

"三个突破"是指：1971年职工人数突破5000万人，工资总额突破300亿元，粮食销售量突破4000万吨。而1971年的计划数为：全民所有制单位职工人数4850万人，工资总额296亿元，粮食销售量3870万吨。三项指标都突破了计划数字，实际达到：职工人数5318万人，工资总额302亿元，粮食销售量4275万吨。"三个突破"的主要原因，从浅层次看，是1970年以来基本建设规模过大，积累率过高；从深层次分析，则与当时强调"以备战为纲"，集中力量建设战略后方，建立自成体系的经济协作区，促进国民经济"新飞跃"的指导思想有因果关系。高指标和高积累不仅影响了城乡人民生活，也带来了国家财力、物力的进一步紧张。由于基本建设规模过大，加上地方工业盲目发展，造成了职工人数急剧增多，使得工资支出总额和粮食销售量控制不住，随之而来的是货币发行量的突破。对此，周恩来曾尖锐地指出："票子发多了，到了最大警戒线。三个突破不如这一个突破。"③

"三个突破"导致了国民经济比例关系的严重失调，给国民经济发展带来诸多不利影响。首先，削弱了农业的基础地位，减少了农业劳动力。在当时农业机械化程度不高的条件下，劳动力是农业生产的主要因素。1970—1971年两年新增职工中约有

---

① 安建设编《周恩来的最后岁月（1966—1976）》，中央文献出版社，1995，第185页。
② 赵德馨主编《中华人民共和国经济专题大事记（1967—1984）》，河南人民出版社，1989，第14页。
③ 《周恩来选集（下卷）》，人民出版社，1984，第465页。

600万是从农村招来的，1971年常年参加各地基本建设大会战的民工最多时达到1000万人，造成农业劳动力不足。其次，短期内大量增加新职工，导致职工整体素质下降。1971年全国工业企业劳动生产率下降1%。再次，职工人数大量增加，导致了工资总额的增长，而超计划发行货币，又加剧了粮食供应和市场供应的紧张，商品供不应求的矛盾更加突出。最后，加剧了农、轻、重比例的进一步失调。1971年，农业投资占总投资的10%，而工业投资占65.2%；在工业投资中，轻工业仅占5.8%。生产结构性失调进一步加剧。

"九一三"事件以后，周恩来及时发现了"三个突破"的严重问题。他指出："三个突破"给国民经济各方面带来了一系列问题，不注意解决，就会犯错误。① 根据周恩来的指示，国务院从1972年至1973年，采取了各种措施对国民经济进行调整。

第一，控制基本建设规模。1972年，国家预算内基本建设投资比上年减少18.36亿元，并适当调整了投资结构，增加了农业投资，减少了重工业投资和国防工业投资。第二，国务院发出《关于加强工资基金管理的通知》，强调劳动工资管理权限在中央，要求各单位的工资总额计划都要报上级主管部门和劳动部门核定，并送当地人民银行备案。第三，解决粮食购销差额问题。主要采取如下措施：①处理好农、轻、重的关系，大力发展粮食生产。②认真整顿城镇粮食统销，压缩一切不合理的供应。③控制职工人数和吃商品粮的人口。④在丰收地区多购一些粮食，以丰补歉。⑤核减不合理的粮食销量，争取购销平衡。第四，调整"四五"计划纲要，降低计划指标。主要内容是：①大力加强农业，增加农业财政拨款和支农工业的投资。②压缩基本建设规模，1973年大中型建设项目比上年减少280个。③压缩国防和行政费占财政支出的比重，由1972年的25.2%降低到4%。④精简职工，争取把1972年超过国家计划自行招收的职工减下500万人。⑤改变以备战和三线建设为中心的经济建设指导思想，调整"四五"计划指标。

经过两年的努力，国民经济的调整取得了良好的效果，"三个突破"问题得到了有效的控制，市场供应情况有所好转。这些都为国民经济进一步发展奠定了基础。

（三）整顿企业管理

"九一三"事件以后，周恩来针对全国的企业管理混乱的状况，提出要整顿企业，加强管理，重视产品质量，重视发挥老工人和技术人员的作用，加快社会主义建设步伐。② 根据周恩来的指示，国务院主持起草了《1972年全国计划会议纪要》，提

---

① 赵德馨主编《中华人民共和国经济专题大事记（1967—1984）》，河南人民出版社，1989，第58页。
② 曾壁钧、林木西主编《新中国经济史（1949—1989）》，经济日报出版社，1990，第255页。

出了整顿企业的若干措施，明确规定企业要恢复和健全七项制度，即岗位责任制、考勤制度、技术操作规程、质量检验制度、设备管理和维修制、经济核算制；规定企业要抓七项指标，即产量、品种、质量、原材料燃料动力消耗、劳动生产率、成本、利润指标。这个文件体现了周恩来长期以来力求恢复和发展生产，反对空头政治和无政府主义的强烈愿望。虽然这个文件后来被张春桥以种种借口加以否定，但其中贯穿的整顿的指导思想却在实际工作中得到体现，成为落实党的各项经济政策的未成文的"依据"。

周恩来还进一步从产品质量入手整顿企业管理混乱的局面。1971年12月，他同叶剑英、李先念等一起听取了有关航空工业产品质量问题的汇报，明确提出质量问题须"提起警惕"，要"放在议事日程来解决"。[①] 1972年4、5月间，周恩来连续抓了出口罐头、衬衣、照相机等日用工业品和广交会展品的质量问题。通过大力整顿，使许多产品质量得到明显改进。

1972年10月，国务院召开加强经济核算、扭转企业亏损会议。会议拟订的整顿企业管理、扭亏增盈的措施有：①加强经济核算，搞好清产核资，健全企业管理的各项制度，加强成本管理。②通过整顿，确定企业的产品方向、生产规模、职工人数、资金数额、原材料来源和协作关系，落实企业的生产计划。③改进国家对企业亏损的管理制度，对亏损企业实行计划补贴、逐级负责、限期扭转的办法。④严格财经纪律，对违反财经纪律和工作严重失职使国家财产造成重大损失的，要给予党纪、政纪处分以至刑事处分。

通过上述整顿，企业管理工作得到加强，取得了良好的经济效果。1973年52种主要工业产品中，有45种完成或超额完成计划；工业企业上缴利税346.4亿元，比上年增加18.6亿元；工业产品质量也有所提高；全民所有制企业全员劳动生产率比上年提高3.3%。[②]

（四）调整党的农村经济政策

"文化大革命"中，极左思潮也严重影响了农村经济的发展，破坏了党在农村的正确政策。林彪、江青等人在全国农村鼓吹"穷过渡"，大搞"扩社并队"。由于片面强调"以粮为纲"，很多地方单打一地发展粮食生产。全国农村普遍存在集体增产个人不增收，分配不兑现，以及劳动计酬上的平均主义等现象，严重地挫伤了广大农民的积极性。

---

① 《周恩来选集（下卷）》，人民出版社，1984，第463页。
② 董辅礽主编《中华人民共和国经济史（上卷）》，经济科学出版社，1999，第485页。

在"九一三"事件以后,周恩来开始着手纠正农村一些"左"的政策。1971年12月中共中央作出《关于农村人民公社分配问题的指示》,针对当时农村分配上存在的问题,重申《农业六十条》仍然有效,要求各地必须坚持国家、集体、个人三者利益兼顾,坚持"各尽所能、按劳分配"的原则,不要生搬硬套大寨的劳动管理办法,要从实际出发,总结当地好的经验,坚持那些为群众所欢迎、简便易行的劳动计酬办法。该指示强调,社队办集体福利事业,要和经济发展水平相适应,不许任意增加脱产人员。农业必须全面发展,不能把政策允许的多种经营当作资本主义来批判。

1973年1月召开的全国计划会议,批判了在农村强迫扩社并队、没收自留地、砍家庭副业、搞"一平二调"的做法,这对刹住农村"穷过渡"风起到了重要作用。

对农村工作的整顿,在许多根本问题上纠正了过去"左"的错误,受到广大农民的欢迎,农业生产形势明显好转。1973年农业总产值达到1173亿元,比上年增长9.1%;粮食26494万吨,比上年增长10.2%;棉花5124万担,比上年增长30.8%。[①]

三、1975年邓小平领导国民经济的全面整顿

周恩来以"九一三"事件为契机领导批判极左思潮和经济整顿,并在实际工作中纠正"文化大革命"的错误,使国民经济发展出现转机,但毛泽东仍然坚持要继续进行"文化大革命",并提出当时的任务仍是反右。靠"文化大革命"和极左起家的江青集团于是乘机大反右倾回潮,并借"批林批孔"运动反对周恩来,致使已趋向稳定的形势又急剧恶化,国民经济建设出现了新的逆转和挫折。这种状况引起广大人民群众的不满,也引起了毛泽东的重视,他对江青之流借"批林批孔"进行反周篡权活动进行了严厉批评。1975年邓小平主持中央日常工作,采取果断措施,对国民经济各条战线进行了全面整顿。

(一)全面整顿的决策

"文化大革命"初期,邓小平被当作"全国第二号最大的走资派"打倒,受到错误的批判和斗争。历史经过一段曲折发展以后,毛泽东对邓小平重新表示信任。1973年3月10日,经毛泽东同意,中共中央决定恢复邓小平同志的党的组织生活和国务院副总理的职务;同年8月召开党的十大,邓小平重新当选为中央委员;12月22日党中央决定任命邓小平为中央政治局委员、中央军委委员;1974年12月毛泽东提议邓小平担任国务院副总理(名次排在其他副总理前)、军委副主席和总参谋长。1975

---

① 董辅礽主编《中华人民共和国经济史(上卷)》,经济科学出版社,1999,第486页。

年1月在党的十届二中全会上,邓小平当选为中共中央副主席、中央政治局常委。在2月份召开四届全国人大以后,周恩来病重住院,邓小平主持中央日常工作,并代周恩来主持国务院工作。

这个时候,"文化大革命"已延续八年,"四人帮"仍在兴风作浪,邓小平不避艰险,力挽狂澜,以无产阶级革命家的气魄和胆略,同"四人帮"进行了坚决的斗争。他决然地从大抓整顿入手来扭转局势。在当时还十分恶劣的政治环境下,邓小平根据四届全国人大确定的实现四个现代化的宏伟目标和毛泽东的正确指示,提出了"三项指示为纲"的口号。他指出:"毛泽东同志有三条重要指示:第一,要学习理论,反修防修;第二,要安定团结;第三,要把国民经济搞上去。这三条指示互相联系,是个整体,不能丢掉任何一条。这是我们这一时期工作的纲。"[1]邓小平以"三项指示为纲"来领导1975年的整顿,是一个非常高明的决策。因为毛泽东的三项指示集中反映了当时全国上下干部群众一致的久乱思治、久贫思富的强烈愿望,唯有贯彻执行这三项指示,才能把全党全军全国人民凝聚在一起,治理经过八年"文化大革命"以后的混乱局面。从另一方面看,进行整顿的主要障碍是"四人帮"。邓小平以"三项指示为纲"来进行整顿工作,就在同"四人帮"的斗争中占据了主动,"四人帮"很难明目张胆地反对。

针对当时经济领域及其他领域的混乱局面,从1975年2月到10月,邓小平先后主持召开了解决全国铁路问题的工业书记会议、钢铁工业座谈会、国防工业重点企业会议、南方十二省省委书记会议和部分地委书记会议等一系列会议,他在这些会议的讲话中,提出了"全面整顿"的决策思想。其主要原则是:第一,要把国民经济搞上去,必须实行全面整顿。邓小平指出:在20世纪末,"把我国建设成为具有现代农业、现代工业、现代国防和现代科学技术的社会主义强国。全党全国都要为实现这个伟大目标而奋斗。这就是大局"。为此,工业、农业、商业、财贸、文教、科技都要整顿。第二,建立必要的规章制度。"恢复和健全规章制度。关键是建立责任制。""执行规章制度要严一点。要有一点精神,不要怕挨批判,不要怕犯错误。"第三,坚持按劳分配原则。"如果不管贡献大小、技术高低、能力强弱、劳动轻重,工资都是四五十块钱,表面上看来似乎大家是平等的,但实际上是不符合按劳分配原则的,这怎么能调动人们的积极性?"第四,科研和教育要走在国民经济的前列。"加强企业的科学研究工作。这是多快好省地发展工业的一个重要途径。""大厂要有自己独立的科研机构;小厂的科研可以由市里综合办,也可以由几个厂联合在一起搞。"科技事业要后继有

---

[1] 邓小平:《邓小平文选(第二卷)》,人民出版社,1994,第12页。

人，中心是办好教育。第五，扩大对外经济交流，反对闭关自守。要"引进新技术、新设备，扩大进出口"，"要争取多出口一点东西，换点高、精、尖的技术和设备回来，加速工业技术改造，提高劳动生产率"。①

（二）抓薄弱环节，整顿铁路交通秩序

全面整顿首先是从铁路开始的。在"文化大革命"中，铁路运输一直处于不正常状态。自"批林批孔"以来，徐州、郑州、南京、南昌等铁路局运输堵塞，严重阻碍了津浦、京广、陇海、浙赣四大干线的通畅。1975年2月，全国铁路日装车数与实际需要相差1.2万车。

铁路交通是国民经济的命脉，铁路问题不解决，必将影响整个工业生产和一些城市的人民生活。为此，1975年2月，中央召开各省、市、自治区工业书记会议。会上邓小平指出：要把国民经济搞上去，当前的薄弱环节是铁路，"铁路运输的问题不解决，生产部署统统打乱，整个计划都会落空。所以中央下决心要解决这个问题"②。邓小平提出解决铁路问题的办法包括三条方针：加强集中统一领导；建立必要的规章制度和增强组织纪律性；坚决反对派性。他强调，要把闹派性的头头从原单位调离，调动后又钻出来的新头头再调离。③

根据邓小平的指示，中共中央于3月5日发出《关于加强铁路工作的决定》。该决定要求：①贯彻安定团结的方针，落实十届二中全会和四届人大提出的各项任务，掀起社会主义建设高潮。②实行全国铁路以铁道部为主的管理体制，铁路运输必须由铁道部集中指挥。③各省、市、自治区党委要继续加强对铁路工作的领导，对少数问题较多的铁路单位，要采取有力措施限期解决。④建立必要的规章制度，加强组织纪律，确保运输安全正点。对闹派性而又教育不改的要及时调离，对严重违法乱纪的要给予处分。⑤整顿铁路运输秩序。任何人不得以任何借口妨碍铁路工作人员的正常工作，对阻拦列车、破坏铁路运输的犯罪分子要依法严惩。

会后，铁道部部长万里率领工作组先后赴徐州、太原、郑州、长沙等地，对问题严重的铁路局进行重点整顿。经过一两个月的整顿，产生了显著效果。到4月份，严重堵塞的路段全部疏通，全国20多个铁路局除南昌局外都超额完成国家计划，全国铁路日装车数达到5.4万车，创历史最高水平，煤炭日装车达到1.8万车，是5年来第一次完成计划，列车正点率也大为提高。全国铁路货运量由上年的下降5.3%变为

---

① 邓小平：《邓小平文选（第二卷）》，人民出版社，1994，第4页、第30-31页、第29页、第33页。
② 邓小平：《邓小平文选（第二卷）》，人民出版社，1994，第5页。
③ 邓小平：《邓小平文选（第二卷）》，人民出版社，1994，第6页。

增长12.7%。问题最严重的徐州铁路局有21个月没完成国家计划，4月份提前3天完成国家计划。全国铁路系统整顿所取得的成效不仅使铁路运输的形势明显改观，也为其他工业部门的整顿提供了宝贵经验。

（三）整顿钢铁生产秩序

由于"批林批孔"运动的冲击，全国钢铁生产形势一片混乱。1974年钢产量比1973年减少410万吨，1975年前四个月，全国钢铁欠产195万吨。为了扭转这种局面，在铁路整顿告一段落后，邓小平立即着手进行钢铁工业的整顿工作。5月8日至29日，中央召开了全国钢铁工业座谈会。邓小平在会上明确提出整顿钢铁工业的四条办法：①必须建立一个强有力的领导班子。②必须坚决同派性作斗争。③必须认真落实政策，要特别注意把老工人、技术骨干、老劳模的积极性调动起来。④必须建立必要的规章制度。

6月4日，中共中央转发中共冶金部核心领导小组《关于迅速把钢铁工业搞上去的报告》。报告要求：加强各级党委对钢铁工业的一元化领导，抓好关系到全局的重点企业；采取坚决措施，整顿那些问题多的重点钢铁企业的领导班子；放手发动群众，大搞技术革新，表彰先进，树立正气；加强企业管理，整顿企业秩序，同各种破坏企业生产秩序的行为作斗争。同时，中共中央还发出《关于努力完成今年钢铁生产计划的批示》，要求各省、市、自治区党委必须加强对钢铁工业的领导，冶金工业部要帮助各地党委抓好重点企业，国务院应立即充实和加强冶金工业部的领导班子。经过近一个月的整顿，欠产严重的鞍钢、武钢、太钢等企业情况逐步好转，全国钢的平均日产量达7.24万吨，超过全年计划平均日产量。

（四）整顿工业和农业

在抓好铁路运输和钢铁生产的同时，邓小平还抓了工业生产的全面整顿。1975年7月17日，中共中央转发国务院《关于今年上半年工业生产情况的报告》。国务院要求在首先把钢铁生产抓上去，继续抓好煤炭生产和铁路运输的同时，要坚持"不挤不让"的原则，抓好轻工市场；不要拼设备，要注意安全生产，关心群众生活；加快重点基建工程的进度；坚持计划用电，节约用电，降低原料、燃料消耗；搞好综合平衡，有计划地控制长线产品的生产；切实整顿和加强企业管理，把必要的规章制度建立健全起来。

根据邓小平的指示，从7月中旬起，国家计委开始起草《关于加快工业发展的若干问题》(简称《工业二十条》)。这个文件从加强党的领导、依靠工人阶级、整顿企业管理、调动中央和地方两个积极性、加强统一计划等方面，系统地提出了恢复和发展工业生产的重要措施。这个文件,是继1961年《工业七十条》之后在再一次系统总结党领导工业建设的经验教训的基础上形成的,提出了发展工业的一系列重大方针政策,是在"文化大革命"环境下试图系统地纠正工业战线"左"倾错误的重要文件。虽然由于"四人帮"的阻挠,《工业二十条》未能作为中央文件发下去,但是,通过各种范围的讨论,仍然产生了广泛的影响,对推动整个工业的恢复和发展起到了良好的作用。

经过几个月的整顿,全国工业生产呈上升趋势,自1975年3月以来,一个月比一个月好,许多产品产量创造了历史上月产最高水平。

在对工业进行整顿的同时,也对农业进行了整顿。"文化大革命"期间农业生产遭到很大破坏,发展缓慢,与工业发展和人民生活需求的矛盾越来越尖锐。同时,"四人帮"继续鼓吹"穷过渡",大搞"一平二调",生产上瞎指挥,分配上"一拉平",鼓吹"割资本主义尾巴",取消农民自留地和家庭副业,严重挫伤了农民的生产积极性。针对以上情况,邓小平提出农业要整顿的正确主张。1975年9月,邓小平在全国农业学大寨会议上强调了发展农业的重要性,指出,实现四个现代化,关键是农业现代化,农业搞得不好要拉国家建设的后腿,要落实农村干部政策等。① 9月27日在农村工作座谈会上,邓小平提出农业要整顿,"整顿的核心是党的整顿","整党主要放在整顿各级领导班子上,农村包括公社、大队一级的"。② 会后,全国抽调百万名干部到农村社队帮助整顿。为了落实党在农村的经济政策,中央还专门发出关于发展养猪事业的文件,重申积极发展集体养猪、鼓励社员家庭养猪方针,强调不能把社员的家庭副业当作资本主义批判。这些整顿措施大大调动了广大农民的积极性,促进了农业生产发展。

(五)对科技、教育的整顿

"文化大革命"期间,许多知识分子被歧视、打击甚至被当作专政对象,科研和技术工作普遍处于瘫痪状态,教育秩序十分混乱,教师靠边站、学生厌学的现象相当普遍。这些状况,同四个现代化建设要求极不相适应。

在科技整顿中,中央选择中国科学院为突破口,派胡耀邦等到中国科学院主持工作。在邓小平的支持下,胡耀邦采取了一系列果断措施,坚持落实党的知识分子政策,调动了科技人员的积极性,整顿取得了显著的成效。1975年9月26日,胡耀邦

---

① 中共中央文献研究室编《关于建国以来党的若干历史问题的决议注释本》,人民出版社,1983,第409页。
② 邓小平:《邓小平文选(第二卷)》,人民出版社,1994,第35页。

向国务院作汇报时,整理了《科学院工作汇报提纲》,其中针对林彪、江青一伙的破坏,重申党的知识分子和科技工作政策,比较系统地清理了"左"的错误。邓小平充分肯定这个汇报提纲,他指出:科研必须走在国民经济的前面;对有水平的人要爱护和赞扬,发挥其作用;要选党性好、组织能力强的人给科技人员搞后勤;对一不懂行、二不热心、三有派性的人不能留。① 该汇报提纲中许多指导性的正确意见,在全国知识界广为传播,对科技教育工作的整顿起了积极的作用。

在教育整顿方面,邓小平强调,要使科技事业后继有人,中心是办好教育。要选数理化好的高中生入科技大学,要调动教师的积极性。② 教育部多次召开部内外干部座谈会、教师座谈会、汇报会,积极着手教育领域的整顿工作。整顿中批判了"以干代学"的实用主义错误,提出要使青少年努力学习社会主义革命和建设所需要的科学文化知识,积极落实选取数理化好的高中生入科技大学。通过整顿,调动了广大教师工作的积极性,学生学习科学文化知识的热情也普遍提高。

(六)1975年全面整顿的历史功绩

邓小平领导的国民经济全面整顿,实际上就是要整顿被"文化大革命"搞乱了的各条战线,从而恢复党的正确路线和方针、政策。在这期间,虽然"四人帮"进行过多次捣乱和破坏,但整顿方针还是得到了一定程度的落实,并使全国经济形势有了明显好转:一是工农业生产增长较快,主要工业产品产量都有较大增长,粮食产量创历史最高水平;二是基本建设进度加快,投资效益有所提高;三是铁路运输状况有了明显好转,1975年完成货运量8.9亿吨,比上年增长12.7%;四是财政收入有所增加,比上年增长4.15%,进出口贸易总额超过以往任何一年;五是商品货源增多,市场供应状况好转,人民生活有所改善。

1975年的全面整顿进行不过八九个月,其发展之迅速,成效之显著,在当代中国历史上是不多见的。实践表明,邓小平提出的全面整顿的方针是完全正确的,使1975年的国民经济发展状况成为"文化大革命"十年中最好的一年。

1975年的全面整顿是来之不易的。它是1967年"二月抗争"和1972年周恩来坚持批判极左思潮的继续和发展。它是在"左"倾错误长时间居于统治地位,同时在"四人帮"握有重大权力的条件下进行的,既要纠正当时占主导地位的"左"倾错误,又要同"四人帮"的捣乱破坏作斗争,还要克服长期运动造成的种种困难。邓小平以

---

① 中共中央文献研究室编《关于建国以来党的若干历史问题的决议注释本》,人民出版社,1983,第410页。

② 孙健:《中华人民共和国经济史(1949—90年代初)》,中国人民大学出版社,1992,第362页。

第七章 挫折（1967—1976）
"左"的错误的发展与中国社会主义经济建设道路探索的挫折

高度的马克思主义水平、卓越的领导才能和高超的领导艺术，紧紧依靠党内健康力量和人民群众的智慧与力量，看准时机，有力地解决问题，在较短时间内使全面整顿获得可喜的成果，不仅促使当时的国民经济由停滞下降迅速转向回升，而且为后来的拨乱反正和改革开放奠定了基础。

第一，1975年的全面整顿是对"文化大革命"拨乱反正的开始。由于邓小平实行的全面整顿实际上是要系统地纠正"文化大革命"的"左"倾错误，因而不可避免地要受到"四人帮"的反对。尽管全面整顿最后夭折于1975年冬的"批邓、反击右倾翻案风"运动，但已成为"文化大革命"结束后拨乱反正的前导，从思想和组织等方面为之作了重要准备。邓小平指出，党的十一届三中全会"总结了历史经验，决定了一系列拨乱反正的政策。其实，拨乱反正在一九七五年就开始了"①。当时提出了一系列整顿措施，实际上就是同"文化大革命"唱反调。

第二，1975年的全面整顿是改革开放的尝试。社会主义要摆脱贫穷，就要通过改革找出一条适合自己国情的、比较快的发展道路。1975年的整顿就是这种改革的尝试。邓小平回顾："说到改革，其实在一九七四年到一九七五年我们已经试验过一段。""那时的改革，用的名称是整顿，强调把经济搞上去，首先是恢复生产秩序。凡是这样做的地方都见效。"②

第三，1975年的全面整顿中提出"三项指示为纲"，是对中国特色社会主义理论的一种探索。毛泽东的三项指示本身就是总结"文化大革命"经验教训的产物，包含了反思和探索。邓小平把它们联系在一起，称"三项指示为纲"，是对中国特色社会主义理论的一次酝酿。胡乔木曾这样分析"三项指示为纲"同十一届三中全会后党的基本路线的联系："这里已经提到一个中心，一个基本点，另一个基本点改革开放当时还不可能提出来，只能叫整顿，实际上不但包含了改革，也包含了开放。当时主要是指对外贸易，首先是引进国外先进项目"，邓小平"把侧重点放在安定团结和把国民经济搞上去上面"，"这两个口号的实质一直到十一届三中全会，一直到十三大和十三大以后，都还起着指路标的作用"。③

第四，1975年的全面整顿体现了承前启后的作用。邓小平关于全面整顿的一系列讲话和思想，充满了马克思主义的战斗精神和巧妙灵活的领导艺术。邓小平对三项指示的总体把握，以此统一全党全国的奋斗目标，使1975年的全面整顿具有一种高屋建

---

① 邓小平：《邓小平文选（第三卷）》，人民出版社，1993，第81页。
② 邓小平：《邓小平文选（第三卷）》，人民出版社，1993，第255页。
③ 王瑞璞主编《中南海三代领导集体与共和国经济实录（中卷）》，中国经济出版社，1998，第590页。

瓴、势不可挡的气势，贯彻落实并发展了"文化大革命"后期毛泽东三项重要指示所体现的正确的思想。它上承党的八大路线和"文化大革命"前十年的正确发展趋向，是20世纪60年代前期整顿、1972年周恩来主持的整顿的继续和发展；它下启十一届三中全会以后的改革开放新时期，对当代中国的历史进程起了开辟航道的作用。从历史的角度看，指导整顿的"三项指示为纲"实际上成了形成邓小平理论的起点，这恰好反映出邓小平是毛泽东思想的继承人，同时又是发展者。

总而言之，"文化大革命"的十年，党的经济工作和国家经济发展遭受了巨大的损失。在这十年中，党和国家尽管遭到林彪、江青两个反革命集团的破坏，但终于依靠自己的力量战胜了他们，党、人民政权、人民军队和整个社会的性质没有改变。历史表明，我们的人民是伟大的人民，我们的党和社会主义制度具有伟大而顽强的生命力。中国共产党运用马列主义、毛泽东思想深刻地总结了"文化大革命"十年的历史教训，继续探寻一条适合中国特点的社会主义建设道路，并自十一届三中全会以后，进入了建设和发展有中国特色的社会主义的新时期。

第八章

转折

（1977—1991）

社会主义初级阶段理论的形成与社会主义现代化道路新探索的启动

"文化大革命"结束后,中国经济开始进入一个新的历史发展时期。经过1977年、1978年两年恢复性增长,自1979年开始,中国共产党开始全面、系统地纠正全党工作特别是经济工作中"左"的错误,开始在新的历史条件下全面探索中国社会主义现代化道路。

在新的历史条件下,中国共产党进一步加强和改善了党对经济工作的领导。探索,又一次构成中国共产党经济工作的主旋律。这一时期,中国共产党在社会主义现代化建设和经济体制改革等方面的探索是在全面反思历史经验教训的基础上进行的,涉及经济建设指导思想、经济体制改革、经济发展战略、经济发展道路、经济运行机制、对外开放等诸多重大问题,因此,这一时期的探索又是主动、全面的探索。

在重新确立以经济建设为中心,开启社会主义现代化道路新探索的过程中,中国共产党明确把为人民谋利益作为经济工作的重要目标,在经济发展"三步走"战略中,从"解决温饱问题"到"小康"再到"比较富裕",始终把人民生活水平的提高作为重要内容。

1977—1991年间,中国共产党经济工作分为四个不同的历史阶段。第一阶段为1977年、1978年两年。"文化大革命"结束,国民经济开始迅速恢复,但是中国共产党未能全面清理长期以来"左"的思想,党对经济工作的领导与决策又出现新的失误。1979—1984年为第二阶段。以十一届三中全会为历史新起点,中国共产党探索中国社会主义现代化道路在新的历史条件下又重新起步。1984—1988年为第三阶段。社会主义初级阶段理论的形成是这一时期中国共产党经济工作的最大成果。1988—1991年为第四阶段。在"治理整顿"期间,中国的改革开放在实践中面临严重的困境,在理论上遭遇诸多难题的困扰。中国共产党对经济工作的领导与探索处在不进则退的临界点上,处在前进方向选择的十字路口上。

第一节 经济理论与经济工作指导思想的探索与转变

"文化大革命"结束后,中国共产党对中国社会主义现代化道路的新探索是从社会主义经济实践理论的探索、经济工作指导思想的转变开始的。十一届三中全会之后，党的工作重心开始转移，以经济建设为中心的指导思想重新得以确立，经济理论上也开始拨乱反正。这一时期，中国共产党在探索社会主义经济理论方面获得了丰富的理论成果。发展阶段方面，提出了社会主义初级阶段理论；发展战略方面，提出了"两步走""三步走"的战略思想；对外经济关系方面，确定了对外开放的总方针；经济体制改革目标模式方面，经历了四次大转变，对计划与市场的关系的认识不断深化。

一、经济理论上开始拨乱反正

"文化大革命"结束以后，中国共产党在恢复安定团结的政治局面和重新确立正确的马克思主义的思想路线的基础上，进行了经济理论的拨乱反正。

（一）恢复安定团结的局面，为经济工作的展开创造了政治条件

粉碎"四人帮"，为国民经济的发展清除了一个政治障碍。全国人民欢欣鼓舞，急切盼望恢复正常的社会秩序和生活秩序。中共中央也顺应民心，采取了许多结束混乱局面的措施。1977年年初，在全国范围内开展揭发批判"四人帮"罪行的运动。围绕这一运动，着重解决领导班子中存在的组织不纯、思想不纯、作风不纯的问题。在组织上，清除了"四人帮"集团盘踞在中央各部门、地方的各级经济领导部门和企业中的势力，夺回被他们篡夺的那一部分领导权，平反昭雪他们所制造的冤假错案，使许多在极左路线下遭受迫害的各级领导干部重新回到各级领导岗位，特别是恢复以邓小平为代表的一大批久经考验和经验丰富的老一辈革命家的职务，使中国共产党和国家的政治、经济指挥系统和领导系统得到重建和加强。

1978年11月10日至12月15日，中共中央在北京召开工作会议，在中央工作会议开幕式上，华国锋代表中央政治局宣布，从1979年1月起把全党的工作重点转移到现代化建设上来，并以此作为会议的中心思想。中共中央政治局常委在认真研究与会者意见的基础上，由华国锋代表政治局宣布，对"文化大革命"中和"文化大革命"前遗留的一些重大政治事件，以及一些党和国家重要领导人的功过是非问题，作出了拨乱反正的决定。十一届三中全会果断地停止使用"以阶级斗争为纲"这个不适用于社会主义社会的口号。这样，安定团结的政治局面逐渐得以恢复，为党的经济工作的正常开展和国民经济的恢复和发展提供了前提和保障。

（二）开展真理标准讨论，端正经济工作的思想路线

粉碎"四人帮"不久，面对党内外纷纷提出纠正"文化大革命"时期"左"的错

误的强烈要求，华国锋提出"两个凡是"①。"两个凡是"严重妨碍了纠正"文化大革命"错误的历史进程，遭到了邓小平、陈云等老一辈革命家的抵制和斗争。在1977年3月的中央工作会议上，陈云等老一辈革命家力争恢复邓小平的工作。5月24日，邓小平在同中央两位负责人的谈话中指出："'两个凡是'不行。……这是个重要的理论问题，是个是否坚持历史唯物主义的问题。彻底的唯物主义者，应该像毛泽东同志说的那样对待这个问题。马克思、恩格斯没有说过'凡是'，列宁、斯大林没有说过'凡是'，毛泽东同志自己也没有说过'凡是'。"②邓小平还进一步阐述了完整地准确地理解毛泽东思想的问题。他指出："要对毛泽东思想有一个完整的准确的认识，要善于学习、掌握和运用毛泽东思想的体系来指导我们各项工作。只有这样，才不至于割裂、歪曲毛泽东思想，损害毛泽东思想。我们可以看到，毛泽东同志在这一个时间，这一个条件，对某一个问题所讲的话是正确的，在另外一个时间，另外一个条件，对同样的问题讲的话也是正确的；但是在不同的时间、条件对同样的问题讲的话，有时分寸不同，着重点不同，甚至一些提法也不同。所以我们不能够只从个别词句来理解毛泽东思想，而必须从毛泽东思想的整个体系去获得正确的理解。"③聂荣臻、徐向前、张鼎丞、陈云等人也公开发表文章，强调了恢复和发扬实事求是的优良传统和作风的重要性。对"两个凡是"的批判以及有关正确理解毛泽东思想的指导思想的确立，为真理标准讨论准备了思想条件。

邓小平提出要用"完整的准确的"毛泽东思想指导我们的工作，进一步鼓舞了许多干部和理论工作者，促使人们开始比较直接地批判某些主要的"左"倾理论观点。1977年8—10月间，一些思想较活跃的理论工作者已经逐渐提出了以实践作为检验真理的标准的思想。南京大学哲学系教师胡福明发表的《实践是检验真理的唯一标准》一文，正式拉开真理标准讨论的序幕。这场讨论获得了邓小平等人的支持。据不完全统计，到1978年年底，报刊发表的关于真理标准问题的文章多达650篇。从1978年8月初开始，各省、市、自治区，各大军区和军队其他各大单位，或以集体名义，或以主要领导个人名义，纷纷表态，表示对真理标准问题讨论的支持。各级党委宣传部门、各级党校和理论研究单位也纷纷组织和开展了对真理标准的讨论。真理标准问题讨论的蓬勃开展，很快形成一股思想解放的洪流，有力地推动了各条战线的拨乱反正。

---

① 即"凡是毛主席作出的决策，我们都坚决维护，凡是毛主席的指示，我们都始终不渝地遵循"。
② 邓小平：《邓小平文选（第二卷）》，人民出版社，1994，第38-39页。
③ 邓小平：《邓小平文选（第二卷）》，人民出版社，1994，第42-43页。

党的十一届三中全会正式肯定了真理标准问题的讨论。全会公报指出:"会议高度评价了关于实践是检验真理的唯一标准问题的讨论,认为这对于促进全党同志和全国人民解放思想,端正思想路线,具有深远的历史意义。一个党,一个国家,一个民族,如果一切从本本出发,思想僵化,那它就不能前进,它的生机就停止了,就要亡党亡国。"① 以此为正式标志,真理标准问题的讨论取得了决定性的胜利。

关于真理标准问题的讨论,是20世纪中国历史上继五四运动、延安整风运动之后又一次大的思想解放运动。它普及和宣传了马克思主义的实事求是的思想路线,冲垮了以"两个凡是"为代表的"左"的思想的束缚,开始把人们从长期存在的教条主义和个人崇拜的精神枷锁中解放出来,为十一届三中全会实现党的指导思想的历史性转变作了充分的思想舆论准备,也为十一届三中全会后中国共产党探索中国社会主义现代化新道路创造了思想条件。此后,在实践标准的基础上,又先后提出了生产力标准和"三个有利于"标准,丰富和深化了马克思主义的思想路线,为社会主义初级阶段理论的形成提供了思想武器。

(三) 开始经济理论的拨乱反正

粉碎"四人帮",虽然在政治上恢复了安定团结的局面,但是进入1977年时,国民经济总体形势相当严峻,各种比例关系严重失调。党和政府面临的首要任务是迅速扭转停滞与混乱的局面,全面恢复和发展社会生产力。为此,中国共产党在这一时期恢复和制定了一系列有利于经济发展的方针政策与规章制度。因此,1977年、1978年两年间国民经济得以迅速恢复。

"文化大革命"期间,"四人帮"在社会主义基本经济理论问题上散布了大量谬论,产生了恶劣的影响。1977年以后,为了使国民经济沿着正确的轨道前进,必须认真总结中华人民共和国成立以来经济建设的经验教训,在经济理论上进行拨乱反正。

中国共产党领导全国人民展开对"四人帮"极左经济理论观点的系统批判。首先是对"四人帮"借批判所谓"唯生产力论"而否定生产力在历史发展中的决定作用的观点进行批判,肯定生产力是社会发展从而是社会主义发展的决定因素的马克思主义历史唯物主义的基本理论。其次是领导经济学界批判"四人帮"诋毁按劳分配的"理论体系",在1977—1978年间,举行了四次全国性的理论讨论会,肯定了按劳分配这一社会主义分配原则。再次是批判了"四人帮"否定社会主义存在商品生产和商品交换的观点,初步澄清了"四人帮"在社会主义商品生产问题上制造的混乱。最后是对"四人帮"颠倒政治与经济的关系的谬论进行了批判。

---

① 中共中央文献研究室编《三中全会以来重要文献选编(上)》,人民出版社,1982,第12页。

对"四人帮"极左经济理论的批判,澄清了被搞乱的理论是非,恢复了马克思主义经济理论的本来面目。这不仅对 1977 年、1978 年国民经济的恢复和发展起到了促进作用,而且为实现中国经济历史性转折准备了理论前提。

二、实现党和国家工作重心向经济工作的转移

在揭发批判"四人帮"的斗争取得基本胜利的情况下,1978 年 9 月,为实现历史性根本性转变,邓小平、陈云、李先念等老一辈领导人适时地提出要把全党工作着重点从"以阶级斗争为纲"转到以经济建设为中心的轨道上来的决策性意见,当时党内老同志普遍表示支持。同年 11 月 10 日至 12 月 15 日,中共中央召开工作会议,首先讨论了从 1979 年 1 月起把全党工作的着重点转移到社会主义现代化建设上来的问题。在闭幕会上,邓小平在题为"解放思想,实事求是,团结一致向前看"的讲话中,号召全党为改变中国落后的面貌,为把中国建设成现代化的社会主义强国而奋斗。

中共中央工作会议对党和国家工作重点转移的必要性作了三点分析:第一,两年多的揭发批判"四人帮"的群众运动,已接近结束,安定团结的政治局面已初步实现。第二,社会主义现代化建设的重大任务摆在我们面前。经济文化落后的局面以及同经济发达国家越来越大的差距,迫切要求我们把全党全军和全国各族人民的注意力集中到社会主义经济建设上来。第三,复杂的国际形势,也要求我们通过集中力量进行经济建设来增强国力,以应付不测事件,对此不能麻痹苟安,而要居安思危。这次中央工作会议实际上是十一届三中全会的预备会,正是因为在中央工作会议上全党就工作重点的转移问题取得了较为一致的看法,才有十一届三中全会有关工作重点转移的战略性决策。

十一届三中全会最重要的贡献是作出了把全党工作的着重点转移到社会主义现代化上来的战略决策。全会指出,毛泽东同志早在中华人民共和国成立初期,特别是社会主义改造基本完成以后,就再三指示全党,要把工作重心转移到经济方面和技术革命方面来。毛泽东同志和周恩来同志领导我们在进行社会主义现代化建设事业方面做了大量工作,取得了重大的成就,但是后来被林彪、"四人帮"打断了,破坏了。此外,由于我们对于社会主义建设缺乏经验,工作指导思想上产生了一些缺点和错误,也妨碍了党的工作重心转变的完成。现在,全国范围内揭批林彪、"四人帮"的群众运动已经基本上胜利完成,虽然少数地区和部门的运动比较落后,但是就整体来说,实行全党工作重心转变的条件已经具备。因此,全会一致同意华国锋代表中央政治局提出的决策,现在就适应国内外形势的发展,及时地、果断地结束全国范围的大规模的揭批林彪、"四人帮"的群众运动,把全党工作的着重点和全国人民的注意力转移到社会主义现代化建设上来。

十一届三中全会结束了粉碎"四人帮"之后的两年中党的工作在徘徊中前进的局面,不仅作出了工作重点转移的战略性决策,而且制定了一系列对国民经济发展具有深远影响的重大经济政策。一是通过了《中共中央关于加快农业发展若干问题的决定(草案)》和《农村人民公社工作条例(试行草案)》,二是决定对国民经济进行调整。这些经济决策的出台,再次证明十一届三中全会后,党和国家工作的重点已经开始以经济建设为中心。从党的八大开始,到十一届三中全会,党的工作重心才真正开始得以顺利转移,实现了中华人民共和国成立以来党的历史的伟大转折,开启了我国改革开放历史新时期。

三、提出科学定位中国社会发展所处阶段的社会主义初级阶段理论

在党的十一届三中全会制定的正确路线指引下,中国的社会主义现代化建设步入了正确轨道。要进一步认识中国社会主义所处的发展阶段,走出一条中国式的社会主义建设道路,首先必须弄清中国社会发展所处的历史阶段。1979年9月29日,在庆祝中华人民共和国成立30周年大会上,叶剑英指出:"社会主义制度还处在幼年时期……它还不成熟,不完善"[①]。1980年邓小平在谈到中国社会主义建设的经验时指出:"不要离开现实和超越阶段采取一些'左'的办法,这样是搞不成社会主义的。"[②]这些论述,虽然未使用社会主义初级阶段的概念,但关于这个理论的基本内涵,已经有了明确的论断。

1981—1986年三次提出"初级阶段"的命题。1981年党的十一届六中全会通过的《关于建国以来党的若干历史问题的决议》中,第一次出现"我们的社会主义制度还是处于初级的阶段"[③]的提法。1982年党的十二大的报告指出,"我国的社会主义社会现在还处在初级发展阶段,物质文明还不发达"[④]。但是这两个文件中都没有具体阐述社会主义初级阶段这个科学论断,因此这个提法并没有被人们所注意。1986年党的十二届六中全会指出了这个历史阶段在经济上的规定性,并且把社会主义精神文明建设中关于理想和道德建设的要求同社会主义初级阶段联系起来。从此以后,社会主

[①] 叶剑英:《叶剑英选集》,人民出版社,1996,第527页。
[②] 邓小平:《邓小平文选(第二卷)》,人民出版社,1994,第312页。
[③] 中共中央文献研究室《关于建国以来党的若干历史问题的决议注释本》,人民出版社,1983,第61页。
[④] 中共中央文献研究室编《十一届三中全会以来党的历次全国代表大会中央全会重要文件选编(上)》,中央文献出版社,1997,第247页。

义初级阶段的提法才开始引起党内外的注意。

在党的十三大召开之前八个月,即1987年2月,邓小平指出,十三大报告要"在理论上阐述什么是社会主义,讲清楚我们的改革是不是社会主义"①。1987年3月21日,十三大报告起草小组报送的《关于草拟十三大报告大纲的设想》中提出,为了说明中国经济发展战略,说明发展社会主义商品经济的任务和中国经济体制改革的方向,说明在理论上和指导思想上避免"左"和右两种倾向的必要性,十三大报告拟以社会主义初级阶段作为理论依据。②邓小平批示:"这个设想好。"8月,邓小平进一步明确提出:"我们党的十三大要阐述中国社会主义是处在一个什么阶段,就是处在初级阶段,是初级阶段的社会主义。社会主义本身是共产主义的初级阶段,而我们中国又处在社会主义的初级阶段,就是不发达的阶段。一切都要从这个实际出发,根据这个实际来制订规划。"③在总结历史和实践经验教训的基础上,在1987年10月召开的十三大上,形成了系统的社会主义初级阶段理论。

十三大总结党的历史的经验教训,继承十一届三中全会以来党的路线,集中全党的智慧,系统地提出并论述了社会主义初级阶段理论。十三大指出:"正确认识我国社会现在所处的历史阶段,是建设有中国特色的社会主义的首要问题,是我们制定和执行正确的路线和政策的根本依据。"④中国社会主义的初级阶段,不是泛指任何国家进入社会主义社会都会经历的起始阶段,而是特指中国生产力落后、商品经济不发达条件下建设社会主义必然要经历的特定阶段。中国从20世纪50年代生产资料私有制的社会主义改造基本完成,到社会主义现代化的基本实现,至少需要上百年时间,都属于社会主义初级阶段。

党的十三大作出了我国处在社会主义初级阶段的重要论断,使全党对基本国情有了科学认识。在这个基础上,十三大制定了党在社会主义初级阶段的基本路线,即"一个中心,两个基本点"。据此十三大确立了中国经济发展战略、经济体制改革和政治体制改革、党的建设等各方面的任务。这说明党对中国社会所处发展阶段这一基本国情的认识已经系统化和理论化了。

社会主义初级阶段理论的提出,对于中国共产党在新的历史时期开展经济工作具有重大的指导意义。

---

① 邓小平:《邓小平文选(第三卷)》,人民出版社,1993,第203页。
② 中共中央文献研究室编《十二大以来重要文献选编(下)》,人民出版社,1988,第1307–1309页。
③ 邓小平:《邓小平文选(第三卷)》,人民出版社,1993,第252页。
④ 中共中央文献研究室编《十一届三中全会以来党的历次全国代表大会中央全会重要文件选编(上)》,中央文献出版社,1997,第444页。

首先，科学判断了中国的基本国情。中国共产党自诞生之后，不断地分析和判断中国的国情，在不同的历史时期取得了不同层次的成果。社会主义初级阶段理论是中国共产党对国情的探讨和认识理论的继承和发展，是中国共产党总结了中华人民共和国成立以来特别是社会主义建设时期历史经验教训后获得的对国情认识的新高度、新阶段。从指导思想看，社会主义初级阶段理论强调一切从实际出发，既不照抄本本，也不照套别国模式。这样，就冲破了长期以来束缚人们思想的条条框框。同时，社会主义初级阶段理论揭示了社会主义初级阶段的基本特征，揭示了社会主义初级阶段的历史必然性，阐述了社会主义初级阶段的主要矛盾和历史任务，完整地提出了党在社会主义初级阶段的基本路线，为科学地开展经济工作奠定了科学的思想基础与方法论基础。

其次，为解放思想，探索什么是社会主义、怎样如何建设社会主义开辟了道路。社会主义初级阶段既然是中国社会发展进程中出现的特定阶段，它既不同于经典作家们论述的共产主义第一阶段的社会主义，也区别于其他与中国经济发展水平不同的国家建立社会主义后的发展阶段，因此，在中国的现阶段，对于什么是社会主义、怎样建设社会主义以及应该实行的一切方针政策，都必须从中国处于社会主义初级阶段这个实际出发，都必须符合这种实际，不能也不必拘泥于传统的社会主义观念或社会主义的一般形式。这样就为解放思想，探索什么是社会主义、怎样建设社会主义的问题提供了理论武器和理论依据。

最后，为大力推进经济体制改革和对外开放提供了理论依据。社会主义初级阶段理论是在中国社会主义经济体制改革和对外开放的大背景下提出的。反过来，这一论断为推进经济体制改革与对外开放提供了理论依据。正如邓小平指出的，"在中国建设社会主义这样的事，马克思的本本上找不出来，列宁的本本上也找不出来"，"建设一个国家……不要固守一成不变的框框。过去我们满脑袋框框，现在就突破了"。① 因此，通过经济体制改革和对外开放，突破传统的社会主义经济体制模式，是社会主义初级阶段的题中之义。

四、经济体制改革目标模式的渐进探索

自 1978 年以来，中国经济体制改革的理论演进过程，始终围绕着改革的目标取向而展开。十一届三中全会解决了中国要不要改革的问题，但是朝什么方向改革，怎样进行改革，从一开始就存在着不同意见。主要分歧在于：是在计划经济体制的框架

---

① 邓小平：《邓小平文选（第三卷）》，人民出版社，1993，第 260-261 页。

内进行调整和改良，还是通过引入市场经济的运行机制，建立一种新的经济体制。总体上看，1977—1991年，中国经济体制改革模式探索经历了四个阶段，分别确立了四个经济体制改革目标模式。

第一个目标模式是"计划经济为主，市场调节为辅"的经济体制模式。1978年7—9月，国务院召开的务虚会上就提出了要按经济规律改革经济体制的问题。党的十一届三中全会进一步明确提出了中国经济管理体制的一个严重缺点是权力过分集中，应该有领导地大胆下放，让地方和企业在国家统一计划的指导下有更多的经营自主权。1979年4月，李先念在中央工作会议讨论改革经济管理体制时认为，整个国民经济中，以计划经济为主，同时还应该充分重视市场调节的辅助作用。陈云1979年3月在《计划与市场问题》一文中也强调了市场调节在社会主义经济体制中的作用。① 这样，"计划经济为主，市场调节为辅"就开始成为官方提法和经济改革理论界的主流观点。从总体来看，这一阶段中国共产党对中国经济体制改革目标的确定，仍局限在传统的意识形态范围内，认为计划经济代表的是社会主义经济制度，商品经济、市场经济代表的是资本主义经济制度。

第二个目标模式是"社会主义有计划商品经济"的经济体制改革模式。1979年以后，经济改革实践的迅猛发展，要求改革的理论要有新的突破。为此，决策层和理论界开始酝酿为"商品经济"正名。1984年6月，中央为十二届三中全会组织的文件起草班子在讨论经济体制改革的问题时，主张仍沿用"计划经济为主，市场调节为辅"的提法，时任中共中央总书记的胡耀邦对此很不满意，并重新调整和充实了文件起草班子。9月9日，国务院领导人在给中央政治局常委的信中提出，社会主义经济是以公有制为基础的有计划的商品经济，计划要通过价值规律来实现，要运用价值规律为计划服务。由此奠定了党的十二届三中全会文件的基调。10月20日，党的十二届三中全会明确提出"有计划的商品经济模式"。

第三个目标模式是"国家调节市场，市场引导企业"的经济体制模式。在党的十三大的准备过程中，1987年2月，邓小平针对当时党内外一些人的错误认识，同几位中央负责同志进行了谈话。他非常明确地指出："为什么谈市场就说是资本主义，只有计划才是社会主义呢？计划和市场都是方法嘛。只要对发展生产力有好处，就可以利用。"② 邓小平的此次讲话奠定了党的十三大的基调。党的十三大提出的"计划与市场内在统一"的经济体制以及"国家调节市场，市场引导企业"的运行机制又朝着

---

① 中央档案馆编《中国共产党八十年珍贵档案（下册）》，中国档案出版社，2001，第1492页。
② 邓小平：《邓小平文选（第三卷）》，人民出版社，1993，第203页。

市场导向型经济体制迈出了一大步。这一表述已经非常接近市场经济的总体轮廓了，这为理论界积极探索社会主义经济的本质和改革的目标提供了更为广阔的空间。

第四个目标模式实际上是重提"计划经济和市场调节相结合"。从1989年到1991年，是中国新旧经济体制对峙的阶段。在这一阶段，由于新旧体制因素的共同作用，改革实践进退维谷，意识形态领域的激烈交锋几近白热化状态。一时间，"市场经济""市场化"和"市场取向"等提法，都成为意识形态领域中的理论禁区。但改革开放的总设计师邓小平仍然一再坚持改革的市场化取向，社会主义市场经济体制改革的改革目标取向事实上已经不可逆转，只差临门一脚了。

五、经济发展战略：从"两步走"到"三步走"

以邓小平同志为核心的党的第二代中央领导集体，在领导全国人民进行社会主义现代化建设的过程中，继承以毛泽东同志为核心的党的第一代中央领导集体关于四个现代化的战略思想，把实现"四个现代化"作为中国新时期的重要历史任务，并且提出，要"根据我国的实际情况，确定实现四个现代化的具体道路、方针、方法和措施"①。以十一届三中全会为契机，中国共产党对中国实现社会主义现代化的道路和发展战略进行了认真的思考和艰辛的探索。

党的十二大确立了"两步走"的现代化战略。十一届三中全会恢复党的实事求是的思想路线后，中国共产党人逐渐意识到，中国的现代化建设必将是一个长期而艰巨的历史过程。1979年9月，叶剑英同志在庆祝中华人民共和国成立30周年的讲话中，第一次向全国人民指出，在我国实现现代化，必然要有一个由初级到高级的过程。1981年6月，十一届六中全会通过的《关于建国以来党的若干历史问题的决议》进一步指出：要有步骤分阶段地实现我国现代化的目标。所有这些表明，党中央已经认识到，在20世纪内我们不可能完成中国的现代化建设任务，实现这一任务的时间必须拉长，中间要分为几个阶段。尽管这一时期坚持"本世纪末实现四个现代化"的提法，但其含义已发生变化，即不再是完成意义的实现，而是阶段意义上的实现。

1979年12月初，邓小平在会晤日本首相大平正芳时，第一次将四个现代化的目标，具体化为达到人均国民生产总值1000美元的水平，进入小康状态。1980年1月，在一次会议上，邓小平又一次提出："到本世纪末，争取国民生产总值每人平均达到一千美元，算个小康水平。……现在我们只有二百几十美元，如果达到一千美元，就

---

① 邓小平：《邓小平文选（第二卷）》，人民出版社，1994，第141页。

要增加三倍。"① 在这次讲话中，邓小平还把中国式的现代化规划为前后两个十年即"两步走"来完成，他指出："八十年代是很重要的，是决定性的。这个十年把基础搞好了，加上下一个十年，在今后二十年内实现中国式的四个现代化，就可靠，就真正有希望。"②

邓小平的上述战略构想被党和政府所采纳，成为党和国家的大政方针。1981年11月，五届全国人大四次会议的政府工作报告首次确认了这一战略目标。1982年9月召开的党的十二大，第一次系统地阐述了"两步走""翻两番"的战略目标。

党的十三大根据中国现代化的现实进程，在"两步走"战略的基础上，提出"三步走"战略。党的十二大在确立经济发展战略时，党对国情的认识还处在不断深化的过程中，尽管党的十二大重申了中国还处在社会主义初级发展阶段的论断，然而当时对这一论断并没有提起足够的重视，对中国经济和社会发展形势的认识偏向乐观，在制定经济发展战略时，依然坚持在20世纪末把中国建设成为高度文明、高度民主的社会主义国家的构想。

1984年到1987年间，党的领导人开始研究和探讨90年代中国经济发展的目标。在确定了20世纪末实现经济翻两番的目标后，邓小平密切关注经济发展的实际进程，从经济发展的现实出发，提出了经济发展"三步走"的战略。早在1984年5月，邓小平会见外宾时就说道，中国在本世纪末实现小康后，"再发展三十年到五十年，我们就可以接近发达国家的水平"③。1984年10月6日，邓小平对新设想又作了较为完整的表述："我们第一步是实现翻两番，需要二十年，还有第二步，需要三十年到五十年，恐怕是要五十年，接近发达国家的水平。两步加起来，正好五十年至七十年。"④此后，邓小平一再提到这个设想，对中国经济发展战略的长期目标和部署的构思越来越具体、清晰，并把第一步的"翻两番"分解为解决温饱问题和实现小康两步。这样一来，"两步走"战略就发展成为"三步走"战略。

1987年召开的党的十三大，对中国国情的认识实现了历史的突破。这次会议第一次完整系统地阐述了中国社会主义初级阶段理论，确认了邓小平提出的"三步走"的战略目标和步骤。党的十三大报告指出："党的十一届三中全会以后，我国经济建设的战略部署大体分三步走。第一步，实现国民生产总值比1980年翻一番，解决人民的温饱问题。这个任务已经基本实现。第二步，到本世纪末，使国民生产总值再增长

---

① 邓小平：《邓小平文选（第二卷）》，人民出版社，1994，第259页。
② 邓小平：《邓小平文选（第二卷）》，人民出版社，1994，第241页。
③ 邓小平：《邓小平文选（第三卷）》，人民出版社，1993，第57页。
④ 邓小平：《邓小平文选（第三卷）》，人民出版社，1993，第79页。

一倍，人民生活达到小康水平。第三步，到下个世纪中叶，人均国民生产总值达到中等发达国家水平，人民生活比较富裕，基本实现现代化。然后，在这个基础上继续前进。"①"三步走"的经济发展战略的制定，解决了中国现代化建设的目标、步骤等关系到全局的重大问题，对中国未来几十年的党的经济工作和国家的经济发展将产生深远的影响。

六、确定对外开放的方针

20世纪60年代初至"文化大革命"结束的十几年，正是第三次科技革命在世界范围内深入发展的时期，世界各国的经济联系日益加强，国际分工空前深化。但是这一时期的中国经济却处于一种封闭状态。"文化大革命"结束后，中国重新睁眼看世界，才发现自己已远远落在世界先进水平的后面。面对国际国内的现实情况，中国共产党和政府开始摈弃片面强调自力更生的封闭型经济建设的指导思想，确立了对外开放的指导思想，探索建立开放型经济建设模式。早在1979年9月，国务院计划会议上提出的经济工作必须完成的三个转变中，就包括从闭关自守向积极地引进国外先进技术、利用国外资金、大胆地进入国际市场的转变。但是真正确立对外开放总方针却是从十一届三中全会开始的。

十一届三中全会确定了对外开放的总方针，提出了"在自力更生的基础上积极发展同世界各国平等互利的经济合作，努力采用世界先进技术和先进设备"②的决策。1980年6月5日，邓小平在接见美国和加拿大社论撰稿人访华团时，向外界宣布，中国实行对外开放的经济政策。他说："我们在国际上实行开放的政策，加强国际往来，特别注意吸收发达国家的经验、技术包括吸收外国资金，来帮助我们发展。"③这标志着中国对外经济关系历史性转折的开始。

党的十二大重申"坚定不移地实行对外开放政策"。1981年11月，五届全国人大四次会议明确提出了对外开放的方针。此后，对外开放逐渐被当作一项基本国策确定下来。1982年9月1日，邓小平在党的十二大开幕式上重申："我们坚定不移地实行对外开放政策，在平等互利的基础上积极扩大对外交流。"④1982年12月通过的新宪法规定：中国坚持平等互利的原则，发展同世界各国的经济文化交流。允许外国的企业和其他经济组织或者个人依照中华人民共和国法律的规定在中国投资，同中国的企

---

① 中共中央文献研究室编《十三大以来重要文献选编（上）》，人民出版社，1991，第16页。
② 中共中央文献研究室编《三中全会以来重要文献选编（上）》，人民出版社，1982，第6页。
③ 转引自王寿椿、李康华：《中国对外经济贸易的新发展》，对外贸易教育出版社，1986，第15页。
④ 《中国共产党第十二次全国代表大会文件汇编》，人民出版社，1982，第4页。

业或者其他经济组织进行各种形式的经济合作。[①]从而以法律形式确定了对外开放的基本国策地位。

第二节 探索国民经济发展新道路

"文化大革命"结束后,中国共产党在新的历史条件下又重新开始探索国民经济的发展道路。

一、探索经济发展新道路的开始:"新八字方针"的制定与贯彻

从"文化大革命"结束到十一届三中全会召开之前,濒临崩溃的国民经济虽然开始得到恢复和发展,但是一些重大的比例严重失调的状况没有改变过来,生产、建设、流通、分配中的一些混乱现象没有完全消除,城乡人民生活中多年积累下来的一系列问题还有待妥善解决。为此,十一届三中全会提出要对国民经济进行调整,这表明中国共产党的经济工作方法正在经历一个历史性的转折,即从急于求成的经济工作方法转向实事求是的经济工作方法,中国经济发展也开始从急于求成的老路转向从中国实际出发的新路。

十一届三中全会以后,为了更好地对国民经济实施调整任务,中央和地方的一些领导同志对中国的经济情况进行了深入细致的调查研究,进一步弄清了在粉碎"四人帮"后头两年经济工作中的失误带来的影响,看清了国民经济比例关系失调的严重性。通过深入调查,党中央和国务院对中国经济状况的认识逐步趋于一致。从1979年开始,中共中央和国务院有关部门多次召开会议分析经济形势,研究解决国民经济比例失调的方针和办法,邓小平、陈云、李先念等曾多次就经济调整问题发表意见。1979年1月1日和5日,针对前两年国民经济计划中生产指标和基建规模定得过高过大、计划中存在很大缺口的情况,陈云两次批示要降低指标,计划不要留缺口。为了明确调整国民经济的指导思想,陈云在3月8日就计划与市场的关系问题,提出了一些重要观点。3月14日,陈云、李先念就财经问题写信给中央,提出六点意见。中共中央政治局在3月21—23日开会讨论国家计委修改过的1979年国民经济计划和整个国民经济的调整问题。陈云在会上作了《调整国民经济,坚持按比例发展》的讲话。邓小平也在会上提出,现在的中心任务是调整。陈云和邓小平的意见得到了政治局的

[①] 中共中央文献研究室编《中华人民共和国第五届全国人民代表大会第五次会议文件》,人民出版社,1983,第35、41页。

多数支持，会议决定用三年时间调整国民经济。这次会议是经济建设上冲破"左"的思想禁锢、实事求是地确定经济建设指导思想的一次重要会议。

经过一系列的调查、研究、分析、酝酿和准备，1979年4月5—28日，中共中央召开有各省、市、自治区和中央党政军机关主要负责人参加的工作会议，集中讨论经济形势和党的对策。会上，李先念代表中央作《关于国民经济调整问题》的重要讲话，全面分析了当时的经济形势，他在指出粉碎"四人帮"后经济恢复取得的重大成绩的同时，也指出了头两年经济工作的失误，详细分析了当时国民经济比例关系失调的严重情况，阐明了调整国民经济的必要性和方针任务。党中央确定的方针是："调整、改革、整顿、提高。边调整边前进，在调整中改革，在调整中整顿，在调整中提高"[①]，并明确指出要集中三年时间搞好整个国民经济的调整工作，"坚决地、逐步地把各方面严重失调的比例关系基本上调整过来，使整个国民经济真正纳入有计划、按比例健康发展的轨道；积极而又稳妥地改革工业管理和经济管理的体制，充分发挥中央、地方、企业和职工的积极性；继续整顿好现有企业，建立健全良好的生产秩序和工作秩序；通过调整、改革和整顿，大大提高管理水平和技术水平，更好地按客观经济规律办事"[②]。会议讨论并通过了《中共中央关于调整国民经济的决定》。

1979年6月召开的五届全国人大二次会议正式通过了"调整、改革、整顿、提高"的八字方针，并把落实此项方针当作四个现代化建设的第一个战役。

实施"新八字方针"的目的主要是消除经济工作中长期存在的"左"的错误造成的影响，把整个国民经济纳入有计划、按比例健康发展的轨道，要把国民经济重大比例严重失调的状况改变过来。1979—1980年党中央、国务院对国民经济采取一系列调整措施，主要有：集中精力把农业搞上去，调整好农业和工业的比例关系；加快发展轻纺工业，使轻、重工业的比例协调起来；坚决压缩基本建设战线，使建设规模同钢材、水泥、木材、设备和资金的供应能力相适应；在发展生产的基础上改善人民生活，提高国民收入中消费基金的比重；对企业进行整顿和调整。另外，为了促进国民经济的调整，在1979—1980年，对经济体制进行了一些有利于调整的改革。

1979—1980年的调整初见成效。国民经济主要比例关系开始向协调合理的方向发展，主要工农业产品产量有所增加，国民收入继续有所增长，人民生活得到改善。但是这些成效只是初步的。从1979年到1980年，由于各方面的原因，从中央到基层的许多负责人，对调整的必要性认识不深刻，对调整的方针执行不得力，更多地看到了

[①] 中共中央文献研究室编《三中全会以来重要文献选编（上）》，人民出版社，1982，第121页。
[②] 中共中央文献研究室编《三中全会以来重要文献选编（上）》，人民出版社，1982，第125页。

十一届三中全会以来经济形势中好的一面,而对困难的一面认识不足。由于对调整的认识不够统一,在行动上犹豫观望,措施不力,调整工作进行得不够顺利,国民经济发展中仍然潜伏着严重危险。

为了扭转经济工作的被动局面,中共中央于 1980 年 12 月 16 日至 25 日在北京召开中央工作会议,讨论经济形势和经济调整问题。邓小平在会上发言,他指出,这次调整,在某些方面要后退,而且要退够,如果该退的不退或不退够,我们的经济就不能稳步前进。他明确指出,这次调整,不是要改变三中全会以来的方针、政策,相反,是三中全会实事求是、纠正"左"倾错误的指导思想的进一步贯彻。①这次会议肯定了这些正确意见,决定对国民经济实行进一步的调整。中共中央根据"该退的坚决退够,该进的坚决前进"的调整方针,把近期目标和最终目标有机地结合起来,采取了一系列的措施。

对国民经济进一步调整的成效显著,国民经济在进一步调整中前进。但是,潜在的危险未被完全消除。国家财政收入连续三年下降,地方和企业自有资金增加,造成了资金过于分散的局面,使国家缺乏足够的财力、物力进行必要的重大项目的建设。1981 年仍有财政赤字,财政赤字的缩小是在紧缩开支的条件下获得的,是不稳固的。基本建设中,国家预算投资有较大压缩,但没有控制住预算外投资,基建规模仍然过大,盲目建设、重复建设的情况相当严重,比例失调的状况还未从根本上扭转。特别是许多方面的经济效益很差,生产、建设、流通领域的浪费现象惊人。这些问题是中国社会主义经济建设中长期存在的问题。要摆脱这种状况,就要求人们进一步探索这些问题产生的根本原因,寻找解决这些问题的方法,走出一条适合中国国情的经济发展的新路子。

二、具有中国特色的经济建设新路子的提出

1981 年 11 月,先后召开的中央政治局扩大会议和五届全国人大四次会议,分析了国民经济的形势,研究了中国经济建设的指导方针。鉴于国民经济中的潜在危险还没有完全消除,有必要再用五年或更多一点的时间,继续贯彻执行调整、改革、整顿、提高的方针。对国民经济进一步调整,不仅要迅速达到经济全局的稳定,而且要在此基础上,求得国民经济的稳步前进、健康发展。

根据上述指导思想,党和政府提出中国今后经济建设的十条方针,即:依靠政策和科学,加快农业的发展;把消费品工业的发展放到重要地位,进一步调整重工业的

---

① 邓小平:《邓小平文选(第二卷)》,人民出版社,1994,第 354—358 页。

服务方向；提高能源的利用效率，加强能源工业和交通运输业的建设；有重点有步骤地进行技术改造，充分发挥现有企业的作用；分批进行企业的全面整顿和必要改组；讲究生财、聚财、用财之道，增加和节省建设资金；坚持对外开放政策，增强中国自力更生的能力；积极稳妥地改革经济体制，充分有效地调动各方面的积极性；提高全体劳动者的科学文化水平，大力组织科研攻关；从一切为人民的思想出发，统筹安排生产建设和人民生活。这十条经济建设方针，是中华人民共和国成立32年以来，特别是1979年以来经济建设经验的总结，是比较全面地纠正过去"左"的错误的产物，是进一步实行调整、改革、整顿、提高方针的具体体现。这条新道路同以往中国经济发展的道路相比，具有崭新的内容，即真正从中国实际出发，具有速度比较实在、经济效益比较好、人民可以得到更多实惠的特点。这条新路子的提出，标志着党的经济工作指导思想的根本转变。

三、探索宏观调控方法，治理经济过热

党的十一届三中全会以后，中国经济发展进入了一个新的历史时期。一方面，经济发展的道路在交替，另一方面，经济体制也在交替，在这种双重交替中，必然出现诸多摩擦与冲突，导致中国经济增长波动的不确定因素增多。为保持经济快速增长，又避免宏观经济失衡，党和政府开始探索加强和改善宏观经济调控的方法。

十一届三中全会以后，中国共产党一方面转变经济工作的指导思想，探索中国经济体制改革与经济发展道路，另一方面根据经济运行深层次矛盾逐渐暴露所导致的宏观经济运行波动现象，探索加强宏观经济调控的办法。

宏观经济运行的不稳定，是1979年以来中国经济运行的一个突出的特征。早在1979、1980年的经济调整中，由于放权让利改革的实施，各地小企业遍地开花，阻碍了经济调整目标的实现。这种状况迫使改革步伐作了相应的收缩。1985年全面经济体制改革展开后，宏观经济运行开始出现过热，经济运行中的深层矛盾日渐积累。1985年年初，由于上年第四季度大量资金投放开始发生作用，农业产业结构调整和沿海开放城市外资项目利用逐渐铺开，固定资产投资和工业生产增长进一步加快。1985年第一季度，工业生产、全民所有制基本建设投资和零售物价指数分别比上年同期增长22.9%、35%和5.6%，增长幅度超过上年第四季度，外汇储备进一步下降。针对经济过热问题，党中央、国务院以紧缩银根为中心采取了一系列措施，全面紧缩经济。紧缩措施从第三季度开始逐渐取得成效，过热的经济逐步降温。1988年上半年，中国在加快改革的同时，经济增长也呈加速之势。第一季度工业总产值比上年同期增长16.7%，是1985年第三季度以来增长幅度最高的季度。第二季度又达到17.6%。1988

年上半年，经济生活中最突出的问题是社会总需求与总供给的不平衡加重，物价涨势迅猛。1988年随着价格改革"闯关"的实施，宏观经济秩序紊乱加剧，出现了18.5%的通货膨胀。

面对严重的通货膨胀，中共中央政治局在及时地分析了形势后，于1988年9月下旬召开十三届三中全会。会议认为，中国总的经济形势是好的，但存在的问题也不少，突出的是通货膨胀严重，物价上涨幅度过大。造成这种情况的根本原因是经济过热，社会总需求超过总供给。会议对治理经济环境、整顿经济秩序提出了具体要求和措施。

十三届三中全会前后，党和政府以稳定市场、稳定金融为中心，采取了一系列紧急措施。为了继续搞好治理整顿，1988年年底召开的全国计划工作会议和1989年年初召开的七届全国人大三次会议，按照继续紧缩的精神对1989年计划和经济工作方针进行了安排。会议提出了治理整顿要达到的具体目标，并安排了一系列措施。经过各方的共同努力，到1989年年底，治理整顿初见成效。一方面社会总需求有所控制，物价涨幅回落；另一方面市场疲软，工业生产下滑，经济生活发生困难，而这种困难在很大程度上是经济体制不完善、经济结构不合理等深层次矛盾在治理整顿过程中的进一步暴露。这表明治理整顿已到了一个新的阶段。

中共中央政治局分析了经济形势，于1989年11月上旬召开十三届五中全会。会议作出的《中共中央关于进一步治理整顿和深化改革的决定》指出，继续坚定不移地执行治理整顿和深化改革的方针，是克服当前经济困难，实现国民经济持续、稳定、协调发展的根本途径。会议决定，包括1989年在内，用三年或者更长一点的时间，基本完成治理整顿任务。会议进一步明确了治理整顿的主要目标。

经过三年的努力，到1991年，治理整顿取得了明显成效。经济过热明显降温，基本恢复正常增长，供求失衡矛盾明显缓解，通货膨胀得到控制，市场供应充足，秩序明显好转，居民消费心态趋向正常，产业结构"瓶颈"矛盾有所缓解，人民继续得到实惠。但是国民经济中的一些深层次问题尚未得到根本解决。国民经济结构矛盾没有明显改善，企业经济效益低下，经济总量平衡基础脆弱，通货膨胀的潜在压力增大。

在治理整顿期间，党和政府虽然也在一定程度上注意运用经济手段，并围绕着治理整顿继续推进经济体制改革，但总的来看，主要是恢复和采用旧体制下的行政手段。特别是在治理整顿初期出台的几十条应急措施，大多数是重新采取行政手段来代替经济手段，用直接控制来代替间接控制。

治理整顿期间经济工作与经济运行的实际情况证明，在经济体制转轨过程中的经济工作，运用传统的行政手段只能在短时期内解决经济生活浅层次的矛盾，而国民经济发展中深层次矛盾的解决有待于进一步解放思想，提出新的思路。特别需要指出的是，调整结构、提高效益既是治理整顿最后攻坚阶段的主要任务，同时也是超越治理整顿阶段的一项较长远的战略目标。当治理整顿作为一个特定阶段结束之后，调整结构、提高效益仍然是经济工作的一个重点。因此，20世纪80年代末90年代初的治理整顿，表面上是治理经济过热，实质上是探索国民经济发展中如何做到速度、效益、结构三者协调统一。

第三节　全面改革中国传统经济体制的探索

中国的计划经济体制早在20世纪50年代建立之初就暴露出弊端，引起毛泽东和党的其他高层领导人的关注与思考。20世纪50年代，中国共产党对经济体制改革探索的成果主要是党的八大及其前后提出的富有宝贵价值的改革思想。但是由于党对于如何进行社会主义建设毕竟经验不足，加上长期以来在对社会主义的理解上形成了若干不适合实际情况的固定观念，特别是由于1957年以后党在指导思想上的"左"倾错误思想的影响，中国共产党在党的八大及其前后提出的有关经济体制改革的思想与主张，在实践中没有正确地实施。直到十一届三中全会，党才在新的历史条件下重新开始全面探索对中国传统经济体制的改革。

1977—1991年，党对中国传统经济体制改革的探索在理论层面、实践层面都取得了丰硕的成果。尽管在治理整顿期间，中国经济体制改革一度搁浅，但是随着党对"什么是社会主义、怎样建设社会主义"的认识的不断成熟，中国经济体制改革的市场化取向越来越明确。因此，这一时期党在经济体制改革方面，在理论上作出了可贵的探索，在实践上积累了丰富的经验，为最终确立社会主义市场经济体制的目标模式开辟了道路。

一、十一届三中全会启动经济体制改革

"文化大革命"结束后，中国共产党在决定工作重心转移的过程中，也开始了对中国经济体制改革的酝酿和实践。十一届三中全会前后，邓小平、陈云、李先念等党和国家领导人对如何改革传统经济体制提出了一些设想。这些设想和探索对党的十一届三中全会确立经济体制改革方针产生了重要影响。

粉碎"四人帮"后，李先念分工主持国务院的日常工作。他在极力扭转国民经济严重停滞、倒退和濒临崩溃边缘的局面，积极领导国民经济的恢复和发展的同时，对

改革传统经济体制也作出了大胆、可贵的探索。1978年7—9月，在讨论怎样加快现代化建设的国务院务虚会上，李先念在总结中华人民共和国成立以来经济建设的经验教训的基础上，不同寻常地提出了改革经济管理体制、实行对外开放政策的思想主张。如此深刻、大胆的思想主张，已不是李先念个人的一般设想，而是当时中央部分领导成员对中国未来发展道路作出的重大谋略。李先念在国务院务虚会上的讲话，后来成为十一届三中全会讨论的文件之一，在思想上、理论上为十一届三中全会经济体制改革的重要方针的确立作了必要的准备。

李先念1979年4月5日在中央工作会议上的讲话中，专门谈到了关于改革经济管理体制的问题。他认为，"我们现行的经济管理体制，弊病很多，非逐步改革不可"，"必然要对计划、物资、财政金融、劳动工资、价格、税收、基本建设等方面的管理体制和制度进行必要的改革"，"在进行这些局部改革的同时，要认真调查研究，搞好试点，作好准备，提出比较全面的改革方案，经中央批准后，到条件成熟时再着手进行"。[①]1979—1980年间经济工作的重点虽然重在调整，但在李先念的具体主持下，仍然进行了改革统收统支的财政体制，扩大企业的自主权，调整物价，实行基本建设投资拨改贷，改变国家计划统得过死，实行计划经济为主、市场调节为辅等多项改革措施。

陈云是中华人民共和国成立后相当长一段时期经济工作的主要领导人，对社会主义经济体制的建立作出了巨大贡献。他也是党内较早认识到社会主义经济中市场作用的领导人之一。陈云有着丰富的实践经验和较高的理论修养，在经济管理方面的才能是党内外公认的。十一届三中全会后，邓小平建议国务院成立财经委员会，由陈云当主任，主持全国财经工作。陈云在领导经济调整的同时，对经济体制改革也予以极大关注。1979年3月陈云在《计划与市场问题》一文中指出，社会主义经济"有计划按比例发展"，是马克思分析资本主义后提出的设想，是完全正确的。[②]陈云又指出，在建立计划经济体制的过程中，由于没有根据已建立的社会主义经济制度的经验和本国生产力发展的实际情况，对马克思的原理加以发展，导致了缺点，只有"有计划按比例"这一条，没有在社会主义制度下还必须有市场调节这一条，所谓市场调节，就是按价值规律调节，在经济生活的某些方面可以用"无政府""盲目"生产的办法来加以调节。此后，他还指出，计划是宏观控制的主要依据，计划包括指令性计划和指导性计划，两种计划方法不同，但都要运用各种经济调节手段。他的这些观点，在20

---

① 李先念：《李先念文选》，人民出版社，1989，第371-374页。
② 陈云：《陈云文选（第三卷）》，人民出版社，1995，第244页。

世纪 70 年代末 80 年代初，对推动全党解放思想，突破过度集中的计划经济体制，曾产生过广泛而深刻的影响。陈云预计，在今后经济调整和体制改革中，实际上计划经济和市场调节这两种经济的比例的调整，将占重要地位。不一定计划经济部分愈增加，市场调节部分所占绝对数额就愈缩小，可能是都相应地增加。陈云的这个预计是很准确的。改革中，对计划和市场关系的探索，占了很重要的地位。后来，陈云把这一思想概括为"计划经济为主，市场调节为辅"。

陈云的这些观点，对在当时条件下解放思想，改革经济体制，重视市场调节，以冲破高度集中的计划经济体制的束缚，起了积极作用。虽然受历史局限性的影响，陈云将计划与市场的关系比喻为"鸟"和"笼子"的关系，但是随着经济实践的不断发展，中国共产党对计划与市场关系的认识也在不断深化与发展，在党的十四大上，中国共产党提出了社会主义市场经济体制的改革目标模式。

作为改革开放的总设计师，十一届三中全会前后，邓小平不仅在全党工作重心转移方面起到了关键性的作用，而且在全党工作重心转移的过程中，对中国经济体制改革也作出了可贵的探索。在邓小平经济理论中，最富创造性、最有影响力的论断是社会主义也可以搞市场经济。邓小平首次提出社会主义也可以搞市场经济，是 1979 年 11 月 26 日。从那时到 1992 年年初视察南方发表重要讲话，在改革开放的 14 个年头中，邓小平围绕市场经济问题发表了多次重要讲话。

邓小平第一次论述社会主义也可以搞市场经济，是在 1979 年 11 月 26 日会见美国不列颠百科全书出版公司编委会副主席吉布尼和加拿大麦吉尔大学东亚研究所主任林达光时提出的。他在谈话中明确提出："说市场经济只存在于资本主义社会，只有资本主义的市场经济，这肯定是不正确的。社会主义为什么不可以搞市场经济，这个不能说是资本主义。……市场经济，在封建社会时期就有了萌芽。社会主义也可以搞市场经济"，"这是社会主义的市场经济"。① 第二次论述，是在 1980 年 1 月 16 日，他在中共中央召集的干部会议上讲话，指出要实行"计划调节和市场调节相结合"。第三次论述，是在 1982 年 10 月 14 日，他同国家计委负责同志谈话时强调："计划与市场的关系问题如何解决？解决得好，对经济的发展就很有利，解决不好，就会糟。"②

总之，邓小平、陈云、李先念等人在十一届三中全会前后对中国经济体制改革的探索，代表了当时党的高层领导人对改革中国传统经济体制的认识和看法。十一届三中全会全党进一步统一认识，正式迈开了中国经济体制改革的步伐。

---

① 邓小平：《邓小平文选（第二卷）》，人民出版社，1994，第 236 页。
② 邓小平：《邓小平文选（第三卷）》，人民出版社，1993，第 17 页。

十一届三中全会标志着中国经济体制改革的起步。十一届三中全会在决定把全党工作重点转到经济建设上来时就着重指出,为了实现社会主义现代化,必须对经济体制进行改革。会议制定了一系列的经济政策,其中《中共中央关于加快农业发展若干问题的决定(草案)》和《农村人民公社工作条例(试行草案)》等涉及农村经济改革。

根据十一届三中全会的精神,1979年4月召开了中央工作会议,对经济体制改革的方向、步骤作了原则规定。会议确定,鉴于在最近几年内,国民经济以调整为中心,城市改革只能在局部领域进行,认真调查研究,搞好试点;改革要扩大企业自主权,增强企业活力,实行严格的经济核算,认真执行按劳分配原则,划分中央和地方的管理权限,精简行政机构,更好地运用经济手段来管理经济。根据这次会议精神,国务院财政经济委员会成立了经济体制改革研究小组。一些理论工作者和实际工作者进行了调查研究。此后,城市经济体制改革试点在局部范围展开。

因此,十一届三中全会在中国社会主义现代化建设的历史进程中具有里程碑意义,不仅仅因为十一届三中全会后全党的工作重心发生了转移,还因为中国市场化取向的经济体制改革也正式迈开了步伐。

二、以农村为突破口推进中国经济体制改革

十一届三中全会以后,中国经济体制改革也开始起步,并首先在农村取得突破性进展。全会通过了《中共中央关于加快农业发展若干问题的决定(草案)》(以下简称《决定》)和《农村人民公社工作条例(试行草案)》,这两个文件中,规定了一系列的政策和措施。其中最重要的有:尊重人民公社、生产大队和生产队的所有权和自主权;不允许无偿调用和占用生产队的劳力、资金和物资;贯彻按劳分配原则,克服平均主义;对社员自留地、家庭副业和集市贸易,任何人不得乱加干涉;人民公社坚决实行三级所有、队为基础的制度等。实行这些政策与措施,实际上是开始纠正农业方面的"左"倾错误。1979年9月召开的党的十一届四中全会,根据全国讨论和试行《决定》的情况,集中农民群众和干部的意见,对《决定》作了必要的修改。修改后的《决定》提出,社队可以按定额记工分,可以按时记工分加评议,也可以包工到作业组,联系产量计算劳动报酬,实行超产奖励。《决定》对联产到组责任制形式的肯定,为农业生产责任制的恢复或建立提供了政策支持。

随着党的各项农村经济政策的贯彻落实,各种形式的农业生产责任制又重新出现或恢复。1978年秋,安徽省凤阳县小岗村在执行省委"借地度荒"决定的同时,率先恢复包产到组、包产到户等生产责任制形式。以万里为首的中共安徽省委,以及小岗村所在的县委和地委领导，冒着巨大的政治风险支持了小岗村农民的大胆尝试，从而使大包干得以幸存，并很快走向全国。

实行包产到户或包干到户的责任制，是中国农业体制的一项重大改革。这项改革在调动农民积极性、提高农业生产效率方面显示了巨大作用，受到农民群众的普遍欢迎。但它的推行并非一帆风顺，因为人们的认识也有一个深化的过程。长期以来受"左"倾错误观念的束缚，包产到户一直被视为分田单干，甚至被当作走资本主义道路而受到批判。长期的批判斗争，在广大干部群众中造成了一种强烈的谈"包"色变的社会心理。这就决定了围绕着农村改革，不可避免地会有争论和斗争，因为农村改革的主要内容，就是实行以包产到户和包干到户为主要形式的家庭联产承包责任制。

1979年年初，新华社、《人民日报》对安徽实行包产到组、包产到户的情况作了连续报道，较为详细地介绍了他们推行联产承包责任制的做法，肯定了他们的经验。这些报道激起了强烈反响，对各地落实农村政策和进行农村改革，起了巨大的示范和推动作用。正当安徽农村改革势如破竹、热火朝天进行之时，1979年3月中旬国家农委在北京召开部分省市农村工作座谈会。会上围绕包产到户，发生了激烈的争论。1980年1、2月间，国家农委召开全国农村人民公社管理经营会议，又引发了对包产到户的公开批评。对包产到户的批评很快遍及全国，到处议论纷纷。在中央各部委中，农委和农业部反对得最厉害。在包产到户遇到重重阻力的关键时刻，邓小平、陈云等几位中央领导明确表示了支持的态度。

邓小平等中央领导的态度，对于打破长期以来形成的思想僵化，消除人们对包产到户的畏惧心理，推动农村改革的深入发展，起到了重要作用。根据邓小平几次谈话精神，经过几个月的深入调查研究，中共中央于1980年9月召开各省、市、自治区党委第一书记座谈会，着重讨论了农业生产责任制问题。会议经过认真讨论和激烈争辩，在农业生产责任制问题上基本达成共识，并形成了会议纪要。会后，这个纪要作为中共中央文件下发全党。1980年9月这个《全国省委第一书记座谈会纪要》的最大特点是给包产到户正名，肯定了党的十一届三中全会以来各地建立的各种形式的农业生产责任制。

尽管由于当时人们对包产到户等责任制的认识还有很大的局限，这次会议认为"双包"只适合于部分边远山区和贫困落后地区，并且只是"解决温饱问题的一种必要的措施"，没有肯定"双包"的性质，但是，这次会议对包产到户的认可和支持，打碎了20多年来包产到户等于单干、等于复辟资本主义的精神枷锁，受到农民群众的热烈拥护，也使党在理论和农村政策上发生了重大转折，向前迈进了一大步。这对包产到户等生产责任制在全国的推行起了重大推动作用。此后,家庭联产承包责任制从自发、初步推行阶段,进入了大发展阶段。联产承包责任制的推行促进了生产的发展,生产的发展又加速了责任制的推行。许多经济比较发达的地区,人民群众也自发搞起了"双包"责任制。

"双包"责任制对农业生产的巨大促进作用,引起了人们对它的进一步思考。这种经营形式究竟是解决困难的权宜之计,还是发展生产的长久之策?它是仅仅依附于社会主义经济,还是社会主义经济的一个组成部分和重要形式?这是一些无法回避、必须回答的理论和实践问题。

在几年农村改革实践的基础上,1980年10月,中央召开全国农村工作会议,讨论进一步放宽农业政策,并形成了《全国农村工作会议纪要》(以下简称《纪要》)。1982年1月1日,中共中央将《纪要》作为1982年中央1号文件批转全党。这就是从1982年到1986年,连续5年5个中央"1号文件"的第1个"1号文件"。1982年元旦中共中央批转的《纪要》指出,目前实行的各种责任制,包括小段包工、定额计酬、专业承包联产责任制、联产到劳、包产到组到户和包干到户等,都是社会主义集体经济的生产责任制,不论采取什么形式,只要群众不要求改变,就不要变动。《纪要》提出要坚持两个"长期不变",即土地生产资料公有制长期不变,生产责任制长期不变。《纪要》还对"双包"责任制社会主义经济的性质从理论上作了说明和阐释,对"双包"责任制的作用及优越性进行了深入分析。这个文件的制定和下发,对于肯定和巩固家庭联产承包责任制,巩固和发展农村经济体制改革的成果有着重要意义。1983年1月2日,中共中央发出第2个中央"1号文件",即《当前农村经济政策的若干问题》。文件总结了党在这个问题上的最新认识成果,认为联产承包责任制"是马克思主义农业合作化理论在我国实践中的新发展"[①]。据此,文件进一步肯定了联产承包责任制是社会主义集体所有制经济中分散经营和统一经营相结合的经营方式,这种统分结合的经营方式具有广泛的适应性。到1983年,农村联产承包责任制的发展进入高潮,全国实行家庭联产承包责任制的农户占农户总数的95%,1984年更达到98%,[②] 其中绝大多数实行了包干到户。

家庭联产承包责任制的广泛实行,改变了人民公社管理过分集中,经营方式过于单一,平均主义严重、吃大锅饭的弊端,冲击着人民公社"政社合一"的体制。随着农村中各种生产责任制的推行,党和政府决定对这种"三级所有,队为基础""政

---

① 中共中央文献研究室编《十二大以来重要文献选编(上)》,人民出版社,1986,第253页。
② 陈文斌等编《邓小平农村改革与发展的理论和实践》,中共党史出版社,1998,第41页。

社合一"的人民公社体制进行改革。从 1979 年 8 月开始，四川、安徽、吉林、辽宁、广东、浙江、河北等省也开始进行人民公社改革的试点。在几年改革试点的基础上，1983 年 1 月 2 日，中共中央在《当前农村经济政策的若干问题》中，正式提出人民公社体制改革要"实行政社分设"。到 1984 年年底，全国各地基本完成了政社分设，建立了 9.1 万个乡（镇）政府，92.6 万个村民委员会；暂时保留作为经济组织形式的人民公社 2.8 万个，保持生产大队作为经济组织形式的有 0.7 万个，保持生产队建制的有 12.8 万个。[①] 从此，农村人民公社体制在中国成为历史。

家庭联产承包责任制的实行和政社合一的人民公社体制的改革，从根本上改变了农民的经济地位，由过去人民公社体制下毫无自主权的劳动力，转变为自主经营、自负盈亏的商品生产者，农业生产效率大幅度提高，农村经济全面增长。1979—1984 年的六年间，农业平均增长速度达 9.4%[②]，农村改革与发展的推进提出了加快城市经济体制改革的客观要求。

三、以城市为中心推进全面经济体制改革

中国共产党在改革传统的经济体制时，同样也走着"农村包围城市"的道路。十一届三中全会以后，经济体制改革的重心在农村，其主要内容是建立和完善家庭联产承包责任制，这一时期有关城市经济体制、国有企业等方面的改革还处于局部的、小范围的试验阶段。以城市为中心推进全面经济体制改革是在党的十二届三中全会之后开始的。

到 1984 年，农村第一步改革取得了巨大的成功，冲破了人民公社的旧体制，使中国农村生产力获得了解放，农村经济也得到了空前发展，农民生活水平大幅度提高，绝大部分农民的温饱问题已初步解决。这就又一次在全国形成了农村包围城市的局面，形势迫切要求加快城市改革步伐。同时，农村改革的成功，为城市全面改革提供了一定的物质基础和社会条件，也积累了经验。

城市经济的发展趋势对全面经济体制改革也提出了内在要求。前几年对城市经济体制的改革还是试点，是局部的和探索性的，长期以来形成的政企不分、权力高度集中、企业缺乏活力的经济体制的弊端还没有从根本上解决，城市企业经济效益低，生产和流通领域的种种浪费和损失还很严重，城市经济的潜力也尚未挖掘出来。这种情况，与城市在国民经济和现代化建设中应担负的历史责任极不相称。只有坚决地对城

---

① 赵德馨主编《中华人民共和国经济史（1967—1984）》，河南人民出版社，1989，第 467 页。
② 根据国家统计局编《中国统计年鉴（1985）》，中国统计出版社，1985，第 239-241 页的统计数字计算。

市经济体制进行全面改革，繁荣和发展城市经济，才能适应对外开放、对内搞活经济的需要，推动整个国民经济的发展，完成党的十二大提出的战略任务。所以党的十二大提出要抓紧制定改革的总体方案和实施步骤，逐步展开经济管理体制的改革。

历史发展对全面经济体制改革提出迫切要求的同时，也为它提供了有利条件。主要是：安定团结的政治局面日益巩固；国民经济调整已走上正轨，第六个五年计划主要指标提前完成，为全面改革提供了一个较为宽松的环境；党和政府对改革中的某些规律性的东西有了进一步的认识，在理论上取得了突破性的进展；改革开放的初步实践和成就，使更多的人看到改革带来的变化和好处，改革成为亿万群众的迫切愿望和要求。

在机遇与挑战并存的形势下，1984年10月20日，中共中央召开了十二届三中全会，会议分析了中国现代化建设面临的新形势，重点总结了十一届三中全会以来城乡经济体制改革的经验，一致认为必须按照建设有中国特色的社会主义的总要求，进一步贯彻执行邓小平提出的对内搞活经济、对外实行开放的方针，加快以城市改革为重点的整个经济体制改革的步伐，通过了《中共中央关于经济体制改革的决定》（以下简称《决定》）。《决定》根据解放思想、实事求是的原则，在理论上突破了将计划经济与商品经济对立起来的传统观点，规定了中国经济体制改革的目标是建立以公有制为基础的有计划的商品经济，回答了实践中提出的一系列重大理论问题和现实问题，规划了经济体制改革的蓝图。

《决定》明确指出，社会主义经济是公有制基础上有计划的商品经济，商品经济的充分发展是社会主义经济发展不可逾越的阶段，是实现中国经济现代化的必要条件。这样就把计划经济与商品经济统一起来，解决了马克思主义发展史上一直未能解决的问题，为全面改革现行经济体制，大力发展商品经济提供了依据。《决定》根据社会主义商品经济的理论，规定了改革的方向、性质、基本任务和各项方针政策，强调改革是在坚持社会主义制度的前提下，改革生产关系和上层建筑中不适应生产力发展的一系列相互联结的环节和方面，是社会主义制度的自我完善和发展。

《中共中央关于经济体制改革的决定》从中国实际出发，以其充实的思想内容丰富和发展了马克思主义的政治经济学和科学社会主义，它是指导中国经济体制改革的纲领。世界舆论认为这是中国共产党的伟大创举。邓小平在会上评论《决定》时说：它写出了政治经济学的初稿，是马克思主义基本原理和中国社会主义实践相结合的政治经济学，将指导中国的经济体制改革走向成功。

党的十二届三中全会的召开和《决定》的通过，预示着中国经济体制改革的重点开始转向城市，在多年酝酿和农村改革成功的基础上，中国经济体制的全面改革开始启动。

从1985年起，城市综合改革全面展开。以城市为重点的全面的经济体制改革，涉及面广，关系复杂，要顾及各方面的承受能力。为了保证经济体制改革的顺利进行，1985年，中国政府采取了一系列措施，加强宏观控制，紧缩银根，努力实现总需求与总供给的平衡，力争全面经济体制改革"慎重初战，务求必胜"。

首先，加快了城市综合改革。1985年3月6日至13日，国家体改委在武汉市召开全国城市经济体制改革试点工作座谈会，有59个改革试点城市的代表参加。会议以总结、交流经验，研究当前的新情况、新问题，保证1985年城市经济体制改革的顺利进行为主题，着重讨论：①如何进一步搞活企业，特别是大中企业；②如何综合利用经济杠杆，保证经济活动的健康发展；③如何发挥城市的中心作用，实现政企职责分开，正确处理城乡关系、沿海和内地的关系、内外关系，发展横向经济联系。会议要求，要在改革方向、目标上坚定不移，在改革方法、步骤上稳扎稳打，谨慎认真，把继续搞活企业同加强宏观管理结合起来。这次会议推动了城市经济体制改革试点工作的开展。

其次，1985年开始推进以计划、价格和工资改革为中心的经济体制改革。这次改革改变了以往主要是在计划经济框架内进行调整的做法，开始转向让价值规律更多地发挥资源配置的作用，政府对经济的管理开始从直接管理向间接管理过渡，使中国的经济体制改革向着更具有实质性变化的方向，迈出了重要的一步。

经济体制改革的进一步深入，使得中国进入了新旧体制交替的重要时期。在新旧体制转换的过程中，经济运行出现了多主体、多渠道、多层次共同作用的局面，经济活力大大加强了。但在新旧体制并存的情况下，原有体制的弊端不可能完全消除，新体制还有待于建立、完善，两者必然产生矛盾和摩擦，给社会经济生活带来一些新的问题和困难。这在一定程度上反映了改革和发展不仅有一致的一面，也有矛盾的一面。制定怎样的改革战略和如何更好地协调改革与发展的关系，引起了党和政府及理论界的关注。为此，在"七五"时期，党和政府先后采取了两个侧重点不同的措施。

一是采取对已出台的改革措施实施"巩固、消化、补充、完善"方针的措施。在总结1985年经济体制改革和经济建设经验的基础上，中央决定在"七五"的前两年，即1986年和1987年，改革的重点是围绕稳定经济的要求，从宏观上加强、完善间接调控体系，为今后改革迈出决定性的步子作好准备。因此，"七五"计划的头两年，宏观改革特别是价格改革没有出台大的措施，主要是执行"巩固、消化、补充、完善"的方针。

二是在价格改革上实行突破，推进价格改革闯关。实行价格改革，建立合理的价格体系，是中国经济体制改革关键性的环节。1985年开始全面经济体制改革时，曾经制定了价格改革方案。但因抑制总需求未取得预期成效，引起物价总水平较大幅度上涨，价格改革措施未能全部到位。1986年和1987年为稳定经济，价格改革未出台大的措施。但在价格改革放慢的同时，通货膨胀的势头未完全得到遏制。实践证明，绕开价格改革，深化改革和产业结构的调整难以取得实质性进展。从1988年第二季度起，中央最高决策层作出迎着风险、迎着困难上，加快价格改革步伐的决定。5月30日，中共中央政治局召开第九次全体会议，提出了价格改革和工资改革的通盘方案，决定实施价格改革闯关。理顺价格以促进整个经济体制改革的思路是正确的，出台的各项改革措施也是必要的。由于1988年中国经济处在趋热的过程中，价格闯关客观上加剧了经济过热进程，因此，这次价格闯关的时机选择不当，被迫搁浅。但是，这次价格闯关为后来的价格改革积累了经验。

四、"治理整顿"期间经济体制改革的局部停滞和逆转

1988年第四季度开始的治理整顿，是中国经济发展与体制改革历史进程中的一个特殊时期。在治理整顿期间，一方面，十年改革使中国经济体制内部已经形成强劲的制度创新力量，由企业和地方政府扮演主角的局部改革没有停止，另一方面，由于关于市场取向的改革姓"资"还是姓"社"的争论所引起的思想混乱，由中央政府为主导的改革进程一度受到影响。在治理整顿时期，虽然中央一直把深化改革和治理整顿放在同等重要的战略地位上，但在实际执行的过程中，特别是治理经济环境、整顿经济秩序的初期，面对严峻的形势，中央不得不实际上把工作重点放到治理整顿方面，而改革的步伐则明显放慢，在某些方面甚至出现暂时的徘徊或倒退。这种暂时的徘徊或倒退，主要出现在对于计划体制的改革上。当时，为了迅速控制正在蔓延的混乱现象，将国民经济的运行纳入正常的轨道，过多地动用了行政的、强制性的手段，在一定程度上恢复了计划体制时期的一套宏观经济控制的做法。

经济环境和经济秩序由乱到治的过程，使一些人产生了一种误解：经济混乱和经济过热现象是由传统计划体制的削弱引起的，而恢复使用过去惯用的行政干预的手段并迅速产生效果，似乎也证明了还是计划经济具有较大的优越性。因此，在治理整顿时期，理论界在改革方向这个关键问题上产生了严重分歧，出现了改革的"市场取向"和"计划取向"之争。一些人主张放弃党的十三大提出的"国家调节市场，市场引导企业"这个目标模式，在改革中加大计划经济的分量。对于党的十三大关于建立"国家调节市场，市场引导企业"的新的经济运行机制的提法，有的人提出了质疑，报刊上也不再使用。在中共中央的正式文献中也代之以"计划经济和市场调节相结合"的提法。它回归到党的十二大的提法。更为严重的是，1989年前后，有些人对改革开放中许多重大问题提出了疑问和诘难。一些人主张改革开放的每一项措施都要问一问姓"资"还是姓"社"。这种政治争论突出反映在计划与市场问题上。一些人把计划和市场的问题同社会主义基本经济制度的存废直接联系起来，断定"社会主义只能是计划经济"。这种认识上的转向趋势，标志着"左"的思想开始抬头，由此导致的思想僵化成为20世纪90年代初期中国经济体制改革进一步深化的严重的思想障碍，党在社会主义初级阶段的基本路线，特别是改革开放的总方针受到某种程度的干扰和动摇。要坚持党的基本路线，深化改革，需要一次新的思想解放。

第四节　全面实施国民经济的对外开放

十一届三中全会确立国民经济对外开放的基本方针。党和政府选择了由点到带，由沿海到内地，由地理开放到体制性开放的对外开放推进路径。首先，创办经济特区，作为沿海对外开放的"点"，在此基础上，开放沿海14个港口城市、海南岛，形成沿海开放带。其次，大幅度扩大对外开放区，将对外开放政策从沿海扩展到内地。最后，在地理意义上的对外开放的基础上，1986年，正式向"关税和贸易总协定"申请"复关"，开始迈向体制性对外开放的进程。

一、创办经济特区的决策与实践

十一届三中全会结束后，中央和地方都积极思考，寻找对外开放的突破口，研究对策。这时，人们发现，世界上许多国家和地区发展经济的成功经验特别是设置经济特区的做法值得借鉴。这些经济特区，一般都是从本国（地区）内划出一定区域，在对外经济活动中采取更加开放的政策，用减免关税等优惠办法吸引外商进行经济贸易活动和投资，以达到特定的经济目的。1979年年初，中共广东省委第一书记习仲勋去汕头传达三中全会精神。在从汕头回来后向省委汇报时提出建议：广东应当拿出一个地方率先对外开放，最好从汕头开始。广东省委、省政府经过研究后初步决定，先在深圳、珠海两地试办出口特区，并希望中央给广东放权，抓紧当前有利的国际形势，让广东充分发挥自己的优势，在四化建设中先行一步。

对广东省委负责人的这一重要建议，中央高度重视，邓小平首先表示赞成和支持。邓小平向中央倡议批准广东省的这一要求。中央工作会议讨论了这一重大问题，并形成了《关于大力发展对外贸易增加外汇收入若干问题的规定》，其中"试办出口特区"一节提出，在沿海少数有条件的省市，划出一定的地区，如广东省深圳、珠海、汕头，福建省厦门，上海市崇明岛等单独进行管理，作为华侨和港澳商人的投资场所。这次会议后，中共中央、国务院派当时主管这方面工作的中央书记处书记、国务院副总理谷牧带领国务院有关部门的十多位负责干部组成的工作组前往广东、福建进行深入细致的调查研究，与此同时，广东、福建两省分别开展了方案制定工作。1979年7月15日，中共中央、国务院批转广东省委、福建省委关于对外经济活动实行特殊政策和灵活措施的两个报告。中央指出：关于出口特区，可先在深圳、珠海两市试办，待取得经验后，再考虑在汕头、厦门设置的问题。

受党中央、国务院委托，国务院副总理谷牧于1980年3月24日至30日，在广州召开广东、福建两省会议，检查总结中央关于特殊政策、灵活措施和试办特区的执行情况，讨论研究当前的问题和措施。会议指出，经济特区的管理，在坚持四项基本原则和不损害主权的条件下，可以采取与内地不同的体制和政策，特区主要是实行市场调节。这次会议还采纳了与会者的建议，将"出口特区"改名为"经济特区"。

1980年5月16日，中共中央发出《关于〈广东、福建两省会议纪要〉的批示》，同意该会议纪要，从而也就认可和正式确认了"经济特区"这个名称。这个名称比"出口特区"具有更丰富的内涵，它表明中国要办的特区是兼营工、商、农、牧、住宅、旅游等多种行业的综合性特区，而不是单一经营工业的出口加工区；是经济特区，而不是政治特区，只是在经济上采取更加开放的特殊政策和灵活措施去吸引外资的一种特殊形式。

1980年8月26日，第五届全国人民代表大会常务委员会第十五次会议审议批准建立深圳、珠海、汕头、厦门四个经济特区，并批准公布了国务院提请审议的《广东省经济特区条例》。这标志着中国经济特区的正式诞生。

经济特区大胆探索新的经济体制和运行机制，为全国的经济体制改革积累了经验，提供了借鉴，成为改革的试验区。在建立经济特区之初，对其实行优惠政策，具有鲜明的中国特色和强烈的时代特征。建立经济特区时，国家允许在经济特区实行与内地有区别的经济管理体制，使经济特区摆脱旧体制的束缚，实行以市场取向为特征的体制创新和"特事特办"的改革先行的原则。主要内容包括：经济特区建设以吸引外资为主，探索建立多种经济成分并存的所有制结构；经济特区的经济活动实行计划经济与市场经济相结合的原则，充分发挥市场调节的作用。另外，经济特区注重改革的超前性，如外资政策，土地出让权政策，服务领域的商业零售、外资银行、保险等对外开放政策都是先在特区试验，取得经验后逐步推广。

对办特区，一开始就有不同意见，担心是搞资本主义。有人认为，中华人民共和国成立后没收了官僚资本，赶走了外国资本主义，实行了三大改造，好不容易才建立了社会主义的全民所有制和集体所有制，现在为什么又专门划出一块地来办特区，把外国、华侨和我国港澳地区的私人资本引进来？这符合马列主义基本原则吗？办的特区会不会变成新的"租界""殖民地"？有的人将经济特区与过去帝国主义在中国的租界相提并论。为了统一认识，中共中央、国务院主要负责人曾多次主持召开会议，从理论上探讨和论证设置经济特区的必要性和可行性。1981年5月27日至6月14日，中共中央、国务院在北京召开广东、福建两省经济特区工作会议，会议认为，试办特区是有充分理论根据的，是列宁关于利用外国的资金、技术和管理经验为社会主义建设服务的理论和实践，和历史上的"租界""殖民地"有本质的区别。这样就初步统一了对经济特区的认识。

二、进一步扩大对外开放地区

经济特区的成功创办，产生了强烈的政策示范效应，进一步统一了党内对进一步扩大对外开放的认识。邓小平1984年2月视察经济特区，充分肯定了建立经济特区的政策，并指出"可以考虑再开放几个点，增加几个港口城市"。根据邓小平的指示精神，党中央、国务院作出开放沿海城市的大胆决策。随后1985年、1988年党中央、国务院又作出进一步扩大开放地区的系列决策。"治理整顿"期间，中央又作出了开发开放上海浦东新区，进一步扩大经济特区范围的重大决策。

1984年4月，中共中央和国务院决定，开放沿海的天津、上海、广州、湛江、北海等14个港口城市和海南岛。这些地区实行经济特区的某些政策，扩大它们的自主权。沿海14个港口城市和海南岛的开放，形成了从南到北沿海开放地带，敞开了中国对外开放的大门。至此，由经济特区而至沿海城市，由沿海城市而至沿海开放地带，由沿海开放地带而向内地扩散的开放格局，已显现其轮廓。

1985年2月，国务院决定将珠江三角洲、长江三角洲、闽南三角洲地区的61个市、县开辟为沿海经济开放区。这使中国的对外开放又迈出了重要的一步。1988年4月7日，国务院决定再一次扩大沿海经济开放区范围。这次划入沿海经济开放区的共有140个市、县，其中包括杭州、沈阳、南京三个省会城市。这样一来，不仅把长江三角洲、珠江三角洲和闽南三角洲地区的开放范围从过去的"小三角"扩大到"大三角"，而且使辽东半岛、胶东半岛和河北省渤海湾的秦皇岛、唐山、沧州地区以及广西壮族自治区靠近北部湾的某些市、县也进入了沿海经济开放行列。1988年4月13日，七届全国人大一次会议审议了国务院提出的议案，批准成立海南省，划定海南岛为海南经济特区。至此，中国形成了北起辽宁、南到海南，成线连片的沿海开放地带。这一开放地带，分为经济特区、沿海开放城市、经济开放地区三个层次，包括天津、上海、辽宁、河北、山东、江苏、浙江、福建、广东、广西、海南11个省、自治区、直辖市的291个市县，人口达2亿。

三年治理整顿时期，从表面上看，经济体制改革步伐放慢了，经济增长的速度与此前五年的快速发展相比也形成了明显的反差，但是，在治理整顿后期，党和政府在治理整顿和深化改革的过程中进一步扩大了对外开放。

首先是决定开发开放上海浦东。上海是世界闻名的都市、中国最大的口岸城市，开发开放浦东，对于发挥上海的优势，促进长江流域和全国经济的发展都有重要意义。浦东开发开放是中国20世纪90年代对外开放的重点，是跨世纪的宏伟工程。

其次是进一步扩大经济特区范围。1991年4月，国务院批准把汕头经济特区的范围从汕头市东部的龙湖片和东南部的广澳片扩大到汕头市区，面积从52.6平方公里扩大到234平方公里，使其成为仅次于海南、深圳的第三大经济特区。汕头经济特区的扩大，不仅对理顺汕头市与特区的关系、加速汕头地区的经济发展有重要意义，而且对于推动广东东部及内地广大腹地发展外向型经济也有重要作用。汕头经济特区面积扩大后，汕头市及其周围地区的行政区划也作了适当调整，汕头经济特区包括四个区，此外成立了揭阳、潮州两个市，并于1991年11月1日付诸实施。至此中国经济特区的总面积已达到3481.5平方公里，比1981年增加了100多倍。经济特区面积的扩大，进一步增强了对外商投资的吸引力。

最后是探索实施对外开放的新形式，包括增设保税区、建立生产资料保税市场、建立高新技术产业开发区等。1990年6月，中央和国务院在批准上海市浦东新区的开发开放和发展规划时，也同时批准建立外高桥保税区，这是中国批准建立的第一个保税区。1991年5月，国务院批准设立天津港保税区和深圳的沙头角和福田保税区。在增设保税区的同时，1991年5月，深圳经济特区创办第一个保税生产资料市场。保税区是20世纪80年代末90年代初中国扩大对外开放和吸收利用外资所创造的新形式。它借鉴了国外自由贸易区和出口加工区的经验，结合中国的实际情况，充分利用区内的港口和陆地口岸的地缘优势，发展对外贸易、转口贸易、过境贸易、出口加工、仓储运输、分类包装和各类服务业务。它是一块有一定范围的封闭式综合性对外开放的区域。为了实行封闭式的管理，保税区划定了明确的界线，与周围的地区有完善的隔离设施。实践证明，保税区的建立，有利于开展对外贸易，更有效地利用外资，引进国外先进技术和管理经验，扩大出口创汇，提高生产和管理水平，在更大范围内和更深的层次上加强国内市场与国际市场的接轨。

扩大建立高新技术产业开发区是对外开放的另一个新形式。1985年7月，中国科学院和深圳市政府联合创建了中国第一个高新技术产业开发区，即深圳科技工业园。

此后，国务院于1988年5月批准建立了北京中关村新技术产业开发试验区。同年8月，火炬计划颁布实施，各地政府批准兴办了一些高新技术开发区。至1990年年底，全国各地兴办的各类高新技术开发区共37个。高新技术产业开发区在引进国外高新技术和风险资本方面发挥了明显的积极作用。

三、实施沿海开放地区外向型发展战略

实施对外开放的目的，是将国民经济与国际经济、国内市场与国际市场有机整合起来。沿海对外开放的扩展和深化必然将如何处理沿海经济发展与整个国民经济发展的关系问题摆到人们面前。1987年理论界针对中国农村劳动力转移与重工业高级化都因资金有限而受到制约的具体情况，提出了把农村劳动力转移纳入国际大循环的观点，即通过发展劳动密集型产品出口，既解决农村剩余劳动力的出路，又在国际市场上换取外汇，获得重工业发展所需的资金和技术。这种通过国际市场的转换机制沟通农业与重工业之间循环关系的思路，得到了中央的重视与肯定。同时，当时的国际经济形势也为中国进一步对外开放提供了新的机遇。因此，中共中央和国务院于1988年年初提出了沿海地区经济发展战略。邓小平对这一发展战略表示完全赞成，提出要大胆地干，加速步伐，千万不要贻误时机。

为了组织实施沿海地区经济发展战略，国务院于1988年3月4—8日在北京召开了沿海地区对外开放工作会议。会议要求沿海各地在实施沿海地区经济发展战略的过程中，要抓住发达国家和地区产业转移的有利机遇，积极参与国际交换和竞争，沿海加工业要坚持"两头在外"、大进大出，为内地让出部分原料和市场，要积极利用外商直接投资，鼓励现有企业采用"嫁接"办法发展，发挥各自优势，加强横向经济联合。

1988年3月初，沿海地区对外开放工作会议结束之后，沿海各省市以及内地的一些省市积极行动，迅速研究、制定了各自的发展战略和规划。3月23日，国务院又作出《关于沿海地区发展外向型经济的若干补充规定》，决定扩大沿海地区吸收外商投资的审批权限，下放外贸企业审批权，改进对进料加工出口的海关监管，在沿海地区开放直辖市、设立外汇调剂中心等，进一步激发了各地发展外向型经济的积极性，形成了各级干部"想外向、干外向"的局面，使实施沿海经济发展战略实际上成了1988年上半年相当多省市经济工作的中心。

1988年党中央、国务院提出实施沿海经济发展战略，这表明经过10多年的经济体制改革，中国共产党和中国政府已经开始将中国经济的发展纳入整个世界经济发展体系中。

四、申请"复关":主动融入国际经济体系的重大举措

要真正实现经济的对外开放,除了在地理上和经济交往层面上实行对外开放以外,还必须在体制层面上实现与国际经济体系的接轨,获得国际经济体系的身份认证,因此,中国适时提出了恢复在"关税和贸易总协定"中的创始成员国资格的问题。

中国是"关税和贸易总协定"的23个创始成员国之一。1950年5月5日台湾地方当局宣布退出该组织,中华人民共和国中央人民政府从未承认过此次退出的合法性。1965年1月21日,台湾地方当局申请以观察员资格出席"关税和贸易总协定"缔约国大会获得批准。1971年10月联合国大会恢复中国合法席位后,"关税和贸易总协定"秘书处根据凡属政治性质的问题服从联合国大会决定的原则,于同年11月撤销了台湾地方当局的观察员资格。鉴于当时国内的政治经济形势,中国政府没有提出恢复"关税和贸易总协定"缔约国地位问题。

党的十二届三中全会以城市为重点的经济体制改革全面展开后,中国加强了与"关税和贸易总协定"的联系,并于1986年7月11日,正式向"关税和贸易总协定"提交了要求恢复中国缔约国合法地位的申请。1987年5月14日"关税和贸易总协定"理事会专门成立中国问题工作组,审议中国的对外贸易体制,1989年年初进入磋商加入议定文本的实质性阶段。

1989年春夏之交,中国的"复关"进程暂时搁浅。中国"复关"的搁浅不仅延缓了中国融入世界经济体系的步伐,还使得中国经济体制市场化改革的进程受到了一定影响。这再次表明中国的经济体制改革需要以对外开放为推动力。同时,中国经济的迅猛发展提升了中国在国际经济体系中的地位,世界经济体系也需要中国,因此,中国"复关"进程搁浅只是暂时的。

申请"复关",表明中国在加快对外开放、融入国际经济体系的进程中又向前迈出了一大步。长期以来,中国共产党和中国政府对"关税和贸易总协定"等国际性的经济组织在认识上存在着一定的误区,保持着一定的距离。但是随着中国社会经济的发展,中国经济体制改革的进一步深入,中国共产党对整个世界经济发展趋势的认识更加成熟,对如何将中国经济融入整个世界经济体系中有了更加理性的选择。

第五节　转折阶段经济工作的特点与经验

在中国共产党的领导下，1977—1991年间中国的经济体制改革与对外开放迅速推进，社会经济发展取得了巨大的成就。伴随经济的快速发展，到20世纪90年代初，中国综合国力迅速增强，在国际经济中的地位稳步提高。中国共产党在新的历史时期领导中国改革开放和社会主义现代化建设的过程中的经济工作具有鲜明的特点，也积累了丰富的经济工作经验，值得深入总结。

一、转折阶段经济工作的特点

1977—1991年间中国共产党的经济工作，是在全面总结党的经济工作历史经验和教训的基础上展开的，经济工作指导思想发生了重大变化。因此，这一时期党的经济工作必然呈现出诸多相对于以往时期而言不同的特点。

（一）坚持解放思想、实事求是的思想路线

中国共产党十一届三中全会重新确立了马克思主义的思想路线。坚持党的马克思主义的思想路线，就是坚持一切从实际出发，理论联系实际，解放思想，实事求是，在实践中检验和发展真理。这条思想路线，贯穿于中国改革开放和经济社会发展的全过程。党在经济理论和实践中的进展，经济体制改革的深化和经济建设的发展，都是坚持这条思想路线，解放思想，实事求是的结果。

中国的改革开放与现代化建设是一项全新的事业，是一项复杂而艰巨的工程，在前进的过程中出现了各种问题、矛盾和困难。特别是当改革深入发展，突破了传统社会主义模式和可以借鉴的经验之时，党内党外产生了各种疑虑和困惑，诸如创办经济特区是否等同于中华人民共和国成立前租界的恢复，强调以经济建设为中心是否会偏离社会主义方向，什么是社会主义，怎样建设社会主义，市场经济是否和资本主义画等号，等等，这就需要党不断解放思想，不断作出新的理论概括，丰富和发展建设有中国特色的社会主义道路的内涵。中国共产党通过不断总结历史经验，不断解放思想，对这些问题都一一作出了创造性的回答，在此基础上，提出了中国社会主义经济体制改革理论、对外开放理论等经济理论，形成了社会主义初级阶段理论、建设有中国特色社会主义理论等社会发展理论，这些理论，既继承了马克思主义，又发展了马克思主义。

（二）尊重实践，尊重人民群众的首创

在中国，进行传统计划经济体制的改革，是前无古人的事业，也没有现成的外国

经验可供借鉴,需要中国共产党和中国人民自己探索。这样的探索必然需要最广泛地动员群众的参与,自觉地尊重实践,尊重人民群众的首创。这一时期,中国共产党在经济工作中,做到了这"两个尊重",而且将这"两个尊重"有机结合起来。

例如,在农村经济体制改革方面,中国共产党充分尊重人民群众的首创,尊重实践。十一届三中全会通过的《中共中央关于加快农业发展若干问题的决定(草案)》和《农村人民公社工作条例(试行草案)》两个文件,特别强调尊重人民公社、生产大队和生产队的所有权和自主权,这表明中国共产党在经济工作中重视尊重实践和人民群众的首创。1978年2月,万里对新华社记者谈到:"尊重生产队的自主权,实质上是个尊重实际、尊重群众、发扬民主和反对官僚主义'瞎指挥'的大问题。""不尊重生产队自主权,这是我们过去农村工作中许多错误的根源。历史上的教训太深刻了!"①实行包产到户或包干到户责任制,是中国农业体制的一项重大改革,但是在"双包"责任制的推行过程中,人们在认识上存在着一种误区,认为包产到户和包干到户既没有坚持公有制,也没有坚持按劳分配,实质上是分田单干。针对这些思想疑虑,中共中央坚持实践是检验真理的唯一标准,尊重实践,尊重人民群众的首创,不断总结经验,逐步推广,耐心地引导各级干部破除"左"的思想束缚。正因为如此,以家庭联产承包责任制为主要内容的农村经济体制改革才得以普遍推广和逐步完善。此外,在创办经济特区的过程中,在以城市为中心的全面经济体制改革中,无论是理论层面的创新,还是改革方案的制定、具体经济改革政策的出台,党和政府都强调尊重实践和群众的创造,让实践检验真理,将实践证明是有利于经济发展的东西加以总结和推广。

(三)实行先局部试验后全面推广的改革推进方法

正是由于改革的探索性质,改革一开始不可能有预定的模式,必然采取"摸着石头过河"的模式和自下而上的路径。同时,经济体制改革是一项复杂的系统工程,每前进一步都会涉及既定利益关系格局的调整,可能遇到困难和阻力。因此,从改革开始,党和政府就强调,推进改革既要积极,又要稳妥。对于重大的改革措施,要采取先试验后推广、由点到面、不断扩大的办法。

十一届三中全会以后,农村的家庭联产承包责任制的实施,人民公社体制的解体,是先进行小范围的试点以后,通过总结经验,上升为政策,逐渐向全国推广的。在工业体制改革过程中,也是先选择少数企业进行扩大企业自主权、利改税、承包制试点,再逐步向全部企业推广。在城市综合体制改革中,先选择若干城市进行综合体

---

① 万里:《万里文选》,人民出版社,1995,第104页。

制改革试点，在此基础上，逐渐总结和完善经验，再向大部分城市推广。对外开放的许多办法，首先是在经济特区和沿海开放城市试验，获得成功以后再向内地推广。

实践证明，这种先局部试验后全面推广的改革推进方法，减少了改革风险，增加了纠错机会，把改革目标的坚定性和战术上的渐进性统一起来，把全局政策上的慎重性和局部试验上的开拓性统一起来，把不怕犯小错误的自信和避免犯大错误的稳妥统一起来，是党和政府在这一时期成功地推进经济体制改革，同时没有给社会经济发展带来大的震动的主要原因。

（四）实施渐进式改革战略

中国经济体制改革的成功不仅取决于战术选择的成功，而且取决于战略和道路选择的成功。中国的经济体制改革进程是20世纪80年代以来世界范围内原有计划经济体制向市场经济体制过渡进程的一个组成部分。不同的国家选择的经济体制转轨战略可以分为采取休克疗法的"大震动"战略和"渐进式"的改革战略。中国的党和政府从改革一开始就选择渐进式的改革战略。

中国改革采取渐进式战略和道路，不是偶然的，而有其深刻的原因。从主观上看，中国经济体制改革不是对原有经济体制进行某些修补和改良，而是在社会主义基本经济制度的范围内进行的"第二次革命"，即从计划经济体制到市场经济体制的质的变革。既然是一场革命，对于领导这场革命的中国共产党来说，需要有一个认识深化的过程，这就必然要循序渐进，不能贸然激进。从客观操作层面上看，改革作为一场根本性变革，必然要对原有的经济利益格局进行调整，这个过程也需要逐渐获得整个社会的理解和支持，这就决定了中国必须采取渐进式的改革战略。从客观上看，国情的复杂性、改革的艰巨性和政治的稳定性，也要求采取渐进式的改革战略。

到1991年，中国经济体制改革战略与道路的渐进性特征已经凸显出来。从部门上看，改革从农村开始突破，再推进到整个经济体制领域；从步骤上看，改革和开放先在生产队、企业、城市和经济特区等层面从点上突破，再向全国面上推广；从切入点上看，改革先致力于"增量式"改革和"体制外"改革，即发展个体经济、合作经济、集体经济、外资经济等非国有制经济，从而为存量改革即"体制内"改革奠定基础和创造条件；从领域上看，改革先从经济体制领域展开，再根据实际推进到行政体制领域和政治体制领域。

实践证明，采取这种渐进式的改革战略和道路，虽然两种体制相持的时间相对长一些，而且也会产生一些新的矛盾，因而改革的过程会长一些，但是，这条道路既保证了改革的推进，又保证了经济的发展和人民生活水平的提高，得到了社会普遍的理解与支持。既促进了经济体制的变动从而实现社会的转型,又保持了社会稳定;既坚持了社会主义方向,又启动了脱离传统社会主义经济体制模式的进程。这是一条符合中国国情的改革道路。

(五)注重结合国情学习外国经济发展经验

早在1977年9、10月间,针对中国经济管理体制上存在的问题,邓小平就多次谈到:我们不但要学习世界先进的科学技术,还要吸收世界先进的管理方法。我们的管理制度主要是学习苏联的。现在看来,有成功的地方,也有不好、落后的地方,成功的要坚持,不好的要改变。从1978年起,我国开始改变"文化大革命"以来党政领导人很少出国访问,特别是到西方发达资本主义国家访问的状况。仅1978年这一年,就有13位副总理和副委员长以上的党和国家领导人,先后21次访问了51个国家。其中包括华国锋、邓小平、李先念、汪东兴、邓颖超、王震、谷牧、方毅等国务院主持经济工作的领导人、一些部门和地方主要负责人。1978年4月,国务院副总理谷牧率领中国政府经济代表团出访西欧国家的前夕,邓小平要求他们详细地作一番调查研究,看看人家的现代工业发展到什么水平了,也看看他们的经济工作是怎么管的,资本主义的先进经验,我们应当把它学回来。①

放眼世界,中国共产党和中国人民开始警醒起来,意识到了中国经济发展与世界的差距。1978年11月到12月召开的中共中央工作会议上,大会向会议代表印发了《罗马尼亚、南斯拉夫的经济为什么能够高速发展》《苏联在二三十年代是怎样利用外国资金和技术发展经济的》专题材料,供大家讨论。

对外交往的扩大和增加,不仅使中国的对外关系特别是对外经济关系有了明显的好转,而且使党对国际形势的发展变化有了比较直接和全面的了解,对加速现代化建设和制定相应的方针政策有了紧迫感,同时也使党对中国社会主义建设道路的探索有了更广阔的视野。

1978年7月到9月,国务院召开了为期两个月的务虚会,专门研究如何加快我国现代化建设的速度问题。几位出访回来的领导同志介绍了当前的国际形势和国外发展经济的经验。随后,在国务院召开的全国计划会议上又提出,经济工作必须实行三个转变,其中之一就是从那种不与资本主义国家进行经济技术交流的闭关自守状态,转为积极地引进国外先进技术,利用外国资金,大胆进入国际市场。要在坚持独立自主、自力更生方针的基础上,采取各种国际上通行而又对我有利的方式,把世界上的主要先进技术拿过来,缩短我们赶上世界先进水平的时间。要发挥我们自己的有利条

---

① 中共中央党史研究室第三研究部:《中国改革开放史》,辽宁人民出版社,2002,第25页。

件和特长，通过世界市场，同国外互通有无、取长补短，并且通过对外贸易检验和提高自己的技术水平和经济水平。为了借鉴国外经济特区的做法，应联合国工业发展组织邀请，1980年9月底至11月初，在全国人大常委会立法工作机构有关工作人员参加下，江泽民率领国务院有关部门和广东、福建两省以及深圳、厦门两特区负责人组成的九人小组，前往斯里兰卡、马来西亚、新加坡、菲律宾、墨西哥、爱尔兰六国的九个出口加工区、自由贸易区进行考察，并在途经日内瓦时同联合国有关专家进行座谈。这是中国派出的第一个考察国外经济特区的代表团。考察结束归国后，向中央作了汇报。

中国共产党和政府不仅在创办经济特区、建设保税区等涉外经济领域注重学习国外的成功经验及主要做法，在经济体制改革的推进过程中，特别是在企业管理、股份制改革等方面，也注重学习国外的先进经验。这些先进经验和做法与中国实际结合，成为具有生命力的改革方式。

二、转折阶段经济工作的宝贵经验

1977—1991年间，中国共产党的经济工作尽管在初期经历了曲折，但是，伴随思想路线的端正和正确的经济工作指导思想的确立，党的经济工作迈向了健康发展的轨道。这一时期，可以说是中国共产党经济工作史上最为成功的历史时期之一。在这一时期，中国共产党积累了丰富的开展经济工作的经验。

（一）坚持以经济工作为中心，正确确定发展的道路、阶段和战略

长期以来，在"左"的思想指导下，党和国家的工作重心始终没有真正转移到以经济建设为中心的轨道上来。邓小平深刻总结了20多年以来实行"以阶级斗争为纲"的沉痛教训，指出根本的问题在于没有抓住经济建设这个中心。因此他指出，必须"集中力量发展社会生产力。这是最根本的拨乱反正"。党的十一届三中全会把全党工作重心转移到经济建设上来以后，邓小平就一再强调，要坚定不移地坚持以经济建设为中心，坚定不移地坚持改革开放的政策。1980年，邓小平指出："我们党在现阶段的政治路线，概括地说，就是一心一意地搞四个现代化。这件事情，任何时候都不要受干扰，必须坚定不移地、一心一意地干下去。"[①] 十一届三中全会以来，党和政府始终坚持以发展生产力为中心，即使在反对"资产阶级自由化"倾向的过程中，仍然坚持将经济发展放在首要位置。正因为如此，这一时期，中国的社会经济发展没有受到任何非经济因素的影响，没有再走弯路。

---

① 邓小平：《邓小平文选（第二卷）》，人民出版社，1994，第276页。

改革开放以来，中国经济高速发展，一方面是因为党和国家的工作重心转移到以经济建设为中心的轨道上来了，另一方面同党和国家正确解决了发展的道路、阶段和战略等问题是分不开的。20世纪80年代以来，在总结历史经验和分析国情的基础上，党和国家对中国所处的社会发展阶段作出了正确的判断，反复指出：我国正处在社会主义初级阶段，这个阶段至少要100年。这是最基本的实际。十一届三中全会以后，正因为党和国家的路线、方针、政策坚持从这个最大的实际出发，因而能够在实践中发挥推进经济社会发展的巨大作用。

在正确确定发展道路和发展阶段的同时，还必须制定正确的发展战略。早在1987年，党的十三大报告就在全面分析中国国情和各种主客观因素的基础上，明确提出了"三步走"战略目标和部署。"三步走"战略是在总结以往经济发展战略急于求成的教训，并深刻分析全球经济发展大趋势及我国基本国情基础上提出的，体现了中国共产党人高瞻远瞩的宏伟气概和实事求是、循序渐进的科学态度。实践证明，这个战略目标是宏伟的，已经成为动员全党、全国人民为之奋斗的行动纲领。

（二）深化改革是推动中国社会经济发展的动力

1977—1991年，中国经济体制改革取得了巨大进展，由此推动了中国经济的快速发展和中国社会各项事业的快速发展。改革是推动中国社会经济发展与全面进步的动力。

这一时期，新的经济体制在成长、壮大，旧的经济体制在削弱，但依然存在，国民经济中出现了新旧体制并存的"双轨"局面。体制改革促进了国民经济的发展，但新旧体制并存也导致社会和经济生活的摩擦与冲突。从体制转换的过程来看，新旧体制并存及其弊端是不可避免的。但上述弊端的存在，主要是受传统的社会主义经济理论模式局限性的影响。历史的经验证明，倒退是没有出路的。社会主义实践的发展需要我们进一步解放思想，总结这个阶段改革的经验，提出新的经济体制模式，把改革推向一个新的阶段。

（三）正确处理改革、发展与稳定的关系

改革、发展与稳定，是中国共产党经济工作中三个不可分割的方面。经济建设与发展是中心，是目的。改革开放是推动社会经济发展的基本途径。稳定是改革和经济发展顺利进行的重要条件。三者的关系从根本上说是相辅相成、相互促进的。建设有中国特色的社会主义实践必须正确处理改革、发展和稳定三者之间的关系，维护和保持安定团结的政治局面。

正确处理改革、发展、稳定三者关系，这一根本战略思想是在党的十一届三中全

会作出把党和国家的工作重心转移到社会主义现代化建设上来的伟大战略决策之后，逐步提出来的。在新的历史时期，既要发展经济，要推进改革，同时还要保持稳定，自然在客观上就有一个如何处理三者之间关系的问题。在改革开放的进程中，中国共产党在改革、发展、稳定等方面取得了举世瞩目的成就，在正确处理三者关系上也积累了丰富的经验。

改革开放初期，农村改革步子迈得比较大，在城市只是进行改革试点、积累经验和作思想理论准备，经济发展速度比较适当，同时注意维持安定团结的政治局面。所以，在改革开放的推动下，经济迅速发展，社会稳定进步，各项事业蒸蒸日上，呈现出中华人民共和国成立以来少有的好形势。20世纪80年代中期，改革、发展、稳定三者的关系总的来看是比较协调的，但由于改革开始向城市全面推进，加大整个改革力度时，经济增长速度偏高，社会需求出现过旺状态，1984年年底和1985年上半年不得不出台一些抑制总需求的措施，影响了一些改革措施的出台。20世纪80年代后期，改革和发展中都出现了一些急于求成的倾向，在通货膨胀压力相当大的情况下，还试图全面推进价格改革，进一步加快经济发展速度，改革的力度和发展的速度超过了国力和社会的承受能力，结果出现宏观经济波动，由此成为导致社会出现不安定因素的原因之一。中国共产党果断决定进行三年治理整顿，维护了社会稳定。

实践证明，改革开放是我国社会主义制度建立后的又一次革命，是在新的历史条件下进一步解放生产力、发展生产力、推动社会主义现代化建设事业前进的强大动力。但是，经济体制改革也有成本。它涉及方方面面的利益关系的调整，不可避免带来社会和经济生活的震动。改革和经济发展、社会安定也会出现矛盾，相互制约。如果缺少统筹兼顾、相互协调，这个矛盾就会激化。

坚定地把改革推向前进，又兼顾经济的发展与社会稳定，充分考虑社会与经济环境的可能，确定改革的方式、进程、顺序、时机、力度，尽量降低和消化改革的成本，在改革中促进经济发展，减少震动。在经济建设的安排上，考虑改革的需要，为改革的顺利发展创造良好的环境，实现改革和经济建设相互促进。这是1977—1991年处理改革、发展、稳定关系的经验教训。

（四）坚持加强和改善党对经济工作的领导

在全党集中精力进行改革开放和现代化建设的过程中，加强和改善党对经济工作的领导，从根本上说，就是要全面、正确、积极地贯彻党的基本路线和基本方针。

从20世纪70年代末开始的经济改革，能取得巨大成功，能不断打开新局面，开拓新境界，令中国社会发生翻天覆地的变化，其根本原因在于坚持和改善党对经济工作的领导。全党重新确立了解放思想、实事求是的思想路线,并且把全党的工作重心从抓阶级斗争转到了抓现代化建设上来,这就为改革创造了良好的政治和意识形态条件。不断完善改革的整体布局,强调改革的长期性、艰巨性和复杂性,同时也强调改革的渐进性。在改革的原则方针上,吸取历史的沉痛教训,遵循客观经济规律,不急于求成,既勇于探索、大胆创新,又慎重决策,讲究改革政策的持续性和稳定性。不断加强改革的配套条件,一是处理好与发展、稳定的关系,以改革促增长,以增长保改革,在改革过程中不断把蛋糕做大,大大减少改革的阻力和成本,二是与开放相结合。在改革的逻辑顺序上,一般来说,先找比较容易进行的、震荡不太大的地方、产业和部门下手,然后再实施改革攻坚。

(五)建设有中国特色的社会主义呼唤着对计划与市场的再认识

在中国,实施以市场为导向的经济体制改革,是历史的必然选择。早在1980年,国务院经济体制改革办公室拟定的一份文件就提出:"我国经济体制改革的原则和方向应当是:在坚持生产资料公有制占优势的条件下,按照发展商品经济和促进社会化大生产的要求,自觉运用经济规律","把单一的计划调节,改为在计划指导下,充分发挥市场调节的作用"。[①]1984年党的十二届三中全会讨论并通过的具有深远历史意义的《中共中央关于经济体制改革的决定》明确指出:"要突破把计划经济同商品经济对立起来的传统观念,明确认识社会主义计划经济必须自觉依据和运用价值规律,是在公有制基础上的有计划的商品经济。商品经济的充分发展,是社会经济发展的不可逾越的阶段,是实现我国经济现代化的必要条件。"[②]1987年党的十三大报告肯定了"社会主义有计划商品经济"的体制,应该是计划与市场内在统一的体制,提出要建立"国家调节市场,市场引导企业"的体制,这就比党的十二届三中全会的《决定》更深入了一步。

1988年至1991年,是我国治理经济环境、整顿经济秩序的时期。治理整顿是符合经济建设和经济体制改革客观要求的正确决策。经过努力,到1991年年底,治理整顿的任务基本完成,取得了显著成效,整个经济形势向好的方向发展,全国出现了经济稳定、政治稳定、社会稳定的局面,为国民经济和改革开放跨上新台阶创造了良好的条件。

---

① 吴敬琏:《市场经济的培育和运作》,中国发展出版社,1993,第68-69页。
② 中共中央文献研究室编《十二大以来重要文献选编(中)》,人民出版社,1986,第568页。

第九章

转轨

（1992—2001）

社会主义经济理论的全面创新与经济转轨的全面推进

在党的经济工作特别是改革、开放与发展出现徘徊与局部逆转的重要历史关头，邓小平于1992年1—2月在南方发表重要谈话，明确地回答了改革、开放与发展中的一系列重大理论与现实问题，明确提出了加快思想解放，加快改革、开放与发展的要求。在邓小平谈话精神的推动下，中国共产党的经济理论发展与实践工作的推进都进入了一个新的历史阶段，即社会主义经济理论全面创新和经济转轨全面推进时期。

这一阶段中国共产党经济工作的主题是，以构建社会主义市场经济体制为核心，全面推进经济理论创新，推进经济体制从传统计划经济体制向现代市场经济体制转轨，全面推进经济发展格局从半开放向全面开放转变，全面推进经济增长方式从外延型、粗放型向内涵型和集约型转轨。转轨，是这一时期中国共产党经济工作史的主旋律。

在经济理论全面创新和经济转轨过程中，党明确提出共同富裕是社会主义本质的重要内容，社会主义市场经济要防止两极分化，并在具体经济工作中始终关注弱势群体。

这一时期中国共产党的经济工作可以分为两个阶段：第一阶段，即1992—1996年间，一方面围绕构建社会主义市场经济体制基本框架的目标，开展建立现代企业制度，培育市场体系，推进计划、财政、金融等宏观经济管理体制改革，完善宏观经济调控等方面的探索，另一方面成功运用宏观调控手段实现了经济的"软着陆"。第二阶段，即1997—2001年间，一方面围绕推进经济持续、健康、稳定发展，在规避国际金融风险、启动内需、实施西部大开发等方面采取一系列宏观经济措施，促使经济发展摆脱内需不足的制约，进入新一轮发展期，另一方面推进经济体制改革，围绕加入世界贸易组织进一步改革国内经济体制和政府管理体制。

第一节 社会主义经济理论的全面创新

20世纪90年代初期，世界社会主义运动的挫折以及国内经济体制改革与对外开放的波折引起一些人对社会主义和改革开放的疑虑。中国共产党面临着探索"什么是社会主义、怎样建设社会主义"的理论与实践课题。1992—2001年间，中国共产党在这方面展开了理论与实践的探索，从理论上和实践上回答了这一问题。在经济理论上，中国共产党全面创新了社会主义经济体制理论和社会主义基本经济制度理论，为经济工作的创新奠定了坚实的理论基础，提供了理论指导。

一、确立与发展社会主义市场经济理论

社会主义经济理论的核心问题之一，是如何认识和处理计划与市场的关系。1992—2001年间，中国共产党在认识社会主义条件下计划与市场的关系方面取得了突破性的进展。其标志是确立和发展了社会主义市场经济理论。

（一）突破"计划"与"市场"冲突论

早在1991年1月，邓小平就在上海指出，不要以为，一说计划经济就是社会主义，一说市场经济就是资本主义，不是那么回事，两者都是手段，市场也可以为社会主义服务。[①]1992年1月18日到2月21日，邓小平在南方谈话中进一步强调："计划多一点还是市场多一点，不是社会主义与资本主义的本质区别。计划经济不等于社会主义，资本主义也有计划；市场经济不等于资本主义，社会主义也有市场。计划和市场都是经济手段。"他进一步指出："社会主义要赢得与资本主义相比较的优势，就必须大胆吸收和借鉴人类社会创造的一切文明成果，吸收和借鉴当今世界各国包括资本主义发达国家的一切反映现代社会化生产规律的先进经营方式、管理方法。"[②]这主要是指现代市场经济的经营方式和管理方法。

邓小平的南方谈话，是对党的十一届三中全会以来党关于社会主义条件下计划与市场关系理论与实践探索经验的深刻总结，是对在计划与市场的关系上长期束缚人们思想的"姓资姓社"疑虑的科学回答，为社会主义市场经济理论的形成奠定了基础。邓小平南方谈话发表后，立即在全国引起强烈反响和巨大震动，唤起了新的思想解放运动，帮助人们打破"姓资姓社"的思想禁锢，开始认识社会主义与市场经济的统一性，探索社会主义与市场经济结合的途径和方式。在实践上，中国的经济体制改革的市场导向型特征进一步凸显，改革开始向广度和深度拓展，开始向社会主义市场经济方向发展。

---

① 《中国共产党编年史》编委会编《中国共产党编年史（1990—1993）》，山西人民出版社、中共党史出版社，2002，第3527-3528页。

② 邓小平：《邓小平文选（第三卷）》，人民出版社，1993，第373页。

（二）确立社会主义市场经济理论

邓小平发表南方谈话后，中共中央高层立即组织学习和贯彻。1992年2月召开的中共中央政治局常委会会议认为，邓小平南方谈话高屋建瓴地阐述了关系党和国家前途命运的一系列重大问题，为建设有中国特色的社会主义指明了继续前进的方向，也为党的十四大报告的起草奠定了思想理论基础。2月28日，中共中央下发《关于传达学习邓小平同志重要谈话的通知》。该通知指出：邓小平同志的重要谈话，不仅对当前的改革和建设，对开好党的十四大，具有十分重要的指导作用，而且对整个社会主义现代化建设事业，具有重大而深远的意义。3月9—10日，中共中央政治局召开全体会议，会议完全赞同和接受邓小平南方谈话，决定用邓小平南方谈话精神进一步统一全党思想，加快改革开放和现代化建设步伐。

6月9日，江泽民在对中央党校省部级干部进修班的学员的讲话中强调：对高度集中的计划经济体制进行根本性的改革势在必行，否则就不可能实现我国的现代化。而建立新经济体制的一个关键问题，是要正确认识计划与市场问题及其相互关系，要在国家宏观调控下，更加重视和发挥市场在资源配置上的作用。针对关于新的经济体制的几种提法，江泽民明确表示他"比较倾向于使用'社会主义市场经济体制'这个提法"[①]。这篇讲话进一步统一了全党的思想，为迎接即将召开的党的十四大，作了充分准备。

1992年10月12日至18日，中国共产党第十四次全国代表大会召开。这次大会作出了三项具有深远意义的决策：一是确立了邓小平建设有中国特色社会主义理论在全党的指导地位；二是明确了我国经济体制的改革目标是建立社会主义市场经济体制；三是要求全党抓住机遇，加快发展，集中精力把经济建设搞上去。

党的十四大报告明确提出经济体制改革以建立社会主义市场经济为目标模式。"我国经济体制改革的目标是建立社会主义市场经济体制"，"就是要使市场在社会主义国家宏观调控下对资源配置起基础性作用"。报告还指出："社会主义市场经济体制是同社会主义基本制度结合在一起的。在所有制结构上，以公有制包括全民所有制和集体所有制经济为主体，个体经济、私营经济、外资经济为补充，多种经济成分长期共同发展，不同经济成分还可以自愿实行多种形式的联合经营。国有企业、集体企业和其他企业都进入市场，通过平等竞争发挥国有企业的主导作用。在分配制度上，以按劳分配为主体，其他分配方式为补充，兼顾效率与公平。运用包括市场在内的各种调节手段，既鼓励先进，促进效率，合理拉开收入差距，又防止两极分化，逐步实现共同

---

① 中共中央文献研究室编《十三大以来重要文献选编（下）》，人民出版社，1993，第2073页。

富裕。在宏观调控上，我们社会主义国家能够把人民的当前利益与长远利益、局部利益与整体利益结合起来，更好地发挥计划和市场两种手段的长处。"①

党的十四大确立社会主义市场经济体制目标，是对党的十二届三中全会提出的公有制基础上有计划商品经济改革目标的进一步发展，是中国共产党在社会主义理论上的认识飞跃，对我国的经济体制改革具有重大指导意义。党的十四大对社会主义市场经济的阐述，标志着社会主义市场经济体制目标模式的正式确立，也标志着社会主义市场经济理论的确立。

（三）对社会主义市场经济理论的进一步发展

以邓小平南方谈话和党的十四大为标志，中国的经济体制改革和现代化建设事业进入新的发展阶段。为了进一步明确社会主义市场经济的体制框架和实施方略，1993年召开的十四届三中全会通过了《中共中央关于建立社会主义市场经济体制若干问题的决定》（以下简称《决定》）。《决定》要求在20世纪末期初步建立起社会主义市场经济体制，并对如何建立社会主义市场经济体制，提出了比较完整的总体设想和具体规划。

《决定》强调在借鉴的基础上全面创新经济体制。《决定》指出："要转变计划经济的传统观念，提倡积极探索，敢于试验。既继承优良传统，又勇于突破陈规，从中国国情出发，借鉴世界各国包括资本主义发达国家一切反映社会化生产和市场经济一般规律的经验。"②"当前培育市场体系的重点是，发展金融市场、劳动力市场、房地产市场、技术市场和信息市场等。"③这是第一次在社会主义市场经济体系建设中引入资本市场和劳动力市场，是对传统经济理论的重大突破，是社会主义市场经济理论的深化。

《决定》还阐明了社会主义市场经济体制的基本框架：第一，建立现代企业制度。现代企业制度的基本特征是产权清晰、权责明确、政企分开、管理科学。建立现代企业制度，是发展社会化大生产和市场经济的必然要求和条件，是中国国有企业改革的发展趋势。第二，培育和发展市场体系，发挥市场机制在资源配置中的基础性作用，重点是发展金融市场、劳动力市场、房地产市场、技术市场和信息市场。第三，转变政府职能，建立健全宏观经济调控体系。政府管理经济的职能，主要是制定和执行宏观调控政策，搞好基础设施建设，创造良好经济发展环境。第四，建立合理的收入分配制度。个人收入分配要坚持按劳分配为主体、多种分配方式并存的制度，体现效率

---

① 中共中央文献研究室编《十四大以来重要文献选编（上）》，人民出版社，1996，第18-20页。
② 中共中央文献研究室编《十四大以来重要文献选编（上）》，人民出版社，1996，第521页。
③ 中共中央文献研究室编《十四大以来重要文献选编（上）》，人民出版社，1996，第528页。

优先、兼顾公平的原则。第五，建立多层次的社会保障体系。包括社会保险、社会救济、社会福利、优抚安置和社会互助、个人储蓄积累保障。

《决定》在对社会主义市场经济体制的设计上，开创性地把市场经济的一般规律同社会主义制度和中国国情有机地结合起来，体现了公有制和市场经济的内在统一，市场经济一般规则和中国国情的内在统一，为有步骤地全面推进改革、促进社会生产力的发展提供了可靠保证。

党的十四大以后，经济发展与社会主义市场经济体制的建设取得了很大成就。但是，改革实践中仍然存在许多需要探索和解决的理论与现实问题，特别是在计划与市场上"姓资姓社"的问题解决后，在推进所有制的改革进程中遇到了"姓公姓私"的问题，即如何认识公有制的主体地位及其实现形式，如何认识股份制，如何认识非公有制经济特别是私营经济等问题。诸如此类的问题也引起人们新的困惑，制约改革的推进，需要中国共产党作出回答。

1997年9月12日至18日，中国共产党第十五次全国代表大会把邓小平理论确立为党的指导思想，进一步强调社会主义初级阶段理论，创新了社会主义初级阶段的所有制理论，进一步推进了社会主义市场经济理论的发展。

党的十五大报告把以公有制为主体和多种所有制经济共同发展作为中国社会主义初级阶段的基本经济制度，提出要全面认识公有制的含义，正确把握公有制的主导作用，积极探索公有制的实现形式。这表明以公有制为主体、多种所有制经济共同发展的市场经济将在整个社会主义初级阶段长期稳定存在和持续发展下去，这种格局也将决定整个社会经济关系的基本格局和状况。

党的十五大以后，改革开放快速推进。到世纪之交，中国的社会主义市场经济体制基本框架初步形成。到中国共产党成立80周年的时候，中国共产党面临着完善社会主义市场经济体制的历史任务。这要求中国共产党领导中国人民在新的历史条件下深化对社会主义市场经济的理论与实践探索。

二、创新和发展社会主义基本经济制度理论

长期以来，由于受苏联传统政治经济学理论模式的影响，中国共产党接受了社会主义公有制、计划经济和按劳分配是社会主义基本经济特征和社会主义基本经济制度的观点。实际上，在传统计划经济体制下，上述三个方面的特征是不可能正确体现出来的。在传统计划经济体制下，公有制被固化为单一的公有制，在对公有制的理解上追求公有化的程度，实际上是将公有制等同于国有制；计划经济则被固化为完全排斥市场机制作用的、单一的指令性计划经济体制；按劳分配则被理解和执行为平均主义

分配和"大锅饭"。

1979年改革开放以来，实践冲击着人们对社会主义基本经济特征的认识。但是，长期存在的思维方式的惯性使人们认为上述三个方面是社会主义的本质特征，并将其作为改革的底线加以固守。因此，虽然实践不断要求人们突破这种认识，但是直到1991年，人们在认识上都没有突破这种底线。直到1992年邓小平南方谈话才突破了对计划与市场关系认识的思想藩篱，以此为契机，到2001年，中国共产党在社会主义经济制度理论方面获得了一系列重大理论突破。

（一）突破了计划经济是社会主义本质特征和基本经济制度的理论

邓小平南方谈话提出的关于计划与市场都是经济手段，不是社会主义与资本主义的本质区别的精辟论断，从根本上解除了把市场经济看作是资本主义本质特征，把计划经济看作属于社会主义社会基本经济制度范畴，从而将计划经济与市场经济对立起来的思想束缚。正是在此基础上，党的十四大把市场经济纳入社会主义经济制度体系之中，正式地改变了把计划经济看作是社会主义基本经济制度的传统理论模式。到2001年，中国已经基本建成了社会主义市场经济体制的基本框架，在将社会主义制度与市场经济结合起来方面取得了重大历史性成就，证明这一理论突破是正确的。

中国共产党之所以首先突破将计划经济当作社会主义本质特征的思想束缚，首先是因为，中国共产党领导的经济体制改革首先是以引入市场机制为基本导向的。实践证明，市场机制的引入，不仅没有削弱社会主义基本经济制度，相反，促进了社会生产力的迅速发展，从而更加巩固了社会主义经济制度。其次是因为中国共产党首先在思想方法上突破了"姓资姓社"的思维模式，将市场经济当作有利于发展社会生产力的人类文明的成果，社会主义作为本质上说建立在一切优秀人类文明成果基础上的先进制度，没有理由不采用市场经济体制。

将计划经济从社会主义本质特征和基本经济制度中排除掉，并没有削弱社会主义的本质特征，只是剔除了长期以来附加在社会主义之上的僵化观念。因此，这种排除是有利于社会主义经济制度发展与完善的。1992—2001年间的实践证明，排除固守社会主义是计划经济的观念以后，社会主义与现代市场经济开始实质性融合，在这种融合中，中国的社会主义经济制度一方面发挥了社会主义的制度优势，另一方面充分发挥了市场经济的体制优势。

（二）突破了将单一公有制当作社会主义基本经济制度的理论

经济体制中市场机制作用的增强必然要求人们修改关于公有制的认识。1979年改革开放以前，人们在公有制问题上的认识存在两个基本观念。一是公有制是社会主义的基本经济制度,作为社会主义基本经济制度的公有制越大越公越纯越好,因此,全民所有制是最能体现社会主义基本经济特征的公有制形式;二是公有制与非公有制是不相容的。1979年以来,这种观念开始改变,但是,在这个问题上依然存在一些观念局限。例如,虽然承认社会主义应该允许非公有制的存在,但是,非公有制在功能上只具有对公有制经济的拾遗补缺的补充性作用,非公有制经济在性质上只是具有发展生产力和满足人们消费需求的工具性作用,而不是社会主义基本经济制度的内容,非公有制经济的发展在范围和程度上应该受到限制。所有这些,都限制了人们对社会主义基本经济制度认识的深化。

从党的十四大开始,伴随在所有制问题上的理论发展,中国共产党逐渐确立了科学的社会主义基本经济制度的理论认识。党的十四大提出,在经济体制改革中,要"以公有制包括全民所有制和集体所有制经济为主体,个体经济、私营经济、外资经济为补充,多种经济成分长期共同发展,不同经济成分还可以自愿实行多种形式的联合经营"[①]。这就突破了把单一公有制看作是社会主义经济制度的"一大二公三纯"传统模式,改变了过去公有制经济与非公有制经济不相容的观点。但是,总体上看,一直到党的十五大召开之前,还只是把"以公有制为主体、多种经济成分共同发展"当作一个"重大方针",而不是社会主义基本经济制度,因此,依然将非公有制经济的发展当作是公有制经济的补充,没有将非公有制经济纳入社会主义基本经济制度的范畴。

党的十五大进一步推进了社会主义经济制度理论的重大发展。一是打破将公有制这种所有制形式当作社会主义基本经济制度的理论,而是将一种所有制结构当作社会主义基本经济制度。党的十五大报告明确提出,"公有制为主体、多种所有制经济共同发展,是我国社会主义初级阶段的一项基本经济制度"[②]。这就第一次明确地提出了非公有制经济是社会主义市场经济的重要组成部分的理论,将非公有制经济纳入社会主义基本经济制度范围之内。这不仅突破了非公有制经济是社会主义公有制经济的"补充"的理论,而且突破了把社会主义基本经济制度界定为某种所有制的理论,把社会主义基本经济制度界定为一种所有制结构。

二是在公有制经济含义的认识上取得了突破。党的十五大报告指出,公有制经济不仅包括国有经济和集体经济,还包括混合所有制经济中的国有成分和集体成分。这就大大地拓展了对公有制经济的认识视野,突破了仅仅从生产资料归属的角度来认识公有制的局限,形成了从由谁出资的角度来认识公有制的新的视角。

三是在如何认识公有制的主体地位和国有经济的主导作用方面取得突破。传统的

---

① 中共中央文献研究室编《十四大以来重要文献选编(上)》,人民出版社,1996,第19页。
② 中共中央文献研究室编《十五大以来重要文献选编(上)》,人民出版社,2000,第20页。

关于公有制主体地位和国有制控制地位的认识是公有制特别是国有制在数量上占绝对优势。而党的十五大报告明确指出:"公有制的主体地位主要体现在:公有资产在社会总资产中占优势;国有经济控制国民经济命脉,对经济发展起主导作用。这是就全国而言,有的地方、有的产业可以有所差别。公有资产占优势,要有量的优势,更要注重质的提高。国有经济起主导作用,主要体现在控制力上。""只要坚持公有制为主体,国家控制国民经济命脉,国有经济的控制力和竞争力得到增强,在这个前提下,国有经济比重减少一些,不会影响我国的社会主义性质。"[①] 可见,党的十五大强调的主要是公有制特别是国有制的质量和控制力。

四是提出公有制的实现形式可以而且应该多样化。党的十五大报告指出:"公有制实现形式可以而且应当多样化。一切反映社会化生产规律的经营方式和组织形式都可以大胆利用。要努力寻找能够极大促进生产力发展的公有制实现形式。"[②] 从而打破了公有制经济形式单一化的理论。在股份制理论方面,党的十五大报告进一步突破了"姓公姓私""姓资姓社"的争论,提出了股份制是现代企业的一种资本组织形式,资本主义可以用,社会主义也可以用的理论。这不仅为探索公有制实现形式指明了方向,也促进了公有制经济和市场经济进一步融合,推动了社会主义市场经济制度理论的发展。

(三)突破单纯强调按劳分配原则的分配理论

传统的社会主义政治经济学理论强调按劳分配是社会主义的唯一分配原则。在实践中,一方面,由于缺乏实施按劳分配的充分条件,实际分配中往往采取平均主义"大锅饭"的形式,严重制约了分配的效率和公平,另一方面,由于单纯强调按劳分配,排除了其他要素在社会财富创造和收入分配中的作用,阻碍了生产要素的优化配置和利用。改革开放的实践冲击了这种分配理论。随着所有制结构的调整、完善和生产要素市场的发展,出现了投资主体的多元化和分配方式的多元化,出现了各种所有制投资主体组合的混合经济形式,要求分配方式与之相适应。针对这种现实,党的十一届三中全会以来,中国共产党开始突破传统的社会主义分配理论。

首先,突破了传统的平均主义式的同等富裕与共同富裕理论,提出了允许一部分地区和一部分人先富起来,逐步达到共同富裕的理论与政策。实践证明,在社会主义初级阶段,由于存在多种所有制经济,人们在劳动技能、要素禀赋等方面存在差别,不同地区经济发展不平衡的影响等,社会成员之间收入上会存在一定的差距,不可能

[①] 中共中央文献研究室编《十五大以来重要文献选编(上)》,人民出版社,2000,第21页。
[②] 中共中央文献研究室编《十五大以来重要文献选编(上)》,人民出版社,2000,第21-22页。

实现同步富裕和同等富裕。这种合理的差距的存在，对于激励劳动者的生产积极性、促进社会进步，具有重要意义。

其次，突破了单纯强调按劳分配的传统分配理论。1992年以后，中国共产党逐渐提出了以按劳分配为主体、多种分配方式并存的分配制度。党的十四大提出"以按劳分配为主体，其他分配方式为补充，兼顾效率与公平"①。这是中国共产党在分配制度上第一次提出要考虑其他分配方式与效率问题，是对社会主义分配制度理论的重大突破。党的十五大则进一步明确指出，"按劳分配为主体、多种分配方式并存"是社会主义初级阶段的分配制度。这就将包括按劳分配在内的多种分配方式并存的分配制度结构界定为社会主义初级阶段的分配制度。

第二节 推进经济体制向社会主义市场经济体制的转轨

1992年邓小平南方谈话以后，中国共产党明确了建立社会主义市场经济体制的改革目标模式，确立了到20世纪末期构建社会主义市场经济体制基本框架的改革目标。经过近十年的努力，到世纪之交，初步建成了社会主义市场经济体制的基本框架。

一、确立建立社会主义市场经济体制的目标和总体规划

党的十四大之后，党中央和国务院围绕建立社会主义市场经济体制的目标，相继作出一系列部署，并抓紧制定逐步建立社会主义市场经济体制的总体规划。

1993年11月11日至14日召开的十四届三中全会审议并通过了《中共中央关于建立社会主义市场经济体制若干问题的决定》。《决定》确立了建立社会主义市场经济体制的基本框架和行动纲领。《决定》指出：社会主义市场经济体制是同社会主义基本制度结合在一起的。建立社会主义市场经济体制，就是要使市场在国家宏观调控下对资源配置起基础性作用。为实现这个目标，必须坚持以公有制为主体、多种经济成分共同发展的方针，进一步转换国有企业经营机制，建立适应市场经济要求，产权清晰、权责明确、政企分开、管理科学的现代企业制度；建立全国统一开放的市场体系，实行城乡市场紧密结合，国内市场与国际市场相互衔接，促进资源的优化配置；转变政府管理经济的职能，建立以间接手段为主的完善的宏观调控体系，保证国民经济的健康运行；建立以按劳分配为主体，效率优先、兼顾公平的收入分配制度，鼓励一部分地区一部分人先富起来，走共同富裕的道路；建立多层次社会保障制度，为城乡居

---

① 中共中央文献研究室编《十四大以来重要文献选编（上）》，人民出版社，1996，第19页。

民提供同我国国情相适应的社会保障,促进经济发展和社会稳定。这些主要环节是相互联系和相互制约的有机整体,构成社会主义市场经济体制的基本框架。可见,《决定》是党的十四大提出的经济体制改革目标和基本原则的具体化,是 20 世纪 90 年代进行经济体制改革的行动纲领。

二、不断深化国有企业改革

1992 年邓小平南方谈话后,国有企业的改革也加快了步伐。1992 年 6 月,国务院制定并通过了《全民所有制工业企业转换经营机制条例(草案)》。9 月 28 日,中共中央、国务院发出《认真贯彻执行〈条例〉的通知》。以此为指导,上海、广东、天津、山东等一些省市进行了国有企业转换经营机制的试点工作,并取得了不同程度的效果。

党的十四大报告将国有企业改革当作建立社会主义市场经济体制的中心环节,将其视为巩固社会主义制度和发挥社会主义优越性的关键所在,明确了国有企业改革在建立社会主义市场经济体制进程中的突出重要地位。十四届三中全会通过的《中共中央关于建立社会主义市场经济体制若干问题的决定》在明确要求进一步转换国有企业经营机制、建立现代制度的同时,又指出:"建立现代企业制度,是发展社会化大生产和市场经济的必然要求,是我国国有企业改革的方向"①,明确了国有企业改革将向企业制度改革方向推进。此后,国有企业的改革进入了创建社会主义市场经济微观基础的新阶段。

根据十四届三中全会决定的精神,从 1994 年开始,国务院确定,首先在 100 户国有大中型企业进行建立现代企业制度的试点;在 18 个城市进行优化资本结构和资产重组的试点;集中力量首先抓好 1000 户关系国计民生的重点国有骨干企业,对其资产实行监管;发展跨地区、跨行业、工技贸结合的企业集团,首先组织 56 户企业集团进行试点。在试点企业广泛实行公司制、股份制改造,通过转换经营机制,调整产业结构,进行资产重组,为建立现代企业制度进行了有益的探索。

在现代企业制度试点工作展开后,党中央进一步加强了对国有企业改革工作的领导。1995 年 5 月到 6 月,江泽民先后对江苏、上海和东北三省进行考察。1996 年 5 月,江泽民在上海召开的上海、江苏、浙江、山东四省市企业改革和发展的座谈会上,针对国有企业改革出现的新形势和新问题,结合几年来国有企业改革的实践和经验,阐述了国有企业改革的八条方针,即:"1. 以公有制为主体的现代企业制度是社会主

---

① 中共中央文献研究室编《十四大以来重要文献选编(上)》,人民出版社,1996,第 523 页。

市场经济体制的基础,国有企业特别是大中型企业是国民经济的支柱,国有企业改革是经济体制改革的中心环节。2. 建立现代企业制度是国有企业改革的方向。其基本特征是产权清晰、权责明确、政企分开、管理科学。到本世纪末要使大多数国有大中型骨干企业初步建立起现代企业制度,成为自主经营、自负盈亏、自我发展、自我约束的法人实体和市场竞争主体。3. 把国有企业的改革同改组、改造和加强管理结合起来,以构造产业结构优化和经济高效运行的微观基础。4. 要着眼于搞好整个国有经济,通过存量资产的流动和重组,对国有企业实施战略性改组,以市场和产业政策为导向,集中力量抓好一批国有大型企业和企业集团,放开搞活一般国有小型企业,以利于更好地发挥国有经济在国民经济中的主导作用。5. 加快国有企业的技术进步,形成企业的技术创新机制,增强企业的市场竞争能力。6. 搞好国有企业,要全心全意依靠工人阶级,切实加强企业经营管理者队伍的建设,严格企业内部管理,形成适应市场经济要求的机制,做好企业的各项基础性工作,提高企业的整体素质。7. 协调推进各项配套改革,重点是建立权责明确的国有资产管理、监督和营运体系,促进政企职责分开,加快建立健全社会保障制度,为国有企业改革提供必要的外部条件。8. 坚持公有制经济为主体,多种经济成分共同发展,国家为各种所有制经济平等参与市场竞争创造良好的环境和条件。"[1]

江泽民还根据邓小平关于"三个有利于"的标准,提出了检验国有企业改革成效的四个方面:"一看是否按照建立现代企业制度的要求,真正把企业建成了自主经营、自负盈亏、自我发展、自我约束的法人实体和市场竞争主体;二看是否提高了企业的经济效益和市场竞争能力,实现了国有资产的保值增值;三看是否调动了企业职工和管理者的积极性,有利于企业党组织政治核心作用的发挥,有利于党和国家各项方针政策的贯彻落实;四看是否增强了国有经济的活力,促进了国有经济的发展。"[2] 这四个方面的标准的确定,对于国有企业解放思想、放手探索改革新路,具有十分重要的作用。

到20世纪90年代中期,随着国有企业改革的深化,改革的着重点也发生了变化。从过去搞活每个企业转向搞好整个国有经济;工作重点从减税让利转向制度创新;从主要抓企业改革转向企业改革与配套改革同步推进;从分别抓各企业经营转向实施大公司战略。为此,党的十五大提出了"抓大放小"的国有企业改革战略。党的十五大报告指出,要从战略上调整国有经济布局,着眼于搞好整个国有经济,抓好大的,放活小的,对国有企业实行战略性改组,并明确提出"要坚定信心,勇于探索,大胆实

---

[1] 中共中央文献研究室编《十四大以来重要文献选编(下)》,人民出版社,1999,第1930-1932页。
[2] 中共中央文献研究室编《十四大以来重要文献选编(下)》,人民出版社,1999,第1932-1933页。

践，力争到本世纪末大多数国有大中型骨干企业初步建立现代企业制度，经营状况明显改善，开创国有企业改革和发展的新局面"①。十五届一中全会进一步提出：要用三年左右的时间，通过改革、改组、改造和加强管理，使大多数国有大中型亏损企业摆脱困境，力争到20世纪末使大多数国有大中型骨干企业初步建立起现代企业制度。

为了加强对国有企业改革和发展的领导，党中央、国务院在制度上进行创新。一是建立稽查特派员制度，在实行政企分开，放手让国有企业自主经营的同时，强化政府对企业的监督；二是为了适应建立社会主义市场经济体制和建立现代企业制度的要求，促进党的路线、方针、政策和党的有关精神在大型国有企业的贯彻落实，成立中共中央大型企业工作委员会，负责管理大型国有企业和加强国家控股企业中党的领导。

为实现党的十五大提出的改革开放和现代化建设跨世纪发展的宏伟目标，1999年9月22日，十五届四中全会作出了《中共中央关于国有企业改革和发展若干重大问题的决定》，对此后一个时期加快国有企业改革与发展、探索国有经济的多种实现形式作了部署。

从1998年到2000年，中央确定的及各地选择的2700多家建立现代企业制度试点企业，多数都进行了公司制、股份制改革。列入520家国家重点企业的国有及国有控股企业中，有430家进行了公司制改革，占83.7%。国有及国有控股工业企业实现利润大幅度增加。到2000年年底，1997年亏损的6599家国有及国有控股大中型企业已有70%以上扭亏为盈；国有及国有控股工业企业实现利润2392亿元，比1997年的806亿元增长1.97倍；国有小企业也实现利润48.1亿元，结束了连续六年净亏损的局面。②许多长期处于困境的国有企业开始走出低谷，经营状况明显改善，开创了国有企业改革和发展的新局面，基本实现了党的十五大提出的国有大中型企业改革脱困的三年目标。

三、引导和鼓励非公有制经济的发展

在建设中国特色社会主义的过程中，中国共产党逐渐认识到，各种非公有制经济也是促进中国社会生产力发展的重要力量，实现了关于非公有制经济认识的新突破。党的十四大肯定了非公有制经济存在和发展的必要性。党的十四届三中全会进一步强调在积极促进国有经济和集体经济发展的同时，鼓励个体经济、私营经济和外资经济

---

① 中共中央文献研究室编《十五大以来重要文献选编（上）》，人民出版社，2000，第24页。
② 国务院研究室编写组编《九届全国人大四次会议"十五"计划纲要报告学习辅导》，中国言实出版社，2001，第137–138页。

的发展,并依法加强管理。党的十五大明确指出,公有制为主体、多种所有制经济共同发展,是我国社会主义初级阶段的一项基本经济制度,明确肯定非公有制经济是社会主义市场经济的重要组成部分。1999年3月通过的《中华人民共和国宪法修正案》,明确将国家在社会主义初级阶段,坚持公有制为主体、多种所有制经济共同发展的基本经济制度,坚持按劳分配为主体、多种分配方式并存的分配制度的内容写入总纲,同时在宪法中规定了"在法律规定范围内的个体经济、私营经济等非公有制经济,是社会主义市场经济的重要组成部分""国家保护个体经济、私营经济的合法的权利和利益。国家对个体经济、私营经济实行引导、监督和管理"。这就为进一步鼓励、引导个体经济、私营经济等非公有制经济健康发展提供了法律依据。江泽民在庆祝中国共产党成立80周年大会的讲话中,从"三个代表"重要思想的高度,提出非公有制经济人士"也是有中国特色社会主义事业的建设者""把符合党员条件的社会其他方面的优秀分子吸收到党内来"的新观点,从根本上确立了非公有制经济人士的社会地位,为非公有制经济的发展创造了良好的社会环境。

1992年以来,党和政府不仅确立了大力发展非公有制经济的指导思想,而且致力于为非公有制经济的发展创造条件。根据党的十四大精神制定的《中华人民共和国劳动法》,进一步扩大私营企业的劳动用工自主权,允许私营企业跨地区、跨国境招工,在人才、劳动力市场上打破区域限制,允许自由流动。党的十五大通过确认按生产要素分配的分配方式,保护私营企业主的合法权益。

四、培育和发展市场体系

1992年以来,围绕构建社会主义市场经济体制框架的目标,党和政府大力推进了市场体系的培育和发展。

(一)构建统一、规范的商品市场

商品市场是市场体系的基本内容。1994年,国务院制定了《全国商品市场规划纲要》,确立了2000年前商品市场发展的战略目标:适应国民经济的发展,初步建成以商品集散面广、容量大、功能全、交易规范的全国性批发市场为中心,以地方批发市场为骨干,以中小市场、遍及城乡的集贸市场和商业网点为基础的统一、开放、竞争、有序的全国商品市场组织体系。1992年至2001年间,为了构建统一、规范的商品市场体系,党和政府主要在下述方面采取了措施:一是大力推进国有大中型商业企业的现代企业制度建设,把改革同改组、改造和加强管理相结合,同时通过联合、兼并、股权置换等多种产权重组形式组建企业集团。国有小型商业企业则因地制宜,从实际出发,采取股份合作制、承包、租赁、出售、兼并等多种形式,有效地增强了企业活力，推动了流通体制改革的顺利进行。建立与市场化运行机制相适应的产权制度、财务制度、分配制度和用工制度，国有商业企业开始真正成为市场经济条件下商品流通的竞争主体。二是放宽市场准入，鼓励非国有、非公有经济和外商进入流通领域，真正形成在流通领域多种经济成分共同发展、共同繁荣的市场格局，从而建立起公平竞争的市场机制。三是随着国内市场和国外市场接轨步伐的加快，坚持以国内市场为依托，以国际市场为导向，充分利用国内外两种资源、两个市场，促进了流通的产业化进程，并利用国外先进的管理经验和现代化的流通方式，为我国流通企业经营业务向跨国化延伸奠定了良好的基础。四是随着商品流通体制改革的逐步深化，商品市场建设得到不断发展与完善，逐步形成了以中心城市为依托，商品市场与要素市场同步发展，各种市场相互促进的统一开放、竞争有序的商品市场体系。

（二）大力培育和发展要素市场

建立市场经济体制的目的就是通过市场机制实现生产要素的最佳配置。因而，要素市场的培育是培育市场体系的主体内容。1992年至2001年间，党和政府加大了培育生产要素市场的力度。

首先，完善资本市场。一是逐步形成完善的资本市场体系。通过推进资本市场的改革，逐步完善各类市场，包括期权市场和股权市场，货币市场和资本市场，一级市场和二级市场等。二是推进经济的货币信用化进程，逐步形成了债券市场、回购市场、股票等专业市场体系。三是充分发挥资本市场调节资源配置的功能，让银行体系有效地发挥其功能。通过商业银行的企业经营，真正实现货币商品化和资金市场化，并进一步优化金融结构，促进各类资本进入市场流通，从而有效地调节各种经济资源的配置；同时大力推进利率市场化进程，通过建立健全的机制来尽力减少金融市场风险。

其次，构建和拓展劳动力市场。自从十四届三中全会提出"改革劳动制度，逐步形成劳动力市场"以来，劳动力市场发展到一个新的阶段。1996年以后逐步实行国家政策引导扶持，社会提供帮助服务，鼓励和推动劳动者靠自己的努力实现就业的政策。同时，随着改革的不断深化和产业结构、企业组织结构的调整，社会就业结构调整也将大量的待业或再就业人员推入了劳动力市场。城市有上千万各类非在岗人员，农村有近2亿剩余劳动力寻机向城镇转移，有力地推动了劳动力市场的发展。到2001年，全国已有近4万个由各种渠道、各个部门主办的各类型和各层次的劳动力市场，初步形成了较为系统完整的劳动力市场体系，以市场为导向的就业机制正在形成。

再次，全面启动房地产市场建设。从1992年开始，中国住房制度改革全面启动。

为了贯彻落实《中共中央关于建立社会主义市场经济体制若干问题的决定》，国务院作出了《关于深化城镇住房制度改革的决定》，指出城镇住房制度改革的根本目的是"建立与社会主义市场经济体制相适应的新的城镇住房制度，实现住房商品化、社会化"①，并具体提出了城镇住房改革的基本内容。为了引导房地产市场向规范化方向发展，国家制定了一系列市场管理的法律、法规，如《中华人民共和国房地产管理法》《城市房地产开发管理暂行办法》《城市房地产转让管理规定》《商品房销售面积计算及公用建筑面积分摊规则》等，基本形成了房地产法规体系，推动了房地产市场运行及管理步入法制化的轨道。在 1998 年出台的《关于进一步深化城镇住房制度改革 加快住房建设的通知》中，提出了取消住房实物分配、实行货币分配的政策，进一步推动房地产向市场化迈进。

最后，大力推进技术市场的发育。党的十四大以后，国务院制定了《关于进一步培育和发展技术市场的若干意见》的文件。文件在阐明中国技术市场发展的形式和基本方针的基础上，提出了培育技术市场和加快技术市场发展的任务。在 1995 年通过的《中共中央、国务院关于加速科学技术进步的决定》中明确提出了"科教兴国"战略。该决定阐明了技术市场在深化科技体制改革、推进科技进步及与经济相结合的过程中的重要作用，指明了中国技术市场的发展方向。为维护技术市场的秩序，规范技术交易的行为，国家还制定了《中华人民共和国技术合同法》《中华人民共和国专利法》《中华人民共和国科学技术进步法》《中华人民共和国反不正当竞争法》以及《技术市场管理暂行办法》《技术合同管理暂行规定》等法律、法规，把放开、搞活和扶植、引导有机结合起来，通过搞活技术市场主体，放开技术市场要素，拓宽技术市场范围，扩大技术市场功能，进一步培育和发展技术市场，使技术市场与其他生产要素市场的发展衔接起来，逐步与国际技术市场接轨。

（三）建立主要由市场形成价格的机制

由市场决定价格的价格形成机制是市场体系的核心。为了建立与社会主义市场经济相适应的价格新体系，十四届三中全会提出价格改革的任务："在保持价格总水平相对稳定的前提下，放开竞争性商品和服务的价格，调顺少数由政府定价的商品和服务的价格；尽快取消生产资料价格双轨制；加速生产要素价格市场化进程；建立和完善少数关系国计民生的重要商品的储备制度，平抑市场价格。"②为此，进行了以下四个方面的改革：其一是进一步放开竞争性商品和服务的价格。其二是推进政府定价和

---

① 中共中央文献研究室编《十四大以来重要文献选编（上）》，人民出版社，1996，第 908 页。
② 中共中央文献研究室编《十四大以来重要文献选编（上）》，人民出版社，1996，第 527 页。

指导价决策的民主化和科学化。其三是完善价格宏观调控体系的调控机制，增强政府调控价格的能力。其四是加快与国际价格体系的衔接。到20世纪结束的时候，中国基本形成了由市场自主决定价格的机制。

五、建立和完善现代宏观调控体系

健全的宏观调控体系是社会主义市场经济体制的基本内容。1993年3月，八届全国人大一次会议按照党的十四届二中全会通过的《中共中央关于调整"八五"计划若干指标的建议》提出的"抓住有利时机，加快经济发展"的精神，对如何改善和加强宏观调控提出了一些具体的措施，形成了比较完善的关于宏观调控的内容体系，包括综合运用各种经济手段，加强经济法制建设，并辅之以必要的行政手段，充分发挥审计、统计、监察及工商行政管理等部门的作用。这次会议还根据党的十四大提出的"转变职能、理顺关系、精兵简政、提高效率"的原则，要求对政府机构进行一次较大规模的改革。这次改革在综合部门中新组建了国家经济贸易委员会，旨在加强对国民经济运行中重大问题的协调。在党的十四届三中全会通过的《中共中央关于建立社会主义市场经济体制若干问题的决定》中，进一步完整地阐明了建立宏观调控体系问题。《决定》指出，宏观调控的任务是保持经济总量的基本平衡，促进经济结构的优化，引导国民经济持续、快速、健康发展，推动社会全面进步。宏观调控手段，主要是采取经济办法，在财税、金融、投资和计划体制的改革方面迈出重大步伐，要建立计划、金融、财政之间相互配合和相互制约的机制，加强对经济运行的综合协调。

根据党中央的部署，从1994年起以财政、税收改革、会计、外汇体制等为重点，对严重滞后的宏观经济管理体制进行了全面改革。在财政体制改革方面，开始实施分税制改革、以增值税为主体的流转税制改革和实行复式预算制度；在外汇体制方面，实行汇率并轨。经过改革，到20世纪90年代中期，伴随经济软着陆的成功实施，计划、金融、财政等主要调控部门间相互配合和制约的机制初步建立起来，逐步建立了新的宏观经济调控体系。从20世纪90年代后期开始，宏观调控的主要任务逐渐集中到保持经济总量的基本平衡，促进经济结构优化，引导国民经济持续、快速、健康发展，推动社会全面进步上来。在实施积极的财政政策和稳健的货币政策的过程中，宏观经济调控体系进一步改进。

六、收入分配制度的改革和探索

收入分配制度是体现社会主义市场经济体制特征的重要内容，收入分配格局决定了市场经济体制格局的公平性与效率。党的十四大以来，在收入分配制度改革方面，党和政府除了着力培育完善按劳分配制度，培育各类要素参与分配的制度以外，主要进行了以下几个方面的探索。

第一，推进了个人收入分配制度的改革与完善。一是保障低收入者的基本生活。从1997年起，在全国建立城市居民最低生活保障制度。1999年9月，国务院又逐步出台了《城镇居民最低生活保障条例》，并提高了三条保障线和其他社会优抚、救济对象的保障水平。二是调节个人所得税。三是减轻农民负担，增加农民收入。1997年1月，中央农村工作会议提出的做好粮食收购工作、减轻农民负担等有关措施，为农民收入的增加提供了一定的政策环境；国家多次大幅度提高粮、棉等大宗农产品的收购价格，并通过"税费改革"，切实减轻农民负担。四是对城镇中低收入居民收入进行调整。

第二，进行财政分配关系的改革。根据党的十四大关于"统筹兼顾国家、集体、个人三者利益，理顺国家与企业、中央与地方的分配关系，逐步实行利税分流和分税制"[①]的精神，1992—1993年国家先后在辽宁、浙江、重庆、武汉、新疆等地进行了分税制的试点。1994年，财税改革方案正式出台，主要涉及两个方面的问题：一是财政管理体制改革，主要是按照税种划分中央财政与地方财政收入；二是税收改革，为了与"分税制改革"相配套，从1994年开始，中央对税制进行了全面改革，主要涉及建立以增值税为主体的新流转税制度，统一所得税制度，并逐步进行了其他税种的改革或调整。

第三，改革国家和企业以及企业内部的分配关系。通过1994年的财税体制改革，在国家与国有企业之间的财政分配上划清了国家与企业以及企业所有者与企业经营者之间不同的权益关系，是对国家和企业分配关系的一次重大调整。通过一系列的措施，逐步实现市场调节工资、企业自主分配、国家宏观调控的分配制度。进入"九五"时期以来，针对企业工资分配存在的问题，中央适时地出台了理顺企业分配关系的有关政策法规，一方面使企业工资改革进一步推进，另一方面使企业分配秩序得到整顿，分配关系得以进一步理顺。从1995年开始在深圳、成都、北京等地展开工资指导线制度试点工作，为进一步深化企业工资改革探索了新路。

七、构建社会保障体系基本框架

党的十四大确定了建立社会主义市场经济体制的目标模式之后，党和政府加大了社会保障制度改革和发展的力度。十四届三中全会通过的《中共中央关于建立社会主义市场经济体制若干问题的决定》明确了关于建立市场经济条件下多层次的社会保障

[①] 中共中央文献研究室编《十四大以来重要文献选编（上）》，人民出版社，1996，第21页。

制度的主要内容，即社会保险、社会救济、社会福利、优抚安置、社会互助及个人储蓄积累保障，《决定》还把发展商业性保险作为社会保险的补充。这一框架的形成为深化社会保障制度改革，建立多层次的社会保障体系指明了方向。《决定》提出，为了促进社会主义市场经济的发展，当前要重点完善企业养老和失业保险制度，强化社会服务功能，减轻企业负担，促进企业组织结构调整，提高企业经济效益和竞争能力。

随着改革力度的加大，失业下岗问题、养老问题、公费医疗问题等矛盾显得更加突出和尖锐。为了解决这些问题，推动经济的发展，《中共中央关于制定国民经济和社会发展"九五"计划和2010年远景目标的建议》进一步指出："要加快养老、失业和医疗保险制度改革，初步形成社会保险、社会救济、社会福利、优抚安置和社会互助、个人储蓄积累保障相结合的多层次的社会保障制度。"[①] 党的十五大指出，要建立社会保障体系，实行社会统筹和个人账户相结合的养老、医疗保险制度，完善失业保险和社会救济制度，提供最基本的社会保障。

自1992年以来，中国的社会保障制度在改革中逐步发展。首先，建立了统一的社会保障管理机构。1998年3月，在劳动部基础上组建劳动和社会保障部，负责制定法规、监督、规划和协调工作，履行政府社会保障的行政管理职能。其次，建立了统一的企业职工基本养老保险制度。到1998年年底，各省、自治区、直辖市实行企业职工基本养老保险省级统筹，建立起全国统一的企业职工基本养老保险省级统筹。再次，初步建立了城镇职工基本医疗保险制度。逐步建立起包括城镇所有用人单位所有职工的社会统筹和个人账户相结合的基本医疗保险制度，医疗机构实行医、药分开核算，理顺医疗体制，初步建立了城镇职工基本医疗制度。最后，确立了失业保险制度。逐步建立起覆盖城镇全部职工、基金三方合理负担、救济与再就业紧密结合、管理和服务社会化的新型失业保险制度。在社会保障主体部分不断完善的同时，社会救助、社会优抚和社会福利等社会保障制度也有了新的发展，商业保险也逐步成为重要补充。这样，在全国逐步形成了一个多层次的社会保障体系。

八、推进政府职能转变和政府机构改革

在推进经济体制改革的进程中，中国共产党逐渐认识到，伴随构建社会主义市场经济体制进程的推进，政府行政体制改革日益成为这一进程的重要组成部分。党的十四大明确提出，为了建立社会主义市场经济体制，必须下决心改革行政管理体制。

---

① 中共中央文献研究室编《十四大以来重要文献选编（中）》，人民出版社，1997，第1504页。

党的十四大报告强调:"机构改革,精兵简政,是政治体制改革的紧迫任务,也是深化经济改革、建立市场经济体制和加快现代化建设的重要条件。"① 党中央、国务院计划从1993年开始,用三年时间基本完成机构改革。

1993年3月,党的十四届二中全会审议通过了党政机构改革方案,提出了国务院机构改革的指导思想:"按照政企职责分开和精简、统一、效能的原则,转变职能,理顺关系,精兵简政,提高效率。"② 这次会议讨论的机构改革方案,对不同的行政管理层次提出了不同的改革要求:"国务院的机构改革,重点在加强宏观调控和监督部门,强化社会管理职能部门,一部分专业经济部门转变为行业管理机构或经济实体。""省、省辖市两级的机构改革,注重加强对本地区经济发展的协调和社会管理职能。县、乡两级的机构改革,则侧重加强服务体系的建设。"③ 全会要求,这次各级国家机关工作人员总数,要减少25%。

根据十四届二中全会精神,国务院提出了具体的机构改革方案并组织实施,全国展开了以转变政府职能为重点的机构改革。1993年机构改革以前,国务院部门设置共70个,其中部委41个,直属机构19个;改革后,国务院有组成部门、直属机构、办事机构共59个,其中办公厅1个,部委40个,直属机构13个,办事机构5个。国务院非常设机构也进行了大幅度精简,由原来的85个减为26个。这次改革在综合部门中新组建了国家经济贸易委员会,旨在加强对国民经济运行中重大问题的协调,并把专业经济部门划分为三类:一类改为经济实体,不再承担政府行政管理职能;一类改为行业总会;还有一类是保留和新设的部门,主要职能是规划、协调、监督和服务。

这次机构改革的最大特点,一是把适应社会主义市场经济发展的要求作为改革的目标,二是以转变职能为重点,提出政企分开是职能转变的根本途径。这次改革取得了一定的成绩并积累了一定的经验。但是,由于历史条件的制约和宏观环境的限制,这次改革仍没有彻底消除政府机构的诸多弊端,机构设置与社会主义市场经济发展不相适应的矛盾仍非常突出。

1997年9月,党的十五大提出进一步推进机构改革的新任务。会议指出:"机构庞大,人员臃肿,政企不分,官僚主义严重,直接阻碍改革的深入和经济的发展,影响党和群众的关系。这个问题亟待解决,必须通盘考虑,组织专门力量,抓紧制定方案,积极推进。"④ 党的十五大报告中确定了此后一段时间我国政治体制改革的任务是,

---

① 中共中央文献研究室编《十四大以来重要文献选编(上)》,人民出版社,1996,第29-30页。
② 中共中央文献研究室编《十四大以来重要文献选编(上)》,人民出版社,1996,第124页。
③ 中共中央文献研究室编《十四大以来重要文献选编(上)》,人民出版社,1996,第124-125页。
④ 中共中央文献研究室编《十五大以来重要文献选编(上)》,人民出版社,2000,第33页。

要按照社会主义市场经济的要求，转变政府职能，实现政企分开；要建立办事高效、运转协调、行为规范的行政管理体系；要把综合经济部门改组为宏观调控部门，调整和减少专业经济部门，加强执法监管部门，培育和发展社会中介组织；深化行政体制改革，严格控制机构膨胀，坚决裁减冗员；深化人事制度改革，引入竞争激励机制，完善公务员制度。

党的十五大之后，党中央又一次抓紧解决政府机构改革这一重大问题。在经过反复调查研究和统一思想的基础上，在1998年2月召开的十五届二中全会上，提出了政府机构改革的总目标：适应经济发展和社会全面进步的要求，建立办事高效、运转协调、行为规范的行政管理体系，完善国家公务员制度，建立高素质的专业化的国家行政干部队伍，提高为人民服务的水平。并阐明了这次机构改革的原则：一是按照发展社会主义市场经济的要求，转变政府职能，实现政企分开，把政府职能切实转变到宏观调控、社会管理和公共服务方面来，把生产经营的权力真正交给企业；二是按照精简、统一效能的原则，调整和减少专业经济部门，适当调整社会服务部门，加强执法监督部门，发展社会中介组织；三是按照权责一致的原则，调整政府部门的职责权限，明确划分部门之间的职能分工，克服多头管理、政出多门的弊端；四是按照依法治国、依法行政的要求，加强行政体系的法制建设。

根据以上的目标、原则以及党中央的有关精神，1998年6月，国务院召开专门会议就机构改革制定了定职能、定机构、定编制"三定方案"，并组织有关部门具体实施，对国务院组成部门进行了大幅度精简，同时对直属机构、办事机构以及部委管理的国家局进行了相应调整。这次机构改革是中华人民共和国成立以来规模最大、力度最大、难度最大的一次改革。由于社会主义市场经济体制仍在建设过程中，按完善的市场经济的要求改革政府机构，实现一步到位难以做到。因此，这次改革重点解决当时突出的矛盾，为进一步深化改革和经济发展创造良好的条件。

九、大力加强市场经济法律体系建设

市场经济是法治经济。1992年以前的立法，基本上是以建立有计划的商品经济为主线的，并在规范企业组织和行为、规范经济秩序、经济管理以及涉外经济活动等方面取得了相应的进展。但是，由于这一时期对经济体制改革的目标的选择尚不确定，改革开放还在实践中逐步摸索，因此，市场法制建设尚处在起步阶段。1992年以后，市场法制建设进程开始加快。党的十四大报告中明确提出：要"高度重视法制建设"，强调"加强立法工作，特别是抓紧制订与完善保障改革开放、加强宏观经济管理、规范微观经济行为的法律和法规,这是建立社会主义市场经济体制的迫切要求"。① 十四届三中全会通过的《中共中央关于建立社会主义市场经济体制若干问题的决定》明确提出:"社会主义市场经济体制的建立和完善,必须有完备的法制来规范和保障。要高度重视法制建设,做到改革开放与法制建设的统一,学会运用法律手段管理经济。法制建设的目标是:遵循宪法规定的原则,加快经济立法,进一步完善民商法律、刑事法律、有关国家机构和行政管理方面的法律,本世纪末初步建立适应社会主义市场经济的法律体系。"②

1993年是中国市场经济法制建设取得突破性进展的一年,这突出表现在法制建设的指导思想进一步明确,确立了以建立社会主义市场经济体制为目标的指导思想,确立了社会主义市场经济法律体系的基本框架,包括规范市场主体的法律、规范交易行为的法律、规范宏观调控的法律、规范劳动与社会保障制度方面的法律和规范基础产业发展与改善环节方面的法律。

到2001年,中国的法制建设特别是市场经济法律体系建设取得了重大进展。仅从党的十五大到2001年间,除宪法以外,全国人大及其常委会制定法律284件、有关法律的决定117件、解释2件,共403件,国务院发布或者批准部门发布行政法规913件。这些法律法规,大多数涉及市场经济的运作。

十、以对外开放推进国内经济体制改革

1992年中国共产党在启动中国新一轮经济体制改革的同时,也启动了新一轮对外开放进程。这一时期,中国加大了加入世界贸易组织的工作力度,并最终达到了目标,提高了中国经济的对外开放程度。这一进程反过来加快了国内的经济体制改革进程。

1986年7月11日,中国正式照会关贸总协定(世界贸易组织前身)秘书长,要求恢复缔约国地位。1994年4月15日,中国同其他122个缔约方,签署了实施乌拉圭回合多边贸易谈判结果的最后文件。1997年3月6日,中国加入世贸组织的正式谈判开始。1998年4月8日,世贸组织中国工作组第七次会议结束,中国提出的一揽子降低关税的方案受到工作组成员的普遍欢迎,标志着入世谈判取得有意义的进展。从1999年年初开始,中国加入世贸组织的谈判步伐明显加快,先后与美国、欧盟、日本、澳大利亚等国家和独立关税地区举行了双边谈判。到2001年9月,中国已经同全部要谈判的国家和地区达成了协议。同时,中国工作组第十八次会议也通过了关于

---

① 中共中央文献研究室编《十四大以来重要文献选编(上)》,人民出版社,1996,第29页。
② 中共中央文献研究室编《十四大以来重要文献选编(上)》,人民出版社,1996,第543-544页。

中国入世的全部文件。2001年11月，在多哈举行的世贸组织第四届部长级会议上，投票表决通过了中国入世议定书。2001年12月11日，中国正式加入世界贸易组织，使中国十几年的努力变为现实的机遇和挑战。

中国共产党和政府认识到，经济全球化是一把双刃剑，既不断给一国经济发展带来巨大机遇，又不断给一国经济结构及体制带来巨大压力。1992年以来，党和政府正是利用这种压力，不断推进国内经济体制改革。具体来说，党和政府主要从以下几个方面加快了经济体制改革的步伐。

第一，改革现行外经贸管理体制，坚定不移地推进对外开放。一是按照世贸组织的要求逐步削减关税，使之最终达到发展中国家的水平；二是减少非关税贸易保护措施，逐步取消进口配额和许可证；三是清理关于外商投资的法规政策，使之符合"国民待遇"的原则。

第二，实施促进产品结构优化的政策调节体系，增强国民经济对抗冲击的能力。通过完善市场竞争的优胜劣汰机制，加快建立现代企业制度步伐，广泛运用资本市场实现企业跨地区重组；通过鼓励优秀企业兼并劣势企业，发展专业化协作；通过鼓励国内企业与外国大公司联合或被其兼并，从而更新产品和生产工艺、设备；通过采取更加有力的措施，促进人才向企业流动，促进科研单位与企业结合，提高技术创新能力。

第三，推进金融改革，加快资本市场与国际接轨。国有商业银行按企业化经营的要求转换经营机制，确立效益意识、风险意识、责任意识。同时，大力化解不良资产，提高经营管理水平和服务质量。此外，通过进行综合性银行的培育，发展集商业银行、投资银行、保险业务于一体的国际性金融集团，以增强与国外金融集团抗衡的能力。加强中国中央银行对进入中国市场的外国银行的监管，以发挥其融资、筹资和为国内商品生产和流通服务的作用。

第四，通过加快政府职能的转变，建立适应开放的市场经济条件的政府宏观管理体制。经济全球化要求政府管理经济的方式方法与国际接轨。按照世贸组织透明度原则，改革外资审批制度，严格依法办事，确保审批过程公开、公平、公正。并切实转变政府职能，改进领导经济工作的方法，逐步形成"服务式"管理。

第五，完善法制，加快与国际经济法律接轨。逐渐形成了比较完善的社会主义市场经济的法制基础，包括确认市场主体资格制度，充分尊重和保护产权制度，维护合同自由制度，国家的宏观管理制度等。通过调整修改中国的现行法律法规，使之符合"国民待遇"原则和世贸组织有关规则等。

由此可见，这一时期，中国共产党实际上是以争取加入世界贸易组织为契机，以世界贸易组织规则所体现的市场经济体制原则为参照,不断加快国内经济体制改革的进程。中国加入世界贸易组织的过程,是成功地利用外部压力促进国内体制改革的范例。

第三节　推进宏观调控方式的转变

在构建社会主义市场经济体制的过程中,原有的宏观调控机制逐渐失效,而新的宏观调控体系尚未形成,如何在实现体制转换的同时保持宏观经济的稳定运行,是中国共产党在这一时期面临的一个极其具有挑战性的课题。中国共产党在复杂的情况面前,沉着应对,灵活运用宏观经济调控手段,保持了这一时期宏观经济的稳定运行。

一、治理经济过热,实现经济"软着陆"

1992年以来,邓小平的南方谈话大大促进了人们的思想解放,经济体制改革和经济发展速度加快。但是,由于原来高度集中的计划经济体制的弊端还没有消除,社会主义市场经济体制尚未形成,从1993年开始,伴随着经济的高速增长,社会经济生活中开始出现高通货膨胀和经济过热现象。突出表现在:货币投放过量,金融秩序混乱;投资需求和消费需求都出现膨胀的趋势;财政困难状况加剧;基础设施和基础工业瓶颈制约加大;出口增长乏力;通货膨胀加速发展;等等。

1992年开始,党中央就提醒全党,要防止新的经济过热。4月4日,江泽民给中央政治局常委写信,提醒大家注意国民经济发展中的问题,要防止出现新的重复建设和产品积压,要进一步健全宏观调控体系,提高宏观管理效能。

从1992年10月至1993年6月,中共中央、国务院多次召开会议,研究解决经济发展中突出问题的政策措施。1992年10月22日,党的十四大刚结束,中共中央就召开各地区各部门的同志参加的经济情况通报会,提出既要抓住机遇,加快发展,又要注意可能出现的各种问题,保持改革开放和经济发展的顺利进行。1993年3月7日,党的十四届二中全会指出,发挥市场的积极作用,离不开国家的宏观调控,目前我们宏观调控的重点,是控制投资规模,管好信贷规模和货币发行量这两个闸门,调控国家财政收支,保持重大经济比例的基本平衡,按经济规律办事。4月1日,中共中央再次召开经济情况通报会。这次会议指出,要采取有力措施,控制固定资产投资和消费基金的过快增长。要在重视运用经济手段、法律手段的同时,适当运用行政手段。要集中财力、物力,保证关系国民经济发展全局的重大项目的建设,缓解瓶颈制约。随后,江泽民先后在上海、西安、大连、广州主持召开部分地区经济工作座谈会,统一大家对经济形势的认识，反复强调邓小平南方谈话和党的十四大精神是我们领导和组织好经济发展与改革工作的重要指导思想，当前我国经济发展中出现的一些矛盾和问题，从根本上讲，是经济体制转轨过程中发生的问题，因此，要解决这些前进中的矛盾和问题，关键在于加快改革开放的步伐，并强调要在治理宏观经济过热的同时，处理好改革、发展与宏观经济稳定发展的关系。

1993年6月24日，中共中央印发《中共中央、国务院关于当前经济情况和加强宏观调控的意见》的文件，标志着在社会主义市场经济体制新形势下的宏观调控全面展开，也标志着"软着陆"的启动。文件制定了16条加强和改善宏观调控的措施，主要包括：严格控制货币发行；坚决纠正违章拆借资金；坚决制止各种乱集资；严格控制信贷总规模；完善有价证券发行和规范市场管理；等等。要求金融部门和财税部门除坚决执行停止违章拆借、不再提高和变相提高利率、严格控制税收减免、严格控制财政赤字外，立即与自己所办各种经济实体脱钩，使这些部门加强自律，从混乱局面中解脱出来，更好地执行整顿金融和财税的任务。[①] 经过几个月全国金融和财税的全面整顿，加上对开发区、房地产、在建项目的清理和整顿，到1993年年底，经济混乱局面得到控制，并初步抑制了经济过热。

在宏观调控取得初步成效的基础上，十四届三中全会通过的《中共中央关于建立社会主义市场经济体制若干问题的决定》提出了宏观调控的任务："保持经济总量的基本平衡，促进经济结构的优化，引导国民经济持续、快速、健康发展，推动社会全面进步。"并进一步明确了宏观调控的手段："主要采取经济办法，近期要在财税、金融、投资和计划体制的改革方面迈出重大步伐，建立计划、金融、财政之间相互配合和制约的机制，加强对经济运行的综合协调。"[②] 为了进一步巩固宏观调控的成果，使宏观经济管理适应社会主义市场经济体制的要求，国务院发布了一系列决定，推出了财税、金融、外贸、外汇、价格等宏观经济管理的重大改革措施。

这一时期从整顿金融、财税秩序入手的一系列加强宏观调控的措施，在解决当时社会经济生活中的突出矛盾方面取得明显效果，社会经济秩序得到转变。但是，经济运行中存在的深层次问题并没有完全解决，特别是在党的十四大确定了建立社会主义市场经济体制的改革目标模式及十四届三中全会确定了社会主义市场经济体制的基本框架、提出按社会主义市场经济体制要求建立宏观调控体系后，在向社会主义市场经济体制转轨的过程中，旧体制的阻碍作用日益严重，深化改革是解决这些问题的唯一

---

① 中共中央文献研究室编《十四大以来重要文献选编（上）》，人民出版社，1996，第311-323页。
② 中共中央文献研究室编《十四大以来重要文献选编（上）》，人民出版社，1996，第530-531页。

途径。因而，从1994年年初开始，根据中共中央的部署，国务院陆续制定和实施了一系列发展大好形势、加强宏观经济调控与指导的政策和措施：一是进行财税体制改革，建立起分税制基本框架，国税局和地税局两套税务机构组建工作基本完成并已开始运转；流转税体系进行重大改革，简化税率，统一规范，确立了增值税的主体地位；分别统一了内资企业所得税和个人所得税；调整了资源税等税种。二是外汇管理体制改革取得重大进展。从1994年4月1日起，开始按照新外汇体制运作，成功地实现了官方汇率和外汇调剂市场汇率的并轨，人民币汇率的形成机制趋于市场化。取消了外汇收支的指令性计划，国家主要运用经济手段对国际收支进行宏观调节。三是外贸、金融体制改革稳步推进。1994年外贸管理体制进行了取消外贸指令性计划、公开配额管理、扩大企业自营进出口权等改革。在金融体制改革方面，中央银行增加了间接性经济调控手段的运用，强化了货币供应的调控能力，加强了对金融机构的监管。专业银行正逐步实行资产负债管理，向国有商业银行转变。

同年3月，江泽民在主持中央财经领导小组会议听取经济形势和物价问题的汇报时，提出必须把稳定市场、稳定物价、抑制通货膨胀，作为当前妥善处理改革、发展、稳定的关键环节，宁可少上几个项目，也要把物价上涨的势头控制住。根据这次会议精神，国务院又进一步提出了坚决抑制通货膨胀的十条举措。

1994年在经济体制改革整体推进过程中加强宏观调控，使经济过热的势头进一步得到有效的遏制。但是，由于有效供给不足和前一时期投资需求膨胀滞后，在经济生活中出现物价上涨过快，尤其是食品价格上涨过快的现象。针对经济生活中出现的严重的通货膨胀，中共中央提出，一方面要增加有效供给，另一方面实行适度从紧的财政货币政策，控制货币供应量和信贷规模，控制固定资产投资规模，抑制消费基金过快增长。中共中央在制定"九五"计划中把抑制通货膨胀作为宏观调控的首要任务，把"实行适度从紧的财政政策和货币政策"写进"九五"计划宏观调控的目标和政策部分中。1996年，党和政府为实现宏观调控目标采取的主要措施有：一是加强对物价工作的统一领导，实行物价调控目标责任制，强化物价调控和监管工作，改进流通体制，规范流通秩序。二是注重运用货币政策工具调节货币供应量，实行由市场形成的同业拆借利率，开办国债公开市场操作业务；改进信贷规模管理，对国有独资商业银行实行以资产负债比例管理为基础的贷款规模管理，其他银行和金融机构全面实行资产负债比例管理。三是改革投资体制，实行投资项目先落实资本后才能进行建设的资本金制度。

在党中央的正确领导下，经过各方面的共同努力，宏观调控取得圆满成功，国民经济进入良性运行状态，成功实现了"软着陆"。江泽民在1996年年底召开的中央经济工作会议上宣布,经过三年多的努力,以治理通货膨胀为主要任务的宏观调控基本上达到了预期目标,经济较为平稳地回落到适度增长区间。国民生产总值增长率由1992年的14.2%逐步回落到1996年的9.6%,平均每年回落1个多百分点。商品零售价格上涨率由1994年的21.7%下降到1996年的6.1%,共回落了15.6个百分点。从1992年到1996年,国民生产总值年平均增长12.1%,既实现了经济快速增长,又有效地抑制了通货膨胀,避免了经济的大起大落。这标志着"软着陆"的成功实现。

二、深化金融体制改革,防范和化解金融风险

金融在现代经济中处于核心地位,发挥着极为重要的作用。随着经济体制改革的深入和对外开放的不断扩大,金融在我国国民经济和人民生活中的地位和功能日益重要。党和政府高度重视金融稳定在宏观经济运行中的地位,通过稳定金融,保证了宏观经济的稳定。

从1992年开始,全国各地掀起了新一轮改革开放和加快发展的高潮。但是,由于人们认识的误差,一些地方把抓住机遇加快发展当成了过分追求高速度、上项目,盲目设立开发区和投资房地产等。到了1993年上半年,金融业出现了违章拆借、非法集资等问题,严重影响了国民经济运行的环境,影响了改革开放的继续扩大。

为此,党中央、国务院从1993年上半年开始,采取了一系列措施,对金融业加强治理整顿,并把它作为加强宏观调控的切入点和主要措施。

1993年6月24日,中共中央、国务院就金融的整顿工作提出了以下措施:一是严格控制货币发行,稳定金融形势。二是坚决纠正违章拆借资金。三是灵活运用利率杠杆,大力增加储蓄存款。四是坚决制止各种乱集资。五是严格控制信贷总规模。六是专业银行要保证对储蓄存款的支付。七是加快金融改革步伐,强化中央银行的金融宏观调控能力。为了落实《中共中央、国务院关于当前经济情况和加强宏观调控的意见》的精神,1993年7月5日至7日,中央召开了全国金融工作会议,以统一思想认识,端正思想作风,推进金融改革。

通过一系列加强宏观调控和整顿金融秩序的措施,中央银行的宏观调控能力得到了加强,治理整顿工作很快取得了明显成效。在这种背景下,党中央、国务院开始进行金融体制方面的改革。十四届三中全会通过的《中共中央关于建立社会主义市场经济体制若干问题的决定》,对金融体制改革进行了规划。改革的方案是:中国人民银行作为中央银行,在国务院领导下独立执行货币政策,从主要依靠信贷规模管理,转变为运用存款准备金率、中央银行贷款利率和公开市场业务等手段,调控货币供应量,保持币值稳定;监管各类金融机构,维护金融秩序,不再对非金融机构办理业务。

实行银行业和证券业分业管理,并组建货币政策委员会,及时调整货币和信贷政策。按照货币在全国范围流通和需要集中统一调节的要求,中国人民银行的分支机构为总行的派出机构,应积极创造条件跨行政区设置。建立政策性银行,组建国家开发银行和进出口信贷银行,改组中国农业银行,实行政策性业务与商业性业务分离。发展商业性银行,现有的专业银行要逐步转变为商业银行,商业银行要实行资产负债比例管理和风险管理。中央银行按照资金供求状况及时调整基准利率,并允许商业银行存贷款利率在规定幅度内自由浮动。改革外汇管理体制,建立以市场为基础的有管理的浮动汇率制度和统一规范的外汇市场,逐步使人民币成为可兑换的货币。

为了进一步落实这一改革方案,国务院于1993年12月25日作出了《关于金融体制改革的决定》,对如何建立中央银行的宏观调控体系、建立政策性银行、把国家专业银行办成真正的国有商业银行、建立金融市场、改革外汇体制、正确引导非银行机构稳健发展和实现金融管理的现代化等方面作出了详细具体的规定。

1997年夏,一场突如其来的金融危机打断了亚洲持续十几年的经济增长。这场危机持续了两三年之久,不仅沉重打击了亚洲经济,而且波及全球。中国的经济改革与经济建设也经受严峻考验。亚洲金融危机爆发后,中国金融体制和金融管理中存在的许多问题也逐步暴露出来,其中比较突出的,一是长期以来存在的政府行政干预信贷,银行与国有企业之间信用关系被扭曲的问题没有真正解决。二是国有专业银行没有真正形成自我约束、自主经营的机制,在内部控制和经营管理等方面,存在许多亟待解决的矛盾和问题。三是金融市场,尤其是证券市场还很不规范,法制不健全。四是金融监管薄弱,监管体系很不健全,市场准入和退出的机制不完善。五是金融秩序仍然比较混乱。如果这些问题不解决,一旦金融活动失控就会危及整个经济运行。

为了让广大的干部群众正确估量当前经济、金融的严峻形势,充分认识进一步深化金融改革和整顿金融秩序、防范和化解金融风险的重要性和紧迫性,1997年11月17日,中共中央、国务院在北京召开了全国金融工作会议,明确了做好这项工作的总体要求、指导原则、主要任务和重要措施。会议指出,金融是现代经济工作的核心,保证金融安全、高效、稳健运行,是国民经济持续、快速、健康发展的基本条件。必须按照建立社会主义市场经济体制的方向,深化和加快金融改革,进一步整顿和规范金融秩序,建立健全符合我国国情的现代金融体系和金融制度,引导金融业健康发展。会议要求,力争用三年左右时间大体建立与社会主义市场经济发展相适应的金融机构体系、金融市场体系和金融调控监管体系,显著提高金融业的经营和管理水平,基本实现全国金融秩序明显好转,化解金融隐患,增强防范和抗御金融风险的能力。

总体上看,为了应对亚洲金融危机的冲击,党和政府主要进行了以下工作:一是改革中国人民银行管理体制，把中国人民银行由原来按行政区划设置分支机构改为按经济区跨省设置分支机构。全国成立20个金融监管办事处，由各分行直接派员，对辖区内的金融业进行检查监督，并处理突发事件。1998年，成立了中共中央金融工作委员会、中央金融纪律检查委员会，配合银行按经济区跨省设置分支机构，完善金融系统党的领导体制。二是实行资产负债管理和风险管理，改变中央银行对金融机构的调控方式。在1994年放开其他金融机构贷款规模管理的基础上，1998年1月起正式取消四大国有独资商业银行贷款限额的控制，在逐步推行资产负债比例管理和风险管理的基础上，实行"计划指导，自求平衡，比例管理，间接调控"的管理体制。三是加快国有独资银行商业化步伐。国有独资商业银行分支机构按经济区划和业务量来确定其数量、规模，精简机构和人员，实行垂直领导，统一管理，分级经营，统一核算。同时，还改革了存款准备金制度，为了更好地促进货币工具的改善，增加商业银行资金的流动性，把过去的存款准备金和备付金合并，称"准备金存款"。为了保证商业银行存款支付和资金清算，于1999年建立专门负责收购和处理国有独资商业银行原有的不良信贷资产的金融资产管理公司。四是规范和稳定证券市场。中国证券市场是20世纪90年代迅速发展起来的，还不成熟。为了稳步推进社会主义市场经济建设，更好地发挥市场机制的作用，及时化解金融风险，中央通过《中华人民共和国证券法》的颁布执行来约束上市公司、证券公司和各类中介组织规范运作，守法经营，通过严格的市场监管，保证市场的长期稳定发展，防范金融风险，并通过颁布《证券投资基金管理暂行办法》来积极培育规范的机构投资者。同时，还采取了宏观手段，包括：努力增加出口；调整外资政策，更加积极地利用外资；积极扩大内需；严厉打击走私；等等。

面对这场亚洲金融危机，党和政府冷静分析，沉着应对，采取果断措施，经过一年多的努力，取得了举世瞩目的成绩。一方面，国民经济运行良好，改革和发展各项指标基本实现；另一方面，人民币汇率保持了稳定，而且稳中有升。这不仅是亚洲经济的一个"奇迹"，而且是全球经济的"亮点"。

以1992年邓小平南方谈话为起点，党和政府经过多年改革的实践与探索，建立了一个独立执行货币政策的中央银行宏观调控体系，实现了政策性金融市场与商业性金融市场相分离，并初步建立起一个统一的、有序竞争的、严格管理的金融市场体系，向最终实现金融业的规范化、现代化和国际化迈出了坚实的步伐。

三、推进经济结构的战略性调整与升级

经济结构能否得到及时调整和优化，是国民经济能否持续、快速、健康发展的

决定因素。中国共产党在新的历史时期通过从战略的高度分析国民经济运行的主要矛盾，积极推进经济结构的战略性调整。

党的十四大对中国产业结构调整作出了全面部署，提出："根据我国经济的现实情况和发展趋向，应当着力提高第一产业即农业的质量，稳步增加产量；继续发展第二产业，积极调整工业结构；大力促进第三产业的兴起。"① 经过一段时间的调整，国民经济的重大比例关系出现了明显变化，经济结构得到优化。但在两个根本性转变不断推进、供求关系发生逆转的情况下，经济结构中新的矛盾又不断产生，结构不合理问题依然十分突出。从世界范围来看，中国的产业结构无论是产值结构还是就业结构都处于较低水平；地区结构不合理、城乡结构矛盾突出不仅影响经济的平衡发展，而且影响到社会稳定，严重制约了经济发展。针对各种结构矛盾的相互交织，党的十五大提出对经济结构进行战略性调整："总的原则是：以市场为导向，使社会生产适应国内外市场需求的变化；依靠科技进步，促进产业结构优化；发挥各地优势，推动区域经济协调发展；转变经济增长方式，改变高投入、低产出、高消耗、低效益的状况。"② 1999年中共十五届四中全会通过的《中共中央关于国有企业改革和发展若干重大问题的决定》指出：我国结构调整进入攻坚阶段，"要实现国民经济持续快速健康发展，必须适应全球产业结构调整的大趋势和国内外市场需求的变化，加快技术进步和产业升级"③。在同年11月召开的中央经济工作会议上，江泽民再次强调："当前面临的经济结构调整不是暂时性、局部性的调整，而是战略性的调整。第一，这种调整，不仅要对低水平的、污染环境和浪费资源的落后生产能力坚决进行压缩，又要加快发展短缺的、技术含量高的和有国际竞争力的生产能力，特别要发展高新技术产业。第二，不仅要调整产品结构、产业结构和企业结构，还要对地区和城乡经济结构进行合理调整。第三，不仅要解决当前的市场供求问题，更要提高国民经济的整体素质和效益，着眼长远发展。""调整和优化经济结构，是促进经济发展，提高经济增长质量和效益的根本性措施。经济结构的每一次升级，都会带动经济发展上一个新台阶，这是经济发展的一个规律。"④ 2000年10月，中共十五届五中全会通过的《中共中央关于制定国民经济和社会发展第十个五年计划的建议》进一步提出，制定"十五"计划，要把结构调整作为主线。"经济结构战略性调整的主要任务是：优化产业结构，全面提高农业、工业、服务业的水平和效益；合理调整生产力布局，促进地

---

① 中共中央文献研究室编《十四大以来重要文献选编（上）》，人民出版社，1996，第23页。
② 中共中央文献研究室编《十五大以来重要文献选编（上）》，人民出版社，2000，第25-26页。
③ 中共中央文献研究室编《十五大以来重要文献选编（中）》，人民出版社，2001，第1018-1019页。
④ 中共中央文献研究室编《十五大以来重要文献选编（中）》，人民出版社，2001，第1070、1071页。

区经济协调发展；逐步推进城镇化，努力实现城乡经济良性互动；着力改善基础设施和生态环境，实现可持续发展。"①

党的十五大以来，党中央和国务院根据上述指导思想，大力推进经济结构调整，不断深化经济结构调整的实践，以新技术革命为支撑，以市场为导向，以经济全局和长远发展为着眼点，以提高经济的整体素质和竞争力、实现可持续发展为目标，对经济结构展开了全面调整。一个符合现代经济成长规律，符合小康社会建设要求，同时又有利于促进经济协调发展的经济结构开始形成。

第四节 制定和实施面向新世纪的经济发展战略与规划

世纪之交，中国共产党开始思考将一个什么样的中国经济带入新世纪的问题。在新的历史时期，为了加快现代化建设的步伐，进一步促进经济振兴和社会进步，中国共产党领导全国人民制定并实施了一系列面向新世纪的经济发展战略与计划。

一、"九五""十五"计划和 2010 年远景目标的制定

根据中共十四届五中全会通过的《中共中央关于制定国民经济和社会发展"九五"计划和 2010 年远景目标的建议》，1996 年 3 月，八届全国人大四次会议通过了《中华人民共和国国民经济和社会发展"九五"计划和 2010 年远景目标纲要》。这是第一个以社会主义市场经济体制为目标并以市场调节为基础的中长期规划，提出了经济社会发展的奋斗目标和指导方针，确定了宏观调控目标和政策，并阐明了改革开放、经济建设和社会发展的主要任务和政策措施。

该纲要提出：牢牢把握"抓住机遇、深化改革、扩大开放、促进发展、保持稳定"的大局是今后必须长期坚持的基本方针，要正确处理改革、发展、稳定三者的关系。今后 15 年，必须认真贯彻中共中央提出的关于国民经济和社会发展的九条方针：①保持国民经济持续、快速、健康发展。②积极推进经济增长方式转变，把提高经济效益作为经济工作的中心。③实施科技兴国战略，促进科技、教育与经济的紧密结合。④把加强农业放在发展国民经济的首位。⑤把国有企业改革作为经济体制改革的中心环节。⑥坚定不移地实行对外开放。⑦实现市场机制和宏观调控的有机结合，把各方面的积极性引导好、保护好、发挥好。⑧坚持区域经济协调发展，逐步缩小地区发展差距。⑨坚持物质文明和精神文明共同进步，经济和社会协调发展。这九条方针，是中国共产党对改革开放以来 17 年实践经验的总结，也是指导中国经济跨世纪

---

① 中共中央文献研究室编《十五大以来重要文献选编（中）》，人民出版社，2001，第 1371 页。

发展的指导方针。

"九五"期间国民经济和社会发展的主要奋斗目标是：全面完成现代化建设的第二步战略部署，到2000年，实现人均国民生产总值比1980年翻两番；基本消除贫困现象，人民生活达到小康水平；加快现代企业制度建设，初步建立社会主义市场经济体制。到2010年，实现国民生产总值比2000年翻一番，人口控制在14亿以内，人民的小康生活更加宽裕，形成比较完善的社会主义市场经济体制。

在"九五"计划顺利完成的基础上，十五届五中全会通过了《中共中央关于制定国民经济和社会发展第十个五年计划的建议》，提出第十个五年计划期间经济和社会发展的主要目标是：国民经济保持较快发展速度，经济结构战略性调整取得明显成效，经济增长质量和效益显著提高，为2010年国民生产总值比2000年翻一番奠定坚实基础；国有企业建立现代企业制度取得重大进展，社会保障制度比较健全，完善社会主义市场经济体制迈出实质性步伐，在更大范围内和更深程度上参与国际经济合作与竞争；就业渠道拓宽，城乡居民收入持续增加，物质文化生活有较大改善，生态建设和环境保护得到加强；科技教育加快发展，国民素质进一步提高，精神文明建设和民主法制建设取得明显进展。

经济发展跨世纪远景目标的提出、"九五"计划的完成以及"十五"计划的制定和实施，标志着中国共产党已经形成了成熟的跨世纪经济工作战略。这是新世纪党的经济工作进一步拓展和深化的战略保证。

二、制定和实施科教兴国战略

制定和实施科教兴国战略，是以江泽民同志为核心的党的第三代中央领导集体面对科学技术迅猛发展、综合国力竞争日趋激烈的时代背景，根据经济和社会发展规律以及中国国情作出的重大战略部署，是实现中国经济振兴和国家现代化的长远的根本大计。

1991年，海湾战争爆发，美国等西方国家依靠科学技术的优势，完全掌握了战争的主动权，再次向世人展示了高科技在现代战争和综合国力竞争中的重要作用。5月23日，江泽民在中国科协第四次代表大会上发表重要讲话，向全党发出了"把经济建设转移到依靠科技进步和提高劳动者素质轨道上来"的号召，并强调这一转移与十一届三中全会将党的工作重点转移到经济建设上来具有同等重要的战略意义。党的十四大报告中指出，振兴经济首先要振兴科技，把科技和教育放在优先发展的地位，要作为全党的共识进一步确定下来。1993年2月13日，中共中央、国务院制定了《中国教育改革和发展纲要》，提出教育优先发展的战略，要求到20世纪末，全民受教育水

第九章 转轨（1992—2001）
社会主义经济理论的全面创新与经济转轨的全面推进

平有明显提高；城乡劳动者的职前、职后教育有较大发展；各类专门人才的拥有量基本满足现代化建设的需要；形成具有中国特色的、面向 21 世纪的社会主义教育体系的基本框架。再经过几十年的努力，建立起比较成熟和完善的社会主义教育体系，实现教育的现代化。到 20 世纪末，中国要实现基本普及九年义务教育，基本扫除青壮年文盲，全面提高教育质量，建设好一批重点高等学校和一批重点学科。

1995 年通过的《中共中央、国务院关于加速科学技术进步的决定》明确提出了"科教兴国"战略。①科教兴国战略在反思传统的经济理论的基础上，对经济发展因素作出了新的判断，对经济发展模式作出了新的选择，把科技进步当作经济发展的决定性因素，把加速科技进步真正放在经济社会发展的关键地位。

该文件发布后不久，1995 年 5 月 26—30 日，党中央、国务院在北京隆重召开了全国科学技术大会。江泽民在这次大会上指出，"党中央、国务院决定在全国实施科教兴国战略，是总结历史经验和根据我国现实情况所作出的重大部署"，"是顺利实现三步走战略目标的正确抉择。实施科教兴国战略，必将大大提高我国经济发展的质量和水平，使生产力有一个新的解放和更大的发展"。②他要求各级党委和政府在制定国民经济和社会发展计划及相关政策中，都要真正把科教兴国战略落到实处。

党的十四届五中全会通过的《中共中央关于制定国民经济和社会发展"九五"计划和 2010 年远景目标的建议》将实施科教兴国战略作为国民经济和社会发展的指导方针确立下来，并提出了面向 21 世纪实施科教兴国战略的政策建议。科教兴国战略进入全面实施阶段。1997 年党的十五大进一步强调大力实施科教兴国战略，把加速科技进步放在了经济和社会发展的关键地位，并强调科技进步是经济发展的决定性因素，提出了明确具体的要求。在随后召开的十五届二中全会上，江泽民进一步指出，在当今国际经济形势下，"一个大国的经济发展，必须建立在坚实的物质技术基础和合理的经济结构之上，必须有自己强大的基础产业"。而这种物质技术基础和基础产业都必须以强大的科学技术作为支撑。江泽民还特别强调："要努力发展高新技术产业，加快形成我们自己的科技创新体系的步伐。这对于我国二十一世纪的发展至关重要。"③1999 年，中共中央、国务院召开了全国技术创新大会，对加强技术创新和加速高新技术产业化作出决议，制定了明确的方针、政策。

科教兴国，重在落实。党的十五大以来，结合经济体制改革的深化和经济结构的

---

① 中共中央文献研究室编《十四大以来重要文献选编（中）》，人民出版社，1997，第 1344 页。
② 中共中央文献研究室编《十四大以来重要文献选编（中）》，人民出版社，1997，第 1384、1385 页。
③ 中共中央文献研究室编《十五大以来重要文献选编（上）》，人民出版社，2000，第 204、207 页。

战略性调整,中国科教兴国战略的实施进入了一个全面推进的新阶段。1999年6月13日,中共中央、国务院发布了《关于深化教育改革,全面推进素质教育的决定》。该决定提出,必须从我国社会主义事业兴旺发达和中华民族伟大复兴的大局出发,进一步深化教育体制改革,全面推进素质教育,构建一个充满生机的有中国特色的社会主义教育体系,为实施科教兴国战略奠定坚实的人才和知识基础。两天后,中共中央、国务院在北京召开了改革开放以来的第三次全国教育工作会议。江泽民在会上发表讲话指出,各级党委和政府,都要将教育纳入战略发展重点和现代化建设的整体布局之中,保证教育优先的适度超前发展,提高教育支出在财政支出中的比例,提高资金使用效益。

这一时期,中国共产党落实科教兴国战略工作概括起来主要是:通过一个中心环节来推进其他工作。"一个中心环节"就是始终把促进科技、教育与经济发展和社会进步的结合作为关键,坚定不移地实施科教兴国战略。首先,从组织领导入手,加强了对科技、教育、经济这三者在改革、发展上的组织协调。1998年6月,中共中央、国务院成立了国家科技教育领导小组,朱镕基任组长,李岚清任副组长。其次,进行了重点部署。1999年,中共中央、国务院先后作出了《关于深化教育改革,全面推进素质教育的决定》和《关于加强技术创新,发展高科技,实现产业化的决定》,相继召开了全国教育工作会议和全国技术创新大会,对推进科教兴国战略的实施进行了具体的部署。最后,通过全面深化科技、教育体制改革,加快建立适应社会主义市场经济、有利于产学研结合的新型科技和教育体制。1997年江泽民在《国家科技领导小组第三次会议纪要》上批示:必须改革科技体制,从政策上支持和鼓励企业从事科研、开发和技术改造,加强应用技术的开发和推广,促进科技成果更快更好地向现实生产力转化,不断解决经济建设中的重大和关键技术问题,推动经济体制和经济增长方式的根本性转变。

三、制定和实施可持续发展战略

可持续发展,是党中央关注的另一个战略问题。鉴于一些国家在经济发展过程中对生态环境造成破坏,中国共产党和政府开始关注经济发展与环境保护的协调发展问题。

1992年6月,联合国在巴西里约热内卢召开环境与发展会议,通过了《里约环境与发展宣言》和《21世纪议程》两个纲领性文件。中国政府派代表团参加会议,并承诺履行会议文件。会后不久,国务院就组织编制《中国21世纪议程——中国21世纪人口、环境与发展白皮书》,作为实施《21世纪议程》的行动方案。

党的十四届五中全会正式将可持续发展战略纳入了"九五"计划和2010年远景目标纲要，明确地提出中国在第三步发展战略中要实行经济、生态和社会的可持续发展，并提出了今后5年和15年资源和环境保护的目标、工作重点和政策措施。1996年7月，江泽民在第四次全国环境保护会议上讲话指出：经济的发展，必须与人口、环境、资源统筹考虑，不仅要安排好当前的发展，还要为子孙后代着想，为未来的发展创造更好的条件，决不能走浪费资源、先污染后治理的路子，更不能吃祖宗饭、断子孙路。他的这番讲话为如何处理经济发展与保护环境的关系、如何实施可持续发展战略指明了方向。

针对生态恶化的现状，党中央、国务院决定投资几千亿元，实施六大林业重点工程，从根本上改善中华民族的生存条件，其规模之大、范围之广、投资之巨为历史所罕见。

党的十五大针对我国人口众多、资源相对不足的这一国情，提出要坚持计划生育和保护环境的基本国策，正确处理经济发展同人口、资源、环境的关系。把资源开发与节约并举，把节约放在首位，提高资源利用效率。统筹规划国土资源开发和整治，严格执行土地、水、森林、矿产、海洋等资源管理和保护的法律。实施资源有偿使用制度。加强对环境污染的治理，植树种草，搞好水土保持，防治荒漠化，改善生态环境。控制人口增长，提高人口素质，重视人口老龄化问题。在1998年召开的中央计划生育和环保工作座谈会上，江泽民指出，计划生育和环境保护工作关系经济社会的可持续发展，关系子孙后代的生存和繁衍，是必须长期坚持的基本国策。不仅本世纪最后这几年要抓得很紧，下个世纪也要抓得很紧，在整个社会主义初级阶段都要抓得很紧。各级党委和政府，一定要一年接一年、一届接一届地把计划生育和环境保护工作抓紧抓好。根据这次会议精神，有关部门制定了计划生育一票否决的制度。

1999年1月，根据中共中央有关精神，国家发展计划委员会组织有关部门制定了《全国生态环境建设规划》，提出了中国生态环境建设的奋斗目标，规划了优先实施的重点地区和重点工程，制定了生态环境建设的政策措施。

为了使可持续发展战略落到实处，1999年3月，中共中央在北京举行人口、资源、环境工作座谈会。江泽民主持会议并发表讲话指出，必须在保持经济增长的同时，控制人口增长，保护自然资源，保持良好的生态环境。这是根据我国国情和长远发展的战略目标而确定的基本国策。人口众多，资源相对不足，环境污染严重，已经成为影响我国经济和社会发展的重要因素。人口、资源、环境三方面的工作是一个具有内在联系的系统工程，必须从战略的高度深刻认识，并处理好经济发展同人口、资源、环境的关系，把这件事关中华民族生存和发展的大事作为紧迫任务，坚持不懈地抓下去。各级党政一把手要亲自抓，搞得如何、成效怎样，任期内要逐年考核，离任时要作出交代，工作失职的要追究责任。

在党和政府的积极推动下，可持续发展战略的实施在一些重要领域取得重大进展，加快了有关环境和生态保护立法的步伐，制定和进一步完善了一系列环境法规，形成了一整套行之有效的环境保护政策、法规与措施。特别是《中华人民共和国环境保护法》的颁布，促进了各项环境保护管理制度和措施的制定和稳步推进。在污染防治工作方面，加快污染由末端治理向源头控制转变。把环保计划指标纳入国民经济和社会发展计划，强化各级政府对环境的监督管理，并逐步增强城市环境建设的投入，通过加强环境科研，发展环保产业，以科学技术来促进环保事业的发展。各级政府以解决流域、区域和城市环境问题为重点，大规模开展了环境污染治理，结合压缩过剩生产能力，关闭淘汰了一大批技术落后、浪费资源、污染环境的企业。到1999年，全国23万家有污染的工业企业，81%实现了主要污染物排放达标；淮河、辽河、海河和太湖、滇池、巢湖流域的水污染防治工作取得阶段性成果；城市环境治理和保护取得明显进展；酸雨和二氧化硫控制区的污染防治初见成效。

四、制定和实施西部大开发战略

进入世纪之交，在中国现代化建设第二步战略目标即将实现的时候，党中央高瞻远瞩、总揽全局，制定和实施了西部大开发的战略决策。

这个决策源于邓小平在20世纪80年代中期和90年代初期提出的"两个大局"的战略思想，即：一个大局是东部沿海地区要充分利用有利条件加快对外开放，较快地发展起来，中西部地区要顾全这个大局；另一个大局是到20世纪末全国达到小康水平时，要拿出更多的力量来帮助中西部地区加快发展，沿海地区要顾全这个大局。[①]

对于中西部地区的发展，20世纪90年代中期党中央就开始酝酿规划，并相继作出一系列重大决策。党的十四届五中全会通过的《中共中央关于制定国民经济和社会发展"九五"计划和2010年远景目标的建议》强调：坚持区域经济协调发展，逐步缩小地区发展差距，要从"九五"开始，更加重视支持内地发展。1997年3月，八届全国人大五次会议批准党中央和国务院关于设立重庆直辖市的决定，使重庆成为中国面积最大、人口最多的直辖市。这是加快西部发展的重大举措。党的十五大强调："国家要加大对中西部地区的支持力度，优先安排基础设施和资源开发项目，逐步实行规范的财政转移支付制度，鼓励国内外投资者到中西部投资。进一步发展东部地区同中

---

① 刘宋斌等：《中国20世纪全史（第10卷）：改革大潮》，中国青年出版社，2001，第1123页。

第九章 转轨（1992—2001）
社会主义经济理论的全面创新与经济转轨的全面推进

西部地区多种形式的联合和合作。"① 这样，中国共产党便逐步地形成了西部经济开发工作的指导思想，即区域协调发展，并以此为指导，对经济工作作了相应部署。

西部开发面临的突出问题之一就是生态环境的保护与治理。为此，国务院采取了在西部地区退耕还林、还草和移民开发等一系列措施。同时，加大投入，加快改善西部地区基础设施和交通条件。1998年以后，在实施积极财政政策过程中，国家将更多的财力直接用于加快西部地区的基础设施建设。1998年国家增加的财政投资用于中西部地区的占62%，西部地区固定资产投资增长速度开始超过东部地区。

1999年以后，党中央将西部开发作为一项重大战略任务，摆到更突出的位置。6月9日，在中央扶贫开发工作会议上，江泽民指出："加快中西部地区发展步伐的条件已经具备，时机已经成熟"，"在继续加快东部沿海地区发展的同时，必须不失时机地加快中西部地区的发展。从现在起，这要作为党和国家一项重大的战略任务，摆到更加突出的位置"。② 1999年9月22日，十五届四中全会通过的《中共中央关于国有企业改革和发展若干重大问题的决定》明确指出："国家要实施西部大开发战略。"③ 2000年1月，国务院专门成立西部地区开发领导小组，朱镕基任组长，温家宝任副组长。其具体任务是：负责组织贯彻落实中央、国务院关于西部地区开发的方针政策；审议西部地区的开发战略、发展规划、重大问题和有关法规；研究审议西部地区开发的重大政策建议；协调西部地区经济开发和科教文化事业的全面发展，推进两个文明建设。为了贯彻中共中央关于实施西部大开发的精神，朱镕基先后赴西部六省区实地考察和调研，并提出实施西部大开发战略的工作重点：一是进一步加快基础设施建设；二是切实加强生态环境保护和建设；三是积极调整产业结构；四是大力发展科技和教育。

"十五"期间是实施西部大开发战略，加快中西部地区发展的重要时期。2000年10月11日，党的十五届五中全会通过的《中共中央关于制定国民经济和社会发展第十个五年计划的建议》，对实施西部大开发战略作了专题阐述。根据这次会议的有关精神，国务院明确规定西部地区开发的目标是：力争用五到十年的时间，使西部地区基础设施和生态环境建设取得突破性进展；到20世纪中叶，将西部地区建设成经济繁荣、社会进步、生活安定、民族团结、山川秀美的新西部。九届全国人大四次会议通过的《中华人民共和国国民经济和社会发展第十个五年计划纲要》从推进西部大

---

① 中共中央文献研究室编《十五大以来重要文献选编（上）》，人民出版社，2000，第27页。
② 中共中央文献研究室编《十五大以来重要文献选编（中）》，人民出版社，2001，第855页。
③ 中共中央文献研究室编《十五大以来重要文献选编（中）》，人民出版社，2001，第1009页。

开发、加快中部地区发展、提高东部地区的发展水平、形成各具特色的区域经济等方面，对如何实施西部大开发战略作出了具体规划。

自西部大开发战略启动到2001年的三年多里，在中国共产党的正确领导和各项政策措施的推动下，西部大开发取得重要进展。西部地区的经济和社会事业出现了加快发展的好势头，基础设施建设迈出了实质性步伐，生态环境保护和建设得到加强，科技教育和人才开发工作力度加大，对内对外开放逐步扩大，产业结构调整开始走上新路。西部大开发战略的实施有了一个良好的开局。

五、全面建设小康社会的战略部署

邓小平关于建立小康社会的思想提出后，一直是指导中国经济和社会发展的战略指导思想。党的十二大、"六五"计划、"七五"计划和党的十三大都对小康问题作了具体设计。到1990年，在全国绝大多数地区解决了温饱问题的历史背景下，党的十三届七中全会又正式作出了奔小康的战略决策，这样，奔小康就成为20世纪90年代中国经济和社会发展的主题曲，使中国经济和社会发展迅速向小康社会历史阶段推进。

经过全国各族人民的共同努力，1995年，中国国民生产总值提前五年实现翻两番，在这种情况下，中共十四届五中全会通过的《中共中央关于制定国民经济和社会发展"九五"计划和2010年远景目标的建议》初步提出了向第三步战略目标迈进的指导方针和主要任务，规定了到2010年国民经济和社会发展的主要奋斗目标，并第一次在党的文献中表明"我国还是处于小康阶段"。在党的十五大报告中，江泽民指出："现在完全可以有把握地说，我们党在改革开放初期提出的本世纪末达到小康的目标，能够如期实现。在中国这样一个十多亿人口的国度里，进入和建设小康社会，是一件有伟大意义的事情。"[1] 这是党的文件中第一次正式提出"建设小康社会"这一伟大的历史新任务。党的十五大还根据邓小平小康社会思想及其提出的第三步战略目标，正式提出21世纪新"三步走"的发展战略，即："第一个十年实现国民生产总值比二〇〇〇年翻一番，使人民的小康生活更加宽裕，形成比较完善的社会主义市场经济体制；再经过十年的努力，到建党一百年时，使国民经济更加发展，各项制度更加完善；到世纪中叶建国一百年时，基本实现现代化，建成富强民主文明的社会主义国家。"[2] 这是对建设小康社会战略的总体规划，是党的第三代中央领导集体对小康社会思想的丰富和发展。

---

[1] 中共中央文献研究室编《十五大以来重要文献选编（上）》，人民出版社，2000，第50页。
[2] 中共中央文献研究室编《十五大以来重要文献选编（上）》，人民出版社，2000，第4页。

此后,党中央在一系列重要会议中都继续发展关于建设小康社会的思想。2000年是新世纪的第一年,建立小康社会、实现现代化建设的第二步战略目标已成定局。在这种情况下,中国共产党正式提出了"全面建设小康社会"的历史任务。这一年10月召开的党的十五届五中全会指出:"从新世纪开始,我国将进入全面建设小康社会,加快推进社会主义现代化的新的发展阶段","开始实施第三步战略部署。这是中华民族发展史上一个新的里程碑"。① 在庆祝中国共产党成立80周年大会的讲话中,江泽民再次指出:"我国已进入了全面建设小康社会、加快推进社会主义现代化的新的发展阶段","要尽快地使全国人民都过上殷实的小康生活"。② 并提出了建设小康社会、推进社会主义现代化在经济、政治、文化、人的发展、人与自然的关系等方面的要求和任务。这就使全面建设小康社会的思想进一步丰富和完善起来。

第一,解决"三农"问题是全面建设小康社会的重中之重。我们的目标是建设一个惠及十几亿人口的较高水平的小康社会。而这十几亿人口的大多数,约有8亿是在农村。可以说,没有农村和农民的全面小康,就没有全国的全面小康。从实际情况来看,农村和农民实现全面小康的任务也最为艰巨。农村不仅有3000多万人没有解决温饱,还有6000多万人没有稳定地解决温饱。因此,统筹城乡经济社会发展,建设现代化农业,发展农村经济,增加农民收入,是全面建设小康社会的重点任务。

第二,全面建设小康社会是指物质文明建设、政治文明建设、精神文明建设。全面建设小康社会,最根本的是坚持以经济建设为中心,不断解放和发展生产力;发展社会主义民主建设,建设社会主义政治文明,是全面建设小康社会的重要目标;全面建设小康社会,必须大力发展社会主义文化,建设社会主义精神文明。这一全面论述,反映了中国共产党对社会主义建设规律认识的深化。

第三,全面建设小康社会必须处理好发展、改革与稳定之间的关系。发展是执政兴国的第一要务。能不能解决好发展问题,直接关系人心向背,事业兴衰。保持党的先进性,发挥社会主义制度的优越性,坚持党的基本路线和基本纲领,归根到底,要落实到发展先进生产力、发展先进文化、实现广大人民的根本利益上来。紧紧抓住发展这个第一要务,就从根本上代表了人民的愿望,把握了社会主义现代化建设的本质,使党的强国富民的要求不断实现。这是全面建设小康社会的根本任务。为了发展,必须坚持和深化改革,这是发展的强大动力。全面建设小康社会,不仅是现代化建设发展的新阶段,也是完善社会主义市场经济体制和扩大对外开放的关键阶段。要

---

① 中共中央文献研究室编《十五大以来重要文献选编(中)》,人民出版社,2001,第1369页。
② 江泽民:《论党的建设》,中央文献出版社,2001,第521、523页。

完成发展和改革的艰巨任务,必须有一个长期和谐稳定的社会环境。发展是目的,改革是动力,稳定是前提。在加快发展、深化改革的过程中,必须学会运用经济、行政、法律等各种手段妥善处理人民内部矛盾特别是利益矛盾,切实加强国家安全工作。总之,发展、改革、稳定,是全面建设小康社会总体格局中重要的三个方面,必须把三者有机地结合起来,才能顺利地实现全面建设小康社会的奋斗目标。

第四,必须处理好经济建设与人口、资源、环境的关系。全面建设小康社会,不仅要求加快经济建设、民主政治建设、思想文化建设,还必须正确处理经济建设与人口、资源、环境的关系,要建设可持续发展的物质文明和有利于人们生存和发展的生态环境,即可持续发展能力不断增强,生态环境得到改善,资源利用率显著提高,促进人与自然的和谐,推动整个社会走上生产发展、生活富裕、生态良好的文明发展道路。

第五节 转轨阶段经济工作的特点与经验

1992—2001年,在中国共产党的历史和中国社会发展历史上,是一个跨世纪的时期,也是中国共产党的经济工作取得重大历史成就的时期。经过近十年的努力,中国共产党领导中国人民在推进经济市场化、现代化和法治化等方面取得了令人瞩目的成就。初步建立了社会主义市场经济体制的基本框架,启动了全面融入国际经济体系的进程,人民生活初步达到了小康水平,初步构建了社会主义市场经济法律体系的基本框架。在全面总结、创新和拓展经济工作实践与理论的基础上,这一时期中国共产党的经济工作无论是在指导思想上还是在方法上都形成了鲜明的特点,凝聚成丰富的新鲜的经验。

一、转轨阶段经济工作的特点

到20世纪90年代初期,中国共产党面临着如何在前十多年改革理论与实践探索的基础上进一步深入探索的历史使命。时代将两个重大理论与实践问题摆在中国共产党人面前,即"什么是社会主义、怎样建设社会主义","建设一个什么样的党、怎样建设党"。1992—2001年,中国共产党在邓小平理论和"三个代表"重要思想的指导下,对这两个问题进行了卓有成效的探索。因此,这一时期中国共产党经济工作的展开具有鲜明的时代特征。一方面,中国共产党开始立足时代的要求总结党的执政理论,经济工作被提升到执政党建设的高度;另一方面,中国共产党面临着领导中国跨入新世纪的任务,经济工作成为跨世纪的主题之一。这种时代特征决定了这一时期中国共产党的经济工作具有诸多特点。

（一）经济工作地位进一步提升

1979年以来，中国共产党已经将工作重心转移到经济建设上来，经济工作成为党和国家工作的重点领域。但是，如何从社会主义建设和党的建设的高度认识经济工作的地位和内涵，还是一个留待探索的问题。1992年以来，中国共产党在集中探索"什么是社会主义、怎样建设社会主义"的过程中，先后形成了"三个有利于""三个代表"和"发展是党执政兴国第一要务"等重要思想，这些思想进一步从社会主义建设和党的建设的角度提升了经济工作的地位，丰富了经济工作的内涵。

首先，"三个有利于"标准拓展了党的经济工作的探索空间。20世纪90年代，东欧剧变、苏联解体以及发达国家共产党组织纷纷改弦易辙，世界社会主义运动遭受了严重的挫折。同时，中国的改革开放经过十多年的探索与发展，已经取得了举世瞩目的成就，经济管理体制、经济形式发生了重大变化。但是，社会主义在实践中的探索和发展，经常伴随着右的和"左"的干扰，一些人自觉或不自觉地用"姓资姓社"的视角看待这些变化，导致改革开放难以迈开步子。邓小平在南方谈话中提出的"三个有利于"拓展了党的经济工作特别是改革开放的探索空间。

邓小平在南方谈话中指出，判断改革成败有三条标准，即主要看是否有利于发展社会主义社会的生产力，是否有利于增强社会主义国家的综合国力，是否有利于提高人民的生活水平。这三条，实质上就是发展生产力。因为增强综合国力和提高人民生活水平，离开生产力的发展都是办不到的。"三个有利于"标准的提出，进一步提升了经济工作在党的工作中的地位，依据"三个有利于"的标准，必须把发展生产力即经济工作放在突出重要位置。同时，"三个有利于"标准的提出，改变了把生产关系、政治态度、意识形态等作为衡量经济工作特别是改革开放的标准的思维方式，回归到马克思主义的生产力标准观。

其次，"三个代表"重要思想明确了经济工作在党的各项工作中的突出地位。到世纪之交，中国共产党面临的国内外形势发生了重大变化。国际上，和平与发展仍是时代的主题，世界多极化的趋势不可逆转，但霸权主义和强权政治有新的发展；经济全球化乃大势所趋，中国虽然加入世界贸易组织，但不公正、不合理的国际经济旧秩序依然存在；信息化、网络化使科技发展突飞猛进，知识创新力度加大；以经济和科技竞争为基础的综合国力的竞争日趋激烈，且具有很强的政治性质，越来越成为决定一个国家前途命运的主导因素。从国内环境看，进入新世纪，中国进入了全面建设小康社会，加快推进社会主义现代化的新的发展阶段；改革进入了全局性的整体推进时期,任务艰巨而复杂;社会生活的各个方面都出现了多元化的特征。这些都对中国共产党在包括经济工作在内的各项工作的领导水平和执政水平方面提出了新的更高的要求。

在此背景下,以江泽民同志为核心的党的第三代中央领导集体,认真总结国际国内正反两个方面的历史经验,紧密结合国内外形势的新变化,对建设有中国特色的社会主义的经济、政治、文化,作出了更加全面、系统、深刻的探索,逐渐形成了"三个代表"重要思想。2000年2月25日,江泽民在广东省考察工作时首次完整地提出了"三个代表"重要思想。他指出:"总结我们党七十多年的历史,可以得出一个重要的结论,这就是:我们党所以赢得人民的拥护,是因为我们党在革命、建设、改革的各个历史时期,总是代表着中国先进生产力的发展要求,代表着中国先进文化的前进方向,代表着中国最广大人民的根本利益,并通过制定正确的路线方针政策,为实现国家和人民的根本利益而不懈奋斗。"① 2001年7月1日,江泽民发表重要讲话,他围绕在新的历史条件下"建设一个什么样的党和怎样建设党"这个基本问题,对中国共产党必须始终代表中国先进生产力的发展要求,始终代表中国先进文化的前进方向,始终代表中国最广大人民的根本利益,作出了全面系统的阐述,形成了"三个代表"重要思想。

"三个代表"重要思想明确了新的历史时期经济工作在党的各项工作中的突出重要地位。"始终代表中国先进生产力的发展要求"是"三个代表"中的基本方面。这就将发展生产力,从而将党的经济工作放在一个突出重要的位置。

最后,"第一要务"的提出明确了经济工作在执政党建设中的价值意义。长期以来,中国共产党作为一个执政党,十分重视执政的要务问题。邓小平强调:"发展才是硬道理。"② 江泽民鲜明地提出,必须紧紧抓住发展这个执政兴国的第一要务,并代表全党提出了全面建设小康社会这一新世纪的奋斗目标,阐明了中国共产党要承担起推动中国社会进步的历史责任,必须始终紧紧抓住发展这个执政兴国的第一要务,把坚持党的先进性和发挥社会主义制度的优越性,落实到发展先进生产力、发展先进文化、实现最广大人民的根本利益上来,推动社会全面进步,促进人的全面发展的思想。

将发展当作党执政兴国的第一要务,就从执政党建设的高度肯定了经济工作的价值意义。如果说1979年提出将党和国家的工作重心转移到经济建设上来,标志着经济工作开始成为党的工作重点,而将发展作为"第一要务"则标志着将党的经济工作上升到执政兴国的高度,将经济工作与执政党的建设,与执政兴国的价值目标统一起

---

① 江泽民:《论"三个代表"》,中央文献出版社,2001,第2页。
② 邓小平:《邓小平文选(第三卷)》,人民出版社,1993,第377页。

来，使经济工作的地位具有了不可动摇的性质。

（二）注重经济发展战略的制定和实施

1992—2001年是中国构建社会主义市场经济体制的关键时期，也是中国经济发展跨世纪的时期，这需要党中央在领导经济体制改革和经济发展的过程中更加注重战略问题。这一时期，中国共产党在领导经济工作的过程中，逐渐实现了党与政府之间的分工，从而可以集中精力关注经济体制改革与经济发展中的战略问题。这一时期，党中央注重制定跨世纪的经济体制改革与经济发展战略，并着力推进这些战略的实施。

首先，注重战略的全面性。这一时期中国共产党制定与实施的经济战略涉及经济体制改革与经济发展等方面。在经济体制改革方面，党的十四届三中全会通过的《中共中央关于建立社会主义市场经济体制若干问题的决定》构建了经济体制改革的战略推进方略。在经济发展方面，十四届五中全会审议并通过的《中共中央关于制定国民经济和社会发展"九五"计划和2010年远景目标的建议》，对未来15年中国的经济和社会发展提出了完整的战略构想。

其次，注重战略跨世纪的衔接性。在经济体制改革方面，到21世纪初期，中国已经初步建立社会主义市场经济体制以后，党中央又提出了到2010年建成完善的社会主义市场经济体制的战略构想，将社会主义市场经济体制的建立与完善这两个战略阶段衔接起来。在经济发展方面，根据《中共中央关于制定国民经济和社会发展"九五"计划和2010年远景目标的建议》，八届全国人大四次会议批准了《中华人民共和国国民经济和社会发展"九五"计划和2010年远景目标纲要》，这个纲要是中国在发展社会主义市场经济条件下的第一个中长期规划，也是经济和社会全面发展的跨世纪蓝图。这个纲要突出了宏观性、战略性和政策性。纲要重点放在"九五"计划，同时着眼于21世纪前十年的发展，提出了轮廓性的远景目标，使20世纪末和21世纪初的经济发展战略衔接起来。

再次，注重战略的细化和具体化。为了将这些战略的实施落到实处，党中央注重制定和实施具体的经济战略。20世纪90年代以来，党中央先后制定了科教兴国、西部大开发、可持续发展、新型工业化战略等。正是这些具体的战略，保证了经济体制改革与经济发展宏观战略的实现。

最后，注重抓战略的落实与实施。党中央采取了一系列措施推进经济战略的实施。一是加强战略实施的组织领导。例如，为了切实实施科教兴国战略，1996年3月18日，党中央、国务院决定成立国家科技领导小组，李鹏任组长。为了协调科技与教育的发展，1998年6月，党中央、国务院决定成立国家科技教育领导小组，朱镕基任组长。为了实施西部大开发战略，2000年1月，党中央、国务院决定成立国务院西部地区开发领导小组。二是抓战略的实施方案。例如，为了推进现代科学技术的发展，1994年3月，国家计划委员会、国家科学技术委员会、国家经济贸易委员会联合发布了《九十年代我国经济发展的关键技术》，包括农业、能源与环境、交通运输、原材料与资源、信息与通信、制造技术、生物技术等7个领域共35项关键技术。这些关键技术对于20世纪90年代和21世纪初期国家经济的繁荣发展至关重要。2001年5月，国家发展计划委员会又宣布了"十五"计划高技术产业重点，包括高速宽带信息网络、深亚微米集成电路、软件产业等战略性领域。为了发展教育，1999年2月24日，国务院为贯彻《中华人民共和国教育法》和《中国教育改革和发展纲要》，批准《面向21世纪教育振兴行动计划》，提出了跨世纪教育改革与发展施工蓝图。

（三）驾驭复杂经济工作局面的能力逐渐增强

1992—2001年间，中国共产党是在极其复杂的国际国内环境中开展经济工作的。从国内看，在构建社会主义市场经济体制的过程中要驾驭社会经济转轨中出现的各种问题，包括宏观经济稳定、收入分配格局调节、地区差别调整、利益关系调整等。从国际上看，要处理好国内经济体制改革、经济发展与规避亚洲金融危机的关系，在加入世界贸易组织的过程中要处理好加快民族经济发展与对外开放的复杂关系。所有这些，对中国共产党的经济工作能力形成挑战。这一时期，中国共产党沉着应对各种挑战，经济工作能力逐渐提高。

首先，驾驭宏观经济运行的艺术逐渐成熟。"软着陆"的成功实现就是突出的例子。1992—1993年间，在加快发展的过程中，一些地方和部门片面追求高速度，同时，由于旧的宏观调控机制逐渐失效，新的宏观调控机制尚未完善，经济运行中出现了新的过热现象。如果不抓紧采取宏观调控措施，势必引起社会供需总量严重失衡，通货膨胀进一步加剧，甚至会引起大的经济波动，影响社会稳定。党中央和国务院及时发现上述问题，并果断采取一系列加强宏观调控的措施。到1996年，经过三年的努力，宏观调控取得了显著成效，过度投资得到控制，金融秩序逐步好转，物价涨幅明显回落，经济增长仍然保持较高速度，经济结构得到调整，中国经济成功地实现了发展过快到"高增长，低通胀"的"软着陆"，既保持了经济的较快增长，又有效地抑制了通货膨胀，避免了大起大落，同时又实现了经济体制改革的持续推进，这在中华人民共和国成立以来的经济发展史上是没有先例的。

中华人民共和国成立以来，中国经济发展中多次出现经济过热，而且酿成经济波动。面对1992年出现的经济过热苗头，如何一方面避免大的经济波动，一方面保持经济的适度发展，需要有高超的经济工作方法和艺术。经济"软着陆"的成功实现，表明中国共产党已经形成了比较成熟的宏观经济管理方法和艺术。具体来说，一是认真吸取历史经验教训，在对宏观经济形势的判断上始终保持清醒的头脑。1992年4月4日，在经济过热只是出现苗头时，江泽民就写信给中央其他领导同志，提出要善于把干部群众的积极性引导好、保护好、发挥好。要在深化改革上下狠功夫，避免只在规模上做文章，以防止出现新的重复建设和产品积压。1993年1月，邓小平谈到：走一步回头看一下是必要的。要注意稳妥，避免损失，特别要避免大的损失。二是在党内统一对经济形势判断的认识。1992年10月，中央召开经济情况通报会，向各地、各部门和军队的主要负责同志通报宏观经济中正在出现的新问题。1993年3月，中央召开各省省委书记、省长会议，讨论制止乱集资、乱拆借、房地产热和开发区热等问题。4月1日，中央再次召开经济情况通报会，要求各地坚持实事求是和解放思想的统一，做到既要加快发展，尽力而为，又要从实际出发，量力而行。避免人的起伏，避免大的损失，把经济发展的好势头保持下去。6月13日和14日，江泽民在西安主持召开西北五省区经济工作座谈会，再次强调，为了有效地发挥市场在资源配置中的基础性作用，要十分重视加强宏观调控。经过一系列的工作，党内特别是领导干部对于宏观经济形势的认识趋于一致，为中央和国务院采取进一步的宏观调控措施准备了条件。三是协调行动，采取统一的措施。1993年6月24日，中共中央印发《中共中央、国务院关于当前经济情况和加强宏观调控的意见》，文件以整顿金融秩序为重点，提出了16条措施，要求各地各部门从全局出发，从长远的持续发展出发，协调行动步伐。宏观调控措施开始在全国得到切实贯彻，经济过热的势头开始得到遏制。四是在宏观调控手段上实行创新，即避免历次宏观经济紧缩中主要采取行政手段的方法，针对市场经济体制的要求，主要采取经济手段，同时采用必要的行政手段和组织措施，以经济手段保证中央政令和各项宏观调控措施的贯彻。在当时实施的16条措施中，有13条主要强调的是运用经济手段。五是正确处理宏观经济调控与深化改革的关系。党中央认识到，尽管有宏观经济过热，但经济形势总的来说是好的。好的形势来自改革，保持和发展好的形势又必须深化改革。要不失时机地加快改革的步伐，这是解决当前经济生活中的突出矛盾和问题的根本出路。为了有效地发挥市场在资源配置方面的基础作用，要十分重视加强宏观调控，这既是建立社会主义市场经济体制的重要内容，也是深化改革的重要方面。因此，在治理经济过热的过程中，要着眼于加快改革步伐，采用新思路、新办法，从加快新旧体制转换中找出路，把改进和加强宏观管理，解决经济中的突出问题，变成加快改革，建立社会主义市场经济体制的动力。

其次，应对国际经济形势变化的能力逐渐增强。成功应对亚洲金融危机的冲击就是一个突出的例子。1997年夏天爆发的亚洲金融危机不仅沉重打击了亚洲经济，而且影响波及全球。印度尼西亚、泰国、韩国、马来西亚、菲律宾等国的货币对外贬值50%以上，新加坡、日本的货币对外贬值10%—20%，俄罗斯连续发生四次金融危机，卢布暴跌。而中国不仅保持了人民币币值稳定，而且保持了经济的高速增长，堪称亚洲经济的奇迹。其所以如此，主要是因为党和政府从容应对，采取了坚定而合适的应对策略。具体来说，一是党和政府高层高度关注和警惕亚洲金融危机对中国的影响。这场危机刚爆发，党和政府就多次研究如何应对的问题，而且将这种应对提高到保障国家经济安全的高度予以认识。二是慎重决策，坚持人民币不贬值。在这场危机中，人民币承受巨大的贬值压力。一派观点基于保证出口增长的需要主张人民币贬值，但是，经过反复论证，中央高层认识到，人民币贬值必然带来港币贬值，从而加剧亚洲地区的货币贬值，必然使已经出台的汇率改革的成果大打折扣，损害外商投资利益，因此，人民币贬值得不偿失，代价高昂。因此，中央决定人民币不贬值。实践证明，人民币不贬值，不仅对中国经济的发展，而且对促进亚洲经济走出困境，都具有重大意义。三是采取一系列强有力的经济政策，保持经济的稳定发展。1998年年初，面对不断加剧的金融危机，中央提出"坚定信心，心中有数，未雨绸缪，沉着应付，埋头苦干，趋利避害"的应对总方针，制定和实施了扩大内需、积极扩大出口、适当增加进口等重大决策。下半年，针对国内需求对经济拉动力度不够，经济增长速度减缓的趋势，中央又果断决定实施积极的财政政策和稳健的货币政策。经过一年多的努力，中国经济成功地应对了亚洲金融危机的挑战。

最后，成功处理了港澳回归中的经济问题。香港、澳门回归，是中华民族发展史上的大事，处理好港澳回归中的各种问题，关系到香港和澳门的未来发展，如何处理这些问题，也是对党和政府能力的考验。在港澳回归过程中，经济问题的处理是关键性的。例如，在香港回归之前，港督彭定康在施政报告中提出了不少跨越1997年的财政经济政策和承诺，例如排污工程跨越1997年，大量的工程投资关系到1997年以后香港特别行政区政府的财政能力。同时，伴随香港的回归，香港和内地之间的大型工程如果不协调，也会造成损失，不利于两地经济发展。因此，妥善处理经济问题，对于保持政策连续性，促进香港与内地的经济发展至关重要。为了解决这些问题，1993年7月，党中央和国务院决定在香港特别行政区筹委会预备工作委员会下专门成立经济专题小组。经济专题小组依据确保政权顺利交接和香港长期繁荣的原则，先后召开21次专题会议，完成了退休保障问题、香港政府资产分布管理及交接、香港政府财政预算案编制、香港特别行政区土地基金的交接、香港与邻近地区基建衔接和香港与内地贸易统计等8份课题研究报告，形成了12份建议和意见，在政府资产移交等与

1997年政权移交相关的财经事务，新机场建设、联席汇率等对平稳过渡和香港特别行政区经济有重大影响的事项以及"九七"后两地经济往来政策方面提出了诸多决策建议。1996年3月25日，全国人大香港特别行政区筹备委员会经济小组成立，并对筹委会预备工作委员会经济专题小组提出的上述意见与建议进行逐项研究，分别建议由中央政府主管部门处理或提交特区政府。决定在经济小组下设债务清理、大型基建、财政金融和香港经济发展方向四个专责小组开展工作。到1997年5月，经济小组召开多次会议，为香港政权交接中经济问题的处理以及特别行政区成立以后的经济工作奠定了基础。到6月底，中英联合联络小组根据经济小组的工作建议与意见，先后就政府资产移交等重大经济问题的处理签署文件，完成了香港政权移交中的经济工作。此后，党中央和国务院主要以《中华人民共和国香港特别行政区基本法》为依据，处理内地与香港之间的经济关系。1998年5月5日，全国人大澳门特别行政区筹备委员会成立，与此同时，启动和完成了澳门回归中的经济工作。

（四）在经济工作中始终关注弱势群体

"治政之要在于安民，安民之道在于察其疾苦"，提高人民生活水平，是中国共产党开展经济工作的基本出发点。1992—2001年间，中国经济体制改革向深层次推进，各种矛盾开始暴露，利益关系对各项改革措施的敏感程度提高，在这种情况下，将经济工作与关心人民群众生活有机结合起来，是摆在中国共产党面前的突出任务。这一时期，中国共产党不仅提出了"三个代表"这一重要的指导思想，而且在经济工作中切实履行这一思想。突出表现在，在经济工作中始终关注困难群体。

首先，关注国有企业下岗职工生活问题。在国有企业改革过程中，出现了比较多的下岗职工，其基本生活遇到困难。党中央对此予以高度关注。党中央多次强调，国有企业的广大职工，几十年来为了国家的经济建设、改革开放和国有企业的发展壮大，作出了重大贡献，各级党委和政府要时刻关心他们，维护他们的切身利益。1998年5月14日，党中央、国务院召开下岗职工生活保障和再就业工作会议，制定企业富余人员下岗分流和实施再就业工程的措施。会议指出，这项工作不仅是重大的经济问题，而且是重大的政治问题。下岗职工的基本生活费一定要有保证。资金由政府、企业和社会承担。6月，中共中央、国务院发布《关于切实做好国有企业下岗职工基本生活保障和再就业工作的通知》，指出今后一个时期，必须把解决国有企业下岗职工的基本生活保障和再就业问题作为首要任务，并力争每年实现再就业的人数大于当年下岗职工的人数，1998年使已经下岗的职工和当年新增下岗职工的50%以上实现再就业。力争用五年左右的时间，初步建立适应社会主义市场经济体制要求的社会保障体系和就业机制。

中央领导人还多次深入基层,就下岗职工的就业与生活问题进行调查研究,慰问生活困难的职工。各地按照中央的部署先后为下岗职工建立起"三条保障线":一是下岗职工的基本生活保障费;二是三年后未就业者转为享受失业保险;三是享受失业保险满两年仍未就业者,可以按规定享受城镇居民最低生活保障。与此同时,各级政府通过加强各种形式的职业培训,拓宽就业渠道,建立起再就业服务中心,引导职工转变就业观念,大力推进下岗职工再就业工程。1998—2000年间,全国累计有2100万国有企业下岗职工进入再就业服务中心,其中1300万人实现了再就业,为国有企业改革的顺利进行提供了有力保证。

其次,始终高度关注农民收入问题。一方面,从点上看,关注扶贫开发问题。1993年,全国农村没有解决温饱的贫困人口尚有8000万人,主要集中在国家重点扶持的贫困县,分布在中西部的深山区、石山区、荒漠区、高寒山区、黄土高原区、地方病高发区以及水库库区。尽管贫困人口占全国农村人口的比重不到9%,但扶贫开发的任务十分艰巨。在发展社会主义市场经济的条件下,尽快解决贫困地区群众的温饱问题,缓解以至彻底消灭贫困,不仅关系到逐渐缩小东西部地区差距,而且关系到生活安定、民族团结、共同富裕以及为全国深化改革创造条件。

1994年年初,党中央和国务院决定实施《国家八七扶贫攻坚计划》,即从1994年到2000年间,集中人力、物力、财力和社会各界力量,力争用七年时间,基本解决8000万农村贫困人口的温饱问题。1996年9月,党中央和国务院作出《关于尽快解决农村贫困人口温饱问题的决定》,要求全党和全社会切实做好工作,确保实现在20世纪末期基本解决农村贫困人口温饱问题的战略目标。1999年中央再次召开扶贫开发工作会议,制定了《关于进一步加强扶贫开发工作的决定》。

由于党中央和国务院的高度重视以及社会各界的有力支持,扶贫开发工作取得明显成效。1999年,全国592个贫困县的农民人均收入达到1347元。到2000年,农村贫困人口由1978年的2.5亿人减少到3000万人,国家"八七"扶贫攻坚计划基本完成。① 2001年5月24日,中央召开扶贫开发工作会议,会议总结了《国家八七扶贫攻坚计划》实施以来的成就与经验,讨论《中国农村扶贫开发纲要(2001—2010年)》,部署21世纪头十年的扶贫开发工作。

另一方面,从面上看,关注增加农民收入和减轻农民负担问题。1996年以后,在

---

① 国务院研究室编写组编《九届全国人大四次会议"十五"计划纲要报告学习辅导》,中国言实出版社,2001,第186页。

实现农业生产稳步增长的同时，出现了农产品供给相对过剩，市场粮价持续下降，农民收入增速放慢。为此，党的十五大以后，党中央和国务院将继续深化农村改革，确保农业和农村经济发展，增加农民收入，作为农业和农村工作的中心任务。这一时期，主要采取了深化粮食流通体制改革和推进农业和农村经济结构的战略性调整等措施。通过这些措施，种植业结构进一步优化，畜牧业发展步伐加快，农产品加工转化增值能力提高，农民收入水平也相应提高。

十五届三中全会以后，农村改革与农业发展迈出了新的步伐。其中最主要的，就是针对多年来农民负担过重、增收困难以及税费制度不合理而进行农村税费改革。2000年3月2日，中共中央、国务院发出《关于进行农村税费改革试点工作的通知》。主要内容是：取消乡统筹费和农村教育集资，取消屠宰税，取消统一规定的劳动积累工和义务工；调整农业税和农业特产税；改革村提留征收使用办法。经过一年多的试点，取得初步成效，大幅度降低了农民负担，初步规范了农村生产关系等。

（五）重视调查研究和经济决策的科学性

1992—2001年间，中国共产党在开展经济工作特别是制定重大决策的过程中，特别强调调查研究和咨询论证，以确保决策的科学性和可行性。

首先，强调战略规划的前期调查研究。例如，1993年上半年，党中央和国务院着手制定建立社会主义市场经济体制的总体规划。这项工作以开展调查研究为先导。党中央、国务院和地方共300多人组成16个专题调研组，分赴各地进行深入调查研究，为制定建立社会主义市场经济体制的总体规划作了充分的准备。在调查研究的基础上，起草了《中共中央关于建立社会主义市场经济体制若干问题的决定》初稿。在起草过程中，中共中央政治局常委和政治局多次听取汇报，提出修改意见和要求，并多次召开党内外各方面人士座谈会，对文件进行修改、补充和完善。在党内外多数同志对建立社会主义市场经济体制总体规划取得统一认识的基础上，1993年11月11日至14日，党中央召开的十四届三中全会审议并通过了《决定》。再例如，"九五"计划和未来远景规划的制定，早在1993年就已经开始酝酿。1994年年初，根据中央的指示，国家计委要求各地计委及国务院各有关部门，并委托中国科学院、中国社会科学院、国务院发展研究中心等单位，全面系统地研究"九五"计划和2010年规划问题。1995年3月，在中央直接领导下，成立了起草小组，同时，中央组织了15个调研组，分别对国民经济和社会发展中的一些重大问题展开调研。在充分调研的基础上，《中共中央关于制定国民经济和社会发展"九五"计划和2010年远景目标的建议》草案经过近5个月的反复修改，逐渐臻于成熟。在"九五"计划即将完成的时候，党中央就开始筹划新的战略部署。2000年春,国家计委发布国家即将研究制定第十个五年计划的信息,并向有关研究机构下达"十五"计划重大研究课题,组织国内有关专家对"十五"期间需要着重解决的问题进行调查研究。同时利用信息网络,设立"十五"计划献计献策专栏,广泛听取社会各界意见。在计划制定过程中,江泽民等党和国家领导人多次听取各部门汇报。经过发扬民主,集思广益,最后形成共识。

其次,实行重大决策出台前的民主协商制度。到1995年,中共中央、国务院已经形成就国家的大政方针在出台前及时向各民主党派中央、全国工商联和无党派人士协商,听取意见的制度。从党的十一届三中全会以来,民主党派中央领导人参加中共中央、国务院召开的或委托有关部门召开的民主协商会、座谈会、情况通报会150余次,其中,党的十四届三中全会以来就有82次。在协商中,各民主党派中央领导人提出了许多好的意见和建议,受到中共中央和国务院的重视与采纳。①

最后,充分发挥各类咨询机构在重大决策中的咨询作用。为了整合学术力量提供决策咨询,1994年5月22日,中共中央政策研究室、国务院研究室、国务院发展研究中心、国家统计局等有关政策研究部门联合发起组织成立中国决策科学研究会,这是中国首个专门从事政策科学研究,广泛开展调查研究,为各级决策部门提供政策与决策咨询的全国性学术团体。1994年6月,中国工程院成立,这是全国工程技术界最高荣誉性和咨询性学术机构。1994年12月22日,由国家科学技术委员会和中共中央政策研究室、国务院研究室、国务院发展研究中心、国家计划委员会、国防科学技术工业委员会等单位组织的全国软科学工作会议召开。自1986年全国软科学工作座谈会以来,全国的软科学工作者参与了三峡工程、南水北调工程、长江口拦门沙综合治理工程等重大工程的决策。江泽民在接见会议代表时指出,在党和政府的倡导下,软科学研究已经成为决策的重要环节,面向国民经济和社会发展的重大问题,组织开展了一系列专题研究,为党和政府的决策及时提供了科学依据。

二、转轨阶段经济工作的经验与启示

1992年到2001年间,中国共产党的经济工作积累了丰富的经验,这些经验构成对未来经济工作的启示。

(一)在经济工作中要善于抓战略机遇

在日益复杂与多变的国际国内形势下开展经济工作,必须善于在错综复杂的形势

---

① 邹爱国、胡清海:《中共中央国务院就重大问题与党外人士协商已形成制度 十六年来举行民主协商会座谈会150余次》,《人民日报》1995年2月26日,第1版。

中把握机遇。中国共产党是具有机遇意识的政党。1992—2001 年间，中国共产党经济工作最基本的经验就是，抓住了 20 世纪 90 年代初期经济发展的战略机遇，实现了十年的快速发展。而在 21 世纪初期，中国共产党又抓住了新的战略性机遇。

经济发展中的机遇是稍纵即逝的，而且，在机遇出现的时候，由于情况复杂，人们的思想难以统一，因此，机遇往往也是难以抓住的。要抓住机遇，首先必须有机遇意识，其次要善于发现机遇，再次要善于统一抓住机遇的思想与行动。1992 年，中国共产党做到了这三点，所以，成功地抓住了 20 世纪 90 年代初期的一次发展机遇。

1992 年以前，治理整顿的结束和"七五"计划的完成，为加快改革开放创造了有利条件。与此同时，世界格局多极化和经济全球化的发展趋势、周边一些国家加速发展的势头，在对中国形成严峻挑战的同时，也提供了新的发展机遇。但是，这一时期，人们在思想认识上尚未从"左"的束缚中解放出来，一些人提出了改革开放是姓"社"还是姓"资"的问题，一些人则由于思想顾虑，在行动上不敢改革，不敢开放，不敢发展。如果这种状况长期持续，中国势必丧失一次大好的发展机遇。

1992 年以后，党中央召开了一系列专题座谈会，研究加快改革和发展的问题。邓小平南方谈话则明确揭示了当时存在的机遇，提出要抓住机遇。他反复强调，现在就是好机会。要抓住机会，发展自己，关键是发展经济。重要的是我们一定要抓住机会。1993 年 1 月，邓小平在上海向当地负责同志谈到：希望你们不要丧失机遇，对于中国来说，大发展的机遇并不多。此后，党中央通过一系列的学习活动统一了全党抓机遇的意识与行动。到党的十四大，抓住机遇加快发展已经成为全党的共识。党的十四大指出：我国经济能不能加快发展，不仅是重大的经济问题，而且是重大的政治问题。现在国内条件具备，国际环境有利，既有挑战，更有机遇，是加快发展、深化改革，促进社会全面进步的好时机，要紧紧抓住这个好时机。根据党的十四大的精神，党的十四届二中全会确立了抓住国际国内有利时机，在整个 20 世纪 90 年代加快改革开放和现代化建设步伐的指导思想。为此，八届全国人大一次会议通过了中共中央提出的《关于调整"八五"计划若干指标的建议》，将"八五"期间的经济增长速度由原定的 6% 调高到 8%—9%。

正是由于抓住了 20 世纪 90 年代初期的这次机遇，中国共产党才得以在这个时期的经济工作方面中不断开拓新的局面，实现了初步构建社会主义市场经济体制、基本建成小康社会这两个目标。

20 世纪末期和 21 世纪初期，中国共产党又认识到，21 世纪头 20 年，将是中国发展的"战略机遇期"。在这 20 年间，总体和平、局部战争，总体缓和、局部紧张，总体稳定、局部动荡的国际环境为中国提供了众多回旋的空间和机遇，有利于中国的发展。世界范围的新科技革命，有利于中国推进经济结构的调整，在继续工业化的过程中推进信息化，以信息化带动工业化，走出一条新型工业化的路子，实现生产力跨越式发展。加入世贸组织和经济全球化，为中国利用国际市场和国外资源，利用国外的资金技术人才以及先进的管理经验，加速发展，提供了十分有利的条件。20多年的改革开放，令中国综合国力得到了很大增强，社会主义市场经济体制已经初步建立，更加有利于中国加快经济全球化的进程。机不可失，时不再来。

（二）建设学习型政党，提高经济工作能力

在经济全球化和市场经济体制下开展经济工作，不断学习，提高全党领导经济工作的水平和能力，改进经济工作方式，是摆在中国共产党面前的一项艰巨任务。1992—2001年间，中国共产党领导经济工作取得重大成就的基本经验之一，就是不断通过加强全党的学习，增强了全党开展经济工作的能力，提高了经济工作的水平。

首先，加强全党对党的指导思想的学习，提高全党的马克思主义理论水平和政策水平。1993年10月4日，中共中央主办第一期省部级主要领导干部研讨班，学习邓小平建设有中国特色社会主义的理论。胡锦涛指出，用这一理论武装全党，是新时期加强党的建设的一项根本性工作，关系到我们党、我们国家和中华民族的前途命运。在整个社会主义现代化建设中，要把组织全党认真学习和掌握建设有中国特色社会主义的理论作为一项根本任务。1995年1月，中共中央组织部、中共中央宣传部发出《关于在党员中开展建设有中国特色社会主义理论和党章学习活动的意见》。中央还组织编写《邓小平经济理论学习纲要》一书，提供全党学习。党的十五大召开以后，中共中央举办中共中央委员、候补中央委员学习邓小平理论和党的十五大精神研讨班。围绕"什么是社会主义、怎样建设社会主义"这一根本问题，完整、准确地把握邓小平理论的科学体系。1998年6月24日，中共中央发出《关于在全党深入学习邓小平理论的通知》，在全党范围内开展学习邓小平理论的运动。党中央提出"三个代表"重要思想以后，又在全党开展了学习"三个代表"重要思想的活动。实践证明，这些学习活动对于统一全党认识，提高领导水平，加强工作中的原则性、系统性、预见性和创造性，具有巨大的促进作用。

其次，学习法律知识。1994年12月9日，中共中央举办关于"国际商贸法律制度及其关贸总协定"的法制讲座。从此，党中央开始不定期举办专门的法制讲座，内容涉及"国际法在国际关系中的作用""一国两制与香港基本法""金融安全与法制建设"等，中央政治局、书记处和国务院的领导同志带头参加，学习法律知识，带动全党形成了自觉学法用法、增强法制意识的风气。江泽民指出，县以上领导干部在努力

学习和掌握邓小平同志建设有中国特色社会主义理论的同时，要努力学习法律知识和其他科学知识。学习和掌握必要的法律知识，努力提高运用法律手段管理经济、管理社会的本领，这是新时期党对各级领导干部坚持党的基本路线、保证深化改革开放、维护社会稳定的重要要求。

再次，学习财经专门知识。2000年1月12日至19日，针对财税工作中面临一些突出的问题需要抓紧研究解决，特别是加入世界贸易组织以后需要对国内财经政策作出较大调整，中共中央举办省部级主要领导干部财税专题研讨班。中国加入世界贸易组织以后，为了更好地适应加入世界贸易组织以后的新要求，中共中央于2002年2月举办省部级干部"国际形势与世贸组织"专题研究班。

最后，学习现代科技知识。为了提高领导干部掌握和运用现代科学技术知识的能力，中央组织编辑出版了《现代科学技术基础知识（干部选读）》。1994年2月6日，江泽民为该书作题为"用现代科学技术知识武装起来"的序言，他强调，加紧学习和掌握现代科技知识，是摆在我们面前的一项重要任务，各级干部要从事关国家富强、民族振兴的高度来认识学习的重要性，增强学习自觉性。在党中央的号召下，到2000年5月，国务院办公厅先后举办了12次科技知识讲座。

实践证明，在党内开展学习理论、法律知识、经济知识以及现代科技知识，直接提高了全党应对入世挑战、应对亚洲金融危机、应对新技术革命挑战的本领，提高了全党在市场经济体制条件和在经济全球化背景下开展经济工作的能力和水平。

（三）按照现代市场经济的要求改进经济工作领导方式

1992—2001年间，在建立社会主义市场经济体制的进程中，中国共产党领导经济工作的方式相应发生了变化。从经济工作领域上看，逐渐从微观经济领域和具体经济事务退出，主要对宏观经济进行战略指导；从领导经济工作的方式上看，逐渐从主要运用计划、政策乃至行政手段指导经济工作转向主要运用经济与法律手段调节经济运行。在完善社会主义市场经济体制的阶段中，党的经济工作无疑要继续推进和深化这种转变。具体来说：

首先，依法开展经济工作。在一定程度上说，市场经济是法治经济。中国共产党在确立中国经济体制改革以社会主义市场经济体制作为目标模式的同时，也逐步认识到法制建设对于这一过程的重要性。1995年1月20日，在中央举办的"社会主义市场经济法律制度建设问题"讲座上，江泽民强调指出，我们党的领导主要是政治、思想、组织领导，而政治领导的主要方式就是：使党的主张通过法定程序变成国家意志。这就明确地表达了一个重要思想，即为了适应新形势的需要，中国共产党的执政方式要逐步从依靠政策转向依靠法律,要依法治国,同样,要依法开展经济工作。20世纪90年代以来,中国共产党高度重视并逐步推进与市场经济体制要求相适应的法制建设。市场法制建设不仅保证了社会主义市场经济体制的构建,而且改变了党的经济工作的方式,即将党的经济工作纳入法治化的轨道。党和政府已经确立2010年建成比较完善的社会主义市场经济体制和与这一体制相适应的法律体系的目标,因此,党的经济工作方式也将进一步纳入法治化的轨道。

其次,党和政府开展经济工作的领域与方式上的区别应该逐渐明晰。中国共产党是执政党,从这个意义上说,党和政府在经济工作的领域与目标上是统一的。发展是中国共产党执政兴国第一要务的命题就说明了这种统一性。但是,一方面,执政党的重要工作还在于执政和加强执政党的建设,经济工作只是其工作的一个主要层面,另一方面,政府是有届别的,而中国共产党作为执政党是没有届别的,党和政府在经济工作方面的着眼点客观上是有差别的。因此,作为执政党,必须使党和政府在经济工作的领域与方式上的区别逐渐明晰。

1992—2001年间,中国共产党逐渐明确了改革和完善党的领导方式和执政方式的指导思想,明确了党的领导主要是政治、思想和组织领导,即通过制定大政方针、提出立法建议、推荐重要干部、进行思想宣传、发挥党组织和党员的作用、坚持依法行政等方式,实施党对国家和社会的领导。在这一时期的经济工作实践中,党主要致力于推进经济体制改革理论创新,制定经济体制改革目标模式与实施战略,制定经济发展战略和战略推进方略,对于具体的经济工作,主要是通过党的建议的方式影响政府的决策,并因此变成政府的具体方针和政策。这种转变不仅符合建设社会主义政治文明的要求,而且有利于充分发挥政府的积极性和创造性。因此,在完善社会主义市场经济体制和建设社会主义政治文明的进程中,这种区分将进一步明晰。

再次,经济全球化背景下的经济工作方法要适应国际通行规则。中国在加入世界贸易组织的时候,已经承诺按照国际经贸规则办事和逐步开放市场,这要求党和政府的经济工作必须符合国际通行做法,在经济工作中必须依法办事。20世纪90年代,党和政府已经在转变管理经济的方式,增强政策的统一性和透明性,提高按国际通行规则办事的能力方面作出了努力。

21世纪头十年,中国将进一步融入经济全球化的进程,而且,伴随"入世"保护期的结束,国际经济体系对中国党和政府经济工作方法的规范性要求将进一步趋向严格,如何进一步转变经济工作方式,成为党和政府面临的紧迫课题。正如江泽民在省部级干部"国际形势与世贸组织"专题研究班座谈会上所指出的,加入世贸组织,要求我们各级政府管理经济的方式和办法有一个大的改进。要按市场经济的一般规律,进一步调整和完善合乎社会主义市场经济要求的行为规范和法律体系。要把按照世贸组织规则要求规范市场经济秩序，正确引导社会主义市场经济发展，培育和壮大我国经济的国际竞争力，作为政府调控和管理经济的主要任务。要整顿和规范市场经济秩序，建立和健全法制、诚信和公平竞争的市场环境。要通过深化改革，进一步消除影响生产力发展的体制性障碍。①

最后，在有关经济工作的制度上进一步创新。20世纪90年代后半期，为了加强党对重要领域经济工作的领导，中国共产党在经济工作上进行了一系列制度创新。例如，1998年6月，为了保证金融机构建立垂直领导的体制，保证金融安全、高效、稳健运行，成立中共中央金融工委和金融系统党委。1998年7月，为了深化国有企业改革，加强国有大型企业领导班子建设，建立适应社会主义市场经济体制的企业领导干部管理制度，成立中共中央大型企业工作委员会。1998年9月，首批21名国务院任命和派出的稽查特派员陆续进驻国有重点大型企业进行实地稽查。2000年8月，为了健全国有重点金融机构监督机制，加强对国有重点金融机构的监督管理，国务院派出的15个国有重点金融机构监事会进驻16家国有重点金融机构，同时，中央金融工委也向5家中央金融工委管理的金融机构派驻了监事会。这些制度创新无疑是具有中国特色的，在实践中也显示出成效。

（四）新时期经济工作中必须坚持全面、协调发展观

长期以来，党和政府在经济工作中存在着片面理解经济发展内涵的误区，主要表现在将经济发展理解为经济增长，而忽视经济结构的升级、经济成果分配的公平以及经济与社会、生态的协调和可持续发展。这种认识导致了经济工作的诸多失误。

这种认识在1992—2001年间开始改变。一方面，党和政府逐渐将经济发展理解为经济总量增长、经济结构优化、经济效率优化的整体过程。正因为如此，党和政府对1992年以后的经济过热保持了清醒的头脑，适时启动了"软着陆"的宏观调控措施。另一方面，将经济发展与社会发展以及生态环境保护结合起来。例如，1994年10月20日至23日，中华人民共和国成立以来国务院第一次召开全国性社会发展会议。会议研究了中国社会发展中的重大问题，认为社会发展是实现小康水平战略目标的重要组成部分，明确了2010年以前社会发展工作的重点，包括通过计划生育和发展教育，控制人口数量、提高人口素质；加强环境保护，使资源、环境与经济社会的发展相协调；建立并完善社会保障体系，扩大就业，促进改革、发展与社会稳定；消除贫

---

① 崔士鑫、王新庆：《积极做好加入世贸组织后应对工作 把改革开放和现代化建设推向前进》，《人民日报》2002年2月26日，第1版。

困,促进区域之间、城乡之间和各民族之间经济社会协调发展;加强民主法制建设,保持社会政治稳定等。江泽民在会见会议代表时要求,把社会发展工作推向新阶段,各级政府要把社会发展工作列入重要议事日程,建立健全目标责任制和考核、监督标准;要深化社会发展领域的各项改革,建立国家宏观调控、以地方政府为主的社会事业管理体制,建立全社会参与的发展机制,建立注重社会效益、兼顾经济效益、严格国有资产管理的社会事业运营机制;要保证供给,增加对社会发展的投入;要统筹规划,合理分工,协调行动。到中国共产党成立80周年的时候,党中央已经确立了全面协调发展的指导思想。江泽民在庆祝建党80周年大会上的讲话中,明确提出了人与自然、经济、文化全面协调的新的发展观。他指出:"我们进行的一切工作,既要着眼于人民现实的物质文化生活需要,同时又要着眼于促进人民素质的提高,也就是要努力促进人的全面发展。这是马克思主义关于建设社会主义新社会的本质要求。我们要在发展社会主义社会物质文明和精神文明的基础上,不断推进人的全面发展。"[1]要推进人的全面发展,就必须"促进人和自然的协调与和谐","推进人的全面发展,同推进经济、文化的发展和改善人民物质文化生活,是互为前提和基础的"。[2]

但是,从整体上看,在中国共产党的经济工作中,推进全面协调的发展还只是破了题,尚未完全启动。首先,到20世纪末期,在具体经济工作的战略上,还主要是实施差异发展。例如,在经济发展与社会发展的关系上,强调的是经济发展为主,在经济发展与环境保护的关系上,强调的是经济发展为主,在地区发展的格局上,强调的是东部发展为主。其次,在现实的具体工作中,一些地区的党和政府部门存在着片面追求经济增长、追求产值、追求近期政绩,而忽视全面的经济发展,忽视可持续发展能力的培养,忽视生态环境保护的行为短期化倾向。因此,在新的历史时期,如何真正坚持和落实全面、协调、可持续发展观,还是一个有待于党和政府解决的艰巨任务。

---

[1] 江泽民:《江泽民文选(第三卷)》,人民出版社,2006,第294页。
[2] 江泽民:《江泽民文选(第三卷)》,人民出版社,2006,第295页。

第十章

转型

（2002—2011）

中国特色社会主义的确立与经济社会发展的全面转型

这一时期，中国共产党根据新世纪头 20 年是我国社会主义现代化建设的重大战略机遇期的重要判断，紧紧抓住和牢牢把握新世纪头十年的重大战略机遇，以邓小平理论、"三个代表"重要思想和科学发展观为指导，以深化改革和扩大开放为抓手，实现了国民经济和现代化进程的跨越式发展。这十年，中国共产党通过卓有成效的经济工作推进了中国现代化建设新世纪的圆满开局。

新世纪第一个十年，中国共产党经济工作的主题可以概括为转型。首先，确立了中国特色社会主义道路和理论体系，中国社会主义实现了从传统社会主义向中国特色社会主义的转型。其次，开始完善社会主义市场经济体制，全面启动了市场经济体制向现代市场经济体制的转型。再次，确立了科学发展观这一新的经济社会发展重大指导思想，明确了发展方式转变的方向和目标模式，启动了从传统发展方式向科学发展方式的转型。最后，在积极参与经济全球化的进程中，通过成功应对国际金融危机的冲击，进一步明确了中国在全球化格局中的方位，启动了从全球经济大国向全球经济强国的转型。

第一节 重要战略机遇期思想与新世纪头 20 年战略目标的确立

新世纪头 20 年，是中国现代化建设和中华民族复兴承先启后的关键时期，也是新世纪的开局时期。中国共产党通过对国内外局势的科学判断和对中国发展阶段性特征的科学分析，确立了抓战略机遇期的战略思维，明确了新世纪头 20 年的奋斗目标。

一、新时期头 20 年是"重要战略机遇期"的思想

古人云："审格局，决一世之荣枯。"世纪之交，中国共产党形成了新世纪头 20 年是我国经济社会发展和现代化建设的重要战略机遇期的重要判断，明确了新世纪头 20 年的定位，为开好经济工作世纪新局奠定了思想基础。

党的十六大明确提出，"综观全局，二十一世纪头二十年，对我国来说，是一个

第十章 转型（2002—2011）
中国特色社会主义的确立与经济社会发展的全面转型

必须紧紧抓住并且可以大有作为的重要战略机遇期"①。所谓"重要战略机遇期"，是指国际国内各种因素综合作用形成的，能为国家（地区、集团）经济社会发展提供良好机会和境遇，并对其历史命运产生全局性、长远性、决定性影响的某一特定历史时期。

"重要战略机遇期"思想是中国共产党对 21 世纪头 20 年面临的国际国内形势的一个综合判断。这一判断直接源于邓小平同志的"抓机遇"思想。20 世纪 90 年代初，邓小平多次强调抓住机遇。他说："我们不抓住机会使经济上一个台阶，别人会跳得比我们快得多，我们就落在后面了。要研究一下，我总觉得有这么一个问题。机会难得呀！""不抓呀，看到的机会就丢掉了，时间一晃就过去了。""不敢解放思想，不敢放开手脚，结果是丧失时机，犹如逆水行舟，不进则退。"②他还多次表示："要抓住时机，把经济搞上去，步子可以快一点。我现在就怕丧失时机。""要珍惜这个好的发展机遇，保持好的发展势头。""对中国来说，大发展的机遇并不多。中国与世界各国不同，有着自己独特的机遇，比如我们有几千万爱国同胞在海外，他们对祖国做出了很多贡献。""从现在开始到二〇一〇年是难得的机会，不要丧失了。""现在是机会啊，这个机会很难得呀！中国人这种机会有过多次，但是错过了一些，很可惜！你们要很好抓住。"③"从现在起到下世纪中叶，将是很要紧的时期，我们要埋头苦干。我们肩膀上的担子重，责任大啊！"④

进入新世纪以来，中国共产党在邓小平"抓机遇"思想的基础上，提出"重要战略机遇期"思想。2002 年 5 月 31 日，江泽民在中央党校省部级干部进修班毕业典礼的重要讲话中明确提出，纵观全局，21 世纪头一二十年，对我国来说，是必须紧紧抓住并且可以大有作为的重要战略机遇期。他强调，当今世界变化很大、很快，也很深刻。我们要实现新世纪新阶段的发展目标，不断改善人民生活，掌握国际竞争的主动权，就必须抓住和用好本世纪头 20 年的重要战略机遇期，切实抓好发展这个党执政兴国的第一要务。可见，江泽民将"重要战略机遇期"与抓住工作主动权、实现党的目标联系起来。基于这一论断，党的十六大指出，21 世纪头 20 年，对我国来说，是一个必须紧紧抓住并且可以大有作为的重要战略机遇期。

胡锦涛继承和发展了"重要战略机遇期"思想。2003 年 3 月 5 日，胡锦涛在参

---

① 江泽民：《江泽民文选（第三卷）》，人民出版社，2006，第 542 页。
② 邓小平：《邓小平文选（第三卷）》，人民出版社，1993，第 369、375、377 页。
③ 中共中央文献研究室编《邓小平年谱（1975—1997）（下）》，中央文献出版社，2004，第 1341、1358、1359、1369 页。
④ 邓小平：《邓小平文选（第三卷）》，人民出版社，1993，第 383 页。

加十届全国人大一次会议西藏代表团审议时重申了这一重要思想。2004年2月23日，在中共中央政治局第十次集体学习时，胡锦涛再次谈到要紧紧抓住并切实用好重要战略机遇期。2003年7月2日，在"三个代表"重要思想理论研讨会上，胡锦涛指出："要科学判断和全面把握国际形势的发展变化，正确应对世界多极化和经济全球化以及科技进步的发展趋势，妥善处理影响世界和平与发展的各种复杂和不确定因素，抓住和用好重要战略机遇期，在日益激烈的综合国力竞争中牢牢掌握加快我国发展的主动权。"[①] 2007年10月15日，胡锦涛在党的十七大上进一步强调："当今世界正在发生广泛而深刻的变化，当代中国正在发生广泛而深刻的变革。机遇前所未有，挑战也前所未有，机遇大于挑战。全党必须坚定不移地高举中国特色社会主义伟大旗帜，带领人民从新的历史起点出发，抓住和用好重要战略机遇期，求真务实，锐意进取，继续全面建设小康社会、加快推进社会主义现代化，完成时代赋予的崇高使命。"[②]

2010年10月18日，党的十七届五中全会全面总结了新世纪头十年，特别是"十一五"时期党的各项工作的成就。十年发展历程和巨大成就证明，党的十六大提出的"重要战略机遇期"判断是正确的，中国共产党成功地抓住了第一个十年的战略机遇，开展了卓有成效的各项工作，取得了推进现代化事业和全面小康社会建设的重大成就。会议通过的《中共中央关于制定国民经济和社会发展第十二个五年规划的建议》明确指出，当前和今后一个时期，世情、国情继续发生深刻变化，我国经济社会发展呈现新的阶段性特征。综合判断国际国内形势，我国发展仍处于可以大有作为的重要战略机遇期。

二、明确新世纪头20年的战略目标

1987年4月30日，邓小平在会见西班牙工人社会党副总书记、政府副首相格拉时，明确阐述了我国现代化建设"三步走"战略。他指出："我们原定的目标是，第一步在八十年代翻一番。以一九八〇年为基数，当时国民生产总值人均只有二百五十美元，翻一番，达到五百美元。第二步是到本世纪末，再翻一番，人均达到一千美元。实现这个目标意味着我们进入小康社会，把贫困的中国变成小康的中国。那时国民生产总值超过一万亿美元，虽然人均数还很低，但是国家的力量有很大增加。我们制定的目标更重要的还是第三步，在下世纪用三十年到五十年再翻两番，大体上达到人均四千美元。做到这一步，中国就达到中等发达的水平。这是我们的雄心壮志。目

[①] 胡锦涛：《在"三个代表"重要思想理论研讨会上的讲话》，《人民日报》2003年7月2日，第1版。
[②] 中共中央文献研究室编《十七大以来重要文献选编（上）》，中央文献出版社，2009，第2页。

标不高，但做起来可不容易。"①

2000年10月召开的党的十五届五中全会宣布，我国已经实现了现代化建设前两步战略目标，人民生活总体上达到了小康水平。从新世纪开始，我国已进入全面建设小康社会，加快推进社会主义现代化的新的发展阶段，也就是开始实施第三步战略部署的新阶段。

党的十六大作出一项重大战略决策，即在原定"第三步"即21世纪上半叶的50年中，划出其中的头20年（2001年到2020年），作为实现现代化第三步战略目标的承上启下的发展阶段。"我们要在本世纪头二十年，集中力量，全面建设惠及十几亿人口的更高水平的小康社会，使经济更加发展、民主更加健全、科教更加进步、文化更加繁荣、社会更加和谐、人民生活更加殷实。这是实现现代化建设第三步战略目标必经的承上启下的发展阶段，也是完善社会主义市场经济体制和扩大对外开放的关键阶段。经过这个阶段的建设，再继续奋斗几十年，到本世纪中叶基本实现现代化，把我国建成富强民主文明的社会主义国家。"②

党的十六大明确提出了到2020年全面建设小康社会的目标。具体来说，即在优化结构和提高效益的基础上，国内生产总值到2020年力争比2000年翻两番，综合国力和国际竞争力明显增强。基本实现工业化，建成完善的社会主义市场经济体制和更具活力、更加开放的经济体系。城镇人口的比重较大幅度提高，工农差别、城乡差别和地区差别扩大的趋势逐步扭转。社会保障体系比较健全，社会就业比较充分，家庭财产普遍增加，人民过上更加富足的生活。社会主义民主更加完善，社会主义法制更加完备，依法治国基本方略得到全面落实，人民的政治、经济和文化权益得到切实尊重和保障。基层民主更加健全，社会秩序良好，人民安居乐业。全民族的思想道德素质、科学文化素质和健康素质明显提高，形成比较完善的现代国民教育体系、科技和文化创新体系、全民健身和医疗卫生体系。人民享有接受良好教育的机会，基本普及高中阶段教育，消除文盲。形成全民学习、终身学习的学习型社会，促进人的全面发展。可持续发展能力不断增强，生态环境得到改善，资源利用效率显著提高，促进人与自然的和谐，推动整个社会走上生产发展、生活富裕、生态良好的文明发展道路。

党的十七大根据五年来小康社会建设新的进展以及党的指导思想的发展，在党的十六大提出的目标的基础上，提出了2010年全面小康社会建设新的更高要求。具体来说，一是增强发展协调性，努力实现经济又好又快发展。转变发展方式上取得重大

---

① 邓小平：《邓小平文选（第三卷）》，人民出版社，1993，第226页。
② 江泽民：《江泽民文选（第三卷）》，人民出版社，2006，第543页。

进展,在优化结构、提高效益、降低消耗、保护环境的基础上,实现人均国内生产总值到 2020 年比 2000 年翻两番。二是扩大社会主义民主,更好地保障人民权益和社会公平正义。公民政治参与有序扩大。基层民主制度更加完善。政府提供公共服务能力显著增强。三是加强文化建设,明显提高全民族文明素质。覆盖全社会的公共文化服务体系基本建立。四是加快发展社会事业,全面改善人民生活。现代国民教育体系更加完善,终身教育体系基本形成,全民受教育程度和创新人才培养水平明显提高。社会就业更加充分。覆盖城乡居民的社会保障体系基本建立,人人享有基本生活保障。合理有序的收入分配格局基本形成。五是建设生态文明,基本形成节约能源资源和保护生态环境的产业结构、增长方式、消费模式。

可见,在党的十六大确定目标的基础上,党的十七大在小康水平、发展方式、民生体系、生态文明等方面提出了更新更高的要求。

第二节 科学发展观重要战略思想的提出与中国特色社会主义理论体系的形成

党的十七大明确指出,改革开放以来我们取得一切成绩和进步的根本原因,归结起来就是:开辟了中国特色社会主义道路,形成了中国特色社会主义理论体系。中国特色社会主义理论体系为中国共产党的经济工作提供了科学的理论基础和理论指导。

党的十七大指出,中国特色社会主义理论体系,就是包括邓小平理论、"三个代表"重要思想以及科学发展观等重大战略思想在内的科学理论体系。中国特色社会主义理论体系,是在改革开放 30 年来的实践中逐渐形成的。

一、邓小平理论的确立

邓小平理论是以邓小平同志为核心的党的第二代中央领导集体,将马克思列宁主义的基本原理同当代中国实践和时代特征相结合的产物,是毛泽东思想在新的历史条件下的继承和发展,是当代中国的马克思主义。

邓小平理论内涵丰富,包括:关于社会主义思想路线的理论;关于社会主义本质和社会主义发展道路的理论;关于社会主义发展阶段的理论;关于社会主义根本任务的理论;关于社会主义建设战略的理论;关于社会主义发展动力的理论;关于社会主义国家对外开放的理论;关于社会主义政治、经济体制改革的理论;关于社会主义建设政治保证的理论;关于社会主义国家外交战略的理论;关于祖国统一的理论;关于社会主义事业依靠力量的理论;关于社会主义国家军队和国防建设的理论;关于社会主义事业领导核心的理论等。这一理论第一次比较系统地回答了"什么是社会主义、怎样建设社会主义"的问题，回答了中国社会主义的发展道路、发展阶段、根本任务、发展动力、外部条件、政治保证、战略步骤、党的领导和依靠力量以及祖国统一等一系列基本问题，指导我们党制定了在社会主义初级阶段的基本路线。

党的十五大开宗明义提出，高举邓小平理论伟大旗帜，把建设有中国特色社会主义事业全面推向 21 世纪，从而明确了邓小平理论作为党的指导思想的地位。

二、"三个代表"重要思想的确立

"三个代表"重要思想是以江泽民同志为核心的党的第三代中央领导集体创立的，是对马克思列宁主义、毛泽东思想和邓小平理论的继承和发展，反映了当代世界和中国的发展变化对党和国家工作的新要求，是加强和改进党的建设、推进我国社会主义自我完善和发展的强大理论武器，是全党集体智慧的结晶。"三个代表"重要思想，在邓小平理论的基础上，进一步回答了"什么是社会主义、怎样建设社会主义"的问题，创造性地回答了"建设一个什么样的党、怎样建设党"的问题，集中起来就是深化了对中国特色社会主义的认识。

"三个代表"重要思想，在改革发展稳定、内政外交国防、治党治国治军各个方面，提出了一系列紧密联系、相互贯通的新思想、新观点、新论断，构成一个系统的科学理论。具体包括：强调大力弘扬与时俱进的精神，丰富和发展了中国特色社会主义的思想路线；提出"发展是党执政兴国的第一要务"的论断，进一步明确了发展在党的各项工作中的中心地位，丰富了发展的内涵；提出全面建设更高水平的小康社会的奋斗目标，深化邓小平关于"三步走"的现代化的战略思想；强调社会主义的根本任务是发展生产力特别是先进生产力；强调改革是社会主义制度的自我完善和发展，改革的根本目的是要在各方面都形成与社会主义初级阶段基本国情相适应的比较成熟、比较定型的制度，使生产关系适应生产力的发展，使上层建筑适应经济基础的发展，使中国特色社会主义充满生机和活力；强调对外开放是一项长期的基本国策，要全面提高对外开放水平，在更大范围、更广领域和更高层次上参与国际经济技术合作和竞争，充分利用国际国内两个市场、两种资源，以开放促改革促发展；强调我国是发展中的社会主义国家，在经济上要赶上发达国家，就要保持必要的发展速度，但更要注重增长的质量，努力实现发展的速度和结构、质量、效益相统一，保持国民经济持续快速健康发展；强调把经济发展建立在主要依靠国内市场的基础上，扩大国内需求，是我国经济发展的基本立足点和长期战略方针；强调面对世界经济科技发展的新趋势，必须走新型工业化道路；等等。

2002年召开的党的十六大，提出高举邓小平理论伟大旗帜，全面贯彻"三个代表"重要思想，继往开来，与时俱进，全面建设小康社会，加快推进社会主义现代化，为开创中国特色社会主义事业新局面而奋斗，将"三个代表"重要思想确立为党的指导思想。

三、科学发展观的确立

党的十七大在全面回顾和总结改革开放近30年来的历史进程和宝贵经验的基础上，对党相继形成的马克思主义中国化成果作了完整、统一而又鲜明、准确的整合。这就是，把邓小平理论、"三个代表"重要思想以及科学发展观等重大战略思想，统称为中国特色社会主义理论体系。其中，科学发展观是中国特色社会主义理论体系的最新成果。

科学发展观，是对党的三代中央领导集体关于发展的重要思想的继承和发展，是马克思主义关于发展的世界观和方法论的集中体现，是既同马克思列宁主义、毛泽东思想、邓小平理论和"三个代表"重要思想一脉相承又与时俱进的科学理论，是我国经济社会发展的重要指导方针，是发展中国特色社会主义必须坚持和贯彻的重大战略思想。

科学发展观，是以胡锦涛同志为总书记的党中央，适应新世纪新阶段的新情况提出来的。2003年4月，在广东考察时，胡锦涛针对"非典"肆虐带来的严重损失，提出了"全面的发展观"的概念，要求做到集约发展、协调发展、全面发展、系统发展、可持续发展。他还使用过"正确的发展观"的概念。[①]同年8—9月在江西考察时，胡锦涛开始使用"科学发展观"的概念，要求"牢固树立协调发展、全面发展、可持续发展的科学发展观"。这是中国共产党人首次提出科学发展观。同年10月份召开的十六届三中全会正式提出了"坚持统筹兼顾，协调好改革进程中的各种利益关系。坚持以人为本，树立全面、协调、可持续的发展观，促进经济社会和人的全面发展"[②]。

2003年10月，胡锦涛全面阐述了科学发展观与党在新世纪头20年奋斗目标的关系。他指出："树立和落实全面发展、协调发展和可持续发展的科学发展观，对于我们更好地坚持发展才是硬道理的战略思想具有重大意义。树立和落实科学发展观，这是二十多年改革开放实践的经验总结，是战胜非典疫情给我们的重要启示，也是推进全面建设小康社会的迫切要求。实现全面建设小康社会的宏伟目标，就是要使经济更

---

① 江金权：《论科学发展观的理论体系》，人民出版社，2007，第18页。
② 中共中央文献研究室编《十六大以来重要文献选编（上）》，中央文献出版社，2005，第465页。

加发展、民主更加健全、科教更加进步、文化更加繁荣、社会更加和谐、人民生活更加殷实。要全面实现这个目标，必须促进社会主义物质文明、政治文明和精神文明协调发展，坚持在经济发展的基础上促进社会全面进步和人的全面发展，坚持在开发利用自然中实现人与自然的和谐相处，实现经济社会的可持续发展。这样的发展观符合社会发展的客观规律。"①

2004年3月10日，在中央人口资源环境工作座谈会上，胡锦涛阐述了科学发展观的重大战略思想地位。他指出："坚持以人为本，全面、协调、可持续的发展观，是我们以邓小平理论和'三个代表'重要思想为指导，从新世纪新阶段党和国家事业发展全局出发提出的重大战略思想。科学发展观总结了二十多年来我国改革开放和现代化建设的成功经验，吸取了世界上其他国家在发展进程中的经验教训，概括了战胜非典疫情给我们的重要启示，揭示了经济社会发展的客观规律，反映了我们党对发展问题的新认识。全党同志都要从贯彻'三个代表'重要思想和十六大精神的战略高度，从确保实现全面建设小康社会宏伟目标的战略高度，深刻认识树立和落实科学发展观的重大意义，坚定不移地树立和落实科学发展观，更好地完成新世纪新阶段我们肩负的历史任务。"②

党的十七大全面阐述了科学发展观的内涵，即第一要义是发展，核心是以人为本，基本要求是全面、协调、可持续，根本方法是统筹兼顾。十七大不仅把科学发展观正式写入党章，而且对全面贯彻落实科学发展观作了全面部署。

党的十七大之后，在中国全面贯彻落实科学发展观的进程中，2008年，空前的国际金融危机袭来，国内经济受到严重冲击。此次国际金融危机的冲击充分暴露了中国传统经济发展方式的弊端，进一步增加了转变经济发展方式的紧迫性。2009年年底召开的中央经济工作会议指出，转变发展方式已刻不容缓。这次会议明确指出要统筹发展与发展方式转变，提出了加快转变发展方式是推进科学发展的"重要目标"和"战略举措"的定位，进一步提升了发展方式转变的战略地位。

根据党的十七大部署，中央决定从2008年9月开始，用一年半左右的时间，在全党分批开展深入学习实践科学发展观活动。学习实践活动从2008年3月开始试点，同年9月正式启动，自上而下分3批进行，到2010年2月底基本结束，共有370多万个党组织、7500多万名党员参加。2010年2月，胡锦涛在省部级主要领导干部深入贯彻落实科学发展观、加快经济发展方式转变专题研讨班开班式上强调，加快经济

---

① 中共中央文献研究室编《十六大以来重要文献选编（上）》，中央文献出版社，2005，第483页。
② 中共中央文献研究室编《十六大以来重要文献选编（上）》，中央文献出版社，2005，第849-850页。

发展方式转变是中国经济领域的一场深刻变革，关系改革开放和社会主义现代化建设全局，是中国共产党必须承担的历史使命。2010年4月6日，中央召开全党深入学习实践科学发展观活动总结大会，胡锦涛发表重要讲话。他指出，学习实践活动取得了明显成效。一是广大党员、干部受到深刻的马克思主义教育，贯彻落实科学发展观的自觉性和坚定性明显增强，加强党性修养和作风建设的自觉性明显提高，对事关本地区本部门本单位科学发展重大问题的认识进一步深化，领导和推动科学发展能力进一步提高。二是科学发展水平得到有效提升，进一步理清了本地区本部门本单位科学发展思路，制定了一批推动科学发展的政策措施，解决了一批影响和制约科学发展的突出问题，建立健全了一批保障和促进科学发展的体制机制。三是人民群众得到更多实惠，有力推动了中央惠民利民政策的落实，解决了大量涉及群众切身利益的实际问题，密切了党群关系、干群关系，促进了社会和谐稳定。四是党的基层组织建设得到明显加强，扩大了党的组织和党的工作覆盖面，丰富了党组织和党员发挥作用的有效途径和方法，改进了基层党的建设领导体制和工作机制。①

四、中国特色社会主义理论体系对中国共产党经济工作的指导意义

党的十七大指出，中国特色社会主义理论体系，是马克思主义中国化的最新理论成果，是党最可宝贵的政治和精神财富，是全国各族人民团结奋斗的共同思想基础。中国特色社会主义理论体系确立了中国共产党经济工作的指导思想。

中国特色社会主义理论明确了党的经济工作的基点。中国特色社会主义理论有一个鲜明主题，那就是在经济文化科技较为落后的东方大国建立起社会主义基本制度后，如何建设、巩固和发展社会主义。经过中华人民共和国成立以来特别是改革开放以来的不懈努力，我国取得了举世瞩目的发展成就，但我国仍处于并将长期处于社会主义初级阶段的基本国情没有变，人民日益增长的物质文化需要同落后的社会生产之间的矛盾这一社会主要矛盾没有变。立足于社会主义初级阶段这一基本国情，仍然是新的历史时期党的经济工作的基点。

中国特色社会主义理论体系明确了党的经济工作的根本方向，即探索、拓展中国特色社会主义道路。中国特色社会主义理论体系是对改革开放以来中国特色社会主义实践的理论概括总结。坚持中国特色社会主义，就是在实践中不断开创中国特色社会主义新的局面，使中国特色社会主义道路越走越宽广。

中国特色社会主义理论体系明确了党的经济工作的基本路径。这就是党的十七大

---

① 胡锦涛：《在全党深入学习实践科学发展观活动总结大会上的讲话》，《人民日报》2010年4月7日，第1版。

提出的一系列"中国特色"道路，包括中国特色自主创新道路，中国特色新型工业化道路，中国特色农业现代化道路，中国特色城镇化道路，中国特色社会主义和谐社会道路，中国特色资源节约型、环境友好型道路等。

第三节　完善社会主义市场经济体制的实践

1992年邓小平发表南方谈话及党的十四大确定社会主义市场经济体制改革目标以来，经过近十年的改革开放，到世纪之交，中国的社会主义市场经济体制建设取得长足进展。党的十六大正式宣布：社会主义市场经济体制初步建立。[①]2001年，中国加入了世界贸易组织，国内市场体系在市场规则、运行机制、法律制度等方面与国际市场接轨步伐加快，中国市场体系已经成为国际市场体系的重要组成部分。中国经济体制改革处在新的历史起点上。

根据这一实际，党的十六大从邓小平提出的到2020年建立比较完善的社会主义市场经济体制的构想出发，明确提出，本世纪头20年改革的主要任务是完善社会主义市场经济体制，即在2020年建成完善的社会主义市场经济体制。从此，中国经济体制改革开始步入新的阶段，即从构建社会主义市场经济体制到完善社会主义市场经济体制的阶段。

一、体制改革新的历史起点与新的部署

依据上述目标，党的十六届三中全会通过的《中共中央关于完善社会主义市场经济体制若干问题的决定》（以下简称《决定》），在一系列重大理论创新的基础上，对完善社会主义市场经济体制的改革开放进程作出全面部署。

第一，《决定》明确了深化经济体制改革的基本要求和任务。《决定》要求按照统筹城乡发展、统筹区域发展、统筹经济社会发展、统筹人与自然和谐发展、统筹国内发展和对外开放的要求，更大程度地发挥市场在资源配置中的基础性作用，增强企业活力和竞争力，健全国家宏观调控，完善政府社会管理和公共服务职能，为全面建设小康社会提供强有力的体制保障。深化改革的主要任务是：完善公有制为主体、多种所有制经济共同发展的基本经济制度；建立有利于逐步改变城乡二元经济结构的体制；形成促进区域经济协调发展的机制；建设统一开放竞争有序的现代市场体系；完善宏观调控体系、行政管理体制和经济法律制度；健全就业、收入分配和社会保障制度；

---

① 江泽民：《江泽民文选（第三卷）》，人民出版社，2006，第530页。

建立促进经济社会可持续发展的机制。

第二,《决定》提出了深化经济体制改革的指导思想和原则。即以邓小平理论和"三个代表"重要思想为指导,贯彻党的基本路线、基本纲领、基本经验,全面落实党的十六大精神,解放思想、实事求是、与时俱进。基本原则是:坚持社会主义市场经济的改革方向,注重制度建设和体制创新。坚持尊重群众的首创精神,充分发挥中央和地方两个积极性。坚持正确处理改革、发展、稳定的关系,有重点、有步骤地推进改革。坚持统筹兼顾,协调好改革进程中的各种利益关系。坚持以人为本,树立全面、协调、可持续的发展观,促进经济社会和人的全面发展。

第三,对中国经济体制改革的基本方向提出新要求。《决定》明确提出,经过1979年以来特别是十四届三中全会以来的改革,社会主义市场经济体制初步建立,公有制为主体、多种所有制经济共同发展的基本经济制度已经确立,全方位、宽领域、多层次的对外开放格局基本形成。这一判断将经济体制格局的判断与基本经济制度格局的判断联系起来,其深刻内涵在于,下一阶段的改革任务,不仅是要完善社会主义市场经济体制,更重要的是在这一过程中进一步完善社会主义基本经济制度。

第四,对世纪之交中国经济体制改革的主要制约因素提出了新判断。《决定》强调,我国处于社会主义初级阶段,经济体制还不完善,生产力发展仍面临诸多体制性障碍。"体制性障碍"是一个新的命题。这一命题表明,一方面,传统计划经济体制作为一种体制已经退出历史舞台,中国经济社会发展的主要障碍已经不是作为整体的计划经济体制,另一方面,尽管社会主义市场经济体制已初步建立,但这一体制还不完善,体制性障碍仍然存在。体制改革在一些领域进展缓慢,在一些领域没有取得实质性突破,还有一些领域的深层次改革尚未破题。例如,国有企业离规范的现代公司制度、规范的法人治理结构还很远;国内市场尚未形成统一和有序的体系;城乡之间、区域之间、经济和社会之间的不协调问题日益突出。这表明,尽管社会主义市场经济体制已经初步建立,但是,改革的任务依然十分繁重。

第五,提出了经济体制改革的目标和任务的新定位。根据党的十五大提出的远景目标,在2001—2010年间,要在完善社会主义市场经济体制方面迈出实质性步伐,《决定》根据"体制性障碍"这一判断,将经济体制改革的目标界定为"为全面建设小康社会提供强有力的体制保障",具体来说,是要更大程度地发挥市场在资源配置中的基础性作用,增强企业活力和竞争力,健全国家宏观调控,完善政府社会管理和公共服务职能。因此,《决定》实际上提出了全面建设小康社会时期的经济体制改革目标。这一目标一方面强调进一步发挥市场在资源配置中的基础性作用,另一方面又根据现代市场经济发展必然带来公共领域发展和公共需求发展的趋势,将健全国家宏观调控和完善政府社会管理和公共服务职能纳入经济体制改革的目标范围。

从上述长远和宏观的目标出发，《决定》提出了在基本经济制度、经济结构、区域经济格局、经济社会发展体系等方面的七项改革任务，与以前提出的经济体制改革任务相比，这些任务已经超出纯粹经济体制改革的范畴，而具有综合性的特点，其立足点不仅在于建成完善的社会主义市场经济体制，同时还在于建成更具活力、更加开放的经济发展体系。

第六，提出了经济体制改革推进的新原则。根据上述新判断和新定位，《决定》除了继续强调注重创新，尊重群众首创，正确处理改革发展稳定的关系，有重点、有步骤推进改革等一般原则以外，还增添了一些新的原则要求。一是强调要坚持社会主义市场经济的改革方向。二是在坚持效率原则的同时，强调要坚持统筹兼顾，协调好改革进程中的各种利益关系。三是强调以人为本，要求树立全面、协调、可持续的发展观，促进经济社会和人的全面发展。

第七，作出了经济体制改革推进的新部署。完善社会主义市场经济体制是中国经济体制改革新阶段的新任务，改革的推进思路必须创新。《决定》根据中国经济体制改革的历史经验、全球化的国际环境以及全面建设小康社会的要求，提出了一系列创新性的改革推进部署，包括坚持公有制的主体地位，巩固和发展公有制经济；坚定不移大力发展非公有制经济；通过建立现代产权制度完善现代企业制度；推出国有资产管理与国有企业治理结构改革创新；以解决"三农"问题为核心推进农村改革；构建统一、完整、规范的市场体系；按照现代市场经济体制的要求完善宏观调控；按照现代市场经济体制的要求改革财税体制和金融体制；全面提高对外开放水平；按照市场经济体制的要求推进就业、分配体制改革，完善社会保障体系建设等。

二、建立国有资产监管体制，增强国有经济控制力

国有经济是社会主义基本经济制度的重要内涵。推进国有经济改革和发展是完善社会主义市场经济体制的基础，也是新世纪第一个十年经济体制改革的重要内容。

党的十一届三中全会以来，到世纪之交，国有经济大体经历了三个阶段，即：1978—1984年间，以扩权让利为重点，实行企业利润留成制度，调整国家与企业的利益分配关系；1985—1993年间，以承包经营责任制为重点，实行企业所有权与经营权适当分离，确立企业的市场主体地位；1994—2001年间，适应构建社会主义市场经济体制的要求，以建立现代企业制度为重点，实行规范的公司制改革，转变企业经营机制。这几个阶段的改革，为构建社会主义市场经济体制的微观基础发挥了重大作用。同时，伴随社会主义市场经济体制初步建立，开始进入完善社会主义市场经济体

制阶段，国有经济改革也要进入新的阶段，即超越企业改革的视角，对国有资产和国有经济部门进行整体性改革。在这种背景下，2002年开始，国有经济改革进入了以深化国有资产管理体制改革为重点，实行政资分开，推进企业体制、技术和管理创新的新阶段。

党的十六大报告明确要求，国家要制定法律法规，建立中央政府和地方政府分别代表国家履行出资人职责，享有所有者权益，权利、义务和责任相统一，管资产和管人、管事相结合的国有资产管理体制。十六届三中全会通过的《决定》提出了完善国有资产管理体制，深化国有企业改革的要求。《决定》要求建立健全国有资产管理和监督体制。坚持政府公共管理职能和国有资产出资人职能分开。国有资产管理机构对其监管的国有资本依法履行出资人职责，维护所有者权益，维护企业作为市场主体依法享有的各项权利，督促企业实现国有资本保值增值，防止国有资产流失。党的十七大进一步提出了"完善各类国有资产管理体制和制度"的要求。

2002年以来，国有经济改革主要围绕建立和完善国有资产监督管理展开。首先，基本建成国有资产监管组织体系。按照党的十六大提出的国务院和省、市（地）两级地方政府分别组建国有资产监管机构的要求，国务院国有资产监督管理委员会积极推动地方国资委的组建和完善工作。到2010年，全国所有的省级政府、计划单列市政府和新疆生产建设兵团全部组建了国资委。中央和省、市（地）三级国有资产监管组织体系的建立，为加强国有资产监管工作奠定了体制基础。

其次，完善国有资产监管法规体系。2003年5月，国务院发布《企业国有资产监督管理暂行条例》，正式从立法上确认新的国有资产监督管理体制的基本框架和主要内容。2008年10月，第十一届全国人大常委会第五次会议通过《中华人民共和国企业国有资产法》，进一步就履行出资人职责的机构、企业管理者的选择与考核、关系出资人权益的重大事项、国有资本经营预算、国有资产监督等事项作出了规定。截至2010年年底，国务院国有资产监督管理委员会制定现行有效规章22件、规范性文件199件，对企业规划发展、财务监督、统计评价、产权管理、改革改组、收入分配、业绩考核、收益管理、监事会监督、企业干部管理、党的建设以及企业履行社会责任等各项工作进行了规范。各省、市（地）先后出台2600多个地方性国有资产监管规章和规范性文件。

再次，初步形成国资委系统指导监督工作体系。2006年国务院国资委发布《地方国有资产监管工作指导监督暂行办法》，2009年印发《关于进一步加强地方国有资产监管工作的若干意见》，2010年召开国资委系统指导监督工作会议，对指导推动地方国资监管工作进行了全面部署和要求。地方各级国资委积极创新指导监督工作方式和途径，提高指导监督工作的针对性和有效性。全国国有资产监管"一盘棋"的局面逐步形成。

最后，国有资产集中统一监管模式逐步建立。按照"政资分开、政企分开"的改革要求，国务院国资委采取多种方式鼓励推动经营性国有资产的集中统一监管，推动国有资产在更大范围、更宽领域进行整合重组和优化配置。截至2009年年底，国资委系统监管企业的资产总额占全国国有企业的78%，其中国务院国资委管理的中央企业资产总额占全部中央部委所监管企业的83%，地方国资委监管企业资产总额占全部地方国有企业的74%。

国有资产是社会主义公有制的主要形式，加强国有资产监管，确保国有资产保值增值，是坚持和完善社会主义基本经济制度的重要内涵。2002年以来，国有资产监管和国有企业改革取得重大成效。

一是国有资产规模快速增长。仅在2005—2009年间，全国国有企业资产总额从25.4万亿元增加到53.5万亿元，年均增长20.5%；销售收入从14.2万亿元增加到24.2万亿元，年均增长14.3%；税后归属母公司所有者净利润由4982.2亿元增加到8726亿元，年均增长13.5%；上缴税金由1.2万亿元增加到2.3万亿元，年均增长17.7%。国有企业在转变经济发展方式、实现国民经济平稳较快发展中作出了巨大贡献。①

二是国有资本布局不断完善。中央企业户数减少到121户，超过80%的资产集中在石油石化、电力、国防和通信等关系国计民生的关键领域以及运输、矿业、冶金和机械等支柱行业。中央企业参与国际竞争的能力进一步增强，进入世界500强的中央企业由2006年的10户增至2010年的30户。从全国看，各地结合地方经济发展规划，明确国有资本集中的领域和调整方向，国有资本向基础性产业、支柱产业和新兴产业不断集中。国有经济的控制力不断增强。

三是国有企业公司制股份制全面推进。2003年以来，按照国务院统一部署，积极推进国有大型企业公司制股份制改革，积极、稳妥、有序地推进国有控股上市公司的股权分置改革。通过推动企业整体上市、增资扩股、资产注入等方式，国有资本的证券化率不断提高。截至2010年年底，国资委系统监管企业所控股的境内外上市公司

---

① 国资委办公厅：《全国国有资产监督管理工作会议在京召开》，国务院国有资产监督管理委员会网站，2011年1月7日，http://www.sasac.gov.cn/n2588030/n2588964/c4406124/content.html，访问日期：2021年1月6日。

已达到 1038 户。①

三、大力发展非公有制经济，完善社会主义基本经济制度

党的十六大提出，必须毫不动摇地鼓励、支持和引导非公有制经济发展，充分发挥个体、私营经济等非公有制经济在促进经济增长、扩大就业和活跃市场等方面的重要作用，完善保护私人财产的法律制度，提出除极少数必须由国家独资经营的企业外，积极推行股份制，发展混合所有制经济。党的十六大以来，党和政府对非公有制经济在社会主义基本经济制度和市场经济体制中的作用和地位的认识不断深化。关于非公有制经济的地位，十六届三中全会通过的《决定》将非公有制经济的地位定位于"促进我国社会生产力发展的重要力量"，这样就在发展生产力这一社会主义根本任务的层面上肯定了非公有制经济与公有制经济同等重要的价值意义。关于发展非公有制经济的力度，《决定》第一次提出要"大力发展"。关于如何发展非公有制经济，十四届三中全会提出"鼓励"，党的十五大提出"鼓励和引导"，党的十六大提出"鼓励、支持和引导"，而《决定》则提出要"大力发展和积极引导"。这表明，在发展非公有制经济的力度上又前进了一步，在发展非公有制经济的姿态上更为积极和主动。关于发展非公有制经济的具体举措，《决定》明确要"消除体制性障碍""放宽市场准入""享受同等待遇"等。所有这些，为非公有制经济的发展提供了前所未有的空间。党的十七大则进一步提出，要坚持和完善公有制为主体、多种所有制经济共同发展的基本经济制度，毫不动摇地巩固和发展公有制经济，毫不动摇地鼓励、支持、引导非公有制经济发展，坚持平等保护物权，形成各种所有制经济平等竞争、相互促进的新格局。

根据上述指导思想和原则，2002年以来，国家采取了一系列对非公有制经济放宽政策、加大支持力度的举措。2005年2月，国务院发布国内第一个促进非公经济发展的系统性政策文件，即《关于鼓励支持和引导个体私营等非公有制经济发展的若干意见》，从放宽非公有制经济市场准入、加大对非公有制经济的财税金融支持、完善对非公有制经济的社会服务、维护非公有制企业和职工的合法权益、引导非公有制企业提高自身素质、改进政府对非公有制企业的监管、加强对发展非公有制经济的指导和政策协调等七个方面提出了36条支持非公有制经济发展的具体举措。2010年5月7日，国务院发布了《关于鼓励和引导民间投资健康发展的若干意见》，进一步拓宽民间投

---

① 国务院国有资产监督管理委员会：《"十一五"国有资产监管成就辉煌 布局结构调整成效显著》，中国经济网，2011年3月2日，http://www.ce.cn/cysc/ztpd/2011/gzw/cj/201103/02/t20110302_20887128_4.shtml，访问时间：2021年1月6日。

资的领域和范围。

通过上述举措，中国的非公有制经济发展环境进一步改善，非公有制经济迎来了历史上最好的发展时期，非公有制经济不断发展壮大，已经成为社会主义市场经济的重要组成部分和促进社会生产力发展的重要力量。首先，非公有制经济已成为数量最多、比例最大的企业群体。据国家工商总局资料，截至 2009 年 12 月底，注册私营企业已达 740.2 万户，已经成为数量最多、比例最大的企业群体。其次，非公有制经济已成为国民经济增长的主要推动力量。"十一五"期间，个体私营经济的发展速度成倍地高于全国经济增长速度，占国内生产总值的比重，从 1979 年的不足千分之一增长到已超过三分之一。非公有制经济投资已占到全社会固定资产投资比重的 50%。再次，非公有制经济已成为解决就业的主渠道。截至 2010 年年中，非公有制经济提供了城镇 75% 以上的就业岗位，非公有制企业已开始成为高校毕业生和复转军人就业的重要渠道之一。最后，非公有制经济已成为对外开放的生力军，已成为支撑县域经济的主体，已经成为推动农村工业化、城镇化的重要力量。[①]

四、深化财税体制改革，建立公共财政体制

党的十六届三中全会通过的《决定》明确了我国财政体制改革的目标，是健全公共财政体制，按照这一体制要求，需要明确各级政府的财政支出责任，深化部门预算、国库集中收付、政府采购和收支两条线管理改革。同时，《决定》对新一轮税制改革的内容可以概括为如下八个项目：改革出口退税制度；统一各类企业税收制度；增值税由生产型改为消费型，将设备投资纳入增值税抵扣范围；完善消费税，适当扩大税基；改进个人所得税，实行综合和分类相结合的个人所得税制；实施城镇建设税费改革，条件具备时对不动产开征统一的物业税，相应取消有关收费；在统一税政前提下，赋予地方适当的税政管理权；创造条件逐步实现城乡税制统一。2003 年以来，按照这一要求不断深化财税体制改革。

首先，深化预算管理制度改革，不断完善公共部门预算。在中央和地方全面推进了部门预算改革，稳步推进了行政单位实物费用定额改革，实施了项目预算滚动管理，增强了预算编制的统一性、完整性和公平性。继续深化收支两条线管理改革。在 40 个中央部门进行了收支两条线管理和综合预算改革试点，改变了预算内外资金分别使用和收支挂钩等不规范做法，规范了财政资金范围，预算内外资金统筹安排使用的

[①] 王彦华：《"十一五"期间非公有制经济发展取得重要成就》，《中国电子报》2010 年 8 月 6 日，第 2 版。

程度不断提高。在中央部门全面推行了国库集中收付制度改革,地方省级和许多市县也实施了国库集中收付制度改革,减少了资金缴拨的中间环节,实现了财政资金使用的"中转"变"直达",账户管理的分散到统一,提高了预算执行透明度。

其次,推进税收制度改革,政府与企业、个人之间的分配关系进一步规范。全面取消农业税,切实减轻了农民负担。统一内外资企业所得税制度,公平了税收负担。全面实施消费型增值税,完善了增值税制度,促进企业扩大投资和技术改造。顺利推进成品油税费改革,理顺税费关系,建立了依法筹集公路发展资金的长效机制。调整和完善个人所得税、消费税等税收制度。实施了增值税转型改革试点。根据经济体制的不断完善和经济形势的发展变化,推进增值税转型,将生产型增值税改为消费型增值税,增强了企业技术创新的积极性和竞争能力。同时,还顺利推进了所得税收入分享等其他财税体制改革。

再次,不断完善财政体制,推动区域协调发展。各级政府的收入划分和支出责任总体保持相对稳定。中央对地方财政转移支付制度不断完善。一般性转移支付规模不断扩大,归并和清理专项转移支付力度进一步加大。调整民族地区转移支付政策,开展重点生态功能区转移支付试点,资源枯竭城市转移支付规模逐步扩大。中央对地方转移支付相应形成地方财政收入,并由地方安排用于保障和改善民生等方面财政支出,有力地促进了基本公共服务均等化和区域协调发展。

最后,加快推进农村税费改革。为减轻农民负担,规范国家和农民的收入分配关系,促进农村经济发展,在2000年农村税费改革试点的基础上,这十年间,不断加大改革力度,实施了"三减免三补贴"(即减免农业税、牧业税和农业特产税,以及粮食直补、农机具补贴和良种补贴)等一系列财政支农政策措施。农村税费改革试点工作的重点,开始逐步转向推进以乡镇机构、农村义务教育体制和县乡财政管理体制为主要内容的农村综合改革。

通过上述改革,与市场经济体制要求相适应的公共财政体制框架基本形成。

五、深化金融体制改革,构建现代金融体系

金融是市场经济体制的核心。早在2002年2月,江泽民就强调:"从新世纪开始,我国进入了全面建设小康社会、加快推进社会主义现代化的新的发展阶段;加入世界贸易组织,我国将在更大范围、更深程度上参与经济全球化,对外开放进入新阶段。在新的历史条件下,金融的核心作用将愈益突出。"[①] 强调要在金融在资源配置中的核

---

① 江泽民:《江泽民文选(第三卷)》,人民出版社,2006,第426页。

心作用、金融是调节宏观经济的重要杠杆、金融安全是国家经济安全的核心等三个方面深化对金融地位和作用的认识。

与市场经济体制要求相适应的金融应该是现代金融体系。现代金融体系包括完善的金融企业和规范的监管体系。因此，十六届三中全会通过的《决定》提出以强化金融调控和金融监管为中心深化金融体制改革，构建现代金融体系。具体来说，在市场主体建设方面，鉴于四大国有专业银行开始向商业银行转轨，但是银行产权制度和银行法人治理结构改革尚未取得实质性进展，《决定》要求按照现代企业制度要求，通过实行规范的公司制改革，把金融企业改造成"资本充足、内控严密、运营安全、服务和效益良好的现代金融企业"。在市场化方面，鉴于汇率体制的改革也尚未完全实现，利率和汇率作为资金的对内价格和货币的对外价格，已经成为中国价格体系中最后两种没有完全放开的指标，《决定》提出"稳步推进利率市场化，建立健全由市场供求决定的利率形成机制"，"完善人民币汇率形成机制"，"逐步实现资本项目可兑换"。在金融监管方面，鉴于金融监管把注意力局限在某一种机构，较少关注全局，《决定》提出"建立健全银行、证券、保险监管机构之间以及同中央银行、财政部门的协调机制，提高金融监管水平"。

2002年以来，根据党的十六大精神和《决定》的部署，中共中央、国务院加快了金融体制的改革。

第一，金融机构改革取得突破性进展，综合竞争力和抗风险能力大幅提高。2003年9月，中共中央、国务院决定按照"建立规范的公司治理结构，转换经营机制，成为产权清晰、资本充足、内控严密、运营安全、服务与效益良好、具有国际竞争力的现代商业银行"的目标，对国有商业银行实施股份制改革，并选择中国银行、中国建设银行进行试点。之后，两家试点银行大规模的财务重组、战略引资和公司治理改革全面展开。2004年至2006年，中国银行、中国建设银行、中国工商银行、中国农业银行先后完成股份制改革并上市。伴随中国银行业市场结构发生深刻变化，垄断竞争性的银行体系格局初步形成，产权多元化的趋势也随着民间资本和外资的进入而日趋显现，国有商业银行经济绩效不断改善。"十一五"期间，国家开发银行由政策性银行改造成股份制商业银行。进出口银行和中国出口信用保险公司改革基本完成。农业发展银行改革工作正式启动。积极推进金融资产管理公司改革，促进资产管理公司商业化改革平稳进行。通过改革，金融机构股权结构和治理结构日益完善，经营管理方式得到根本性转变，资本充足率大幅提高，资产质量大为改观，盈利能力和风险控制能力显著增强。

第二，改革了中央银行管理体制。2003年，中国银行业监督管理委员会成立，承担原由中国人民银行承担的监管职责。银监会的成立,标志着银行、证券和保险分业经营、分业监管的金融监管体制的正式形成。2004年2月,修改后的《中华人民共和国中国人民银行法》颁布施行。之后,中国人民银行履行制定和执行货币政策、维护金融稳定、提供金融服务、防范金融风险等职能。

第三,利率市场化步伐加快。2004年10月,我国利率市场化改革已实现"贷款利率管下限,存款利率管上限"的阶段性目标。"十一五"以来,中国人民银行进一步推进利率市场化改革,构建货币市场基准利率,建立健全市场利率体系。2007年上海银行间市场拆放利率正式运行并逐步确立在货币市场利率体系中的基准地位。2008年10月以来,商业银行利率自主定价空间进一步扩大。

第四,1993年,党的十四届三中全会指明了"建立以市场供求为基础的有管理的浮动汇率制度"的汇改方向。1994年1月,摒弃了官方汇率和市场汇率并存的双重汇率制度,开始实行以市场供求为基础的、单一的、有管理的浮动汇率制度。人民币汇率逐步回归较为合理的水平,提高了出口企业的竞争力。2005年7月21日,中国人民银行发布《关于完善人民币汇率形成机制改革的公告》,开始实行以市场供求为基础、参考一篮子货币进行调节、有管理的浮动汇率制度,人民币汇率形成机制改革迈出历史性一步。实践证明,人民币汇改把握了有利时机,选择了正确方向,成绩显著。2010年6月,在2005年汇改的基础上进一步推进汇率形成机制改革,核心是坚持以市场供求为基础,参考一篮子货币进行调节,继续按照已公布的外汇市场汇率浮动区间,对人民币汇率浮动进行动态管理和调节。汇率形成机制改革以来,人民币汇率弹性逐步增强,汇率形成的市场基础逐步扩大,进出口企业应对汇率波动的能力逐步提高。

第五,资本市场快速扩大。党的十六大以来,有关资本市场的理论、对资本市场的认识以及与资本市场相关的政策措施都有了重大突破。按照党中央、国务院大力发展资本市场的决策部署,中国证监会坚持把推进资本市场稳定健康发展作为中心任务,着力加强市场基础性制度建设,不断强化和改进市场监管,开展了股权分置改革、提高上市公司质量、证券公司综合治理、完善资本市场法制等一系列综合改革,我国资本市场实现了重要的发展突破,发生了转折性变化。总体来看,我国资本市场在市场规模、体系结构、秩序维护、国际影响力等方面都取得了重要突破,成为全球发展最快的市场之一。截至2010年11月底,沪深股市总市值达到26.43万亿元,相当于2002年的6.9倍。2004年之前,我国资本市场市值排在新兴市场第四位,到2010年位居全球第三位,和我国经济实力基本相匹配。2009年我国商品期货市场成交量占全球的43%,居世界第一。伴随着规模的扩大和体系的完善,我国资本市场服务国民经济全局的能力进一步提升,为推动经济体制变革、优化资源配置、促进经济发展和社会进步发挥了不可替代的作用。

此外,金融宏观调控体系不断完善。"十一五"时期,面对国内外经济金融形势变化较快、各种风险和不确定因素明显增多的局面,针对不同时期经济金融运行特点,综合运用多种货币政策工具,合理把握货币政策的方向、重点和力度,既有效保持了币值稳定,又促进了国民经济平稳较快发展。同时,有效防范和化解系统性金融风险,建立健全金融稳定长效机制,提高金融体系整体抗风险能力。

总之,党的十六大以来,金融体制改革取得新的进展,与市场经济体制和经济全球化格局相适应的现代金融体系和金融宏观调控体系基本形成。

六、推进政府体制改革,构建高效责任政府

现代市场经济是在政府适度干预下的经济。中国特色社会主义市场经济的重要特点之一,就是坚持将市场经济与政府调控有机结合起来。因此,推进政府体制改革也是完善社会主义市场经济体制的重要内容。

党的十六大以来,党和政府在推动政府机构改革的同时,不断促进政府转变职能。2003年,十届全国人大一次会议第三次全体会议通过了国务院机构改革方案。党的十七大首次提出建设服务型政府,为新一轮政府机构改革指明了方向,并明确指出要加快行政管理体制改革,抓紧制定行政管理体制改革总体方案。党的十七届二中全会强调,深化行政管理体制改革,要按照建设服务政府、责任政府、法治政府和廉洁政府的要求,着力转变职能、理顺关系、优化结构、提高效能,做到权责一致、分工合理、决策科学、执行顺畅、监督有力,为全面建设小康社会提供体制保障。2008年3月15日,十一届全国人大一次会议通过新的国务院机构改革方案。这次国务院机构改革的主要任务是,围绕转变政府职能和理顺部门职责关系,探索实行职能有机统一的大部门体制,合理配置宏观调控部门职能,加强能源环境管理机构,整合完善工业和信息化、交通运输行业管理体制,以改善民生为重点加强与整合社会管理和公共服务部门。总体上看,这两次机构改革突出了三个重点:一是加强和改善宏观调控,促进科学发展;二是着眼于保障和改善民生,加强社会管理和公共服务;三是按照探索职能有机统一的大部门体制要求,对一些职能相近的部门进行整合,实行综合设置,理顺部门职责关系。

在推进机构改革和理顺职能的同时,党和政府还着眼改革和完善政府决策机制。首先,推行政务公开。中央继1998年6月决定在农村普遍实行村务公开和民主管理制度,2000年12月发布《关于在全国乡镇政权机关全面推行政务公开制度的通知》

之后，2005年3月又发布了《关于进一步推行政务公开的意见》，把政务公开的范围和程度提高到新的水平。政务公开的原则是：除涉及国家机密、依法受保护的商业秘密和个人隐私，其他行政事项能公开的一律向社会公开。政务公开的重点是政府工作中容易产生不正之风、滋生腐败的环节和事项。与群众利益直接相关的公共部门要全面推行办事公开制度，向群众公开服务承诺。学校、医院等单位必须公开收费项目和收费标准，接受群众的监督。

其次，推动电子政务建设。实施政府上网工程建设、推进电子政务，是近年来各级政府管理方式变革的重要内容之一。2002年7月，国家信息化领导小组通过《国民经济和社会信息化专项规划》《关于我国电子政务建设指导意见》。这些文件和措施，对于推进各级政府运用现代信息技术，更快捷、经济地履行有关职能，增加政府工作的透明度，提高工作效率和服务质量，改进行政管理方式和工作方法，产生了积极的影响。

最后，改革行政审批制度。自《中华人民共和国行政许可法》和国务院批转的《关于行政审批制度改革工作的实施意见》颁布实施以来，仅国务院清理和取消的各部门行政审批事项就达1800项。各省、自治区和直辖市也都大力推进行政审批制度改革，对省级政府部门的审批项目进行了清理和大幅度削减，一些地方已经着手进行第二轮和第三轮行政审批制度改革。行政审批制度改革还伴随着审批程序和方式的变革与创新，许多部门和地方都建立了行政审批中心，推行行政许可集中办理制度，通过一站式、窗口式办公和网上审批等形式，规范了行政审批程序，减少了行政审批环节，提高了行政审批工作的透明度和审批工作效率。

综上所述，2002年至2011年间，根据党的十六大、党的十七大的重大决策，根据《决定》的部署，完善社会主义市场经济体制的实践不断推进，在完善社会主义基本经济制度，构建公共财政体制、现代金融体系、现代政务服务体系等方面，取得了重大的阶段性进展。

第四节　对外开放：从开放兼容到全面融入全球化

党的十六大指出，"我国加入世贸组织，对外开放进入新阶段"[①]。新世纪头十年，党和政府以"入世"为契机，全面推进对外开放，不断提高对外开放层次和水平，努力统筹国内国际两个大局，中国经济开始全面融入经济全球化进程。

---

① 中共中央文献研究室编《十六大以来重要文献选编（上）》，中央文献出版社，2005，第3页。

一、以"入世"为契机完善对外开放体制

中国"入世"以后，原有的对外开放格局发生深刻变化：区域性推进的对外开放转变为全方位的对外开放；开放领域由传统的货物贸易向服务贸易扩展；市场准入的程度进一步提高，市场环境也随着一系列法律和法规的制定和完善而更加透明和规范；最惠国待遇、国民待遇等世界贸易组织（WTO）的基本原则和中国加入WTO的承诺，成为中国的对外开放政策所遵循和参照的基本依据。

"入世"给中国的对外开放和现代化进程，既带来机遇，又带来挑战，新的历史阶段要求中国实行更加积极主动的开放战略，不断拓展新的开放领域和空间，有效防范风险，维护国家经济安全。中国通过加入世贸组织，走出了一条以开放促改革、促发展的道路。

2001年"入世"以来，中国完成了从世贸组织的新成员到参与者，继而逐渐成为推动者的一个转变，成为世贸组织的一个成熟会员。中国还学习运用国际贸易规则，建立了可预见的对外贸易制度。中国将世贸组织的非歧视、透明度和公平竞争等原则运用到了国内经济体制改革中，使中国社会更加重视市场意识、法治意识和知识产权保护意识等。十年来，中国不仅从"入世"、从改革开放中获得了发展动力，中国也成为世界经济增长的重要力量和源泉。在国际金融危机时期，中国对世界经济复苏的推动作用显得尤为突出。

（一）认真履行加入WTO各项承诺

"入世"十年来，中国切实履行承诺，认真行使权利，积极参与WTO各项活动，发挥了建设性作用。按照世贸组织的要求，中国自2001年12月11日加入WTO，到2006年12月11日，五年入世过渡期结束。中国在过渡期内很好地完成了关税下降、非关税贸易壁垒逐步取消、实现贸易制度改革和市场经济建设承诺等四项任务。截止到2010年，中国加入WTO的所有承诺已全部履行完毕，建立起了符合规则要求的对外贸易体制，成为全球最开放的市场之一。

在货物贸易领域，按照承诺逐步削减关税水平，关税水平从"入世"前的15.3%降低到2009年的9.8%，其中，农产品平均关税为15.2%，工业品平均关税为9.8%。中国还按照所承诺的时间表全部取消了进口配额和进口许可证等非关税措施，彻底放开对外贸易经营权。

在服务贸易领域，在按世贸组织分类的160多个服务贸易部门中，中国已经开放了100个，涉及银行、保险、电信、分销、会计、教育等重要服务部门，为外国服务者提供了广阔的市场准入机会。

在知识产权领域，中国高度重视知识产权保护工作，完成了相关法律法规的修改，使其与世贸组织《与贸易有关的知识产权协定》以及其他保护知识产权的国际规则相一致，不断加大知识产权保护力度，提高全社会的知识产权保护意识。中国已建立符合世贸组织要求的法律体系，清理了 3000 多部法律、法规和规章，对贸易体制和政策进行了全面的调整，使中国的对外经贸体系与世贸组织的规则和我们的承诺一致，中国的贸易体制和环境更加稳定，更具有可预见性。①

（二）积极推动多哈谈判，全面参与 WTO 各项活动

中国始终积极推动多哈谈判，积极参与了世界贸易组织部长级和高官级的谈判和磋商，举办了 2005 年大连 WTO 小型部长会，在同年 12 月香港举行的 WTO 第六届部长会上发挥了桥梁作用。在 2008 年 7 月小型部长会上，中国受邀参与"七方"（G7）部长小范围磋商，首次进入多边贸易谈判核心决策圈。中国全面参与各个领域的谈判，提交了 100 多份提案，在技术层面为推动谈判作出了实质性贡献，并作出了实质性的关税削减承诺，按照谈判达成的结果，中国的农业和工业品的关税削减 30% 左右。中国的服务业部门也作出了一些新的开放承诺。

在贸易政策审议方面，中国"入世"十年来，分别于 2006 年、2008 年和 2010 年接受了 WTO 的三次贸易政策审议，回答了 60 余个成员提出的近 3700 个问题。通过审议，展示了中国坚定实行开放的经贸政策、参与多边贸易体制的负责任大国形象。

在发展方面，中国积极响应 WTO "促贸援助"倡议，多次向促贸援助框架下的多哈发展议程全球信托基金进行捐助，帮助其他发展中成员，特别是最不发达成员从多边贸易体制中全面获益，并更好地融入世界经济。

"入世"十年的历程再次证明加入世贸组织决策是符合中国国情的，是中国共产党与中国政府高瞻远瞩的历史性决策。中国有效利用世贸组织这个多边舞台，在融入全球化的进程中推进崛起，成为发展中国家积极融入全球化进程的典范。

二、提升对外贸易水平，开放型经济迈上新台阶

"入世"以来的十年，正是经济全球化深化拓展，全球新一轮产业结构升级加快推进的时期，新一轮科技创新和产业发展的竞争日渐激烈。中国经济发展和对外开放已经处在新的历史起点上，如何在新的国际环境中争得中国应有的地位，是新的历史时期中国对外开放面临的重大课题。党的十七大强调，要"拓展对外开放广度和深

---

① 张汉林：《入世十年看中国经济发展》，《武汉理工大学学报（社会科学版）》，2001 年第 1 期。

度,提高开放型经济水平"①。也就是说,要通过提升对外开放的水平,提升中国在全球经济格局中的地位。

(一)对外贸易高速发展

"入世"标志着中国国际贸易环境的改善,"入世"首先是中国扩大进出口贸易的机遇。新世纪头十年,中国对外开放发展最快的领域就是外贸。首先,进出口贸易规模不断扩大。货物和服务贸易总额平均每年以 22.2% 的速度递增,外贸依存度从 49.6% 逐渐上升到 66.3%,2009 年中国出口总额跃居世界第一位,进口总额也升至世界第二位。②2010 年中国进出口再创历史新高,进出口总额接近 3 万亿元,达到 29728 亿美元,增长 34.7%。其中,出口 15779 亿美元,增长 31.3%;进口 13948 亿美元,增长 38.7%。③

其次,进出口商品结构进一步优化。我国在保持轻工、纺织等传统行业比较优势的同时,家电、信息等产业的竞争力也明显提高。2010 年,我国机电产品和高新技术产品的出口额分别为 9334 亿美元和 4924 亿美元,占出口总额的比重分别为 59.2% 和 31.2%。先进技术、设备、关键零部件进口持续增长,大宗能源产品进口规模不断扩大。2010 年,机电产品、高新技术产品进口分别达到 6603 亿美元和 4127 亿美元。铁矿砂及其精矿、原油进口量分别为 61863 万吨、23931 万吨。④

(二)利用外资登上新台阶

从 20 世纪 80 年代初到新世纪初的 20 多年间,中国利用外资的主要目标是加速经济增长并扩大经济规模。进入新世纪,面对日益增长的人口、资源、环境压力,中国经济发展方式亟待转变,中国经济对利用外资的需求也逐渐发生变化。中国利用外资已进入一个新的阶段,并面临新形势和新挑战,因此需要有新的战略思考和新的政策思路。胡锦涛在党的十七大报告中强调指出,要"创新利用外资方式,优化利用外资结构,发挥利用外资在推动自主创新、产业升级、区域协调发展等方面的积极作

---

① 中共中央文献研究室编《十七大以来重要文献选编(上)》,中央文献出版社,2009,第 21 页。
② 中华人民共和国国家统计局编《中国统计年鉴(2010)》,中国统计出版社,2010,第 229 页。
③ 国家统计局贸易外经统计司:《"十一五"经济社会发展成就系列报告之二:对外开放再上新台阶》,国家统计局网站,2011 年 3 月 2 日,http://www.stats.gov.cn/ztjc/ztfx/sywcj/201103/t20110302_71314.html,访问日期:2021 年 1 月 6 日。
④ 国家统计局国民经济综合统计司:《"十一五"经济社会发展成就系列报告之一:新发展 新跨越 新篇章》,国家统计局网站,2011 年 3 月 1 日,http://www.stats.gov.cn/ztjc/ztfx/sywcj/201103/t20110301_71313.html,访问日期:2021 年 1 月 6 日。

用"①。因此，新世纪头十年间，特别是"十一五"期间，我国吸收外资已从弥补"双缺口"为主转向优化资本配置、促进技术进步和推动市场经济体制的完善，从规模速度型向质量效益型转变，利用外资实现新发展，规模和质量得以全面提升。

首先，利用外资规模迅速提升，跃居全球第二位。2001—2009年，我国实际利用外商直接投资5943亿美元，年均660亿美元。这一时期，我国加强了FDI（外国直接投资）的产业导向，对引资的政策作了战略调整，由原来的地区优惠向产业优惠过渡。2000年，我国对《中华人民共和国中外合作经营企业法》和《中华人民共和国外资企业法》进行修订，进一步放宽了外商投资企业的进口要求和限制。2010年，外商直接投资突破1000亿美元，达到1057亿美元，是"十五"末的1.8倍。

其次，利用外资产业结构优化。2002年、2004年和2007年，我国先后三次修订了《外商投资产业指导目录》，强调要引进那些技术含量和附加值高的外商直接投资，引进的外商直接投资要更加注重质量，从而促进国内产业结构优化与产业升级。"十一五"期间，外商投资产业构成显著改善，第三产业投资比例大幅度提高。2006—2010年，第三产业外商投资金额所占比重逐步提高，第二产业所占比重则逐步下降。特别是，第一、三产业吸收外资投向现代农业、商贸服务和民生服务领域的明显增多。

最后，利用外资区域布局进一步改善。"十一五"期间，中西部吸收外资占全国总量的比重，由"十五"末的11%上升到14%左右。以外资经济为主体的各类产业聚集园区的实力和整体功能有了明显提升，"十一五"期间有22个中西部省级开发区成功升级为国家级经济技术开发区，在促进区域经济发展方面发挥了重要作用。②

（三）多双边经贸合作取得新成就，自由贸易区建设进展顺利

进入新世纪，世界经济有两大显著特点：一是经济全球化，二是区域经济一体化。区域经济一体化风起云涌，发展很快，WTO的成员基本上都与其他有关国家或地区建立了自由贸易关系。面对世界经济全球化、区域经济一体化的快速发展，党和政府及时作出了正确的战略选择，将自由贸易区建设作为一个国家级战略提出来。胡锦涛在党的十七大报告中明确提出，要"实施自由贸易区战略，加强双边多边经贸合作"③。这为我国未来自由贸易区建设指明了方向。

---

① 中共中央文献研究室编《十七大以来重要文献选编（上）》，中央文献出版社，2009，第21页。
② 国家统计局贸易外经统计司：《"十一五"经济社会发展成就系列报告之二：对外开放再上新台阶》，国家统计局网站，2011年3月2日，http://www.stats.gov.cn/ztjc/ztfx/sywcj/201103/t20110302_71314.html，访问日期：2021年1月6日。
③ 中共中央文献研究室编《十七大以来重要文献选编（上）》，中央文献出版社，2009，第21页。

我国组建自由贸易区工作是实践在先，战略提出在后。我国关于自由贸易区问题的系统研究始于20世纪90年代初，由于20世纪90年代后半期"入世"谈判进入关键时刻，我国主要集中精力解决WTO成员国地位问题，组建自由贸易区的可行性研究虽在推进之中，但正式提出的时机尚未成熟。2000年11月，时任总理的朱镕基在第四次中国—东盟领导人会议上首次提出建立中国—东盟自由贸易区的构想。2002年11月，第六次中国—东盟领导人会议签署了《中国—东盟全面经济合作框架协议》，决定到2010年建成中国—东盟自由贸易区。2010年1月1日，中国—东盟自由贸易区正式启动。中国—东盟自由贸易区的顺利推进及其成果，充分证明我国选择以自由贸易方式深化对外开放，加强与其他国家和地区合作，实现互惠互利、共同发展，是顺应全球化趋势的必然结果，也是我国发展到历史新阶段后的正确战略选择。继中国—东盟自由贸易区之后，我国加快了自由贸易区商谈的步伐，形成了由近及远、从周边向全球展开的自由贸易区建设态势。"十一五"期间，我国与五大洲的27个国家和地区建设14个自贸区，签署10个自贸协定。①

自贸区建设对我国应对国际金融危机，实现对外贸易平衡较快增长发挥了积极作用。通过发展自贸区，我国对自贸伙伴双边贸易快速增长，双边贸易额明显扩大，并有效化解和减少了我国与自贸伙伴的贸易摩擦。2010年，我国与10个自贸伙伴（包括东盟、巴基斯坦、智利、新加坡、新西兰、秘鲁、哥斯达黎加等）的双边贸易额达到了7826亿美元，已占我国进出口总额的26.3%。其中，我国与东盟、智利、秘鲁、新西兰的双边贸易额增速，分别高出同期我国进出口总额增速2.8个、10.1个、13.7个和8.3个百分点。②

三、"走出去"战略迈出新步伐

"走出去"战略是新世纪头十年全面启动和推进的一个对外开放战略，是党中央审时度势，统揽国际国内两个大局的重大战略决策。这一战略的形成经历了"九五"时期的探索、"十五"时期的正式提出以及"十一五"时期的全面推进这样一个过程。在实施"走出去"战略的进程中，中国共产党和中国政府对企业对外投资的政策经历了一个不断探索和调整的过程。

---

① 陈德铭等：《新起点上谋转型（省部长访谈录）——商务部部长陈德铭回顾"十一五"展望"十二五"》，《人民日报》2020年12月17日，第6版。
② 国家统计局贸易外经统计司：《"十一五"经济社会发展成就系列报告之二：对外开放再上新台阶》，国家统计局网站，2011年3月2日，http://www.stats.gov.cn/ztjc/ztfx/sywcj/201103/t20110302_71314.html，访问日期：2021年1月6日。

(一)"走出去"国家战略的确定

1997年党的十五大深入分析了国际政治经济环境的变化和国内经济发展对战略性资源需求加大的实际情况,提出,"积极参与区域经济合作和全球多边贸易体系","鼓励能够发挥我国比较优势的对外投资。更好地利用国内国外两个市场、两种资源"。①2000年10月党的十五届五中全会通过的《中共中央关于制定国民经济和社会发展第十个五年计划的建议》(以下简称《建议》)首次明确提出"走出去"战略,同时首次把它作为四大新战略之一。从此,"走出去"战略上升到"关系中国发展全局和前途的重大战略之举"的高度。《建议》列举了未来五年我国对外投资的主要类型,即境外加工贸易、资源开发和对外承包工程等。同时还指出,应进一步扩大经济技术合作的领域、途径和方式,强调应在信贷、保险方面给予对外投资相应的政策支持,并加强对外投资的监管机制,以及境外企业管理和投资业务的协调工作。《建议》为今后五年我国对外投资活动的发展指明了方向,创造了良好的政策环境。2001年,实施"走出去"战略正式写入《中华人民共和国国民经济和社会发展第十个五年计划纲要》。党的十六届三中全会关于完善社会主义市场经济体制的决定提出,继续实施"走出去"战略,促进我国跨国公司的发展。以胡锦涛同志为总书记的党的新一代领导集体,对"走出去"战略也非常重视。党的十七大报告明确指出,要"坚持对外开放的基本国策,把'引进来'和'走出去'更好结合起来,扩大开放领域,优化开放结构,提高开放质量,完善内外联动、互利共赢、安全高效的开放型经济体系,形成经济全球化条件下参与国际经济合作和竞争新优势"②。

从微观角度看,"走出去"战略是企业生产经营国际化的必然趋势,是企业进行国际竞争,求得长远发展的必要手段。尤其是中国这个阶段,改革开放已经到了一个关键时期,为获得持续健康发展,中国企业必须紧紧抓住国际市场并开始从全球范围内配置资源、提高生产效率,以获取持续竞争优势。从宏观角度看,"走出去"战略是党中央、国务院根据经济全球化新形势和国民经济发展的内在需要作出的重大决策,是发展开放型经济、全面提高对外开放水平的重大举措,是实现我国经济与社会长远发展、促进与世界各国共同发展的有效途径,成为影响各国国际收支状况的重要因素。

(二)"十五"时期"走出去"战略正式启动

新世纪初期,我国即启动"走出去"战略,党的十六大明确提出,要"坚持'引

---

① 中共中央文献研究室编《十五大以来重要文献选编(上)》,中央文献出版社,1999,第29页。
② 中共中央文献研究室编《十七大以来重要文献选编(上)》,中央文献出版社,2009,第21页。

进来'和'走出去'相结合，全面提高对外开放水平。适应经济全球化和加入世贸组织的新形势，在更大范围、更广领域和更高层次上参与国际经济技术合作和竞争，充分利用国际国内两个市场，优化资源配置，拓宽发展空间，以开放促改革促发展"，"进一步扩大商品和服务贸易"。① 党的十六大同时指出，"国有企业是我国国民经济的支柱。要深化国有企业改革……发展具有国际竞争力的大公司大企业集团"，"实施'走出去'战略是对外开放新阶段的重大举措。鼓励和支持有比较优势的各种所有制企业对外投资，带动商品和劳务出口，形成一批有实力的跨国企业和著名品牌"。② 这一战略的提出和实施使中国企业对外投资在短短的几年中实现了跨越式发展。

在"十五"期间，从 2000 年到 2004 年，我国年批准海外投资企业的平均增长率为 33.01%，比"九五"期间提高了 12.35 个百分点。从 2000 年到 2005 年，年批准海外投资额的平均增长率为 56.36%，比"九五"期间增速稍微放缓。

（三）"十一五"时期"走出去"战略深入实施

"十一五"期间，我国深入实施"走出去"战略，对外投资合作取得新发展，"走出去"的规模和效益进一步提升。即使受到国际金融危机的严重影响，对外投资、对外经济合作仍实现逆势上扬，为促进国民经济平稳较快发展发挥了积极作用。

一是增长速度日益加快，总体规模不断扩大。从 2006 年到 2009 年，对外直接投资从 211.6 亿美元增至 565.3 亿美元，年均增速 38.8%，4 年累计对外直接投资额 1601.1 亿美元，截至 2009 年年底存量达 2457.5 亿美元，位于全球第 15 位、发展中国家/地区第 3 位，广泛分布在全球 177 个国家和地区，1.3 万家境外企业海外资产总额累计 1.1 万亿美元，已逐渐成为全球重要的资本输出国。对外承包工程完成营业额从 300 亿美元增至 777 亿美元，年均增速 37.3%，4 年累计完成营业额 2049 亿美元，是"十五"时期的 2.8 倍，截至 2009 年年底完成营业额累计 3407 亿美元。对外劳务合作实现平稳较快增长，截至 2009 年年底累计派出各类劳务人员 502 万人，2009 年年末在外劳务人员 77.8 万人，比"十五"期末（2005 年）增加 21.3 万人。

二是方式日趋多样，领域日益拓展。对外投资合作由单个项目建设逐步向区域化、集群式模式发展，一批境外经济贸易合作区初具雏形。跨国并购成为新亮点，获取资源能源、营销网络和技术品牌成为主要目的。2006 年至 2009 年间，非金融类跨国并购投资额年均增长 35.7%，2009 年并购投资占当年对外投资总额的 40.4%。对

---

① 中共中央文献研究室编《十六大以来重要文献选编（上）》，中央文献出版社，2005，第 22 页。
② 中共中央文献研究室编《十六大以来重要文献选编（上）》，中央文献出版社，2005，第 20、22-23 页。

外承包工程从数量规模型向质量效益型转变，以投融资为先导的特许经营方式逐渐增多。

三是水平不断提升，主体实力继续增强。对外承包工程中石化、轨道交通、电力和电子通信等领域项目比例已升至新签合同额的六成左右，带动出口和利润水平进一步提升，上亿美元项目数从2006年的94个增加到2009年的240个，最大项目合同额增至75亿美元。外派劳务不断向海员、空乘、医护、教师、工程师等高级技术劳务扩展。对外投资主体呈多元化趋势，国有企业继续发挥主导作用，民营企业异军突起，地方企业投资大幅增长。企业国际竞争力大幅提高，2009年34家中国企业入选世界500强，54家中国对外承包工程企业进入世界225家国际承包商行列，完成海外工程营业总额占225强海外营业总额13.2%，首次跃居首位。

胡锦涛在十七届五中全会上强调，要"积极参与全球经济治理和区域合作，以开放促发展、促改革、促创新，积极创造参与国际经济合作和竞争新优势"[1]。按照这一要求，综合考虑今后五年发展趋势和条件，未来五年"走出去"战略发展目标是：在"十二五"期末，"走出去"战略对国民经济的贡献率有明显提高，对外投资合作的规模和层次实现飞跃发展，一批大型跨国公司初具规模，中国作为投资大国的地位进一步巩固，在国际合作中的影响力进一步提升。

第五节 宏观调控的加强与成功应对金融危机冲击

现代市场经济是宏观调控下市场机制在资源配置中发挥基础性作用的经济。因此，在完善市场经济体制的过程中，必须不断改善和加强宏观调控。党的十六大强调，要"加强和完善宏观调控"，"完善国家计划和财政政策、货币政策等相互配合的宏观调控体系"[2]。2002年以来，党中央根据完善社会主义市场经济体制的总体要求，以促进经济增长、增加就业、稳定物价、保持国际收支平衡、实现经济又好又快发展作为宏观调控主要目标，准确判断国内外经济形势，综合运用多种宏观调控手段，实现了宏观调控总体目标，完善和加强了宏观调控体系，积累了宝贵的经验。

这一时期，伴随国内经济运行周期的变化和国际金融危机的影响，宏观调控呈现出明显的阶段性和周期性。按照宏观调控政策取向和经济运行周期特征，这一时期的宏观调控可以分为两个基本阶段，即2002—2007年和2008—2011年。

---

[1] 《中国共产党第十七届中央委员会第五次全体会议文件汇编》，人民出版社，2010，第8-9页。
[2] 江泽民：《江泽民文选（第二卷）》，人民出版社，2006，第549、550页。

一、小步微调确保经济平稳较快增长：2002—2007 年

进入新世纪，在成功抵御亚洲金融危机和克服国内有效需求不足之后，我国经济增长率逐渐回升，工业化和城镇化进程加快。2002 年党的十六大召开以后，各地经济发展积极性高涨，当年下半年开始，经济开始升温。为了防止新的经济过热，2002 年中央经济工作会议确定，2003 年宏观调控继续实施积极的财政政策和稳健的货币政策。

（一）遏制部分行业盲目投资：2003—2005 年

2003 年 7 月开始，开始启动新一轮宏观调控。2003 年第一季度，经济增长迅速升温。在第二季度抗击"非典"取得胜利的基础上，从第三季度起，经济增长又继续升温，特别是钢铁等部分行业固定资产投资迅猛增长，这使得煤电油运的供给全面趋紧。与此同时，2003 年，粮食播种面积减少到 15 亿亩以下，为中华人民共和国成立以来最低水平；粮食产量下降到 1990 年以来的最低点。针对这种情况，本轮宏观调控拉开了序幕。2003 年 7 月，以土地管理为切入点，出台了暂停审批和清理整顿各类开发区、加强建设用地管理的措施。12 月，又出台了制止钢铁、电解铝、水泥行业盲目投资的措施。

2004 年，部分行业固定资产投资继续大幅度攀升，中央加大宏观调控力度。当年 4 月，集中出台了一批措施，如：上调存款准备金率；调整部分行业固定资产投资项目资本金比例；查处江苏铁本钢铁有限公司违规建设钢铁项目；深入开展土地市场治理整顿，严格土地管理；加强产业政策和信贷政策协调配合，控制信贷风险；等等。通过采取这些措施，初步遏制了部分行业盲目投资的势头。

2005 年，宏观调控主要是进一步消化和落实 2004 年已经出台的各项重要措施。此外，针对房地产投资规模过大、住房价格上涨过快、供应结构不合理、房地产市场秩序混乱问题，集中出台了一批新措施，包括加强房地产市场调控、调整商业银行住房信贷政策、提高住房贷款的利率和首付比例等，从需求和供给两方面调控房地产市场。[①]

（二）进一步解决"三快"问题：2006 年、2007 年

在宏观调控取得初步成效的情况下，2006 年、2007 年的宏观调控主要是巩固宏观调控的成果和措施，进一步解决固定资产投资增长过快、货币信贷投放过多、外贸顺差过大等"三快"问题。

---

① 刘树成：《五年来宏观调控的历程和经验》，《人民日报》2008 年 4 月 2 日，第 7 版。

2006年3月，出台了一批推进产能过剩行业结构调整的措施。对产能过剩行业进行结构调整，一方面有利于控制这些行业盲目投资和低水平扩张，严格市场准入门槛，保持经济平稳较快发展的好势头，另一方面有利于淘汰落后生产能力，节能降耗，污染减排，推动经济发展方式转变。2006年6月，出台了从严控制新开工项目的有关措施。2007年11月，为加强和规范新开工项目管理，建立了新开工项目管理联动机制。继续调控房地产，把控制土地、压缩投资、抑制需求、增加供给、稳定房价延伸到明确区分和正确发挥政府与市场的作用，推进住房制度改革，加强住房保障体系建设。2006年5月，出台了调整住房供应结构、稳定住房价格的有关措施。2007年8月，又出台了解决城市低收入家庭住房困难的重要措施。调控内外经济平衡。两年内，提高金融机构存款准备金率13次，其中2007年就有10次；提高存贷款基准利率8次，其中2007年就有6次。2007年6月，执行了近十年的"稳健"的货币政策转换为"稳中适度从紧"，12月又转换为"从紧"。与此同时，继续完善人民币汇率形成机制，增强汇率弹性，深化外汇管理体制改革，拓展外汇储备使用渠道和方式。综合使用出口退税政策（取消或降低高耗能、高排放和资源性产品的出口退税）、关税政策（对资源性商品开征或提高出口关税）、加工贸易政策（扩大加工贸易禁止类和限制类商品范围）、进口税收优惠政策，以抑制出口、扩大进口，缓解外贸顺差过大问题。

这一时期的宏观调控取得显著成效。从2003年到2007年，我国经济连续五年以高于10%的速度加速增长，并在2006年突破11%，2007年达到11.9%。2006年国民经济实现了高增长与低通胀的理想搭配；2007年虽然通胀问题逐渐凸显，但国民经济呈现出又好又快平稳增长的势头，财政收入、企业收入、城乡居民收入同步攀升。在各项宏观调控措施作用下，我国不仅圆满完成"十五"规划目标，而且实现了"十一五"的良好开局。

二、审慎灵活应对国际金融危机冲击：2008—2011年

2008年爆发了第二次世界大战以来最为严重的国际金融危机。伴随中国对外开放度的提升，这场危机对中国经济发展带来直接影响。面对国际金融危机冲击，党中央、国务院全面分析、准确判断、果断决策、从容应对，把保持经济平稳较快发展作为经济工作首要任务，实施积极的财政政策和适度宽松的货币政策，出台应对金融危机冲击一揽子计划，积极参与国际合作。在党和政府的正确领导下，中国经受住了金融危机冲击对宏观调控能力的重大考验、对驾驭社会主义市场经济能力的重大考验、对党执政能力的重大考验。2009年岁末之际，中国经济增长明显下滑态势得到有效遏

止,在全球率先实现经济形势总体回升向好,这标志着以保增长、扩内需、调结构、促改革、惠民生为取向的宏观调控取得重大成就。

(一)果断加大宏观调控力度:2008年

2008年年中,危机引发的世界经济波动和放缓对中国实体经济的负面影响开始显现,并与国内经济长期积累的深层次矛盾交织。党中央、国务院准确研判国内外经济形势变化,以战略思维统筹国内国际两个大局,及早进行准备和部署,为应对金融危机冲击争取了主动。早在2007年12月,中央经济工作会议就强调,推动经济社会又好又快发展,必须更加注重统筹国内国际两个大局,准确把握世界经济走势,增强做好经济工作的系统性、预见性、主动性,牢牢掌握对外开放的主动权。为了统一思想,2008年6月,中共中央、国务院在京召开省区市和中央部门主要负责同志会议。会议指出,要充分认识面临的问题和挑战,增强风险意识和忧患意识,积极作好应对各种困难局面的充分准备。

为了应对金融危机冲击,2008年7月25日,中央政治局召开会议,把"保持经济平稳较快发展、控制物价过快上涨"作为宏观调控首要任务。会议强调,要继续加强和改善宏观调控,保持宏观经济政策的连续性和稳定性,着力解决经济运行中的突出矛盾和问题,增强宏观调控的预见性、针对性、灵活性,把握好调控重点、节奏、力度。我国宏观经济政策目标由"双防"调整为"一保一控",着力解决我国经济运行中的突出问题,为进一步有效应对金融危机冲击打下坚实基础。

2008年9月,美国第四大投资银行雷曼兄弟公司宣布破产,次贷危机发展为国际金融危机,世界经济形势急转直下。2008年10月中国出口同比增长19.2%,11月骤然下降2.2%,金融危机对我国实体经济的强烈冲击显现。2008年年底至2009年年初,中国经济步入本轮经济周期谷底,面临新世纪以来最为困难的局面。

2008年9月后,党中央、国务院立即果断地加大宏观调控力度,把宏观调控着力点转到防止经济增速过快下滑上来,实施积极的财政政策和适度宽松的货币政策,将财政政策从"稳健"转为"积极",货币政策由"从紧"转为"适度宽松",扩大内需,促进增长。

在执行"适度宽松"的货币政策方面,2008年9月、10月三次提高出口退税率,五次下调金融机构存贷款基准利率,四次下调存款准备金率,暂免储蓄存款利息个人所得税,下调证券交易印花税,降低住房交易税费,加大对中小企业信贷支持。在执行"积极"的财政政策方面,2008年11月5日,国务院常务会议决定实施进一步扩大内需、促进经济增长的十项措施。

（二）实施一揽子计划：2009年

2008年12月，中央经济工作会议认为，我国经济发展的基本面和长期趋势没有改变，我国发展的重要战略机遇期仍然存在。2009年必须把保持经济平稳较快发展作为经济工作的首要任务。要着力在保增长上下功夫，把扩大内需作为保增长的根本途径，把加快发展方式转变和结构调整作为保增长的主攻方向，把深化重点领域和关键环节改革、提高对外开放水平作为保增长的强大动力，把改善民生作为保增长的出发点和落脚点。2009年，党中央、国务院不断加大政策力度，丰富完善一揽子计划。

一是实施产业振兴规划。2009年1月14日至2月25日的40多天内，国务院连续召开六次常务会议，相继审议通过汽车、钢铁、纺织、装备制造、船舶、电子信息、轻工、石化、有色金属、物流等十项重点产业调整和振兴规划。这十项规划涉及范围之广、政策力度之大、决策效率之高，前所未有。统计显示，除物流业之外，其他九大产业工业增加值占我国工业增加值近80%，占国内生产总值约三分之一。

二是实施区域发展规划。国务院颁布《珠江三角洲地区改革发展规划纲要（2008—2020年）》，相继批准重庆市统筹城乡改革和发展、上海加快发展现代服务业和先进制造业及建设国际金融中心和国际航运中心、福建加快建设海峡西岸经济区等多个区域振兴规划。

三是推进自主创新。经济危机往往催生重大科技创新。经济危机往往是依靠科技创新培育新的经济增长点、实现产业转型升级的重大突破的机遇期。2009年2月25日，国务院常务会议决定调整优化科技重大专项和国家科技计划财政投入结构，在2009、2010年两年中央和地方财政集中投入1000亿元，重点是围绕扩大内需和产业振兴，引导各类要素向自主创新集聚，促进形成新的经济增长点，力争在新一轮的经济上升期站在更高的起点上发展。

四是强力扩大消费需求。2009年两会通过2009年的中央财政投资规模：中央政府公共投资安排9080亿元，增加4857亿元；中央财政安排250亿元补贴家电、汽车摩托车下乡；大规模结构性减税政策预计将减轻企业和居民负担约5500亿元。2009年5月6日，国务院常务会议决定以贷款贴息为主的方式，安排200亿元技术改造专项资金，预期直接带动全社会投资4600亿元；5月19日，国务院常务会议安排中央财政70亿元用于汽车、家电"以旧换新"，预期拉动相关消费约5000亿元。2009年，一批重大铁路项目相继开工建设，公路、机场等基础设施项目有序推进。截至11月23日，累计销售下乡家电3061万件，销售额560亿元。为进一步发挥消费对经济的拉动作用，2009年12月9日国务院常务会议决定，进一步加强促进消费的政策，现行政策大部分要继续执行，对一些政策进行必要的调整和完善。

随着一揽子计划政策效应逐渐发挥，我国经济形势从 2009 年 3 月份开始逐渐好转。第一季度经济增速为 6.1%，比上季度下滑幅度已收缩到 0.7 个百分点，经济明显下滑势头得到遏止；第二季度经济增速由降转升，增速达到 7.9%，我国经济运行中的积极因素增多，企稳向好势头日趋明显。2009 年第三季度我国经济增速回升至 8.9%，11 月份工业增速回升至 19.2%，进出口由负转正，外需有所好转，居民消费价格由负转正，总需求不断增强。根据国家统计局 2011 年 1 月 11 日发布的公告，2009 年中国国内生产总值增长速度为 9.2%[①]，高出年初制定的"保 8"目标。

（三）从保增长到促转变：2010 年、2011 年

在应对金融危机冲击取得初步成效之后，中国经济发展开始进入企稳回升的关键时期，经济发展面临的困难和挑战仍然很多，经济回升基础还不稳固，国际国内不稳定不确定因素仍然较多。这种形势要求继续把促进经济平稳较快发展作为经济工作的首要任务，保持宏观经济政策的连续性和稳定性。为此，2009 年中央经济工作会议要求，要继续实施积极的财政政策和适度宽松的货币政策，根据新形势新情况着力提高政策的针对性和灵活性，特别是要更加注重提高经济增长质量和效益，更加注重推动经济发展方式转变和经济结构调整，更加注重推进改革开放和自主创新、增强经济增长活力和动力，更加注重改善民生、保持社会和谐稳定，更加注重统筹国内国际两个大局，努力实现经济平稳较快发展。

基于上述要求，2010 年两会强调，2010 年要提高宏观调控水平，保持经济平稳较快发展。要继续实施积极的财政政策和适度宽松的货币政策，保持政策的连续性和稳定性，并根据新形势新情况着力提高政策的针对性和灵活性，把握好政策实施的力度、节奏、重点。根据中央部署，处理好保持经济平稳较快发展、推动结构调整和管理好通胀预期的关系，这是 2010 年宏观调控的核心。

总体上看，2010 年，随着我国经济开始走出金融危机的影响，宏观调控政策的重心相应转移到"调结构、促转变"上来，全年政策主基调可分为"扩内需、稳增长""调结构、促转变""紧货币、控通胀"三个阶段。[②]

2010 年年初至 4 月中旬是继续"扩内需、稳增长"的阶段。2010 年伊始，宏观经济延续 2009 年年末的快速增长态势，呈现高位开局。但先行指标有所回落，为防止

[①] 王希、刘铮：《国家统计局上调 2009 年 GDP 增长率 0.1 个百分点》，中国网络电视台网站，2011 年 1 月 12 日，http://news.cntv.cn/20110112/100473.shtml，访问日期：2021 年 1 月 6 日。
[②] 贾秋森：《2010 年国家宏观调控政策回顾及 2011 年政策取向判断》，北京经济信息网，2011 年 3 月 15 日，http://www.beinet.net.cn/fxyj/xsfx/201103/t770722.htm，访问日期：2021 年 1 月 6 日。

经济二次探底，国家将"扩内需、稳增长"确定为这一时期的政策主线。延续了积极的财政政策，继续实施消费刺激政策，力求通过扩大内需促进经济发展方式的转变。在延续家电、汽车摩托车下乡和以旧换新等补贴政策的基础上，进一步扩大试点、拓宽范围、提高额度，刺激国内尤其是农村消费需求。同时为削减过于庞大的流动性规模，抑制投资冲动和价格水平快速上涨，央行分别于1月18日、2月25日两次提高存款准备金率各0.5个百分点，货币政策由极度宽松转为适度。

4月中旬至9月末是"调结构、促转变"的阶段。自二季度开始，随着经济增长逐步趋稳，促进结构调整的力度明显加大，以4月中旬国家出台《关于坚决遏制部分城市房价过快上涨的通知》为标志，宏观政策主基调正式转为"调结构、促转变"。一方面，在房地产和淘汰落后产能等领域出台了十分严厉的调控政策，另一方面，鼓励引导民间投资，上调最低工资标准，重启汇率改革，多管齐下促进经济发展方式的转变。这一时期延续了积极的财政政策和适度宽松的货币政策组合，着力点侧重于结构调整。资源税改革率先在新疆试点；各地最低工资标准纷纷上调10%—20%，以促进劳动密集型产业转型升级；5月10日存款准备金率再度上调0.5个百分点；在国际人民币升值和国内转变经济发展方式的双重压力下，人民币汇率改革于6月中旬重启，人民币进入升值通道。

总体上看，在"调结构、促转变"的政策基调下，国民经济在二、三季度出现适度回落，但由于经济下行风险始终存在，货币政策未适时收稳，流动性过剩和物价上涨势头均未能得到有效遏制，通胀压力持续扩大。

10月到年底是"紧货币、控通胀"的阶段。四季度，PMI（采购经理指数）等先行指标保持回升态势，表明"二次探底"风险已彻底消除，国民经济将以高位稳定收官。但由于贷款超发使得流动性依旧保持极度充裕，自然灾害频发推高食品类价格，在翘尾因素有所减弱的情况下，CPI（消费者价格指数）连破4、5大关，通胀压力达到空前高度。在这种情况下，"控制通胀"成为政策主基调，货币政策转为稳健。为控制通胀，短短四个月内，央行分别于11月16日、11月29日、12月20日、1月20日共四次累计上调存款准备金率2个百分点，使之达到19%的历史高位。2010年11月17日的国务院常务会议采取四大措施稳定消费价格水平，即：确保市场供应，促进价格稳定；完善补贴制度；增强调控针对性，改善价格环境；加强监管，维护市场秩序。20日，再度发布《关于稳定消费价格总水平 保障群众基本生活的通知》，采取16项措施做好价格调控监管，稳定市场价格，保障群众基本生活。货币政策快速刹车对流动性起到显著抑制作用，资本市场价格快速回落，全年物价增幅为3.3%。

2010年，国民经济实现了10.3%的高位稳定增长，表明宏观调控取得显著成效。同时，宏观调控的重心也由经济刺激转移到扩大内需、促进结构调整和防止通胀上来。

在此基础上，2010年中央经济工作会议提出宏观经济政策的基本取向是，要积极稳健、审慎灵活，重点是更加积极稳妥地处理好保持经济平稳较快发展、调整经济结构、管理通胀预期的关系。除出台举措加快发展方式转变，实现"十二五"良好开局以外，重点围绕控制物价采取了宏观调控举措。一是继续收缩银根。2011年1月20日，央行提高存款准备金率0.5个百分点，截止到4月21日，已经提高四次。二是加大房地产调控力度。1月26日，国务院常务会议决定，为巩固和扩大调控成果，逐步解决城镇居民住房问题，继续有效遏制投资投机性购房，促进房地产市场平稳健康发展，就2011年楼市宏观调控出台八条新的政策，涉及税收、信贷、保障性住房、限购令、政府问责等八个方面。此后，房地产调控力度逐渐加大。

第六节　全面推动发展转型的初步实践

2002年以来，中国共产党经济工作的显著特点是在新的发展理念和发展观的指导下开展经济工作。这一阶段，在经济工作思路、战略与举措上，贯穿一条主线，即在推进国民经济又好又快发展的同时，不断推进发展方式转变，在此基础上，推进经济社会发展全面转型。

党的十六大在提出经济建设和经济体制改革任务时，已经强调提出了走新型工业化道路、推进产业结构优化升级、加快城镇化进程、促进区域协调发展、健全社会保障体系等有关转变发展方式的要求。① 党的十七大则明确提出了转变发展方式的内涵与要求，即促进经济增长由主要依靠投资、出口拉动向依靠消费、投资、出口协调拉动转变，由主要依靠第二产业带动向依靠第一、第二、第三产业协同带动转变，由主要依靠增加物质资源消耗向主要依靠科技进步、劳动者素质提高、管理创新转变。②

根据这些新的内涵和要求，2002年以来，中国共产党在推动发展转型方式方面采取了一系列重大战略举措。

一、探索新型工业化道路，推进工业化模式转型

党的十六大提出，"实现工业化仍然是我国现代化进程中艰巨的历史性任务。信息化是我国加快实现工业化和现代化的必然选择。坚持以信息化带动工业化，以工业

---

① 江泽民：《江泽民文选（第三卷）》，人民出版社，2006，第545-550页。
② 《十七大报告辅导读本》，人民出版社，2007，第22页。

化促进信息化,走出一条科技含量高、经济效益好、资源消耗低、环境污染少、人力资源优势得到充分发挥的新型工业化路子"①。党的十七大强调,要走中国特色新型工业化道路。

走新型工业化道路,是推进中国现代化进程的一项重大决策。工业化是现代化的主体,到世纪之交,中国的工业化进程进入一个新的历史阶段,需要加快推进。2001年工业增加值占国内生产总值比重达到了51.1%,大部分制造业产品的产量已居世界前列,从国际比较来看,中国已经全面进入工业化中期阶段。但是,中国的工业化开始遇到资源、环境等方面的制约,原有的工业化道路已经难以为继。党中央根据世界工业化规律和信息化发展大势,作出以信息化带动工业化、以工业化促进信息化的新型工业化战略抉择。

党的十六大以来,国家强力推进新型工业化进程。一是大力推进产业结构优化升级,加快形成以高新技术产业为先导、基础产业和制造业为支撑、服务业全面发展的产业格局。二是优先发展信息产业,在经济和社会领域广泛采用信息技术,积极发展电子信息等对经济增长有突破性重大带动作用的高新技术产业,用高新技术和先进实用技术改造提升传统产业,振兴装备制造业。三是正确处理发展高新技术产业和传统产业、资本密集型产业和劳动密集型产业、虚拟经济和实体经济的关系等。四是抢抓国际产业结构升级历史机遇,大力培育和发展战略性新兴产业。

到2010年,中国的新型工业化进程已经取得显著成效。一是工业化进程进一步加快,质量和效益明显改善。中国已建立起门类齐全的工业体系,按国际产业分类,在22个工业大类行业中,钢铁、建材、纺织服装等7大类行业名列全球第一,装备和电子信息产业规模已位居全球第二位,钢铁、水泥、汽车、服装、家电等220多种工业品产量居世界第一位。二是自主创新能力进一步增强,技术水平和产品质量不断跃升。载人航天、绕月工程、高速轨道交通、TD-SCDMA、高性能计算机等领域取得一批重大自主创新成果。特高压输变电设备、1000兆瓦超超临界火电机组、百万吨级乙烯成套装置、3000米半潜式钻井平台等一批重大技术装备实现自主制造。截至2009年年底,依托工业企业建设了127个国家工程中心和636个国家级企业技术中心;企业发明专利申请数已占国内发明专利申请总数的50.7%。经过持续的技术改造和技术创新,2009年机床数控化率达到52%。三是工业产业结构明显升级。高技术产业实现产值占全国工业产值的10%以上。高技术产品出口占全部商品出口的30%以上。四是工业化和信息化两化融合稳步推进。信息技术在工业领域应用日渐深化,

---

① 江泽民:《江泽民文选(第三卷)》,人民出版社,2006,第545页。

计算机辅助设计（CAD）、产品数据管理（PDM）等技术在产品研发设计中普遍使用，制造执行系统（MES）、计算机集成制造（CIMS）等自动化控制技术已大量应用于生产流程控制，大中型企业已大多采用企业资源计划（ERP）、供应链管理（SCM）等信息管理系统。大型装备制造企业已基本实现了产品设计、工艺流程和 ERP 的集成应用。①

二、深化落实科教兴国和人才强国战略，实施向创新型国家的转型

推进发展方式转变，根本靠创新，最终靠人才。1995 年 5 月 6 日颁布的《中共中央、国务院关于加速科学技术进步的决定》，首次提出在全国实施科教兴国战略。1996 年 3 月，八届全国人大四次会议正式提出国民经济和社会发展"九五"计划和 2010 年远景目标，将科教兴国战略确定为基本国策。党的十六大强调，新世纪新时期要大力实施科教兴国战略。党的十七大强调，要提高自主创新能力，建设创新型国家。

为了加快推进科教兴国战略，中央作出了走中国特色自主创新道路、建设创新型国家的重大战略决策。2006 年，国家出台了《国家中长期科学和技术发展规划纲要（2006—2020 年）》，该纲要对 2006—2010 年间科技发展的目标、重点领域及其优先主题、重大专项、前沿技术、基础研究、科技体制改革与国家创新体系建设、科技投入与科技基础条件平台、人才队伍建设等重大问题作出总体安排。该纲要指出，未来 15 年，我国科学技术发展的总体部署是：一是立足于我国国情和需求，确定若干重点领域，突破一批重大关键技术，全面提升科技支撑能力。二是瞄准国家目标，实施若干重大专项，实现跨越式发展，填补空白。三是应对未来挑战，超前部署前沿技术和基础研究，提高持续创新能力，引领经济社会发展。四是深化体制改革，完善政策措施，增加科技投入，加强人才队伍建设，推进国家创新体系建设，为我国进入创新型国家行列提供可靠保障。

在优先发展教育方面，2007 年，国家发布《国家教育事业发展"十一五"规划纲要》，明确提出坚持教育优先发展，充分发挥教育在现代化建设中的基础性、先导性、全局性作用的基本方针，对"十一五"时期教育优先发展作出总体部署。在人才强国战略方面，2002 年，中央批准印发《2002—2005 年全国人才队伍建设规划纲要》，提出实施人才强国战略。2003 年年底，党中央、国务院召开中华人民共和国成立以来第

---

① 陈艳敏：《"十一五"我国新型工业化进程取得积极进展——访工业和信息化部部长李毅中》，《中国电子报》2010 年 10 月 15 日，第 1 版。

一次全国人才工作会议，作出《关于进一步加强人才工作的决定》，全面部署实施人才强国战略。同年，中央人才工作协调小组成立，协调整合各部门工作力量，研究解决人才工作重大问题。2006年，人才强国战略作为专章列入"十一五"规划纲要。同年，《国家中长期科学和技术发展规划纲要（2006—2020年）》出台。2006年1月，全国科学技术大会作出走自主创新道路、建设创新型国家的决定。6月，胡锦涛在两院院士大会上强调建设宏大的创新型科技人才队伍。2007年10月，党的十七大第一次将人才强国战略写入党代会报告和载入党章，进一步提升了人才强国战略在党和国家战略布局中的地位。

到2010年，通过深入实施科教兴国战略和人才强国战略，我国的科技实力和人才实力大为增强，自主创新能力进一步提升，我国科技发展和人才队伍建设进入一个重要的跃升期。在此期间，我国取得了载人航天、超级杂交稻、高性能计算机等一批重大科技成果，基础研究和前沿技术研究取得众多突破，原始创新能力进一步增强，国际论文发表总量和发明专利申请量跃居世界前列，重大技术装备自主研发能力明显提高，高技术产业规模不断扩大，科技在调整经济结构、解决"三农"问题、促进社会发展、改善民生方面的支撑作用显著增强。同时，伴随教育事业和人才队伍建设的推进，中国开始从人力资源大国向人力资源强国迈进。

三、实施区域发展总体战略，推进"第一个大局"向"第二个大局"的转型

改革开放以来，中国区域发展总体上实施沿海地区优先发展战略。到世纪之交，各个区域在快速发展的同时，出现了较大的区域差距。1978—2000年，东部地区经济增速比其他地区高2个百分点以上。在差幅最大的"八五"时期，东部地区经济增速比其他地区高出5个百分点。根据对1978—2004年间以基尼系数度量的中国地区差距的变化情况的分析可以发现，在1978年至1990年期间，现价人均国内生产总值计算的基尼系数快速减小，由1978年的0.359减小到0.277。而进入20世纪90年代以后，基尼系数先是快速扩大，随后减缓，2000年至2003年其数值基本保持在0.35左右。从居民消费水平计算的基尼系数来看，自1982年以来各地区差距保持了稳定上升的趋势。20世纪90年代以前，地区消费水平的差异增长比较缓慢，1990年以后则基本呈现持续扩大的趋势。①

1988年，邓小平提出了"两个大局"的战略构想。一个大局是："沿海地区要加快对外开放，使这个拥有两亿人口的广大地带较快地先发展起来，从而带动内地更好

---

① 李善同、许召元：《近年来中国地区差距的变化趋势》，《中国经济时报》2006年3月30日，第8版。

地发展，这是一个事关大局的问题。内地要顾全这个大局。"另一个大局是："发展到一定的时候，又要求沿海拿出更多力量来帮助内地发展，这也是个大局。那时沿海也要服从这个大局。"① 世纪之交，我国现代化第二步目标基本实现，即将向第三步目标迈进，如何推进从"第一个大局"向"第二个大局"转变，缩小区域差距，全面推进社会主义现代化事业，是摆在中国共产党面前的一个重大课题。

党的十六大明确提出了新世纪推进区域协调发展的基本格局，形成了区域发展总体战略的基本框架。即：积极推进西部大开发，支持西部地区增强自我发展能力，在改革开放中走出一条加快发展的新路；中部地区加大结构调整力度，推进农业产业化，改造传统产业，培育新的经济增长点，加快工业化和城镇化进程；东部地区加快产业结构升级，发展现代农业，发展高新技术产业和高附加值加工制造业，进一步发展外向型经济；支持东北地区等老工业基地改造；等等。② 2005 年，党的十六届五中全会确立了区域协调发展战略。党的十七大进一步指出，要继续实施区域发展总体战略，深入推进西部大开发，全面振兴东北地区等老工业基地，大力促进中部地区崛起，积极支持东部地区率先发展。党的十七大还明确指出，要遵循市场经济规律，突破行政区划界限，形成若干带动力强、联系紧密的经济圈和经济带。③

按照这一总体战略，2002 年以来，国家采取了一系列重大区域战略举措。一是加快推进西部大开发。在 2000 年全面启动西部大开发的基础上，按照西部大开发的要求和目标，先后出台了《关于实施西部大开发若干政策措施的通知》《关于进一步完善退耕还林政策措施的若干意见》等政策措施，并制定实施了《西部地区人才开发十年规划》《"十五"西部开发总体规划》等发展规划，采取了一系列加大支持力度的举措。2000—2010 年的十年间，国家通过增加对西部地区的固定资产投资和提高财政转移支付，不断加大对西部地区的发展支持力度。特别是把扩大固定资产直接投资作为拉动民族地区经济发展的引擎。十年间，西部地区固定资产投资一直保持高速增长势头，全社会固定资产投资由 2000 年的 2477 亿元增加到 2009 年的 23263 亿元，增长了 9.4 倍，年均增长 26.1%，累计投资达 91624.43 亿元。另一方面，通过提高财政转移支付系数、增加特殊支出项目等办法，不断加大对民族地区的财政转移支付和专项资金投入力度。仅在"十一五"期间，中央就累计安排西部地区财政扶贫资金 342.4 亿元，年均增长 15%，高于同期中央财政补助地方扶贫资金的

---

① 邓小平：《邓小平文选（第三卷）》，人民出版社，1993，第 277-278 页。
② 江泽民：《江泽民文选（第三卷）》，人民出版社，2006，第 547 页。
③ 《十七大报告辅导读本》，人民出版社，2007，第 24 页。

增幅。①这些资金投入，帮助建成了一批关系西部开发全局的重大工程，如"西气东输""西电东送"、青藏铁路、公路国道主干线、水资源合理开发和节约利用等，使民族地区基础设施和生态环境明显改善，为西部地区的后续发展奠定了坚实的硬件基础。当前，西部大开发已经开始推进到第二个十年的新阶段。

2003年10月，中共中央、国务院发布《关于实施东北地区等老工业基地振兴战略的若干意见》，明确了实施振兴战略的指导思想、方针任务和政策措施。随着振兴战略实施，东北地区发展步伐加快。到2008年，东北三省地区生产总值增长率为13.4%，超过全国平均水平1.7个百分点，这一增长率在四大区域板块中名列第一。东北地区进入改革开放以来经济增长最快的时期。

2004年3月，温家宝在政府工作报告中，首次明确提出促进中部地区崛起。2004年12月，中央经济工作会议再次提到促进中部地区崛起。2005年3月，温家宝在政府工作报告中提出，抓紧研究制定促进中部地区崛起的规划和措施。2006年2月15日，温家宝主持召开国务院常务会议，研究促进中部地区崛起问题。2006年3月27日，中共中央政治局召开会议，研究促进中部地区崛起工作。2009年，国务院发布《促进中部地区崛起规划》，明确到2015年中部地区崛起的12项主要目标和任务要求，提出到2020年促进中部地区崛起的总体目标。2010年8月，国家发改委制定《促进中部地区崛起规划实施意见》和《关于促进中部地区城市群发展的指导意见》，旨在深入实施《促进中部地区崛起规划》。从2007年开始，中部地区发展速度明显加快，发展速度在四大区域板块中位居第二，开始进入崛起轨道。

随着西部大开发、全面振兴东北老工业基地、大力促进中部地区崛起等战略的相继实施，中西部地区经济增长速度明显加快。"十五"期间，东、中、西和东北地区的生产总值增速分别为12.60%、11.05%、11.36%和10.88%，区域增长差距趋于缩小。进入"十一五"以来，随着这些战略的深入实施，改革开放以来形成的东部地区"一马当先"的增长格局发生了重大变化。2007年，西部地区经济增速首次超过东部地区；2008—2010年间，中、西部和东北地区经济全面加速，均超过东部地区的增长水平。②

---

① 杨晶：《国务院关于加快少数民族和民族地区经济社会发展工作情况的报告——2010年12月22日在第十一届全国人民代表大会常务委员会第十八次会议上》，中国人大网，2011年2月24日，http://www.npc.gov.cn/zgrdw/huiyi/cwh/1118/2011-02/24/content_1871239.htm，访问日期：2021年1月6日。
② 赵大春：《发改委：中西部及东北经济增速首次全面超过东部》，中国新闻网，2010年12月13日，https://www.chinanews.com/cj/2010/12-13/2719175.shtml，访问日期：2021年1月6日。

四、配置试验区,推进改革向综合配套改革的转型

改革开放以来,中国经济体制改革形成了独特的"中国模式",即采取渐进改革的道路,采取"试点—总结—推广"的推进路径。在社会主义市场经济体制初步建立以后,如何继续深化改革?是否需要继续采取"试点—总结—推广"的探索方式?在经济社会发展日益融入全球化进程的时代,如何将改革与对外开放结合起来?这些问题,都是中国共产党在世纪之交面临的重大课题。

党的十六大指出,要完善社会主义市场经济体制,必须继续深化改革。正如构建社会主义市场经济体制在中国是一个探索过程一样,完善社会主义市场经济体制也是一个探索过程。因此,新的历史阶段的改革仍然需要采取"试点—总结—推广"的路径。所不同的是,在新的历史条件下,改革试点的内容已经超出单项专题内容,向综合性内容转变,改革试点从专项试点向综合配套改革试点转变。因此,党的十六大以来,中央推出了一系列以综合配套改革为内涵的改革试点。

2005年6月,国务院批准浦东进行综合配套改革试点,其改革试点中心任务是按照现代市场经济体制和对外开放的要求,转变政府职能、转变经济运行方式、改变城乡二元经济与社会结构,具体内容包括六个大的方面、60个具体改革事项。

2006年5月,国务院出台《国务院关于推进天津滨海新区开发开放有关问题的意见》,要求天津滨海新区探索开放型区域发展的体制模式,为全国发展改革提供经验和示范。一是进行金融改革和创新,在产业投资基金、创业风险投资、金融业综合经营、多种所有制金融企业、外汇管理政策、离岸金融业务等方面进行改革试验;二是进行土地管理改革,优化土地利用结构,创新土地管理方式,加大土地管理改革力度,开展农村集体建设用地流转及土地收益分配、增强政府对土地供应调控能力等方面的试验;三是进一步扩大开放的改革,重点是探索海关特殊监管区域管理制度创新。

2007年6月,国务院批准重庆市与成都市设立全国统筹城乡综合配套改革试验区,并提出了八个方面的制度创新重点任务,包括统筹城乡规划的编制、城乡均等化的公共服务保障体制、覆盖城乡居民的社会保障体系、城乡统一的行政管理体制和户籍管理制度等。

2007年12月14日,国务院批准武汉城市圈和长株潭城市群为全国资源节约型和环境友好型社会建设综合配套改革试验区。要求从各自实际出发,根据资源节约型和环境友好型社会建设综合配套改革试验的要求,全面推进各个领域的改革,并在重点领域和关键环节率先突破,大胆创新,尽快形成有利于能源节约和生态环境保护的体制机制,推进经济又好又快发展,促进经济发展与人口、资源、环境相协调,切实走

出一条有别于传统模式的工业化、城市化发展新路。

2008年2月,国务院批准《广西北部湾经济区发展规划》,要求将广西沿海地区作为一个经济区来统筹开放开发,并将其建设成为"重要国家区域经济合作区",主要改革试验任务是探索区域性国际合作体制机制。北部湾经济区的功能定位是立足北部湾、服务"三南"(西南、华南和中南)、沟通东中西、面向东南亚,充分发挥连接多区域的重要通道、交流桥梁和合作平台作用,以开放合作促开发建设,努力建成中国—东盟开放合作的物流基地、商贸基地、加工制造基地和信息交流中心,成为带动、支撑西部大开发的战略高地和开放度高、辐射力强、经济繁荣、社会和谐、生态良好的重要国际区域经济合作区。

2009年12月8日,继北京中关村之后,国务院批准武汉东湖开发区为全国第二个国家自主创新示范区。要求在推进自主创新、高新技术产业化等方面开展综合配套体制机制改革探索。2011年,国务院批准《中关村国家自主创新示范区发展规划纲要(2011—2020年)》,该纲要赋予中关村重要的战略定位,即示范区要秉承面向世界、辐射全国、创新示范、引领未来的宗旨,坚持"深化改革先行区、开放创新引领区、高端要素聚合区、创新创业集聚地、战略产业策源地"的战略定位,要求用十年时间,建成具有全球影响力的科技创新中心和高技术产业基地,到2020年,中关村示范区创新环境更加完善,创新活力显著增强,创新效率和效益明显提高,在软件及信息服务、生物医药、新能源等领域中形成2—3个拥有技术主导权的产业集群,成为具有全球影响力的科技创新中心和高技术产业基地。

2009年12月12日,国务院正式批复《鄱阳湖生态经济区规划》。鄱阳湖生态经济区规划是以江西鄱阳湖为核心,以鄱阳湖城市圈为依托,以保护生态、发展经济为重要战略构想,把鄱阳湖生态经济区建设成为全国生态文明与经济社会发展协调统一、人与自然和谐相处的生态经济示范区和中国低碳经济发展先行区。

2010年1月12日,国务院正式批复《皖江城市带承接产业转移示范区规划》。这是第一个以产业转移为主题的区域发展规划,主要任务是探索推进区域发展分工体制机制和中西部地区承接产业转移新模式。

此外,国务院还先后批准设立海南国际旅游岛、中原经济区等经济区,批准《黄河三角洲高效生态经济区发展规划》《关于支持福建省加快建设海峡西岸经济区的若干意见》《关中—天水经济区发展规划》《横琴岛总体发展规划》《辽宁沿海经济带发展规划》等专项区域规划。

上述综合配套改革试验区和区域规划都具有一个共同特点,即都聚焦于探索综合配套体制改革。可见,党的十六大以来,体制改革探索路径和方式开始实现重大转型。首先,从改革试点的内容看,从专项试点转向综合配套改革试点和试验。其次,从改革试验的任务来看,从单纯的体制机制探索拓展到通过体制机制创新推进区域发展。再次,从改革试验的目的来看,从单纯的国内体制机制完善目标拓展到推进全面参与经济全球化进程。最后,从改革试验的目标来看,从强调近期的体制机制目标转向强调两型社会、生态文明、自主创新、可持续发展等长远目标。

五、应对气候变化,推进环境保护向生态文明建设转型

科学发展观提出之后,尤其是建设生态文明的号召发出之后,中国开始加快推进环境保护和应对气候变化。环境保护开始向全面建设生态文明转变。

2003年以来,国家在推进环境保护的同时,探索环境保护与发展方式转变的互动。一是大力推进循环经济试点和建设。2005年,国务院发布《国务院关于加快发展循环经济的若干意见》,随后国家环保总局发布《关于推进循环经济发展的指导意见》。这两个文件提出发展循环经济的指导思想、基本原则、主要目标、工作重点、重点环节、宏观指导等方面的内容,成为系统推进循环经济的纲领性文件。截至2006年年底,全国循环经济示范点省(市)发展到8个,国家生态工业示范区发展到24个,其中行业类园区8个,综合类园区15个,静脉产业类园区1个。[①]

二是推进生态功能区的规划与建设。2004年,环保总局在汇总各省生态功能区划的基础上,编制完成《全国生态功能区划》(初稿)及《全国重要生态功能保护区建设规划》(讨论稿)。2005年,环保总局会同有关部门编制《国家重点生态功能保护区规划纲要(2006—2020年)》(送审稿),进一步推进生态功能区建设。到2006年,全国已有15个省、自治区、直辖市和新疆生产建设兵团的生态功能区划经各级人民政府正式批准实施。

三是推进环境保护向应对气候变化、整体生态文明建设转型。2006年,第六次全国环保大会提出"三个历史性转变",把环保工作推向了以保护环境、优化经济增长的新阶段。中国开始从环境保护步入生态文明建设阶段,生态文明建设全面展开。除了传统意义上的环境保护以外,生态文明建设扩展到其他诸多方面。在应对气候变化方面,2006年,中国成立了第一届国家气候变化专家委员会,主要就我国应对气候变化的重大战略、政策提出意见和建议,标志着环境保护和生态文明建设加快与全球接轨的过程。在两型社会建设方面,2007年批准武汉城市圈和长株潭城市群为资源节约型和环境友好型社会建设综合配套改革试验区。在节能减排方面,2010年8月18日,

---

① 《中国环境年鉴》编辑委员会编《中国环境年鉴2007》,中国环境年鉴社,2007,第301页。

国家低碳省区和低碳城市试点启动，首批五省八市即广东、辽宁、湖北、陕西、云南五省和天津、重庆、深圳、厦门、杭州、南昌、贵阳、保定八市进行试点。试点的任务，一是编制低碳发展规划，二是制定支持低碳绿色发展的配套政策，三是加快建立以低碳排放为特征的产业体系，四是建立温室气体排放数据统计和管理体系，五是积极倡导低碳绿色生活方式和消费模式。总体要求是要努力建成低碳发展先行区、绿色发展示范区和科学发展试验区，实现生产发展、生活富裕、生态良好的内在统一。①在资源节约方面，国家发改委等六部门联合发布《中国资源综合利用技术政策大纲》，在五个方面发挥引导作用。一是引导关键、共性重点综合利用技术的研发；二是引导推进高新技术产业化；三是引导成熟的、先进的综合利用技术与工艺的推广应用；四是引导推动淘汰落后的生产技术、工艺和设备；五是为各地区、各行业编制资源综合利用规划提供技术支援。在投入方面，这十年中，我国不断增加生态文明建设和环境保护的投入，总投资接近1万亿元。我国先后实施了退耕还林、退牧还草、天然林保护、三江源头保护和南水北调水源地保护等重大生态建设工程，总投资达7000多亿元，其中用于各种补助性质的支出3000多亿元；开展了大规模的水污染治理工作，加大了环保基础设施建设力度，累计安排2000多亿元资金用于重点流域水污染治理和城市污水处理，不仅减少了大量污染，而且改善了中国尤其是西部地区的生态环境。

　　新世纪头十年，中国环境保护与生态建设取得了长足进展。从国际义务履行看，截至2010年9月，中国已经完成《蒙特利尔议定书》阶段性履约任务。自1991年加入《蒙特利尔议定书》以来，中国结合形势发展和自身实际，不断扩宽履约管理思路，创造了很多"第一"，包括第一个编制完成《国家方案》，第一个制定加速淘汰计划，第一个推行工业重组，第一个提前实现淘汰全氯氟烃和哈龙目标。20年中，已经淘汰消耗臭氧层物质共计10万吨生产量和11万吨消费量，约占发展中国家淘汰总量的一半。2010年已经全面停止全氯氟烃、哈龙、四氯化碳等主要消耗臭氧层物质的生产和使用。②从减排来看，"十一五"时期，通过强化结构减排、工程减排和管理减排措施，2010年，全国化学需氧量排放量比2005年下降12%，二氧化硫下降14%，双双超额完成减排任务，环境质量持续好转。③

---

① 朱剑红：《国家低碳省区市试点启动》，《人民日报》2010年8月19日，第3版。
② 孙秀艳：《我国完成〈蒙特利尔议定书〉阶段性履约任务》，《人民日报》2010年9月17日，第10版。
③ 国家统计局社会和科技统计司：《"十一五"经济社会发展成就系列报告之十四：环境保护事业取得积极进展》，国家统计局网站，2011年3月10日，http://www.stats.gov.cn/ztjc/ztfx/sywcj/201103/t20110310_71326.html，访问日期：2021年1月6日。

第七节　转型阶段经济工作的成就与经验

新世纪第一个十年，中国共产党牢牢抓住了第一个十年的战略机遇，开展了卓有成效的经济工作，取得了辉煌的成就，积累了宝贵的经验。

一、转型阶段经济工作的基本成就

新世纪第一个十年，中国共产党经济工作不断深化和拓展，包括推进社会主义市场经济体制的完善、推进经济发展方式转型、全面拓展国内区域布局、全面建设小康社会、全面推进创新型国家建设、全面推进对外开放等，取得了举世瞩目的成就，推进经济社会发展发生了诸多重大变化，其中，主要是三大历史性变化。

（一）经济社会发展水平迈上新的台阶

新世纪头十年，中国经济社会发展水平实现一次新的提升。总量规模快速增长。按可比价格计算（1978年＝100），2009年的国内生产总值为2000年的2.45倍，年均增长10.5%。2010年，国内生产总值又实现了10.4%的增长率，达到40.1万亿元，跃居世界第二大经济体。人均国内生产总值跨上4000美元台阶。工业化程度显著提高。国内生产总值中第一产业比重由2000年的15.1%，下降到2010年的10.2%，同期第三产业比重则从39.0%提高到43.0%。人民生活明显改善。2000—2010年，按可比价格计算，城镇居民家庭人均可支配收入增长了151.6%，农村居民家庭人均纯收入增长了97.4%。这十年是改革开放以来居民收入增长最快的时期之一。人民生活类型从小康型向富裕型转变。城镇居民家庭恩格尔系数和农村居民家庭恩格尔系数继续下降，分别从2000年的39.4%和49.1%下降到2010年的36.5%和41.0%。① 可持续发展水平明显提高。2007年化学需氧量和二氧化硫排放量出现历史性拐点，分别比2006年下降3.2%和4.7%，首次实现双下降。此后到2010年，这两种污染物排放量呈逐年下降趋势。② 自主创新能力显著增强。2010年我国通过《专利合作条约》（PCT）申请的专利国际申请量超过1.2万件，排名已上升至世界第四位。

（二）社会主义市场经济体制初步完善

世纪初期启动的完善社会主义市场经济体制的进程取得重大阶段性进展。国有

---

① 按照国际标准，恩格尔系数在50%—60%之间属于温饱，40%—50%之间属于小康，40%以下属于富裕。
② 根据《中国统计年鉴（2010）》和《中华人民共和国2010年国民经济和社会发展统计公报》相关数据计算，信息源自国家统计局网站。

经济的控制力不断增强，初步形成与市场经济体制要求相适应的国有资产监管体制。非公有制经济长足发展，以公有制为主体、多种经济成分并存的社会主义基本经济制度进一步完善。与全球化、市场化相适应的宏观调控体系不断完善，宏观调控能力不断提升。现代社会保障制度框架基本形成。经济运行全面融入全球化进程。此外，与现代市场经济体制要求相适应的公共财税体制、现代金融体系、现代行政体系初步形成。2011年，十一届全国人大四次会议宣布：中国特色社会主义法律体系已经形成。市场经济就是法治经济，市场经济法规体系是社会主义法律体系的重要组成部分，因此，中国特色社会主义法律体系宣告形成，既是我国民主法制建设进程的又一座丰碑，也是社会主义市场经济体制完善进程取得重大阶段性成果的一个重要标志。

（三）全面小康社会建设取得重大进展

从2001年开始，中国进入全面建设小康社会的新阶段。这十年间，全面小康社会建设取得重大进展。根据国家统计局的测算，全面小康社会实现程度已从2000年的59.6%，提高到2009年的77.1%。根据这一趋势，2010年全面小康社会实现程度将达到80%。①在全面建设小康社会的六大方面中，"经济发展"和"生活质量"建设速度最快，分别提高了22.3个百分点和25.3个百分点，为全面建设小康社会打下了坚实的物质基础；"民主法制"建设实现程度已达到93.1%，为六大方面实现程度之首，已非常接近全面建设小康社会对民主法制建设的要求。②这基本符合中国政府对全面建设小康社会进度的要求，为顺利实现2020年全面建成小康社会的目标奠定了稳固基础。

二、转型阶段经济工作的基本经验

新世纪第一个十年，是中国共产党经济工作历史中应对风险与危机最多的历史阶段之一。既有2003年的"非典"肆虐，2008年南方冰灾、汶川大地震，2009年的西南特大干旱和2010年舟曲特大山洪泥石流灾害等特大自然灾害，又有2008年自第二次世界大战以来最严重的国际金融危机。中国共产党在应对各类风险和危机的过程中，抓住了新世纪头十年的重大战略机遇，取得了经济工作举世瞩目的成绩，其中的经验弥足珍贵。

---

① 全面建设小康社会实现程度是一种综合指数，是通过各监测指标实际值除以标准值，然后再经加权综合而得的。实现程度60%为总体小康，100%为全面小康，即全面建设小康社会进程以60%为起点，100%为终点。

② "全面建设小康社会统计监测"课题组：《中国全面建设小康社会进程监测报告（2010）》，《调研世界》2010年第12期。

(一)科学研判,抢抓战略机遇

进入新的世纪,伴随中国社会主义市场经济体制的初步建立,中国对外开放进入新的阶段,中国经济与国际经济的联系日趋紧密,中国共产党的机遇意识日益强烈。正是在这种强烈的机遇意识的引导下,中国共产党抓住了一系列重大机遇。

一是抓住了"入世"的历史机遇。中国加入世界贸易组织,是中国融入经济全球化进程、完善社会主义市场经济体制的重大历史机遇。"入世"以来,党和政府牢牢抓住这一机遇,采取了一系列战略举措。首先,利用"入世"后头五年的保护期,严格兑现"入世"承诺,全面完善涉外经济体制和政策体系,加快推进经济体制改革,提升经济体制的市场化程度,在国际社会广泛赢得了"市场经济地位",争取了有利的对外开放环境。其次,利用"入世"机遇,不断拓展国际市场,有效发挥了劳动力比较优势和资源比较优势,确立了"中国制造"和"贸易大国"地位。最后,抢住机遇,推进知识产权战略,为提升自主创新能力和更加积极地参与全球产业分工奠定了坚实基础。

二是抓住了全球产业转移机遇。新世纪初期,全球新一轮产业转移加快推进。中国抓住这一机遇,首先,着力承接机械、汽车、服装、电子等重要领域的制造业产业转移,全面提升了制造业水平。其次,加快承接信息、软件设计、服务外包等服务业产业转移,全面提升了现代服务业水平。

三是抓住了全球新一轮科技创新和产业升级的历史机遇。新世纪特别是 2008 年国际金融危机爆发以来,全球开始进入新一轮科技创新和产业升级密集推进时期。中国抢抓这一机遇,采取了一系列重大战略举措。首先,推进国家重大科技专项,抢占新一轮科技进步制高点。"十一五"以来,国家相继启动了大型飞机、高端通用芯片及基础软件、新一代宽带无线移动通信、大型油气田及煤层气开发等 16 个国家科技重大专项。从实施情况看来,一些成果已经达到世界先进水平,已经突破关键核心技术,有力地支撑转变经济发展方式的战略部署,保障和改善了民生,探索出市场经济条件下发挥制度优势进行科技攻关的新形式。其次,振兴重点产业,夯实产业升级基础。2009 年国务院相继通过汽车、钢铁、纺织、装备制造等十项重点产业调整和振兴规划,这些产业的振兴将为中国产业升级奠定坚实基础。最后,大力培育和发展战略性新兴产业,努力提升在国际产业链条中的地位和层次。2010 年 10 月,国务院发布《关于加快培育和发展战略性新兴产业的决定》,明确提出要重点培育和发展节能环保、新一代信息技术等战略性新兴产业,力争到 2015 年,战略性新兴产业增加值占国内生产总值的比重达到 8% 左右,到 2020 年达到 15% 左右。

（二）变压力为动力，深化拓展经济工作

新世纪新时期，既是中国经济社会发展的战略机遇期，也是各种矛盾的凸显期。中国经济社会发展和现代化进程，既面临难得的历史机遇，也面临前所未有的矛盾、风险和压力。这十年间，中国共产党通过卓有成效的战略运作和工作，将各种压力、矛盾和危机转化为发展动力。

一是有效缓解各种社会矛盾，形成新的发展动力。进入新世纪，中国经济发展总体上进入工业化中期阶段，人民生活达到总体小康水平。与此同时，经济社会发展中各种矛盾开始凸显。例如，地区发展水平差距拉大，行业之间、城乡之间收入差距拉大等。党中央认识到，这些都是中国经济发展新的阶段性特征，是发展进程中必须解决的问题，同时，解决这些问题的过程本身就是推动发展的过程。2002年，党的十六大首次把实现"社会更加和谐"列为新世纪头20年全面建设小康社会的重要目标之一。2004年，党的十六届四中全会明确提出了构建社会主义和谐社会的任务。2006年，党的十六届六中全会通过了《中共中央关于构建社会主义和谐社会若干重大问题的决定》，明确提出了构建社会主义和谐社会的指导思想、目标任务、工作原则和重大部署，成为指导构建社会主义和谐社会的纲领性文件。2007年，党的十七大以改善民生为重点，对加快推进社会建设作了全面部署，强调着力发展社会事业，促进社会公平正义，建设和谐文化，完善社会管理，增强社会创造活力，努力使全体人民学有所教、劳有所得、病有所医、老有所养、住有所居，力争到2020年全面建成惠及十几亿人口的更高水平的小康社会，形成全体人民各尽其能、各得其所而又和谐相处的局面。党的十六大以来，党和政府加大对交通、教育、医疗卫生、住房、文化、社会保障等民生领域的投入，不断加强社会建设，不断完善社会管理。实践证明，以民生为重的社会建设和社会管理的加强，不仅有效缓解和化解了社会矛盾，同时，有力扩大了内需，为应对国际金融危机提供了支撑，为经济社会发展增添了动力，为未来发展构建了新的增长点。

二是有效化解资源环境压力，构建新的发展基础。新世纪新时期，伴随中国经济发展进入新的阶段，资源环境瓶颈约束日渐突出。另一方面，应对气候变化已经成为国际潮流。中国一方面面临加快发展的国内压力，另一方面面临承担大国气候责任的国际义务。党中央认识到，化解资源约束、应对气候变化，既是发展压力，又是加快转变发展方式、构建新的发展基点的机遇。为此，党和政府采取一系列战略举措。首先，加快推进节能减排和环境保护。"十一五"规划首次将单位GDP能耗、化学需氧量和二氧化硫减排量列为环境保护约束性指标。"十二五"规划除了调整这三个指标外，还增加了单位GDP二氧化碳排放（碳强度）、氨氮和氮氧化物三个约束性指标。

其次，大力推进循环经济、低碳技术和低碳产业发展，为化解资源环境压力奠定产业基础。最后，全面启动生态文明建设。这一时期，环保产业进入快速增长期，到2008年，风电装备实现国产化，太阳能集热真空管生产和保有量世界第一，太阳能电池产量世界第一，在新能源汽车、生物质能、快中子反应堆等领域走在世界前列，在部分领域甚至开始从"产品输出"转变为"技术输出"。① 可见，通过积极应对，中国开始找到化解资源环境约束的道路，更重要的是，开始为绿色发展、低碳发展奠定坚实的技术基础、产业基础和文明基点。

三是有效转化各种危机冲击。新世纪头十年，中国共产党之所以能够化解和战胜诸多的突发灾害和危机的冲击，关键的一条是善于危中寻机，将危机和冲击当作发展机遇。例如，在应对"非典""禽流感"等公共卫生突发事件的过程中，逐步建立了公共卫生事件预警体系、应急体系和防控体系。在应对2008年以来国际金融危机冲击的过程中，不仅逐渐完善了自身的宏观调控体系，而且抓住了危机带来新一轮技术创新和产业升级的历史机遇，抢占自主创新和产业升级的战略高地，利用了危机形成的对低端出口行业的压力，推进了制造业新一轮产业结构升级和发展转型。

（三）科学谋划，掌握经济工作主动权

进入新世纪，中国经济市场化、国际化程度不断提高。市场经济作为市场机制在资源配置中起基础性作用的经济，运行态势呈现波动性和复杂性特点。同时，伴随经济全球化程度的提高，国际经济走势日趋复杂和多变。两者的交织对中国共产党的经济工作提出新的挑战。在这十年间，中国共产党始终坚持超前谋划、科学谋划，牢牢把握经济工作主动权，有效应对了这些新的要求和挑战。

一是在宏观调控中坚持超前谋划，保持宏观调控的主动性。宏观经济的平稳较快运行，是推进经济社会发展的前提。要应对复杂多变的经济运行态势，关键要保持宏观调控的主动性。这十年间，宏观经济运行没有出现大起大落，关键首先在于，在指导思想上坚持科学发展观，坚持又好又快，好字优先。其次，将防止经济过热放在首位，做到了在经济运行出现偏快倾向或过热苗头时，就见微知著、未雨绸缪、主动调控，有效避免经济增长由偏快转为过热。这样，既控制了经济增长速度不大起，又防止经济增长速度大起之后的大落，保护好、引导好、发挥好各方面加快发展的积极性，延长了经济的平稳较快增长。最后，在宏观调控的时机和力度的把握上，做到适时适度、有节奏地多次小步微调，做到了见事早、动手快，具有预见性、及时性和渐进性。

---

① 吴越仁：《抢夺绿色商机中国企业大有可为》，《光明日报》2011年2月10日，第2版。

二是在应对国际金融危机冲击中,超前谋划,提前准备,适时果断采取扩大内需的一揽子方案,争取了应对国际市场萎缩的主动权。2008年,在国际金融危机冲击尚未充分显现时,党和政府为了争取主动,出台一揽子扩大内需的计划,包括出台4万亿的投资计划,加快推进自主创新,加快结构调整,加快地震灾区灾后重建,提高城乡居民收入,所有地区、企业全面实施增值税转型改革,上调3486项商品的出口退税率等。这些举措有效地扩大了内需,增强了企业出口竞争力,获得了应对国际市场萎缩带来的冲击的主动权。

三是在应对气候变化的国际舞台上赢得主动,为未来发展争取了空间。有关应对气候变化的国际谈判,既是一场外交较量,也是一场争取发展空间的经济较量。2009年11月26日,在哥本哈根世界气候变化大会召开之前,中国政府宣布控制温室气体排放的行动目标,即到2020年单位国内生产总值二氧化碳排放比2005年下降40%至45%,受到国际舆论的广泛好评,争取了谈判的主动。在大会上,为了实现有利于发展中国家的结果,温家宝与有关国家领导人展开了密集的会谈和协商,力推谈判进程不断向前,促使哥本哈根世界气候变化大会发表了《哥本哈根协议》,取得了重大积极成果,维护了《联合国气候变化框架公约》及其《京都议定书》所确立的基本框架和一系列原则,进一步明确了发达国家和发展中国家根据"共同但有区别的责任"原则分别应当承担的义务和采取的行动,表达了国际社会在应对气候变化长期目标、资金、技术和行动透明度等问题上的共识,从而为包括中国在内的发展中国家赢得了经济发展和应对气候变化协调推进的空间。

(四)发挥大国优势,构建经济稳定持续发展的内生动力

改革开放以来,伴随中国对外开放的扩大,国际市场不断扩大,外需成为拉动中国经济增长的重要力量。扩大国际市场,是提升中国产业竞争力,发挥劳动力与资源优势的重要战略。但是,中国是一个大国,具有巨大的国内市场,在经济全球化背景下,由于国际市场变幻莫测,也需要构建稳定的内生动力,以确保国民经济稳定发展。

新世纪头十年,党和政府把扩大内需作为经济工作的一个重大战略方针。党的十六大指出,扩大内需是我国经济发展长期的、基本的立足点。党的十七大则提出到2020年要达到国内市场总体规模位居世界前列的目标。新世纪头十年,党和政府采取了一系列重大举措,着力扩大内需。具体来说,一是促进进出口贸易平衡发展,逐渐解决贸易顺差过大的问题,采取的措施包括增加进口、提升出口附加值、完善出口结构。二是落实直接拉动消费的政策。主要措施是围绕汽车和家用电器这两项来培育

消费热点，落实家电下乡、汽车摩托车下乡政策以及汽车以旧换新、家电以旧换新政策，扩大国内最终消费。三是加快推进城乡市场体系建设，完善消费环境，构建统一的国内市场体系。四是加大自主创新力度，把立足点从过多依赖国外技术逐步转移到主要依靠自主创新上来。通过上述措施，这十年间，经济发展的内需动能不断增强。国内需求对经济增长的贡献率大幅提高，特别是在应对国际金融危机冲击中，扩大内需政策起到了极为关键的作用。2006—2010年，国内需求对经济增长的贡献率分别为83.9%、81.9%、91.0%、138.9%和92.1%。2009年，在外需对经济增长为负贡献的条件下，国内需求增长有效弥补了外需下降的影响，对经济增长的贡献率高达138.9%。与2005年相比，2010年我国国内需求对经济增长的贡献率提高了15.2个百分点。[①]通过扩大内需，发挥大国市场优势，夯实经济发展的内需基础，这是新世纪头十年国民经济发展能够在各种冲击和风险面前平稳较快发展的重要原因。

[①] 国家统计局国民经济综合统计司：《"十一五"经济社会发展成就系列报告之一：新发展 新跨越 新篇章》，国家统计局网站，2011年3月1日，http://www.stats.gov.cn/ztjc/ztfx/sywcj/201103/t20110301_71313.html，访问日期：2021年1月6日。

第十一章

变革

(2012—2020)

习近平新时代中国特色社会主义经济思想与决胜全面建成小康社会(上)

2012—2020年，是党和国家发展进程中极不平凡的时期。面对世界经济复苏乏力、局部冲突和动荡频发、全球性问题加剧、国际环境日趋复杂、各方面不确定性不稳定性明显增加、新冠肺炎疫情严重冲击的外部环境，面对我国社会主要矛盾变化带来的新特征新要求、经济发展进入新常态并转向高质量发展阶段等一系列深刻变化，以习近平同志为核心的党中央不忘初心、牢记使命，牢牢把握重要战略机遇期，坚持和深化"以人民为中心"的发展，坚持稳中求进工作总基调和治国理政重要原则，高瞻远瞩、沉着应对，迎难而上、开拓进取，取得了改革开放和社会主义现代化建设的历史性成就，取得了决胜全面建成小康社会的决定性成就，中华民族伟大复兴向前迈出了新的一大步，社会主义中国以更加雄伟的身姿屹立于世界东方。

这一时期，党的经济工作最鲜明的阶段性特征可以概括为"变革"。党的十九大指出，2012年党的十八大以来，以习近平同志为核心的党中央以巨大的政治勇气和强烈的责任担当，提出了一系列新理念新思想新战略，出台了一系列重大方针政策，推出了一系列重大举措，推进一系列重大工作，推动党和国家事业发生历史性变革。在经济工作方面，经济工作理念深刻变化，经济发展方式全面创新，经济建设取得重大成就，经济体制改革、对外开放取得重大突破，人民生活不断改善，经济发展"取得了历史性成就、发生了历史性变革"[①]。从党的十九大到2020年，以习近平同志为核心的党中央，团结带领全国各族人民砥砺前行、开拓创新，奋发有为推进党和国家各项事业，经济体制改革和对外开放取得新的重大突破，经济实力、科技实力、综合国力跃上新的大台阶，取得了决胜全面建成小康社会的决定性成就，推动历史性变革向纵深发展。

第一节　中国特色社会主义新时代与习近平新时代中国特色社会主义经济思想

党的十八大作出了发展中国特色社会主义的战略决策。党的十八大以来，中国特

[①] 习近平：《习近平谈治国理政（第三卷）》，外文出版社，2020，第231页。

色社会主义进入新时代,以习近平同志为核心的党中央创立了习近平新时代中国特色社会主义思想,同时,主动适应、把握、引领经济新常态,深刻阐释中国经济改革和发展问题,以强烈的使命意识和问题意识谋划中国未来发展,形成了习近平新时代中国特色社会主义经济思想。习近平新时代中国特色社会主义经济思想,是习近平新时代中国特色社会主义思想的重要组成部分,体现了中国经济从高速增长阶段向高质量发展阶段转变的新要求,是推动新时代中国经济发展的指导思想,是指引中国由富变强,实现中华民族伟大复兴中国梦的行动指南。

一、中国特色社会主义进入新时代对党的经济工作提出新的要求

党的十八大号召全党,夺取中国特色社会主义新胜利,开拓中国特色社会主义更为广阔的发展前景。党的十九大报告指出:"经过长期努力,中国特色社会主义进入了新时代,这是我国发展新的历史方位。"[1] 中国特色社会主义进入新时代,这也是中国共产党经济工作新的历史方位和时代背景。

(一)中国特色社会主义进入新时代

中国特色社会主义新时代,是以习近平同志为核心的党中央带领全党和全国各族人民,在几代中国共产党人不懈努力和实践探索的基础上开创的。改革开放之初,我们党发出了走自己的路、建设有中国特色的社会主义的伟大号召。以邓小平同志为核心的党的第二代中央领导集体,围绕"什么是社会主义、怎样建设社会主义"的时代主题,回答了中国社会主义的发展道路、发展阶段、根本任务、发展动力、外部条件、政治保证、战略步骤、党的领导和依靠力量以及祖国统一等一系列基本问题,形成了邓小平理论,指导我们党制定了在社会主义初级阶段的基本路线,"吹响走自己的路、建设中国特色社会主义的时代号角"[2]。中国社会主义现代化建设事业走上新道路,开创了中国特色社会主义发展的新时期,实现了中华人民共和国成立以来党和国家的伟大历史转折。

以江泽民同志为核心的党的第三代中央领导集体,在和平与发展成为时代主题,世界范围内科技革命突飞猛进,经济继续增长的有利外部条件下,坚持改革开放、与时俱进,紧紧围绕经济建设这个中心,进行经济、政治体制改革。在国内外政治风波、经济风险等严峻考验面前,依靠党和人民,坚决地捍卫了中国特色社会主义。1992年,党的十四大明确提出了我国经济体制改革的目标是建立社会主义市场经济

---

[1] 中共中央党史和文献研究院编《十九大以来重要文献选编(上)》,中央文献出版社,2019,第7页。
[2] 中共中央文献研究室编《十七大以来重要文献选编(上)》,中央文献出版社,2009,第6页。

体制。党中央"先后召开七次全会,分别就建立社会主义市场经济体制、加强党的建设、制定国民经济和社会发展'九五'计划和二〇一〇年远景目标、加强社会主义精神文明建设等一系列关系全局的重大问题,作出了规划和部署"[①],"提出并牢牢把握'抓住机遇、深化改革、扩大开放、促进发展、保持稳定'的基本方针"[②],开创了全面开放的新局面,推进了党的建设新的伟大工程,对"建设什么样的党、怎样建设党"这一重大现实问题进行了深入的阐释,形成了"三个代表"重要思想,成功把中国特色社会主义推向了21世纪。

以胡锦涛同志为总书记的党中央在全面建设小康社会进程中推进实践创新、理论创新、制度创新,在继承和发展马克思主义发展思想基础上,全面回答了"实现什么样的发展、怎样发展"这一重大问题,形成了科学发展观,推动改革开放和全面建设小康社会取得重大进展,成功在新的历史起点上坚持和发展了中国特色社会主义。

以习近平同志为核心的党中央开创中国特色社会主义新时代。从理论上看,党的十八大以来,以习近平同志为核心的党中央从我国实际出发,深刻回答了"新时代坚持和发展什么样的中国特色社会主义、怎样坚持和发展中国特色社会主义"的重大问题,在经济、政治、文化、社会、生态文明建设以及党的建设等领域针对新的发展形势提出了一系列新思想,极大地丰富了中国特色社会主义理论体系的内涵,是马克思主义中国化的最新理论成果,将中国特色社会主义推向新的发展境界。

从实践上看,以习近平同志为核心的党中央开创中国特色社会主义各项事业发展新局面。经济建设方面,新发展理念得以贯彻,经济保持中高速增长,供给侧结构性改革深入推进,创新驱动发展战略大力实施,开放型经济新体制逐步健全。政治建设方面,积极发展社会主义民主政治,党的领导、人民当家作主、依法治国有机统一的制度建设全面加强,党的领导体制机制不断完善,社会主义民主不断发展,社会主义协商民主全面展开,民族宗教工作创新推进。思想文化建设方面,党对意识形态工作的领导进一步加强,社会主义核心价值观和中华优秀传统文化广泛弘扬,国家文化软实力和中华文化影响力大幅提升,全党全社会思想上的团结统一更加巩固。生态文明建设方面,大力推进生态文明建设,生态文明制度体系加快形成,全面节约资源有效推进,重大生态保护和修复工程进展顺利,生态环境治理明显加强,环境状况得到改善。全面从严治党成效卓著。党的建设制度改革深入推进,党内法规制度体系不断完善,反腐败斗争压倒性态势已经形成并巩固发展。

---

① 江泽民:《江泽民文选(第二卷)》,人民出版社,2006,第5页。
② 江泽民:《江泽民文选(第二卷)》,人民出版社,2006,第5页。

总之，党的十八大以来，中国经济社会的历史性成就和跨越式发展，标志着当代中国社会正在发生历史上最为广泛深刻的历史变革，中国发展站到了新的历史起点，跨入新的历史发展阶段，迈向中国特色社会主义新时代。

（二）中国特色社会主义新时代对党的经济工作的新要求

中国特色社会主义进入新时代，既标注了中国共产党经济工作的新方位，又对党的经济工作理念、目标、方式方法提出了一系列新的时代要求。

首先，中国特色社会主义新时代赋予党的经济工作以新的时代意义。党的十九大指出，中国特色社会主义进入新时代，意味着中华民族迎来了从站起来、富起来到强起来的伟大飞跃，迎来了实现中华民族伟大复兴的光明前景；意味着科学社会主义在21世纪的中国焕发出强大生机活力，在世界上高高举起中国特色社会主义伟大旗帜；意味着中国特色社会主义道路、理论、制度、文化不断发展，拓展了发展中国家走向现代化的途径，给世界上那些既希望加快发展又希望保持自身独立性的国家和民族提供全新的选择。这就意味着，党的经济工作肩负着实现中华民族伟大复兴的历史使命，承担着发展21世纪马克思主义、为解决人类问题贡献中国智慧和中国方案的历史使命。

其次，中国特色社会主义新时代赋予党的经济工作以新的时代内涵。党的十九大指出，中国特色社会主义新时代，是在新的历史条件下继续夺取中国特色社会主义伟大胜利的时代，是决胜全面建成小康社会、进而全面建设社会主义现代化强国的时代，是全国各族人民团结奋斗、不断创造美好生活、逐步实现全体人民共同富裕的时代，是全体中华儿女勠力同心、奋力实现中华民族伟大复兴中国梦的时代，是我国日益走近世界舞台中央、不断为人类作出更大贡献的时代。这表明，党的经济工作具有了新的时代内涵和阶段性特征，即一方面要决胜全面建成小康社会，另一方面要开启全面建设社会主义现代化强国新征程；一方面要推动实现中华民族伟大复兴，日益走近世界舞台中央，另一方面要推动实现全体人民共同富裕，全面实现社会主义的本质要求。

最后，中国特色社会主义新时代赋予党的经济工作以新的时代要求。中国特色社会主义新时代的突出特征，是社会主要矛盾已经转化为人民群众日益增长的美好生活需要和不平衡不充分的发展之间的矛盾。这意味着，一方面，伴随着全面建成小康社会目标的实现，人民美好生活需要日益广泛，不仅对物质文化生活提出了更高要求，而且在民生、法治、公平、正义、安全、环境等方面的要求日益增长，另一方面，伴随社会生产力水平的显著提升，发展不平衡不充分已成为满足人民日益增长的美好生活需要的主要制约因素。因此,新时代党的经济工作的重点,就是要在继续推动发展的基础上,着力解决发展不平衡不充分问题,大力提升发展质量和效益,更好满足人民在经济、政治、文化、社会、生态等方面日益增长的需要,更好推动人的全面发展、社会全面进步。

二、习近平新时代中国特色社会主义思想是党的经济工作指导思想

习近平新时代中国特色社会主义思想特别是习近平新时代中国特色社会主义经济思想为新时代党的经济工作提供了根本依循和行动指南。

(一)习近平新时代中国特色社会主义思想的创立

新时代呼唤新理论。党的十八大以来,以习近平同志为核心的党中央围绕"新时代坚持和发展什么样的中国特色社会主义、怎样坚持和发展中国特色社会主义"这个重大时代课题,在中国特色社会主义实践中艰辛探索,取得重大理论创新成果,形成了习近平新时代中国特色社会主义思想。党的十九大指出,习近平新时代中国特色社会主义思想,明确坚持和发展中国特色社会主义,总任务是实现社会主义现代化和中华民族伟大复兴,在全面建成小康社会的基础上,分两步走在本世纪中叶建成富强民主文明和谐美丽的社会主义现代化强国;明确新时代我国社会主要矛盾是人民日益增长的美好生活需要和不平衡不充分的发展之间的矛盾,必须坚持以人民为中心的发展思想,不断促进人的全面发展、全体人民共同富裕;明确中国特色社会主义事业总体布局是"五位一体"、战略布局是"四个全面",强调坚定"四个自信";明确全面深化改革总目标是完善和发展中国特色社会主义制度、推进国家治理体系和治理能力现代化;明确全面推进依法治国总目标是建设中国特色社会主义法治体系、建设社会主义法治国家;明确党在新时代的强军目标是建设一支听党指挥、能打胜仗、作风优良的人民军队;明确中国特色大国外交要推动构建新型国际关系,推动构建人类命运共同体;明确中国特色社会主义最本质的特征是中国共产党领导,中国特色社会主义制度的最大优势是中国共产党领导,党是最高政治领导力量,提出新时代党的建设总要求,突出政治建设在党的建设中的重要地位。

习近平新时代中国特色社会主义思想强调"十四个坚持",即坚持党对一切工作的领导,坚持以人民为中心,坚持全面深化改革,坚持新发展理念,坚持人民当家作主,坚持全面依法治国,坚持社会主义核心价值体系,坚持在发展中保障和改善民生,坚持人与自然和谐共生,坚持总体国家安全观,坚持党对人民军队的绝对领导,坚持"一国两制"和推进国家统一,坚持推动构建人类命运共同体,坚持全面从严治党。

习近平新时代中国特色社会主义思想,是以习近平同志为核心的党中央对马克思列宁主义、毛泽东思想、邓小平理论、"三个代表"重要思想、科学发展观的继承和发展,是马克思主义中国化的最新理论成果,是党和人民实践经验和集体智慧的结晶,是中国特色社会主义理论体系的重要组成部分,是全党全国人民为实现中华民族伟大复兴而奋斗的行动指南,必须长期坚持并不断发展。

(二)习近平新时代中国特色社会主义经济思想的形成

在创立习近平新时代中国特色社会主义思想的进程中,以习近平同志为核心的党中央逐步形成了习近平新时代中国特色社会主义经济思想。习近平新时代中国特色社会主义经济思想的形成和发展源于新时代中国经济社会发展变革的伟大实践,是在深刻总结国内外发展经验教训、分析国内外发展大势的基础上形成的。

党的十八大后,国内外经济形势极其错综复杂,很多情况是改革开放以来没有碰到过的。国际金融危机深层次影响持续蔓延,世界经济复苏乏力,国际贸易低迷,保护主义普遍。国内经济下行压力不断加大,产能过剩矛盾突出,工业品价格持续下降,金融风险隐患增多。在这种形势下,在经济工作方面,我们党"面临的主要问题是经济形势应该怎么看、经济工作应该怎么干"①,面对新形势、新问题,习近平总书记针对新时代经济发展和党的经济工作提出了一系列新思想、新观点、新理念。

提出经济工作立足点是质量和效益的要求。2012年11月,习近平总书记指出,"在前进道路上,我们一定要坚持以科学发展为主题、以加快转变经济发展方式为主线,切实把推动发展的立足点转到提高质量和效益上来,促进工业化、信息化、城镇化、农业现代化同步发展,全面深化经济体制改革,推进经济结构战略性调整,全面提高开放型经济水平,推动经济持续健康发展"②,突出强调党推进经济工作的立足点是提高经济发展质量和效益。同年11月30日,面对世界经济低速增长的延续态势,总需求不足和产能相对过剩的国际经济发展形势,习近平总书记提出:"要以提高经济增长质量和效益为中心,稳中求进,开拓创新,扎实开局,进一步深化改革开放,进一步强化创新驱动,实现经济持续健康发展和社会和谐稳定",进一步强调了中国经济增长必须提高经济发展质量,必须是"实实在在和没有水分的增长"。③

提出必须加强党对经济工作领导的思想。2012年12月,习近平总书记在中央经济工作会议上明确指出,"发展是党执政兴国的第一要务,作为执政党,我们必须切

---

① 习近平:《习近平谈治国理政(第三卷)》,外文出版社,2020,第231页。
② 习近平:《全面贯彻落实党的十八大精神要突出抓好六个方面工作》,《求是》,2013年第1期。
③ 习近平:《习近平谈治国理政》,外文出版社,2014,第111-112页。

实加强党对经济工作的领导,扎扎实实做好经济工作"①,强调要加强和改进党对经济工作的领导。

提出经济体制改革核心是处理好政府和市场关系的论断。2013年11月,党的十八届三中全会通过的《中共中央关于全面深化改革若干重大问题的决定》明确提出,"经济体制改革是全面深化改革的重点,核心问题是处理好政府和市场的关系,使市场在资源配置中起决定性作用和更好发挥政府作用。市场决定资源配置是市场经济的一般规律,健全社会主义市场经济体制必须遵循这条规律,着力解决市场体系不完善、政府干预过多和监管不到位问题"②,进一步明确了市场和政府在经济发展中的地位,为更好地发挥各自职能提供了基本遵循。

提出经济发展新常态思想。2014年5月,习近平总书记在河南考察时首次提及"新常态":"我国发展仍处于重要战略机遇期,我们要增强信心,从当前我国经济发展的阶段性特征出发,适应新常态,保持战略上的平常心态。"③随后,在7月召开的党外人士座谈会和中共中央政治局会议上再提"新常态"。同年12月,习近平总书记又在中央经济工作会议上详尽分析了我国经济发展新常态带来的趋势性变化,认为"我国经济发展进入新常态,是我国经济发展阶段性特征的必然反映",强调"认识新常态,适应新常态,引领新常态,是当前和今后一个时期我国经济发展的大逻辑"。④为适应和引领经济发展新常态,习近平总书记提出了加强供给侧结构性改革的思想。2015年11月,习近平总书记在中央财经领导小组会议上明确提出,要"在适度扩大总需求的同时,着力加强供给侧结构性改革,着力提高供给体系质量和效率,增强经济持续增长动力,推动我国社会生产力水平实现整体跃升"⑤。同年12月,中央经济工作会议将"三去一降一补"作为推进供给侧结构性改革的五大任务,强调在推动经济发展的内生动力和活力上进行转变,塑造更多依靠创新驱动、更多发挥先发优势的引领性发展。

提出新发展理念。2015年10月,习近平总书记在党的十八届五中全会上明确指

---

① 中共中央文献研究室编《习近平关于社会主义经济建设论述摘编》,中央文献出版社,2017,第315页。
② 中共中央文献研究室编《十八大以来重要文献选编(上)》,中央文献出版社,2014,第513页。
③ 中共中央文献研究室编《习近平关于社会主义经济建设论述摘编》,中央文献出版社,2017,第73页。
④ 习近平:《习近平谈治国理政(第二卷)》,外文出版社,2017,第233页。
⑤ 中共中央文献研究室编《习近平关于全面建成小康社会论述摘编》,中央文献出版社,2016,第44页。

出:"面对经济社会发展新趋势新机遇和新矛盾新挑战,谋划'十三五'时期经济社会发展,必须确立新的发展理念,用新的发展理念引领发展行动。"①新发展理念"是'十三五'乃至更长时期我国发展思路、发展方向、发展着力点的集中体现,也是改革开放三十多年来我国发展经验的集中体现,反映出我们党对我国发展规律的新认识"②,是贯彻经济高质量发展的根本要求。

提出我国社会主要矛盾转化的判断。根据社会主义初级阶段不断变化的特点和我国发展的实际,习近平总书记在党的十九大报告中作出我国社会主要矛盾已经转化的重大论断:"中国特色社会主义进入新时代,我国社会主要矛盾已经转化为人民日益增长的美好生活需要和不平衡不充分的发展之间的矛盾。"③为制定经济发展规划、完善经济发展战略、调整经济政策举措提供了重要依据。

提出高质量发展思想。在2017年中央经济工作会议上,习近平总书记明确指出:"我国经济已由高速增长阶段转向高质量发展阶段。"④"高质量发展,就是能够很好满足人民日益增长的美好生活需要的发展,是体现新发展理念的发展,是创新成为第一动力、协调成为内生特点、绿色成为普遍形态、开放成为必由之路、共享成为根本目的的发展。……更明确地说,高质量发展,就是从'有没有'转向'好不好'。"⑤因此,"必须坚持质量第一、效益优先,以供给侧结构性改革为主线,推动经济发展质量变革、效率变革、动力变革,提高全要素生产率,着力加快建设实体经济、科技创新、现代金融、人力资源协同发展的产业体系,着力构建市场机制有效、微观主体有活力、宏观调控有度的经济体制,不断增强我国经济创新力和竞争力"⑥。

在上述经济工作发展思路与理论创新的基础上,2017年中央经济工作会议明确提出以新发展理念为主要内容的"习近平新时代中国特色社会主义经济思想"科学概念,概括了这一思想的基本内涵,阐明了这一思想的重要意义,并强调"必须长期坚持、不断丰富发展,推动我国经济发展产生更深刻、更广泛的历史性变革"⑦,从而确立了习近平新时代中国特色社会主义经济思想在党的经济工作和我国经济发展中的指导地位。这些都表明,习近平新时代中国特色社会主义经济思想已经形成相对完

---

① 中共中央文献研究室编《十八大以来重要文献选编(中)》,中央文献出版社,2016,第774页。
② 中共中央文献研究室编《十八大以来重要文献选编(中)》,中央文献出版社,2016,第774-775页。
③ 习近平:《习近平谈治国理政(第三卷)》,外文出版社,2020,第9页。
④ 习近平:《习近平谈治国理政(第三卷)》,外文出版社,2020,第237页。
⑤ 习近平:《习近平谈治国理政(第三卷)》,外文出版社,2020,第238-239页。
⑥ 习近平:《习近平谈治国理政(第三卷)》,外文出版社,2020,第23-24页。
⑦ 习近平:《习近平谈治国理政(第三卷)》,外文出版社,2020,第236页。

整的思想体系,并成为新时期党开展经济工作、推进我国经济社会发展工作的指导思想,引领着我国经济乃至世界经济的变革和发展的新方向。

习近平新时代中国特色社会主义经济思想围绕以人民为中心的发展思想、围绕经济发展新常态下"什么是高质量发展、怎样推动经济高质量发展"主题展开,内容丰富、内涵深刻,是习近平新时代中国特色社会主义思想在经济建设方面系统思想的理论化和系统化。习近平新时代中国特色社会主义经济思想的基本内容包括"七个坚持":坚持加强党对经济工作的集中统一领导,保证我国经济沿着正确方向发展;坚持以人民为中心的发展思想,贯穿到统筹推进"五位一体"总体布局和协调推进"四个全面"战略布局之中;坚持适应把握引领经济发展新常态,立足大局,把握规律;坚持使市场在资源配置中起决定性作用,更好发挥政府作用,坚决扫除经济发展的体制机制障碍;坚持适应我国经济发展主要矛盾变化完善宏观调控,相机抉择,开准药方,把推进供给侧结构性改革作为经济工作的主线;坚持问题导向部署经济发展新战略,对我国经济社会发展变革产生深远影响;坚持正确工作策略和方法,稳中求进,保持战略定力、坚持底线思维,一步一个脚印向前迈进。① 习近平新时代中国特色社会主义经济思想的内核,是创新、协调、绿色、开放、共享五大新发展理念。新发展理念是中国经济转向高质量发展的战略引领,是破解新时代中国经济发展难题、构建经济发展体制机制的主导原则,是在危机中寻找新机、在变局中不断开辟新局的发展新路子。新发展理念是一个系统的理论,回答了关于发展的目的、动力、方式、路径等一系列理论和实践问题,阐明了我们党关于发展的政治立场、价值导向、发展模式、发展道路等重大政治问题。新发展理念是一个整体的有机系统,充分诠释了推动新时代中国经济社会发展的五大力量支撑:创新发展是根本动力,协调发展是核心要义,绿色发展是主题基调,开放发展是必经之路,共享发展是本质要求,也是发展的根本出发点和归宿。五大部分相互作用、功能互补、协调发展,统一于实现"两个一百年"奋斗目标的伟大征程之中。

习近平新时代中国特色社会主义经济思想是一个不断丰富发展的思想体系。2017年中央经济工作会议以来,党中央一方面运用习近平新时代中国特色社会主义经济思想指导经济发展和经济工作,另一方面在实践中又提出一些新思想和新观点,如中国进入新发展阶段,新发展阶段必须加快构建以国内大循环为主体、国内国际双循环相互促进的新发展格局,在经济工作中必须坚持系统观念,等等。这些新思想和新观点,丰富和发展了习近平新时代中国特色社会主义经济思想。

---

① 人民日报社经济社会部编《深入学习贯彻中央经济工作会议精神》,人民出版社,2017,第2页。

第二节　加快完善社会主义市场经济体制

党的十八大提出，要加快完善社会主义市场经济体制。党的十八届三中全会通过《中共中央关于全面深化改革若干重大问题的决定》（以下简称《决定》），标志着中国改革从以经济改革为重点的阶段进入全面深化改革阶段。党的十八届三中全会以来，全面深化改革在经济、政治、文化、社会、生态文明建设等领域逐渐展开，取得重大进展。2020年10月，党的十九届五中全会明确指出，全面深化改革取得重大突破。2020年12月30日召开的中央全面深化改革委员会第十七次会议指出，党的十八届三中全会确立的改革目标任务全面推进，各领域基础性制度框架基本确立，全面深化改革取得历史性伟大成就。在全面深化改革进程中，经济体制改革也不断深化拓展，社会主义市场经济体制不断完善。

一、明确全面深化改革背景下经济体制改革的地位与核心

党的十八届三中全会以来，党中央以经济体制改革为重点推动全面深化改革进程。经济体制改革的核心是处理好政府和市场的关系，使市场在资源配置中起决定性作用和更好发挥政府的作用。

（一）经济体制改革是全面深化改革的重点

党的十八届三中全会《决定》对全面深化改革作出了总体部署，但重点是经济体制改革。《决定》从第二到第七部分部署经济体制改革，共六个部分、22条。此外，在第十二部分"推进社会事业改革创新"中包括健全促进就业创业体制机制、形成合理有序的收入分配格局、建立更加公平可持续的社会保障制度等内容，在第十四部分"加快生态文明制度建设"中包括健全自然资源资产产权制度和用途管制制度、实行资源有偿使用和生态补偿制度等内容。这些方面都涉及经济体制改革。实际上，经济体制改革的内容涉及《决定》八个部分共30条，占《决定》十五个部分、60条的一半以上。

1.全面深化改革以经济体制改革为重点是立足国情的必然选择

党的十一届三中全会以来，经济体制改革始终是改革的"主战场"，在理论和实践上不断取得重大进展，极大解放和发展了社会生产力，推动经济社会发展取得举世瞩目的成就。改革开放以来，我国之所以能经受住国际金融危机和世界经济低迷的冲击，战胜严重自然灾害，国民经济保持平稳较快发展，人民生活不断改善，坚持深化经济体制改革是重要原因。直至党的十八届三中全会召开，我国经济总量已跃居世界

第二位,但人均国内生产总值仍然低于世界平均水平。这一基本国情决定党和国家必须始终坚持以经济建设为中心,以经济建设为中心必然要求全面深化改革以经济体制改革为重点,这两者本质上是统一的。

2. 全面深化改革以经济体制改革为重点是推动经济转型升级的迫切需要

我国发展已站在新的历史起点,保持经济持续健康发展具有许多有利条件。同时,我国经济正处于增长速度换挡期、结构调整阵痛期、前期刺激政策消化期叠加阶段,面临着跨越"中等收入陷阱"的严峻考验,发展中不平衡、不协调、不可持续问题依然突出,一些领域的潜在风险仍然较大。产生这些矛盾和问题的原因是多方面的,但关键在于社会主义市场经济体制还不完善,制约经济发展方式转变的体制机制障碍还比较多。深化经济体制改革是转变经济发展方式的前提和保障,必须加快完善社会主义市场经济体制,为推动经济转型升级提供制度保障。

3. 全面深化改革以经济体制改革为重点是引领其他领域改革的客观要求

生产力决定生产关系,经济基础决定上层建筑。社会发展基本规律决定了只要牵住深化经济体制改革这个"牛鼻子",就可以有力促进其他领域深层次矛盾的化解,促进其他领域改革的协同深化。同时,上层建筑对经济基础的反作用规律,又决定改革发展到一定阶段,进一步深化经济体制改革的同时,也迫切需要统筹推进政治、文化、社会、生态文明等其他领域的改革,实现经济体制改革、政治体制改革、文化体制改革、社会体制改革、生态文明体制改革的相互协调、相互支撑。在一个相当长时期内,制约我国发展的体制机制障碍不少集中在经济领域,经济体制改革任务远远没有完成,经济体制改革的潜力还没有充分释放出来,必须坚持把经济体制改革作为重点,协同推进其他各方面改革,努力营造各领域改革互动并进的良好局面,形成强大改革合力。

(二)使市场在资源配置中起决定性作用,更好发挥政府作用

《决定》强调,经济体制改革的核心问题是处理好政府和市场的关系,使市场在资源配置中起决定性作用和更好发挥政府作用。

1. 使市场在资源配置中起决定性作用

从党的十四大定位市场配置资源的"基础性作用"开始,到前面加上限定词"在更大程度上""从制度上更好""更大程度更广范围"等,都表明党对市场作用认识的量变和程度的加深。党的十八届三中全会《决定》将过去20多年所界定的市场在资源配置中的"基础性作用"提升到"决定性"的高度,反映的是党对社会主义市场

经济内涵的认识质的提升。习近平总书记在关于《决定》的说明中指出:"理论和实践都证明,市场配置资源是最有效率的形式。市场决定资源配置是市场经济的一般规律,市场经济本质上就是市场决定资源配置的经济。健全社会主义市场经济体制必须遵循这条规律,着力解决市场体系不完善、政府干预过多和监管不到位问题。"①

经过努力,党的十八届三中全会推出的336项重大改革举措在党的十九大召开前大部分已经完成,重要领域和关键环节改革成效显著,主要领域基础性制度体系基本形成。但"这些改革举措有的尚未完成,有的甚至需要相当长的时间去落实,我们已经啃下了不少硬骨头但还有许多硬骨头要啃,我们攻克了不少难关但还有许多难关要攻克,我们决不能停下脚步,决不能有松口气、歇歇脚的想法"②。

2017年10月,习近平总书记在十九大报告中强调"坚持社会主义市场经济改革方向""加快完善社会主义市场经济体制",并指出,"经济体制改革必须以完善产权制度和要素市场化配置为重点,实现产权有效激励、要素自由流动、价格反应灵活、竞争公平有序、企业优胜劣汰"。③这些论述在"使市场在资源配置中起决定性作用和更好发挥政府作用"的基础上更进一步,深化了对社会主义市场经济规律的认识,坚定了社会主义市场经济改革方向,明确了加快完善社会主义市场经济体制的重点任务。

2019年10月,党的十九届四中全会审议通过的《中共中央关于坚持和完善中国特色社会主义制度 推进国家治理体系和治理能力现代化若干重大问题的决定》再一次强调,要加快完善社会主义市场经济体制,充分发挥市场在资源配置中的决定性作用,更好发挥政府作用,让"看得见的手"和"看不见的手"相得益彰。

2. 处理好政府与市场的关系

正确处理政府和市场的关系,更好发挥政府的作用,是中国特色社会主义市场经济体制的重要特征。更好发挥政府作用,前提条件是建立健全现代市场体系。党的十八届三中全会《决定》在对加快完善现代市场体系进行部署时强调,建设统一开放、竞争有序的市场体系,是使市场在资源配置中起决定性作用的基础。《决定》明确提出了"加快完善现代市场体系"五个方面的重点举措,体现了完善现代市场体系改革举措的重要突破。党的十九届四中全会再一次明确提出,建设高标准市场体系。

充分发挥市场在资源配置中的决定性作用,更好发挥政府作用,还必须健全宏观

---

① 中共中央文献研究室编《十八大以来重要文献选编(上)》,中央文献出版社,2014,第499页。
② 习近平:《习近平谈治国理政(第三卷)》,外文出版社,2020,第112页。
③ 习近平:《习近平谈治国理政(第三卷)》,外文出版社,2020,第23、26页。

调控体系和推进政府职能转变。党的十八届三中全会对健全宏观调控体系、全面正确履行政府职能、优化政府组织结构进行部署，明确行政体制改革的重点：一是稳步推进大部门体制。二是深化"放管服"改革。此后，我国围绕处理好政府和市场关系这一经济体制改革的核心问题，以深化"放管服"为重点加快政府职能转变，积极推进国家治理体系与治理能力的现代化进程。

党的十八届三中全会围绕更好发挥政府作用的要求部署了行政体制改革政府职能转变的任务。党的十九大、十九届三中全会对2013年行政体制改革的部署进一步予以强调。党的十九届三中全会通过的《中共中央关于深化党和国家机构改革的决定》和《深化党和国家机构改革方案》，从建立健全党对重大工作的领导体制机制、强化党的组织在同级组织中的领导地位、更好发挥党的职能部门作用、统筹设置党政机构、推进党的纪律检查体制和国家监察体制改革等方面，对完善坚持和加强党的全面领导的体制机制作出具体部署。

二、蹄疾步稳推进经济体制改革

为落实党的十八届三中全会提出的全面深化改革任务，中央政治局于2013年12月30日成立中央全面深化改革领导小组（以下简称"深改组"），下设经济体制和生态文明体制改革在内的6个专项小组，负责改革总体设计、统筹协调、整体推进、督促落实。党的十八届中央"深改组"在习近平总书记直接领导下，三年多时间先后召开38次会议，审议通过365个重要改革文件，确定了357个重点改革任务，出台1500多项改革举措，主要领域改革的主体框架基本确立。① 2018年3月，中央全面深化改革领导小组改为中央全面深化改革委员会（以下简称"深改委"）。截至2020年12月30日，中央"深改委"召开会议17次，审议通过文件160多个，其中经济领域改革文件50多个。② 一项项议论多年，却因牵涉深层次利益调整而阻力重重的改革接续启动，一个个难啃的"硬骨头"被逐一砸开，以重点带全局牵住改革的"牛鼻子"，经济体制改革全面深化。

2014年中央"深改组"共召开8次会议，审议文件总计37个。其中，关于经济体制改革的文件和方案主要有《关于经济体制和生态文明体制改革专项小组重大改革的汇报》《深化财税体制改革总体方案》《关于进一步推进户籍制度改革的意见》《关

---

① 《习近平的改革之"策"》，共产党员网，2018年12月10日，http://www.12371.cn/2018/12/10/ARTI1544427034718149.shtml，访问日期：2021年1月15日。
② 数据根据相关报道统计，共产党员网，http://www.12371.cn/special/zyqmshggldxzhy19/，访问日期：2021年1月15日。

于引导农村土地承包经营权有序流转发展农业适度规模经营的意见》《积极发展农民股份合作赋予农民对集体资产股份权能改革试点方案》《关于农村土地征收、集体经营性建设用地入市、宅基地制度改革试点工作的意见》等，重点部署财税体制改革、户籍制度改革、"三块地"改革。

2015年中央"深改组"共召开11次会议，审议文件总计65个。其中，关于经济体制改革的文件和方案主要有《关于在深化国有企业改革中坚持党的领导加强党的建设的若干意见》《关于加强和改进企业国有资产监督防止国有资产流失的意见》《关于实行市场准入负面清单制度的意见》《关于推进价格机制改革的若干意见》《关于鼓励和规范国有企业投资项目引入非国有资本的指导意见》《深化国税、地税征管体制改革方案》《关于国有企业功能界定与分类的指导意见》等，重点就国有企业改革中党的领导、沿边地区开发开放、国税与地税征管体制改革、加工贸易创新发展及发展普惠金融等改革进行部署。

2016年中央"深改组"共召开12次会议，审议文件总计146个。其中，关于经济体制改革的主要文件有《关于深化投融资体制改革的意见》《各地区以改革举措落实供给侧结构性改革情况》《关于构建绿色金融体系的指导意见》《关于创新政府配置资源方式的指导意见》《关于实行以增加知识价值为导向分配政策的若干意见》《关于完善农村土地所有权承包权经营权分置办法的意见》《建立以绿色生态为导向的农业补贴制度改革方案》《关于深化国有企业和国有资本审计监督的若干意见》等，这些文件对深化投融资体制改革、推进供给侧结构性改革、创新性金融制度安排、创新政府资源配置方式、增加知识价值为导向的分配政策、深化"三权分置"土地制度改革、绿色生态农业补贴制度改革的配套政策、加强国有资产的审计与监管等进行了部署。第三十一次会议总结了2016年各项改革落实情况：领导小组确定的97个年度重点改革任务和128个其他改革任务基本完成，中央和国家有关部门还完成了194个改革任务，各方面共出台改革方案419个。

2017年中央"深改组"共召开8次会议，审议文件总计86个。其中，关于经济体制改革的主要文件有《全面深化中国（上海）自由贸易试验区改革开放方案》《关于加快构建政策体系培育新型农业经营主体的意见》《关于完善反洗钱、反恐怖融资、反逃税监管体制机制的意见》《关于规范企业海外经营行为的若干意见》《关于改进境外企业和对外投资安全工作的若干意见》《关于创新体制机制推进农业绿色发展的意见》《关于完善进出口商品质量安全风险预警和快速反应监管体系切实保护消费者权益的意见》《关于探索建立涉农资金统筹整合长效机制的意见》等，这些文件对推动贸易和投资自由化便利化，构建培育新型农业经营主体政策体系，完善反洗钱、反恐怖融资、反逃税监管体制机制，推进农业绿色发展，完善进出口商品质量安全风险预警和快速反应监管体系，探索建立涉农资金统筹整合长效机制进行了部署。同年11月20日，十九届中央"深改组"召开第一次会议，对建立国务院向全国人大常委会报告国有资产管理情况的制度、拓展宅基地制度改革试点范围、加强贫困村驻村工作队选派管理工作作出了制度安排。

2018年中央"深改委"共召开5次会议，审议文件总计69个。其中，关于经济体制改革的主要文件有《关于加强国有企业资产负债约束的指导意见》《推进中央党政机关和事业单位经营性国有资产集中统一监管试点实施意见》《企业职工基本养老保险基金中央调剂制度方案》《关于完善促进消费体制机制进一步激发居民消费潜力的若干意见》《关于建立健全基本公共服务标准体系的指导意见》《关于推进军民融合深度发展若干财政政策的意见》《关于建立更加有效的区域协调发展新机制的意见》《关于完善系统重要性金融机构监管的指导意见》《关于促进小农户和现代农业发展有机衔接的意见》《海南省建设国际旅游消费中心的实施方案》等，这些文件对建立和完善国有企业资产负债约束机制、推进中央党政机关和事业单位经营性国有资产集中统一监管试点、建立企业职工基本养老保险基金中央调剂制度、改革完善医疗卫生行业综合监管制度、完善促进消费体制机制、更好发挥财政政策在推进军民融合深度发展中的作用、建立更加有效的区域协调发展新机制、支持自由贸易试验区深化改革创新、完善系统重要性金融机构监管、促进小农户和现代农业发展有机衔接、建设海南自由贸易试验区等工作进行了部署。

2019年中央"深改委"共召开6次会议，审议文件总计64个。其中，关于经济体制改革的主要文件有《关于在上海证券交易所设立科创板并试点注册制的实施意见》《关于统筹推进自然资源资产产权制度改革的指导意见》《关于新时代推进西部大开发形成新格局的指导意见》《关于促进人工智能和实体经济深度融合的指导意见》《关于创新和完善宏观调控的指导意见》《关于改革完善体制机制加强粮食储备安全管理的若干意见》《关于完善建设用地使用权转让、出租、抵押二级市场的指导意见》《关于推动先进制造业和现代服务业深度融合发展的实施意见》《关于构建更加完善的要素市场化配置体制机制的意见》《关于深化我国医疗保障制度改革的意见》等，这些文件对上海自由贸易试验区经验在更大范围扩散播种、健全自然资源资产产权体系、西部大开发格局的形成、人工智能和实体经济的深度融合、创新和完善宏观调控、粮食储备运行机制及管理体制的改革完善、建设用地二级市场的完善、推动先进制造业和现代服务业的深度融合、构建更加完善的要素市场化配置体制机制、医药服务供给侧改革的协同推进等经济工作进行了部署。

2020年中央"深改委"共召开6次会议,审议文件32个。其中,关于经济体制改革的主要文件有《关于新时代加快完善社会主义市场经济体制的意见》《关于推进医疗保障基金监管制度体系改革的指导意见》《关于深化新一代信息技术与制造业融合发展的指导意见》《深化农村宅基地制度改革试点方案》《关于推进对外贸易创新发展的实施意见》《关于新时代推进国有经济布局优化和结构调整的意见》《建设高标准市场体系行动方案》《关于中央企业党的领导融入公司治理的若干意见(试行)》《关于加快建立健全绿色低碳循环发展经济体系的指导意见》等,这些文件对加快完善社会主义市场经济体制、构建全领域全流程医保基金安全防控机制、加快推进新一代信息技术和制造业融合发展、深化农村宅基地制度改革、推进对外贸易创新发展、推进国有经济布局优化和结构调整、建设高标准市场体系、中央企业党的领导融入公司治理、建立健全绿色低碳循环发展经济体系等作出了指示和部署。

三、制定新时代加快完善社会主义市场经济体制的行动纲领

2020年2月14日,习近平总书记主持召开的中央"深改委"第十二次会议审议通过了《关于新时代加快完善社会主义市场经济体制的意见》。2020年5月11日,《中共中央、国务院关于新时代加快完善社会主义市场经济体制的意见》(以下简称《意见》)发布实施。《意见》是中国特色社会主义进入新时代,中国进入全面深化改革时代第一个全面系统部署经济体制改革的文件。《意见》站在中国特色社会主义新时代的高度,针对完善社会主义市场经济体制面临的问题,围绕推进社会主义市场经济体制制度化目标,对当前和今后一个时期经济改革开放作出了全面部署,对完善社会主义市场经济体制作出制度安排。《意见》与改革开放以来党中央关于社会主义市场经济体制的历次重要《决定》一脉相承,是中国市场化改革史上一个重要的纲领性文件。

(一)《意见》对新时代经济改革开放作出全面部署

《意见》明确提出新时代经济改革开放的目标,即构建更加系统完备、更加成熟定型的高水平社会主义市场经济体制。《意见》明确提出了新时代经济改革开放的总体要求,即坚持和完善社会主义基本经济制度。《意见》突出强调"加快完善社会主义市场经济体制""推进国家治理体系和治理能力现代化"等指导思想,突出强调"坚持以习近平新时代中国特色社会主义经济思想为指导""坚持解放和发展生产力""坚持和完善社会主义基本经济制度""坚持正确处理政府和市场关系""坚持以供给侧结构性改革为主线""坚持扩大高水平开放和深化市场化改革互促共进"等基本原则。

这些指导思想和基本原则，都聚焦于坚持和完善社会主义基本经济制度，推动生产关系同生产力、上层建筑同经济基础相适应。

《意见》部署了新时代经济改革开放的重大任务，即七大方面、二十九个部分、173项改革任务。在"坚持公有制为主体、多种所有制经济共同发展，增强微观主体活力"方面，《意见》强调要探索公有制多种实现形式，培育更多充满活力的市场主体，部署了推进国有经济布局优化和结构调整、积极稳妥推进国有企业混合所有制改革、稳步推进自然垄断行业改革、营造支持非公有制经济高质量发展的制度环境四个部分的24项重大改革任务。在"夯实市场经济基础性制度，保障市场公平竞争"方面，《意见》强调要建立高标准市场体系，全面完善产权、市场准入、公平竞争等制度，部署了全面完善产权制度、全面实施市场准入负面清单制度、全面落实公平竞争审查制度等三个部分的18项重大改革任务。在"构建更加完善的要素市场化配置体制机制，进一步激发全社会创造力和市场活力"方面，《意见》强调要以要素市场化配置改革为重点，加快建设统一开放、竞争有序的市场体系，部署了建立健全统一开放的要素市场、推进要素价格市场化改革、创新要素市场化配置方式、推进商品和服务市场提质增效等四个部分21项改革任务。在"创新政府管理和服务方式，完善宏观经济治理体制"方面，《意见》强调要创新和完善宏观调控，进一步提高宏观经济治理能力，部署了构建有效协调的宏观调控新机制，加快建立现代财税制度，强化货币政策、宏观审慎政策和金融监管协调，全面完善科技创新制度和组织体系，完善产业政策和区域政策体系，以一流营商环境建设为牵引持续优化政府服务，构建适应高质量发展要求的社会信用体系和新型监管机制等七个部分的50项改革任务。在"坚持和完善民生保障制度，促进社会公平正义"方面，《意见》强调要优化收入分配格局，健全可持续的多层次社会保障体系，围绕健全体现效率、促进公平的收入分配制度，完善覆盖全民的社会保障体系，健全国家公共卫生应急管理体系等三个部分，部署了24项改革任务。在"建设更高水平开放型经济新体制，以开放促改革促发展"方面，《意见》强调要全面对接国际高标准市场规则体系，实施更大范围、更宽领域、更深层次的全面开放，围绕以"一带一路"建设为重点构建对外开放新格局，加快自由贸易试验区、自由贸易港等对外开放高地建设，健全高水平开放政策保障机制，积极参与全球经济治理体系变革等四个方面，部署了17项改革任务。在"完善社会主义市场经济法律制度，强化法治保障"方面，《意见》强调要以保护产权、维护契约、统一市场、平等交换、公平竞争、有效监管为基本导向，不断完善社会主义市场经济法治体系，围绕完善经济领域法规体系、健全执法司法对市场经济运行的保障机制、全面建立行政权力制约与监督机制、完善发展市场经济监督制度和监督机制等四个部分，部署了19项重大改革任务。

《意见》创新性地提出了新时代经济改革开放的实施体系，即充分发挥党总揽全局、协调各方的领导核心作用，强化改革落地见效，推动经济体制改革不断走深走实。在党的领导方面，《意见》提出了党领导经济改革开放的两个"贯穿于"机制，即把党的领导贯穿于深化经济体制改革和加快完善社会主义市场经济体制全过程，贯穿于谋划改革思路、制定改革方案、推进改革实施等各环节。在改革推进方面，《意见》提出了政策配套、精准实施、先行先试等三大推进机制。在改革激励方面，《意见》提出了构建正向激励体系、构建亲清政商关系、改革容错纠错、营造良好舆论环境与社会氛围等四大激励机制。

（二）《意见》对社会主义市场经济体制制度化建设作出全面安排

《意见》的鲜明特色在于，立足于制度化建设的角度部署社会主义市场经济体制的完善，中国的经济改革开放从体制机制改革层面上升到制度建设层面。《意见》作为社会主义市场经济体制上升为基本经济制度层面后的第一个经济改革开放文件，实际上是推动社会主义市场经济体制制度化建设的顶层设计和全面安排。

《意见》提出了坚持公有制为主体、多种所有制经济共同发展的制度建设重点。《意见》为此设计的制度安排包括三个相互关联的组成部分。一是探索公有制的多种实现形式，包括对充分竞争领域的国有经济，通过资本化、证券化等方式优化国有资本配置，全面推进混合所有制改革，支持符合条件的混合所有制企业建立骨干员工持股等长效激励机制，完善中国特色现代企业制度等。二是建立完善不同所有制企业资金竞争环境，包括打破行政垄断、监管自然垄断、防止市场垄断，加快实现竞争性环节市场化，促进相关行业市场主体多元化和构建适度竞争新机制和新格局。三是营造支持非公有制经济高质量发展的制度环境，包括在要素获取、准入许可、经营运行、政府采购和招投标等方面实现对不同所有制企业的平等对待，营造各种所有制主体平等使用资源、公平参与竞争、同等受到保护的市场环境。

《意见》全面系统部署了社会主义市场经济体制的制度体系。一是基础性制度，包括产权制度、市场准入负面清单制度、公平竞争审查制度，这三大制度是高标准市场体系的基础性制度安排。二是要素市场制度，包括土地、劳动力、资本、数据等要素市场化，地价、利率、汇率等要素价格市场化，土地、劳动力等要素配置市场化等。要素配置是市场的重心，要素市场化、要素价格市场化、要素配置市场化三个方面构成的要素市场制度，是社会主义市场经济的核心制度安排。三是宏观经济治理体制，包括宏观调控新机制、现代财税制度、现代中央银行制度、现代金融监管体系、薄弱环节金融监管制度、科技创新制度、国家重大区域战略推进实施机制、优化营商环境制度、社会信用和监管机制等，这些方面是社会主义市场经济的宏观制度支撑。

四是开放型体制安排,包括对外开放新格局、对外开放高地建设、对外开放政策保障机制以及参与全球经济治理体系变革,这些方面是社会主义市场经济全面对接国际高标准市场规则体系的制度安排。五是市场经济法律制度,包括经济领域法律法规体系、市场经济运行执法司法保障机制、行政权力制约和监督机制、市场经济监督制度与监督机制等,这些方面构成社会主义市场经济法制体系。这五个方面围绕市场体系及其运行展开,是社会主义市场经济体制有效运行的制度安排。

《意见》全面部署了社会主义分配制度和民生保障制度。《意见》要求健全体现效率、促进公平的收入分配制度,在强调健全由市场评价贡献、按贡献决定报酬的机制的同时,更多地强调公平分配制度安排,包括增加劳动者劳动报酬,提高劳动报酬在初次分配中的比重,健全再分配调节机制,完善第三次分配机制等。在民生保障制度方面,《意见》除了部署完善覆盖全民的社会保障体系以外,特别提出了国家公共卫生应急管理体系的制度安排,体现了应对突发重大疫情与公共卫生应急管理的制度建设要求。

(三)《意见》标志着中国社会主义市场经济体制探索进入新阶段

《意见》回答了新时代中国经济改革开放面临的一系列新问题,蕴含着一系列重大理论与制度创新。《意见》实施将开启中国社会主义市场经济体制探索的新阶段。

《意见》回答了新时代如何加快完善社会主义市场经济体制的问题,将中国经济改革开放推进到加快完善社会主义市场经济体制新阶段。《意见》回答了新时代如何把中国特色社会主义制度与市场经济有机结合起来的问题,将中国经济改革开放推进到制度建设新阶段。《意见》回答了新时代市场经济体制如何保障经济高质量发展的问题,将中国经济改革开放推进到构建高水平社会主义市场经济体制新阶段。《意见》围绕"高水平"目标对市场经济体制进行顶层设计。《意见》提出"营造支持非公有制经济高质量发展的制度环境""建设高标准市场体系""以高水平开放促进深层次市场化改革""全面对接国际高标准市场规则体系""推进贸易高质量发展"等改革措施,这些一系列以"高"为目标的措施的实施,必将推动构建高水平社会主义市场经济体制。

四、党的十八届三中全会以来经济体制改革取得的进展和成效

十八届三中全会以来,面对错综复杂的国内外形势,在以习近平同志为核心的党中央坚强领导下,我国经济体制改革取得历史性伟大成就,为决胜全面建成小康社会、开启全面建设社会主义现代化国家新征程奠定了坚实基础。

所有制结构不断优化,社会主义基本经济制度持续巩固和完善。非公有制经济在国民经济中的比重和作用日益提高,所有制结构发生重大变化。截至 2017 年年底,非公经济已占 GDP 的 60% 以上,技术创新和新产品占比超过 70%,城镇就业占比超过 80%,一批民营企业进入世界 500 强。①

市场准入负面清单制度全面实施。2018 年 12 月 25 日,经中共中央、国务院批准,国家发展改革委、商务部发布《市场准入负面清单(2018 年版)》,清单之外的行业、领域、业务等,推动实现"非禁即入"。这一重大制度创新,极大激发了市场主体活力,有力促进了营商环境的优化。截至 2019 年年末,我国市场主体总数达 1.2 亿户,较商事制度改革前的 2013 年 6062.38 万户增长了近 1 倍。其中,企业实有主体数量达 3858 万户,是 2013 年实有企业数 1527.84 万户的 2.5 倍。按照 2019 年 10 月世界银行发布的《2020 年营商环境报告》,我国全球营商便利度排名继 2018 年大幅提升 32 位后,2019 年又提升 15 位,跃居全球第 31 位。② 中国连续两年被世界银行评选为全球营商环境改善幅度最大的 10 个经济体之一,被采信的改革数量位居全球前三,已成为全球主要经济体中营商环境改善幅度最大的经济体。③

国资国企改革向纵深推进,解决重点难点问题取得实质性进展。2013 年以来,国资央企积极推动充分竞争行业和领域的企业混合所有制改革,有序探索电力、电信、民航等重要领域的混合所有制改革,累计实施混改 4000 多项,引入各类社会资本超过 1.5 万亿元,目前混合所有制的央企户数占比超过 70%,比 2012 年年底提高近 20 个百分点。④ 国有资本和其他各类所有制资本取长补短、相互促进、共同发展,国有经济活力、控制力、影响力不断增强。同时,国有资产监管机构不再过多干预企业经营事务,国有资本监管从以"管企业"为主向以"管资本"为主迈出新步伐。

价格领域"放管服"改革不断深化,市场决定价格机制、市场价格监管、"保基本"民生价格政策等方面取得重大突破。农产品、资源能源、医药、交通运输等重点领域价格改革不断深化,市场决定价格机制基本建立,2019 年第一产业价格市场化程度已达 100%,第二、三产业价格市场化程度也在 97% 以上,少数仍由政府定价的自然垄断行业和公共服务领域也初步建立了以"准许成本 + 合理收益"为核心的科学定价制度,企业价费负担大幅降低。

---

① 潘跃、杨昊:《以创新激发民营经济的辉煌梦想——写在中国工商业联合会第十二次全国代表大会召开之际》,《人民日报》2017 年 11 月 24 日,第 6 版。
② 王一鸣:《构建高水平的社会主义市场经济体制》,《人民日报》2020 年 6 月 4 日,第 9 版。
③ 曲哲涵:《与全球共享中国优化营商环境改革经验》,《人民日报》2020 年 7 月 28 日,第 17 版。
④ 刘志强:《央企经营发展逆势上扬》,《人民日报》2021 年 1 月 20 日,第 2 版。

财税改革持续推进,营改增、个人所得税等财税体制改革深入实施,金融部门不断优化,金融监管不断完善。党的十八届三中全会以来,我国围绕着预算管理制度、税收制度、事权和支出责任相适应的制度改革,出台了全方位、立体化的财税体制改革方案,主要包括《中华人民共和国环境保护税法》《深化财税体制改革总体方案》《国务院关于深化预算管理制度改革的决定》《深化国税、地税征管体制改革方案》《国务院关于推进中央与地方财政事权和支出责任划分改革的指导意见》等,形成了一系列财税体制改革的具体成果。与此同时,国有大型商业银行加快战略转型,开发性、政策性金融机构深化改革方案得到积极落实,中小银行稳健经营能力进一步提升,民营银行实现常态化设立和稳妥有序发展,多层次、广覆盖、有差异的银行体系已初步形成。在金融改革举措引导下,金融业普遍注重创新发展,不断丰富金融产品和市场层次。2017年11月,经党中央、国务院批准,国务院金融稳定发展委员会(以下简称"金融委")成立并召开第一次全体会议,研究部署打好防范化解重大风险攻坚战等相关工作,推进"金融创新"和"金融监管"双轮驱动。截至2020年7月11日,"金融委"密集召开36次会议,金融监管体系建设和金融风险处置取得积极成效,金融运行整体稳健。

农业农村改革全面深化,城乡区域发展协调性增强。党的十八届三中全会以来,中央农办、农业农村部会同有关部门,按照党中央、国务院部署,推动出台了一批顶层设计的改革方案,实施了一批纵深突破的改革试点,建立了一批成熟定型的法律制度,初步构建起实施乡村振兴战略的"四梁八柱"。具体体现在以下几个方面:一是承包地确权登记颁证工作基本完成,"三权"分置体系初步确立,《中华人民共和国农村土地承包法》得以修订,第二轮土地承包到期后再延长30年政策稳妥落实。《深化农村宅基地制度改革试点方案》已经印发,农村集体经营性建设用地入市、农村集体土地征收制度改革全面推进。二是农村集体产权制度改革取得阶段性重要成效,仅"十三五"时期,43.8万个村完成了经营性资产股份合作制改革,确认集体经济组织成员6亿多人,为全面打赢脱贫攻坚战和实施乡村振兴战略提供了重要制度支撑。三是新型农业经营体系加快构建。通过实施家庭农场培育计划和农民合作社规范提升行动,带动小农户进入了农业现代化的轨道,初步走出了一条中国特色的农业现代化道路。到2020年10月底,全国家庭农场超过100万家,农民合作社超过220万家,农业生产托管服务组织达到44万个。四是农业支持保护制度进一步健全。实行最严格的耕地保护制度,全国划定永久基本农田15.5亿亩,粮食生产功能区和重要农产品保护区10.88亿亩,国家完善农产品的价格形成机制和收储制度,建立了生产者补贴制度。五是城乡基本公共服务均等化扎实推进,建立了城乡统一的居民基本养老保险制度、居民基本医保和大病保险制度，全国95%的县通过县域义务教育基本均衡发展评估认定，农业转移人口市民化取得重大进展，城乡均等的公共就业创业服务水平明显提升。①

开放型经济新体制不断完善。自党的十八届三中全会第一次正式提出构建开放型经济新体制的部署以来，我国从统一内外资法律法规，保持外资政策稳定、透明、可预期，到推进金融、教育、文化、医疗等服务业领域有序开放，放开育幼养老、建筑设计、会计审计、商贸物流、电子商务等服务业领域外资准入限制，进一步放开一般制造业，从加快自由贸易区建设，到促进"一带一路"国际合作机制的共建，从取消抗癌药等药品进口关税，到国际贸易"单一窗口"覆盖全国所有口岸和特殊监管区、自贸试验区、跨境电商综试区，再到人民币加入国际货币基金组织特别提款权货币篮子，等等，中国始终坚持对外开放的基本国策不动摇，一批全新的重大开放举措接连落地，开放型经济水平显著提升。

五、以习近平同志为核心的党中央改革工作方法论

党的十八届三中全会以来，以习近平同志为核心的党中央在大力推进经济体制改革的进程中，不断创新改革工作方法，形成了具有鲜明特色的改革工作方法论。

（一）顶层设计与基层探索良性互动

所谓顶层设计，就是要对经济体制、政治体制、文化体制、社会体制、生态体制作出统筹设计。回顾党的十八届三中全会以来中央"深改组""深改委"推进经济体制改革的历程，有一条主线贯穿始终，那就是每一项改革成果都离不开顶层设计和基层探索的良性互动：既充分发挥顶层设计的引领和指导作用，又充分发挥基层的主动性、创造性和积极性，二者相互促进，共同服务于经济体制改革的伟大实践。

习近平总书记指出："全面深化改革是一项复杂的系统工程，需要加强顶层设计和整体谋划，加强各项改革关联性、系统性、可行性研究。我们要在基本确定主要改革举措的基础上，深入研究各领域改革关联性和各项改革举措耦合性，深入论证改革举措可行性，把握好全面深化改革的重大关系，使各项改革举措在政策取向上相互配合、在实施过程中相互促进、在实际成效上相得益彰。"②党的十八届三中全

---

① 《国新办发布会："十三五"期间农村改革取得"三个一批"成果和六方面制度政策保障》，国务院新闻办公室网站，2020年10月27日，http://s.scio.gov.cn/wz/toutiao/detail2_2020_10/27/2393111.html，访问日期：2021年1月10日。

② 中共中央文献研究室编《习近平关于全面深化改革论述摘编》，中央文献出版社，2014，第38-39页。

会通过的《决定》首次提出了"加强顶层设计和摸着石头过河相结合"的新要求。这表明党中央在对我国改革状况保持清醒认识的基础上,坚持与时俱进,把加强顶层设计作为全面深化改革的首要方法。党的十八届三中全会以来,党中央正是通过顶层设计,明确了我国深化改革的总体目标、战略重点、优先顺序、主攻方向、工作机制和推进方式,勾画出全面深化改革的路线图和时间表,开启了新时代全面深化改革的伟大征程。

加强顶层设计,既非闭门造车、异想天开,也非不尊重基层和群众的探索,而是建立在强调搞好调查研究和尊重群众首创精神之上。"改革开放是亿万人民自己的事业,必须坚持尊重人民首创精神,坚持在党的领导下推进。"①2015年7月23日,习近平总书记在湖北省武汉市主持召开部分省市负责人座谈会时强调,"调查研究是谋事之基、成事之道。没有调查,就没有发言权,更没有决策权。研究、思考、确定全面深化改革的思路和重大举措,刻舟求剑不行,闭门造车不行,异想天开更不行,必须进行全面深入的调查研究"②,调查研究务求"深、实、细、准、效"③。而且,顶层设计完全可以与尊重群众首创精神相结合,问政于民、问需于民、问计于民,形成政府发动与群众首创之间的良性循环。作为顶层制度的最高设计者,习近平总书记明确提出要鼓励不同区域进行差别化探索,强调"改革任务越重,越要重视基层探索实践",为的就是确保改革举措能够对接基层所盼、民心所向,更好造福人民群众。④

(二)整体推进和重点突破有机结合

整体推进与重点突破相结合也是中国改革的一条重要经验。党的十八届三中全会以来,以习近平同志为核心的党中央既坚持从大局出发考虑问题,正确处理改革、发展和稳定的关系,又强调对具体领域改革的深入细致谋划,突出问题导向,以重点领域和关键环节的突破带动各项改革整体推进,不断开创改革开放新局面。

整体推进符合经济改革发展的进程和需求。中国的改革始于局部探索,伴随改革进入攻坚阶段,许多涉及宏观经济全局的改革举措必须共同协作,有统一的出台时间、统一的行动步骤,整体推进,为此必须有全局意识、整体思维。习近平总书记指

---

① 中共中央文献研究室编《习近平关于全面深化改革论述摘编》,中央文献出版社,2014,第138页。
② 中共中央文献研究室编《习近平关于全面深化改革论述摘编》,中央文献出版社,2014,第37-38页。
③ 中共中央宣传部编《习近平新时代中国特色社会主义思想学习纲要》,学习出版社、人民出版社,2019,第250页。
④ 新华社:《鼓励基层改革创新大胆探索 推动改革落地生根造福群众》,《人民日报》2015年10月14日,第1版。

出:"改革开放是一个系统工程,必须坚持全面改革,在各项改革协同配合中推进。"①例如税制改革、汇率并轨,不可能改一个不改另一个,更没有任何观望和等待的余地。党的十八届三中全会以来,以习近平同志为核心的党中央坚持从大局出发考虑问题,正确处理改革、发展和稳定的关系,统筹推进"五位一体"总体布局和协调推进"四个全面"战略布局,推动全面深化改革遍地开花,取得举世瞩目的成就。

整体推进并非意味着没有重点和中心。习近平总书记多次强调:"我们既要注重总体谋划,又要注重牵住'牛鼻子'。在任何工作中,我们既要讲两点论,又要讲重点论,没有主次,不加区别,眉毛胡子一把抓,是做不好工作的。"②纵观中央"深改组""深改委"历次会议,加大重要领域和关键环节改革力度是贯穿其中的一个显著特点。比如,推进国有企业改革,明确提出要加快改组组建国有资本投资、运营公司,加快推进垄断行业改革;推进财税体制改革,抓住划分中央和地方事权和支出责任、完善地方税体系、增强地方发展能力、减轻企业负担等关键性问题加快推进;深化农村土地制度改革,重点是实行所有权、承包权、经营权"三权分置",不断探索农村土地集体所有制的有效实现形式。"牵住"这些改革重点,以更加完善优化的方式加以解决,以重点突破带动整体推进,在整体的推进中解决全方位的发展问题,这既是以习近平同志为核心的党中央推进改革的路径,也是党的十八届三中全会以来全面深化改革创造的经验。

(三)胆子要大和步子要稳辩证统一

改革开放之初,邓小平曾提出系列指导改革的方针和原则,其中一个重要方面就是关于胆子要大和步子要稳。面对深水区改革,习近平总书记结合新时代改革的特点,对"胆子要大"和"步子要稳"之间的辩证关系提出了诸多新观点和新见解,为改革提供了方法论指导。习近平总书记多次指出:"我们要拿出勇气,坚持改革开放正确方向,敢于啃硬骨头,敢于涉险滩,既勇于冲破思想观念的障碍,又勇于突破利益固化的藩篱,做到改革不停顿、开放不止步。"③同时反复强调:"改革是循序渐进的工作,既要敢于突破,又要一步一个脚印、稳扎稳打向前走,积小胜为大胜,不能违背规律一哄而上。"④可见,"胆子要大"对应的是改革的战略层面,"步子要稳"对

---

① 中共中央文献研究室编《习近平关于全面深化改革论述摘编》,中央文献出版社,2014,第35页。
② 新华社:《坚持运用辩证唯物主义世界观方法论 提高解决我国改革发展基本问题本领》,《人民日报》2015年1月25日,第1版。
③ 中共中央文献研究室编《习近平关于全面深化改革论述摘编》,中央文献出版社,2014,第30-31页。
④ 中共中央文献研究室编《习近平关于全面深化改革论述摘编》,中央文献出版社,2014,第151页。

应的是改革的战术层面,强调不超越阶段盲目改革,要狠抓改革政策落实,推动改革行稳致远。

胆子大并非异想天开,更非脱离实际。事实上,在中国发展进入新常态、改革矛盾空前复杂条件下,习近平总书记极其注重改革举措的科学性,"我们讲胆子要大、步子要稳,其中步子要稳就是要统筹考虑、全面论证、科学决策。经济、政治、文化、社会、生态文明各领域改革和党的建设改革紧密联系、相互交融,任何一个领域的改革都会牵动其他领域,同时也需要其他领域改革密切配合"①。同时他还强调推进改革心要细,要反复研究、反复论证,因为"全面深化改革涉及面广,重大改革举措可能牵一发而动全身,必须慎之又慎。在越来越深的水中前行,遇到的阻力必然越来越大,面对的暗礁、潜流、漩涡可能越来越多。现阶段推进改革,必须识得水性、把握大局、稳中求进"②。

(四)明确责任与强化督查共促落实

抓落实是中国共产党的政治优势和重要法宝。回顾中国共产党通过革命、建设和改革迎来的站起来、富起来到强起来的"飞跃",归根结底都基于"落实、落实、再落实"。党的十八届三中全会以来,习近平总书记继承党的优良传统,始终强调抓落实,"制定出一个好文件,只是万里长征走完第一步,关键还在于落实文件"③,"以踏石留印、抓铁有痕的劲头抓下去,善始善终、善做善成,防止虎头蛇尾"④,"以钉钉子精神抓好改革落实,扭住关键、精准发力,敢于啃硬骨头,盯着抓、反复抓,直到抓出成效"⑤。党的十八届三中全会以来,"一分部署,九分落实""空谈误国,实干兴邦""制度的生命力在于执行""踏石留印、抓铁有痕"已经成为狠抓改革落实的金句。

改革工作能不能落实到位,严明责任是关键。因此,除了明确抓落实的态度,习近平总书记还反复强调抓落实的主体:"抓落实,一把手是关键,要把责任扛在肩上,勇于挑最重的担子,敢于啃最硬的骨头,善于接最烫的山芋,把分管工作抓紧抓实、抓出成效"⑥,"只有各级党委切实强化了责任担当,党委书记真正成为第一责任人,

---

① 中共中央文献研究室编《十八大以来重要文献选编(上)》,中央文献出版社,2014,第510页。
② 中共中央文献研究室编《习近平关于全面深化改革论述摘编》,中央文献出版社,2014,第42页。
③ 中共中央文献研究室编《习近平关于全面深化改革论述摘编》,中央文献出版社,2014,第144页。
④ 习近平:《习近平谈治国理政》,外文出版社,2014,第387页。
⑤ 习近平:《习近平谈治国理政(第二卷)》,外文出版社,2017,第105页。
⑥ 中共中央党史和文献研究院、中央"不忘初心、牢记使命"主题教育领导小组办公室编《习近平关于"不忘初心、牢记使命"论述摘编》,党建读物出版社、中央文献出版社,2019,第64页。

把中央提出的'既要亲自抓改革部署,又要亲自抓改革督办,一级抓一级,层层传导压力'的要求带头做起来、做到位,才能切实加强党对改革工作的全面领导,充分发挥各级党组织推进改革不断深化的带动作用"①。全面深化改革就是习近平总书记亲自抓的"一把手"工程,他在中央"深改组"第二十一次会议上讲话时指出:"凡是承担改革任务的地方和部门,都要知责明责、守责尽责,各就各位、各负其责。牵头部门对经办的改革举措要全程过问、全程负责、一抓到底。"②其中,各地区各部门一把手对抓改革、抓落实直接负责,"越是改革的紧要关头,越需要一把手顶住压力、担起责任,沉得下来、豁得出去"③,"不仅亲自抓、带头干,还要勇于挑最重的担子、啃最硬的骨头,做到重要改革亲自部署、重大方案亲自把关、关键环节亲自协调、落实情况亲自督察"④。此外,习近平总书记在其主持的历次中央"深改组""深改委"会议上,多次对各项改革举措的落实分解任务、明确分工、强化责任,指示抓好部门和地方两个责任主体,构建能定责、可追责的责任链条,以责促行、以责问效,确保改革方案落地生根。

改革落实要抓真抓细,还必须实行严格的督查与督察。习近平总书记高度重视督查工作,他在浙江工作期间就曾指出:"督查工作很重要,它是全局工作中不可缺少的一个重要环节。在一定意义上说,没有督查就没有落实,没有督查就没有深化。"⑤2014年,中央改革办成立督察局,专司改革方案督检之责。2015年1月30日,习近平总书记在中央"深改组"第九次会议上强调:"要深入开展督察工作,对存在的问题及时指出纠正,对需要调整完善的改革方案及时分析研究,努力使各项改革都能适应党和国家事业发展要求,都能满足人民群众愿望和期待。"⑥2015年12月9日,中央"深改组"第十九次会议再一次强调,要强化督察职能,健全督察机制,更好发挥

---

① 《习近平:明年改革工作这样做》,人民网,2015年12月11日,http://politics.people.com.cn/n/2015/1211/c1001-27913153-2.html,访问日期:2021年1月14日。
② 《习近平主持召开中央全面深化改革领导小组第二十一次会议》,中央人民政府门户网站,2016年2月23日,http://www.gov.cn/guowuyuan/2016-02/23/content_5045353.htm,访问日期:2021年1月14日。
③ 人民日报评论部:《一把手抓,抓一把手——今天我们怎样抓改革落实》,《人民日报》2017年4月18日,第5版。
④ 习近平:《习近平谈治国理政(第二卷)》,外文出版社,2017,第106页。
⑤ 习近平:《没有督查就没有落实——在与浙江省委督查室干部座谈时的讲话》,《秘书工作》,2015年第1期。
⑥ 中新社:《习近平:加强督察 确保各项改革举措落地生根》,中国新闻网,2015年1月30日,http://politics.people.com.cn/n/2015/0130/c70731-26482520.html,访问日期:2020年10月15日。

督察在打通关节、疏通堵点、提高质量中的作用。对已经出台的改革方案要排队督察，重点督促检查方案落实、工作落实、责任落实的情况，发现问题要及时列出清单、明确责任、挂账整改。① 习近平总书记多次强调，各地区各部门要以更大的决心和气力抓好改革督察工作，确保党中央确定的改革方向不偏离、党中央明确的改革任务不落空，使改革"精准地对接发展所需、基层所盼、民心所向"②。2017年4月18日，习近平总书记在中央"深改组"第三十四次会议讲话时指出，各地区各部门要把抓改革落实摆到重要位置，投入更多精力抓督察问效，加强和改进督察工作，拓展督察工作广度和深度，点面结合，多管齐下，提高发现问题、解决问题的实效。③ 2017年6月5日，中共中央印发《关于加强新形势下党的督促检查工作的意见》（以下简称《意见》），深入贯彻党的十八大以来以习近平同志为核心的党中央对加强督促检查、抓好落实作出的一系列重要指示和部署，从指导思想、主要任务、工作原则、工作制度、效能建设、组织领导等方面，对加强新形势下党的督促检查工作提出明确要求和重要措施。《意见》颁发以来，各地各部门贯彻落实《意见》重要指示精神，紧扣目标导向、问题导向、结果导向，通过实地督查、联合督查、暗访检查、跟踪督查、"一事多报"等形式，全程督查：既督任务、督进度、督成效，又查认识、查责任、查作风，在发现问题和解决问题的同时，总结推广典型经验和成功做法，保障了改革的实效。

第三节　推动形成全面开放新格局

党的十八大以来，根据"全面提高开放型经济水平"④的要求，以习近平同志为核心的党中央加快构建开放型经济新体制，实施新一轮高水平对外开放，推动形成全面开放新格局。

---

① 新华社：《改革要向全面建成小康社会目标聚焦　扭住关键精准发力严明责任狠抓落实》，《人民日报》2015年12月10日，第1版。
② 习近平：《习近平谈治国理政（第二卷）》，外文出版社，2017，第108页。
③ 新华社：《拓展改革督察工作广度深度　提高发现问题解决问题实效》，《人民日报》2017年4月19日，第1版。
④ 胡锦涛：《坚定不移沿着中国特色社会主义道路前进　为全面建成小康社会而奋斗》，人民出版社，2012，第24页。

一、把握经济全球化新趋势与我国对外开放新要求

改革开放以来，中国逐渐发展成为世界第二经济大国、最大货物出口国、第二大货物进口国、第二大对外直接投资国、最大外汇储备国，对外开放取得了巨大成绩。但是，伴随着全球经济格局重构，我国对外开放工作面临一些新的复杂形势。随着中国特色社会主义进入新时代，对外开放在改革发展中的地位发生巨大变化，亟待形成新的对外开放理念，推动对外开放工作进一步升级转型发展。

自2008年国际金融危机爆发后，经济全球化呈现出以下新特点：①经济全球化的推进速度下降。以跨境贸易与投资为主要标志的经济全球化明显减速。1998—2007年，全球货物贸易出口、服务贸易出口和跨境直接投资年均增速分别达到10.9%、10.8%和11.9%。2008—2017年，全球货物贸易出口和服务贸易出口年均增速分别下降到1.0%和3.2%，跨境直接投资规模于2007年达到18938亿美元峰值后出现收缩，2008—2017年年均增速为-0.42%[①]，2019年疫情后投资规模进一步萎缩。②经济全球化结构发生变化。服务贸易在经济全球化中的地位有所上升。自2008年以来，服务贸易平均增速达到货物贸易平均增速的3.2倍。服务贸易在全球贸易中的地位相应上升，占比从2008年的19.9%上升到2017年的23.2%。③全球经济格局发生重构，发展中国家持续推进贸易投资自由化便利化，在跨境贸易与投资中的地位不断提升。④全球经济治理体系加速调整。多边贸易谈判停滞不前，多哈回合谈判迟迟未果，而区域一体化组织不断涌现，世界贸易组织的改革箭在弦上。

（一）胸怀两个大局

党的十八大以来，以习近平同志为核心的党中央不断研判国内国际形势，提出了"胸怀两个大局"的观点，并以之作为谋划对外开放工作的基本出发点。2013年1月28日，在中共中央政治局第三次集体学习时，习近平总书记指出，"更好统筹国内国际两个大局，夯实走和平发展道路的基础"[②]。在主持第十八届中央政治局第十九次集体学习时，习近平总书记又强调："要树立战略思维和全球视野，站在国内国际两个大局相互联系的高度，审视我国和世界的发展，把我国对外开放事业不断推向前进。"[③]2016年1月18日，在省部级主要领导干部学习贯彻党的十八届五中全会精神专题研讨班上，习近平总书记又强调要"提高把握国内国际两个大局的自觉性和能

[①] 隆国强：《经济全球化的新特点新趋势》，《人民日报》2019年2月22日，第9版。
[②] 习近平：《习近平谈治国理政》，外文出版社，2014，第247页。
[③] 习近平：《习近平谈治国理政（第二卷）》，外文出版社，2017，第101页。

力，提高对外开放质量和水平"①。8月17日，在推进"一带一路"建设工作座谈会上，习近平总书记再次指出："随着我国经济发展进入新常态，我们要保持经济持续健康发展，就必须树立全球视野，更加自觉地统筹国内国际两个大局，全面谋划全方位对外开放大战略，以更加积极主动的姿态走向世界。"②2019年5月21日，习近平总书记在江西考察并主持召开推动中部地区崛起工作座谈会时强调："领导干部要胸怀两个大局，一个是中华民族伟大复兴的战略全局，一个是世界百年未有之大变局，这是我们谋划工作的基本出发点。"③"胸怀两个大局"的提出，尤其是正确把握世界百年未有之大变局，是进入新时代以来，中国共产党适应新时代中国与世界关系的历史性变化，把中国发展同世界发展更好结合起来，把国内发展与对外开放统一起来，以更加积极的姿态走向世界、实施高水平对外开放的出发点和立足点。

（二）明确对外开放工作新要求

党的十八大以来，以习近平同志为核心的党中央从"两个大局"的战略高度不断明确对外开放的新要求，强调以开放倒逼改革，以开放促进发展，以开放引领中国走近世界舞台的中央。

党的十八大报告提出了"全面提高开放型经济水平"的总要求。2013年中央经济工作会议就针对"不断提高对外开放水平"工作进行了具体部署。党的十八届三中全会全面论述了"构建开放型经济新体制"的新内容。2014年中央经济工作会议从"必须更加积极地促进内需和外需平衡、进口和出口平衡、引进外资和对外投资平衡，逐步实现国际收支基本平衡"等方面提出了应对对外开放出现的新特点、构建开放型经济新体制、实施新一轮高水平对外开放的要求。2015年中央经济工作会议进一步提出了"更加注重推进高水平双向开放""加快形成对外开放新格局，培育国际竞争新优势"的新观点。党的十九大报告明确提出了"推动形成全面开放新格局"的新目标。当年的中央经济工作会议对"新格局"作出了具体的说明，就是"要在开放的范围和层次上进一步拓展，更要在开放的思想观念、结构布局、体制机制上进一步拓展"。2018年中央经济工作会议提出"推动全方位对外开放"的部署，强调要适应新形势，把握新特点，推动由商品和要素流动型开放向规则等制度型开放转变。十九届四中全会上，提出要在更大范围、更宽领域、更深层次上提高开放型经济水平。2019年中央经济工作会议提出"要推进更高水平对外开放，保持对外贸易稳

---

① 习近平：《习近平谈治国理政（第二卷）》，外文出版社，2017，第213页。
② 习近平：《习近平谈治国理政（第二卷）》，外文出版社，2017，第504页。
③ 习近平：《习近平谈治国理政（第三卷）》，外文出版社，2020，第77页。

定增长,稳定和扩大利用外资,扎实推进共建'一带一路'",继续推动对外开放继续往更大范围、更宽领域、更深层次的方向走,推进更高水平对外开放。党的十九届五中全会再次重申了"实行高水平对外开放,开拓合作共赢新局面"的目标,并从坚持实施更大范围、更宽领域、更深层次对外开放,建设更高水平开放型经济新体制,全面提高对外开放水平,积极参与全球经济治理体系改革等方面进行了具体部署。

(三)始终站在历史正确的一边

伴随经济全球化遭遇逆流,单边主义、保护主义抬头,以习近平同志为核心的党中央不为所阻,高瞻远瞩,始终坚持对外开放基本国策,始终站在历史正确的一边。党的十八大之后,习近平总书记在多种场合的讲话中反复强调中国坚持对外开放、扩大对外开放的理念与决心。2013年4月,习近平总书记在同出席博鳌亚洲论坛2013年年会的中外企业家代表座谈时指出,中国"坚决反对任何形式的保护主义,愿通过协商妥善解决同有关国家的经贸分歧,积极推动建立均衡、共赢、关注发展的多边经贸体制"[①]。同年10月,提出"完善互利共赢、多元平衡、安全高效的开放型经济体系,促进沿海内陆沿边开放优势互补,形成引领国际经济合作和竞争的开放区域,培育带动区域发展的开放高地"[②]等四点要求。2013年12月,习近平总书记指出,要做好经济外交工作,突出发挥比较优势,善于在国际竞争中扬长补短。2014年5月,在同外国专家座谈时,习近平总书记提出要"以更加开放包容的姿态,加强同世界各国的互容、互鉴、互通,不断把对外开放提高到新的水平"[③]。同年12月,在十八届中央政治局第十九次集体学习时,习近平总书记提出四点要求:①提高我国服务业国际竞争力;②完善对外投资体制和政策,在全球范围内配置资源、开拓市场;③拓展外贸发展空间,扩大进口;④树立战略思维和全球视野,推进我国对外开放事业。[④] 2016年9月,习近平总书记在提出继续推动人民币走出去,提高金融业国际化水平的同时,还提出共同完善全球经济治理的新主张。同年11月,习近平总书记再次强调

---

① 中共中央文献研究室编《习近平关于社会主义经济建设论述摘编》,中央文献出版社,2017,第287页。
② 习近平:《深化改革开放 共创美好亚太——在亚太经合组织工商领导人峰会上的演讲(2013年10月7日)》,《人民日报》2013年10月8日,第3版。
③ 兰红光:《中国要永远做一个学习大国》,《人民日报》2014年5月24日,第1版。
④ 中共中央文献研究室编《习近平关于社会主义经济建设论述摘编》,中央文献出版社,2017,第294页。

"推进高水平双向开放",创造"更全面、更深入、更多元的对外开放格局"。① 2020年8月24日,在经济社会领域专家座谈会上,习近平总书记强调,要推动形成以国内大循环为主体、国内国际双循环相互促进的新发展格局。新发展格局决不是封闭的国内循环,而是开放的国内国际双循环。② 在 2020 年 10 月 14 日召开的深圳经济特区建立 40 周年庆祝大会上,习近平总书记指出,"必须坚持全方位对外开放,不断提高'引进来'的吸引力和'走出去'的竞争力"是经济特区 40 年改革开放、创新发展积累的宝贵经验之一,并强调,"当前,世界经济面临诸多复杂挑战,我们决不能被逆风和回头浪所阻,要站在历史正确的一边,坚定不移全面扩大开放,推动建设开放型世界经济,推动构建人类命运共同体"。③

二、构建开放型经济新体制,推进新一轮对外开放

党的十八大提出"全面提高开放型经济水平"以来,以习近平同志为核心的党中央不断落实具体举措,推进新一轮高水平对外开放。

(一)推进对外开放的新举措

党的十八大以来,到党的十九大召开之前,习近平总书记主持召开了多次中央全面深化改革领导小组(以下简称"深改组")会议,对构建开放型经济新体制进行了具体部署。"深改组"第十六次会议审议通过了《关于实行市场准入负面清单制度的意见》《关于支持沿边重点地区开发开放若干政策措施的意见》,强调发挥市场在资源配置中的决定性作用和更好发挥政府作用,把沿边重点地区建设成为我国深化同周边国家和地区合作的重要平台。"深改组"第十八次会议审议通过了《关于加快实施自由贸易区战略的若干意见》《关于促进加工贸易创新发展的若干意见》,对建设高水平自由贸易区工作进行了部署,旨在以创新驱动和扩大开放为动力,坚持巩固传统优势,加快培育竞争新优势,逐步变大进大出为优进优出,推动贸易大国向贸易强国转变。"深改组"第二十四次会议审议通过了《关于发展涉外法律服务业的意见》,要求适应构建对外开放型经济新体制要求,围绕服务我国外交工作大局和国家重大发展战略,发展涉外法律服务业,稳步推进法律服务业开放。"深改组"第三十三次会议审议通过了《全面深化中国(上海)自由贸易试验区改革开放方案》,要求对照国际最

---

① 中共中央文献研究室编《习近平关于社会主义经济建设论述摘编》,中央文献出版社,2017,第306页。
② 习近平:《在经济社会领域专家座谈会上的讲话》,《人民日报》2020年8月25日,第2版。
③ 习近平:《在深圳经济特区建立 40 周年庆祝大会上的讲话》,《人民日报》2020年10月15日,第2版。

高标准、最好水平的自由贸易区，全面深化自贸试验区改革开放，在新一轮改革开放中进一步发挥引领示范作用。"深改组"第三十五次会议审议通过了《外商投资产业指导目录（2017年修订）》，这是落实党中央构建开放型经济新体制、推进新一轮高水平对外开放的重要举措。本次会议还审议通过了《关于规范企业海外经营行为的若干意见》，主张从更好服务对外开放大局的高度规范企业海外经营行为。"深改组"第三十六次会议审议通过了《中国国际进口博览会总体方案》和《中国（广东）、中国（天津）和中国（福建）自由贸易试验区建设两年进展情况总结报告》（以下简称《报告》）。举办中国国际进口博览会，是党中央着眼推进新一轮高水平对外开放作出的一项重大决策，是我们主动向世界开放市场的重大举措。《报告》肯定了广东、天津和福建自贸试验区在全面深化改革和扩大开放试验田中的重要作用，并提出了进一步扩大开放领域、加大压力测试的新要求。这一系列意见、方案、报告的发布，推动了开放型经济新体制的构建，对推进新一轮对外开放具有重大意义。

（二）构建开放型经济新体制

党的十八届三中全会首次提出构建开放型经济新体制的政策框架及实施新一轮高水平对外开放。全会要求从放宽投资准入、加快自由贸易区建设、扩大内陆沿边开放等不同层次推动形成全方位开放新格局。[①]2015年5月，中共中央、国务院审议通过《关于构建开放型经济新体制的若干意见》，明确提出构建开放型经济新体制的总体要求，并从十个方面进行了谋划。之后，党的十八届五中全会把"开放"理念列为五大发展理念之一，体现了党中央以开放促改革、促发展、促创新，加快建设开放型经济强国的坚强决心。2016年3月的"十三五"规划建议，明确了到2020年开放型经济新体制基本形成的阶段性目标，对新时代对外开放工作提出了更加具体的工作部署，提出从完善对外开放战略布局、健全对外开放新体制、推进"一带一路"建设、积极参与全球经济治理、积极承担国际责任和义务等五个重点领域构建全方位开放新格局。[②]党的十九大报告重申了"主动参与和推动经济全球化进程，发展更高层次的开放型经济"对不断壮大我国经济实力和综合国力的意义，同时再次明确提出了"推动形成全面开放新格局"的新目标。

在确定宏观目标的同时，在具体政策上也作出了一系列部署。2012年4月30日，《国务院关于加强进口促进对外贸易平衡发展的指导意见》印发。2015年1月28日，《国务院关于加快发展服务贸易的若干意见》印发，这是国务院首次全面系统地提出

---

① 中共中央文献研究室编《十八大以来重要文献选编（上）》，中央文献出版社，2014，第525-526页。
② 《中华人民共和国国民经济和社会发展第十三个五年规划纲要》，人民出版社，2016，第122-131页。

服务贸易发展的战略目标和主要任务,并提出"到 2020 年,服务进出口额超过 1 万亿美元,服务贸易占对外贸易的比重进一步提升,服务贸易的全球占比逐年提高"①的具体目标。

(三)以"一带一路"建设为重点完善区域合作

"一带一路"倡议是中国国家主席习近平于 2013 年 9 月和 10 月在出访哈萨克斯坦和印度尼西亚期间提出的②,倡议秉持"合作共赢、互联互通"的理念,共建"丝绸之路经济带"和"21 世纪海上丝绸之路",即"一带一路",将分散的各区域、国家联动起来,推动地区经济务实合作,互通有无、优势互补,为全球经济注入新动力,加快人类命运共同体的构建。这一倡议是党中央统揽政治、外交、经济社会发展全局作出的重大决策,也是实施新一轮扩大开放的重要举措。

同年,"推进丝绸之路经济带、海上丝绸之路建设,形成全方位开放新格局"被写入党的十八届三中全会公报,次年正式纳入党中央施政纲领。2015 年 2 月及 2017 年 5 月,"一带一路"建设工作会议与国际合作高峰论坛先后在北京召开。随着习近平主席频繁出访和积极宣介,倡议"从概念变成了现实"③,获得 150 多个国家和国际组织响应,截至 2019 年 3 月,中国与 125 个国家和 29 个国际组织签署 173 份合作文件。

"一带一路"产生了广泛的国际影响。希腊总理齐普拉斯认为"一带一路"包含中国古代哲学智慧,"充满对世界前途的思考"。瑞士联邦主席毛雷尔认为倡议为世界经济发展"创造了一个新维度"。第二届"一带一路"国际论坛参会方有 39 位外方领导人、150 个国家、92 个国际组织、6000 多位外宾,"条条大路再次通往北京",各国签署合作协议,达成 283 项成果,成立多边对话合作平台如"一带一路"国际智库合作委员会及新闻合作联盟。缅甸成立了"一带一路"实施领导委员会,国务资政昂山素季任主席。泰国总理巴育期待在基础设施、规则、人文和数字方面推进合作。"一带一路"帮助老挝"实现'陆联国'梦想"。中方援助塞尔维亚组建的斯梅代雷沃钢厂已成为该国第一大出口企业,所在城市失业率由 18% 降至 6%。肯尼亚愿同中方深

---

① 《国务院关于加快发展服务贸易的若干意见》,人民出版社,2015,第 3 页。
② 习近平:《弘扬人民友谊 共创美好未来——在纳扎尔巴耶夫大学的演讲》,人民网,2013 年 9 月 8 日,http://politics.people.com.cn/n/2013/0908/c1001-22842914.html,访问日期:2020 年 10 月 15 日;新华社:《习近平在印度尼西亚国会的演讲(全文)》,中央人民政府门户网站,2013 年 10 月 3 日,http://www.gov.cn/ldhd/2013-10/03/content_2500118.htm,访问日期:2020 年 10 月 15 日。
③ 新华社:《携手奔向互利共赢的康庄大道——习近平主席出席第二届"一带一路"国际合作高峰论坛纪实》,《人民日报》2019 年 4 月 29 日,第 3 版。

化基建合作,使"一带一路"向非洲中西部延伸。"一带一路"倡议已成为"广受欢迎的国际公共产品"及"构建人类命运共同体的重要实践平台"。①

(四)打造全方位对外开放平台,将全面开放推向新阶段

党的十八大以来,为推进全面开放,中国政府支持建立完善各种开放平台如亚投行、丝路基金以及中国国际进口博览会等。

亚洲基础设施投资银行(简称亚投行或AIIB,Asian Infrastructure Investment Bank)是政府间多边金融机构,总部在北京,宗旨是促进亚洲区域建设的互联互通化和经济一体化进程,加强合作,重点支持基础设施建设。2013年10月2日,中国国家主席习近平与印度尼西亚总统苏西洛会谈时倡议筹建亚投行,促进本地区互联互通建设和经济一体化进程,向本地区国家基础设施建设提供资金支持。同月,国务院总理李克强出访东南亚,再次倡议筹建亚投行。自2014年至2015年11月期间,共举行了八次筹建亚投行的谈判代表会议。2016年1月16日,亚投行正式开业,签署国57个;截至2019年7月13日,成员增至100个,遍及世界各地。至2017年5月,亚投行为"一带一路"建设参与国的9个项目提供17亿美元贷款。②这一新型金融机制同世界银行等传统金融机构各有侧重、互为补充,形成层次清晰、初具规模的金融合作网络。

2014年11月8日,习近平主席在"加强互联互通伙伴关系"对话会上提议以建设融资平台为抓手,打破亚洲互联互通的瓶颈,宣布中国出资400亿美元成立丝路基金。同年12月29日,中国外汇储备、中国投资有限责任公司、中国进出口银行、国家开发银行共同出资成立了丝路基金有限责任公司,业务重点是在"一带一路"发展中寻找投资机会并提供投融资服务。2015年12月14日,丝路基金与哈萨克斯坦出口投资署签署框架协议,出资20亿美元建立中哈产能合作专项基金——丝路基金所设首个专项基金。2017年5月14日,习近平主席在首届"一带一路"国际合作高峰论坛上宣布中国向丝路基金增资1000亿元人民币。③至2018年年底,丝路基金共签约项目28个,承诺投资金额110亿美元,其中约70%投向基础设施类项目,超过70%是股权投资。丝路基金秉承"开放包容、互利共赢"理念,通过综合使用股权、债权等形式,通过基金投资、成立联合投资平台等形式,深度融入国际金融市场,也助力"一带一路"建设"走深走实",为人民币国际化开拓了空间。④

---

① 新华社:《携手奔向互利共赢的康庄大道——习近平主席出席第二届"一带一路"国际合作高峰论坛纪实》,《人民日报》2019年4月29日,第3版。
② 习近平:《习近平谈治国理政(第二卷)》,外文出版社,2017,第510页。
③ 习近平:《习近平谈治国理政(第二卷)》,外文出版社,2017,第515页。
④ 李泽:《丝路基金:资金融通助力"一带一路"》,《中国外汇》2019年第7期。

中国国际进口博览会（简称进博会或CIIE，China International Import Expo）是商务部和上海市政府主办、以进口为主题的大型国家级展会，旨在支持贸易自由化和经济全球化、主动向世界开放市场。2017年5月14日，习近平主席宣布自2018年起举办中国国际进口博览会。2018年11月5—10日，第一届进博会吸引了172个国家、地区和国际组织参会，3600多家企业参展，超过40万境内外采购商到会。中国大力削减进口环节制度性成本，激发了进口潜力，为各国合作"探讨全球经济治理体系改革新思路，共同维护自由贸易和多边贸易体制，共建创新包容的开放型世界经济"提供了平台。①

此外，2018年年底，广交会与32个"一带一路"沿线国家的46家工商机构签署协议，并提供咨询、参展及贸易促进服务。2018年第124届广交会期间，沿线采购商到会84578人，占比44.56%，同比增长0.16%，成交额96.3亿美元，增长2.7%，占总成交额的32.3%。广交会贸易方式灵活多样，从传统看样成交、网上交易会到进出口贸易、经济技术合作交流、商检、保险、运输、广告、咨询等，既守住了中国外贸传统优势，又推动中国与"一带一路"沿线国家的经贸合作，在更高层次上运用两个市场、两种资源。

（五）推进中美双边投资协定谈判

2010年后，美国成为中国第二大贸易伙伴，中国是美国最大贸易伙伴。2015年中美贸易额达5600亿美元左右。双方投资合作滞后，截至2015年年底，美国对华投资累计774.7亿美元，中国在美累计直接投资466亿美元，美国是中国第六大外资来源地和对外直接投资的第四大目的地，投资合作有较大空间。伴随着中国在全球市场中的作用日益突出，2015年9月中国国家主席习近平访美期间，包括苹果公司、波音公司在内的94家美国公司CEO联名致函两国领导人，希望中美迅速达成高标准双边投资协定，美国希望中国扩大进口、更加开放。

本着"管控分歧"、加强合作的原则，中美贸易谈判于2008年开始。至2016年8月，双方进行了25轮谈判。2016年6月，第八轮中美战略与经济对话会上，习近平主席认为双方要着力加强宏观经济政策协调，争取早日达成互利共赢的双边投资协定。协定涉及内容广泛，经济发展及产业结构等方面的差异导致两国面临的挑战及诉求并非一致。负面清单是双方最关心的内容及谈判核心。美国采用负面清单管理的思想历史悠久，中国多采用正面清单，负面清单管理经验不足。2013年以来中国设立多

---

① 刘士安、杜尚泽、王云松、姚大伟、丁海涛：《习近平出席首届中国国际进口博览会开幕式并发表主旨演讲》，《人民日报》2018年11月6日，第1版。

个自贸园区，探索实施准入前国民待遇加负面清单管理模式。2015 年中美首次交换负面清单，中国开始从正面清单向负面清单转变管理模式。美国关心中国互联网、电信、金融、文化等领域开放，认为中国负面清单太长。产业保护及安全因素等使中国秉持保守态度，负面清单难以大幅缩减。曲折的谈判引发两国人民的担忧，第八轮中美战略与经济对话会把双边投资协定谈判作为重要的关注议题，奥巴马曾期待任内完成谈判。① 中美关系"历经风风雨雨，但得到了历史性进展"②，给两国人民带来了实际利益。

（六）积极参与全球经济治理，走近国际经济舞台中央

党的十八大以来，中国政府提出构建以合作共赢为核心的新型国际关系，打造人类命运共同体及遍布全球的伙伴关系网络，加强国际协调合作。在提出"一带一路"倡议，发起成立亚洲基础设施投资银行等新型多边金融机构的基础上，促成国际货币基金组织完成份额和治理机制改革，积极参与制定海洋、极地、网络、外空、核安全、反腐败、气候变化等新兴领域治理规则，推动改革全球治理体系中不公正不合理的安排。③ 2016 年 20 国集团领导人杭州峰会召开，这是当时中国主办的级别最高、规模最大、影响最深的国际峰会，首次全面阐释了中国全球经济治理观，首次把创新作为核心成果，首次把发展议题置于全球宏观政策协调的突出位置，首次形成全球多边投资规则框架，首次发布气候变化问题主席声明，首次把绿色金融列入 20 国集团议程，这是中国参与全球治理的突出表现。之后，中国巩固发展 20 国集团全球经济治理平台并向长效治理机制转型，深化上海合作组织合作，加强亚信、东亚峰会、东盟地区论坛等机制建设，整合地区自由贸易谈判架构。2018 年中非合作论坛北京峰会提出"八大行动"。2019 年 11 月，中国国家主席习近平在第二届中国国际进口博览会开幕式上明确指出，中国支持 20 国集团、亚太经合组织、上海合作组织、金砖国家等机制发挥更大作用，推动全球经济治理体系朝着更加公正合理的方向发展。中国继续推进共建"一带一路"，坚持共商共建共享，同相关国家一道推进重大项目建设，搭建更多贸易促进平台，鼓励更多有实力、信誉好的中国企业到沿线国家开展投资合作，深化生态、科技、文化、民生等各领域交流合作，为全球提供开放合作的国际平台。

习近平总书记在主持中共十八届中央政治局第三十五次集体学习时，提出要提高我国参与全球治理的能力，并强调全球经济治理特别要抓住以下重点：共同构建公正

---

① 陈建奇：《中美双边投资协定谈判：核心与挑战》，《学习时报》2016 年 8 月 8 日，第 2 版。
② 习近平：《习近平谈治国理政（第二卷）》，外文出版社，2017，第 488 页。
③ 习近平：《习近平谈治国理政（第二卷）》，外文出版社，2017，第 448-450 页。

高效的全球金融治理格局，维护世界经济稳定大局；共同构建开放透明的全球贸易和投资治理格局，巩固多边贸易体制，释放全球经贸投资合作潜力；共同构建绿色低碳的全球能源治理格局，推动全球绿色发展合作；共同构建包容联动的全球发展治理格局，以落实联合国2030年可持续发展议程为目标，共同增进全人类福祉。

三、发展更高层次的开放型经济，推动形成全面开放新格局

党的十九大以来，以习近平同志为核心的党中央不断落实具体举措，发展更高层次的开放型经济。

（一）党的十九大以来加大对外开放的重要举措

2018年以来，习近平总书记主持召开了多次中央全面深化改革委员会（以下简称"深改委"）会议，审议通过了多项重要的对外开放举措。"深改委"第一次会议审议通过了《关于设立上海金融法院的方案》《关于形成参与国际宏观经济政策协调的机制推动国际经济治理结构完善的意见》《进一步深化中国（广东）自由贸易试验区改革开放方案》《进一步深化中国（天津）自由贸易试验区改革开放方案》《进一步深化中国（福建）自由贸易试验区改革开放方案》，提出要把积极参与国际宏观经济政策协调作为以开放促发展促改革的重要抓手，进一步深化广东、天津、福建自由贸易试验区改革开放。"深改委"第二次会议审议通过了《关于建立"一带一路"国际商事争端解决机制和机构的意见》，着力营造稳定、公平、透明的法治化营商环境。"深改委"第三次会议审议通过了《关于支持河北雄安新区全面深化改革和扩大开放的指导意见》，支持河北雄安新区全面深化改革和扩大开放。"深改委"第四次会议审议通过了《关于建立更加有效的区域协调发展新机制的意见》《关于支持自由贸易试验区深化改革创新的若干措施》，强调从区域协调发展新机制上深化改革开放，支持自由贸易试验区深化改革创新，加大开放力度。"深改委"第五次会议审议通过了《海南省创新驱动发展战略实施方案》《海南省建设国际旅游消费中心的实施方案》《关于支持海南全面深化改革开放有关财税政策的实施方案》，赋予海南全面深化改革开放新的使命，支持海南建设全岛自由贸易试验区，逐步探索、稳步推进中国特色自由贸易港建设。"深改委"第七次会议审议通过了《关于新时代推进西部大开发形成新格局的指导意见》，对新时代推进西部大开发工作进行了部署。"深改委"第八次会议审议通过了《关于加强创新能力开放合作的若干意见》，强调要坚持以全球视野谋划和推动科技创新，加强创新能力开放合作。"深改委"第九次会议审议通过了《关于支持深圳建设中国特色社会主义先行示范区的意见》《中国—上海合作组织地方经贸合作示范区建设总体方案》，支持深圳建设中国特色社会主义先行示范区和青岛建设中国—

上海合作组织地方经贸合作示范区,着力推动东西双向互济、陆海内外联动的开放格局。"深改委"第十次会议审议通过了《关于推进贸易高质量发展的指导意见》,再次强调积极扩大进口,适时进一步降低进口关税和制度性成本,激发进口潜力,优化进口结构。"深改委"第十二次会议审议通过了《关于进一步推进服务业改革开放发展的指导意见》,对进一步推动服务业改革开放发展工作进行部署。"深改委"第十五次会议审议通过了《关于推进对外贸易创新发展的实施意见》,强调要站在历史正确的一边,坚定不移扩大对外开放。"深改委"第十六次会议审议通过了《建设高标准市场体系行动方案》《健全上市公司退市机制实施方案》《关于依法从严打击证券违法活动的若干意见》,主张实施高水平市场开放,努力实现市场准入畅通、开放有序、竞争充分、秩序规范,为构建新发展格局提供有力支撑。"深改委"第十七次会议审议通过了《关于加快建立健全绿色低碳循环发展经济体系的指导意见》《环境信息依法披露制度改革方案》,强调要坚定不移贯彻新发展理念,促进经济社会发展全面绿色转型,解决我国资源环境生态问题,统筹推进高质量发展和高水平保护。这一系列新政策、新举措,充分彰显了党对对外开放工作的重视和精心安排,极大推动了全面开放新格局的形成和扩大。

(二)坚持引进来和走出去并重,形成陆海内外联动、东西双向互济的开放格局

党的十八大以来,党和政府实施更加积极主动的开放战略。党的十八届三中全会提出:"推动对内对外开放相互促进、引进来和走出去更好结合,促进国际国内要素有序自由流动、资源高效配置、市场深度融合,加快培育参与和引领国际经济合作竞争新优势,以开放促改革。"①党的十八届五中全会进一步明确提出了"打造陆海内外联动、东西双向开放的全面开放新格局"②。党的十九大报告提出了"加强创新能力开放合作,形成陆海内外联动、东西双向互济的开放格局"③的战略目标。可以说,"陆海内外联动、东西双向互济"是"引进来"和"走出去"的战略细分,是新时代实施"引进来"和"走出去"战略的实施路线图。

2015 年 4 月,中共中央政治局审议通过《京津冀协同发展规划纲要》。同年 9 月配套印发《环渤海地区合作发展纲要》,提出了京津冀区域一体化格局在 2030 年基本形成的目标。2017 年,以习近平同志为核心的党中央为了进一步深入推进京津冀协同发展,作出了设立河北雄安新区的重大决策部署,这是继深圳经济特区和上海浦东新

---

① 中共中央文献研究室编《十八大以来重要文献选编(上)》,中央文献出版社,2014,第 525 页。
② 兰红光、黄敬文:《中共十八届五中全会在京举行》,《人民日报》2015 年 10 月 30 日,第 1 版。
③ 习近平:《习近平谈治国理政(第三卷)》,外文出版社,2020,第 27 页。

区之后又一具有全国意义的新区，对于调整优化京津冀城市布局和空间结构，培育创新驱动发展新引擎，具有重大现实意义和深远历史意义。京津冀协同发展战略实施六年来，取得了诸多积极进展。2019年9月大兴国际机场通航和河北自贸试验区大兴机场片区挂牌，作为市场主体的企业纷纷重新布局京津冀，京津冀"你中有我、我中有你"的协同共赢格局正在逐渐形成。长江经济带横跨中国东、中、西三大区域，是中央重点实施的"三大战略"之一。2013年7月，习近平总书记提出加强长江流域合作的要求。2014年12月，中共中央成立推动长江经济带发展领导小组。2016年1月，习近平总书记在重庆主持召开推动长江经济带发展座谈会并发表重要讲话，强调把长江经济带建设成为黄金经济带的构想。当年9月，《长江经济带发展规划纲要》正式印发。2018年4月26日，习近平总书记在武汉主持召开深入推动长江经济带发展座谈会并发表重要讲话，强调长江经济带"应该统筹沿海、沿江、沿边和内陆开放，实现同'一带一路'建设有机融合，培育国际经济合作竞争新优势"①。2018年11月，中共中央、国务院发布《关于建立更加有效的区域协调发展新机制的意见》，进一步明确了长江经济带发展的战略方向。2020年8月22日，习近平总书记在扎实推进长三角一体化发展座谈会上强调，要加快打造改革开放新高地，"努力成为联通国际市场和国内市场的重要桥梁"②。经过七年多的发展，长江经济带建设取得了初步的成效，顶层设计、中层设计基本完成，高质量发展的新动能不断生成，"共抓大保护"格局基本确立。

改革开放以来，尤其是香港、澳门回归祖国后，粤港澳合作不断深化实化，粤港澳大湾区经济实力、区域竞争力显著增强，是中国开放程度最高、经济活力最强的区域之一。早在2016年3月发布的"十三五"规划中，就明确提出要支持港澳在泛珠三角区域合作中发挥重要作用，推动粤港澳大湾区和跨省区重大合作平台建设。同月，国务院又下发了《关于深化泛珠三角区域合作的指导意见》，明确要求广州、深圳携手港澳，共同打造粤港澳大湾区。2017年7月1日，习近平总书记出席《深化粤港澳合作 推进大湾区建设框架协议》签署仪式。2017年10月18日，习近平总书记在党的十九大报告中强调指出："要支持香港、澳门融入国家发展大局，以粤港澳大湾区建设、粤港澳合作、泛珠三角区域合作等为重点，全面推进内地同香港、澳门互利合作，制定完善便利香港、澳门居民在内地发展的政策措施。"③ 2019年2月18日，

---

① 习近平：《在深入推动长江经济带发展座谈会上的讲话》，人民出版社，2018，第18页。
② 王晔：《紧扣一体化和高质量抓好重点工作 推动长三角一体化发展不断取得成效》，《人民日报》2020年8月23日，第1版。
③ 习近平：《习近平谈治国理政（第三卷）》，外文出版社，2020，第43页。

《粤港澳大湾区发展规划纲要》正式发布。推进粤港澳大湾区建设，是以习近平同志为核心的党中央作出的重大决策，是习近平总书记亲自谋划、亲自部署、亲自推动的国家战略，是新时代推动形成全面开放新格局的新举措，也是推动"一国两制"事业发展的新实践。自粤港澳大湾区战略启动以来，一系列重大的政策举措相继出台，国际一流湾区雏形日益显现。

（三）以"西部大开发"为牵引优化区域开放布局

面对复杂多变的国际形势和国内经济增长下行压力不断加大的局面，西部地区成为改革发展和对外开放的重要回旋空间，被赋予了新的历史使命。"十三五"期间，党中央、国务院对持续推进西部大开发作出了一系列新的决策。2019年3月19日，中央全面深化改革委员会第七次会议通过了《关于新时代推进西部大开发形成新格局的指导意见》。2019年8月15日，国家发展改革委印发《西部陆海新通道总体规划》，明确到2025年基本建成西部陆海新通道的目标。2020年5月，《中共中央国务院关于新时代推进西部大开发形成新格局的指导意见》印发实施，该意见指出，新时代西部大开发应扩大高水平开放，"形成大保护、大开放、高质量发展的新格局"①。新时代的西部大开发战略，其核心使命不仅仅是促进西部地区自身发展，也被赋予了在与"一带一路"建设深度对接中形成持续向西开放、深度融入世界经济体系的新任务。

（四）加快实施自由贸易区战略

党的十八大提出要加快实施自由贸易区战略。党的十八届三中全会提出要以周边为基础加快实施自由贸易区战略，形成面向全球的高标准自由贸易区网络。之后，这一战略逐步展开。2013年8月22日，国务院批复设立中国（上海）自由贸易试验区，2015年，国务院出台《关于加快实施自由贸易区战略的若干意见》，对我国自贸区战略进行了总体部署。同年4月20日，在推广上海自由贸易试验区试点经验的基础上，国务院批复成立广东、天津、福建三个自贸区。时隔仅两年，国务院又批复成立辽宁、浙江、河南、湖北、重庆、四川和陕西等七个新的自由贸易试验区。十九大报告指出，要"赋予自由贸易试验区更大改革自主权，探索建设自由贸易港"。2018年4月，习近平总书记在庆祝海南建省办经济特区30周年大会上郑重宣布设立海南自由贸易港，"支持海南逐步探索、稳步推进中国特色自由贸易港建设，分步骤、分阶段建立自由贸易港政策和制度体系"②。2019年8月2日，国务院又批复同意设立山东、

---

① 《中共中央国务院关于新时代推进西部大开发形成新格局的指导意见》，人民出版社，2020，第2页。
② 习近平：《习近平谈治国理政（第三卷）》，外文出版社，2020，第198页。

江苏、广西、河北、云南、黑龙江等六个自由贸易试验区。2020年6月1日，中共中央、国务院印发了《海南自由贸易港建设总体方案》，在海南全岛建设自由贸易试验区和中国特色自由贸易港。至此，中国已有18个自由贸易区、1个自由贸易港。

自由贸易区和自由贸易港建设的探索彰显了新时代中国积极引领全球化的姿态。习近平总书记强调："加快实施自由贸易区战略，是我国积极参与国际经贸规则制定、争取全球经济治理制度性权力的重要平台，我们不能当旁观者、跟随者，而是要做参与者、引领者，善于通过自由贸易区建设增强我国国际竞争力，在国际规则制定中发出更多中国声音、注入更多中国元素，维护和拓展我国发展利益。"① 截至2018年年底，中国已与25个国家和地区达成了17个自贸协定，还正与28个国家商谈13个新的自贸协定。2018年，中国自贸区贸易已占我国对外贸易的38%。② 尤其是在2013年后全球贸易增速明显下降后，自贸区的作用进一步凸显。未来，中国将力争与所有毗邻的国家和地区建立自贸区。

（五）积极推动建设开放型世界经济，构建人类命运共同体

2013年9月5日，在圣彼得堡20国集团领导人第八次峰会上，习近平主席首次提出了要在反对各种形式的保护主义中"共同维护和发展开放型世界经济"③的宏大构想。之后，在同德国、法国等25个以上国家领导人会晤或通电话时，提出建设开放型世界经济的主张。在接受俄罗斯、法国等国媒体采访时反复强调"推动建设开放型世界经济"，并在法国、巴拿马等国媒体上发表署名文章，旗帜鲜明"反对保护主义，支持建设开放型世界经济"④。在2013年10月7日亚太经合组织领导人会议第一阶段会议上，习近平主席作了题为"发挥亚太引领作用 维护和发展开放型世界经济"的发言，在2018年11月首届中国国际进口博览会开幕式上作了题为"共建创新包容的开放型世界经济"的主旨演讲，在2019年11月的第二届中国国际进口博览会开幕式上发出了"共建开放合作、开放创新、开放共享的世界经济"的倡议。

党的十九大以来，中国在推动形成全面开放新格局的同时，积极致力于推进世界经济实现可持续发展，不断推动开放型世界经济建设。通过深化多双边合作、维护多边贸易体制、完善全球经济治理等举措，使中国成为新时期全球化的建设者、维护者

---

① 习近平：《习近平谈治国理政（第二卷）》，外文出版社，2017，第100页。
② 《商务部：全面清理取消针对外资的准入限制 中国正同28国商谈13个新自贸协定》，《21世纪经济报道》2018年12月25日，第6版。
③ 习近平：《习近平谈治国理政》，外文出版社，2014，第337页。
④ 《在共同发展的道路上继续并肩前行》，《人民日报》2019年3月24日，第1版。

和引领者。

第一,深化多双边合作。在第二届中国国际进口博览会开幕式上,习近平主席强调:"中国是国际合作的倡导者和多边主义的支持者。"①中国共产党致力于通过深化多双边合作为开放型世界经济搭建舞台。中国积极支持20国集团、亚太经合组织、上海合作组织、金砖国家等机制在构建开放型世界经济中发挥更大作用,继续推进"一带一路"建设,搭建更多贸易促进平台,鼓励中国企业与沿线国家开展投资合作,为全球提供开放合作的国际平台。中国将认真实施2018年中非合作论坛北京峰会提出的"八大行动"。中国愿同更多国家商签高标准自由贸易协定,加快中欧投资协定、中日韩自由贸易协定、中国—海合会自由贸易协定谈判进程。

第二,维护多边贸易体制。2013年9月,在圣彼得堡20国集团领导人峰会上,习近平主席强调指出:"我们要维护自由、开放、非歧视的多边贸易体制,不搞排他性贸易标准、规则、体系,避免造成全球市场分割和贸易体系分化。要探讨完善全球投资规则,引导全球发展资本合理流动,更加有效地配置发展资源。"②中国一贯主张,坚定维护世界贸易组织规则,支持对世界贸易组织进行必要改革,共同捍卫多边贸易体制。中国致力于推进中欧投资协定谈判、中日韩自由贸易区谈判,愿意推动达成区域全面经济伙伴关系,并将这种关系视为构建开放型世界经济的重要方式。通过搭建一批高效开放的贸易促进平台,形成一批产业示范区和特色产业园,促进一批发展中国家的产业发展,增加一批开放型世界经济的中坚力量。

第三,完善全球经济治理。党的十八大之后,中国致力于与世界各国一起,坚决反对保护主义,"积极倡导共商共建共享的全球治理观,推动全球经济治理体系变革"③。支持联合国发挥全球经济治理"主阵地"的作用,推动国际货币基金组织和世界银行份额与投票权改革。支持提升新兴市场国家和发展中国家在国际事务中的发言权和影响力。倡导以发展为导向的全球经济治理,并愿意提供能力建设、技术支持和资金。坚定落实联合国2030年可持续发展议程和应对气候变化的《巴黎协定》。

四、对外开放持续扩大,共建"一带一路"成果丰硕

党的十八大以来,面对全球贸易保护主义、单边主义抬头,"逆全球化"思潮蔓延以及美国发动贸易战意图遏阻中国的不利形势,中国共产党采取更加积极主动的开

---

① 习近平:《习近平谈治国理政(第三卷)》,外文出版社,2020,第212页。
② 习近平:《习近平谈治国理政》,外文出版社,2014,第337页。
③ 习近平:《携手努力共谱合作新篇章——在金砖国家领导人巴西利亚会晤公开会议上的讲话》,《人民日报》2019年11月15日,第2版。

放战略,以开放促改革、促发展,全方位开放水平不断提高,对外经贸发展成效显著。从打造对外开放新平台,到构建开放型经济新体制,再到加快构建新发展格局,中国新一轮高水平对外开放日益跑出加速度,擘画出一幅全面开放新图景。

(一)对外开放持续扩大

党的十八大以来,中国继续推进与发达国家的经济联系,进一步加强推进与新兴国家和非洲等落后地区的经济交往,"一带一路"建设成果丰硕;进一步扩大了我国金融、电信、医疗、教育、体育、文化、物流等领域的对外开放,放开了会计审计、养老育幼、电子商务等领域的外资准入限制,不断提升合作层次,促进国内外资源和市场更深度融合。在此基础上,我国对外贸易稳中提质,贸易结构继续优化,服务贸易规模稳步扩张,利用外资继续扩大,对外开放对经济发展的引领作用日益凸显。

党的十八大以来,我国货物贸易规模不断增长。2013年,我国超越美国成为全球货物贸易第一大国,2014—2015年保持这一地位。2017—2018年,我国继续保持全球货物贸易第一大国地位。2018年,我国货物进出口占全球份额为11.8%,其中出口占12.8%,进口占10.8%。[1]2019年我国货物进出口总额31.6万亿元,比上年增长3.4%,连续两年超过30万亿元,蝉联世界第一。[2]2020年11月15日,中国、东盟十国、日本、韩国、澳大利亚和新西兰的贸易部长共同签署了《区域全面经济伙伴关系协定》,我国国内国际双循环得到有力支撑。

先后召开三次国际进口博览会,首届累计意向成交578.3亿美元,第二届为711.3亿美元,第三届达726.2亿美元。尤其是2020年的第三届进博会是在疫情防控常态化条件下举办的,仍比上届增长2.1%。[3]截至2020年11月,中国已设立18个自由贸易区、1个自由贸易港。自贸试验区引资作用增强,以2019年为例,18个自贸区落地外资企业6242家,利用外资1436亿元,占全国比重均超过15%。[4]在全球跨境投资大幅

---

[1] 国家统计局:《对外经贸开启新征程 全面开放构建新格局——新中国成立70周年经济社会发展成就系列报告之二十二》,国家统计局网站,2019年8月27日,http://www.stats.gov.cn/tjsj/zxfb/201908/t20190827_1693665.html,访问日期:2021年2月6日。

[2] 盛来运:《稳中上台阶 进中增福祉——〈二〇一九年统计公报〉评读》,《人民日报》2020年2月29日,第7版。

[3] 于佳欣、周蕊:《726.2亿美元!第三届进博会经贸合作成果再创新高》,中央人民政府门户网站,2020年11月10日,http://www.gov.cn/xinwen/2020-11/10/content_5560317.htm,访问日期:2021年2月6日。

[4] 盛来运:《稳中上台阶 进中增福祉——〈二〇一九年统计公报〉评读》,《人民日报》2020年2月29日,第7版。

下降的情况下，我国利用外资稳中有进。以 2019 年为例，全年实际利用外资 9415 亿元，增长 5.8%，新设外资企业超过 4 万家，保持第二大外资流入国地位。①

（二）共建"一带一路"成果丰硕

"一带一路"倡议提出七年多以来，已成为当今世界广泛参与的重要国际合作平台和全球广受欢迎的公共产品。2017 年、2019 年在北京连续成功举办了两届"一带一路"国际合作高峰论坛。"一带一路"倡议得到越来越多国家和国际组织的信任和支持。全球 100 多个国家和国际组织积极响应支持"一带一路"倡议，80 多个国家和国际组织已同中国签署合作协议，签署的共建"一带一路"合作文件达到 199 份。以中国为起点，"一带一路"倡议覆盖中亚 5 国、东南亚 11 国、南亚 8 国、欧洲 18 国、俄罗斯与独联体 6 国、西亚 15 国、北非的埃及和东亚的蒙古，共计 66 国，沿线人口约 44 亿，占全世界的 63%；经济总量约 21 万亿美元，占全世界的 29%；货物和服务出口占全世界的 23.9%。②

截至 2019 年 7 月，亚洲基础设施投资银行成员数增至 100 个，顺利获得联合国大会永久观察员地位，贷款总额达到 85 亿美元并成功发行首笔美元全球债券，制定了一系列重要战略和政策，已成为多边开发体系新的重要一员。2018 年，中国赴"一带一路"国家旅游人数首次突破 3000 万人次，同比增长 9.4%，"一带一路"国家赴中国旅游人数 1099 万人次，中国与 29 个"一带一路"国家实现了公民免签或落地签。中国与 22 个国家和地区签署了电子商务合作备忘录，并建立了双边电子商务合作机制。中国与"一带一路"相关国家的跨境电商交易额同比增速超过 20%，与柬埔寨、科威特、阿联酋、奥地利等国的交易额同比增速超过了 100%。截至 2019 年 11 月，中国实现全球 31 个港口国际物流信息互联共享，共同推进"一带一路"沿线港口物流信息互联共享，构建"一带一路"沿线港口命运共同体。"蓝色经济通道""冰上丝绸之路""空中丝绸之路""数字丝绸之路"……一条条共筑梦想的纽带多元联动。2019 年，我国对"一带一路"沿线国家进出口总额 92690 亿元，比上年增长 10.8%。其中，出口增长 13.2%，进口增长 7.9%。双向投资深入发展。2019 年，我国对"一带一路"沿线国家非金融类直接投资额 150 亿美元，占对外总投资比重比上年提高 0.6 个百分点；

---

① 国家统计局：《中华人民共和国 2019 年国民经济和社会发展统计公报》，《人民日报》2020 年 2 月 29 日，第 5 版。
② 胡宗山、鲍林娟：《"一带一路"倡议与中国外交新动向》，《青海社会科学》2016 年第 4 期。

"一带一路"沿线国家对华直接投资金额84亿美元,增长30.6%。①

从外向型经济到开放型经济,中国的对外开放进入了新时代。中国共产党努力推动形成全面开放新格局,构建开放型经济新体制,积极推动建设开放型世界经济,构建人类命运共同体。中国开放的大门不会关闭,只会越开越大。中国受惠于开放,也将通过进一步开放与世界共享发展成果,推动中国和世界各国良性互动、互利共赢、共同发展。

---

① 国家统计局:《中华人民共和国2019年国民经济和社会发展统计公报》,《人民日报》2020年2月29日,第5版。

第十二章

变革

(2012—2020)

习近平新时代中国特色社会主义经济思想与决胜全面建成小康社会(下)

第一节　开启经济高质量发展的新阶段

党的十八大以来,以习近平同志为核心的党中央面对日趋复杂的国际经济环境,面对日趋繁重的国内改革发展稳定任务,冷静理性分析经济发展面临的形势,科学精准分析经济运行中的矛盾,创造性提出经济发展新常态这一重大命题,提出创新、协调、绿色、开放、共享新发展理念,提出我国经济已由高速增长阶段转向高质量发展阶段这一重大判断。在经济工作实践中,以习近平同志为核心的党中央牢牢把握供给侧结构性改革实践主线,全面推进创新发展、协调发展、绿色发展、开放发展和共享发展,着力推进经济高质量发展,确保宏观经济稳定运行,推动中国经济进入高质量发展新阶段。从党的十八大到2020年,转变经济发展方式取得重大进展,在发展平衡性、协调性、可持续性明显增强的基础上,实现国内生产总值和城乡居民人均收入比2010年翻一番。

一、主动适应经济发展新常态,坚持供给侧结构性改革主线

进入新世纪第二个十年,2008年国际金融危机引发的世界经济低速增长态势长期延续并不断演化,国际需求下降,国内市场总需求不足,保持经济增长速度、实现党的十八大提出的2020年国内生产总值和城乡居民人均收入比2010年翻一番的目标面临较大压力。另一方面,为了应对国际金融危机的冲击,实施十项重点产业调整和振兴规划,原有产能相对过剩问题进一步突出,在总需求不足形势下,调结构的必要性日益凸显。在总需求不足和产能相对过剩矛盾上升的形势面前,以习近平同志为核心的党中央创造性提出经济发展新常态这一经济发展"大逻辑",提出适应、把握、引领经济发展新常态这一经济工作基本要求,牢牢把握供给侧结构性改革这一经济工作主线,成功保持了中国经济基本面的健康和经济增长速度的基本稳定,为推动经济高质量发展奠定了坚实基础。

(一)"三期叠加":中国经济发展的阶段性特征

科学认识宏观形势,准确研判未来走势,是做好经济工作的基本前提。2012年,

中国国内生产总值增长速度从 2011 年的 9.55% 下降到 7.86%，2013 年下降到 7.77%，2014 年下降到 7.43%。这种经济增长速度降至 8% 以下甚至 7.5% 以下且连续下降的态势，是改革开放以来少有的，引起国内外、党内外高度关注。一种观点主张像以前那样采取强刺激政策。如果采取强刺激政策，可能短期内促进经济较高速度增长，但必定阻滞中国经济增长模式和发展方式转变的进程。2013 年，党中央作出我国经济正处于增长速度换挡期、结构调整阵痛期、前期刺激政策消化期"三期叠加"阶段的判断。在 2014 年年中的中央政治局会议上，习近平总书记对"三期叠加"作了进一步的分析，引导全党和社会各界历史地、辩证地认识中国经济发展的阶段性特征。

经济增长速度换挡期，是中国经济总量增大后必然遇到的情况。习近平总书记提出，"如同一个人，10 岁至 18 岁期间个子猛长，18 岁之后长个子的速度就慢下来了"[①]。改革开放后 30 年，中国经济年均增长近 10%，这种持续高速增长态势得益于改革开放解放生产力、发展生产力，同时也与中国经济体量基数偏小有直接关系。伴随经济体量变大，特别是成为世界第二大经济体后，一方面经济增长基数变大，另一方面劳动力、资本、自然资源、技术进步等经济增长要素支撑能力增长滞后，特别是世界经济增长乏力，导致外需增长下降，这些因素叠加，必然导致中国经济增长速度梯级式下行换挡。

结构调整阵痛期，是结构深度调整必然经历的过程。党的十六大明确提出推进产业结构优化升级以后，中国经济结构调整力度逐步增大，但由于发展方式没有根本性转变，加上为了应对 2008 年国际金融危机冲击，采取了一揽子强刺激手段，"传统产业供给能力大幅超出需求，钢铁、水泥、玻璃等产业的产能已近峰值，房地产出现结构性、区域性过剩，各类开发区、工业园区、新城新区的规划建设总面积超出实际需要"[②]。在产能过剩的情况下调整产业结构，必然要求去掉部分产能、要求部分企业兼并重组，由此可能在短期内给劳动者带来转岗甚至失业困扰，给企业带来投资、产能与资金损失，给地方政府带来税收和地区生产总值下降问题，给社会带来经济增速下降和社会稳定风险。总之，在总需求不足和产能过剩背景下推进结构调整，必定是一个痛苦的过程。

前期刺激政策消化期，是化解多年积累的深层次矛盾的必经阶段。2008 年国际金融危机爆发后，为了降低危机对我国的冲击，党中央、国务院果断决策，把保持经济

---

① 习近平：《习近平谈治国理政（第二卷）》，外文出版社，2017，第 247 页。
② 习近平：《习近平谈治国理政（第二卷）》，外文出版社，2017，第 231 页。

平稳较快增长作为经济工作首要任务，果断加快宏观调控力度，把扩大内需作为确保增长的主攻方向，出台应对危机冲击一揽子计划，包括出台汽车、钢铁、纺织等十个重点产业的调整振兴计划，实施涉及珠江三角洲地区、重庆、上海、福建等地的多个区域性振兴规划，实施家电及汽车摩托车下乡、结构性减税、汽车"以旧换新"等扩大消费措施等。这一揽子刺激政策取得保持增长的显著效果，2009年中国经济增长速度大大高于年初确定的"保8"目标。伴随中国经济成功应对危机冲击，短期刺激政策逐步退出，但政策的刺激效应、溢出效应、累积效应还在发挥作用，有些效应，例如产能过剩，还将长期发挥作用。

同时，"三期叠加"与全球贸易发展低迷交汇，这种交汇决定了中国"三期叠加"特征的趋势性和长远性。正如习近平总书记分析的，过去几十年，全球贸易增速一直保持快于经济增速的趋势。近年来，贸易增速明显下滑，连续四年低于全球经济增速。第二次世界大战结束后，德国、日本都经历了出口快速增长期，成为世界贸易大国。从它们的实践看，当贸易出口占世界总额的比重达到10%左右，就会出现拐点，增速要降下来。我国货物出口占世界总额的比重，改革开放之初不足1%，2002年超过5%，2010年超过10%，2014年达到12.3%。① 这意味着我国出口增速拐点已经到来，今后维持出口高增长、出口占国内生产总值的高比例是不大可能了。这就要求我们必须把经济增长动力更多放在创新驱动和扩大内需特别是消费需求上。需要指出的是，2010年，中国名义国内生产总值首次超过日本，标志着中国成为世界第二大经济体。这也许是历史的巧合，却充分说明党中央提出的"三期叠加"判断，是符合经济发展历史规律的，"三期叠加"是对中国经济阶段性特征的科学判断。

必须指出的是，"三期叠加"只是经济运行的阶段性特征，没有改变中国经济的基本面、基本特征和发展大势。"'十三五'及今后一个时期，我国仍处于发展的重要战略机遇期，经济发展长期向好的基本面没有变，经济韧性好、潜力足、回旋空间大的基本特质没有变，经济持续增长的良好支撑基础和条件没有变，经济结构调整优化的前进态势没有变。"② 正是这四个"没有变"，为中国经济变中求新、新中求进、进中突破，开创经济发展新常态创造了条件。

（二）主动适应经济发展新常态是经济发展的大逻辑

经济发展的阶段性特征决定经济发展的基本形态，进而决定经济发展的规律性和经济工作的必然性。以习近平同志为核心的党中央，基于"三期叠加"阶段性特征，

---

① 习近平：《习近平谈治国理政（第二卷）》，外文出版社，2017，第248页。
② 习近平：《习近平谈治国理政（第二卷）》，外文出版社，2017，第249页。

提出"经济发展新常态"的重要命题，明确提出主动适应经济发展新常态的经济工作基本要求。

1. 提出经济发展新常态的规律性要求和趋势性变化

2014年4月25日，中央政治局召开会议，研究经济形势和经济工作。十多天后，习近平总书记在河南考察时第一次提出新常态，他强调，要增强信心，从当前我国经济发展的阶段性特征出发，适应新常态，保持战略上的平常心态。7月29日，习近平总书记主持召开中央政治局会议研究经济形势和下半年经济工作。会议强调了新常态下经济发展的规律性要求，即发展必须是遵循经济规律的科学发展，必须是遵循自然规律的可持续发展，必须是遵循社会规律的包容性发展。会议提出了新常态下经济工作的战略取向，即准确把握改革发展稳定的平衡点，准确把握近期目标和长期发展的平衡点，准确把握经济社会发展和人民生活改善的结合点。

2014年11月9日亚太经济合作组织工商领导人峰会和2014年中央经济工作会议上，习近平总书记集中阐述了中国经济发展新常态的基本特征。一是速度变化，即从10%左右的高速增长转向7%左右的中高速增长。二是结构优化，即发展方式从规模速度型粗放增长转向质量效益型集约增长，经济结构从增量扩能为主转向调整存量、做优增量并举的深度调整。三是动力转换，即经济发展动力从传统增长点转向新的增长点。①

为进一步引导全党、社会各界历史地、辩证地认识经济发展新常态的规律性与必然性，增强新常态下发展的信心，习近平总书记在2014年12月召开的中央经济工作会议上运用现实与历史对比的方法，集中阐述了经济发展新常态带来的九个趋势性变化。第一，从消费需求看，"过去，我国消费具有明显的模仿型排浪式特征，你有我有全都有，消费是一浪接一浪地增长。现在，'羊群效应'没有了，模仿型排浪式消费阶段基本结束，消费拉开档次，个性化、多样化消费渐成主流，保证产品质量安全、通过创新供给激活需求的重要性显著上升"。第二，从投资需求看，"过去，投资需求空间巨大，只要有钱敢干，投资都有回报，投资在经济发展中扮演着重要角色。现在，经历了30多年高强度大规模开发建设后，传统产业、房地产投资相对饱和，但基础设施互联互通和一些新技术、新产品、新业态、新商业模式的投资机会大量涌现，对创新投融资方式提出了新要求"。第三，从出口和国际收支看，"国际金融危机发生前，国际市场空间扩张很快，只要有成本优势，出口就能扩大，出口成为拉动我国经济快速发展的重要动能。现在，全球总需求不振，我国低成本

---

① 习近平：《习近平谈治国理政（第二卷）》，外文出版社，2017，第233页。

比较优势也发生了转化"。第四,从生产能力和产业组织方式看,"过去,供给不足是长期困扰我们的一个主要矛盾,现在传统产业供给能力大幅超出需求,钢铁、水泥、玻璃等产业的产能已近峰值,房地产出现结构性、区域性过剩,各类开发区、工业园区、新城新区的规划建设总面积超出实际需要"。第五,从生产要素相对优势看,"过去,我们有源源不断的新生劳动力和农业富余劳动力,劳动力成本低是最大优势,引进技术和管理就能迅速变成生产力。现在,人口老龄化日趋发展,劳动年龄人口总量下降,农业富余劳动力减少,在许多领域我国科技创新与国际先进水平相比还有较大差距,能够拉动经济上水平的关键技术人家不给了,这就使要素的规模驱动力减弱"。第六,从市场竞争特点看,"过去,主要是数量扩张和价格竞争。现在,竞争正逐步转向质量型、差异化为主的竞争,消费者更加注重品质和个性化,竞争必须把握市场潜在需求,通过供给创新满足需求"。第七,从资源环境约束看,"过去,能源资源和生态环境空间相对较大,可以放开手脚大开发、快发展。现在,环境承载能力已经达到或接近上限,难以承载高消耗、粗放型的发展了"。第八,从经济风险积累和化解看,"过去,经济高速发展掩盖了一些矛盾和风险。现在,伴随着经济增速下调,各类隐性风险逐步显性化,地方政府性债务、影子银行、房地产等领域风险正在显露,就业也存在结构性风险"。第九,从资源配置模式和宏观调控方式看,"过去,总需求增长潜在空间大,实行凯恩斯主义的办法就能有效刺激经济发展;经济发展中的短板很清楚,产业政策只要按照'雁行理论'效仿先行国家就能形成产业比较优势。现在,从需求方面看,全面刺激政策的边际效果明显递减;从供给方面看,既要全面化解产能过剩,也要通过发挥市场机制作用探索未来产业发展方向"。①

2. 主动适应新常态是经济发展的大逻辑

正是由于经济发展新常态呈现的上述基本特征和趋势性变化,"认识新常态,适应新常态,引领新常态,是当前和今后一个时期我国经济发展的大逻辑"②。大逻辑,就是总的必然性、总的规律性。主动适应新常态是中国经济发展的大逻辑,是因为经济新常态的出现具有深刻的时代、历史与空间背景,是不以人的意志为转移的。

从时代看,"三期叠加"阶段,各种趋势性变化构成新常态的内在动因。经济增长速度必然下降,但属于从高速向中高速换挡。经济结构调整很痛苦,却是不得不过的关口。前期政策消化期是必需的,但可以通过有效引导减缓消化过程中的各种风险

---

① 习近平:《习近平谈治国理政(第二卷)》,外文出版社,2017,第 230—233 页。
② 习近平:《习近平谈治国理政(第二卷)》,外文出版社,2017,第 233 页。

和阵痛。因此，新常态是中国经济发展的必经阶段，及"向形态更高级、分工更复杂、结构更合理的阶段演化"①的阶段。

从历史过程看，"我国经济发展历程中新状态、新格局、新阶段总是在不断形成，经济发展新常态是这个长过程的一个阶段"②。具体来讲，就是在中国经济总量增大后，经济发展面临换挡节点、结构调整节点、动力转换节点。

从空间上看，经济发展新常态是中国出口优势和参与国际产业分工模式面临新挑战的体现。1979年以来，中国利用劳动力成本低廉优势和发达国家劳动密集型产业向外转移机会，推动大规模出口和外向型发展，成为世界贸易大国。伴随全球贸易发展进入低迷期，这种大规模出口和单纯外向型发展方式已经难以为继，必须把经济增长动力更多放在创新驱动和扩大内需上。

3.推动新常态下经济工作重点转变

在新常态下，党的经济工作在理念上、方法上都要与时俱进，发生根本性变化，要"加快转变经济发展方式，加快调整经济结构，加快培育形成新的增长动力"③。为此，2015年，中央经济工作会议部署了十个方面经济工作重点转变，具体来讲，即推动经济发展，更加注重提高发展质量和效益，确保投资有回报、产品有市场、企业有利润、员工有收入、政府有税收、环境有改善；稳定经济增长，更加注重供给侧结构性改革，实现由低水平供需平衡向高水平供需平衡的跃升；实施宏观调控，更加注重引导市场行为和社会心理预期，增强政策透明度和可预期性，在提高宏观调控科学性的同时，提高宏观调控艺术性；调整产业结构，更加注重减除并重，培育新的增长动力，化解产能过剩，提高劳动力生产率和资本回报率，提高人力资本质量，优化人力资本结构；推进城镇化，更加注重以人为核心，推动更多人口融入城镇，促进有能力在城镇稳定就业和生活的农业转移人口举家进城落户；促进区域发展，更加注重人口经济和资源环境空间均衡，缩小人口经济和资源环境间的差距，塑造要素有序自由流动、主体功能约束有效、基本公共服务均等、资源环境可承载的区域协调发展新格局；保护生态环境，更加注重促进形成绿色生产方式和消费方式，促进人与自然和谐共生；保障改善民生，更加注重对特定人群特殊困难的精准帮扶，把钱花在对特定人群特殊困难的针对性帮扶上，使他们及其后代发展能力得到有效提升；进行资源配置，更加注重使市场在资源配置中起决定性作用，政府集中力量办好市场干不了的事，履

---

① 习近平：《习近平谈治国理政（第二卷）》，外文出版社，2017，第233页。
② 习近平：《习近平谈治国理政（第二卷）》，外文出版社，2017，第245-246页。
③ 习近平：《习近平谈治国理政（第二卷）》，外文出版社，2017，第240页。

行好宏观调控、市场监管、公共服务、社会管理、保护环境等基本职责；扩大对外开放，更加注重推进高水平双向开放，坚持内外需协调、进出口平衡、引进来与走出去并重、引资引技引智并举，积极参与全球经济治理和公共产品供给。

（三）着力推进供给侧结构性改革

经济发展新常态的三大特征、九大趋势性变化，都凸显中国经济一个根本性的问题，即供给侧的结构性改革问题。主动引领和适应经济发展新常态，必须推进供给侧结构性改革。2015年中央经济工作会议明确提出供给侧结构性改革，2016年到2020年，中央经济工作会议都明确要求把供给侧结构性改革作为经济工作的主线。到2020年，供给侧结构性改革不断深化，取得显著成效。

1. 深刻揭示供给侧结构性改革的必要性

进入新世纪以后，供给侧结构性矛盾开始成为中国经济主要矛盾。伴随中国经济快速增长，特别是2008年以后，中国经济运行中一系列矛盾和问题凸显。这些矛盾和问题，既有供给侧的，也有需求侧的，既有周期性的，也有结构性的。中国经济主要矛盾是供给侧结构性的。

首先，问题主要发生在供给侧。"当前和今后一个时期，我国经济发展面临的问题，供给和需求两侧都有，但矛盾的主要方面在供给侧。"[1]例如，钢铁、水泥、玻璃等行业产能严重过剩，但同时大量关键设备、核心技术、高端产品依赖进口，手机、汽车等高端产品的国内庞大市场掌握在国外品牌和国外厂商手中。再例如，我国农业发展形势很好，但主要表现在粮食、棉花等传统大宗农产品生产方面，适应消费需求变化的农产品生产和供给不足，牛奶和部分肉类难以满足消费者对质量、信誉保障的要求，大豆生产缺口很大而玉米增产超过需求，一方面高端农牧产品依赖进口，另一方面大量农产品库存过大。又例如，一些有大量购买力支撑的消费需求，从珠宝首饰、名包名表、名牌服饰、化妆品等奢侈品到电饭煲、马桶盖、奶粉、奶瓶、高档文具等普通日用品，难以在国内获得有效供给，消费者将大把钞票花费在出境购物、"海淘"购物上，导致大量"需求外溢"，购买力外流。据测算，2014年我国居民出境旅行支出超过1万亿元人民币。[2]

其次，供给侧的主要问题不是总量性的和周期性的，而是结构性的。国民经济的主要问题不是需求不足，或者没有需求，也不是供给总量过剩，而是需求变了，供给

---

[1] 习近平：《习近平谈治国理政（第二卷）》，外文出版社，2017，第253页。
[2] 习近平：《习近平谈治国理政（第二卷）》，外文出版社，2017，第253页。

的结构、水平、质量、服务没有相应变化,在需求总量增长和结构变化面前,供给侧结构与水平对需求变化的适应性和灵活性不足。

根据上述宏观经济运行主要矛盾的变化,2015年中央经济工作会议作出"推进供给侧结构性改革"的重大部署。习近平总书记指出:"供给侧结构性改革,重点是解放和发展社会生产力,用改革的办法推进结构调整,减少无效和低端供给,扩大有效和中高端供给,增强供给结构对需求变化的适应性和灵活性,提高全要素生产率。"①

以习近平同志为核心的党中央作出的"供给侧结构性改革"决策,与主动适应经济发展新常态、贯彻新发展理念一脉相承,具有重大而深远的意义。首先,从国内看,推进供给侧结构性改革改变了长期以来把增加有效需求作为主要宏观经济管理手段的做法,将改善供给侧结构作为主攻方向,有利于推进低水平供需平衡向高水平供需平衡跃升,为中国经济摆脱低端锁定、实现真正提档升级奠定坚实基础。其次,从国际上看,推进供给侧结构性改革,改变了长期以来通过扩大低端产品和原材料出口扩大外需的做法,抢抓机遇,将我国产品在国际产业链、价值链中的地位提升至中高端作为主攻方向,有利于找准中国经济在世界供给市场上的定位,为提升中国经济的国际竞争力奠定坚实基础。最后,从政治经济学角度看,推进供给侧结构性改革改变了单纯以扩大消费需求扩大内需的政策基点,体现使我国供给能力更好满足广大人民日益增长、不断升级和个性化的物质文化和生态环境需要,为更好实现社会主义生产目的奠定坚实基础。正如习近平总书记指出的:"我们讲的供给侧结构性改革,既强调供给又关注需求,既突出发展社会生产力又注重完善生产关系,既发挥市场在资源配置中的决定性作用又更好发挥政府作用,既着眼当前又立足长远。"②

2. 2016—2020年间供给侧结构性改革的推进与成效

习近平总书记指出:"推进供给侧结构性改革,要从生产端入手,重点是促进产能过剩有效化解,促进产业优化重组,降低企业成本,发展战略性新兴产业和现代服务业,增加公共产品和服务供给,提高供给结构对需求变化的适应性和灵活性。"③ 2016—2020年间,从宏观经济管理层面,党中央坚持以供给侧结构性改革为主线开展工作,推出了一系列重大举措。到2020年,供给侧结构性改革取得重大成效。

2016年是供给侧结构性改革展开之年,供给侧结构性改革主要在三个方面展开。首先,全面落实"三去一降一补"五大任务。一是去产能,主要是按照企业主体、政

---

① 习近平:《习近平谈治国理政(第二卷)》,外文出版社,2017,第252页。
② 习近平:《习近平谈治国理政(第二卷)》,外文出版社,2017,第252页。
③ 习近平:《习近平谈治国理政(第二卷)》,外文出版社,2017,第254页。

府推动、市场引导、依法处置的原则,通过兼并重组、破产清算等手段,对过剩产能和不良资产进行处置,并通过严格控制增量的办法,防止新的产能过剩。二是去库存,主要是化解房地产库存,通过加快提高户籍人口城镇化率,加快农民工市民化;以满足新市民住房需求为出发点,深化住房制度改革;取消过时的限制性政策,鼓励自然人和各类机构投资者购买库存商品房,参与住房租赁市场等。三是去杠杆,主要是开展地方债务置换,完善全口径政府债务管理,改进地方债务发行方法,化解地方债务风险。四是降成本,主要是通过政府转变职能,简政放权,降低企业制度性交易成本;通过正税清费,营造公平税负环境,降低制造业增值税税率,降低企业税费负担;通过精简归并"五险一金",降低企业社会保险费;通过推进金融部门利税正常化,为实体经济让利,降低企业财务成本;通过降低电力价格、推动煤电价格联动、推进物流体制改革等措施,降低企业能源、物流成本;等等。五是补短板,重点是在扶贫脱贫上补短板,推进精准扶贫、精准脱贫,提高扶贫质量;在新经济上补短板,培育发展新产业,加快技术、产品、业态创新;在基础设施建设上补短板,提高投资有效性和精准性,补齐软硬基础设施薄弱环节;在现代农业上补短板,加强农业基础设施建设,把资金和政策重点用在保护和提高农业总生产能力以及农产品质量、效益上;在人力资源上补短板,加大投资于人的力度,提升劳动者适应变化了的市场环境的能力。

其次,实施相互配合的五大政策。一是稳的宏观政策。实施更大力度的宏观财政政策,包括减税,阶段性提高财政赤字率,增加必要的财政支出和政府投资,保障政府应该承担的支出责任。实施更加灵活适度的稳健货币政策,降低融资成本,扩大直接融资比重,保持流动性合理充裕和社会融资总量适度增长。二是准的产业政策,推进农业现代化,加快制造业强国建设,加快服务业发展,提高基础设施网络化水平。三是活的微观政策,完善市场环境,激发企业活力和消费潜力;鼓励各种所有制企业创新发展,提高企业投资信心,改善企业市场预期;创造新供给,提高供给质量,扩大消费需求。四是实的改革政策,抓好各类企业改革试点,允许地方进行差别化探索,使改革不断见到实效。五是托底的社会政策,把社会政策的重点放在兜底上,保障群众基本生活,保障基本公共服务,守住民生底线。

最后,加大重要领域和关键环节改革力度。主要是,通过改组组建一批国有资本投资、运营公司,推进垄断行业改革,加快推进国有企业改革;通过划分中央和地方事权和支出责任、完善地方税体系、增强地方发展能力,加快推进财税体制改革;通过完善股票市场、出台实施金融监管体制改革方案、深化国有商业银行改革、发展绿色金融,加快金融体制改革;通过完善个人账户、推进精算平衡、提高统筹层次,加快养老保险制度改革；通过保基本、强基层，解决群众看病难、看病贵的难题，加快医药卫生体制改革；等等。

2016 年，党中央、国务院以"三去一降一补"五大任务为抓手，推动部分行业供求关系、政府和企业理念行为发生积极变化，供给侧结构性改革取得初步成效。2017 年是供给侧结构性改革深化之年。2016 年中央经济工作会议明确提出，2017 年的经济工作以推进供给侧结构性改革为主线。2017 年，在深化供给侧结构性改革方面，出台和实施了一系列新的举措。

首先，深化"三去一降一补"方面，按照 2016 年中央经济工作会议提出的"要有实质性进展"的要求，推出了一系列重点更突出、着力点更精准的新举措。去产能方面，牵住处置"僵尸企业"这个"牛鼻子"，大力推进企业兼并重组和过剩产能化解。去库存方面，重点解决三、四线城市房地产库存过多的问题。去杠杆方面，在控制总杠杆率的同时，把降低企业杠杆率作为重中之重，支持企业市场化、法制化债转股，加大股权融资力度。降成本方面，在减税、降费、降低要素成本上加大了工作力度。补短板方面，更多地在严重制约经济社会发展的重要领域和关键环节、人民群众迫切需要解决的突出问题上着力，例如，扎实推进精准扶贫，精准扶贫各项政策落实落地，解决了一批贫困群众的实际问题。

其次，部署和实施农业供给侧结构性改革。包括推进农产品标准化生产、品牌创造、质量安全监管，重点增加优质农产品供给；大力实施退耕还林还湖还草，推进农村环境综合治理；落实承包土地"三权分置"，培育新型农业经营主体和服务主体；启动推进农村土地征收、集体经营性建设土地入市、宅基地制度改革；等等。

再次，提出和推进振兴实体经济。部署开展质量提升行动，推动实体经济企业提高质量标准，加强全面质量管理。推动企业加强品牌建设，培育"百年老店"。在创新驱动发展方面，一方面推动战略性新兴产业发展，一方面部署和推广新技术、新业态，全面改造提升传统产业。

最后，在改革方面，2017 年，在国有企业改革方面加大了对国有企业混合所有制改革的推进力度，主要在电力、石油、天然气、铁路、民航、电信、军工等领域开展。在产权保护制度建设方面，民法典编纂工作加快推进，特别是甄别纠正了一批侵害企业产权的错案冤案。在财税体制改革方面，制定出台了中央和地方收入划分总体方案和健全地方税体系方案。在养老保险改革方面，出台了养老保险制度改革方案。在对外开放方面，全面推进"一带一路"建设等。这些改革举措的出台，有力支持了供给侧结构性改革的深化。

2018 年是贯彻党的十九大精神的开局之年。2017 年中央经济工作会议明确提出，我国经济发展进入了新时代，基本特征是我国经济已由高速增长阶段转向高质量发展阶段。从2018年开始，到2020年，党中央始终坚持以供给侧结构性改革作为经济工作主线。同时，把高质量发展放在突出重要地位，把供给侧结构性改革作为高质量发展的重大举措。从2018年到2020年，供给侧结构性改革不断深化。2018年，在继续深化"三去一降一补"改革的进程中，推出"破""立""降"系列改革。在"破"的方面，出台系列措施，大力破除无效供给，继续处置"僵尸企业"，进一步推动化解产能过剩。在"立"的方面，把培育新动能放在突出重要地位，在强化科技创新、推动传统产业优化升级、推进军民深度融合方面出台和采取了一系列重大举措。在"降"的方面，继续降低制度性成本，加大了清理涉企收费和对乱收费的查处和整治力度。此外，在改革方面，提出并部署深化简政放权、放管结合、优化服务的"放管服"改革。

2019年在坚持供给侧结构性改革主线不动摇的同时，党中央立足长远，审时度势，提出在"巩固、增强、提升、畅通"八个字上下功夫。"巩固"，就是巩固"三去一降一补"成果。"增强"，就是增强微观主体活力。"提升"，就是提升产业链水平，培育新的产业集群。"畅通"，就是畅通国民经济循环，特别是畅通国内市场和生产主体、经济增长和就业扩大、金融和实体经济之间的良性循环。

2020年，党中央、国务院根据2019年中央经济工作会议提出的继续坚持以供给侧结构性改革为主的工作要求，在深化供给侧结构性改革上继续发力。到2020年年底，历时五年的供给侧结构性改革取得显著成效。从宏观上看，供给侧结构性改革的推进与"十三五"规划的启动和完成高度吻合，这五年供给侧结构性改革的成效集中体现为"十三五"时期的发展成果，特别是推动"十三五"时期经济社会发展目标如期实现，推动决胜全面建成小康社会取得决定性胜利。

从具体部门看，以供给侧结构性改革重点领域即国有企业改革为例，2016—2020年间，剥离国有企业办社会职能和解决历史遗留问题实现历史性突破。截至2020年11月底，职工家属区"三供一业"、市政社区管理等职能分离移交、教育医疗机构深化改革等基本完成，航天科技、航天科工等21家中央企业完成率均达到100%。退休人员社会化管理完成92.1%，中国航发、中国石油等13家中央企业完成率达到100%。厂办大集体改革完成98.1%，累计安置在职职工171.2万人。中央企业去产能目标任务提前完成。2016年以来，中央企业关闭退出钢铁产能1644万吨，煤炭产能1.19亿吨，整合煤炭资源2.4亿吨，妥善分流安置职工12万人，提前完成去产能总体目标任务，企业经济效益持续提升，布局结构不断优化，市场竞争力不断增强。中央企业压减法人层级工作持续深化。截至2020年12月，所有中央企业的管理层级控制在5

级以内（含5级），法人总数累计减少超过1.7万户，减少比例超过30%，有效防范企业管控风险，发展质量效益明显提升。加强中央企业参股管理取得积极成效。按照国资委组织部署，各中央企业加快处置低效无效参股股权，切实提高国有资本配置效率。已完成清理退出187项，收回资金34.5亿元。"处僵治困"工作取得决定性成果。2016年以来，国资委对2041户困难子企业进行处置治理，明确用三年时间基本完成"僵尸企业"和特困企业处置治理任务。截至2019年年末，纳入"处僵治困"工作范围的2041户子企业已实现经营扭亏，基本完成主体工作任务，近700户僵困企业实现市场出清，累计分流安置富余人员超过80万人，近七成富余人员实现内部退养或转岗，富余人员安置工作平稳有序。①

2021年是"十四五"规划开局之年。2020年中央经济工作会议指出，加快构建以国内大循环为主体、国内国际双循环相互促进的新发展格局，要迈好第一步，见到新气象。要紧紧扭住供给侧结构性改革这条主线，同时，要注重需求侧管理，打通堵点，补齐短板，贯通生产、分配、流通、消费各环节，形成需求牵引供给、供给创造需求的更高水平的动态平衡，提升国民经济体系整体效能，为贯彻新发展理念，构建新发展格局，推动高质量发展奠定坚实基础。

二、贯彻新发展理念，引领经济高质量发展

党的十八大指出，必须把科学发展观贯彻到我国现代化建设全过程，体现到党的建设各方面，加快形成符合科学发展要求的发展方式和体制机制，推动科学发展、和谐发展、和平发展。党的十八大以来，以习近平同志为核心的党中央，站在历史和时代的高度，提出并主动适应经济发展新常态，大力推进供给侧结构性改革，保持国民经济增长速度在合理区间运行。同时，高瞻远瞩、审时度势，提出并贯彻新发展理念，逐步将中国经济推上高质量发展轨道。

（一）提出并牢固树立新发展理念

党的十八大以来，以习近平同志为核心的党中央深刻总结国内外发展经验教训，深刻分析国内外发展趋势，不断深化我们党对经济社会发展规律的认识，不断探索我国发展中突出矛盾和问题的解决方案，提出了创新、协调、绿色、开放、共享新发展理念，推动中国共产党发展理念、发展理论、发展实践的深刻变革。

---

① 新华社：《央企供给侧结构性改革成效显著》，国务院国有资产监督管理委员会网站，2020年12月30日，http://www.sasac.gov.cn/n2588025/n2588139/c16354445/content.html，访问日期：2021年2月3日。

1. 要把应该树立什么样的发展理念搞清楚

习近平总书记在《中共中央关于制定国民经济和社会发展第十三个五年规划的建议》开始起草时就强调,"首先要把应该树立什么样的发展理念搞清楚"①。这就把发展理念创新置于发展理论、发展实践创新的先导地位。

从理念与实践的关系看,理念是行动的先导,一定的发展实践都是由一定的发展理念来引导的。发展理念是否对头,从根本上决定着发展成效乃至成败。习近平总书记指出:"发展理念是战略性、纲领性、引领性的东西,是发展思路、发展方向、发展着力点的集中体现。发展理念搞对了,目标任务就好定了,政策举措跟着也就好定了。"②因此,党领导经济工作、推动发展,首先要确立正确的发展理念。确立正确的发展理念,是做好经济工作的"牛鼻子"和先导。

从理念与理论的关系看,理念是信念,是思想观念,科学的理论必须以科学的信念、思想观念为核心。理论是围绕特定问题而构建的知识体系,构建科学的知识体系、理论体系,首先必须树立正确的理念。在中国特色社会主义新时代、经济发展新时代,我们党要推进经济理论创新,首先要在发展理念上创新。

党的十八大以来,以习近平同志为核心的党中央在贯彻落实党的十八大确立的以科学发展观为主题、以加快转变经济发展方式为主线战略部署的过程中,面对国际经济的复杂环境、中国经济发展的阶段性特征,一方面创新性提出"三期叠加"、经济发展新常态等新判断,实施供给侧结构性改革等新举措,另一方面,沿着什么是科学发展,如何实现科学发展,采用什么样的经济发展方式,如何转变经济发展方式进行探索。在党的十八届五中全会之前,形成和提出了一系列新的观点,如"人民对美好生活的向往,就是我们的奋斗目标"③、"经济增长必须是实实在在和没有水分的增长"④、"为子孙后代留下天蓝、地绿、水清的生产生活环境"⑤等。这些新观点都是战略性、纲领性、引领性的发展理念,都是立足于弄清楚新时代应该树立什么样的发展理念的思想成果,为我们党提出新发展理念奠定了坚实的实践基础和理论基础。

2. 要完整、准确、全面贯彻新发展理念

2015 年 10 月,党的十八届五中全会通过的《中共中央关于制定国民经济和社会

---

① 习近平:《习近平谈治国理政(第二卷)》,外文出版社,2017,第 197 页。
② 习近平:《习近平谈治国理政(第二卷)》,外文出版社,2017,第 197 页。
③ 习近平:《习近平谈治国理政》,外文出版社,2014,第 4 页。
④ 习近平:《习近平谈治国理政》,外文出版社,2014,第 111 页。
⑤ 习近平:《习近平谈治国理政》,外文出版社,2014,第 211 页。

发展第十三个五年规划的建议》提出，要坚持创新、协调、绿色、开放、共享的发展理念。2021年1月28日，习近平总书记在主持中共中央政治局第二十七次集体学习时指出，新发展理念是一个系统的理论体系，回答了关于发展的目的、动力、方式、路径等一系列理论和实践问题，阐明了我们党关于发展的政治立场、价值导向、发展模式、发展道路等重大政治问题。习近平总书记强调，新发展理念是一个整体。完整、准确、全面贯彻新发展理念，是经济社会发展的工作要求，也是十分重要的政治要求。这是我们党明确将新发展理念上升到理论体系的高度，明确了新发展理念在习近平新时代中国特色社会主义理论从而在党的理论创新中的地位，确立了新发展理念的整体性、必然性和政治性，明确了理解和贯彻新发展理念的完整性、准确性和全面性要求。

习近平总书记不仅创新性提出新发展理念，而且引导全党全社会正确领会和贯彻新发展理念。2015年10月，在党的十八届五中全会上，习近平总书记着重阐述了新发展理念的整体性。他强调，"这五大发展理念相互贯通、相互促进，是具有内在联系的集合体"。在五大发展理念中，创新发展注重的是解决发展动力问题，协调发展注重的是解决发展不平衡问题，绿色发展注重的是解决人与自然和谐问题，开放发展注重的是解决发展内外联动问题，共享发展注重的是解决社会公平正义问题。要统一贯彻，不能顾此失彼，也不能相互替代。哪一个发展理念贯彻不到位，发展进程都会受到影响。[①]

2016年1月，在省部级主要领导干部学习贯彻党的十八届五中全会精神专题研讨班上，习近平总书记结合历史和现实深刻阐述了坚持新发展理念的必然性。坚持新发展理念，是我们党分析近代以来世界发展历程特别是总结我国改革开放成功实践得出的结论。创新是引领发展的第一动力。发展动力决定发展速度、效能、可持续性。我国经济总量虽然跃居世界第二，但大而不强，臃肿虚胖体弱问题相当突出，主要体现在创新能力不强，这是我国这个经济大块头的"阿喀琉斯之踵"。坚持协调发展，是我们党带领人民建设社会主义长期实践中形成的"统筹兼顾""弹钢琴""综合平衡""两手抓"等经验的结晶。新形势下，协调既是发展手段又是发展目标，同时还是评价发展的标准和尺度。坚持绿色发展，是尊重自然、顺应自然、保护自然的规律性要求。改革开放以来，我国经济发展取得历史性成就，但也积累了大量的生态环境问题，成为明显的短板，成为人民群众反映强烈的突出问题。各类环境污染呈高发态势，成为民生之患、民心之痛。坚持开放发展，是顺应经济全球化潮流之举。一个国家能不能

---

① 习近平：《习近平谈治国理政（第二卷）》，外文出版社，2017，第197-200页。

富强,一个民族能不能振兴,最重要的是看这个国家、这个民族能不能顺应时代潮流,掌握历史前进的主动权。中国要发展壮大,必须坚持对外开放,充分运用人类社会创造的先进科学技术成果和有益管理经验。坚持共享发展,是践行以人民为中心的发展思想的体现。以人民为中心的发展,不是一个抽象的、玄奥的概念,不能停留在口头上、止步于思想环节,而是要体现在经济社会发展各个环节。共享理念实质就是坚持以人民为中心的发展思想,体现的是逐步实现共同富裕的要求。

习近平总书记反复强调新发展理念的实践性,要求全党把新发展理念落到实处,使之落地生根,变成普遍实践。新发展理念来自实践,更要靠实践来贯彻。贯彻落实新发展理念,涉及一系列思维方法、行动方式、工作方式的变革,涉及一系列工作关系、社会关系、利益关系的调整,是一个实践的理论体系。全党要把新发展理念贯穿于领导活动全过程,落实到决策、执行、检查各项工作中,努力提高统筹贯彻新发展理念的能力和水平,不断开拓发展新境界。

早在2016年1月,习近平总书记就告诫全党,把握新发展理念,是"政治性要求"[1]。党的十九届五中全会将贯彻新发展理念确立为"十四五"时期经济社会发展必须遵循坚持的原则。2021年1月,习近平总书记强调,新发展理念,阐明的是我们党关于发展的政治立场、价值导向、发展模式、发展道路等重大政治问题。完整、准确、全面贯彻新发展理念,是经济社会发展的工作要求,也是十分重要的政治要求,要站在政治的高度,不断提高政治判断力、政治领悟力、政治执行力,对"国之大者"了然于胸,把党中央关于贯彻新发展理念的要求落实到工作中。

(二)贯彻新发展理念,推动中国发展全局深刻变革

党的十八届五中全会指出,坚持创新发展、协调发展、绿色发展、开放发展、共享发展,是关系我国发展全局的一场深刻变革。党的十八届五中全会以来,以习近平同志为核心的党中央全面、深入贯彻新发展理念,推动中国经济社会步入高质量发展阶段。由于第十一章第三节已经专述"推动形成全面开放新格局",此处仅就创新发展、协调发展、绿色发展、共享发展四个方面论述新发展理念的贯彻过程。

1. 深入实施创新驱动发展战略,推动创新发展

党的十八大提出创新驱动战略。党的十八大后,党的十九大、十九届三中全会不断丰富这一战略的内涵,强化实施这一战略的举措。

2013年的中央经济工作会议,对科技创新体制机制、人才激励等工作作了部署。

---

[1] 习近平:《习近平谈治国理政(第二卷)》,外文出版社,2017,第219页。

会议明确要创造环境，使企业成为真正的创新主体；政府要集中力量抓好少数战略性、全局性、前瞻性的重大创新项目，还要做好加强知识产权保护、完善促进企业创新的税收政策等工作；要加快建立主要由市场评价技术创新成果的机制，促进创新成果的快速转化。2014年8月，国家确定要抓紧实施已有的十六大国家科技重大专项，重点攻克高端通用芯片、集成电路装备、宽代移动通信、高端数控机床、核电、新药创制等关键技术，加快形成若干战略性技术与产品，培育新兴产业，要求以2030年为时间节点，再选择一批体现国家战略意图的重大科技项目，从更长远的战略需求出发，在航空发动机、量子通信、智能制造和机器人、深空深海探测、重点新材料、脑科学、健康保障等领域部署重大科技项目，充分发挥市场经济条件下的新型举国体制优势，集中力量，协同攻关。2015年3月，中共中央、国务院出台《关于深化体制机制改革加快实施创新驱动发展战略的若干意见》，指导深化体制机制改革，加快实施创新驱动发展战略。该文件指出，面对全球新一轮科技革命与产业变革的重大机遇和挑战，面对经济发展新常态下的趋势变化和特点，面对实现"两个一百年"奋斗目标的历史任务和要求，必须深化体制机制改革，加快实施创新驱动发展战略。

到党的十九大前，创新驱动发展战略的实施取得显著成就，科技进步对经济增长的贡献率从2012年的52.2%提高到2016年的56.2%。2016年高新技术产业增加值占规模以上工业增加值的比重达到12.4%，比2012年提高3个百分点。高速铁路、水电设备、特高压输变电、杂交水稻、对地观测卫星、北斗导航、电动汽车等重大科技成果产业化取得突破，部分产业走在世界前列。[①]

党的十九大明确提出加快建设创新型国家的要求，作出了加强基础研究、加强应用基础研究、加强国家创新体系建设、深化科技体制改革、倡导创新文化等一系列的战略部署，特别是提出建设科技强国、质量强国、航天强国、网络强国、交通强国、数字中国、智慧社会等一系列具体目标。党的十九大以来，党中央深入实施创新驱动发展战略，重点推进四个方面的举措。一是围绕新一代信息网络、智能绿色制造、现代农业、现代能源、资源高效利用、海洋、空间等领域推动产业技术创新。二是促进技术创新和管理创新、商业模式创新融合，拓展数字消费、电子商务、现代物流、互联网金融等新兴服务业。三是大力推动创新创业，建立一批低成本、便利化、开放式的众创空间和虚拟社区。四是打造新的经济增长点、增长带、增长极，建设一批具有强大带动作用的创新型城市和区域创新中心。

到2020年，创新驱动发展战略的实施取得显著成效，国家创新体系效能显著提

---

① 王志刚：《加快建设创新型国家》，载《党的十九大报告辅导读本》，人民出版社，2017，第204页。

升,科技创新事业发展发生历史性变革,取得历史性成就,创新发展格局初步形成。一是成功跻身创新型国家行列。2019年,我国研发经费支出达到2.21万亿元,研发强度约为2.23%,超过欧盟水平,在国际上最有影响力的几个国家创新能力评价排名中,我国均已处于发展中国家前列,成功跻身创新型国家行列。二是重点领域和前沿方向实现重大突破。化工、材料、物流、工程等学科整体水平进入国际先进行列,量子信息、铁基超导、中微子、干细胞、脑科学等前沿方向上取得了一系列重大原创成果,载人航天与探月、北斗导航、大型客机、5G移动通信等一大批战略高技术领域取得重大突破。三是科技创新在培育经济发展新动能、推动产业转型升级、抗击新冠肺炎疫情、建设美丽中国等方面发挥了不可替代的支撑引领作用。①

2. 突出问题导向,推动协调发展

在我国,发展不协调是一个长期存在的问题,突出表现在区域、城乡、物质文明和精神文明、经济建设和国防建设等关系上。为了推动协调发展,党的十八届五中全会突出问题导向,重点部署了四个方面。一是着力推动区域协调发展,发挥各地区的比较优势,促进生产力布局优化,重点实施"一带一路"建设、京津冀协同发展、长江经济带发展三大战略,支持革命老区、民族地区、边疆地区、贫困地区加快发展,构建连接东中西、贯通南北方的多中心、网络化、开放式的区域开发格局,不断缩小区域发展差距。二是着力推动城乡协调发展,坚持工业反哺农业、城市支持农村和多予少取放活方针,促进城乡公共资源均衡配置,形成以工促农、以城带乡、工农互惠、城乡一体的工农城乡关系,不断缩小城乡发展差距。三是着力推动物质文明和精神文明协调发展,坚持社会主义先进文化前进方向,用社会主义核心价值观凝聚共识、汇聚力量,用优秀文化产品振奋人心、鼓舞士气,用中华优秀传统文化为人民提供丰润的道德滋养,提高精神文明建设水平。四是推动经济建设和国防建设融合发展,统筹经济建设和国防建设,建立全要素、多领域、高效益的军民融合发展格局,推动国防和军队建设同全面建设小康社会进程相一致,使两者协调发展、平衡发展、兼容发展。②

党的十九大围绕协调发展作出了一系列新的部署,包括实施区域协调发展战略、实施乡村振兴战略、推动社会主义文化繁荣兴盛、形成军民融合深度发展格局等。党的十九大以后,推动协调发展的部署进一步细化。例如,在推进区域协调发展方面,

---

① 白春礼:《强化国家战略科技力量》,载本书编写组编著《〈中共中央关于制定国民经济和社会发展第十四个五年规划和二〇三五年远景目标的建议〉辅导读本》,人民出版社,2020,第195页。
② 习近平:《习近平谈治国理政(第二卷)》,外文出版社,2017,第206-207页。

2019年8月召开的中央财经委员会第五次会议就新形势下促进区域协调发展部署六个新的举措,即:实施全国统一的市场准入负面清单制度,全面放宽城市落户条件,健全市场一体化发展机制,深化区域合作机制,形成全国统一开放、竞争有序的商品和要素市场;确保2020年省级统筹基础上加快养老保险全国统筹进度,尽快实现养老保险全国统筹;加快改革土地管理制度,推动建设用地资源向中心城市和重点城市群倾斜;完善能源消费双控制度,赋予能源消耗强度达标而发展较快的地区能源消费总量控制的适当弹性;全面建立生态补偿制度;完善财政转移支付制度。推出上述举措,不仅加快了区域协调发展,而且提升了区域经济布局的质量。通过深入落实这些新部署,到2020年,协调发展呈现新的格局。

党的十九大以后,党中央围绕上述部署,着力推动协调发展。一是统筹内外、着眼全局,推动实施京津冀协同发展、长江经济带发展、粤港澳大湾区、长三角一体化发展、黄河流域生态保护和高质量发展等新区域发展战略,初步形成了东西南北纵横联动发展新格局。二是在主体功能区政策推进方面,缩小政策单元,推进跨区域、次区域规划,创新区域政策。我国经济发展的空间结构正在发生深刻变化,中心城市和城市群正在成为承载发展要素的主要空间形式。[①]三是推进在贫困地区把提高扶贫对象生活水平作为衡量政绩主要考核指标的措施,加快贫困地区发展。伴随着脱贫攻坚取得的成效,贫困地区发展能力显著增强,与发达地区的差距不断缩小。此外,在推进社会主义核心价值观建设、掌握意识形态领导权、推动军民融合发展等方面采取了一系列新的举措。精神文明与物质文明的协调发展水平提高,军民融合发展进一步深化。

3. 促进人与自然和谐共生,推动绿色发展

党的十八大以来,以习近平同志为核心的党中央把生态文明建设放在治国理政的重要战略位置。2017年5月,习近平在主持十八届中央政治局第四十一次集体学习时指出,推动形成绿色发展方式和生活方式是发展观的一场深刻革命,是新发展理念的必然要求,要"像保护眼睛一样保护生态环境,像对待生命一样对待生态环境"[②]。党的十八届三中全会提出加快建立系统完整的生态文明制度体系,党的十九届四中全会要求用严格的法律制度保护生态环境,党的十九届五中全会将绿色发展纳入新发展理念。党的十九大报告明确要求,改革生态环境监管体制,实行最严格的生态环境保护制度,加强对生态文明建设的总体设计和组织领导,设立国有自然资源资产管理和

---

① 习近平:《习近平谈治国理政(第三卷)》,外文出版社,2020,第270页。
② 习近平:《习近平谈治国理政(第二卷)》,外文出版社,2017,第395页。

自然生态监管机构，完善生态环境管理制度。

2012年以来，推进绿色发展，主要围绕建立完善生态文明制度体系展开。首先，基本建成生态文明建设的顶层设计和组织管理体系。按照党的十八大、十九大提出的加强对生态文明建设的总体设计和组织领导的要求，2014年1月22日，中央全面深化改革领导小组召开第一次会议，设立经济体制和生态文明体制改革专项小组。2015年5月5日，中共中央、国务院印发《关于加快推进生态文明建设的意见》，这是继党的十八大和十八届三中、四中全会对生态文明建设作出顶层设计后，中央对生态文明建设的一次全面部署。同年10月，党的十八届五中全会提出改革我国环保管理体制的建议，即省以下环保机构检测监察执法垂直管理，增强环境执法的统一性、权威性、有效性。2018年9月11日，国务院机构体制改革关于生态环境部职能配置、内设机构和人员编制规定，生态环境部所属的华北、华东、华南、西北、西南、东北区域督察局，承担所辖区域内的生态环境保护督察工作。长江、黄河、淮河、海河、珠江、松辽、太湖流域生态环境监督管理局，作为生态环境部设在七大流域的派出机构，主要负责流域生态环境监管和行政执法相关工作，实行生态环境部和水利部双重领导、以生态环境部为主的管理体制。

其次，完善生态文明建设的政策制度体系。2015年3月24日，中共中央政治局会议审议通过《关于加快推进生态文明建设的意见》《生态文明体制改革总体方案》，从总体目标、基本理念、主要原则、重点任务、制度保障等方面对生态文明建设进行全面系统部署安排。2016年9月，中国率先发布《中国落实2030年可持续发展议程国别方案》，内容包括中国的发展成就和经验、中国落实2030年可持续发展议程的机遇和挑战、指导思想及总体原则、落实工作总体路径、17项可持续发展目标落实方案等五部分，成为指导中国开展落实工作的行动指南。2017年9月30日，中共中央办公厅、国务院办公厅印发了《关于创新体制机制推进农业绿色发展的意见》，要求创新体制机制，推动农业绿色发展。2018年1月4日，中共中央办公厅、国务院办公厅印发了《关于在湖泊实施湖长制的指导意见》，要求各地区各部门结合实际认真贯彻落实，以考核促进生态环境质量改善和相关工作落实，压实生态环境保护责任。

最后，逐步建立中央集中统一的生态环境保护督察制度。2015年7月1日中央"深改组"第十四次会议出台审议通过了《环境保护督察方案（试行）》《生态环境监测网络建设方案》《关于开展领导干部自然资源资产离任审计的试点方案》《党政领导干部生态环境损害责任追究办法（试行）》等相关文件。2016年12月22日，中共中央办公厅、国务院办公厅印发了《生态文明建设目标评价考核办法》，对各省、自治区、直辖市党委和政府生态文明建设目标实施评价考核。2017年4月30日，中共中央办公厅、国务院办公厅印发了《省（自治区、直辖市）污染防治攻坚战成效考核措施》，决定对各省（自治区、直辖市）党委、人大、政府污染防治攻坚战成效进行考核。2017年9月20日、21日，中共中央办公厅、国务院办公厅印发了《关于建立资源环境承载能力监测预警长效机制的若干意见》《关于深化环境监测改革提高环境监测数据质量的意见》，建立资源环境承载能力预警长效机制，推动实现资源环境承载能力监测预警规范化、常态化、制度化。为切实提高环境监测数据质量，依法依规严肃查处弄虚作假行为，切实保障环境监测数据质量，提高环境监测数据公信力和权威性，促进环境管理水平全面提升，国家统计局提出了《编制自然资源资产负债表试点方案》，全国人大常委会、最高人民法院、最高人民检察院对环境污染和生态破坏界定入罪标准，加大惩治力度。2019年6月17日，中共中央办公厅、国务院办公厅印发了《中央生态环境保护督察工作规定》，中央实行生态环境保护督察制度，设立专职督察机构，对省、自治区、直辖市党委和政府，国务院有关部门以及有关中央企业等组织开展生态环境保护督察，中央生态环境保护督察包括例行督察、专项督察和"回头看"等。

党的十八大以来，党中央强化制度执行。例如，发生在陕西的"秦岭违建别墅"事件惊动中央，习近平总书记先后六次作出重要批示，千余人遭问询。习近平总书记强调"对此类问题，就要扭住不放、一抓到底，不彻底解决、绝不放手"[①]。2018年7月，中央、省、市三级打响秦岭保卫战。这次拆违整治，秦岭北麓西安段查处整治违建别墅达1194栋[②]，一批相关责任人受到党纪国法的处置。

党的十八大以来，绿色发展取得显著成效。2019年，全国337个地级及以上城市空气质量平均优良天数比例为82%。在监测的337个地级及以上城市中，空气质量达标的城市占46.6%，比2015年提高25个百分点。截至2019年年底，"十三五"规划

---

① 李洁琼：《总书记的"一抓到底"警示我们什么》，新华网，2019年1月9日，http://www.xinhuanet.com/2019-01/09/c_1123968393.htm，访问日期：2020年12月9日。
② 李洁琼：《总书记的"一抓到底"警示我们什么》，新华网，2019年1月9日，http://www.xinhuanet.com/2019-01/09/c_1123968393.htm，访问日期：2020年12月9日。另据《中国经济周刊》2018年第45期《秦岭保卫战 一场生态保护与权力任性的大对决》报道：截至2018年10月28日，长安区共拆除违建729宗、79.5万平方米，累计拆除违建别墅293栋371套、18.29万平方米；鄠邑区实际累计拆除违建423宗1036处，拆除违建总面积52.08万平方米，其中别墅类627栋844套、26.59万平方米。

明确的生态环境保护领域9项约束指标,7项已提前完成。①2020年全国337个地级及以上城市空气质量平均优良天数的比例达87%,比上年提高5个百分点。②

4. 满足人民日益增长的美好生活需要,推动共享发展

在党的十八届五中全会上,习近平总书记强调共享发展注重的是解决社会公平正义的问题,并要求"作出更有效的制度安排,使全体人民朝着共同富裕方向稳步前进,绝不能出现'富者累巨万,而贫者食糟糠'的现象"③。2016年1月18日,习近平总书记在省部级主要领导干部学习贯彻党的十八届五中全会精神专题研讨班上,对共享发展理念的内涵进行阐释:一是全民共享。这是就共享的覆盖面而言的。共享发展是人人享有、各得其所,不是少数人共享、一部分人共享。二是全面共享。这是就共享的内容而言的。共享发展就要共享国家经济、政治、文化、社会、生态各方面建设成果,全面保障人民在各方面的合法权益。三是共建共享。这是就共享的实现途径而言的。共建才能共享,共建的过程也是共享的过程。要充分发扬民主,广泛汇聚民智,最大激发民力,形成人人参与、人人尽力、人人都有成就感的生动局面。四是渐进共享。这是就共享发展的推进进程而言的。一口吃不成胖子,共享发展必将有一个从低级到高级、从不均衡到均衡的过程,即使达到很高的水平也会有差别。这四个方面是相互贯通的,要整体理解和把握。2017年7月26日,习近平总书记在省部级主要领导干部专题研讨班上强调,党在新的发展阶段最重要的任务就是满足人民对美好生活的向往,建成社会主义现代化国家。在新的发展阶段,人民群众的需要呈现多样化多层次多方面的特点,在教育、工作、收入、社会保障、医疗卫生服务、居住条件、环境、精神文化生活等各个方面都有了新的期盼。这就要求在坚持以经济建设为中心的同时,更加注重人的全面发展和社会全面进步。这就要求坚持以人民为中心的发展思想,顺应人民群众对美好生活的向往,以保障和改善民生为重点,发展各项社会事业,加大收入分配调节力度,打赢脱贫攻坚战,保证人民平等参与、平等发展权利,使改革发展成果更多更公平惠及全体人民,不断增强人民群众的获得感和幸福感。

2012年11月15日,习近平当选中共中央总书记当天,他面对500多位中外记者说的这段话温暖了亿万人心:"我们的人民热爱生活,期盼有更好的教育、更稳定的

---

① 孙阳、杨曦:《从规模速度到质量效率 中国经济"含金量"更高》,人民网,2020年10月2日,http://finance.people.com.cn/n1/2020/1002/c1004-31882389.html,访问日期:2020年10月5日。

② 陆娅楠、张连华、丁根厚、史家民、李卓尔:《2.3%,了不起的正增长!》,《人民日报》2021年1月19日,第2版。

③ 中共中央文献研究室编《十八大以来重要文献选编(中)》,中央文献出版社,2016,第827页。

工作、更满意的收入、更可靠的社会保障、更高水平的医疗卫生服务、更舒适的居住条件、更优美的环境，期盼孩子们能成长得更好、工作得更好、生活得更好。人民对美好生活的向往，就是我们的奋斗目标。"[①] 他强调这方面问题解决好了，全体人民推动发展的积极性、主动性、创造性就能充分调动起来，国家发展也才能具有最深厚的伟力。党的十八大以来，党中央在满足人民日益增长的美好生活需要方面，采取了一系列重大措施，推进共享发展。

第一，明确提出实现全体人民共同富裕的经济工作出发点和落脚点。党的十九大报告提出，我们必须坚持发展为了人民、发展依靠人民、发展成果由人民共享。坚持人民的主体地位，把人民对美好生活的向往作为奋斗目标，让改革发展成果更多更公平惠及全体人民，朝着实现全体人民共同富裕方向不断迈进。党的十八届五中全会首次提出"坚持以人民为中心的发展思想"，具有重大意义。发展为了人民，本身就是马克思主义政治经济学的根本立场。习近平总书记强调：我们任何时候都不能忘记，坚持以人民为中心，把增进人民福祉、促进人的全面发展、朝着共同富裕方向稳步前进作为经济发展的出发点和落脚点。我们部署经济工作、制定经济政策、推动经济发展，都要牢牢坚持这个根本立场。党的十八大以来，每年中央经济工作会议都强调"保民生"，每年都出台具体政策和措施，确保民生发展落到实处。

第二，不断完善统筹城乡的民生保障制度。实现共享发展，关键是实现发展成果更多更公平惠及全体人民。确保这一点，关键靠制度。党的十八届三中全会强调，必须加快社会事业改革，解决好人民最关心最直接最现实的利益问题，努力为社会提供多样化服务，更好满足人民需要。全会围绕教育领域综合改革、健全促进就业创业体制机制、形成合理有序的收入分配格局、建立更加公平可持续的社会保障制度、深化落实卫生体制改革等五个方面，部署了改革任务。党的十九届四中全会进一步强调，要健全幼有所学、学有所教、劳有所得、病有所医、老有所养、住有所居、弱有所扶等方面国家基本公共服务制度体系，并就健全有利于更充分更高质量就业促进机制，构建服务全民终身学习的教育体系，完善覆盖全民的社会保障体系，强化提高人民健康水平的制度保障等四个方面，部署了26项制度建设任务。党的十八届三中全会以来，在中央"深改组"和"深改委"的推动下，有关共享发展的体制改革和制度建设任务全面推进，共享发展制度体系的基础结构和四梁八柱已经确立，实现了制度体系的系统性重构，已经建成世界上规模最大的社会保障体系和民生保障体系。

第三，解决好人民最关心最直接最现实的利益问题。党的十九大报告提出，既尽力而为，又量力而行，一件事情接着一件事情办，一年接着一年干，使人民获得感、

[①] 习近平：《习近平谈治国理政》，外文出版社，2014，第4页。

幸福感、安全感更加充实、更有保障、更可持续。党的十八大以来，党中央聚焦人民最关心最直接最现实的利益问题，加大投入、加强责任，采取强有力的措施，办成了一批民生大事。一是决战脱贫攻坚取得决定性胜利，消灭了在中国存在了几千年的绝对贫困。2015—2019年间，贫困地区农民人均可支配收入由7653元增加到11567元，2016—2019年年均增长8.5%，比同期全国农民人均可支配收入增速高1.9个百分点。二是就业规模不断扩大，就业结构持续优化，就业质量稳步提高。2016—2019年，城镇新增就业人数5378万人，年均超过1300万人。三是城乡居民收入大幅提升。党的十八大以来，城乡居民收入增速超过经济增速，城镇居民、农村居民人均可支配收入从2013年的26467元、9430元分别增加到2019年的42359元、16021元。低收入群体收入增速加快，企业退休人员基本养老金从2013年的1856元/月提高到2019年的3100元/月。四是教育面貌发生格局性变化。2019年全国学前三年毛入园率83.4%，小学学龄人口入学率99.94%，初中、高中阶段及高等教育的毛入学率分别为102.6%、89.5%和51.6%，高等教育进入普及化阶段，特殊教育不断加强，继续教育多样化推进，新增劳动力平均受教育年限达到13.7年，教育普及水平稳居世界中上收入国家行列，人民群众对教育的获得感和满意度持续提升。五是生态环境明显好转，人民群众生产生活环境持续改善。党的十八大以来，党中央持续推进污染防治行动。党的十九大以来，打好蓝天、碧水、净土保卫战，污染防治攻坚战完成阶段性目标任务。与2015年相比，2019年全国地表水优良水质断面比例上升8.9个百分点，劣五类断面比例下降6.3个百分点；细颗粒未达标地级及以上城市年均浓度下降23.1%，全国337个地级及以上城市空气质量平均优良天数比例达到82%。① 此外，党的十八大以来，我国建成了世界上规模最大的社会保障体系，基本医疗保险覆盖超过13亿人，基本养老保险覆盖近10亿人。所有这些表明，党的十八大以来，共享发展格局已经基本形成。

第二节　决胜全面建成小康社会，开启全面建设社会主义现代化国家新征程

党的十八大以来，以习近平同志为核心的党中央团结带领全国各族人民统筹推进"五位一体"总体布局，协调推进"四个全面"战略布局，决胜全面建成小康社会取得决定性成就，擘画和开启了全面建设社会主义现代化国家的新征程。

---

① 本书编写组编著《〈中共中央关于制定国民经济和社会发展第十四个五年规划和二〇三五年远景目标的建议〉辅导读本》，人民出版社，2020，第138、401、395、408、365页。

一、决胜全面建成小康社会取得决定性成就

党的十八大提出,要确保到2020年全面建成小康社会,从"全面建设"到"全面建成",标志着小康建设进入新阶段。以习近平同志为核心的党中央将"全面建成小康社会"纳入"四个全面"战略布局,推动完成"十二五""十三五"经济社会发展目标,决胜脱贫攻坚,打响打赢"三大攻坚战",全面建成小康社会即将取得彻底胜利。

(一)确立并落实全面建成小康社会的新要求

2012年,党的十八大根据我国经济社会发展实际,在党的十六大、十七大确立的全面建设小康社会目标的基础上,就经济持续健康发展、人民民主不断扩大、文化软实力显著增强、人民生活水平全面提高、资源节约型环境友好型社会建设取得重大进展等五个方面提出新要求。

2015年,党的十八届五中全会根据党的十六大、十七大、十八大提出的全面建成小康社会的各项要求,明确提出"十三五"时期也即到2020年经济社会发展必须完成的七项主要目标。

一是经济保持中高速增长。在提高发展平衡性、包容性、可持续性基础上,到2020年国内生产总值和城乡居民人均收入比2010年翻一番,主要经济指标平衡协调,发展质量和效益明显提高。产业迈向中高端水平,农业现代化进展明显,工业化和信息化融合发展水平进一步提高,先进制造业和战略性新兴产业加快发展,新产业新业态不断成长,服务业比重进一步提高。二是创新驱动发展成效显著。创新驱动发展战略深入实施,创业创新蓬勃发展,全要素生产率明显提高。科技与经济深度融合,创新要素配置更加高效,重点领域和关键环节核心技术取得重大突破,自主创新能力全面增强,迈进创新型国家和人才强国行列。三是发展协调性明显增强。消费对经济增长贡献继续加大,投资效率和企业效率明显上升。城镇化质量明显改善,户籍人口城镇化率加快提高。区域协调发展新格局基本形成,发展空间布局得到优化。对外开放深度广度不断提高,全球配置资源能力进一步增强,进出口结构不断优化,国际收支基本平衡。四是人民生活水平和生活质量普遍提高。就业、教育、文化体育、社保、医疗、住房等公共服务体系更加健全,基本公共服务均等化水平稳步提高。教育现代化取得重要进展,劳动年龄人口受教育年限明显增加。就业比较充分,收入差距缩小,中等收入人口比重上升。我国现行标准下农村贫困人口实现脱贫,贫困县全部摘帽,解决区域性整体贫困。五是国民素质和社会文明程度显著提高。中国梦和社会主义核心价值观更加深入人心,爱国主义、集体主义、社会主义思想广泛弘扬,向上

向善、诚信互助的社会风尚更加浓厚，国民思想道德素质、科学文化素质、健康素质明显提高，全社会法治意识不断增强。公共文化服务体系基本建成，文化产业成为国民经济支柱性产业。中华文化影响持续扩大。六是生态环境质量总体改善。生产方式和生活方式绿色、低碳水平上升。能源资源开发利用效率大幅提高，能源和水资源消耗、建设用地、碳排放总量得到有效控制，主要污染物排放总量大幅减少。主体功能区布局和生态安全屏障基本形成。七是各方面制度更加成熟更加定型。国家治理体系和治理能力现代化取得重大进展，各领域基础性制度体系基本形成。人民民主更加健全，法治政府基本建成，司法公信力明显提高。人权得到切实保障，产权得到有效保护。开放型经济新体制基本形成。中国特色现代军事体系更加完善。党的建设制度化水平显著提高。

"十二五"时期是为全面建成小康社会打下具有决定性意义基础的时期。党的十八大后，以习近平同志为核心的党中央按照党的十八大的部署，全面推进"十三五"规划的落实。2013—2015年间，党中央以科学发展为主题，以加快转变经济发展方式为主线，坚持把经济结构战略性调整作为加快转变经济发展方式的主攻方向，把科技进步和创新作为加快转变经济发展方式的重要支撑，把保障和改善民生作为加快转变经济发展方式的根本出发点和落脚点，把建设资源节约型、环境友好型社会作为加快转变经济发展方式的重要着力点，把改革开放作为加快转变经济发展方式的强大动力，以加强和改善宏观调控，建立扩大内需长效机制，调整优化投资结构，同步推进工业化、城镇化和农业现代化，推动产业升级，促进区域协调互动发展，健全节能减排激励政策机制，推进基本公共服务均等化，加快城乡居民收入增长，加强和创新社会管理等十个方面为重点，推进小康社会建设，为全面建成小康社会奠定了坚实基础。

"十三五"时期是全面建成小康社会的决胜阶段。2016—2020年间，党中央按照党的十八届三中全会提出的"十三五"时期经济社会发展部署，全面推进创新驱动发展战略、构建发展新体制、推进农业现代化、优化现代产业体系、拓展网络经济空间、构筑现代基础网络、推进新型城镇化、推动区域协调发展、加快改善生态环境、构建全方位开放新格局等十八项重点任务的落实。

（二）创新和完善宏观调控，实现宏观经济平稳运行

党的十八大提出，要准确判断重要战略机遇期内涵和条件的变化，全面把握机遇，沉着应对挑战，赢得主动、赢得优势、赢得未来。党的十八大以来，党中央面对极为错综复杂多变的国际政治经济环境和国内经济运行新情况新变化，趋利避害、顺

势而为，沉着冷静、积极作为，保持战略定力，创新宏观调控，牢牢把握宏观经济运行主动权，推动实现了宏观经济平稳运行，为如期实现全面建成小康社会目标奠定了坚实的宏观经济基础。

2013—2020年间，是国际经济形势错综复杂、充满变数的时期。世界经济从危机前的快速发展期进入深度调整期。世界经济低迷增长趋势持久延续，各种形式的保护主义明显抬头，以美国为首的西方国家以各种方式打压中国，国际经济体系中潜在通胀和资产泡沫的压力加大，这种局面倒逼中国在宏观经济政策取向上更加重视扩大内需、提高创新能力，促进发展方式转变和结构升级。国内经济进入新常态，供给侧结构性改革深入推进，经济进入高质量发展阶段，要求宏观经济调控在政策上、手段上和方式上不断创新和完善。金融、财税等领域改革深入推进，社会主义市场经济体制逐步完善，也为创新和完善宏观经济调控提供了体制环境。党的十八大以来，以习近平同志为核心的党中央，始终坚持稳中求进经济工作和治国理政工作重要原则，保持宏观经济政策的稳定性和连续性，同时，按照更好发挥政府作用的要求，在宏观调控领域开展了一系列创新。

1. 完善宏观调控政策，创新宏观调控政策总体思路

2013年开始，在继续实施积极财政政策和稳健货币政策的同时，为了扩大内需，在原有以财政政策、货币政策、土地政策为主的宏观政策框架基础上，将鼓励和引导民间投资的投资政策以及防范房地产泡沫的房地产调控政策纳入宏观调控政策体系。为了确保经济平稳运行、社会大局稳定，加强了社会政策在宏观经济运行中的保障作用，形成了宏观政策要稳、微观政策要活、社会政策要托底的政策思路和政策布局。2014年，强调完善并创新区域政策，强调提高区域政策精准性，标志着区域政策进入宏观经济政策体系。2016年，伴随着供给侧结构性改革的深化，将产业政策、改革政策纳入宏观经济政策体系，形成了宏观政策要稳、产业政策要准、微观政策要活、改革政策要实、社会政策要托底的宏观经济调控政策总体思路。

2. 把握宏观调控的"度"，创新宏观调控政策方法和手段

党的十八大以来，在国际经济形势复杂多变，国内外经济风险相互影响，经济下行压力与产能相对过剩的矛盾相互交织的情况下，创新宏观调控政策手段，把握好宏观调控的"度"，增强调控的针对性、灵活性、前瞻性和精准性，成为创新和完善宏观调控政策的现实课题。以习近平同志为核心的党中央，深刻把握社会主义市场经济条件下宏观经济运行规律，不断创新宏观调控政策手段。2013年，为了实现稳增长、转方式、调结构的宏观政策目标，创新性实施"逆周期调节"。在财政

政策方面,结合税制改革完善结构性减税政策,要求各级政府严控一般性支出;在货币政策方面,强调政策操作的灵活性,适当扩大社会融资规模,保持贷款适度增加,降低实体经济发展的融资成本。2014年,创新性提出宏观经济政策实施与全面深化改革紧密结合的方法和"预调微调"手段,推动积极财政政策、稳健货币政策以及其他宏观经济政策的实施与改革结合,用改革的精神、思路、办法来改善宏观调控,寓改革于调控之中。2015年,创造性提出"政策要宽"的要求,营造有利于大众创业、市场主体创新的政策环境、制度环境和市场竞争环境;明确提出和实施"区间调控弹性""定向调控、结构性调控"等宏观调控新思路,提升宏观经济调控的针对性、精准性和有效性,确保经济发展调速不减势、量增质更优。2016年,根据供给侧结构性改革的要求,创新性提出"购租并举"的住房政策手段以及"全口径政府债务管理"财政政策手段。2017年,强调"严格执行环保、能耗、质量、安全等相关法律法规和标准",开始用法治的方法做好去产能工作,明确将法治手段引入宏观经济调控之中。2018年,创新性提出"稳健货币政策要保持中性"的货币政策目标要求,采取了管住货币供给总闸门的政策手段;提出和实施"主动预调微调"手段,有针对性引导市场预期。2019年,实施"逆周期调节""适时预调微调",保证了积极财政政策加力提效和更大规模的减税降费,保持了流动性合理充裕。2020年,为了统筹新冠肺炎疫情防控和经济社会发展,党中央、国务院实施了积极应对的一揽子宏观政策措施,推进积极的财政政策更加积极有为、稳健的货币政策更加灵活适度。为此,适当提高了财政赤字率,发行了特别国债,增加了地方政府专项债券规模,引导贷款市场利率适度下行,保持了流动性充裕,有力支持了疫情防控和疫后重振。

总体上看,2013年以来,党中央根据宏观经济走势和环境的变化,不断创新政策手段和政策方法,不断优化政策传导落实机制,有力提升了宏观调控的精准性和有效性,显示出宏观调控科学性和艺术性的统一。

3.加强政策协同,创新性提升宏观经济政策合力

不同的宏观经济政策着力点不同、传导机制不同,只有加强政策在基点、手段、力度等方面的配套和协同,才能达到宏观调控政策目标。如前所述,党的十八大以来,以习近平同志为核心的党中央不断丰富宏观经济政策框架,不断创新宏观政策手段、方法和传导机制,引入改革和法治手段激发宏观经济政策的效能,同时,高度重视以政策协同形成政策合力。2016年中央经济工作会议提出的宏观政策要稳、产业政策要准、微观政策要活、改革政策要实、社会政策要托底,其中的

"稳""准""活""实""托底",就充分体现了五大政策的协同要求。2019年中央经济工作会议根据2013年以来的实践,创新性提出"从系统论出发优化经济治理方式"的理念和思路,2020年中央经济工作会议提出"合理把握宏观调控节奏和力度,精准有效实施宏观政策",明确将系统思维作为宏观经济调控政策协同的重要指导原则。

(三)打好打赢三大攻坚战

"十三五"时期,中国经济面临的经济增速下行压力、经济结构调整阵痛、经济动能转换困难前所未有。在这种形势下要取得全面建成小康社会的决战决胜,必须实施战术创新,在全面推进的同时,下大力气破解重点难点问题。

在2015年党的十八届五中全会上,习近平总书记提出如期全面建成小康社会必须破解的三大重点难点问题。一是转方式,着力解决好发展质量和效益问题。二是补短板,着力解决好发展不平衡问题。三是防风险,着力增强风险防控意识和能力。党的十九大根据全面建成小康社会的新形势新要求,提出了新的战略战术要求。在战略上,要坚定实施科教兴国战略、人才强国战略、创新驱动发展战略、乡村振兴战略、区域协调发展战略、可持续发展战略、军民融合发展战略等七大战略,在战术上要实施抓重点、补短板、强弱项,特别要坚决打好防范化解重大风险、精准脱贫、污染防治三大攻坚战。2019年2月22日召开的中央政治局会议强调,打好三大攻坚战,为全面建成小康社会收官打下决定性基础。

1.打好打赢防范化解重大风险攻坚战

2013年,习近平总书记在党的十八届三中全会上指出,今后五年,可能是我国发展面临的各方面风险不断积累甚至集中显露的时期。"我们面临的重大风险,既包括国内的经济、政治、意识形态、社会风险以及来自自然界的风险,也包括国际经济、政治、军事风险等。"防范化解风险,必须力争把风险化解在源头,努力做到五个"不让",即"不让小风险演化为大风险,不让个别风险演化为综合风险,不让局部风险演化为区域性或系统性风险,不让经济风险演化为社会政治风险,不让国际风险演化为国内风险"。①

2016年1月,在省部级主要领导干部学习贯彻党的十八届五中全会精神专题研讨班上讲话时,习近平总书记告诫全党,在安全生产、股票市场、互联网金融等方面连续发生的重大事件,严重影响社会稳定,强调领导干部要具备较高的经济专业水平,成为经济社会科学管理的行家里手。同年中央经济工作会议指出,当前金融风险易发

---

① 习近平:《习近平谈治国理政(第二卷)》,外文出版社,2017,第81-82页。

高发，金融风险有的是长期潜伏的病灶，可能爆发在一瞬之间，我们需要高度警惕。

2017年中央经济工作会议对防范化解重大风险攻坚战作出重点部署。会议指出，重点是防控金融风险，要服务于供给侧结构性改革这条主线，促进形成金融和实体经济、金融和房地产、金融体系内部的良性循环，做好重点领域风险防范和处置，坚决打击违法违规金融活动，加强薄弱环节监管制度建设。

经过2018年的努力，防范化解重大风险攻坚战初战告捷。根据2018年中央经济工作会议提出的要针对突出问题，要坚持结构性去杠杆的基本思路，防范金融市场异常波动和共振，稳妥处理地方政府债务风险，做到坚定、可控、有序、适度等要求。2019年，在防范化解金融风险方面采取了几个重大举措，巩固了前期成果。2019年中央经济工作会议指出，我国金融体系总体健康，具备化解各类风险的能力。下一步要保持宏观杠杆率基本稳定，压实各方责任。与此同时，一些平台企业出现垄断、损害消费者权益现象。对此，2020年中央经济工作会议提出，国家支持平台企业创新发展、增强企业竞争力，同时要依法规范发展，健全数字规则。强调要完善平台企业垄断认定、数据收集使用权管理、消费者权益保护等方面法律规范，如加强规制，提升监管能力，坚决反对垄断和不正当竞争行为，金融创新必须在审慎监管的前提下进行。

总体上看，防范化解重大风险攻坚战取得决定性成果。2020年年底，中国金融体系重点领域的增量风险得到有效控制，存量风险得到逐步化解，金融风险总体可控。根据2020年12月发布的《中国金融稳定报告（2020）》，宏观杠杆率过快增长势头得到遏制，为应对新冠肺炎疫情中加大逆周期调节力度赢得操作空间；高风险金融机构风险得到有序处置；银行业金融机构近三年累计处置不良贷款5.8万亿元，超过之前八年处置的总和；全国实际运营的P2P网贷机构由高峰时期的约5000家逐渐压降，到2020年11月中旬完全归零。

2. 打赢精准脱贫攻坚战

在三大攻坚战中，脱贫攻坚战是最早打响的。2013年中央经济工作会议提出的2014年经济工作任务中，就提出扎扎实实打好扶贫攻坚战。2015年中央经济工作会议强调，要精准扶贫、精准脱贫，瞄准建档立卡贫困人口，加大资金、政策、工作等力度，打好脱贫攻坚战。2017年10月，党的十九大明确要求，2018—2020年，精准脱贫攻坚战要取得决定性进展，要保证现行标准下的脱贫质量，既不降低标准，也不吊高胃口，瞄准特定贫困群众精准帮扶，向深度贫困地区聚焦发力，激发贫困人口内生动力，加强考核监督。2018年中央经济工作会议强调，精准脱贫攻坚战已经初战告捷，但要一鼓作气，重点解决好实现"两不愁三保障"①面临的突出问题，加大"三区三州"等深度贫困地区和特殊贫困群体脱贫攻坚力度，减少和防止贫困人口返贫，研究解决那些收入水平略高于建档立卡贫困户的群体缺乏政策支持等新问题。2019年中央经济工作会议强调，2020年要确保脱贫攻坚任务如期全面完成，集中兵力打好深度贫困歼灭战，政策、资金重点向"三区三州"等深度贫困地区倾斜，落实产业扶贫、易地搬迁扶贫等措施，严把贫困人口退出关，巩固脱贫成果。要建立机制，及时做好返贫人口和新发生贫困人口的监测和帮扶。2020年中央经济工作会议宣布，脱贫攻坚取得决定性成就，但要巩固拓展脱贫攻坚成果，坚决防止发生规模性返贫现象，要做好同乡村振兴的有效衔接，帮扶政策保持总体稳定，分类调整优化，留足政策过渡期。这标志着脱贫工作进入新阶段。2020年年底召开的中央农村工作会议强调，脱贫攻坚取得胜利后，要全面推进乡村振兴，这是"三农"工作重心的历史性转移，这标志着党的"三农"工作进入了巩固拓展攻坚成果同乡村振兴有效衔接，全面推进乡村振兴的新阶段。

党的十八大以来，以习近平同志为核心的党中央把脱贫攻坚作为全面建成小康社会的标志性工程，组织推进了人类历史上、中国历史上规模最大、力度最大、惠及人口最多的脱贫攻坚战。习近平总书记多次深入贫困地区、革命老区考察扶贫开发工作，党中央多次召开全国扶贫开发工作会议、深度贫困地区脱贫攻坚座谈会、精准脱贫攻坚战座谈会、解决"两不愁三保障"突出问题座谈会等专题会议，部署推进脱贫攻坚工作。八年来，从扶贫攻坚到脱贫攻坚，再到精准脱贫攻坚，从聚焦农村到聚焦贫困地区，再到聚焦深度贫困地区，从度量贫困地区，到聚焦建档立卡人口，因村因户因人施策，从整体扶贫到聚焦产业扶贫、易地搬迁扶贫、就业扶贫、危房改造、教育扶贫、健康扶贫、生态扶贫等精准扶贫，从脱贫到巩固，再到与乡村振兴衔接，扶贫攻坚精准度越来越高，工作力度越来越大，举措越来越实。到2020年，党中央确定的脱贫攻坚目标已经实现，稳定实现了农村贫困人口不愁吃、不愁穿，义务教育、基本医疗和住房安全有保障，实现了贫困地区农民人均可支配收入增长幅度高于全国平均水平，基本公共服务主要领域指标接近全国平均水平。2020年12月中央政治局常务委员会会议指出，经过八年接续奋斗，我们如期完成了新时代脱贫攻坚目标任务，现行标准下农村贫困人口全部脱贫，贫困县全部摘帽，消除了绝对贫困和区域性整体贫困，近1亿贫困人口实现脱贫，取得令世界刮目相看的重大胜利。中华民族千百年来存在的绝对贫困问题已经得到历史性解决。

---

① 即到2020年稳定实现农村贫困人口不愁吃、不愁穿，义务教育、基本医疗、住房安全有保障。

3. 如期打赢污染防治攻坚战

党的十九大提出要坚决打好污染防治攻坚战，并强调要着力加快大气污染、水污染、环境污染、农村面源污染等突出环境问题。2018—2020年间党中央一方面总体加强生态文明建设，推进绿色发展，另一方面抓住突出环境问题，打好污染防治攻坚战。2017年中央经济工作会议要求，2018年，要使主要污染物排放总量大幅减少，生态环境质量总体改善，重点是打赢蓝天保卫战，调整产业结构，淘汰落后产能，调整能源结构，加大节能力度和考核，调整运输结构。2018年中央经济工作会议指出，污染防治攻坚战初战告捷，但要坚守阵地、巩固成果，聚焦做好打赢蓝天保卫战等工作，加大工作和投入力度，同时要增强服务意识，帮助企业制定环境治理解决方案。2019年中央经济工作会议强调坚持方向不变、力度不减，突出精准治污、科学治污、依法治污，重点打好蓝天、碧水、净土保卫战，完善相关治理机制，抓好源头防控。2020年中央经济工作会议宣布三大攻坚战取得决定性成就的同时，全面部署了碳达峰、碳中和工作，提出我国二氧化碳排放力争2030年前达到峰值，力争2060年前实现碳中和，为此，这次会议继续保留打好污染防治攻坚战的提法，要求以此为抓手实现减污降碳协同效应。

总体上看，2018—2020年，我国相继打响了蓝天、碧水和净土保卫战，生态环境质量得到显著改善：全国自然保护地总数量达到1.18万个，约占我国陆域国土面积的18%；全国森林覆盖率达到23.04%，草原综合植被覆盖度达到56%；截至2020年9月，全国地级及以上城市集中式饮用水水源地水质优良比例达96.1%，地级及以上城市建成区黑臭水体消除比例超过90%。从空气质量看，2020年京津冀及周边"2+26"城市重污染过程次数比去年同期减少了50%。① 这就标志着长期困扰人民生活的环境污染问题明显缓解。未来将根据党的十九届五中全会的部署，加快推动绿色低碳发展，持续改善环境质量，逐步提升生态系统质量和稳定性，全面提高资源利用效率。

（四）统筹疫情防控和经济社会发展，保持经济平稳运行

2020年是决胜全面建成小康社会收官之年，但新冠肺炎疫情突如其来。这场疫情"是百年来全球发生的最严重的传染病大流行，是新中国成立以来我国遭遇的传播

---

① 张莫、班娟娟、向家莹：《冲刺收官 三大攻坚战取得决定性成果》，《经济参考报》2020年12月18日，第1版。

速度最快、感染范围最广、防控难度最大的重大突发公共卫生事件"[1]。党中央坚持把人民生命安全和身体健康放在第一位，第一时间实施集中统一领导。截至2020年9月，中央政治局常委会、中央政治局召开二十一次会议研究决策，领导组织党政军民学、东西南北中大会战，提出坚定信念、同舟共济、科学防治、精准施策的总要求，明确坚决遏制疫情蔓延势头、坚决打赢疫情防控阻击战的总目标，周密部署武汉保卫战、湖北保卫战，因时因势制定和实施重大战略决策。通过迅速打响疫情防控的人民战争、总体战、阻击战，用一个月的时间初步遏制疫情蔓延势头，用两个月左右的时间将本土每日新增病例控制在个位数以内，用三个月左右的时间取得武汉保卫战、湖北保卫战的决定性成果，进而又打响了几场局部地区聚集性疫情歼灭战，夺取了全国抗疫斗争重大战略成果。目前，中国已经进入疫情常态化防控阶段。

疫情蔓延不仅给人民生命安全和身体健康带来严重威胁，也严重影响中国经济发展，给中国经济发展按下了"慢进键"。党中央适时作出统筹疫情防控和经济社会发展工作的重大决策，抓紧恢复生产生活秩序。习近平总书记指出："我们仍然要坚持今年经济社会发展目标任务，党中央决策部署的经济社会发展各项工作都要抓好，党中央确定的各项任务目标都要完成。疫情特别严重的地区要集中精力抓好疫情防控工作，其他地区要在做好防控工作的同时统筹抓好改革发展稳定各项工作，特别是要抓好涉及决胜全面建成小康社会、决战脱贫攻坚的重点任务，不能有缓一缓、等一等的思想。"[2]

为了统筹疫情防控和经济社会发展，2020年2月以来，党中央推进一系列重大举措的落实，有效对冲疫情对经济的影响。

1. 做好"六稳"工作，保持经济平稳运行

新冠肺炎疫情暴发以后，党中央高度重视做好"六稳"工作，着力稳就业、稳金融、稳外贸、稳外资、稳投资、稳预期，以确保国民经济运行稳定，稳住中国经济大局。

2020年2月3日，中央政治局常委会就保持经济平稳运行作出四项部署。一是积极推动企业复工复产。包括全力支持和组织推动各类企业复工复产，保持产业链总体稳定。加大金融支持力度，防止企业出现资金链断裂，特别是对重要物资生产企业、

---

[1] 中共中央党史和文献研究院编《习近平关于统筹疫情防控和经济社会发展重要论述选编》，中央文献出版社，2020，第2页。

[2] 中共中央党史和文献研究院编《习近平关于统筹疫情防控和经济社会发展重要论述选编》，中央文献出版社，2020，第44—45页。

短期受疫情冲击较大企业,在贷款利率、期限等方面给予特殊优惠政策。同时,组织重点行业农民工返岗复工,用好用足援企稳岗政策,最大限度保障企业复产用工。二是推动重大项目开工建设。积极推进在建项目,加大新投资项目开工力度。将中央预算内投资优先向疫情重灾区应急医疗救治设施等传染病防治急需的项目倾斜。聚焦攻克脱贫攻坚战最后堡垒,结合推进乡村振兴战略,加强乡村人居环境整治和公共卫生体系建设。加强土地、资金、能耗等方面的保障,确保重大项目特别是制造业项目及时开工建设。三是着力稳定居民消费。加快释放新兴消费潜力,推动增加电子商务、电子政务、网络教育、网络娱乐等方面消费。引导企业加大对满足居民健康生活消费需求的产品与服务供给,扩大绿色食品、药品、卫生用品、健身器材的生产销售,积极稳定汽车等传统大宗消费。四是提高国家治理能力和水平。包括健全国家应急管理体系、相关法制建设,补齐国家储备体系短板,优化关键物资生产能力布局等。

2月12日,在中央政治局常委会会议上,习近平总书记强调,保持经济稳定运行,努力实现全年经济社会发展目标。会议除了重申加大对企事业单位复工复产支持力度以外,新提出做好经济形势分析研判、加大宏观政策调节力度、发挥国内市场拉动作用、着力稳外贸稳外资等四项措施。① 2月23日,统筹推进新冠肺炎疫情防控和经济社会发展工作部署会议全面部署了落实分区分级精准复工复产、加大宏观政策调整力度、全面强化稳就业举措、坚决完成脱贫攻坚任务、推动企业复工复产、不失时机抓好春季农业生产、切实保障基本民生、稳住外贸外资基本盘等八项统筹措施。3月27日,中央政治局会议研究关于进一步统筹新冠肺炎疫情防控和经济社会发展工作,要求加大宏观政策调整和实施力度,加快释放国内市场需求,抓好农业生产和重要农副食品保价稳供,加强对湖北经济社会发展的支持,努力在常态化疫情防控中加快推进生产生活秩序全面恢复。

通过采取上述举措,逐渐建立了与疫情防控相适应的经济社会运行秩序,逐步推动经济社会发展步入正常轨道,为确保实现决胜全面建成小康社会、决战脱贫攻坚的目标创造了条件。

2. 出台并落实支持湖北省经济社会发展一揽子政策措施

2020年3月27日,鉴于全国疫情防控形势持续向好,生产生活秩序加快恢复的形势,防控工作开始由应急性超常规防控向常态化防控转变,党中央适时提出加强对湖北经济社会发展的支持。习近平总书记指出:"湖北特别是武汉受疫情冲击最为严

---

① 中共中央党史和文献研究院编《习近平关于统筹疫情防控和经济社会发展重要论述选编》,中央文献出版社,2020,第65—67页。

重,经济恢复困难更大,就业矛盾更为突出。有关部门要制定专项支持政策,帮助湖北解决财政、融资、供应链等实际困难,支持湖北做好援企、稳岗、促就业、保民生等工作。"① 4月29日,中央政治局常委会会议研究确定支持湖北省经济社会发展一揽子政策,从财政税收、金融信贷、投资外贸等方面明确了具体措施,并要求中央有关部门会同湖北省抓好组织实施,推动落地见效。

2020年5月以来,湖北在疫情防控常态化前提下,有序推进复工复产、复商复市,加快恢复生产生活正常秩序。中央部门和有关企业密集到湖北省对接一揽子政策的落地。湖北省抓住一揽子政策的窗口期,积极对接,在重点产业链、龙头企业、重大投资项目上争取支持,着力解决了一批产业链协同复工复产中的堵点、难点问题,谋划和实施了一批打基础、强功能、利长远的重大基础设施项目、重大产业项目和重大改革事项。

总体上看,在中央一揽子政策支持下,疫情对湖北造成的损失有效降低,政策支持优势有效转化为发展态势。2020年,湖北新增减税降费超过1000亿元,金融系统让利407亿元,新增社会融资规模首次突破1万亿元。启动总投资2.3万亿元的疫后重振补短板强功能十大工程。新建5G宏基站2.6万个。来鄂投资世界500强企业新增6家,达到320家。点对点输送70万人外出务工,援企稳岗660万个次。2020年全年,湖北经济发展主要指标逐月逐季向好。全年地区生产总值恢复到上年的95%以上,进出口逆势增长8.8%,粮食再获丰收,城镇新增就业75万人,市场主体净增29.4万户,新增规模以上工业企业1352家、境内上市公司9家、高新技术企业突破1万家。② 总体上看,2020年,湖北经济社会发展好于预期,湖北不仅为全国疫情防控作出重大贡献,而且为全国经济社会稳定发展作出重大贡献。

3. 放眼长远,着力完善公共卫生应急管理体系

这次新冠肺炎疫情防控,是对治理体系和治理能力的一次大考,暴露出治理体系特别是公共卫生应急管理体系的短板和弱项。习近平总书记在中央政治局常委会会议、中央政治局会议、中央全面深化改革委员会会议上多次强调,要放眼长远,总结经验教训,加快补齐治理体系的短板和弱项,为保障人民生命财产安全和身体健康筑牢制度防线。

---

① 中共中央党史和文献研究院编《习近平关于统筹疫情防控和经济社会发展重要论述选编》,中央文献出版社,2020,第136-137页。
② 王晓东:《政府工作报告——2021年1月24日在湖北省第十三届人民代表大会第五次会议上》,湖北省人民政府网站,2021年2月2日,http://www.hubei.gov.cn/zwgk/hbyw/hbywqb/202102/t20210202_3330298.shtml,访问日期:2021年2月4日。

2020年2月24日,中央全面深化改革委员会第十二次会议就健全国家公共卫生应急管理体系作出了五个方面的部署。一是强化公共卫生治理保障,从保护人民健康、保障国家安全、维护国家长治久安的高度,把生物安全纳入国家安全体系。二是改革完善疫病预防控制体系,健全公共卫生服务体系,加强公共卫生队伍建设,将预防关口前移。三是改革完善重大疫情防控救治体系,包括健全应急响应机制、优化救治体系等。四是健全重大疾病医疗保险和救助制度,包括救助机制、特殊群体费用豁免机制。五是健全统一的应急物资保障体系,包括应急预案、应急供应、应急调度等。此后,上述方面的政策措施陆续出台。例如,中央全面深化改革委员会第十三次会议审议通过了《关于健全公共卫生应急物资保障体系的实施方案》。

党的十九届五中全会通过的《中共中央关于制定国民经济和社会发展第十四个五年规划和二〇三五年远景目标的建议》,提出全面推进健康中国建设,明确要求"十四五"时期要把保障人民健康放在优先发展的战略位置,坚持预防为主的方针,深入实施健康中国行动,完善国民健康促进政策,织牢国家公共卫生防护网,为人民提供全方位全周期健康服务,并就改革疾病预防控制体系、建立稳定的公共卫生事业投入机制、完善突发公共卫生事件监测预警处置机制、坚持基本医疗卫生事业公益属性、支持社会办医、坚持中西医并重、深入开展爱国卫生运动、完善全民健身公共服务体系、加快发展健康产业等九个方面作出了部署。

在抗击新冠肺炎疫情过程中,以习近平同志为核心的党中央始终把人民生命安全和身体健康放在第一位,在疫情防控进入常态化阶段以后,又把保障人民健康提升到前所未有的战略高度,这正是中国共产党坚守为中国人民谋幸福初心和使命的充分体现。

二、开启全面建设社会主义现代化国家新征程

党的十九大指出,从十九大到二十大,是"两个一百年"奋斗目标的历史交汇期。我们既要全面建成小康社会,实现第一个百年奋斗目标,又要乘势而上开启全面建设社会主义现代化国家新征程,向第二个百年奋斗目标进军。党的十九届五中全会指出,决胜全面建成小康社会取得决定性成就,全面建成小康社会胜利在望。2020年年中开始,以习近平同志为核心的党中央一方面领导全党全国各族人民决胜全面建成小康社会,一方面谋划全面建设社会主义现代化国家的新征程。在这个过程中,党中央提出了一系列新思想新观点,在党的十九大提出的宏伟蓝图的基础上,提出了更加具体的新规划新布局,围绕开启国家新发展阶段提出了一系列新部署新要求。党和国家事业发展开启了全面建设社会主义现代化国家新征程。

(一)制定分两个阶段全面建成社会主义现代化强国的战略安排

实现中华民族伟大复兴是中华民族近代以来最伟大的梦想。中国共产党成立100年来,团结带领中国人民所进行的一切奋斗,就是为了把我国建设成为现代化强国,实现中华民族伟大复兴。中华人民共和国成立后,我们党带领人民对中国的现代化建设进行了艰辛探索。1964年12月,周恩来在第三届全国人民代表大会上提出,到20世纪末期"全面实现农业、工业、国防和科学技术的现代化"的奋斗目标。改革开放后,邓小平提出"三步走"战略,即到20世纪80年代末解决人民温饱问题,到20世纪末使人民生活水平达到小康水平,到21世纪中叶基本实现现代化,达到中等发达国家水平。进入21世纪,在人民生活水平总体上达到小康水平之后,我们党进一步明确提出,到建党100年时全面建成小康社会,然后再奋斗30年,到中华人民共和国成立100年时,基本实现现代化,把我国建设成为社会主义现代化国家。

党的十八大以来,中国特色社会主义进入新时代,中华民族迎来了从站起来、富起来到强起来的伟大飞跃。我们比历史上任何时候都更接近中华民族伟大复兴的目标,比历史上任何时候都更有信心、有能力实现这个目标。党的十九大站在新的历史起点上,对实现第二个百年奋斗目标作出分两个阶段推进的战略安排。第一个阶段,从2020年到2035年,在全面建成小康社会的基础上,再奋斗15年,基本实现社会主义现代化。基本实现社会主义现代化的目标包括六个方面,即:经济方面,经济实力、科技实力将大幅跃升,跻身创新型国家前列;政治方面,人民平等参与、平等发展权利得到充分保障,法治国家、法治政府、法治社会基本建成,各方面制度更加完善,国家治理体系和治理能力现代化基本实现;文化方面,社会文明程度达到新的高度,国家文化软实力显著增强,中华文化影响更加广泛深入;民生方面,人民生活更为宽裕,中等收入群体比例明显提高,城乡区域发展差距和居民生活水平差距显著缩小,基本公共服务均等化基本实现,全体人民共同富裕迈出坚实步伐;社会方面,现代社会治理格局基本形成,社会充满活力又和谐有序;生态方面,生态环境根本好转,美丽中国目标基本实现。第二个阶段,从2035年到21世纪中叶,在基本实现现代化的基础上,再奋斗15年,把我国建成富强民主文明和谐美丽的社会主义现代化强国。建成社会主义现代化强国的目标包括六个方面,即:文明方面,物质文明、政治文明、精神文明、社会文明、生态文明将全面提升;治理方面,实现国家治理体系和治理能力现代化;国力方面,成为综合国力和国际影响力领先的国家;社会方面,全体人民共同富裕基本实现;民生方面,我国人民将享有更加幸福安康的生活;国际地位方面,中华民族将以更加昂扬的姿态屹立于世界民族之林。

与党的十三大和十六大确立的基本实现社会主义现代化目标的时间相比,党的十九大将基本实现现代化目标的时间提前了15年。同时,到21世纪中叶民族复兴要达到的目标,党的十六大的提法是"把我国建设成为富强民主文明的社会主义国家",党的十九大提法是"把我国建设成为富强民主文明和谐美丽的社会主义现代化强国"。上述变化,一方面体现了中国共产党人在坚守和担当"为中国人民谋幸福、为中华民族谋复兴"的初心与使命上始终如一、一脉相承,另一方面体现了中国共产党人与时俱进、积极进取的理想和追求。党的十八大以来,以习近平同志为核心的党中央引领中国特色社会主义进入新时代,中华民族迎来了从站起来、富起来到强起来的伟大飞跃。"中国人民比历史上任何时期都更接近、更有信心和能力实现中华民族伟大复兴。"①

2020年是全面建成小康社会、实现第一个百年奋斗目标决胜之年,又是全面建成社会主义现代化国家、开启第二个百年奋斗目标的谋划之年。党的十九届五中全会站在新的历史起点,站在新的时代高度,着眼未来30年全面建成社会主义现代化强国的奋斗目标,在党的十九大作出的战略安排基础上,提出了到2035年基本实现社会主义现代化的远景目标。

党的十九届五中全会通过的《中共中央关于制定国民经济和社会发展第十四个五年规划和二〇三五年远景目标的建议》(以下简称《建议》),从国力、经济、治理、文化、生态、开放、社会、安全、民生九个方面提出2035年基本实现现代化的远景目标。这九个方面是党的十九大提出的2020年到2035年战略安排的具体化,也是党的十九大以来党和国家新思想新实践新布局的升华。一是与党的十九大经济、政治、文化、民生、社会、生态六个方面战略安排相比,远景目标更具体。《建议》将六个方面战略安排拓展为九个方面远景目标,将国力、开放、安全三个方面单列出来,充分体现中国共产党和中国人民在百年大变局中始终站在历史正确一边,坚定不移扩大开放的决心,充分体现在国际形势不确定性不稳定性明显增强背景下统筹发展与安全的新要求,充分体现远景目标对经济社会发展的统筹。二是远景目标更明确。例如,在党的十九大提出的"我国科技实力、经济实力将大幅跃升,跻身创新型国家前列"基础上,增加"经济总量和城乡居民人均收入将再迈上新的大台阶,关键核心技术实现重大突破"的明确要求,将"跻身创新型国家前列"改为"进入创新型国家前列",从"跻身"到"进入",标志着建设创新型国家的目标更明确,自信更坚定。三是远景目标更全面。如在经济方面,增加"基本实现新型工业化、信息化、城镇化、农业

---

① 习近平:《习近平谈治国理政(第三卷)》,外文出版社,2020,第142页。

现代化，建成现代化经济体系"目标；在文化方面，明确提出了"建成文化强国、教育强国、人才强国、体育强国、健康中国，国民素质和社会文明程度达到新高度"目标，进一步丰富了 2035 年基本实现现代化目标的体系和内涵。四是远景目标更创新。例如，《建议》将党的十九大提出的"全体人民共同富裕迈出坚实步伐"发展为"全体人民共同富裕取得更为明显的实质性进展"。共同富裕是社会主义本质要求，从"坚实步伐"到"实质性进展"，充分体现了我们党在社会主义本质问题上大胆创新的理论勇气与实践气魄。

（二）提出指导"十四五"时期经济社会发展的新思想新观点

2020 年 7 月以来，在国家经济社会发展即将收官"十三五"规划、谋划"十四五"规划的关键时刻，习近平总书记先后主持召开七次座谈会[①]，先后赴各地视察指导，先后多次召开中央政治局常委会会议、中央政治局会议、中央"深改委"会议，发表一系列重要讲话。习近平总书记站在开启中国现代化新征程的高度，深刻总结党的经济工作经验，提出并深刻阐述了编制好"十四五"规划的重大意义、"十四五"时期我国经济社会发展面临的机遇与挑战、"十四五"时期党开展经济工作推动经济发展的重要思想和观点，为党和国家编制"十四五"规划提供了重要指导思想。

1. 把握发展大势：我国仍处在重要战略机遇期

2020 年 9 月，习近平总书记在与基层代表座谈时指出："当前和今后一个时期，我国发展仍然处于重要战略机遇期，但机遇和挑战都有新的发展变化。"[②] 这是对我国发展在新世纪第三个十年面临的宏观形势的一个重要判断。

世纪之交，我们党提出，新世纪头 20 年，是我国发展的重要战略机遇期，这 20 年，我们党牢牢把握重要战略机遇期，心无旁骛抓发展，中国经济总量规模跻身世界第二并长期巩固这一地位，人民生活从基本小康迈向全面小康。实践证明，牢牢抓住战略机遇期，是中国共产党新世纪开展经济工作最为成功的经验之一，必须长期坚持。

新世纪第三个十年，我国依然处于重要战略机遇期。从国际上看，和平和发展仍然是时代主题。伴随着中国提出的"人类命运共同体"理念深入人心，"一带一路"

[①] 这七次座谈会包括：企业家座谈会（2020 年 7 月 21 日）、扎实推进长三角一体化发展座谈会（2020 年 8 月 20 日）、经济社会领域专家座谈会（2020 年 8 月 24 日）、党外人士座谈会（2020 年 8 月 25 日）、科学家座谈会（2020 年 9 月 11 日）、基层代表座谈会（2020 年 9 月 17 日）、教育文化卫生体育领域专家代表座谈会（2020 年 9 月 22 日）。

[②] 习近平：《在基层代表座谈会上的讲话》，《人民日报》2020 年 9 月 20 日，第 2 版。

倡议纵深推进，国际分工合作、互利共赢仍然是国际关系主流。新一轮科技创新蕴含着新的科技突破和产业创新，各国经济结构深度调整，仍然为中国抢占新技术、新产业、新业态制高点，构建现代制造业体系、服务业体系创造机遇。此外，经济全球化仍然是历史发展潮流。从国内来看，劳动力优势正在转化为人力资源优势，人口红利正在转化为人才红利，国内高储蓄正在转化为资本积累优势，创新驱动战略实施增强了创新内涵，技术创新从"跟跑""追赶"转向"并跑"甚至"领跑"。正如习近平总书记指出的，"尽管国际国内形势发生了深刻复杂变化，但我国经济稳中向好、长期向好的基本面没有变，我国经济潜力足、韧性大、活力强、回旋空间大、政策工具多的基本特点没有变，我国发展具有的多方面优势和条件没有变"①。国际上的四个"仍然"，国内的三个"没有变"，决定了新世纪第三个十年仍然是我国可以大有作为的战略机遇期。

习近平总书记指出："当今世界正经历百年未有之大变局，新冠肺炎疫情加剧了大变局的演变，国际环境日趋复杂，经济全球化遭遇逆流，一些国家单边主义、保护主义盛行，我们必须在一个更加不稳定不确定的世界中谋求我国发展。我国已进入高质量发展阶段，经济发展前景向好，同时发展不平衡不充分问题仍然突出，实现高质量发展还有许多短板弱项。"②总之，"十四五"时期，我们必须在一个更加不稳定、不确定的世界中谋求我国发展，必须坚持稳中求进工作总基调，坚持新发展理念，科学分析形势，把握发展大势，巩固新世纪头20年形成的发展好势头。

2. 历史方位：中国将进入新发展阶段

习近平总书记在经济社会领域专家座谈会上提出两个重要论断，一是"我国已进入高质量发展阶段"，二是"我国将进入新发展阶段"。这两个论断的内容不同，但具有内在联系，共同确定了中国经济发展和党的经济工作新的历史方位。

"我国已进入高质量发展阶段"，是指经济发展新时代的特征。2020年8月24日，在经济社会领域专家座谈会上，习近平总书记阐述了我国已进入高质量发展阶段的基本标志，即社会主要矛盾已经转化为人民日益增长的美好生活需要和不平衡不充分的发展之间的矛盾，人均国内生产总值达到1万美元，城镇化率超过60%，中等收入群体超过4亿人，人民对美好生活的要求不断提高。③

"我国将进入新发展阶段"，是指国家发展新的阶段性定位。习近平总书记指出，

---

① 习近平：《在基层代表座谈会上的讲话》，《人民日报》2020年9月20日，第2版。
② 习近平：《在基层代表座谈会上的讲话》，《人民日报》2020年9月20日，第2版。
③ 习近平：《在经济社会领域专家座谈会上的讲话》，《人民日报》2020年8月25日，第2版。

"'十四五'时期是我国全面建成小康社会、实现第一个百年奋斗目标之后，乘势而上开启全面建设社会主义现代化国家新征程、向第二个百年奋斗目标进军的第一个五年，我国将进入新发展阶段"，"我们要着眼长远、把握大势、开门问策、集思广益，研究新情况、作出新规划"。① 习近平总书记将"我国已进入高质量发展阶段"作为"我国将进入新发展阶段"的重要依据之一，同时，将当今世界正经历百年未有之大变局，我国将面对更多逆风逆水的外部环境作为另一个重要依据。因此，"我国将进入新发展阶段"是立足国家发展全局、立足"两个一百年"奋斗进程的判断。这个新发展阶段，就是开启全面建设社会主义现代化国家的阶段。

可见，"我国已进入高质量发展阶段""我国将进入新发展阶段"是两个内涵不同的判断。"已进入高质量发展阶段"，是指经济发展的新阶段性特征，是已经发生和正在进行的过程，是经济层面的，主要揭示经济发展方式的转变。"将进入新发展阶段"，是2021年开始即将进入和推进的过程，是国家发展层面的，揭示经济社会等各方面总体阶段性特征的转变。"已进入高质量发展阶段"是"将进入新发展阶段"的依据，"将进入新发展阶段"是制定"十四五"规划的依据。

3. 战略抉择：构建新发展格局

习近平总书记指出，要推动形成以国内大循环为主体、国内国际双循环相互促进的新发展格局。这个新发展格局是依据我国发展阶段、环境、条件变化提出来的，是重塑我国国际合作和竞争新优势的战略抉择。② 构建新发展格局是国家进入新发展阶段的要求。构建新发展格局是2020年以来习近平总书记多次阐述、内涵不断深化的一个思想。2020年5月14日，在中央政治局常委会会议上，习近平总书记第一次明确提出，"要深化供给侧结构性改革，充分发挥我国超大规模市场优势和内需潜力，构建国内国际双循环相互促进的新发展格局"③。2020年5月全国两会期间，习近平总书记强调"逐步形成以国内大循环为主体、国内国际双循环相互促进的新发展格局，培育新形势下我国参与国际合作和竞争新优势"④。7月30日，在中央政治局会议上，习近平总书记强调，当前经济形势仍然复杂严峻，不稳定性不确定性较大，必

---

① 习近平：《在经济社会领域专家座谈会上的讲话》，《人民日报》2020年8月25日，第2版。
② 习近平：《在经济社会领域专家座谈会上的讲话》，《人民日报》2020年8月25日，第2版。
③ 新华社：《中共中央政治局常务委员会召开会议 分析国内外新冠肺炎疫情防控形势 研究部署抓好常态化疫情防控措施落地见效 研究提升产业链供应链稳定性和竞争力》，《人民日报》2020年5月15日，第1版。
④ 谢环驰：《坚持用全面辩证长远眼光分析经济形势 努力在危机中育新机于变局中开新局》，《人民日报》2020年5月24日，第1版。

须从持久战的角度加以认识,加快形成新发展格局。① 8月24日,在经济社会领域专家座谈会上,习近平总书记强调构建新发展格局是重塑我国国际合作和竞争优势的战略抉择。② 提出新发展格局,最初是基于国内优势,即市场规模和内需潜力,然后是立足于国际竞争,即培育参与国际合作和竞争新优势;最初是应对新冠肺炎疫情带来的保护主义上升、世界经济低迷、全球市场萎缩的外部环境,然后是基于我国将进入发展新阶段的长远考虑的战略抉择。

构建新发展格局也是对改革开放以来中国经济发展格局演变趋势的科学判断。改革开放以来一段时期,中国经济发展充分依靠市场和资源"两头在外"、原材料和产品"大进大出"的发展方式,经济发展保持较高的对外依存度,国民经济循环以国际大循环为主。近年来,伴随着外部环境和我国发展具有的要素禀赋的变化,"两头在外""大进大出"的国际大循环功能明显减弱,而内需潜力不断释放,国内大循环活力日益强劲。自2008年国际金融危机以来,我国经济已经在向以国内大循环为主体转变,经常项目顺差同国内生产总值的比率由2007年的9.9%降至现在的不到1%,国内需求对经济增长的贡献率有七个年份超过100%。③

新发展格局与新发展阶段相辅相成。在即将到来的新发展阶段,我国将面临国际形势更加不稳定不确定、发展不平衡不充分问题仍然突出等挑战,但是,我国仍然拥有一系列独特优势,包括拥有全球最完整、规模最大的工业体系,强大的生产能力,完善的配套能力,超大规模内需市场,潜力巨大的投资需求等,必须以构建新发展格局应对各种挑战,充分发挥各类优势,支撑新发展阶段。

关于如何构建新发展格局,习近平总书记在历次座谈会上先后提出了构建新发展格局要以畅通国内大循环为主体,以科技创新催生新发展动能为关键,以改革、开放、区域战略层面协调发力为路径,以建设现代化流通体系为战略任务等重要思想。

4. 坚定信心:充分认识中国优势

习近平总书记指出,面对各类难题和各类风险挑战,我们有坚强决心、坚定意志、坚实国力应对挑战,有足够的底气、能力、智慧战胜各种风险考验,任何国家任何人都不能阻挡中华民族实现伟大复兴的历史步伐。在历次座谈会讲话中,习近平总书记强调,"我国发展具有的多方面优势和条件没有变"④,先后提出中国应对风险挑

---

① 新华社:《中共中央政治局召开会议 决定召开十九届五中全会 分析研究当前经济形势和经济工作》,《人民日报》2020年7月31日,第1版。
② 习近平:《在经济社会领域专家座谈会上的讲话》,《人民日报》2020年8月25日,第2版。
③ 习近平:《在经济社会领域专家座谈会上的讲话》,《人民日报》2020年8月25日,第2版。
④ 习近平:《在基层代表座谈会上的讲话》,《人民日报》2020年9月20日,第2版。

战的多个优势。

一是内需潜力不断释放。习近平总书记强调，近年来，伴随内需潜力不断释放，国内大循环活力日益强劲。未来一个时期，"经济增长的内需潜力会不断释放"[1]。我国经济潜力足、韧性大、活力强、回旋空间大、政策工具多的基本特点正是内需优势的充分体现。在构建新发展格局过程中，关键要坚持供给侧结构性改革这个战略方向，扭住扩大内需这个战略基点，使生产、分配、流通、消费更多依托国内市场，提升供给体系对国内需求的适配性，形成需求牵引供给、供给创造需求的更高水平动态平衡。

二是拥有超大规模国内市场。习近平总书记强调，"中国是全球最有潜力的大市场"，是一个超大规模市场。[2] 这一优势不仅为畅通国内大循环，特别是打通供给与需求之间、不同区域之间以及社会再生产各个环节之间的循环提供坚实依托，而且为其他国家提供的市场机会将会更加广阔，成为吸引国际商品和要素资源的巨大引力场。发挥这一优势，必须加快构建国内统一大市场体系，加快建设现代流通体系、现代消费体系和现代物流体系。特别要加快科技创新及其向现实生产力的转化，创造有利于新技术快速大规模应用和迭代升级的独特优势。

三是产业体系完备。习近平总书记强调，中国具有最完备的产业体系、"最完备的产业配套条件"[3]。我国拥有全球最完整、规模最大的工业体系，有强大的生产能力、完备的配套能力，有超大规模的内需市场，投资需求潜力巨大。发挥这一优势，要求政府引导企业大力推动科技创新，加快关键核心技术攻关，提升巩固产业链，打造未来产业发展新优势。同时，支持和引导市场主体立足中国，放眼世界，提高把握国际市场动向和需求特点的能力，提高把握国际规则和开拓国际市场的能力。

四是科技事业取得历史性成就。习近平总书记指出："通过全社会共同努力，我国科技事业取得历史性成就、发生历史性变革。重大创新成果竞相涌现，一些前沿领域开始进入并跑、领跑阶段，科技实力正在从量的积累迈向质的飞跃，从点的突破迈向系统能力提升。"[4] 更重要的是，超大规模国内市场有利于形成新技术快速大规模应用和迭代升级的潜在独特优势。发展科技事业已有和潜在的优势，要求走出适合国情的创新路了，特别是要把原始创新能力提升摆在更加突出的位置，努力实现更多"从0到1"的突破。

---

[1] 习近平：《在经济社会领域专家座谈会上的讲话》，《人民日报》2020年8月25日，第2版。
[2] 习近平：《在企业家座谈会上的讲话》，《人民日报》2020年7月22日，第2版。
[3] 习近平：《在企业家座谈会上的讲话》，《人民日报》2020年7月22日，第2版。
[4] 习近平：《在科学家座谈会上的讲话》，《人民日报》2020年9月12日，第2版。

五是具备显著制度优势和坚实改革基础。习近平总书记指出,"构建新发展格局,我们是有显著制度优势和坚实改革基础的"①。从制度优势看,伴随党对经济工作集中统一领导的全面落实,部门之间、地区之间的协调统一性不断增强,可以有效实施党中央确定的构建新发展格局的战略目标;党中央总揽国内国际两个大局,有利于推动"国内国际双循环相互促进"格局的形成;国有企业特别是中央企业也将发挥龙头带动作用,带动上下游各类企业共渡难关,打造坚固有力的产业链和供应链。从改革基础上看,经过40多年的改革,中国的社会主义市场经济体制已经日渐成熟,对外开放已经形成良好基础,有利于充分统筹国内国际双循环格局的形成与运行。

六是政策工具多。习近平总书记强调,尽管国际国内形势发生了深刻变化,但我国"政策工具多"的基本特点没有变。②改革开放40多年来,我们党在推动经济体制改革和对外开放的过程中,按照社会主义市场经济运行和国际市场规则的要求,卓有成效地开展了国民经济宏观调控,将传统计划经济体制下的国民经济计划管理转变为市场经济条件下的宏观调控。党的十八大以来,以习近平同志为核心的党中央顺应经济新常态的要求,进一步丰富和发展了宏观调控的政策手段,目前,已经形成包括财政、货币、区域、环保在内多个领域的政策体系,每个领域都形成了多个功能性强、相互匹配的工具体系。政策工具多,有利于坚守宏观调控战略定力,有利于掌握经济工作主动权。在构建新发展格局的进程中,要"拓展政策空间"。例如,"发展落差往往是发展空间"③,在区域政策方面,要利用发展落差进一步提升发展政策的精准性、有效性,积极有效应对不稳定不确定因素。做好"前瞻性政策储备"④。要运用好中长期规划这一我党治国理政重要方式,"完善宏观调控跨周期设计和调节"⑤。

(三)确定"十四五"时期经济社会发展行动纲领

党的十九届五中全会《建议》以习近平新时代中国特色社会主义思想、习近平新

---

① 新华社:《推动更深层次改革实行更高水平开放 为构建新发展格局提供强大动力》,《人民日报》2020年9月2日,第1版。

② 习近平:《在基层代表座谈会上的讲话》,《人民日报》2020年9月20日,第2版。

③ 王晔:《紧扣一体化和高质量抓好重点工作 推动长三角一体化发展不断取得成效》,《人民日报》2020年8月23日,第1版。

④ 新华社:《就当前经济形势和下半年经济工作 中共中央召开党外人士座谈会》,《人民日报》2020年7月31日,第1版。

⑤ 新华社:《中共中央政治局召开会议 决定召开十九届五中全会 分析研究当前经济形势和经济工作》,《人民日报》2020年7月31日,第1版。

时代中国特色社会主义经济思想、习近平关于编制"十四五"规划的一系列新思想新观点为指导，根据中国经济社会发展面临的国际国内形势、时代特征和未来任务，确定了"十四五"时期中国经济社会发展行动纲领。

1. "十四五"时期经济社会发展基本方略

在指导思想方面，《建议》根据党的十九大以来的政策与实践创新，提出了一系列新要求。一是提出新的"四个全面"战略布局，即将"全面建成小康社会"发展为"全面建设社会主义现代化国家"。二是明确提出"十四五"时期经济社会发展要"以高质量发展为主题"。三是明确提出"统筹发展和安全"。四是提出"构建以国内大循环为主体、国内国际双循环相互促进的新发展格局"。上述四个方面，是党的十九大以来治国理政方略的新发展，《建议》将其列入指导思想，体现了我们党在发展理论与实践、治国理政理论与实践上的创新和与时俱进。

在原则方面，《建议》提出"五个坚持"，即坚持党的全面领导，坚持以人民为中心，坚持新发展理念，坚持深化改革开放，坚持系统观念。其中有两个突出的创新。一是将"坚持党的全面领导"作为第一条原则，这在党的历次规划建议中还是第一次。将"坚持党的全面领导"原则前置，充分体现了中国共产党的领导这一全面建设社会主义现代化国家新征程的本质特征、根本保证和政治优势。二是新增"坚持系统观念"原则，这是党的十八大以来以习近平同志为核心的党中央领导经济社会发展的重要经验。党的十八大以来，党中央坚持系统谋划、统筹推进党和国家各项事业，成功应对一系列风险和挑战，经济社会发展取得历史性成就。实践证明，系统观念与解放思想、实事求是、与时俱进、稳中求进等观念一样，是具有基础性的思维和方法。现代化是一个复杂的系统工程，在全面建设社会主义现代化国家新征程上，我国发展面临的风险、挑战以及深层次问题更多，必须从系统观念出发加以谋划和解决，全面协调推动社会主义现代化强国建设。

在主要目标方面，《建议》提出六个新的目标，即经济发展取得新成效、改革开放迈出新步伐、社会文明程度得到新提升、生态文明建设实现新进展、民生福祉达到新水平、国家治理效能得到新提升。对于每一个"新"，《建议》都提出具体要求。例如，对于经济发展取得新成效，《建议》提出十条要求，一是坚持新发展理念，二是在质量效益明显提升的基础上实现经济持续健康发展，三是增长潜力充分发挥，四是国内市场更加强大，五是经济结构更加优化，六是创新能力显著提升，七是产业基础高级化、产业链现代化水平明显提高，八是农业基础更加稳固，九是城乡区域发展协调性明显增强，十是现代化经济体系建设取得重大进展。这些具体要求都是定性要求，但内含着定量要求，这也为编制"十四五"规划纲要提出相应量化目标留下了空间。

2. "十四五"时期经济社会发展重点任务和重大举措重点突出

根据上述指导思想、原则和目标,《建议》从十二个方面提出 47 项重点任务, 提出 298 个重大举措。例如, 在"坚持创新驱动发展, 全面塑造发展新优势"方面, 提出强化国家战略科技支撑、提升企业技术创新能力、激发人才创新活力、完善科技创新机制四项重点任务。在这四项任务中, 提出了 29 个重大举措。再例如, 在"加快发展现代产业体系, 推动经济体系优化升级"方面, 提出提升产业链供应链现代化水平、发展战略性新兴产业、加快发展现代化服务业、统筹推进基础设施建设、加快数字化发展五项重点任务, 在这五项重点任务中, 提出了 27 个重大举措。这些重大部署呼应了前述目标要求,将"十四五"目标落到实处, 同时, 又立足于为全面建设社会主义现代化国家奠定坚实基础。例如,《建议》提出健全社会主义市场经济条件下的新型举国体制、促进国内国际双循环、实施乡村建设行动、打好关键核心技术攻坚战、构筑聚集国内外优秀人才的科研创新高地、推动全产业链优化升级、补齐产业链供应链短板、推动生产性服务业向专业化和价值链高端化延伸、协同推进强大国内市场和贸易强国建设等重大部署, 一方面立足于补齐发展短板, 另一方面着眼于构建面向未来的发展布局。如果这些重大部署有效实施, 将有力推动"十四五"经济社会发展和结构升级, 同时将为全面建设社会主义现代化国家构筑更加坚实的基础。

(四)确保全面建设社会主义现代化国家开好局

一分部署九分落实。党的十九届五中全会以后, 党中央召开一系列重要会议, 习近平总书记发表一系列重要讲话, 统一全党思想, 推动全会精神的落实。2021 年 1 月 11 日, 中共中央举办省部级领导干部学习贯彻党的十九届五中全会精神专题研讨班, 习近平总书记发表重要讲话, 对党的十九届五中全会精神作出了新的阐释, 就贯彻全会精神提出了新的要求。习近平总书记指出, 进入新发展阶段、贯彻新发展理念、构建新发展格局, 是我国经济社会发展的理论逻辑、历史逻辑、现实逻辑决定的。全党要深入学习、坚决贯彻党的十九届五中全会精神, 准确把握新发展阶段, 深入贯彻新发展理念, 加快构建新发展格局, 推动"十四五"时期高质量发展, 确保全面建设社会主义现代化国家开好局、起好步。

1. 准确把握新发展阶段

进入新发展阶段明确了我国发展新的历史方位。把握历史方位是做好工作的前提, 也是我们党的重要经验。在 2020 年 8 月 24 日召开的经济社会领域专家座谈会上, 习近平总书记提出"我国将进入新发展阶段"。党的十九届五中全会明确提出开启社会主义现代化国家新征程、向第二个百年目标进军，这标志着我国进入了一个新发展阶段。"进入新发展阶段"是关于我国历史方位的重要判断，其内涵十分丰富。首先，新发展阶段，是社会主义初级阶段中的一个新阶段。习近平总书记指出，社会主义初级阶段，"是一个动态、积极有为、始终洋溢着蓬勃生机活力的过程，是一个阶梯式递进、不断发展进步、日益接近质的飞跃的量的积累和发展变化的过程"[1]。可见，新发展阶段是社会主义初级阶段中的一级阶梯，是一个接近质的飞跃的阶段。邓小平设想的社会主义初级阶段是从中华人民共和国成立到中华人民共和国成立100年之间的阶段，建成社会主义初级阶段的标志是中国现代化的实现。从中华人民共和国成立到第一个百年奋斗目标的实现，是社会主义初级阶段的一个阶梯，在此阶梯上全面建成社会主义现代化强国，是社会主义初级阶段一个新的阶梯、一个新的阶段。其次，新发展阶段是建设社会主义现代化强国、实现中华民族伟大复兴进程中的一个新阶段。中华人民共和国成立不久，我们党就提出现代化奋斗目标。1954年，周恩来指出，如果我们不能建设起强大的现代化的工业、现代化的农业、现代化的交通运输和现代化的国防，我们就不能摆脱落后和贫困，我们的革命就不能达到目的。1956年，毛泽东提出，我国人民应该有一个远大的规划，要在几十年内，努力改变我国在经济上和科学文化上的落后状况，迅速达到世界上的先进水平。改革开放以来，我们党提出"三步走"现代化战略，在这一战略中，全面建成小康社会是一个重要的里程碑。越过这个里程碑，中国的现代化就进入一个新的阶段。因此，新发展阶段是发展中国特色社会主义的新阶段。党的十九大指出，从全面建成小康社会到基本实现现代化，再到全面建成社会主义现代化强国，是新时代中国特色社会主义发展的战略安排，新发展阶段是落实这种战略安排，发展新时代中国特色社会主义、21世纪中国马克思主义的阶段。

只有准确把握新发展阶段，才能清醒认识到，在当今世界正经历的百年未有之大变局中，"时"与"势"在我们一边，才能坚守定力和底气，坚定决心和信念，才能真正做到继续谦虚谨慎、艰苦奋斗，调动一切可以调动的积极因素，团结一切可以团结的力量，全力办好自己的事，锲而不舍实现我们党的既定目标。

2. 深入贯彻新发展理念

贯彻新发展理念明确了我国现代化建设的指导原则。党的十八大以来，以习近平同志为核心的党中央围绕实现什么样的发展、怎样实现发展这个重大问题，依据对

---

[1] 张洋、鞠鹏：《深入学习坚决贯彻党的十九届五中全会精神 确保全面建设社会主义现代化国家开好局》，《人民日报》2021年1月12日，第1版。

经济形势的科学判断，对党的发展理念和思路作出及时调整，提出了创新、协调、绿色、开放、共享新发展理念，回答了关于发展的目的、动力、方式、路径等一系列理论和实践问题，阐明了我们党关于发展的政治立场、价值导向、发展模式、发展道路等重大政治问题。党的十八大以来，新发展理念引导我们党的经济工作和我国经济发展取得了历史性成就，发生了历史性变革，必须长期坚守，深入贯彻。

一定的发展实践都是由一定的发展理念来引导的。发展理念是否对头，从根本上决定着发展成效乃至成败。完整、准确、全面贯彻新发展理念对于全党在新发展阶段领导好经济工作、推动发展实践至关重要。习近平总书记要求全党从根本宗旨、问题导向、忧患意识把握新发展理念，全面、准确、完整贯彻新发展理念。从根本宗旨把握新发展理念，就是要充分认识到为人民谋幸福、为民族谋复兴，是我们党领导现代化建设的出发点和落脚点，是新发展理念的"根"和"魂"。要坚持以人民为中心的发展思想，确立正确的发展观、现代化观。正是基于这一思想，习近平总书记强调，实现共同富裕，不仅是经济问题，而且是关系党的执政基础的重大政治问题。从问题导向把握新发展理念，就是要针对新发展阶段的新要求新问题采取精准务实举措，精准贯彻新发展理念，切实解决好发展不平衡不充分的问题。从忧患意识把握新发展理念，就是要增强忧患意识，坚持底线思维，敢于斗争，善于斗争，随时准备好应对各类风险和复杂局面。

"三个把握"明确回答了新发展阶段为什么要贯彻新发展理念，如何全面、准确、完整贯彻新发展理念的问题，既有理论上的新论断，又内含着实践上的新要求，是全党以新发展理念引领新发展阶段的行动纲领。

3. 加快构建新发展格局

构建新发展格局明确了我国经济现代化的路径选择。加快构建新发展格局，是党的十九届五中全会《建议》提出的一项关系到我国发展全局的重大战略任务。新发展格局回答了在新发展阶段依托什么样的发展格局、依托什么样的现代化路径、如何处理国内循环与国际循环的关系等关系到中国现代化新阶段的重大问题。习近平总书记在前期主持召开各类座谈会对新发展格局进行理论阐释的基础上，结合构建新发展阶段的实践要求，提出了构建新发展格局的关键是经济循环的畅通无阻、构建新发展格局最本质的特征是实现高水平的自立自强、构建新发展格局必须具备强大的国内经济循环体系和稳固的基本盘等新的重大论断，提出了实现经济高水平动态平衡、使建设起大规模的国内市场成为一个可持续的历史过程、改善我国生产要素质量和配置水平等新的重大目标，部署了增强供给体系韧性、加快培育完整内需体系、加快需求侧管理、把国内大循环畅通起来等重大工作。

上述重大论断、重大目标、重大工作,是习近平新时代中国特色社会主义经济思想关于新发展格局理论的新发展,也是新发展阶段构建新发展格局,以新发展格局支撑新发展阶段的行动方案。

4. 加强党对社会主义现代化建设的全面领导

加强党的全面领导,是我们党团结带领全国人民全面建成小康社会、完成第一个百年奋斗目标的根本保证。新发展阶段,必须加强党对社会主义现代化建设的全面领导。习近平总书记全面阐述了加强党对社会主义现代化建设的全面领导的内涵与路径,即推动党的领导在职能配置上更加科学合理,在体制机制上更加完备完善,在运行管理上更加高效。这三个"更加"是习近平新时代中国特色社会主义思想关于加强党的全面领导思想的新发展,也是新发展阶段加强党的全面领导的具体工作要求。习近平总书记要求各级领导干部必须立足中华民族伟大复兴战略全局和世界百年未有之大变局,不断提高政治判断力、政治领悟力、政治执行力,不断提高把握新发展阶段、贯彻新发展理念、构建新发展格局的政治能力与水平,也是对全党提出的在新发展阶段提升能力和水平的新要求。

第三节 党对经济工作领导的全面加强与创新

党的十八大以来,中国特色社会主义进入新时代,全面建成小康社会进入决战决胜阶段,国际形势复杂多变,国内改革发展稳定任务艰巨繁重,经济工作面临前所未有的复杂局面和风险挑战。以习近平同志为核心的党中央立足我国国情和发展实践,深入研究世界经济和我国经济面临的新情况新问题,把握新特点新规律,加强党对经济工作的集中统一领导,在经济工作理念、理论、体制、方法等方面全面创新,开创了我们党经济工作的新局面和新境界。

一、全面加强党对经济工作的集中统一领导

(一)党的十八大以来习近平总书记对于加强党对经济工作领导的论述

党的十八大以来,以习近平同志为核心的党中央突出和加强党对经济工作的集中统一领导,"确保党始终成为中国特色社会主义事业的坚强领导核心"[①]。在 2013 年中央经济工作会议上的讲话中,习近平总书记强调:"加强党对经济工作的领导,全

---

① 习近平:《论坚持党对一切工作的领导》,中央文献出版社,2019 年,第 1 页。

面提高党领导经济工作水平,是坚持民主集中制的必然要求,也是我们政治制度的优势。"① 在 2019 年中央经济工作会议上,习近平总书记谈及 2019 年经济建设成绩时再次指出:"成绩来之不易,根本原因在于我们坚持党中央集中统一领导,保持战略定力,坚持稳中求进,深化改革开放,充分发挥中央和地方两个积极性。"② 习近平总书记强调,"经济工作是中心工作,党的领导当然要在中心工作中得到充分体现"③。2020 年以来,面对突如其来的新冠肺炎疫情,以习近平同志为核心的党中央统筹推进疫情防控和经济社会发展各项工作,在取得疫情防控阶段性胜利的基础上,经济社会发展加快恢复,集中凸显了坚持和加强党对经济工作领导的重要意义。

(二)党的十八大以来党中央加强党对经济工作集中统一领导的举措

党的十八大以来,党中央从顶层设计、重大决策、制度安排、督察督办等方面全面加强党对经济工作的集中统一领导。

第一,党中央决定经济工作顶层设计和大政方针。党的十八大以来,逐步形成了中央政治局常委会、中共中央政治局会议专题研究经济工作,中央财经领导小组(中央财经委员会)研究经济工作重大问题,每年中央经济工作会议全面总结当年经济工作、部署第二年经济工作的领导体制。同时,各级党委履行党领导经济工作的职能,确保党集中精力谋大事、议大事、抓大事。2012 年中央经济工作会议上,习近平总书记要求要履行党领导经济工作的职能,议大事、抓大事,把领导经济工作的立足点转到提高发展质量和效益、加快形成新的经济发展方式上来。2017 年中央经济工作会议上,习近平总书记指出,经济工作是党治国理政的中心工作,党中央必须对经济工作负总责、实施全面领导。党中央的领导不是清谈馆,不能议而不决,必须令行禁止。我们完善党中央领导经济工作的体制机制,加强党中央对发展大局大势的分析和把握,及时制定重大方针、重大战略,作出重大决策,部署重大工作,确保党对经济工作的领导落到实处,保证我国经济沿着正确方向发展。2018 年 4 月 2 日,习近平总书记主持召开中央财经委员会第一次会议,会议审议通过了《中央财经委员会工作规则》,强调要加强党中央对经济工作的集中统一领导,做好经济领域重大工作的顶层设计、总体布局、统筹协调、整体推进、督促落实。

第二,加强党领导经济工作的制度化建设。党的十八大以来,党中央构建了全面加强和改善党的领导的理论体系和工作布局,加强了中央财经领导小组(党的十九大

---

① 习近平:《论坚持党对一切工作的领导》,中央文献出版社,2019 年,第 6 页。
② 饶爱民:《中央经济工作会议在北京举行》,《人民日报》2019 年 12 月 13 日,第 1 版。
③ 习近平:《中国共产党领导是中国特色社会主义最本质的特征》,《求是》2020 年第 14 期。

后升格为中央财经委员会）工作机制。中央财经领导小组（中央财经委员会）在中央政治局、中央政治局常委会领导下，研究确定经济社会发展和改革开放的重要方针和政策，研究提出处理重大财经问题、重大生产力布局、重大建设项目的原则和措施。中央财经领导小组升格为中央财经委员会，进一步加强了党中央对经济工作的集中统一领导。

第三，狠抓督察督办。2017年4月18日，习近平总书记主持中央"深改组"第三十四次会议时强调，拓展改革督察工作广度深度，提高发现问题解决问题实效。会议指出，督察既要抓重点改革任务，也要抓面上改革工作，特别是各地区各部门贯彻落实党中央改革部署的情况。要善于抓正面典型，及时发现总结基层创新举措和鲜活经验，以点带面，推动改革落地。督察要在发现问题、解决问题上下功夫，提高督察实效。要深入实际、深入基层，有的问题要一竿子插到底。对重大改革、复杂问题，必要时要"回头看"。2019年10月31日，习近平总书记在党的十九届四中全会第二次全体会议上指出："要构建全覆盖的制度执行监督机制，把制度执行和监督贯穿区域治理、部门治理、行业治理、基层治理、单位治理的全过程，坚决杜绝制度执行上做选择、搞变通、打折扣的现象，严肃查处有令不行、有禁不止、阳奉阴违的行为，确保制度时时生威、处处有效。"①例如，出台《中央生态环境保护督察工作规定》的目的，就是为了规范生态环境保护督察工作，压实生态环境保护责任，推进生态文明建设，建设美丽中国。

二、全面落实以人民为中心的发展思想

党的十八大以来，以习近平同志为核心的党中央庄严承诺，"人民对美好生活的向往，就是我们的奋斗目标"②，旗帜鲜明地提出以人民为中心的发展思想，在确定经济工作大政方针和推进具体经济工作的过程中，始终践行这一承诺，贯彻这一思想。

（一）将以人民为中心作为党的经济工作的出发点和落脚点

习近平总书记强调："坚持以人民为中心的发展思想。发展为了人民，这是马克思主义政治经济学的根本立场。"③党的十九大提出，要永远把人民对美好生活的向往

---

① 习近平：《习近平谈治国理政（第三卷）》，外文出版社，2020，第128页。
② 中共中央文献研究室编《十八大以来重要文献选编（上）》，中央文献出版社，2014，第70页。
③ 中共中央文献研究室编《习近平关于社会主义经济建设论述摘编》，中央文献出版社，2017，第30页。

作为奋斗目标。新发展理念是习近平新时代中国特色社会主义经济思想的主要内容，以人民为中心的发展思想是新发展理念的灵魂。党的十八大以来，党中央把以人民为中心的发展思想贯彻到统筹推进"五位一体"总体布局和协调推进"四个全面"战略布局之中，伴随着决胜全面建成小康社会、决胜脱贫攻坚取得决定性胜利，人民群众获得感、幸福感、安全感持续增强。

（二）坚持从人民根本利益出发确定经济工作目标

坚持以人民为中心，首先是以人民的根本利益为中心。在当代中国，人民最根本的利益是全面建成小康社会、全面建成社会主义现代化强国，实现中华民族伟大复兴。党的十八大以来，以习近平同志为核心的党中央坚持把人民根本利益体现在经济工作大政方针中。例如，在判断社会主要矛盾变化时，以人民日益增长的美好生活需要为基准和矛盾的主要方面；在确定建设社会主义现代化国家两个阶段的目标时，突出"人民生活更为宽裕""全体人民共同富裕迈出坚实步伐"以及"全体人民共同富裕基本实现，我国人民将享有更加幸福安康的生活"；在全面建成小康社会进程中，把脱贫攻坚战作为重中之重；在推进城镇化的过程中，强调走以人为核心的城镇化道路；等等。

（三）切切实实做好民生工作

习近平总书记在第十八届中央政治局常委同中外记者见面时饱含深情地指出："我们的人民热爱生活，期盼有更好的教育、更稳定的工作、更满意的收入、更可靠的社会保障、更高水平的医疗卫生服务、更舒适的居住条件、更优美的环境，期盼孩子们能成长得更好、工作得更好、生活得更好。"[①]党的十八大以来，党中央注重切切实实做好民生工作，把以人民为中心落到实处。在 2012 年中央经济工作会议上，习近平总书记强调，要按照"守住底线、突出重点、完善制度、引导舆论"的思路做好民生工作。2017 年中央经济工作会议指出：要针对人民群众关心的问题精准施策，着力解决中小学生课外负担重、"择校热""大班额"等突出问题，解决好婴幼儿照护和儿童早期教育服务问题。注重解决结构性就业矛盾，解决好性别歧视、身份歧视问题。改革完善基本养老保险制度，加快实现养老保险全国统筹。继续解决好"看病难、看病贵"问题，鼓励社会资金进入养老、医疗等领域。着力解决网上虚假信息诈骗、倒卖个人信息等突出问题。做好民生工作，要突出问题导向，尽力而为、量力而行，找准突出问题及其症结所在，周密谋划、用心操作。2018 年中央经济工作会议再次强调，

---

① 习近平：《习近平谈治国理政》，外文出版社，2014，第 4 页。

要完善制度、守住底线，精心做好各项民生工作。2020年2月14日，习近平总书记主持召开中央"深改委"第十二次会议并发表重要讲话，他强调，确保人民群众生命安全和身体健康，是我们党治国理政的一项重大任务。要从保护人民健康、保障国家安全、维护国家长治久安的高度，把生物安全纳入国家安全体系，系统规划国家生物安全风险防控和治理体系建设，全面提高国家生物安全治理能力。

三、牢牢把握经济工作主动权

在纷繁复杂的国际国内形势下，掌握经济工作主动权极为重要。党的十八大以来，面对错综复杂的国际形势和艰巨繁重的国内改革发展稳定任务，党的经济工作面临的挑战、风险与困难前所未有。党中央统筹两个大局，准确把握我国社会主要矛盾变化带来的新特征新要求，准确把握错综复杂的国际环境带来的新矛盾新挑战，因势而谋、应势而动、顺势而为，牢牢把握经济工作主动权。

（一）在科学把握时势中掌握主动权

掌握经济工作主动权的前提，是对时势的把握。党的十八大以来，关于时势，党中央始终坚持三个重要判断。一是我国发展仍处于重要战略机遇期的基本判断没有变，同时我国发展的重要战略机遇期在国际环境方面的内涵和条件发生了很大变化。二是和平和发展的主题没有变，但我国安全形势不确定性、不稳定性增大。三是在中国经济进入新常态以后，无论国际环境怎么变化，基于中国大国优势，中国经济基本面没有变，但需要提升发展质量和效率。正是基于这三个基本判断，党中央在经济工作中，始终保持战略定力和平常心态，始终做到心中有数和未雨绸缪，始终坚定工作信心，始终坚持站在历史正确的一边，办好自己的事情。2020年新冠肺炎疫情对经济运行带来明显冲击后，习近平总书记告诫全党，要坚定信心，不要被问题和困难吓倒，中国是一个大国，韧性强，潜力大，回旋余地大。

（二）在应势而动、顺势而为中掌握主动权

党的十八大以来，党中央注重及时研判经济形势和走势，确定经济工作大政方针。例如，研判中国经济发展新的阶段性特征，提出经济发展新常态，经济工作主动适应经济发展新常态，在供给侧结构性改革方面应势而动。研判国际上出现的产业变革走势和中国经济发展方式存在的问题，提出中国经济进入高质量发展阶段，强调经济工作围绕推动高质量发展展开。研判国际上各类保护主义逆流抬头趋势，强调中国超大规模国内市场优势，提出以国内大循环为主体、国内国际双循环格局，支撑国家新发展阶段。

(三)在下好先手棋中掌握主动权

掌握经济主动权必须避免被动,避免被动必须下好先手棋。党的十八大以来,党中央强调在经济工作中要主动谋篇布局,下好先手棋。例如,推进供给侧结构性改革,就是一着先手棋。化解过剩产能和过大的房地产库存,有利于减轻产业负担,实现结构转型升级。再例如,倡导和推进"一带一路"建设,在以美国为首的少数西方国家企图遏制中国发展的大背景下,是塑造我国参与国际合作和竞争新优势的先手棋。又例如,在宏观调控中适时采取微调、预调和逆周期调节,也是应对复杂国际环境影响和经济发展新常态下增长动能转换的先手棋。

四、高度重视和全面推进经济制度建设

1992年,邓小平指出,恐怕再有30年时间,我们才会在各方面形成一套更加成熟、更加定型的制度。党的十八大以来,党中央把制度建设摆到了更加突出的位置。在推进国家治理体系和治理能力现代化过程中,党中央把提高国家经济治理的现代化水平放在突出重要地位。经济治理现代化的突出标志和重点,就是治理的制度化水平。2020年12月30日,中央"深改委"第十七次会议指出,包括经济体制改革在内的全面深化改革取得历史性伟大成就,包括经济体制改革在内的各领域基础性制度框架基本确立,为推动形成系统完备、科学规范、运行有效的制度体系,使各方面制度体系更加定型奠定了坚实基础。

改革开放以来,中国经济体制改革逐层深入,从政策改革到机制改革,从机制改革到体制改革。党的十八大提出,要把制度建设摆在突出位置。党的十八大以后,党中央将经济体制改革从体制层面推进到制度层面,聚焦制度建设,推进经济及相关体制改革。党的十八届三中全会提出的经济体制改革目标,聚焦完善中国特色社会主义制度。党的十九届四中全会围绕坚持和完善社会主义基本经济制度,推动经济高质量发展,部署了五个方面一共32项重大制度建设举措。到2020年年底,这些重大改革目标任务全面推进,公有制为主体、多种所有制经济共同发展,按劳分配为主体、多种分配方式并存,社会主义市场经济体制等社会主义基本经济制度基本框架已经确立,国家基本公共服务制度体系,就业、教育、医疗等民生保障制度以及生态文明制度体系的基础结构和"四梁八柱"已经确立。经济领域的制度发生了历史性变革,民生领域的制度实现了系统性重塑,生态文明领域的制度实现了整体性建构。

五、牢牢把握稳中求进经济工作总基调

党的十八大以来，党中央始终坚持稳中求进工作总基调，历年中央经济工作会议都加以重申，确保了"中国经济大船"行稳致远。实践证明，在国际形势复杂多变、国内改革发展稳定任务艰巨繁重的时期，稳中求进工作总基调是做好经济工作的方法论，也是治国理政的重要原则。

在 2011 年中央经济工作会议上，党中央首次提出稳中求进工作总基调。会议强调，稳，就是保持宏观经济政策稳定，保持经济平稳较快发展，保持物价基本稳定，保持社会大局稳定；进，就是在转变经济发展方式上取得新进展，在深化改革开放上取得新突破，在改善民生上取得新成效。2016 年中央经济工作会议强调，稳中求进工作总基调是治国理政的重要原则，也是做好经济工作的方法论。自此，"稳中求进"从经济工作总基调提升为治国理政的重要原则。2017 年中央经济工作会议强调，"稳"和"进"是辩证统一的，要作为一个整体把握，把握好工作节奏和力度。2018 年中央经济工作会议强调，统筹推进稳增长、促改革、调结构、惠民生、防风险工作，保持经济运行在合理区间，进一步稳就业、稳金融、稳外贸、稳外资、稳投资、稳预期，继续保持经济持续健康发展和社会大局稳定。2019 年中央经济工作会议新闻通稿三处提及坚持稳中求进，"稳"这一关键字更是贯穿新闻通稿全文，"坚持稳中求进工作总基调""必须科学稳健把握宏观政策逆周期调节力度""坚持稳字当头，坚持宏观政策要稳""稳定就业总量"以及"稳健的货币政策"等提法均深刻表明，稳中求进工作总基调是治国理政的重要原则，要长期坚持。

2012—2020 年间，中国经济增长速度总体上稳定在合理区间，宏观经济运行没有出现大的波动，社会大局稳定。同时，经济结构调整、经济提质增效、经济体制改革、人民生活水平提升取得长足进展。这种局面的形成与党中央始终坚持稳中求进工作总基调和治国理政重要原则是分不开的。之所以如此，是因为稳中求进一开始就是协调推进改革发展稳定，协同推进宏观政策、微观政策、社会政策的基本原则。同时，进入新世纪第二个十年，中国经济增长速度明显下行，为了降低经济减速带来的经济社会连锁反应，坚持稳，并在稳中求进至关重要。

六、高度重视提高新时代全党经济工作能力和水平

中国特色社会主义进入新时代，党的经济工作面临前所未有的复杂国际环境和繁重国内任务，党领导经济工作的观念、体制、方式方法要与时俱进，党领导经济工作的能力和水平要加快提升。党的十八大以来，党中央高度重视全党领导经济工作能力

和水平的提升。

（一）提升政治能力

政治工作是一切经济工作的生命线。《中共中央关于加强党的政治建设的意见》强调："旗帜鲜明讲政治是我们党作为马克思主义政党的根本要求。党的政治建设是党的根本性建设，决定党的建设方向和效果。"由此，党要领导好经济工作，首先必须加强自身政治建设，坚定理想信念，牢记为民宗旨，坚持以马克思主义为指导，坚持以人民为中心的发展思想，全面贯彻执行党在社会主义初级阶段的基本路线，坚持社会主义市场经济改革方向，为发挥党总揽全局、协调各方的领导核心作用奠定坚实基础，以调动全党的积极性、主动性、创造性。

各级领导干部特别是高级干部要把落实党中央经济决策部署作为政治责任。2016年中央经济工作会议指出，党中央制定的方针政策必须执行，党中央确定的改革方案必须落实。要深入调研，加强学习，提高本领，使制定的政策更加符合实际。2018年中央经济工作会议要求，做好经济工作，必须加强党中央集中统一领导，提高党领导经济工作能力和水平，坚持党的基本理论、基本路线、基本方略不动摇，坚持把发展作为党执政兴国的第一要务，坚持以经济建设为中心，激励干部担当作为，鼓励创造性贯彻落实，加强学习和调查研究，在学习和实践中找思路、想办法，营造良好舆论环境。

各级领导干部要不断提高政治判断力、政治领悟力、政治执行力，不断提高把握新发展阶段、贯彻新发展理念、构建新发展格局的政治能力、战略眼光、专业水平。2020年12月11日召开的中央政治局会议强调，要善于从讲政治的高度思考和推进社会发展工作。2020年中央经济工作会议在部署2021年经济工作时要求，各级领导干部要"善于用政治眼光观察和分析经济社会问题"。在经济工作方面，"讲政治的高度""政治眼光""政治能力"，就是站在党的宗旨的角度，站在党执政基础的高度看待经济现象和判断经济工作的价值取向。

（二）把握经济发展的客观规律，创新经济工作思维

从领导经济工作的具体实践来看，必须深刻把握经济发展的客观规律，提高把握方向、谋划全局、提出战略、制定政策、推进改革的能力，在实践中不断提高驾驭经济发展的能力，为发展航船定好向、掌好舵。

必须提升运用规律的能力。在2012年中央经济工作会议上，习近平总书记指出，要"加强领导干部能力建设，提高领导经济工作科学化水平"，"要围绕经济社会发展重大问题加强学习和调研，提高把握和运用市场经济规律、自然规律、社会发展规

律能力，提高科学决策、民主决策能力，增强全球思维、战略思维能力，做到厚积薄发"。①

必须提升经济工作制度化、法治化、专业化水平。2014年中央经济工作会议上，习近平总书记要求，要加强党领导经济工作制度化建设，提高党领导经济工作法治化水平，增强党领导经济工作专业化能力。②加强学习和调查研究是提高经济工作能力和水平的重要途径。只有加强学习，才能拓展思路眼界。要深入学习领会习近平新时代中国特色社会主义思想特别是经济思想的核心要义，学习先进制造业、现代服务业、人工智能、数字经济、现代金融等新知识，完善知识结构，强化实践运用，真正做到肩膀宽、本领强。要坚持把调查研究作为基本功，在深入调研中破解发展难题。

必须提高经济工作思维能力。2017年10月25日，习近平总书记在党的十九届一中全会上要求全党，"在新时代的征程上，全党同志一定要适应新时代中国特色社会主义的发展要求，提高战略思维、创新思维、辩证思维、法治思维、底线思维能力，增强工作的原则性、系统性、预见性、创造性"③。党的十九届五中全会强调，"十四五"时期经济社会发展必须坚持系统观念。把系统观念作为经济社会发展必须坚持的原则，是党在不同历史时期形成的优良传统，是党的十八大以来以习近平同志为核心的党中央引领中国特色社会主义新时代各项工作的成功经验，是新时代党应对复杂多变国际形势和繁重艰巨国内改革发展稳定任务的重要原则。

七、高度重视党的经济理论创新及其运用

党的十八大之后，党中央高度重视马克思主义政治经济学在经济工作中的运用和党的理论创新。习近平总书记不仅带头学习和运用马克思主义政治经济学基本原理和方法，而且身体力行创立习近平新时代中国特色社会主义思想，引领党的经济理论创新。"创新"一词频繁出现在习近平总书记治国理政的重要讲话中，内容涵盖了中国经济社会发展的方方面面。

（一）用马克思主义政治经济学指导经济理论创新

习近平总书记指出："世界每时每刻都在发生变化，中国也每时每刻都在发生变

---

① 中共中央文献研究室编《习近平关于社会主义经济建设论述摘编》，中央文献出版社，2017，第315-316页。
② 中共中央文献研究室编《习近平关于社会主义经济建设论述摘编》，中央文献出版社，2017，第321-323页。
③ 习近平：《习近平谈治国理政（第三卷）》，外文出版社，2020，第61页。

化，我们必须在理论上跟上时代，不断认识规律，不断推进理论创新、实践创新、制度创新、文化创新以及其他各方面创新。"① 2015 年 11 月 23 日，中央政治局第二十八次集体学习专题学习马克思主义政治经济学基本原理和方法论。习近平总书记指出，坚持以人民为中心的发展思想，是马克思主义政治经济学的根本立场。② 这一立场决定了在政治经济学的国度性上，必须坚持马克思主义政治经济学精髓，以人民为中心建构中国特色社会主义政治经济学，要紧密结合新时代全面改革开放的伟大实践和巨大成就，构建能够全面、深刻揭示中国特色社会主义经济建设发展规律的系统化的经济学说。2016 年 7 月，习近平总书记在加快供给侧结构性改革主题会上指出，"要加强研究和探索，加强对规律性认识的总结，不断完善中国特色社会主义政治经济学理论体系，推进充分体现中国特色、中国风格、中国气派的经济学科建设"③。

（二）用马克思主义方法论指导党的经济工作

要善于认识不断变化着的经济规律，从根本上提高解决改革、开放和发展中的基本问题和层出不穷新问题的本领，最关键的是要掌握马克思主义政治经济学的科学思想方法和工作方法。习近平总书记指出，马克思主义哲学深刻揭示了客观世界特别是人类社会发展一般规律，在当今时代依然有着强大生命力，依然是指导我们共产党人前进的强大思想武器。④

辩证唯物主义和历史唯物主义是马克思主义哲学的重要组成部分。在认识经济形势、分析经济现象、制定经济政策时，必须更加自觉地坚持和运用辩证唯物主义和历史唯物主义的世界观和方法论，增强辩证思维、战略思维，才能更准确地找到问题背后的症结所在，更有力指导实践。在实际经济工作中坚持和运用辩证法，归根到底落实到提高辩证思维能力上来。党中央提出的五大发展理念，就是运用辩证唯物主义分析我国经济发展大逻辑大趋势的最新成果。在制定改革战略时，始终坚持辩证法、两点论。如"三去一降一补"任务中，去杠杆是供给侧改革五大任务之一。在制定去杠杆战略时，没有局限于"就债务论去杠杆"的框框之中，而是与实体经济的运行态

---

① 习近平：《决胜全面建成小康社会 夺取新时代中国特色社会主义伟大胜利》，人民出版社，2017，第 26 页。
② 新华社：《立足我国国情和我国发展实践 发展当代中国马克思主义政治经济学》，《人民日报》2015 年 11 月 25 日，第 1 版。
③ 新华社：《坚定信心增强定力 坚定不移推进供给侧结构性改革》，《人民日报》2016 年 7 月 9 日，第 1 版。
④ 新华社：《推动全党学习和掌握历史唯物主义 更好认识规律 更加能动地推进工作》，《人民日报》2013 年 12 月 5 日，第 1 版。

势结合起来思考去杠杆问题。在经济下行压力较大的时期，经济工作难免遇到各种困难，如果我们有较好的历史思维能力，就不会轻易被困难吓倒。

总而言之，面对错综复杂的国际环境和我国发展新阶段新任务，全党要加强学习，改进思想方法，提高运用辩证唯物主义和历史唯物主义分析和解决问题的本领，善于抓住本质、把握规律，善于统筹协调，保持战略定力，多做标本兼治工作，把握好工作的度，推动经济持续健康发展。① 这就要求我们党在经济工作中坚持运用马克思主义立场、观点和方法，坚持与时俱进推进党的经济理论和经济工作方法创新，坚持用党的创新理论指导经济工作实践。

---

① 新华社：《中共中央政治局召开会议 分析研究当前经济形势和经济工作》，《人民日报》2016年4月30日，第1版。

第十三章

沉思

中国共产党百年经济工作的成就、经验与历史方位

建党 100 年来，中国共产党坚守为中国人民谋幸福、为中华民族谋复兴的初心与使命，领导中国人民选择了社会主义方向，通过新民主主义革命走上了社会主义道路，建立了社会主义制度，改革和完善了社会主义体制，找到了中国特色社会主义现代化建设和民族复兴道路，当前，正处在全面开创中国特色社会主义新局面、开启全面建设社会主义现代化强国、实现中华民族伟大复兴的新征途上。

第一节　中国共产党百年经济工作的基本成就

中国共产党百年经济工作的伟大成就，归结到一点，就是带领中华民族站起来、富起来、强起来，奠定了中国实现现代化和实现中华民族伟大复兴的坚实基础。具体来说，这 100 年，中国共产党领导中国人民奠定了中国现代化和民族复兴的制度基础、道路基础、物质基础和理论基础。

一、建立和完善中国特色社会主义经济制度，奠定现代化和民族复兴的经济制度基础

中国共产党代表中国先进生产力发展的要求走上历史舞台，并不断开拓先进生产力发展的道路。对于一个执政党来说，开拓先进生产力发展的道路，主要是构建和不断完善适应先进生产力发展要求的社会经济制度。构建和完善中国社会主义经济制度，推动中国先进生产力的发展，是中国共产党经济工作史的主线，也是中国共产党百年经济工作最基本的历史成就。

1921—1956 年间，中国共产党领导中国人民建立了社会主义经济制度。这一过程包括三个阶段。1921—1949 年间，推翻阻碍现代化和民族复兴的半殖民地半封建社会经济制度，实现了中国从几千年封建专制政治向人民民主的伟大飞跃。1950—1952 年间，构建新民主主义经济形态这一既能促进生产力发展又能保证通向社会主义经济制度的经济形态。1953—1956 年间，通过和平的经济改造手段建立社会主义经济制度。

1957—2020 年间，中国共产党领导中国人民开始探索完善社会主义经济制度。这一过程包括两个阶段。1957—1978 年间，中国共产党团结带领人民确立社会主义基本制度，推进社会主义建设，为当代中国一切发展进步奠定了根本政治前提和制度基础。1979年以来，中国共产党带领人民进行改革开放的新的伟大革命，破除国家和民族发展的一切思想和体制障碍，开辟中国特色社会道路，在完善社会主义经济制度的道路上取得重大历史成就。其间主要是探索如何在社会主义制度框架内解放和发展生产力，并完善社会主义基本经济制度。在实践中，中国共产党不断完善了中国的社会主义基本经济制度。以公有制为主体、多种所有制形式并存的所有制不断完善和巩固，以按劳分配为主体、多种分配方式并存的分配制度不断巩固，社会主义市场经济体制确立并逐渐完善。2019年10月，中国共产党十九届四中全会通过的《中共中央关于坚持和完善中国特色社会主义制度 推进国家治理体系和治理能力现代化若干重大问题的决定》，将上述所有制、分配方式以及经济体制集成整合为社会主义基本经济制度，同时进一步明确了中国特色社会主义新时代发展和完善社会主义基本经济制度的方向、路径和重点。2008年以来中国成功应对国际金融危机冲击的实践证明，中国的社会主义基本经济制度正在不断完善和巩固。2020年新冠肺炎疫情在全球暴发，中国成功打赢"武汉保卫战""湖北保卫战"，率先控制住疫情，率先实现复工复产，率先实现经济正增长，这三个"率先"再次彰显了中国的社会主义基本经济制度的显著优势。

二、开创中国特色社会主义现代化道路，确立现代化和民族复兴的"中国模式"

100年来，中国共产党致力于带领中国人民探索中国特色社会主义革命和建设道路，形成了"中国模式"这一获得国际社会广泛认同的现代化模式。正如习近平总书记指出的，"中国特色社会主义道路、理论、制度、文化不断发展，拓展了发展中国家走向现代化的途径"[①]。

与历史上和现实中不同类型现代化模式比较，"中国模式"具有显著的特点。首先，与先发国家的现代化模式比较，"中国模式"具有两个基本内涵和特点。一是内生发展，即依靠自身力量而不是剥削和掠夺他国实现的发展。先发国家的现代化是依靠直接掠夺殖民地和通过不平等国际经济体系剥削他国实现的。中国作为一个曾经被剥削和被压迫的国家，没有剥削他国、也不谋求剥削他国，靠自己的力量以及平等互利基础上的对外开放和国际合作推进现代化。二是和平发展，中国的现代化不伴生对外威胁。而西方国家的现代化进程是与战争联系在一起的，既有欺凌弱小国家的侵略战争，又有相互之间瓜分殖民地的战争，特别是发动两次世界大战。其次，与西方主

---

① 习近平：《习近平谈治国理政（第三卷）》，外文出版社，2020，第8页。

流意识形态主张的"现代化"模式比较,"中国模式"具有三个内涵与特点。一是相对于西方主流意识形态主张的自由主义而言,"中国模式"强调责任政府,即在发挥市场在资源配置中决定性作用的前提下,强调更好发挥政府作用。二是相对于西方主流观点主张的激进改革而言,"中国模式"强调渐进改革,即不接受西方推介的激进改革模式,而是依据国情以及国内承受能力,在渐进式改革中积累改革知识和经验,有序推进改革进程。三是相对于西方主流观点主张的全盘私有化而言,"中国模式"强调混合经济,即强调构建以公有制为主体、多种经济成分并存的所有制结构。最后,与其他发展中国家的现代化模式比较,"中国模式"具有三个内涵与特点。一是相对于一些国家政府弱化而言,强调有为政府,即强调政府要有强烈的责任意识、发展意识,政府要有强大的战略谋划、组织动员和执行指挥能力,以确保现代化进程的资源合理配置和有序推进。二是相对于一些国家的依附性发展而言,"中国模式"强调独立发展,在革命、建设和改革中都强调独立自主、自力更生,摆脱对世界体系、他国和国际经济体系的依附与依赖,特别是注重保障国家主权。三是相对于一些国家的被动全球化而言,"中国模式"强调积极全球化,即通过主动的、自主的对外开放,积极融入国际经济体系。①

"中国模式"是符合中国实际的现代化模式,是一种具有显著的开放性和自我发展能力的现代化模式。首先,"中国模式"的指导思想是中国化马克思主义,这一点使"中国模式"不同于马克思主义经典理论模式和苏联模式。其次,"中国模式"强调独立自主的现代化推进道路,这一点使"中国模式"不同于西方模式、拉美模式、东亚模式以及其他西方主张的模式。最后,"中国模式"是在不断学习的过程中形成的,中国共产党和中国人民在探索中国现代化道路的进程中,始终坚持现代化知识与本土知识的结合,强调结合中国国情,强调"在干中学",这就赋予"中国模式"显著的开放性和强大的自我发展能力。这些特点表明,"中国模式"是支撑中国现代化和中华民族伟大复兴的道路与模式,必将引领中华民族实现伟大复兴,引领中国日益走近世界舞台中央,不断为人类作出更大贡献。

三、发展生产力和推进社会进步,奠定现代化和民族复兴的物质基础

100年前,中国是世界上积贫积弱、遭受列强欺辱最多的国家之一。当前,尽管中国依然还是一个发展中国家,依然具有明显的发展中国家属性,但已经成为一个经

---

① 赵凌云:《论"中国模式"的人类思想史意义》,载程恩富、顾海良主编《海派经济学(第32辑)》,上海财经大学出版社,2010,第61-68页。

济总量规模稳居世界第二、人均国内生产总值超过1万美元的经济大国,已经奠定现代化和民族复兴的物质基础,正在向经济强国迈进,已经迎来从站起来、富起来到强起来的伟大飞跃,迎来实现中华民族伟大复兴的光明前景,开始进入民族复兴加速推进时期。

这一巨大成就主要是中国共产党取得全国政权之后取得的。1949年,中国生产力以手工生产为主,经济形式以自然经济为主,经济基础和上层建筑呈现半殖民地半封建特征,经济社会发展处在前现代化阶段。中华人民共和国成立70多年来,中国的生产力水平和社会进步程度迅速提升。

第一,从人均经济总量看,中国稳居世界中等收入国家行列。1952年,中国人均国内生产总值只有119元人民币。[①]到2019年,中国人均国内生产总值增长至70892元,按照年平均汇率折算达到10276美元,首次突破1万美元大关,大致相当于世界平均水平的90%。[②]按照世界银行和联合国标准,中国已全面进入中等收入国家行列。

第二,从经济发展阶段看,中国已经从前工业化阶段进入工业化后期阶段,从农业经济国家转变为半工业化国家。1953年,中国工业增加值占国内生产总值的比重仅为17.6%,处在前工业化阶段。[③]1952年,中国的三次产业结构呈现"一三二"特征:第一产业占50.5%,第二产业占20.9%,第三产业占28.6%,其中第二产业比重最低,是典型的农业经济型产业结构。此后,中国工业增加值占国内生产总值的比重先经历一个逐渐上升的过程,达到峰值后转而缓慢下降,这是工业化发展到一定阶段产业结构自然演进的结果。到2019年,中国的三次产业结构呈现"三二一"结构特征,第一产业占7.1%,第二产业占39%,第三产业占53.9%,[④]其中第一产业比重最低,第三产业比重最高,呈现典型的工业化后期阶段结构特征。

第三,从经济体制变迁角度看,实现了从自然经济向计划经济,再从计划经济向市场经济两次跨越,从一个自然经济为主的传统经济体演变为一个市场经济体。1949年,在经济体系中,自给自足的自然经济占主导地位,已经出现的市场经济因素呈现半殖民地经济形态特征。到2020年,中国已经建立和初步完善社会主义市场经济体制,经济市场化指数得到快速提升。目前,中国绝大部分商品和生产资料产品价格由

---

① 国家统计局国民经济综合统计司编《新中国五十年统计资料汇编》,中国统计出版社,1999,第3页。
② 陆娅楠:《人均1万美元,了不起》,《人民日报》2020年1月18日,第4版。
③ 蔡昉:《中国发展蕴含的工业化规律》,《人民日报》2019年8月28日,第8版。
④ 国家统计局:《中华人民共和国2019年国民经济和社会发展统计公报》,《人民日报》2020年2月29日,第5版。

市场决定，包括英国、荷兰、新西兰、瑞士等发达国家在内的众多国家已经承认中国的市场经济地位。

第四，从人民生活水平看，中国人民实现了从贫困到温饱、从温饱到小康、从小康到富裕三次跨越。1949年，中国人民生活处于贫困状态。进入21世纪，中国处在从总体小康向全面小康转变的加快推进进程中，总体上进入了小康化快速推进和内涵深化、从小康型消费向富裕型消费转变的时期。2020年，决胜全面建成小康社会取得决定性成就，人民生活水平显著提高，高等教育进入普及化阶段，建成世界上规模最大的社会保障体系，基本医疗保险覆盖超过13亿人，基本养老保险覆盖近10亿人。① 1949—2019年间，中国城镇居民恩格尔系数从58%下降到28.2%，农村居民恩格尔系数从68%下降到30%。②

第五，从社会发展水平看，社会现代化快速推进。中华人民共和国成立以来，中国社会实现了从传统社会向中等程度的现代社会的转变。从城市化角度看，1949年中国城镇化率只有10.64%③，2019年中国城镇常住人口占总人口比重首次超过60.6%④，城镇化进入一个新的发展阶段。从社会结构来看，中国已经启动从二元社会向城乡融合发展转变的进程，新型工农城乡关系正在形成。联合国开发计划署发布的《2019年人类发展报告》显示，中国的人类发展水平近年来取得巨大进步，中国的人类发展指数从1990年的0.501跃升至2018年的0.758，增长了近51.1%，已经属于"高人类发展水平"。自1990年引入人类发展指数以来，"中国是世界上唯一一个从'低人类发展水平'跃升到'高人类发展水平'的国家"。⑤

第六，从文明发展程度看，文化现代化全面启动，文化强国建设稳步推进。"文化是一个国家、一个民族的灵魂。文化兴国运兴，文化强民族强。"⑥ 中华人民共和国成立以后，特别是改革开放以来，中国全面启动文化建设进程，文化事业产业蓬勃发展。到2019年年末，全国共有艺术表演团体2072个，博物馆3410个，公共图书

---

① 新华社：《中共中央关于制定国民经济和社会发展第十四个五年规划和二〇三五年远景目标的建议》，《人民日报》2020年11月4日，第4版。
② 按照国际标准，恩格尔系数在50%—60%之间属于温饱，40%—50%之间属于小康，40%以下属于富裕。
③ 国家统计局编《中国统计年鉴——1981》，中国统计出版社，1982，第89页。
④ 国家统计局：《中华人民共和国2019年国民经济和社会发展统计公报》，《人民日报》2020年2月29日，第5版。
⑤ 陈尚文、程是颉：《中国的人类发展水平取得巨大进步》，《人民日报》2019年12月10日，第17版。
⑥ 习近平：《决胜全面建成小康社会 夺取新时代中国特色社会主义伟大胜利》，人民出版社，2017，第40—41页。

馆3189个，文化馆3325个。有线电视实际用户2.12亿户，其中有线数字电视实际用户1.98亿户。广播节目综合人口覆盖率为99.1%，电视节目综合人口覆盖率为99.4%。2019年全年生产电视剧254部10646集，电视动画片94659分钟。全年生产故事影片850部，科教、纪录、动画和特种影片187部。出版各类报纸315亿份，各类期刊22亿册，图书102亿册（张），人均图书拥有量7.29册（张）。① 作为繁荣精神文化生活的重要力量，文化产业既是推动经济社会发展的新动能，更是实现国家强盛、民族振兴的重要支撑。2019年全国规模以上文化及相关产业企业营业收入86624亿元，按可比口径计算，比上年增长7.0%。② 这表明中国文化事业、文化产业开始进入快速发展时期，对经济社会发展的拉动能力增强。

总之，中国共产党执政以来，通过卓有成效的经济工作，将中国从一个前现代化国家转变为一个现代化取得重大阶段性成果并正在加速推进的国家。

这些成就奠定了中国现代化和民族复兴的物质基础，中国开始进入现代化和民族复兴加速推进时期。2008年，举办北京奥运会和成功应对国际金融危机，推动中国走到世界前台，中国的国际地位迅速提升。2020年，新冠肺炎疫情全球暴发，进一步推动中国走近世界舞台的中央，中国再次成为世界经济增长的稳定器和压舱石。根据英国经济史学家安格斯·麦迪森的估算，中华人民共和国成立时，中国国内生产总值占全球的比重只有5%。③ 2020年，这一比重上升至17%左右④，中国长期是世界经济发展动力最足的"火车头"。中国经济总量在世界的位次从1949年的第33位、1979年的第10位，发展到2020年稳居世界第2位。2009年开始，中国成为全球第一出口大国、第一外汇储备大国。从21世纪的第一年即2001年开始，在各国对世界经济增长的贡献率排位中，中国就开始位居首位。2008年国际金融危机爆发以来，中国经济增长对世界经济增长的贡献率连续多年超过30%，成为世界经济增长的主要稳定器和动力源。⑤ 根据2019年《全球竞争力报告》披露的数据，2019年中国竞争力排名第28位，综合得分稳中有升。报告显示，中国在市场规模、宏观经济稳定性、创新能力、信息

---

① 国家统计局：《中华人民共和国2019年国民经济和社会发展统计公报》，《人民日报》2020年2月29日，第5版。
② 国家统计局：《中华人民共和国2019年国民经济和社会发展统计公报》，《人民日报》2020年2月29日，第5版。
③ 安格斯·麦迪森：《世界经济千年史》，伍晓鹰、许宪春、叶燕斐、施发启译，北京大学出版社，2003，中文版前言第5页。
④ 陆娅楠：《中国经济总量首超100万亿元》，《人民日报》2021年1月29日，第1版。
⑤ 赵昌文：《我国经济稳定发展的实力雄厚》，《人民日报》2020年3月12日，第9版。

技术应用等指标上得分靠前,在基础设施等指标上也表现突出。① 中国外交开始从被动趋于主动,表现为在一些重要的国际场合、国际事项上开始主动发出倡议,积极提出建议,在国际舞台上的发言权日趋增大。

四、创新和发展了马克思主义政治经济学,确立现代化和民族复兴的经济理论基础

中国共产党在 100 年的经济工作实践中,注重理论创新,注重将马克思主义经济理论与中国的具体实际相结合,形成了中国特色社会主义政治经济学,确立了中国实现现代化和民族复兴的经济理论基础。

一是创新和发展了马克思主义关于社会主义经济制度的构建理论。马克思主义经典作家理论主张,工人阶级要在通过暴力革命打碎资本主义国家机器和制度的基础上建立社会主义经济制度。中国共产党从中国半殖民地半封建社会经济制度实际出发,首先建立新民主主义经济社会形态,在此基础上,通过社会主义经济改造,建立社会主义经济制度,形成了中国新民主主义经济理论和中国社会主义经济改造理论,丰富和发展了马克思主义关于社会主义经济制度的构建理论。

二是创新和发展了马克思主义关于社会主义本质的理论。中国共产党努力科学把握社会主义的本质,不断清除附加在社会主义上的一些不科学的成分,将以人民为中心、人的全面发展作为完善社会主义经济制度的基本出发点。在一个较长的时期内,在国际共产主义理论与实践中,马克思主义关于社会主义经济制度的理论被人为地附加了一些非社会主义本质的东西。中国共产党在实践中不断清除附加在社会主义上的传统观念,取得了关于社会主义及其本质的科学认识,例如,贫穷、平均主义不是社会主义,计划经济不是社会主义独有的,按劳分配不是社会主义唯一的分配方式。"社会主义的本质,是解放生产力,发展生产力,消灭剥削,消除两极分化,最终达到共同富裕。……走社会主义道路,就是要逐步实现共同富裕。"② "要努力促进人的全面发展。这是马克思主义关于建设社会主义新社会的本质要求。"③ "要始终把实现好、维护好、发展好最广大人民的根本利益作为党和国家一切工作的出发点和落脚点,尊重人民主体地位,发挥人民首创精神,保障人民各项权益,走共同富裕道路,促进人的全面发展,做到发展为了人民、发展依靠人民、发展成果由人民共享。"④ "必须坚持人民主体地位,坚持立党为公、执政为民,践行全心全意为人民服务的根本宗旨,

---

① 聂晓阳、陈俊侠:《中国全球竞争力综合得分稳中有升》,《人民日报》2019 年 10 月 10 日,第 17 版。
② 邓小平:《邓小平文选(第三卷)》,人民出版社,1993,第 373 页。
③ 江泽民:《论党的建设》,中央文献出版社,2001,第 523 页。
④ 胡锦涛:《胡锦涛文选(第二卷)》,人民出版社,2016,第 624 页。

把党的群众路线贯彻到治国理政全部活动之中，把人民对美好生活的向往作为奋斗目标，依靠人民创造历史伟业。"①这样，就在以人民为中心、人的全面发展这一基点上丰富和发展了对社会主义本质的认识。

三是创新和发展了马克思主义关于社会主义基本经济制度和经济体制的理论。在世界社会主义运动中，社会主义基本经济制度被等同于公有制，公有制被等同于全民所有制，社会主义分配制度被等同于单一按劳分配，苏联式的指令性计划经济体制被当作社会主义经济体制的经典模式，公有制理论、按劳分配理论、计划经济体制理论被当作社会主义政治经济学的经典理论。中国共产党构建的公有制为主体、多种所有制经济共同发展的社会主义所有制理论，按劳分配为主体、多种分配方式并存的社会主义分配理论以及社会主义市场经济理论则突破了这些经典理论范式，创新了马克思主义关于社会主义所有制、分配制度和经济体制的理论。特别是中国共产党十九届四中全会通过的《中共中央关于坚持和完善中国特色社会主义制度 推进国家治理体系和治理能力现代化若干重大问题的决定》将上述所有制、分配制度和经济体制上升到社会主义基本经济制度的高度，丰富了社会主义基本经济制度的内涵，提升了分配制度与经济体制在社会主义制度体系中的地位，是对马克思主义政治经济学的重大发展和创新。

第二节 中国共产党百年经济工作的经验与启示

江泽民同志在庆祝中国共产党成立80周年大会上的讲话中，总结了中国共产党80年实践的三条基本经验与启示，即三个"始终"：始终坚持马克思主义基本原理同中国具体实际相结合，坚持科学理论的指导，坚定不移地走自己的路；始终紧紧依靠人民群众，诚心诚意为人民谋利益，从人民群众中汲取前进的不竭力量；始终自觉地加强和改进党的建设，不断增强党的创造力、凝聚力和战斗力，永葆党的生机和活力。②胡锦涛同志在党的十七大报告中，总结了党领导改革开放的十条基本经验，即十个"结合"：把坚持马克思主义基本原理同推进马克思主义中国化结合起来，把坚持四项基本原则同坚持改革开放结合起来，把尊重人民首创精神同加强和改善党的领导结合起来，把坚持社会主义基本制度同发展市场经济结合起来，把推动经济基础变革同推动上层建筑改革结合起来，把发展社会生产力同提高全民族文明素质结合起

---

① 习近平：《习近平谈治国理政（第三卷）》，外文出版社，2020，第16-17页。
② 江泽民：《江泽民文选（第三卷）》，人民出版社，2006，第270-271页。

来,把提高效率同促进社会公平结合起来,把坚持独立自主同参与经济全球化结合起来,把促进改革发展同保持社会稳定结合起来,把推进中国特色社会主义伟大事业同推进党的建设新的伟大工程结合起来。① 习近平同志在庆祝改革开放40周年大会讲话中,总结了改革开放40年积累的宝贵经验,即九个"坚持":必须坚持党对一切工作的领导,不断加强和改善党的领导;必须坚持以人民为中心,不断实现人民对美好生活的向往;必须坚持马克思主义指导地位,不断推进实践基础上的理论创新;必须坚持走中国特色社会主义道路,不断坚持和发展中国特色社会主义;必须坚持和完善中国特色社会主义制度,不断发挥和增强我国制度优势;必须坚持以发展为第一要务,不断增强我国综合国力;必须坚持扩大开放,不断推动共建人类命运共同体;必须坚持全面从严治党,不断提高党的创造力、凝聚力、战斗力;必须坚持辩证唯物主义和历史唯物主义世界观和方法论,正确处理改革发展稳定关系。②

这三个"始终"、十个"结合"、九个"坚持",也是对中国共产党百年经济工作经验与启示的总结。具体来说,党的百年经济工作的探索,凝聚成下述历史经验与启示。

一、必须坚持和加强党对经济工作的集中统一领导

习近平总书记指出,"党政军民学,东西南北中,党是领导一切的"③。党是总揽全局、协调各方的领导核心。经济工作是党的中心工作,因此,党的领导必须在经济工作中得到充分体现。坚持党对经济工作的集中统一领导是中国共产党做好经济工作的政治优势。

中国共产党历来重视加强对经济工作的集中统一领导。在战争年代,党政军是一体化的,党直接领导革命根据地,组织开展经济工作,为战争提供物资保障。土地革命战争时期,中国共产党领导土地革命和根据地经济建设,用以满足革命根据地的战争需要和日常生活需要。抗日战争时期,中国共产党在陕甘宁边区和敌后根据地领导人民开展了全面的经济建设和对敌经济斗争,保障了抗战军需的供给。中华人民共和国成立以后,在过渡时期推进"一化三改"的过程中,毛泽东就指出,党的"政治工作是一切经济工作的生命线。在社会经济制度发生根本变革的时期,尤其是这

---

① 胡锦涛:《胡锦涛文选(第二卷)》,人民出版社,2016,第620页。
② 习近平:《习近平谈治国理政(第三卷)》,外文出版社,2020,第181-189页。
③ 习近平:《习近平谈治国理政(第三卷)》,外文出版社,2020,第16页。

样"①。1962年1月，毛泽东提出："工、农、商、学、兵、政、党这七个方面，党是领导一切的。党要领导工业、农业、商业、文化教育、军队和政府。"②党的十一届三中全会后，中国共产党的工作重心重新转移到经济建设上来，开始实施改革开放，大力发展经济。此时，邓小平强调"坚持四项基本原则的核心，是坚持共产党的领导"③。

但是，我们也不得不承认，"由于一个时期片面理解和执行党政分开，一些领域党的领导弱化的现象还不同程度存在，党的机构设置和职能配置还不够健全有力"，社会上出现了"形形色色的否定、削弱、淡化党的领导的言行"。④一个时期以来人们对党的领导存在模糊甚至是错误的认识。⑤这种状况在经济工作领域也有表现。

党的十八大以来，以习近平同志为核心的党中央高度重视党对各领域工作的领导，"对坚持党的领导旗帜鲜明、立场坚定"，"树立起党中央集中统一领导的权威"，"从根本上扭转党的领导弱化"的状况，"校正了党和国家前进的航向"。⑥在2012年12月中央经济工作会议上，习近平总书记明确提出"必须切实加强党对经济工作的领导"，要"履行党领导经济工作的职能，议大事、抓大事"，要"加强领导干部能力建设，提高领导经济工作科学化水平"，要"转变作风、真抓实干，增强党和政府公信力"。⑦2017年12月召开的中央经济工作会议指出，中国共产党坚持观大势、谋全局、干实事，成功驾驭了我国经济发展大局，在实践中形成了习近平新时代中国特色社会主义经济思想，其中，第一条就明确要求，"坚持加强党对经济工作的集中统一领导，保证我国经济沿着正确方向发展"⑧。这就将"加强党对经济工作的集中统一领导"推向了一个前所未有的高度。

加强党对经济工作的集中统一领导是一个重大的理论课题与实践课题。从中国共产党百年经济工作的历史中，可以获得一些重要的历史启示。

---

① 中共中央文献研究室编《毛泽东文集（第六卷）》，人民出版社，1999，第449页。
② 中共中央文献研究室编《毛泽东文集（第八卷）》，人民出版社，1999，第305页。
③ 邓小平：《邓小平文选（第二卷）》，人民出版社，1994，第391页。
④ 丁薛祥：《深化党和国家机构改革是推进国家治理体系和治理能力现代化的必然要求》，《人民日报》2018年3月12日，第6版。
⑤ 闻言：《毫不动摇坚持和加强党对一切工作的领导——学习习近平〈论坚持党对一切工作的领导〉》，《人民日报》2019年11月22日，第7版。
⑥ 《旗帜鲜明坚持党的领导 兑现对人民的庄严承诺》，《人民日报》2017年10月20日，第1版。
⑦ 习近平：《论坚持党对一切工作的领导》，中央文献出版社，2019，第13-15页。
⑧ 谢环驰：《中央经济工作会议在北京举行》，《人民日报》2017年12月21日，第1版。

首先，要加强党领导经济工作的制度化。中华人民共和国成立以后很长时期内，党领导经济工作的制度化建设是不够的，并没有形成制度化、规范化、程序化的完整体系。党的十八大以来，以习近平同志为核心的党中央领导经济工作的统筹决策机制日益完善，形成了从领导小组到专项小组、从集体学习到专项会议的一系列推动政策制定、协调和落实的制度体系。党中央形成了每个季度分析研究经济形势的制度，每年年底召开的中央经济工作会议进行年度经济工作总结和下一年度经济工作安排，中央全面深化改革委员会（原中央全面深化改革领导小组）不定期召开会议提出经济体制改革事项，审议和通过改革政策文件。中央财经委员会（原中央财经领导小组）在中央政治局、中央政治局常委会领导下，研究确定经济社会发展和改革开放的重要方针和政策，研究提出处理重大财经问题、重大生产力布局、重大项目建设的原则和措施。

其次，要推进党领导经济工作的法治化。现代经济本质上是法治经济，法治经济的本质要求就是要把握规律、尊重规律。经济秩序混乱很大程度上在于有法不依、违法不究。因此，必须坚持法治思维，增强法治观念，依法调控和治理经济。中华人民共和国成立以后，逐步建立了高度集中的计划经济体制，即"指令经济"。此时，党对经济工作的领导基本是依靠行政命令的方式来进行的，往往容易超越法律的边界。改革开放以来，中国逐步确立并完善了社会主义市场经济体制，市场在资源配置中开始起决定性作用，但不少地区和部门还习惯于用超越法律法规的手段和政策来抓企业、上项目推动发展，习惯于采取陈旧的计划手段、强制手段完成任务。因此，习近平总书记强调，各级领导干部要"深入把握经济规律、社会规律、自然规律，使对经济工作的领导更加自觉、更加有效"，"要带头依法办事，自觉运用法治思维和法治方式来深化改革、推动发展、化解矛盾、维护稳定"。①

最后，要增强党领导经济工作的专业化。能不能驾驭中国经济，能不能保持经济持续健康发展，从根本上讲取决于党领导经济工作的能力和水平的高低。中国经济发展领域不断拓宽，分工日趋复杂，形态更加高级，国际国内联动更加紧密，对党领导经济工作的能力和水平提出了更高的要求，越来越需要专业思维、专业素养、专业方法。中华人民共和国成立以后，有一段时间存在"拍脑袋决策""靠行政命令""超越法律法规""打擦边球""踩红线"制定特殊政策的做法，现在已经很难适应新形势新任务的需要。②因此，习近平总书记强调："领导干部要胜任工作，不说外行话、不干

---

① 习近平：《论坚持党对一切工作的领导》，中央文献出版社，2019，第86页。
② 中共中央文献研究室编《十八大以来重要文献选编（中）》，中央文献出版社，2016，第835页。

外行事，必须下大气力完善知识结构、增长实践才干，缺什么补什么，既要多学一些政治、经济、社会方面的知识，也要多学一点国际、战略、心理等方面的知识；要培养科学钻研精神，既要钻研宏观，又要熟悉微观。要坚持理论培训和实践历练并举，培养选拔一大批政治上强、懂经济、会管理的领导干部充实各级领导班子。"[①]

二、党的经济工作必须坚持"以人民为中心"

人民立场作为中国共产党的根本政治立场，决定中国共产党的初心就是"为中国人民谋幸福"。同时，人民立场也决定了党的经济工作必须坚持"以人民为中心"，始终把增进民生福祉、促进人的全面发展作为出发点和落脚点。中国共产党百年经济工作的历史实践表明，只要坚持以人民为中心组织开展经济工作，党的经济工作乃至其他工作开展得就比较顺利，反之则遭遇挫折。

在革命战争时期，为了改变广大农民被地主阶级剥削的命运，中国共产党在革命根据地领导人民大力开展以"打土豪、分田地""减租减息"等为口号的土地革命运动，得到了人民群众的广泛支持，使得中国共产党不断发展壮大，取得抗日战争和解放战争的胜利。中华人民共和国成立初期，为了满足人民的生存、生活需要，中国共产党废除了剥削中国农民两千多年的封建土地所有制，没收垄断国民经济的官僚资本，通过与投机资本的经济斗争稳定了物价、抑制了恶性通货膨胀，从而使国民经济得到快速恢复。改革开放初期，为了改变农民生活困难局面，中国共产党对农村人民公社生产体制进行了重大改革，广泛推广实施了家庭联产承包责任制，从而迅速解放了农村生产力，促进了农村经济社会快速发展，极大地推动了中国经济体制改革的历史进程。苏联解体、东欧剧变以后，党内、理论界、学术界对于中国改革开放的性质产生了激烈的争论，邓小平在南方谈话中，创造性地提出以"是否有利于提高人民生活水平"为落脚点的"三个有利于"的最高判断标准，从而坚定了中国改革开放的战略方向，促进了中国经济快速发展和综合国力迅速提升。党的十八大以来，以习近平同志为核心的党中央为了使全体人民共享经济发展成果，打响了"精准脱贫攻坚战"，通过产业扶贫、易地搬迁扶贫、就业扶贫、教育扶贫、健康扶贫等措施，使得数千万人民摆脱了贫困生活，推动全面建成小康社会取得决定性胜利。此外，面对新冠肺炎疫情的严峻挑战，习近平总书记强调"人民至上、生命至上，保护人民生命安全和身体健康可以不惜一切代价"，指出"战胜这次疫情，给我们力量和信心的是中国人

---

① 习近平：《论坚持党对一切工作的领导》，中央文献出版社，2019，第 86-87 页。

民",①"做好统筹疫情防控和经济社会发展工作,要紧紧依靠人民"②。

中国共产党百年经济工作之所以能够取得举世瞩目的历史性成就,其中一个重要原因在于党的经济工作在绝大部分时间里很好地坚持了"以人民为中心"。中国共产党坚持"以人民为中心"开展经济工作,主要体现在以下三个方面。

首先,把"为了人民"作为党的经济工作的根本目的。中国共产党开展经济工作为的就是解放和发展社会生产力,满足人民对美好生活的需要,促进人的全面发展。因此,党的经济工作,必须以最广大人民的根本利益为根本目的。正如毛泽东同志所说:"为什么人的问题,是一个根本的问题,原则的问题。"③他谆谆教诲全党要全心全意"为人民服务"。邓小平同志把"是否有利于提高人民生活水平"作为"三个有利于"标准的落脚点和归宿。江泽民同志把"代表中国最广大人民的根本利益"作为"三个代表"重要思想落脚点和归宿。胡锦涛同志在庆祝中国共产党成立90周年大会上的讲话指出,在新的历史条件下"必须坚持以人为本、执政为民理念",要"做到权为民所用、情为民所系、利为民所谋"。④习近平同志强调,"党的一切工作都是为了实现好、维护好、发展好最广大人民根本利益"⑤,"人民对美好生活的向往,就是我们的奋斗目标"⑥。

其次,把"依靠人民"作为党的经济工作的根本动力。习近平同志指出:"人民是历史的创造者,是决定党和国家前途命运的根本力量。"⑦"波澜壮阔的中华民族发展史是中国人民书写的!博大精深的中华文明是中国人民创造的!历久弥新的中华民族精神是中国人民培育的!中华民族迎来了从站起来、富起来到强起来的伟大飞跃是中国人民奋斗出来的!"⑧人民是中国共产党的力量源泉,是中国共产党治国理政最大的底气和最深厚的根基。因此,党的经济工作必须坚持人民立场,尊重人民的主体地位,充分发挥人民的首创精神,要善于从人民群众中汲取智慧和力量。改革开放初

---

① 人民日报评论员:《必须坚持以人民为中心 紧紧依靠人民开拓事业新局面——论学习贯彻习近平总书记在纪念中国人民抗日战争暨世界反法西斯战争胜利七十五周年座谈会上重要讲话》,《人民日报》2020年9月8日,第3版。
② 人民日报评论员:《紧紧依靠人民——论坚持以人民为中心的发展思想②》,《人民日报》2020年6月3日,第1版。
③ 《毛泽东选集(第三卷)》,人民出版社,1991,第857页。
④ 胡锦涛:《在庆祝中国共产党成立90周年大会上的讲话》,《人民日报》2011年7月2日,第2版。
⑤ 习近平:《习近平谈治国理政(第三卷)》,外文出版社,2020,第137页。
⑥ 习近平:《习近平谈治国理政》,外文出版社,2014,第4页。
⑦ 习近平:《习近平谈治国理政(第三卷)》,外文出版社,2020,第16页。
⑧ 习近平:《习近平谈治国理政(第三卷)》,外文出版社,2020,第139页。

期,中国共产党正是充分尊重了人民群众的首创精神,才推动了传统计划经济体制的转型。无论是包产到户的全面推广实施、乡镇企业的异军突起,还是广东蛇口"杀出一条血路来"推开经济特区制度的大门,都是中国共产党紧紧依靠人民推动国家发展的案例。

最后,把"发展成果要由人民共享"作为党的经济工作的价值追求。中国共产党追求的发展是造福人民的发展,追求的富裕是全体人民共同富裕。一直以来,中国共产党把坚持社会公平正义作为经济工作的重要方针,努力使经济发展成果更多更公平地惠及全体人民,不断朝着共同富裕的目标前进。毛泽东同志早在中华人民共和国成立初期就指出,"现在我们实行这么一种制度,这么一种计划,是可以一年一年走向更富更强的,一年一年可以看到更富更强些。而这个富,是共同的富,这个强,是共同的强,大家都有份"①。邓小平同志提出,社会主义本质是为了"消灭剥削,消除两极分化,最终达到共同富裕"②。江泽民同志强调:"实现共同富裕是社会主义的根本原则和本质特征,绝不能动摇。"③胡锦涛同志要求"使全体人民共享改革发展成果,使全体人民朝着共同富裕的方向稳步前进"④。习近平同志指出,中国共产党的目标就是"让全体中国人都过上更好的日子"⑤,"让人民群众有更多获得感、幸福感、安全感"⑥。正因为如此,习近平同志还强调,"检验我们一切工作的成效,最终都要看人民是否真正得到了实惠,人民生活是否真正得到了改善,人民权益是否真正得到了保障"⑦,"改革发展搞得成功不成功,最终的判断标准是人民是不是共同享受到了改革发展成果"⑧。

三、确立和确保经济工作在党的全部工作中的地位

经济工作是中国共产党全部工作中的一个重要部分。在不同的历史时期,经济工作在党的各项工作中的地位是不同的。中华人民共和国成立前,夺取革命战争的胜利是党工作的中心。但就是在这种背景下,一旦有安定的环境,中国共产党也强调以经

---

① 中共中央文献研究室编《毛泽东文集(第六卷)》,人民出版社,1999,第495页。
② 邓小平:《邓小平文选(第三卷)》,人民出版社,1993,第373页。
③ 江泽民:《江泽民文选(第一卷)》,人民出版社,2006,第466页。
④ 胡锦涛:《胡锦涛文选(第二卷)》,人民出版社,2016,第291页。
⑤ 习近平:《习近平谈治国理政(第三卷)》,外文出版社,2020,第134页。
⑥ 习近平:《习近平谈治国理政(第三卷)》,外文出版社,2020,第346页。
⑦ 中共中央文献研究室编《十八大以来重要文献选编(上)》,中央文献出版社,2014,第698页。
⑧ 新华社:《中共中央召开党外人士座谈会》,《人民日报》2015年10月31日,第1版。

济建设为中心。例如，陕甘宁边区一度有相对安定的环境，并建立了比较完备的民主制度。1940年下半年以后遭遇严重的物质困难，毛泽东同志提出，"边区有政治军事经济财政锄奸文化各项重大工作，就现时状态即不发生大的突变来说，经济建设一项乃是其他各项的中心"[1]。但总体而言，中华人民共和国成立以前，经济工作是党的"三大任务之一"，是革命战争不可分离的一部分。1956年9月党的八大明确提出，经济建设工作是今后党和国家的工作重点。此后不久，党的工作重心开始偏离经济工作这一重点。1962年党的八届十中全会提出"以阶级斗争为纲"的口号，经济工作被放到次要位置。党的十一届三中全会作出了把全党工作的着重点转移到社会主义现代化建设方面来的战略决策。1987年10月党的十三大明确了"一个中心，两个基本点"的社会主义初级阶段的基本路线，从基本路线的高度明确了经济工作的中心地位。进入21世纪，中国共产党又从执政党建设的高度将发展作为第一要务。"必须坚持抓好发展这个党执政兴国的第一要务，把发展作为解决中国一切问题的关键。党领导人民建设社会主义的根本任务是解放和发展生产力，增强综合国力，满足人民群众日益增长的物质文化需要。要坚持以经济建设为中心，树立和落实科学发展观，正确处理改革发展稳定的关系，不断开拓发展思路、丰富发展内涵，推动社会主义物质文明、政治文明、精神文明协调发展。"[2]胡锦涛同志指出："我们党执政，首要任务就是带领人民推动经济社会发展，不断满足人民日益增长的物质文化需要。提高党的执政能力，首先要提高党领导发展的能力。我们这样一个经济文化比较落后的社会主义大国，如何实现又快又好的发展，是党执政以后必须下大气力解决好的重大课题。"[3]习近平同志指出："以经济建设为中心是兴国之要，发展仍是解决我国所有问题的关键。只有推动经济持续健康发展，才能筑牢国家繁荣富强、人民幸福安康、社会和谐稳定的物质基础。"[4]

从"三大任务之一"到"工作中心""第一要务"和"兴国之要"，体现了中国共产党根据不同时期的具体实际为经济工作定位的过程，但是，其间的曲折也带来了党和国家的事业发展的挫折。因此，如何始终在认识和实践上确保经济工作的地位，是摆在执政党面前的重大课题。

首先，要用党的基本路线和指导思想来确保经济工作的地位。党的八大提出工作重心转移后，之所以出现反复，在很大程度上是因为这种重心转移的认识没有上升到

---

[1] 《毛泽东书信选集》，人民出版社，1983，第187页。
[2] 中共中央文献研究室编《十六大以来重要文献选编（中）》，中央文献出版社，2006，第274页。
[3] 中共中央文献研究室编《十六大以来重要文献选编（中）》，中央文献出版社，2006，第308页。
[4] 中共中央文献研究室编《习近平关于社会主义经济建设论述摘编》，中央文献出版社，2017，第3页。

党的基本路线和指导思想的高度，因此，一旦关于社会主要矛盾的判断发生变化，经济工作的中心地位必然动摇。党的十一届三中全会以后，正是由于逐渐将经济工作的地位上升到基本路线和指导思想的高度，才保证了经济工作中心地位的不可动摇性。也正因为如此，邓小平同志强调社会主义初级阶段基本路线要管一百年。习近平同志告诫全党："我国社会主要矛盾的变化，没有改变我们对我国社会主义所处历史阶段的判断，我国仍处于并将长期处于社会主义初级阶段的基本国情没有变，我国是世界最大发展中国家的国际地位没有变。全党要牢牢把握社会主义初级阶段这个基本国情，牢牢立足社会主义初级阶段这个最大实际，牢牢坚持党的基本路线这个党和国家的生命线、人民的幸福线，领导和团结全国各族人民，以经济建设为中心，坚持四项基本原则，坚持改革开放，自力更生，艰苦创业，为把我国建设成为富强民主文明和谐美丽的社会主义现代化强国而奋斗。"[①]

其次，要从执政党建设的高度正确处理党的其他工作和经济工作的关系，避免其他工作对经济工作的干扰。在这个问题上，中国共产党积累了成功的经验。例如，在抗美援朝中，党中央始终坚持将国民经济的恢复与抗美援朝战争有机结合起来，没有因为战争影响国内经济工作，同时实现了抗美援朝战争胜利和恢复经济的目标。但是，在这个方面也有不少教训。20世纪50年代后期开始的中苏"十年论战"期间，党的经济工作受到影响，"备战备荒"扭曲了经济工作的方向，而"文化大革命"则直接破坏了经济工作。历史证明，只有将经济工作上升到党执政兴国第一要务的高度，放在长期执政党建设根基的高度，才能充分认识和确认经济工作在执政党建设中的价值和意义，才能使经济工作的中心地位不受其他因素的干扰。

四、在经济工作大政方针确定上要充分发扬党内民主

同其他工作一样，在经济工作问题上，党内出现不同意见是正常的。党作为一个整体应该善于在吸收不同观点的基础上形成正确的理论和决策。不同意见的交流有利于提高经济工作的科学化程度，减少经济工作中的失误。

在战争年代，由于面对着强大的敌人，加上经济工作总体上处于服从战争的地位，经济工作上党内高层的争论较少，即使出现了争论或不同意见，也主要是采用批评和说服的方法。例如，在抗日战争时期，党的七大召开之前，针对在新民主主义经济建设中是否要利用和发展资本主义的问题，在相当一部分农民出身的党员中存在着一种认为可以由小农经济直接发展到社会主义经济的民粹主义思想。在党的六届七中

[①] 习近平：《习近平谈治国理政（第三卷）》，外文出版社，2020，第10页。

全会上，毛泽东通过充分肯定资本主义的"广大发展"，明确批评了这种倾向。在解放战争时期，党内又出现了农业社会主义思潮。经中共中央审定，《关于农业社会主义的问答》一文发表，对农业社会主义思想进行了集中批判。中华人民共和国成立前，正是这种严肃的党内批评与教育，统一了全党经济工作的指导思想与具体行动。

中华人民共和国成立以后，由于经济工作地位的突出，各项工作包括经济工作复杂性的增强，经济工作上的党内分歧开始增多。在20世纪50年代初期，就出现了在如何对待富农雇工、党员单干、老区互助组发展问题上的党内意见分歧。1953年，党内出现了关于"新税制"的争论，1955年，出现了关于农业合作化发展的争论，庐山会议上则发生了毛泽东和彭德怀之间关于"大跃进"的不同看法的分歧。这些争论与分歧都是在坚持社会主义方向和道路的前提下，在具体工作推进速度与方式上的意见分歧，应该是可以正确处理的。毛泽东也正确处理过其中一些争议。例如，对于关于富农雇工和党员单干的争议，毛泽东允许在党内高层保留不同意见，没有因为争论影响经济工作进程。但是，也出现了运用不民主的手段压制不同意见的倾向。例如，在1955年农业合作化的争论中，毛泽东指责邓子恢主持的中共中央农村工作部"老是站在资产阶级、富农或者具有资本主义自发倾向的富裕中农的立场上替较少的人打主意，而没有站在工人阶级的立场上替整个国家和全体人民打主意"①。这就将党内的正常的意见分歧上升为路线之争，采取了"上纲上线"的党内斗争方法。对于彭德怀在庐山会议上的不同意见，则采取了更为严厉的党内路线斗争方法。这种方法给党的工作特别是经济工作带来了消极后果。具体来说，一是压制正确意见。实践证明，彭德怀和邓子恢在上述争论中的意见是正确的。如果适当地采纳或吸收他们的主张，农业合作化运动应该可以避免步伐过快等问题，可以推进得更稳健一些，"大跃进"也可以及时予以制止。但是，在强大的党内斗争压力之下，这些意见难以充分表达和引起严肃认真的对待。二是矫枉过正。以党内斗争的强大气势批所谓"右"，必然导致"左"的发生。如1955年批邓子恢的"小脚女人"做法，导致农业合作化进程上出现各个地方夸大群众积极性、盲目追求超额完成合作化指标，最后导致推翻原定的由互助组到初级社再到高级社这种逐步发展的步骤，推翻用18年完成农业合作化的计划。三是加速经济工作偏离实际的轨道。在20世纪50年代的经济工作中，出现这样一种情形：当毛泽东提出一种主张并通过党内斗争压力予以雷厉风行地推进的时候，各级干部总是闻风而动，唯恐落在别人后面。这样，往往在相互攀比中又提出一些超过毛泽东预计的情

---

① 中共中央文献研究室编《毛泽东文集（第六卷）》，人民出版社，1999，第433页。

况和规定的指标。这些反映到毛泽东那里，使他十分兴奋，又进一步提出新的要求和更高的指标。如此循环往复，使原来提出的比较符合实际的要求，变得越来越脱离实际。

党的十一届三中全会以后，邓小平、江泽民、胡锦涛、习近平等同志吸取经验教训，通过党内民主和教育的方式对待经济工作上的不同意见和分歧。具体来说，一是恢复马克思主义实事求是的思想路线，大力推进思想解放，使全党在思想上保持与时俱进的姿态，这就有利于统一全党思想，避免一些重大争论和分歧。二是在一些重大问题上通过广泛讨论和征求意见，吸收不同的意见和主张。三是在一些产生了分歧的具体问题上，不搞争论，以争取发展机遇。正如邓小平所说："不搞争论，是我的一个发明。不争论，是为了争取时间干。一争论就复杂了，把时间都争掉了，什么也干不成。不争论，大胆地试，大胆地闯。"[1] 实践证明，这种"不争论"，不仅争取了发展时间，而且有利于用事实统一思想。"不争论"并不意味着放弃重大问题的争论，而是着眼于抓住发展机遇，着眼于实践，着眼于创新，着眼于用实践而不是个别人物的主观好恶来检验真理。改革开放以来，党中央还逐步形成了重大经济决策向社会和党内征求意见的做法。例如，党的十九届五中全会通过《中共中央关于制定国民经济和社会发展第十四个五年规划和二〇三五年远景目标的建议》，就是"加强顶层设计与问计于民统一"的体现。从 2020 年 7 月下旬到 9 月下旬，习近平总书记先后主持召开企业家座谈会等七个座谈会，当面听取各方面对制定"十四五"规划的意见和建议。8 月 16 日至 29 日，开展网上征求意见，有关方面从网上留言中整理出 1000 多条意见建议。8 月 10 日，建议稿下发党内一定范围征求意见，建议稿吸取各方面意见，共修改 546 处。这次"建议"的制定，"是我们党内民主和社会主义民主的生动实践"[2]。用正确的方法对待党内争论和分歧，充分发扬党内民主，有助于提升经济工作的科学性。这是今后党的经济工作要坚持的一条基本经验。

五、要致力于推进马克思主义中国化进程，走自己的路

一个政党领导一个国家的经济工作，关键是要找到一条符合国情的经济发展道路。中国共产党无论是在领导中国革命还是在领导经济工作的过程中，都非常注重这种道路的探索。1921—1952 年间，中国共产党领导中国人民走出了一条适合中国国情的新民主主义经济革命道路，1953—1956 年间走出了一条适合中国国情的社会主义经

---

[1] 邓小平：《邓小平文选（第三卷）》，人民出版社，1993，第 374 页。
[2] 习近平：《关于〈中共中央关于制定国民经济和社会发展第十四个五年规划和二〇三五年远景目标的建议〉的说明》，《人民日报》2020 年 11 月 4 日，第 2 版。

济改造道路，1956年至今，走出了一条适合中国国情的社会主义经济建设、经济发展与经济改革道路。

寻找适合中国国情的道路是一个艰难的过程，其中充满曲折。1956年毛泽东开始集中力量抓经济建设时，就提出希望经济建设上轨道的时间比革命走上轨道的时间短一些。他说：搞建设究竟要多少年才上轨道？应该缩短。搞建设，想缩短犯主观主义的时间。①从这段话中可以看出，毛泽东所说的"上轨道"，包含了确立实事求是的思想路线、加快事业的发展进程和掌握规律从而克服主观主义等内涵。但是，在后来的实践中，在这三个方面都出现了曲折。在思想路线方面曾经长期陷入教条主义，在发展速度上陷入"欲速不达"，在对待规律的问题上陷入主观随意性。相对于中国走上新民主主义经济革命道路和社会主义经济改造道路的时间而言，中国走上适合中国国情的社会主义经济建设道路的时间更长一些，过程也更曲折一些。而且，这一探索中有很多的失误，例如分配中的平均主义"大锅饭"，自给自足的经济模式，并不符合中国国情，也不符合马克思主义。

因此，问题不仅仅在于是否要走适合中国国情的社会主义经济建设道路，更在于如何找到和走上这条道路；不仅仅在于这条道路是否适合中国国情，更在于是否符合马克思主义基本原理。在这方面，中国共产党百年经济工作所积累的经验在于下述几个方面。

首先，要完整把握和坚持马克思主义经济理论的本质，这是探索自己的路的理论基础。很长一段时期内，中国共产党接受的是苏联根据苏联经验所诠释的马克思主义，其中存在大量人为附加的非马克思主义的因素。而且，由于小农经济广泛存在的特殊国情，在马克思主义之上进一步人为附加了诸多非马克思主义的因素。特别是在社会主义本质、社会主义经济制度、社会主义经济体制等方面的理解上，一度严重偏离马克思主义的本质内涵。战争年代，由于经济工作本身规模有限，这种偏离对经济工作的影响也有限。中华人民共和国成立以后，特别是在传统计划经济体制的时期，这种偏离严重制约了党的经济工作的开展。1979年以来，中国共产党才开始逐渐剔除长期以来人为附加在马克思主义之上的非马克思主义的东西，逐渐揭示出马克思主义的真正的本质内涵，包括社会主义的本质以及本质要求，社会主义经济制度的本质内涵。因此，虽然中国共产党早在20世纪50年代就开始破题探索中国社会主义建设道路，但真正开始找到中国特色社会主义道路，是在20世纪80年代以后形成中国特色社会主义的过程中。在21世纪，中国共产党进一步明确了社会主义要实现人的全面

---

① 逄先知、金冲及主编《毛泽东传（1949—1976）（上）》，中央文献出版社，2003，第474页。

发展这一本质要求，明确了"新时代"这一中国特色社会主义新的历史方位，又在更高的基点上开始了中国特色社会主义新的探索历程。

其次，要科学把握中国国情，这是探索自己的路的现实基础。对国情的科学认识是将马克思主义与中国实际结合起来，走自己的路的基点。中华人民共和国成立以前，中国共产党对中国国情特别是经济国情的认识是比较全面和充分的。中华人民共和国成立以后一段时间，虽然也注重把握中国的国情，但是，由于指导思想上的偏差，在国情认识上也出现了严重的偏差。历史经验证明，在国情认识上，要做到下述几个方面。

一是要科学认识社会经济发展所处阶段的定位，这是最基本的国情。毛泽东非常重视调查研究，对中国的国情有相对比较透彻的认识。但是，他在探索中出现了发动"大跃进"和"文化大革命"的失误，重要原因在于，他在中国社会经济发展所处历史阶段的定位这一基本国情的认识上出现了失误。1956年基本完成社会主义改造以后，他正确地认识到，"我国的社会主义制度还刚刚建立，还没有完全建成"[①]。但是，中国建立的是一种什么样的社会主义，他的认识是不正确的。他虽然一度意识到中国的社会主义还是"不发达的社会主义"[②]，而且建成发达的社会主义需要100年甚至更多的时间[③]，但是，在他提出的"大过渡"理论的基础上，他认为中国处在从资本主义向共产主义的过渡时期，这必然将党的工作重心转向阶级斗争和"反修防修"，从而干扰中国社会主义道路的探索。邓小平对国情认识的最大贡献，就是明确提出中国处在并将长期处在社会主义初级阶段，在此基础上，明确提出了社会主义初级阶段的基本路线，构建了探索中国特色社会主义的基点。习近平总书记提出中国特色社会主义进入新时代、我国社会主要矛盾变化、国家进入新发展阶段等一系列的论断，进一步丰富和发展了我们党对社会主义初级阶段基本国情的认识。

二是要对中国社会经济的落后性及其对社会经济发展的制约性有全面的认识，这是国情认识的重点。中国共产党对中国社会经济的落后性有痛切的认识，由此产生了加快改变中国贫穷落后面貌的强烈使命感。但是，真正全面认识这种落后性以及这种落后性对于社会经济发展的制约，经历了一个过程。毛泽东将这种落后性概括为"一穷二白"，他认识到中国不仅在经济、技术上落后，在文化上也存在落后。问题在于，他从落后性中看到了加快中国发展的急迫性，而相对较少看到这种落后性所决定的中

[①] 中共中央文献研究室编《毛泽东文集（第七卷）》，人民出版社，1999，第214页。
[②] 薄一波：《若干重大决策与事件的回顾》，中共党史出版社，2008，第899页。
[③] 《毛泽东著作选读（下册）》，人民出版社，1986，第827页。

国发展的渐进性。同时,他认为中国是"一张白纸",没有充分认识到中国特有历史文化传统中存在的根深蒂固的小农经济思想和封建文化传统将长期地、全面地、深刻地制约中国的现代化进程,结果在实践中出现了急于求成的错误。20世纪80年代以来,中国共产党在这方面的认识开始走向深入和全面。例如,邓小平强调了封建残余对中国现代化进程的制约。世纪之交中国共产党提出的可持续发展以及经济、社会、政治、生态的协调发展则强调了社会发展、政治发展、环境生态发展等方面的滞后性及其对中国现代化进程的制约。新世纪第一个十年,尽管中国经济总量规模在世界的位次快速上升,但中央反复强调当代中国的"发展中国家属性",即经济社会中存在着大量制约现代化和民族复兴的因素。党的十七大明确告诫全党,中国仍处于并将长期处于社会主义初级阶段的基本国情没有变,人民日益增长的物质文化需要同落后的社会生产之间的矛盾这一社会主要矛盾没有变。党的十八大开创中国特色社会主义新时代以来,中国社会生产力水平总体上显著提高,但发展不平衡不充分的问题已经成为满足人民日益增长的美好生活需要的主要制约因素。党的十九大同样告诫全党,中国社会主要矛盾已经转化为人民日益增长的美好生活需要和不平衡不充分的发展之间的矛盾,中国仍处于并将长期处于社会主义初级阶段的基本国情没有变,中国是世界上最大发展中国家的国际地位没有变。①

显然,伴随现代化进程的推进,还会暴露出更多的制约现代化进程的落后性的层面,这种认识还将深化下去。

最后,要科学把握和尊重现代经济成长规律,这是探索自己的路的实践基础。走自己的路,必须建立在尊重规律的基础上。马克思主义政党在指导经济工作的过程中,必须尊重三类规律,一是经济规律,二是社会规律,三是自然规律。如果偏离这三类规律,就会出现主观主义的错误。在革命战争年代,经济工作服从于战争,因此,经济工作一方面要服从经济规律,另一方面更要服从战争规律。同时,根据地经济技术比较落后,自然规律对经济工作的约束表现得也不明显。因此,在中华人民共和国成立以前的经济工作中,尊重规律的要求主要体现为正确处理尊重战争规律和尊重经济规律的关系,中国共产党做到了这一点,探索了适合中国国情的战时经济工作道路。

中华人民共和国成立以后,在国民经济恢复和社会主义改造过程中,中国共产党在尊重经济规律和社会规律的基础上迅速恢复了经济,开创了适合中国国情的社会主义改造道路。中华人民共和国成立初期成功运用价值规律和经济手段平抑了物价,在

---

① 习近平:《习近平谈治国理政(第三卷)》,外文出版社,2020,第9-10页。

对资本主义工商业的社会主义改造中，采取国家资本主义这一过渡形式也是建立在国家与私人资本主义经济利益关系调整基础上的。1956年，毛泽东开始探索适合中国国情的社会主义经济建设道路，其重要出发点在于认识和尊重规律，避免经济工作中的主观主义。但是，事与愿违，"大跃进"的实践不仅违背经济规律，而且违背技术规律。在挫折面前，毛泽东提醒全党，价值规律是一个大学校，关于社会主义，还有许多未被认识的必然王国。直到党的十一届三中全会，中国共产党的经济工作才开始真正走上尊重经济规律、社会规律和自然规律的轨道。可见，认识到经济工作要尊重规律是一回事，而能否真正做到尊重规律又是另外一回事。从党的100年经济工作的经验看，要做到尊重规律，一是要尊重知识，尊重人才，二是要加强学习型政党的建设，三是要建立现代经济体制、现代社会体制和现代政治体制，推进治理体系和治理能力现代化，形成尊重规律的制度、文化和体制环境。

六、要注重战略思维，掌握经济工作主动权

政党与政府在经济工作上的重大差别之一，就在于政党特别是执政党的经济工作是战略性的，而政府主要是实施具体的经济工作。中国共产党在经济工作中，非常注重运用在领导革命战争中形成的战略思维，注重在战略运作中掌握经济工作的主动权。大革命失败后，伴随革命中心从城市向农村的转移，党的经济工作的战略重心转向农村。中华人民共和国成立后，经济工作的重心开始由农村向城市转移。在推进三大改造中，以农业合作化为推进其他两大改造的战略轴心。社会主义改造完成以后，强调以工业建设和技术革命为战略重点。邓小平在20世纪80年代发展了毛泽东、周恩来等领导人关于中国分步实现现代化的战略思想，制定了中国的"三步走"现代化战略，在20世纪90年代又号召全党抓住改革开放与发展的战略机遇。世纪之交，中国共产党一方面制定了21世纪头20年的发展战略，另一方面强调抓住21世纪头20年的战略机遇期，"掌握驾驭经济和社会发展全局的主动权"①，强调努力"做到审时度势、因势利导、内外兼顾、趋利避害。善于从国际形势和国际条件的发展变化中把握发展方向，用好发展机遇，创造发展条件，掌握发展全局"②。中国特色社会主义进入新时代，习近平总书记以战略思维谋大势。他强调要树立全局意识、大局观念，要善于观大势、谋大事，把握工作主动权，要加强战略思维、增强战略定力。③党的十九大报告综合分析了国际国内形势和中国发展条件，将中华人民共和国成立100年

---

① 江泽民：《论党的建设》，中央文献出版社，2001，第82页。
② 中共中央文献研究室编《十六大以来重要文献选编（中）》，中央文献出版社，2006，第288页。
③ 王伟光主编《开辟当代马克思哲学新境界》，中国社会科学出版社，2019，第63页。

的奋斗目标细分为两个具体阶段来部署。① 这同样是战略思维的重大表现。

应该说，抓战略机遇，注重经济工作的战略，掌握经济工作主动权，是中国共产党经济工作的成功经验之一。但是，在中国共产党经济工作实践中，也曾经出现重大的战略失误，失去重大的发展机遇，丧失发展的主动权。"大跃进"是一次重大的战略失误，导致经济发展的巨大损失，而"文化大革命"则导致中国失去了一次追赶世界经济技术水平的机遇，拉大了中国经济发展水平同世界先进水平的差距。

可见，对于一个执政党的经济工作而言，最大的成功首先是战略上的成功，而最大的失误首先是战略上的失误。中国共产党在如何在经济工作中做到科学运用战略思维、科学制定战略和实施战略、始终掌握经济工作的主动权等方面，积累了丰富的经验。

首先，要正确判断时代的主题和世界发展大势。对时代主题和世界发展大势的判断是战略思维的起点和依据。这种判断正确与否直接决定战略思维的正确与否。中国共产党人为中国选择社会主义发展前途，在很大程度上是因为在十月革命后世界发展大势中，寻求到中国实现社会主义经济制度的依据。从中华人民共和国成立到20世纪70年代末期，以毛泽东为代表的中国共产党人认为革命和战争是时代主题，这种判断促进了对于加快国内经济发展的紧迫性的认识，同时也助长了脱离生产力发展而注重上层建筑和生产关系变革及"反修防修"的倾向，促使国民经济走上"备战备荒"的轨道。20世纪80年代以来，邓小平洞察世界形势出现的有利于维护和平、促进发展的总趋势，认为和平与发展是当代世界的两大主题，党的十三大将这种观点概括为中国共产党对时代主题的判断，党的十六大和十七大进一步将其上升为新世纪头20年是"重要战略机遇期"的判断。党的十九大认为中国仍处于"重要战略机遇期"。党的十九届五中全会指出，我国发展仍然处于重要战略机遇期，但机遇和挑战都有新的发展变化。这种判断是中国共产党制定和实施改革开放以及加快发展等经济战略的基点，是日渐增强机遇意识的根据，是这一时期能够抓住战略机遇加快发展的前提。

其次，战略的制定要切实可行。经济工作的战略目标和措施既要积极，以调动群众的积极性，又要切实可行，以增强工作的主动性。中华人民共和国成立以后，中国共产党在战略的制定与实施上既有成功的经验，也有失误的教训。成功与失误都可以归结于战略是否积极可行的问题。1958—1960年间的"大跃进"战略过于急进，难免归于失败，而1964年提出的四个现代化战略虽然由于"文化大革命"的冲击而未能实现，但是成为20世纪80年代以后中国共产党提出"三步走"发展战略的历史源

---

① 习近平：《习近平谈治国理政（第三卷）》，外文出版社，2020，第22-23页。

头。20世纪80年代提出的"三步走"战略到世纪之交已经实现其中的前两步目标,到2020年全面建成小康社会的战略目标取得决定性胜利,都是因为这些战略构想既积极,又切合中国实际。

七、建设学习型政党,加强党的经济工作能力建设

一个政党领导经济工作的能力大小是决定其经济工作成败的关键。中国共产党一贯重视党的经济工作能力建设。早在战争年代,毛泽东就重视提高党的经济工作能力,他对于一些根据地将一些能力较差的干部派去做经济工作的做法进行批评,认为在经济工作方面必须派遣工作能力强的干部。中华人民共和国成立初期,毛泽东号召全党学习城市经济工作,提高管理城市和开展城市经济工作的能力。1953年,为了保证"一五"计划的贯彻执行,中共中央发出通知,要求各级党组织从各方面抽调优秀干部,充实工业建设第一线,培养他们成为工业建设的领导骨干。毛泽东号召全党同志特别是领导干部要努力学习,成为工业建设和经济建设的内行。1955年,毛泽东强调:我们进入了钻社会主义工业化,钻社会主义改造,钻现代化的国防,并且开始要钻原子能这样的历史新时期。适应这种新的情况钻进去,成为内行,这是我们的任务。党的八大向全党发出"必须善于学习"的号召。20世纪60年代,在遇到"大跃进"的失误后,毛泽东号召党的高级干部读书。1962年1月30日在政治局扩大工作会议上的讲话中,毛泽东明确提出:"在社会主义建设上,我们还有很大的盲目性。社会主义经济,对于我们来说,还有许多未被认识的必然王国。……社会主义建设,从我们全党来说,知识都非常不够。我们应当在今后一段时间内,积累经验,努力学习,在实践中间逐步地加深对它的认识,弄清楚它的规律,一定要下一番苦功,要切切实实地去调查它,研究它。"①中国共产党明确提出社会主义市场经济体制改革的目标模式以后,党中央强调通过学习掌握市场经济的基本理论。到世纪之交,中国共产党进一步将经济工作能力建设突出出来。党中央提出"提高党的执政能力和领导水平",是新世纪新时期党的建设的"两大历史性课题之一"。为此,要加强党的能力建设,全面提高五个方面的能力,即科学判断形势的能力、驾驭市场经济的能力、应对复杂局面的能力、依法执政的能力、总揽全局的能力。因此,经济工作能力建设是党的执政能力建设的重要组成部分。

加强经济工作能力建设,首先要加强全党经济理论的学习。正如江泽民同志所指出的:"经济建设是我们的中心任务,不懂得经济学知识,不懂得实际经济工作经验,

---

① 《毛泽东著作选读(下册)》,人民出版社,1986,第829页。

怎么能做好经济工作特别是经济领导工作呢?……不仅要学习马克思主义的经济学;还要注意读些西方经济学著作,其中也有我们可以借鉴和利用的有益的东西。"① 其次,加强全党对法律、现代科学技术知识以及现代社会治理理论的学习,以提高全党对社会经济问题的宏观把握能力,学习历史知识,以提高全党认识和掌握战略机遇的能力。再次,加强调查研究,提高全党向实践、向群众学习的能力。最后,认真总结历史经验,向自己的成功和失败学习。

进入21世纪,国际国内形势和党的历史任务都发生了重大变化,这对党的经济工作能力提出了新的要求。能否在激烈的国际经济竞争中掌握主动,是对中国共产党经济工作能力的严峻考验。与此同时,国内改革与发展也面临着不少亟待解决的突出矛盾和问题,也对党的经济工作领导水平提出了新要求。这一系列的变化要求中国共产党不断地学习和研究变化着的经济工作以及执政环境与条件,与时俱进,不断创新,找出经济工作的内在规律,逐步形成科学判断形势的能力、驾驭市场经济的能力、应对复杂局面的能力、依法执政的能力和总揽全局的能力,以适应时代发展所赋予的新要求。2009年9月召开的十七届四中全会明确提出,要建设马克思主义学习型政党,这是一项重大而紧迫的战略任务。胡锦涛同志强调指出:"要按照建设学习型政党的要求,紧密结合改革开放和现代化建设的生动实践,深入学习马克思列宁主义、毛泽东思想、邓小平理论和'三个代表'重要思想,在全党开展深入学习实践科学发展观活动,坚持用发展着的马克思主义指导客观世界和主观世界的改造,进一步把握共产党执政规律、社会主义建设规律、人类社会发展规律,提高运用科学理论分析和解决实际问题能力。"②

新时代以来,面对前所未有的复杂形势和艰巨繁重的任务,习近平同志指出:"我们党依靠学习创造了历史,更要依靠学习走向未来。"③ 他在2012年中央经济工作会议上的讲话中强调:"各级领导干部特别是高级干部要围绕经济社会发展重大问题加强学习和调研,提高把握和运用市场经济规律、自然规律、社会发展规律能力,提高科学决策、民主决策能力,增强全球思维、战略思维能力,做到厚积薄发。各级党委领导同志要通过学习、实践等方式尽快进入角色,成为领导经济工作的行家里手。"④ 他还强调:"只有加强学习,才能增强工作的科学性、预见性、主动性,才能使领导和决策体现时代性、把握规律性、富于创造性,避免陷入少知而迷、不知而盲、无知

---

① 江泽民:《论党的建设》,中央文献出版社,2001,第47页。
② 胡锦涛:《胡锦涛文选(第二卷)》,人民出版社,2016,第652-653页。
③ 习近平:《序言》,《人民日报》2019年3月1日,第1版。
④ 习近平:《论坚持党对一切工作的领导》,中央文献出版社,2019,第14页。

而乱的困境，才能克服本领不足、本领恐慌、本领落后的问题。"①

八、不断探索和改进经济工作方法

中国共产党领导人历来都非常注意探索领导方法与工作方法问题。1958年，为了适应加快经济建设步伐的需要，毛泽东同志对建设时期的领导方法和工作方法作了总结，集中全党的意见、智慧，写成了《工作方法六十条（草案）》。十一届三中全会以后，邓小平同志多次强调，工作方法不改不行，工作方法要适应四个现代化的要求，改得快一点，好一点。江泽民同志也多次提出要改善经济工作方法的问题。要求全党通过学习，"加强对改革开放和现代化建设全局的认识，提高驾驭经济工作的能力"，"始终掌握推进改革开放和现代化建设的主动权"。② 习近平同志强调，"经济发展进入新常态，党领导经济工作的观念、体制、方式方法也要与时俱进"③，要"提高党把握方向、谋划全局、提出战略、制定政策、推进改革的能力，为发展航船定好向、掌好舵"④。

总结中国共产党在经济工作方法上的探索与经验，可以发现，在党的经济工作方法中，要始终探索和改善下述几个方面的方法。

首先，改进经济决策方法。正如习近平总书记指出的："调查研究是谋事之基、成事之道。没有调查，就没有发言权，更没有决策权。"⑤ 但是，历史经验也启示我们，真正做好调查研究这篇文章并不容易，并不是所有调查研究都会产生正确的决策或完善决策。调查研究贵在获得真实情况，但是，调查活动往往是在特定的氛围中进行的，被调查者提供的情况往往受到这种氛围的影响。例如，当毛泽东关于加速推进农业合作化的理想成为党的指导思想以后，他在1955年11月到杭州和天津的调查研究中就难以获得与这一指导思想相左的信息，这样的调查研究也就难以充分发挥完善决策的作用。毛泽东这次调查研究所形成的《1956年到1967年全国农业发展纲要（草案）》（简称《农业四十条》）由于是在人们头脑普遍发热的情况下形成的，诸多指标超越了可能性，除了农业合作化指标一项实现以外，其他指标都未能实现。可见，只有科学的调查研究才是决策的基础，而科学的调查研究应该是客观的、实事求是的和

---

① 习近平：《习近平谈治国理政》，外文出版社，2014，第404页。
② 江泽民：《论党的建设》，中央文献出版社，2001，第302、303页。
③ 习近平：《论坚持党对一切工作的领导》，中央文献出版社，2019，第85页。
④ 习近平：《论坚持党对一切工作的领导》，中央文献出版社，2019，第102页。
⑤ 中共中央文献研究室编《习近平关于全面深化改革论述摘编》，中央文献出版社，2014，第37-38页。

没有先入为主理念的调查研究。

其次,改进经济动员方法。如何调动群众积极性、主动性和创造性,始终是中国共产党开展经济工作时关注的关键问题。在经济发展的各项资源中,资本、土地等要素的配置主要是由市场机制或计划机制来配置,而人力资源作为一种特殊的资源,不是完全靠这两种机制所能合理配置的。正因为如此,中国共产党在经济工作中十分强调群众的动员。在战争年代,主要采取军事化动员和政治动员的手段,采取群众运动和树立榜样的方式,这种方式适合战争年代的实际,起到了战时经济动员的作用。中华人民共和国成立以后,一直到1979年改革开放以前,一方面继续采取群众运动的方式,另一方面采取了计划配置的方式。这两种方式都违背了当时经济建设的实际,因此,虽然发挥了一定的经济动员作用,但总体上看制约了群众积极性、主动性和创造性的充分发挥。1979年以来,一方面在经济动员中开始广泛运用经济手段和市场手段,另一方面在政治上明确了社会各个阶层都是社会主义建设者的社会地位。从中国共产党经济工作的历史中可以看出,党在经济动员方面的基本目标,就是尽可能调动一切社会阶层参与经济建设和社会发展的积极性、主动性和创造性。在社会主义市场经济条件下,伴随社会阶层的不断分化和社会利益的多元化,如何充分发挥各种经济动员手段的优势,进一步调动和整合全体社会成员的力量,推进社会主义经济建设和社会发展,还是一个需要中国共产党不断探索的任务。

最后,改进经济组织方法。在经济组织方法方面,中国共产党也尝试和探索过多种方法。在战争年代,主要采取军事经济组织方法。中华人民共和国成立以后,在计划经济体制下,采取的是指令性计划经济组织方法,这种方法一度具有准军事经济组织方法的特征。例如,"三线建设"时期按照军区的设置组织区域经济协作,要求一线、二线、三线地区形成不同的经济结构,要求各个省区建成相对独立的经济体系,甚至用准军事化的民兵组织来组织农村劳动力和城市企事业单位劳动力等。这些经济组织方式都是特定历史条件的产物,有其合理性,也发挥了积极作用。1979年改革开放以后,经济组织的方式主要是强调市场机制作用的方式,包括充分发挥市场在资源配置和经济整合中的作用,发挥中心城市在区域经济中的作用,发挥城市经济圈在区域经济体系中的组织与整合作用,等等。在新的历史条件下,伴随经济市场化与现代化进程的推进,在经济组织方式中,除了市场组织方式进一步增强,政府组织方式需要进一步完善以外,非营利性组织也即第三部门的作用将日渐增强。同时,社会中介组织也将日渐成为现代市场经济和现代社会中的重要经济组织手段。如何综合协调运用政府组织手段、市场组织手段、第三部门组织手段和社会中介组织组织手段,是摆在中国共产党面前的一项需要探索的问题。

九、不断改进经济工作作风

"党的作风是党的形象","党的作风状况,关系党的生死存亡,关系国家的前途命运"。① 党的经济工作作风是党的作风的重要体现和组成部分。从这个意义上说,党的经济工作作风关系到党的经济工作的成败,改进党的经济工作作风也是改进党风的重要内容。党的经济工作史的经验教训也证明了这一点,"大跃进"的失误除了源于指导思想的失误以外,与经济工作作风上不能正确对待自己的经验,不能正确对待实践,不能充分发扬党内民主等方面是密不可分的。正因为如此,中国共产党在经济工作中十分注重经济工作作风的建设和改进。1951年年底发动的反贪污、反浪费、反官僚的"三反"运动,实际上也是一次党的经济工作作风建设。此后在党的建设历程中,经济工作作风建设始终是重要内容。中共十五届五中全会总结性地提出了党风建设的"五个坚持"和"五个反对"。但是,总体上看,党的经济工作作风上存在着突出的问题。其中,群众反映最强烈的是形式主义和官僚主义两个方面。"形式主义作风和官僚主义作风,是我们党的一大祸害。"② 因此,胡锦涛同志强调,要"切实转变干部的工作作风,坚决反对形式主义、官僚主义。要坚持解放思想、实事求是,讲实话、出实招、办实事、求实效,以改革的精神和科学的态度研究解决改革发展稳定中的重大问题,研究解决群众生产生活中的紧迫问题,多干群众急需的事,多干群众受益的事,多干打基础的事,多干长远起作用的事,扎扎实实地把改革开放和现代化建设推向前进"③。习近平同志同样强调:"各级领导干部要坚持为民务实清廉,切实转变工作作风,做到讲实话、干实事,敢作为、勇担当,言必信、行必果。要完善决策机制和程序,发挥好领导班子集体作用。要健全决策咨询机制,按照服务决策、适度超前原则,建设高质量智库。要切实改进工作作风,牢固树立艰苦奋斗、勤俭节约的思想,深入实际、深入基层、深入群众,力戒奢靡之风,坚决反对大手大脚、铺张浪费,以实际行动践行全心全意为人民服务的根本宗旨。'政贵有恒'。为官一方,为政一时,既要大胆开展工作、锐意进取,又要保证大局稳定和工作连续性。"④

从党的经济工作史的角度看,要不断改进党的经济工作作风,应该从下述几个方面下功夫。

首先,正确对待理论,避免教条主义。一是要正确对待马克思主义经济理论。一

---

① 江泽民:《论党的建设》,中央文献出版社,2001,第531页。
② 江泽民:《论党的建设》,中央文献出版社,2001,第447页。
③ 中共中央文献研究室编《十六大以来重要文献选编(中)》,中央文献出版社,2006,第72-73页。
④ 习近平:《论坚持党对一切工作的领导》,中央文献出版社,2019,第14-15页。

方面，不能拘泥于马克思主义的一些具体的论述，去套经济工作的具体实践，另一方面，完整理解和把握马克思主义的真谛和本质。在此基础上，根据实践对马克思主义经济理论进行创新。二是要正确对待西方经济理论，一方面，要借鉴其中的可用部分，另一方面也不应该照搬照抄。只有在正确对待马克思主义经济理论和西方经济理论的基础上，才能真正广泛吸收人类文明优秀成果，构建真正属于自己的、能够指导中国经济建设实践的经济理论。

其次，正确对待经验，避免经验主义。一方面，对他国经验不能照搬照抄，正如毛泽东所说的，要独立思考，走自己的路，另一方面，对自己的经验也要正确对待。在"大跃进"和"文化大革命"中，为了反对照搬苏联经验的教条主义，过于强调群众运动、平均分配、自给自足等战争年代根据地经验在建设时期的作用，实际上陷入了过于迷信自己经验的经验主义。

再次，正确对待群众，避免形式主义和官僚主义。一方面，要尊重群众的实践，群众是实践的主体，在经济工作中要尊重群众的首创精神。党的十一届三中全会以来，党在经济工作方面取得的成功，首先是因为尊重了群众的首创精神。可以预见的是，伴随社会主义市场经济体制的完善和现代化进程的推进，来自群众的首创和实践会越来越丰富，如何将群众的创造和实践进一步加以总结和提炼，将是一个重大的理论课题。另一方面，群众的实践需要正确和科学理论的指导。毛泽东善于从群众的实践中提炼出新鲜经验，在群众中加以推广。在大革命时期，他主编《农民问题丛刊》，指导农民运动。抗日战争时期，先后两次编辑《农村调查》，以倡导调查研究。1955年编辑《怎样办农业生产合作社》，推动农业合作化运动的展开。尊重群众首创，不仅是有效的工作方法，同时也是一种科学的思想方法。

最后，正确对待差异性，避免"一刀切"和命令主义。中国共产党在长期经济工作中注重经济工作中的差异性和灵活性，强调针对不同的具体情况进行分类指导。在战争年代，由于根据地和解放区处在分隔状态，各个根据地、解放区在经济政策、经济体制等方面是各有差别的。中华人民共和国成立以后，在一些具体的经济工作和地方经济工作中，出现了违背分类指导原则的现象。特别是在农村经济工作中，存在着"一刀切"和命令主义，这是加剧"三农"问题的原因之一。如果不加以克服，将会削弱党的经济工作的群众基础。改革开放以来，党中央十分注重充分调动地方、部门积极性。习近平总书记强调："各级党委要加强对本地区经济工作的领导，把握客观规律，结合地方实际，把中央决策部署落到实处。"①

---

① 习近平：《论坚持党对一切工作的领导》，中央文献出版社，2019，第13页。

第三节　中国共产党百年经济工作的历史方位

中国共产党百年经济工作，气势恢宏、波澜壮阔，业绩辉煌、成就巨大，在中华民族复兴史上、中国现代化史上、世界社会主义史上、马克思主义发展史上乃至人类历史上都具有显著的历史方位。

一、在中华民族复兴史上，这100年是全面开启中华民族伟大复兴进程的100年

中华民族曾经是世界上最强大的民族。在科技上，"四大发明"彪炳史册；在制度创新上，科举取士等文官制度领先世界；在国家治理上，中国"在伦理道德和治国理政方面，堪称首屈一指"[①]；在经济发展上，"在宋朝的末期，中国无疑是这个世界上的领先经济。同亚洲的其他部分或中世纪的欧洲相比，它有着更为密集的城市化程度和更高的人均国民收入……1820年时中国的总产出仍位居世界第三位……按照世界的标准，它的人均收入水平仍然是令人钦佩的"[②]。但是，1840年鸦片战争以后，由于外国资本—帝国主义的入侵，中华民族军事上频遭打击，外交上丧失主权，政治上失去独立，经济上陷入停滞和倒退，进入一个漫长的积贫积弱时期。

中国共产党的成立改变了这一历史进程。正如江泽民同志指出的："从十九世纪中叶到二十世纪中叶的一百年间，中国人民的一切奋斗，都是为了实现祖国的独立和民族的解放，彻底结束民族屈辱的历史。这个历史伟业，我们已经完成了。从二十世纪中叶到二十一世纪中叶的一百年间，中国人民的一切奋斗，则是为了实现祖国的富强、人民的富裕和民族的伟大复兴。这个历史伟业，我们党领导全国人民已经奋斗了五十年，取得了巨大的进展，再经过五十年的奋斗，也必将胜利完成。"[③]习近平同志指出："实现中华民族伟大复兴是近代以来中华民族最伟大的梦想。中国共产党一经成立，就把实现共产主义作为党的最高理想和最终目标，义无反顾肩负起实现中华民族伟大复兴的历史使命，团结带领人民进行了艰苦卓绝的斗争，谱写了气吞山河的壮丽史诗。"[④]

这100年，是中国共产党带领中国人民探索、确立和走上民族复兴道路的100年。

---

① 伏尔泰：《路易十四时代》，吴模信、沈怀洁、梁守锵译，商务印书馆，1982，第594页。
② 安格斯·麦迪森：《世界经济千年史》，伍晓鹰、许宪春、叶燕斐、施发启译，北京大学出版社，2003，中文版前言第5页。
③ 江泽民：《论党的建设》，中央文献出版社，2001，第528页。
④ 习近平：《习近平谈治国理政（第三卷）》，外文出版社，2020，第11页。

其中，中华人民共和国成立前的 28 年，中国共产党通过马克思主义唤醒中华民族，通过建立中华人民共和国实现中华民族独立。中华人民共和国成立后前 30 年，通过建立社会主义制度，完成了中华民族有史以来最广泛而深刻的社会变革，为当代中国一切发展进步奠定了根本政治前提和制度基础，实现了中华民族由近代不断衰落到根本扭转命运、持续走向繁荣富强的伟大飞跃。改革开放 42 年，中国共产党团结带领人民进行改革开放的伟大革命，破除阻碍国家和民族发展的一切思想和体制障碍，开辟了中国特色社会主义道路，使中国大踏步赶上时代，迎来了中华民族从站起来、富起来到强起来的伟大飞跃。从经济上看，中国已经成为世界第二大经济体，最大的外汇储备国，最大的出口国。可以说，从经济总量规模上看，中国已经初步复兴历史上的辉煌。从政治上看，中国已经从一个没有独立和尊严的国家变成一个政治强国。根据德国智库"德国外交政策协会"2008 年对德国 240 名德国政治、经济、传媒等领域精英人士的问卷调查，39% 的被调查者认为，中国已经成为仅次于美国的第二大政治强国，76% 的被调查者认为 20 年后中国仍将保持这一地位。从文化上看，中国通过文化自觉，恢复了文化自信，文化软实力迅速崛起。截至 2017 年年底，全球已有 146 个国家和地区建立了 525 所孔子学院和 1113 个孔子课堂，推动了中国哲学社会科学走向世界。① 从"三个世界"观到"和平崛起"观、"和谐世界"观再到"人类命运共同体"等一系列重要理念受到国际社会广泛重视。从外交上看，中国从被剥夺主权转变为维护主权独立，从被封锁和禁运转变为整个世界离不开中国。因此，习近平同志指出："今天，中国人民比历史上任何时期都更接近、更有信心和能力实现中华民族伟大复兴。"②

未来，中国共产党将通过 30 年的奋斗，到 21 世纪中叶，在中华人民共和国成立 100 周年的时候，全面建成社会主义现代化强国，使中华民族强大起来，跻身发达国家行列，基本完成民族复兴进程。从这个意义上说，这 100 年，是全面开启中华民族伟大复兴进程的 100 年。

二、在中国现代化史上，这 100 年是形成现代化"中国模式"的 100 年

整个中国现代历史，就是一部探索中国现代化道路和模式的历史。迄今为止的历史已经证明，只有马克思主义与中国实践相结合而形成的"中国模式"才能引领中国的现代化进程。

---

① 钟英华：《孔子学院助力构建人类命运共同体》，《人民日报》2018 年 6 月 22 日，第 7 版。
② 习近平：《习近平谈治国理政（第三卷）》，外文出版社，2020，第 142 页。

作为一种现代化模式,"中国模式"是在中国共产党领导下探索形成的,是由中国现代化进程各个阶段的具体模式构成的。概要地说,"中国模式"的历史内涵包括三个阶段性模式,即:1921—1949年的近30年间形成的中国革命道路,即新民主主义,这一模式支撑了中华人民共和国的建国,为现代化启动奠定政治基础;1949—1979年的30年间的中国经济建设模式,即传统社会主义,这一模式支撑了中华人民共和国的立国,为现代化奠定经济基础和制度基础;1979年以来40多年间的中国特色改革模式,即中国特色社会主义,这一模式支撑了中华人民共和国的富国,为中国现代化的实现奠定国力基础和体制机制基础。这三个阶段性模式层层递进,累积成现有的"中国模式"。未来30年,中国还要开创中国特色民族复兴模式,支撑中华人民共和国的强国进程,最终实现中国现代化和民族复兴。这个阶段,即习近平总书记提出的"新发展阶段"。"新发展阶段是社会主义初级阶段中的一个阶段","是我们党带领人民迎来从站起来、富起来到强起来历史性跨越的新阶段",在这个阶段,社会主义初级阶段将发生"阶梯式递进、不断发展进步、日益接近质的飞跃的量的积累和发展变化"。① 可以预计,未来30年,"中国模式"将增添新的内涵和特征。

"中国模式"是中国共产党领导下、马克思主义指导下、社会主义旗帜下的现代化模式,具有鲜明的时代特点与中国特色。具体来说:

一是超越近代中国其他阶级的现代化主张,具有鲜明的时代特点。鸦片战争以后,中国被动地启动现代化进程。其中,各个阶级的代表人物都对中国的现代化模式进行了自己的探索。地主阶级开明派提出和实施了"中体西用""洋务运动"等在封建制度框架内实施现代化的主张。农民阶级代表人物提出了"天朝田亩制度"等在小农经济和平均主义框架内实现现代化的模式。资产阶级改良派提出维新、变法等改良主义的现代化主张。资产阶级革命派则提出革命和"三民主义"等资产阶级现代化主张。所有这些探索都以失败告终,只有"中国模式"才获得了成功。之所以如此,是因为只有中国共产党领导下形成的"中国模式"才具备现代化的时代特点,即由先进的理论引领,由先进阶级的先进分子领导,代表先进生产力的要求,顺应人类历史发展大势。

二是超越现有的"西方中心论"的各种现代化主张,具有鲜明的中国特色。迄今为止,先发的现代化国家基本上都是在自由主义理论指导下的资本主义现代化模式。基于"西方中心论"的思维定式,"拉美模式""东亚模式"等针对后发国家的现代化

---

① 张洋、鞠鹏:《深入学习坚决贯彻党的十九届五中全会精神 确保全面建设社会主义现代化国家开好局》,《人民日报》2021年1月12日,第1版。

模式也都建基于自由主义。20 世纪后期以来，这些模式都暴露出严重弊端。拉美国家陷入"中等收入陷阱"标志着"拉美模式"的终结，亚洲金融危机爆发凸显"东亚模式"失效。在应对 2008 年以来国际金融危机进程中，"中国模式"凸显出强劲活力。其所以如此，是因为"中国模式"对自由主义实现了一系列突破和超越。在经济现代化理论方面，"中国模式"突破了新自由主义现代化理论，形成新的现代化理论的诸多要素。例如，突破了只有私有化才能实现经济发展的主张，形成了"混合经济"这一新的理论；突破了单纯"看不见的手"可以实现资源优化配置的理论前提，形成了政府干预与市场调节结合的理论主张；突破了将市场经济作为目标价值的理论预设，形成了将市场经济当作发展手段的理论诉求。在政治现代化理论方面，"中国模式"认可民主是现代化的必要内涵，但现代民主的方式模式不是只有直接民主一种，还有间接民主方式，实现现代民主的道路也不是只有多党制、普遍直选，还有协商民主，即执政党的党内民主带动社会民主、政府与民众之间基于问题的调适与磨合等。在社会现代化理论方面，"中国模式"试图突破现代化必然导致阶层分化、社会冲突的理论预设，强调现代化进程中的社会和谐，并开始致力于探索社会建设理论和实践。在人与生态关系方面，"中国模式"试图突破"先污染后治理"的理论预设，强调人与自然的和谐发展，开始推进生态文明和生态现代化理论建设和实践。在人的现代化方面，"中国模式"突破抽象的人文主义、个性自由理论主张，强调用主流价值体系武装国民，包括用马克思主义唤醒国民，用社会主义核心价值体系为主体的主流意识形态凝聚国民意志，用社会主义精神文明建设推进国民精神发展。[①] 作为"中国模式"本质特征的中国特色社会主义，"拓展了发展中国家走向现代化的途径，给世界上那些既希望加快发展又希望保持自身独立性的国家和民族提供了全新选择，为解决人类问题贡献了中国智慧和中国方案"[②]。

三、在世界社会主义史上，这 100 年是探索和形成中国特色社会主义的 100 年

从发生论的角度看，在世界社会主义的宏阔背景下，中国特色社会主义是世界社会主义背景中的一种社会主义的发生、发展模式，除了包括中国社会主义的建设模式，还包括中国特色社会主义的创立模式。这个意义上的中国特色社会主义，是在 100 年的历史中形成的。

[①] 赵凌云：《论"中国模式"的人类思想史意义》，载程恩富、顾海良主编《海派经济学（第32辑）》，上海财经大学出版社，2010，第 61-68 页。
[②] 习近平：《习近平谈治国理政（第三卷）》，外文出版社，2020，第 8-9 页。

社会主义本质上是民主、平等、共同富裕的社会。几千年来，中华民族的仁人志士都在追求这种理想的社会制度。从奴隶暴动、农民起义，到资产阶级领导的民主革命，都是为了在中国这块大地上建立这种理想社会制度。但是，只有工人阶级领导的新民主主义、社会主义革命才取得成功，为建立这种理想制度开辟了道路，奠定了中国现代化进程和中华民族伟大复兴的制度基础。之所以如此，是因为中国共产党选择了正确的理论和道路，在中国开展了中国特色社会主义的探索实践，带领中国走上建立这一理想制度的正确道路。正如习近平同志指出的，中国共产党成立后，"中国人民谋求民族独立、人民解放和国家富强、人民幸福的斗争就有了主心骨，中国人民就从精神上由被动转为主动"[1]。

这100年构成中国特色社会主义探索的一个完整历程。具体来说，这一历程包括三个相互联系的基本环节，即：推进新民主主义革命，探索夺取中国革命胜利的道路；推进社会主义建设，探索适合中国国情的社会主义模式；推进社会主义改革，探索中国特色社会主义模式。通过这三个历史进程，中国社会制度实现了从半殖民地半封建向新民主主义，从新民主主义到传统社会主义，从传统社会主义到中国特色社会主义的三次历史转变。

中国特色社会主义作为一种探索的成果，不仅是一条社会主义建设道路，一个社会主义体制模式，更是一种社会主义发展格局，一种社会主义制度实践。首先，与经典马克思主义的社会主义道路相比，中国特色社会主义是建立在中国国情基础上的一条社会主义道路，是马克思主义中国化的成果。其次，与社会主义的苏联模式相比，中国特色社会主义是一种在经济、政治、文化、社会等方面都符合中国国情的社会主义体制模式，是中国共产党人和中国人民基于中国国情自主探索的结果。最后，与国外民主社会主义实践相比，中国特色社会主义是以科学社会主义为指导的社会主义制度实践，是中国共产党人为了实现自己的最高理想和推动中国发展进步、实现中华民族复兴这一现实目标的制度实践。[2]

党的十六大明确提出中国特色社会主义道路，提出开创中国特色社会主义新局面。党的十七大明确提出中国特色社会主义理论体系，强调要开创中国特色社会主义更为广阔的前景。这标志着中国特色社会主义在中国已经确立、已经进入完善的过程。党的十八大明确提出中国特色社会主义制度，号召全党奋力开拓社会主义更为开阔的发展前景。党的十九大明确提出中国特色社会主义文化，提出中国特色社会主

---

[1] 习近平：《习近平谈治国理政（第三卷）》，外文出版社，2020，第10-11页。
[2] 赵凌云：《中国特色社会主义"特"在哪里？》，《学习时报》2007年10月15日，第3版。

进入了新时代，这是中国发展新的历史方位。这标志着，在中国已经形成一种马克思主义中国化的社会主义模式。习近平同志指出，中国特色社会主义进入新时代，"意味着科学社会主义在二十一世纪的中国焕发出强大生机活力，在世界上高高举起了中国特色社会主义伟大旗帜"①。中国特色社会主义，是中国共产党的一大创举，是对世界社会主义运动的重大贡献。

四、在马克思主义发展史上，这 100 年是坚持和发展马克思主义的 100 年

1848 年马克思和恩格斯发表《共产党宣言》，标志着作为工人阶级理论体系的马克思主义的确立。1917 年十月革命一声炮响，给中国送来了马克思列宁主义，马克思主义开始走上中国历史舞台。从此以后，马克思主义与中国工人运动结合，开始了马克思主义中国化进程。

中国共产党成立百年以来，始终坚持马克思主义，发展马克思主义，其集大成的成果，集中体现为毛泽东思想和中国特色社会主义理论体系。以毛泽东同志为核心的党的第一代中央领导集体创立了毛泽东思想这一马克思主义中国化的伟大成果。毛泽东思想是以毛泽东为主要代表的中国共产党人，根据马克思主义基本原理，对中国革命和建设实践中的一系列独创性经验所作的理论概括和总结，是被实践证明了的关于中国革命和建设的正确的理论原则和经验总结，是马克思主义中国化的重大成果，是对马克思主义的重大发展。毛泽东思想为新时期开创中国特色社会主义提供了思想基础。改革开放以来，以邓小平同志为核心的党的第二代中央领导集体，成功开创了中国特色社会主义的伟大事业。以江泽民同志为核心的党的第三代中央领导集体，成功将中国特色社会主义推向 21 世纪。以胡锦涛同志为总书记的党中央，在新的历史起点上坚持和发展中国特色社会主义。以习近平同志为核心的党中央创立的习近平新时代中国特色社会主义思想，将马克思主义中国化推向新境界。中国特色社会主义理论体系，是马克思主义中国化最新理论成果，包括邓小平理论、"三个代表"重要思想、科学发展观、习近平新时代中国特色社会主义思想，是马克思列宁主义、毛泽东思想的坚持和发展，继承和创新。

20 世纪下半叶，世界社会主义运动出现了暂时的挫折，特别是 20 世纪 90 年代以来，一些马克思主义政党大权旁落，一些社会主义国家改变道路，社会主义陷入低潮。中国共产党则通过马克思主义中国化的第二次飞跃，开创中国特色社会主义，坚持、丰富和发展了马克思主义。首先，中国的实践证明了马克思主义的生命力。正

---

① 习近平：《习近平谈治国理政（第三卷）》，外文出版社，2020，第 8 页。

如邓小平同志指出的："不要认为马克思主义就消失了，没用了，失败了。哪有这回事！"①2008年以来，中国成为世界应对金融危机、经济危机、新冠肺炎疫情冲击的中流砥柱，再次证明社会主义的强大生命力。其次，中国的实践丰富和发展了社会主义和马克思主义。例如，中国特色社会主义丰富了社会主义的模式和内涵，探索了社会主义与资本主义、社会主义与市场经济、社会主义与全球化的兼容性及其途径，所有这些，都是马克思主义最鲜活的元素和内容，是中国特色社会主义从而是科学社会主义生命力的充分体现，昭示着21世纪马克思主义将展现出更强大、更有说服力的真理力量。

第四节　中国共产党百年经济工作的历史创造

中国共产党是一个具有崇高人类历史使命感的政党。她不仅力图创造中华民族的历史，而且力图促使中华民族对人类历史作出更大的贡献。1956年，毛泽东同志在中国共产党八大预备会议第一次全体会议上谈到中国未来发展设想时说："假如我们再有五十年、六十年，就完全应该赶过它（指美国——引者注）。这是一种责任。你有那么多人，你有那么一块大地方，资源那么丰富，又听说搞了社会主义，据说是有优越性，结果你搞了五六十年还不能超过美国，你像个什么样子呢？那就要从地球上开除你的球籍！所以，超过美国，不仅有可能，而且完全有必要，完全应该。如果不是这样，那我们中华民族就对不起全世界各民族，我们对人类的贡献就不大。"②胡锦涛同志提出，到2020年全面建设小康社会目标实现之时，我们这个历史悠久的文明古国和发展中社会主义大国，将"成为对外更加开放、更加具有亲和力、为人类文明作出更大贡献的国家"③。习近平同志强调："中国共产党是为中国人民谋幸福的党，也是为人类进步事业而奋斗的党"，"中国共产党所做的一切，就是为中国人民谋幸福、为中华民族谋复兴、为人类谋和平与发展"。④

一、中国人民在中国共产党领导下创造历史的100年

在人类历史上，这100年，是中国人民在中国共产党领导下创造历史的100年。中华民族的复兴是一个世界历史命题，是一个具有世界历史意义的事件。因为，中

---

① 邓小平：《邓小平文选（第三卷）》，人民出版社，1993，第383页。
② 中共中央文献研究室编《毛泽东文集（第七卷）》，人民出版社，1999，第89页。
③ 中共中央文献研究室编《十七大以来重要文献选编（上）》，中央文献出版社，2009，第16页。
④ 习近平：《习近平谈治国理政（第三卷）》，外文出版社，2020，第436页。

华民族复兴要实现的,是复兴中华民族曾经拥有过的世界历史地位,是为人类历史发展作出更大的贡献。正是因为这一事件具有世界历史意义,因此,中华民族复兴的过程是一个具有世界历史意义的历史创造过程。在这一过程中,中国共产党发挥了领导作用,中国共产党的经济工作是发挥这一作用的重要方面。正是从这个角度,可以看出中国共产党经济工作在中国历史创造和世界历史创造中的宏观意义与历史意义。

长期以来,欧美思想界从"欧洲中心论"的视角出发观察中国的现当代史,否定近代、现代和当代中国的历史创造。这种视角突出表现在两个方面。一是从中国不可能进行自己的历史创造的偏见出发,认为中国在现代和当代要么是重现自己过去的历史,要么是再现别国的历史。前者的典型代表是认为中华人民共和国的成立只是历代王朝更迭的一个环节的"王朝循环论"。例如,美国著名中国历史学者费正清在他和麦克法夸尔所编的《剑桥中华人民共和国史(1949—1965)》中,将中华人民共和国成立界定为中国历代"循环"的一个环节。① 按照这种观点,中华人民共和国的成立并不是中国历史的创造,而是过去历史的重复。后者的典型代表是认为中华人民共和国成立以后照搬苏联计划经济体制模式的观点。按照这种观点,中国计划经济体制是全盘照搬"苏联模式"的结果。美国学者莫里斯·迈斯纳写道,中国的第一个五年计划的"最重要特征,是全盘采用斯大林主义的方法、措施和理论设想","中国人对当时斯大林的经济发展方法能否导致实现预期的社会主义目标并未产生怀疑","尽管毛泽东一直对形式主义地吸收外国的东西持批评态度,但是他却引人注目地把苏联的发展模式作为适合中国情况的模式而不加以批判地接受过来"。② 按他的说法,不仅经济发展模式、经济体制、经济组织方式照搬"苏联模式",甚至中国的"一五"计划也是苏联1928—1932年第一个五年计划的"翻版"。③《剑桥中华人民共和国史(1949—1965)》第一部分的标题就是"仿效苏联模式"。该书写道:"中共从来都不是无批判地接纳苏联的经验的。"但是,1949年以后,中国"断然地采纳苏联模式"。④ 这两种观

---

① 费正清、罗德里克·麦克法夸尔主编《剑桥中华人民共和国史(1949—1965)》,王建朗等译,上海人民出版社,1990,第1-10页。
② 莫里斯·迈斯纳:《毛泽东的中国及后毛泽东的中国》,杜蒲、李玉玲译,四川人民出版社,1989,第158页。
③ 莫里斯·迈斯纳:《毛泽东的中国及后毛泽东的中国》,杜蒲、李玉玲译,四川人民出版社,1989,第161页。
④ 费正清、罗德里克·麦克法夸尔主编《剑桥中华人民共和国史(1949—1965)》,王建朗等译,上海人民出版社,1990,第67、68页。

点的潜台词都是认为中国的现代和当代历史发展并没有开启新的历史，现代和当代中国没有真正创造历史。

二是从"欧洲中心论"的直线式历史观出发，认为中国现代和当代历史的发展是西方"冲击"和中国"回应"的过程。这种观点持有者的突出代表是美国的中国问题学者。按照美国学者柯文的归纳，这种观点包括三种分析模式。一是"冲击—回应"模式，即认为在19世纪中国历史发展中起主导作用的因素或主要线索是西方入侵，夸大西方冲击在中国近代和现代历史发展中的作用。二是"传统—现代"模式，即认为中国必须沿着西方式的道路从传统转向现代。而中国由于处在长期的传统状态，必须等待西方猛击一掌，才能沿着西方的道路向现代转变。三是帝国主义模式，即认为帝国主义是近代中国各种变化的主要动因，中国社会内部不可能产生任何有益于现代化的变化。① 按照这种观点，中国近代和现代即使有历史创造，也是在西方的冲击之下，按照西方的模式发生的。

上述从"欧洲中心论"角度看待中国近代和当代历史的传统视角受到一些学者的批判。例如，柯文在批判的基础上提出了从中国出发解读和研究中国近现代史的"中国中心观"。杜赞奇主张"运用民族主义话语"和"复线历史"的框架研究中国现代史。② 而美国著名中国问题学者白瑞琪在《反潮流的中国》一书中用"反潮流"来概括20世纪中国历史运动的基本特征。"在19世纪和20世纪，中国开始不断地反对本国的伟大历史传统和众多的外国列强，借用毛泽东爱用的一个词，即是'反潮流'。"在他看来，"反潮流"的过程就是中国创新的过程。"反潮流"与创新是一个过程的两个方面。他将中国20世纪历史运动的"反潮流"性质及其创新性质界定在四个方面：一是打破本国的历史和传统模式，创造一个不同于传统王朝帝国体制的新国家；二是反苏联社会主义经济模式，创造一个有中国特色的经济模式；三是反发展中国家采用资本主义发展模式谋求发展和现代化的模式，创造一个有中国特色的发展与现代化模式；四是反亚洲"四小龙"的资本主义发展模式，创造一个混合型的经济模式。③ 这四个方面从纵向上看构成中国"反潮流"的依次递进的四个阶段。因此，"反潮流"构成了20世纪中国的历史运动主线。

我们很赞成柯文、杜赞奇和白瑞琪的学术旨趣和方法，特别是赞成白瑞琪的观点。我们赞成这种分析视角，即基于中国观察中国历史的视角和方法论。我们认为，

---

① 柯文：《在中国发现历史——中国中心观在美国的兴起》，林同奇译，中华书局，2002。
② 杜赞奇：《从民族国家拯救历史——民族主义话语与中国现代史研究》，王宪明译，社会科学文献出版社，2003。
③ 白瑞琪：《反潮流的中国》，孟庆龙等译，中共中央党校出版社，1999，第12-16页。

在20世纪以来的大部分时间,在中国共产党的领导下,中国选择了自己的历史方向,中国创造了自己独特的现当代历史。中国共产党百年经济工作史的世界历史意义正是从这两点上凸显出来的。①

二、三个历史漩涡与三次历史创造

20世纪以来,被动卷入世界体系的中国先后面临三个历史漩涡。一是以资本主义体系为核心的漩涡运动。一方面,存在一个成功的现代化模式即欧洲模式作为榜样,另一方面,老殖民主义、新殖民主义以及不合理的国际经济秩序又不允许中国和广大发展中国家接近和采用欧洲模式。前者构成这些国家走向这一模式的吸引力,而后者构成拒斥这些国家走向这一模式的排斥力。两种力量的复杂作用构成一个历史的漩涡。二是以社会主义体系为核心的漩涡运动。一方面,存在一个定型的社会主义建设模式,即苏联模式,另一方面,苏联模式所引申的等级分工体系也制约向往苏联模式的国家真正实行这一模式。前者构成社会主义国家走向这一模式的吸引力,后者则构成排斥力。这也构成一个历史运动的漩涡。三是以资本主义主导的全球化为核心的漩涡运动。一方面,存在一个相对比较成熟的市场经济模式,即西方自由市场经济模式,另一方面,这一市场经济基础上形成的全球化体系,包括国际经济交往的规则体系和分工链条又限制非市场经济国家采用这一体系,这也构成一个漩涡运动。对于中国和广大发展中国家而言,这三个历史漩涡首尾相连、接踵而至。

对于大多数发展中国家而言,20世纪以来的时代注定不是一个创造历史的时代,而是一个在各种漩涡中痛苦挣扎的时代。一些国家尽管摆脱了第一个漩涡,获得独立,但是或者付出民族分裂、社会撕裂、政局动荡、发展停滞的代价,或者伴随着对资本主义主导的世界经济体系和全球化进程依附性的增强。一些前社会主义国家则始终没有摆脱第二个漩涡,最后以放弃社会主义从而导致社会主义体系的裂变而告终。一些国家尽管从非市场经济转向市场经济,但是,要么改变了社会制度,要么陷入了社会分裂,要么陷入国家瓦解。总之,付出了失去自身独立性的沉重代价。

中国则先后冲出这三个历史漩涡,围绕中国现代化进程推进了三次历史创造。具体来说,1921—1949年,中国选择社会主义发展前途,摆脱了资本主义主导的殖民体系,实现了民族独立,摆脱了第一个漩涡,创造了从新民主主义走向社会主义的道路。1949—1978年,中国选择"走自己的路",构建了中国传统计划经济体制模式和中国传统发展模式,摆脱了苏联主导的分工体系,奠定了中国发展的制度基础和初步

---

① 赵凌云:《论新中国40年的历史方位》,《新华文摘》1990年第3期。

的物质基础。1979年以来,中国选择中国特色社会主义和社会主义市场经济,坚持中国共产党的领导,充分发挥市场在资源配置中的决定性作用,更好发挥政府作用,依托强大的国内市场,立足国内大循环,加快构建新发展格局,摆脱了不合理产业分工体系的钳制和以西方主导的全球化为核心的漩涡运动,创造和发展了中国特色社会主义的伟大事业。

中国20世纪历史的第一页是由在第一个历史漩涡中挣扎而揭开的。一方面,1901年中国开始启动"清末新政",这一过程特别是其中的"晚清修律",因为其一定的资本主义性质而在中国近代化最终启动、中国民族国家真正开始形成中具有界标性的历史地位。"晚清修律"通过大量翻译和借鉴各国法律,以罗马法系改造中国传统法律,终结了传统的封建法系,开始了中国法制与世界法制文明接轨的过程;强调立宪,开始打破三纲五常等封建专制的根基;强调民刑分离,开始打破传统民刑不分的法律结构;在法律理念上引进三权分立和人权思想。[①]因此,"晚清修律"客观上启动了中国法制建设的近代化进程,启动了中国国家治理的法治化进程,因此开始真正启动中国近代民族国家的形成过程,从而真正启动了中国的近代化过程。更重要的是,"晚清修律"一开始就借鉴了西方法律,具有一定的资本主义性质,这标志着中国不仅从器物层面,而且从制度层面开始试图选择欧洲发展模式。

但是,另一方面,同样具有历史意义的是1900年八国联军攻入北京,皇室逃往西安,以及1901年《辛丑条约》的签订。启动"清末新政"和被迫签订《辛丑条约》都发生在20世纪的头一年,具有特定的历史象征意义。这就是:中国从进入20世纪的第一天,就被卷入上述第一个历史漩涡。如果说"清末新政"和"晚清修律"代表了欧洲模式的吸引力的作用,那么,被迫签订《辛丑条约》则代表了这一体系对中国排斥力的作用。《辛丑条约》不仅使中国背负4.5亿两白银的巨额赔款,更重要的是在军事上和外交上进一步剥夺中国的主权。因此,强迫中国签订《辛丑条约》实际上是阻止中国向欧洲模式迈进。之所以如此,是因为这个时期正是欧洲国家新一轮殖民扩张的时期,欧洲国家需要中国留在半殖民地的位置上,不希望中国走上资本主义道路。

所以,中国从进入20世纪的一开始,就面临着国外模式的吸引力和排斥力的双重作用,面临着选择自己独特道路、创造自己历史的使命。

具有浓厚封建性的清朝统治者虽然启动了"晚清新政",但是封建统治者的褊狭视野决定了对中国发展道路选择的局限,其没有也不可能挣脱这一漩涡,最终帝制被推翻。这一任务历史地落在中国资产阶级和无产阶级肩上。

---

① 冷德熙主编《我们这一个世纪》,中国财政经济出版社,2001,第173页。

资产阶级革命派孙中山先生提出试图超越欧洲模式的"三民主义"模式。学术界一般认为孙中山的"三民主义"是资本主义模式。我们则认为这是一个试图超越资本主义的模式。就民生主义而言,在孙中山先生看来,"民生主义者,即社会主义也"。孙中山先生看到欧洲模式必然导致贫富分化、阶级冲突从而发生社会革命。在中国,为了防止这一逻辑再现,必须采取民生主义。"中国之行民生主义,即所以消弭社会革命于未然也。"而且,孙中山先生看到中国落后所具有的超越这种逻辑的可能性以及相关的后发优势。"中国近代进步虽迟,似有不幸;然若能取鉴于欧美之工业革命、经济发达所生出种种流弊而预为设法以杜绝之,则后来居上,亦未始非一大幸也。"如何做到防患于未然呢?"即防止少数人之垄断土地、资本二者而已。"①1912年中华民国宣告成立后,以孙中山为首的资产阶级革命派开始实施"民生主义",在全国掀起振兴实业的高潮。但是,不久,民国政权转到以袁世凯为首的军阀集团手中。袁世凯在经济上延续孙中山的做法,但是在政治上逐步实行专制。特别是在袁世凯死后,军阀割据并连年混战。虽然伴随第一次世界大战,中国出现了民族资本主义发展的所谓"黄金"时期,但是,一直到1927年,政府在推动中国社会进步方面几乎无所作为。

1927年南京国民政府成立,作为执政党的国民党逐渐在理论上形成了一个试图继承孙中山"三民主义"的理论主张。蒋介石在1943年的《中国之命运》一书中认为,自由主义和共产主义都不适合中国国情,两者之争实际上是英美思想与苏俄思想之争,而其实这两种思想都不适合中国国情,只有"三民主义"才"有利于民族的复兴事业"。这条道路表面上看是为了走适合中国国情的道路,但是,问题在于,国民党蒋介石强调"三民主义",是为了强调国民党的一党专政。蒋介石在谈到"革命的方略与程序"时说,国民党是"实行革命的总机关,一切革命力量、革命行动,都需要从这个机关里放射出来"。因此,国民党虽然形成了以孙中山"三民主义"为主的指导思想,同时,伴随全国统一抗战,中央政权能力增强,本来可以开创中国新的历史,但由于在政治上强调一党专政、一党独裁,在国家体制上走上了国家集权模式,在社会动员上主要依靠封建地主、帝国主义和官僚资本,在经济上则走上了发展官僚资本主义的道路,这样就阻塞了中国民族资本主义的发展,失去了推动中国历史前进的社会力量,陷入了上述第一个历史漩涡而难以自拔。最后,伴随国民党的军事溃败,国民党的努力陷于失败。

开创中国历史新纪元的任务最终落在中国共产党的肩上。在第二次世界大战结束后的一个时期,现代化是欧洲中心论和文化传播主义的代名词。此时通行的现代化模

---

① 孙中山:《三民主义》,岳麓书社,2000,第243-244、245页。

式是西方经济的模式,即现代经济(重要公司为殖民者所有)加现代公共管理(殖民统治机构)加现代基础设施。中国共产党意识到只有走社会主义道路才能一方面实现中国的现代化,另一方面摆脱对帝国主义的依附。但是,在中国半殖民地半封建的历史基础上,中国不能直接进入社会主义阶段,最终,中国共产党选择了通过新民主主义走向社会主义的正确道路。实践证明,与当时世界上大多数民族独立国家采取的依靠外国资本走资本主义的道路相比,中国的"新民主主义—社会主义"的道路一方面开创了走向现代化的道路,另一方面又摆脱了对帝国主义体系的依赖,最终使中国摆脱了上述第一个历史漩涡。

在中国如何建设社会主义,是中华人民共和国成立后中国共产党面临的一个新的历史课题,也是一个没有前人答案的问题。这一时期的苏联模式是唯一比较成功的社会主义建设模式,使得苏联模式在中国社会主义建设之初对于中国具有强大的吸引力。加上东欧社会主义国家采用苏联模式的外在示范作用以及国内在"苏联的今天就是我们的明天"的理念下形成的社会氛围,故而中华人民共和国在成立初期不断靠近苏联模式。如果照搬苏联模式,显然意味着进入以苏联为主导的社会主义国家的分工合作体系,这不仅会使中国失去经济上的独立自主,而且从历史意义上看将延续别国的历史,而难以真正开展自己的历史创造过程。

中国共产党在20世纪50年代后期提出"走自己的路"的深刻历史意义就在于摆脱这样一个新的历史漩涡,探索走出一条适合中国国情的社会主义现代化道路。站在今天的历史高度看,中国虽然在这种开创自己历史的道路上出现了"大跃进""文化大革命"等曲折与失误,但是,避免了更为深刻的社会主义制度危机和体制危机,从而避免了现代化进程中的重大历史挫折。

20世纪90年代初期,中国共产党顺应人类经济发展体制选择的历史潮流,选择现代市场经济体制作为现代化的制度安排。但是,构建什么样的市场经济?新自由主义主张构建"私有化""自由化"基础上的市场经济,"入世"进程也伴随着将中国吸引到西方市场经济模式的巨大拉力。但是,中国在最终选择市场经济体制的时候,也是市场经济体制弊端开始深刻暴露的时候。这一点决定了中国的经济市场化进程也必须具有中国特色。因此,中国共产党选择了中国特色社会主义市场经济,摆脱了自由市场经济的"裹胁",摆脱了资本主义主导的全球化的漩涡。尽管如此,在经济市场化进程中,市场化的消极层面不断表现出来,例如两极分化的出现、社会的畸形发展、人性的扭曲等。这表明,市场机制并非天然的最佳资源配置机制,经济市场化并不像一些人所说的那样具有人类历史的终极价值意义。这里也许潜伏着未来中国现代化进程中可能面临的新的历史漩涡,要保持中国经济大船行稳致远尚任重道远。

三、100 年历史创造的世界历史意义

正是世界历史和中国历史的交汇，决定了中国 20 世纪以来历史运动的内在逻辑。这种逻辑的展开，决定了 20 世纪以来中国历史的创造性质及其世界历史意义。习近平总书记指出，中国特色社会主义"拓展了发展中国家走向现代化的途径，给世界上那些既希望加快发展又希望保持自身独立性的国家和民族提供了全新选择，为解决人类问题贡献了中国智慧和中国方案"[①]。中国特色社会主义蕴含了中国道路、中国模式和中国因素。首先，1921 年以来，中国共产党开创了在一个半殖民地半封建国家进行革命、建设和改革的道路，这是迄今为止人类历史上的首创，开创了中国历史，因而具有世界历史意义。其次，中国开创了发展中国家现代化的中国模式，将中国引向现代化轨道，同时在发展中国家的各种现代化模式中呈现出明显的中国特质，既具有中国历史意义，也具有世界历史意义。最后，1979 年以来，中国逐渐成为国际经济体系中重要的一极，特别是自 2008 年下半年以来，中国已经成为影响国际经济体系的关键元素。在 2020 年世界遭遇新冠肺炎疫情冲击的进程中，中国更是抗疫和推进经济恢复的中流砥柱。未来世界经济的发展越来越取决于中国因素。因此，中国在未来发展中，将具有越来越大的世界历史意义。

总之，中国共产党成立以来，特别是中华人民共和国成立以来的历史绝对不是过去中国历史的简单重复，也不是外国历史的延续，而是中国人民在中国共产党的领导下自己开创的历史，因而具有世界历史意义。中国共产党十八大以来，以习近平同志为核心的党中央提出并推进构建人类命运共同体的宏伟构想，强调中国人民的梦想与各国人民的梦想息息相通，强调统筹国内国际两个大局，强调中国始终做世界和平建设者、全球发展贡献者、国际秩序推动者。中国共产党作为一个百年大党、一个成熟的马克思主义政党，已经牢牢掌握引领中国历史前进的主动权。中国人民将在中国共产党的领导下，奋力实现中华民族伟大复兴中国梦，在中国特色社会主义道路上创造自己的历史，谱写中华民族新的历史篇章。中华民族将在中国共产党的领导下，在推动构建人类命运共同体的实践中，日益走近世界舞台中央，不断为人类作出更大贡献，同世界人民一起，开创人类历史发展新的光明前景！

[①] 习近平：《习近平谈治国理政（第三卷）》，外文出版社，2020，第 8-9 页。

后 记

历史是最好的教科书。习近平同志号召全党，学党史、悟思想、办实事、开新局，以优异成绩迎接建党 100 周年。

历史的价值在于经世致用、鉴往知来。司马迁著《史记》，是为了"究天人之际，通古今之变"。司马光编撰《资治通鉴》，"专取关国家盛衰，系生民休戚，善可为法，恶可为戒者"。章学诚提倡"史学所以经世"。梁启超强调："史者何？记述人类社会赓续活动之体相，校其总成绩，求得其因果关系，以为现代一般人活动之资鉴者也。"总结经验，启迪未来，是中国史学和史学工作者的优良传统。

"欲知大道，必先为史。"马克思主义者注重实践，因此注重历史。恩格斯曾经指出，历史就是我们的一切，我们比任何一个哲学学派，甚至比黑格尔，都更重视历史。中国共产党是一个十分注重历史经验的政党。毛泽东同志指出，指导一个伟大的革命运动的政党，如果没有革命理论，没有历史知识，没有对于实际运动的深刻的了解，要取得胜利是不可能的。邓小平同志强调，懂得些中国历史，这是中国发展的一个精神动力。江泽民同志强调，如果不了解中国的历史，特别是中国的近代史、现代史和我们党的历史，就不可能认识和把握中国社会发展的客观规律，继承和发扬我们党在长期斗争中形成的光荣传统，也就不能胜任领导建设有中国特色社会主义的职责。胡锦涛同志指出，在新形势下，我们要更加重视学习历史知识，更加注重用中国历史特别是中国革命史来教育党员干部和人民。习近平同志号召广大党员认真学习党史、新中国史、改革开放史、社会主义发展史。可以说，注重历史，注重历史的鉴戒，是中国共产党的优良传统，是中国共产党不断取得胜利，不断发展壮大的一条重要经验。新时代新阶段每位共产党员都应从党史中找准初心使命，找准奋斗动力，找准理想信念。中国共产党百年经济工作史是"四史"的集中体现。在建党 100 年之际，回眸、研究和思考中国共产党为中国人民谋幸福、为中华民族谋复兴的百年历程，无疑具有知古鉴今的重大意义。

1983 年开始，我在赵德馨教授指导下研究中国近现代经济史，在这一过程中，感觉到中国共产党深刻影响了中国近现代经济发展的历史进程。离开中国共产党的活动,难以说明中国近现代经济发展的历史进程和历史规律。中华人民共和国成立以来的经济发展史,则直接是在中国共产党的领导下开创的。改革开放以来,中国共产党提出邓小平理论、"三个代表"重要思想、科学发展观、习近平新时代中国特色社会主义思想,都强调了经济工作在党的各项工作中的中心地位。世纪之交特别是新世纪以来,党中央高度重视党的经济工作能力的提升,所有这些,都促使我将学术视野聚焦于党的经济工作历史及其经验总结。同时,中国共产党成立以来的100年间,在经济工作领域展开了卓有成效的探索和实践,其历程波澜壮阔,其成就世人瞩目,其经验意义深远,足以让每一个史学工作者驻足沉思。

2003年,我应邀为中南财经政法大学中共党史专业硕士研究生开设"中国共产党经济工作史"课程。在龚育之先生鼓励、支持下,我会同张春英、胡江滨、范小方、马德茂、李彩华等同事,组织我指导的经济史专业博士研究生和中共党史专业硕士研究生,在"中国共产党经济工作史"课程讲稿的基础上,扩展写成《中国共产党经济工作史》,2005年由湖北人民出版社出版。2011年,为纪念中国共产党成立90周年,我们将《中国共产党经济工作史》修订、扩充为《中国共产党经济工作史:1921—2011年》一书,由中国财政经济出版社出版。这一版的作者情况是:赵凌云(导论、第十章、第十一章),马德茂(第一章、第五章),刘会芳、李燕(第二章),范小方(第三章),张春英(第四章),张亮东(第六章),胡江滨(第七章),李彩华(第八章),刘强(第九章)。杨祖义、李彩华和张连辉为第十章提供部分初稿。马德茂负责修订第一章到第四章,胡江滨负责修订第五章到第八章,赵凌云负责修订导论和第九章、撰写第十章和第十一章以及全书统稿。

2019年,为纪念中国共产党建党100周年,我计划对中国财政经济出版社2011年出版的《中国共产党经济工作史:1921—2011年》加以修订、扩充,这一计划得到北京大学出版社的大力支持,也获得中国财政经济出版社的授权。2020年春季,我召集中南财经政法大学马德茂教授和华中师范大学马克思主义学院部分学者开始工作,大家抱着献礼中国共产党百年华诞的政治热情和学术激情,克服新冠肺炎疫情带来的困难,最终完成了修订和增补任务。具体情况是:赵凌云、冯兵兵修订、增补导论和第十三章;马德茂、冯兵兵修订第一章到第十章;赵凌云主撰第十一章,其中,李敬煊、金姣提供第一节部分初稿,熊彩云撰写第二节,邵彦涛和郑思亮撰写第三节;赵凌云主撰第十二章,其中,李哲提供第一节部分初稿,冯兵兵撰写第二节,谢从高和赵伟撰写第三节。全书由赵凌云修改定稿。本书是湖北省中国特色社会主义理论体系研究中心华中师范大学分中心系列研究成果之一,是华中师范大学马克思主义学院一流学科建设项目研究成果。

在此书出版之际，我要真诚感谢湖北人民出版社原副总编辑李尔钢同志、喻华伟同志，中国财政经济出版社原社长贾杰同志、原副总编辑张立宪同志以及经济理论出版中心原主任刘五书同志对于本书前两版出版的大力支持。感谢华中师范大学马克思主义学院万美容院长对本书修订增补工作的大力支持。特别要感谢北京大学出版社教育出版中心主任周雁翎同志及责任编辑张亚如同志、郭莉同志为本书出版付出的辛勤劳动。本书的不足之处，由我负责，期望学界同人不吝批评指正。

谨以此书向中国共产党百年华诞献礼！

赵凌云

2021年2月18日